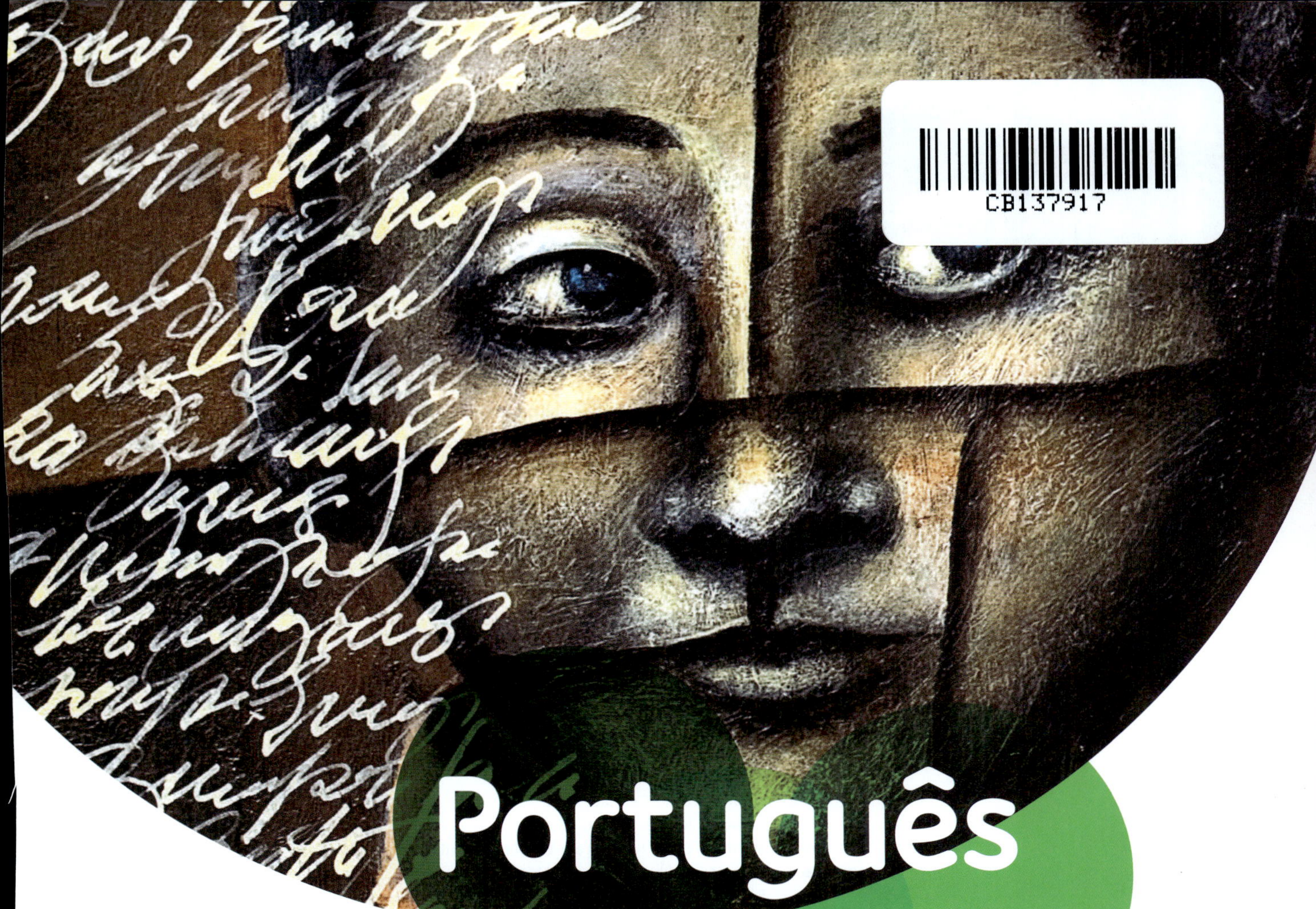

Português
LINGUAGENS

2

William Roberto Cereja

Professor graduado em Português e Linguística e licenciado em Português pela Universidade de São Paulo

Mestre em Teoria Literária pela Universidade de São Paulo

Doutor em Linguística Aplicada e Análise do Discurso pela PUC-SP

Professor da rede particular de ensino em São Paulo, capital

Thereza Cochar Magalhães

Professora graduada e licenciada em Português e Francês pela FFCL de Araraquara, SP

Mestra em Estudos Literários pela Unesp de Araraquara, SP

Professora da rede pública de ensino em Araraquara, SP

Autores também de:

Obras para o ensino fundamental
Português: linguagens (1º ao 9º ano)
Gramática – Texto, reflexão e uso (6º ao 9º ano)
Gramática reflexiva (6º ao 9º ano)
Todos os textos (6º ao 9º ano)

Obras para o ensino médio
Literatura brasileira
Literatura portuguesa
Gramática reflexiva – Texto, semântica e interação
Texto e interação
Interpretação de textos

Atual Editora

Copyright desta edição:
SARAIVA S.A. Livreiros Editores, São Paulo
Rua Henrique Schaumann, 270 – Pinheiros
05413-010 – São Paulo-SP

SAC 0800-0117875
De 2ª a 6ª, das 8h30 às 19h30
www.editorasaraiva.com.br/contato

Dados Internacionais de Catalogação na Publicação (CIP)
(Câmara Brasileira do Livro, SP, Brasil)

Cereja, William Roberto
Português : linguagens, 2 / William Roberto Cereja, Thereza Cochar Magalhães. – 8. ed. – São Paulo : Atual, 2012.

Suplementado pelo manual do professor.
Bibliografia.
ISBN 978-85-357-1524-8 (aluno)
ISBN 978-85-357-1525-5 (professor)

1. Português (Ensino médio) I. Magalhães, Thereza Cochar. II. Título.

12-11283 CDD-469.07

Índice para catálogo sistemático:
1. Português : Ensino médio 469.07

Português: linguagens
Volume 2

Gerente editorial: Lauri Cericato
Editor: Noé G. Ribeiro
Editoras-assistentes: Paula Junqueira e Caroline Zanelli Martins
Preparação de texto: Célia Tavares
Revisão: Pedro Cunha Jr. e Lilian Semenichin (coords.)/Luciana Azevedo/Maura Loria/Eduardo Sigrist/Albertina Piva/Rhennan Santos/Elza Gasparotto/Aline Araújo
Pesquisa iconográfica: Cristina Akisino (coord.)/Renata Martins/Andrea Bolanho/Alessandra Fernandes/Thiago Fontana
Licenciamento de textos: Marina Murphy
Sugestões de textos e atividades: Carlos Henrique Carneiro, Carolina Assis Dias Vianna, Norberto Lourenço Nogueira Júnior, Pedro Reinato e Rosineide de Melo

Gerente de arte: Nair de Medeiros Barbosa
Supervisor de arte: José Maria de Oliveira
Projeto gráfico e capa: Homem de Melo & Troia Design
Imagem de capa: *Brava gente*, Tide Hellmeister. Coleção particular.
Ilustrações: Estudio Ampla Arena/Filipe Rocha/Ivan Coutinho/Laerte Silvino/Marcos Guilherme/Mariângela Haddad/Psonha/Ricardo Dantas/Rico/Vicente Mendonça/Weberson Santiago/Zuri
Diagramação: Alexandre M. Uehara/Francisco A. Costa Filho/Sara Slovac Savero/Setsumi Sinzato
Assessoria de arte: Maria Paula Santo Siqueira e Carlos Magno
Encarregada de produção e arte: Grace Alves
Coordenação de editoração eletrônica: Silvia Regina E. Almeida
Produção gráfica: Thais Mendes Petruci Galvão

729.236.008.006 **Impressão e acabamento:** Intergraf Ind. Gráfica Eireli.

Prezado estudante:

No mundo em que vivemos, a linguagem perpassa cada uma de nossas atividades, individuais e coletivas. Verbais, não verbais ou transverbais, as linguagens se cruzam, se completam e se modificam incessantemente, acompanhando o movimento de transformação do ser humano e suas formas de organização social.

A invenção e a popularização do cinema, do rádio e da tevê nos conduziram à era da informação, que, em virtude dos avanços da informática, tem como marca principal a aproximação entre vários povos e nações, propiciada pela rede internacional de computadores, a Internet.

Nesse mundo em movimento e em transformação, os estudos de linguagem ou de linguagens tornam-se cada vez mais importantes. É por meio das linguagens que interagimos com outras pessoas, próximas ou distantes, informando ou informando-nos, esclarecendo ou defendendo nossos pontos de vista, alterando a opinião de nossos interlocutores ou sendo modificados pela opinião deles. É pela linguagem que é expressa toda forma de opinião, de informação e de ideologia.

Também é por meio da linguagem ou das linguagens que o homem tem se expressado, no transcorrer da História, registrando o resultado de suas ideias, emoções e inquietações em livros científicos ou filosóficos, nas artes plásticas, na música, na literatura – enfim, nas obras que constituem o rico acervo científico-cultural que temos hoje à disposição.

Esta obra pretende ajudá-lo na desafiante tarefa de resgatar a cultura em língua portuguesa, nos seus aspectos artísticos, históricos e sociais, e, ao mesmo tempo, cruzá-la com outras culturas e artes. Assim, coloca-se o desafio de estabelecer relações e contrastes com o mundo contemporâneo, por meio das diferentes linguagens em circulação – o cinema, a pintura, a música, o teatro, a tevê, o quadrinho, o cartum, a informática, etc. –, e analisar os diálogos que a literatura brasileira estabeleceu com outras literaturas, bem como o diálogo que as literaturas africanas de língua portuguesa têm estabelecido com a literatura brasileira.

Por meio de atividades sistematizadas e de roteiros de leitura, pretende também dar-lhe suporte para a leitura e interpretação de textos não verbais, como o cinema e a pintura, prepará-lo para os desafios do Enem e dos vestibulares e oferecer-lhe condições para que produza, com adequação e segurança, textos verbais, orais e escritos, de diferentes gêneros, como um seminário, um debate, um relatório científico, uma carta argumentativa de reclamação, um poema, um anúncio publicitário, um editorial, um texto dissertativo-argumentativo para o vestibular, etc.

Além disso, tem em vista ajudá-lo a compreender o funcionamento e a fazer o melhor uso possível da língua portuguesa, em suas múltiplas variedades, regionais e sociais, e nas diferentes situações sociais de interação verbal.

Enfim, este livro foi feito para você, jovem sintonizado com a realidade do século XXI, que, dinâmico e interessado, deseja, por meio das linguagens, descobrir, criar, relacionar, pesquisar, transformar... viver intensa e plenamente.

Um abraço,

Os Autores.

Para Ciley e Rodolfo,
companheiros de todas as horas,
e para Lis e Carolina,
irmãs desta obra.

Agradecimentos

A Noé G. Ribeiro, editor incomum, que, sem temer o novo, compartilha todas as decisões sobre esta obra.

Ao competente grupo editorial: a Paula Junqueira e Caroline Zanelli Martins, pelo grande apoio; a Cristina Akisino, pelo entusiasmo e pela cuidadosa pesquisa iconográfica; a Célia Tavares, pelas preciosas sugestões na preparação de texto; aos demais membros da equipe editorial, pelo dedicado acompanhamento do processo de edição da obra.

Aos professores Norberto Lourenço Nogueira Júnior, Rosineide de Melo e Carlos Henrique Carneiro, pelas sugestões de textos e atividades.

À equipe de assessores pedagógicos, que, em todo o país, difunde nossas propostas de ensino e otimiza o diálogo entre professores e autores.

Aos professores de todo o Brasil, que enriqueceram esta reformulação com suas sugestões, em especial a Fernanda Cabral Costa, Janaína Patrícia, Joana D'arque Paula Carvalho, Helenice Rodrigues Carvalho Figueira, Kátia Cristina de Oliveira Torres, Nilza Elnia Pires Bonfin e Valéria Duarte Ferreira Guedes.

Os Autores

Sumário

LITERATURA | PRODUÇÃO DE TEXTO | LÍNGUA: USO E REFLEXÃO | INTERPRETAÇÃO DE TEXTO

LITERATURA | PRODUÇÃO DE TEXTO | LÍNGUA: USO E REFLEXÃO | INTERPRETAÇÃO DE TEXTO

UNIDADE 3

Museu do Chiado, Lisboa

José Ferraz de Almeida Júnior

UNIDADE 4

Jovem nu sentado à beira do mar (1855), do pintor romântico Jean-Hippolyte Flandrin.

Flandrin Hippolyte. Jeune homme/Museu do Louvre, Paris

UNIDADE 1

HISTÓRIA SOCIAL DO ROMANTISMO. A POESIA

Você se considera uma pessoa romântica? A palavra *romântico* é frequentemente associada a um conjunto de comportamentos e valores, como dar ou receber flores, gostar de ler ou escrever poemas e histórias de amor, emocionar-se facilmente, ser gentil e delicado com a pessoa amada.

Esse tipo de romantismo, porém, é diferente do Romantismo na arte. Este também está relacionado aos sentimentos, mas foi muito mais do que isso. Foi um amplo movimento que surgiu no século XIX e representou artisticamente os anseios da burguesia que havia acabado de chegar ao poder na França.

Estudar a literatura do período implica conhecer as transformações então ocorridas e ver de que modo elas acarretaram uma nova forma de ver e sentir o mundo.

INTERVALO

Projeto:

Campanha: Solidariedade em cartaz

Preparação e realização de uma campanha comunitária de solidariedade, com produção e divulgação de cartazes, anúncios, textos e faixas, além de outras atividades.

Canção do violeiro

Passa, ó vento das campinas,
Leva a canção do tropeiro.
Meu coração 'stá deserto,
'Stá deserto o mundo inteiro.
Quem viu a minha senhora
Dona do meu coração?

Chora, chora na viola,
Violeiro do sertão.
[...]

Não quero mais esta vida,
Não quero mais esta terra.
Vou procurá-la bem longe,
Lá para as bandas da serra.
Ai! triste que eu sou escravo!
Que vale ter coração?

Chora, chora na viola,
Violeiro do sertão.

(Castro Alves. *O navio negreiro e outros poemas*. São Paulo: Saraiva, 2007. p. 66-7.)

Fique ligado! Pesquise!

Para você ampliar seus conhecimentos sobre o Romantismo e suas relações com os contextos europeu e brasileiro, eis algumas sugestões:

- No bloco 6 do DVD ***Literatura e outras linguagens*** há declamações, entrevistas, depoimentos, trechos de filmes e músicas relacionados com o Romantismo. Converse com seu professor sobre a possibilidade de assitir a esse bloco.
- ***Sombras de Goya***, de Milos Forman; ***Goya***, de Carlos Saura; ***Minha amada imortal***, de Bernard Rose; ***Razão e sensibilidade***, de Ang Lee; ***O homem elefante***, de David Lynch; ***Madame Sans-Gêne***, de Christian Jacque; ***A queda da Bastilha***, de Jim Goddard; ***Danton – O processo da revolução***, de Andrzej Wajda; ***Os miseráveis***, de Billie August; ***Emma***, de Douglas McGrath; ***Carta de uma desconhecida***, de Max Ophuls; ***Sinfonia da primavera***, de Peter Shamony; ***Afinidades eletivas***, de Paola e Vittorio Taviani; ***Independência ou morte***, de Carlos Coimbra; ***Carlota Joaquina, princesa do Brasil***, de Carla Camurati; ***Cold mountain***, de Anthony Minghella; ***Frankenstein, o terror das trevas***, de Roger Corman.

Os sofrimentos do jovem Werther, de Goethe (Martins Fontes); ***Eurico, o presbítero***, de Alexandre Herculano (Ática); ***Viagens na minha terra***, de Almeida Garrett (Nova Alexandria); ***Amor de perdição*** e ***A queda de um anjo***, de Camilo Castelo Branco (Ática); ***Uma família inglesa***, de Júlio Diniz (Ediouro); ***O navio negreiro e outros poemas***, de Castro Alves (Saraiva); ***As trevas e outros poemas***, de Lord Byron (Saraiva); ***Antologia de poesia brasileira – Romantismo*** (Ática); ***Pé na estrada***, de Jack Kerouac (L&PM e Ediouro).

O movimento romântico na música erudita estende-se por todo o século XIX. Ouça a música dos compositores Beethoven, Schubert, Schumann, Mendelssohn, Chopin, Berlioz, Liszt, Wagner, Verdi, Brahms, Tchaikovsky, Dvorák e Strauss. Ouça também, da MPB, "Flores do mal", de Frejat; "Românticos", de Vander Lee; "Samba e amor", de Chico Buarque; "Muito romântico", de Caetano Veloso; "Aquarela do Brasil", de Ari Barroso; "Chão de estrelas", de Orestes Barbosa.

Conheça a pintura de Goya, Géricault, Delacroix, Turner e Constable e a escultura de Auguste Rodin.

- Textos de escritores românticos em geral: http://www.dominiopublico.gov.br/pesquisa/PesquisaObraForm.do

A IMAGEM EM FOCO

Você vai fazer, a seguir, a leitura de uma das mais importantes obras da pintura romântica, *A jangada do Medusa* (1819), quadro de Théodore Géricault (1791-1824), um dos expoentes da pintura romântica.

Museu do Louvre, Paris

A jangada do Medusa (1819), de Théodore Géricault.

1. O quadro de Géricault retrata uma tragédia no mar. Ele difere das obras de outros pintores do Romantismo, sobretudo aqueles da fase inicial do movimento, que incluem em suas telas valores relacionados à Revolução Francesa, como heroísmo, glória e triunfo. Em contraposição a esses valores, o que se vê na tela *A jangada do Medusa*?

2. Considere as seguintes informações sobre a pintura clássica:
   - geralmente apresenta poucas personagens, e seus elementos integram-se de forma harmônica, transmitindo a impressão de equilíbrio;
   - cada personagem parece viver um drama pessoal, diferente dos dramas das outras personagens.

   Observe o número e a disposição das personagens do quadro de Géricault e procure identificar o drama que cada uma delas vive. Com base nessas observações, responda: O que diferencia o quadro romântico de Géricault dos quadros da pintura clássica?

O que era o *Medusa*?

Detalhe do quadro *A jangada do Medusa*

Era um navio que levava soldados e colonos da França para o Senegal, em 1816, e afundou na costa africana. O capitão e seus oficiais ocuparam o bote salva-vidas e deixaram numa jangada improvisada os outros 149 passageiros, que ficaram doze dias, à deriva, no mar. Sobreviveram apenas quinze tripulantes, e conta-se que, em desespero, eles praticaram a antropofagia.

3. No Romantismo, a natureza geralmente é acolhedora e integra-se com o homem de modo harmonioso. Observe as ondas do mar e considere a condição dos tripulantes em *A jangada do Medusa*. Essa relação entre homem e natureza também se verifica nesse quadro? Por quê?

4. O quadro opõe vários elementos, entre eles a luz e a sombra. Observe que, à frente e à direita dos homens que estão em pé acenando, vê-se ao longe um navio que pode ser a salvação do grupo.

a) Supondo-se que a luz que se abre no horizonte represente a vida, o que representaria a sombra?

b) Considerando-se que o navio ao longe talvez seja a única possibilidade de salvação do grupo, que efeito de sentido tem no quadro o fato de ele estar tão distante?

c) Observe a direção do vento que sopra sobre a vela. As perspectivas de o grupo ser resgatado são boas? Por quê?

d) Observe que o quadro não apresenta cores vivas, predominando um tom ocre e sombrio. Levante hipóteses: Que relação pode ter esse aspecto cromático com a condição dos tripulantes?

5. A composição do quadro é organizada a partir de duas pirâmides: a primeira é formada pelas cordas que sustentam a vela; a segunda, pelo grupo de tripulantes.

a) Considerando-se que na base da pirâmide humana estão os mortos e, no meio, os moribundos, o que representa o topo da pirâmide?

b) Se você tivesse de atribuir um nome a essa pirâmide, que nome lhe daria?

Museu do Louvre, Paris

6. Considerando o contexto revolucionário em que o quadro foi criado, levante hipóteses: Por que, de certa forma, ele faz uma crítica ao governo francês da época?

7. Observe estas características do Romantismo:

- natureza mais real
- predomínio da emoção
- nacionalismo
- subjetivismo
- gosto por ambientes noturnos
- atração pela morte
- sentido trágico da existência
- indianismo

Quais delas estão presentes na tela em estudo?

Wallace Collection, Londres

Francesca da Rimini (1835), de Ary Scheffer.

CAPÍTULO 1

A linguagem do Romantismo

Apesar de ser, do ponto de vista ideológico, uma arte revolucionária, o Arcadismo era, do ponto de vista estético, uma arte conservadora, pois se limitava fundamentalmente a eliminar os exageros do Barroco e a retomar os modelos do Classicismo do século XVI. Criar uma linguagem verdadeiramente nova, identificada com os padrões mais simples de vida do novo público consumidor, a burguesia, foi tarefa que coube ao Romantismo.

A fim de conhecer a linguagem literária do Romantismo, você vai realizar dois estudos: um da poesia romântica e outro da prosa romântica.

LEITURA

O texto que segue é um dos poemas mais conhecidos da literatura brasileira. Gonçalves Dias escreveu-o em 1843, quando estava em Coimbra, onde fazia seus estudos universitários. O poeta vivia, então, uma situação de exílio, porém voluntário, e não político. Leia o poema a seguir.

Canção do exílio

Kennst du das Land, wo die Citronen blühn,
Im dunkeln Laub die Gold-Orangen Glühn,
Kennst du es wohl? — Dahin, dahin!
*Möcht ich... ziehn.**

(Goethe)

Minha terra tem palmeiras,
Onde canta o Sabiá;
As aves, que aqui gorjeiam,
Não gorjeiam como lá.

Nosso Céu tem mais estrelas,
Nossas várzeas têm mais flores,
Nossos bosques têm mais vida,
Nossa vida mais amores.

Em cismar, sozinho, à noite,
Mais prazer encontro eu lá;
Minha terra tem palmeiras,
Onde canta o Sabiá.

Minha terra tem primores,
Que tais não encontro eu cá;
Em cismar — sozinho, à noite —
Mais prazer encontro eu lá;
Minha terra tem palmeiras,
Onde canta o Sabiá.

Johann Moritz Rugendas. Vista To/Coleção particular

Não permita Deus que eu morra
Sem que eu volte para lá;
Sem que desfrute os primores
Que não encontro por cá;
Sem qu'inda aviste as palmeiras,
Onde canta o Sabiá.

(In: *Gonçalves Dias*. São Paulo: Abril Educação, 1982. p. 11-2. Literatura Comentada.)

1. Durante a Era Clássica (compreendida pelo Classicismo, pelo Barroco e pelo Arcadismo), foram bastante utilizados o soneto e o verso decassílabo, considerados recursos de expressão refinados. No Romantismo, passou a existir um interesse muito grande pela cultura popular e suas tradições. Por força desse interesse, os poetas românticos começaram a buscar outras formas de expressão.

a) Faça a escansão destes versos de uma cantiga de roda:

Sete e sete são quatorze,
Com mais sete, vinte e um
Tenho sete namorados
Só posso casar com um
Namorei um garotinho
Do colégio militar
O diabo do garoto
Só queria me beijar

De que tipo são os versos, quanto ao número de sílabas?

b) Agora faça a escansão de alguns versos do poema de Gonçalves Dias. De que tipo eles são, também quanto à métrica?

* "Conheces o país onde florescem as laranjeiras? Ardem na escura fronde os frutos de ouro. Conhece-lo? — Para lá quisera eu ir!" (Tradução de Manuel Bandeira.)

2. A linguagem empregada nos textos do Barroco e do Arcadismo ainda guardava forte influência do português literário lusitano: o vocabulário era culto, a sintaxe apresentava inversões e não se empregavam palavras de origem tupi ou africana. Observe a linguagem da "Canção do exílio" e responda:

a) A linguagem do poema, escrito há mais de 160 anos, se mostra acessível ou inacessível para o leitor de hoje?

b) Faça uma pesquisa no dicionário: entre as palavras *terra, palmeiras, sabiá, gorjeiam,* qual delas tem origem indígena?

3. O poema apresenta um jeito de falar brasileiro (leia o boxe "O Romantismo e a fala brasileira") e uma forte musicalidade, associada ao emprego de recursos como rimas e ritmo.

a) Que palavras rimam entre si?

b) No 1º verso, o ritmo decorre do fato de serem acentuadas (pronunciadas de maneira forte) a 3ª e a 7ª sílabas. Observe:

Mi/nha/ **ter**/ra/ tem/pal/**mei**/ras
3ª 7ª

Como se dá o ritmo nos demais versos da mesma estrofe?

O Romantismo e a fala brasileira

Manuel Bandeira, poeta modernista do século XX, notou que a "Canção do exílio" é um dos primeiros poemas brasileiros a apresentar uma prosódia (um jeito de falar) brasileira. Segundo ele, trata-se de "uma poesia cujo encanto verbal desaparece quando traduzida para outra língua. Desaparece mesmo quando dita com a pronúncia portuguesa".

Também vale lembrar que, antes do Romantismo, quase não havia poemas com rimas entre palavras oxítonas. A "Canção do exílio" representa, portanto, uma ruptura com os modelos clássicos de sonoridade poética.

4. O poema de Gonçalves Dias tem como epígrafe alguns versos do escritor romântico alemão Goethe. *Epígrafe* é uma frase ou um trecho de obra de outro autor no qual o escritor se inspira para escrever seu próprio texto.

Leia a nota de tradução dos versos de Goethe e compare os versos do escritor alemão aos do escritor brasileiro.

a) Em que se assemelham?

b) Gonçalves Dias fala de uma natureza generosa, como nos versos de Goethe, mas substitui as laranjeiras dos versos do escritor alemão por palmeiras. Por que você acha que isso acontece?

5. Todo o poema se articula em torno da oposição entre dois espaços: a pátria (o Brasil) e o exílio (Portugal).

a) Que palavras do texto evidenciam essa antítese?

b) Ao descrever o Brasil, o eu lírico destaca que espécie de elementos: culturais, naturais ou sociais? Justifique sua resposta com elementos do texto.

c) Que sentimento a distância da pátria provoca no eu lírico?

6. A natureza, nos textos árcades, não apresentava vida; com um papel secundário, servia apenas como pano de fundo para o idílio amoroso. Além disso, a presença de alguns elementos da paisagem nacional (principalmente mineira) era indício de *nativismo*, e não de *nacionalismo*.

a) No poema romântico de Gonçalves Dias, a natureza brasileira também assume um papel secundário?

b) Levante hipóteses e troque ideias com os colegas: Qual é a diferença entre *sentimento nativista* e *sentimento nacionalista*?

c) No poema de Gonçalves Dias, a natureza brasileira é expressão de *sentimento nativista* ou de *sentimento nacionalista*?

7. É comum, nos textos românticos, o eu lírico ou a personagem apresentar um estado de alma melancólico, triste e reflexivo, voltado para seu mundo interior. Identifique no texto ao menos uma situação em que isso ocorre.

8. Um escritor, ao tratar de temas como a pátria, a mulher, a natureza, etc., pode fazê-lo de diferentes modos. Por exemplo, de modo pessoal ou impessoal, objetivo ou subjetivo, sentimental ou racional, em diferentes graus. Como o eu lírico do poema vê a pátria e a natureza brasileira: de modo pessoal ou impessoal? Objetivo ou subjetivo? Racional ou sentimental? Realista ou idealizado?

Como síntese do estudo feito até aqui, compare as características do Romantismo com as do Arcadismo:

ROMANTISMO	ARCADISMO
Predomínio da emoção	Predomínio da razão
Subjetivismo	Objetivismo
Nacionalismo	Universalismo; nativismo
Maior liberdade formal	Maior contenção formal
Vocabulário e sintaxe mais brasileiros	Vocabulário e sintaxe com influência lusitana
Gosto pelas redondilhas	Gosto pelo decassílabo e pelo soneto
Valorização da cultura popular	Imitação da cultura clássica greco-latina
Natureza mais real, que interage com o eu lírico	Natureza como pano de fundo para os idílios amorosos
Sentimentalismo; estados de alma tristes e melancólicos	Busca de equilíbrio, racionalismo

LEITURA

O romance *Os sofrimentos do jovem Werther*, do escritor alemão Goethe, é um dos marcos fundadores do Romantismo europeu e exerceu grande influência sobre os escritores românticos brasileiros.

A obra tem uma estrutura epistolar, construída a partir de cartas que Werther, um jovem escritor e pintor, escreve a um amigo. Por meio delas, fica-se sabendo da chegada do jovem a um vilarejo alemão, do despertar de sua paixão não correspondida por Carlota. Carlota casa-se com Alberto, e Werther torna-se amigo do casal, o que acentua ainda mais sua frustração amorosa e acaba por levá-lo ao suicídio.

Goethe na Internet

Saiba mais sobre Goethe e *Os sofrimentos do jovem Werther* navegando pelo *site* www.starnews2001.com.br/literatura.html

Você vai ler, a seguir, duas cartas: a primeira é escrita pelo protagonista logo após sua chegada ao vilarejo, pouco antes de ele conhecer Carlota e apaixonar-se por ela. A segunda é escrita quando ele já está perdidamente apaixonado por Carlota.

10 de maio

Uma serenidade maravilhosa inundou toda a minha alma, semelhante às doces manhãs primaveris com as quais me delicio de todo coração. Estou só e entrego-me à alegria de estar vivendo nesta região, ideal para almas iguais à minha. Estou tão feliz, meu bom amigo, de tal modo imerso no sentimento de uma existência tranquila, que minha arte está sendo prejudicada. Neste momento não poderia desenhar uma linha sequer, e, no entanto, nunca fui um pintor mais abençoado do que agora. Quando, ao meu redor, os vapores emanam do belo vale, o sol a pino pousa sobre a escuridão indevassável da minha floresta, e apenas alguns raios solitários se insinuam no centro deste santuário; quando, à beira do riacho veloz, deitado na grama alta, descubro rente ao chão a existência de mil plantinhas diferentes; quando sinto mais perto do meu coração o fervilhar do pequeno universo por entre as hastes, as inumeráveis e indecifráveis formas das minhoquinhas e dos pequenos insetos, quando sinto a presença do Todo-Poderoso, que nos criou à Sua imagem, o sopro do Deus Amantíssimo que a todos nós ampara e sustenta em eterna glória — nestes momentos, meu amigo, quando a penumbra invade os meus olhos, o mundo ao meu redor e o céu repousam em minha alma como a imagem da bem-amada, muitas vezes arrebata-me um anelo ardente e fico pensando: "Ah, se pudesses expressar tudo isso, se pudesses imprimir no papel tudo aquilo que palpita dentro de ti com tanta plenitude e tanto calor, de tal forma que a obra se tornasse o espelho de tua alma, assim como tua alma é o espelho do Deus infinito!" — Meu amigo! — Mas soçobrarei, sucumbo ao poder da grandiosidade destas manifestações.

anelo: desejo intenso, aspiração.
soçobrar: perder a coragem, desanimar, naufragar.

(J. W. Goethe. *Os sofrimentos do jovem Werther*. 2. ed. Trad. por Marion Fleischer. São Paulo: Martins Fontes, 1998. p. 9-10.)

30 de agosto

Infeliz! Não és um tolo? Não te enganas a ti mesmo? Por que te entregas a esta paixão desenfreada, interminável? Todas as minhas preces dirigem-se a ela; na minha imaginação não há outra figura senão a dela, e tudo que me cerca somente tem sentido quando relacionado a ela. E isso me proporciona algumas horas de felicidade — até o momento em que novamente preciso separar-me dela! Ah, Wilhelm!, quantas coisas o meu coração desejaria fazer! Depois de estar junto dela duas ou três horas, deliciando-me com sua presença, suas maneiras, a expressão celestial de suas palavras, e todos os meus sentidos pouco a pouco se tornam tensos, de repente uma sombra turva meus olhos, mal consigo ouvir, sinto-me sufocado, como se estivesse sendo estrangulado por um assassino, meu coração bate estouvadamente, procurando acalmar os meus sentidos atormentados, mas conseguindo apenas aumentar a perturbação — Wilhelm, muitas vezes nem sei se ainda estou neste mundo! Em outros momentos — quando a tristeza não me subjuga e Carlota me concede o pequeno conforto de dar livre curso às minhas mágoas, derramando lágrimas abundantes sobre suas mãos — tenho necessidade de afastar-me, de ir para longe, e então ponho-me a errar pelos campos. Nessas horas, sinto prazer em escalar uma montanha íngreme, em abrir caminho num bosque cerrado, pas-

Caspar David Friedrich. Árvore com corvos. CA.1800-1840/ Museu do Louvre, Paris sando por arbustos que me ferem, por espinhos que me dilaceram a pele! Sinto-me um pouco melhor então. Um pouco! E quando então, cansado e sedento, às vezes fico prostrado no caminho, no meio da noite, a lua cheia brilhando sobre minha cabeça, quando na solidão do bosque busco repouso no tronco retorcido de uma árvore, para aliviar meus pés doloridos, e então adormeço na meia-luz, mergulhando num sono inquieto — Ah, Wilhelm!, nestas horas a solidão de uma cela, o cilício e o cíngulo de espinhos seriam um bálsamo para a minha alma sequiosa! Adeus! Somente o túmulo poderá libertar-me desses tormentos.

(Idem, p. 69-70.)

cilício: cinto ou cordão cheio de pontas usado pelos penitentes.
cíngulo: cordão, cinto.
errar: andar sem rumo, vaguear.
prostrado: abatido, desanimado, sem forças.
turvar: tornar opaco; tornar triste.

O primeiro *best-seller*

A explosão de sentimentos do jovem Werther provocou uma forte reação entre a juventude da época. A obra representava uma nova ordem de valores e comportamentos, que se contrapunha frontalmente ao racionalismo do século XVIII. Os jovens começaram a se vestir como o protagonista da obra (com casaca azul e colete amarelo) e a viver paixões desenfreadas como a dele.

Quando Goethe e Napoleão se encontraram, em 1808, a conversa que tiveram foi sobre Werther, e o imperador francês confessou ao escritor ter lido a obra sete vezes. Provavelmente *Os sofrimentos do jovem Werther* foi o primeiro *best-seller* da literatura ocidental.

1. Compare o início das duas cartas.
a) Como Werther se sente na primeira carta? E na segunda?
b) A que se deve a mudança de espírito da personagem?

2. A natureza assume um papel de destaque nos textos românticos. Mais do que mero cenário, ela geralmente interage com as personagens, podendo espelhar o estado de espírito delas. Observe o modo como a personagem se refere à natureza nas duas cartas. O que muda na descrição que a personagem faz da natureza nas duas situações?

3. Durante a Era Clássica, os textos literários faziam referência aos deuses da mitologia greco-latina. No Romantismo, que busca uma aproximação com seu público consumidor – a burguesia –, surgem manifestações de religiosidade cristã. Identifique na primeira carta um exemplo dessas manifestações.

4. Nas obras de ficção do Romantismo, o amor é um tema muito caro. Geralmente as personagens lutam por seu ideal amoroso, contrapondo-se às normas, padrões e conveniências sociais. Diante dos obstáculos, os relacionamentos românticos podem ter dois tipos de desfecho: o final trágico, que leva à morte de pelo menos um dos amantes, ou o final feliz. Nessa obra de Goethe, o final é trágico.
a) Que tipo de obstáculo impede Werther de conquistar o amor de Carlota?
b) Leia a última frase da segunda carta. Que significado tem a morte para Werther nesse contexto?

5. O **escapismo** ou desejo de evasão é uma constante nos textos românticos. Manifesta-se na busca da natureza, na fuga para o passado próximo (a infância) ou distante (a Idade Média), o sonho ou a fantasia e a morte. Identifique, na segunda carta, manifestações de escapismo.

6. Observe o quadro das características românticas (página 17).
a) Identifique nas cartas da obra de Goethe características românticas apresentadas no quadro.
b) Que outras características encontradas na prosa romântica de Goethe você incluiria no quadro?

Matar ou morrer por amor

O platonismo amoroso, que já se conhecia desde a poesia de Petrarca e se estendeu por toda a Era Clássica, transformou-se, no Romantismo, na busca do amor e da mulher impossíveis.

Em contraposição ao senso prático da vida burguesa, os artistas românticos idealizavam o amor (na ótica deles, algo acima de todas as convenções e de todas as barreiras), supervalorizavam aquilo que era inalcançável e apreciavam gestos heroicos, como lutar, matar ou morrer por amor.

DO TEXTO AO CONTEXTO DO ROMANTISMO

Leia, a seguir, um painel de textos que relacionam a produção literária do Romantismo ao contexto histórico, social e cultural em que o movimento floresceu.

Pintura de *O naufrágio*, de William Turner

Tate Gallery, London

Pintura de *Os fuzilamentos de 3 de maio de 1808*, de Goya

Museu do Prado

1774 – Publicação de *Os sofrimentos do jovem Werther*, de Goethe

1789 – Revolução Francesa

1793 – Julgamento e decapitação, na França, de Luís XVI

1805 – Pintura de *O naufrágio*, de William Turner

1807 – Adesão de Portugal ao Bloqueio Continental, por imposição de Napoleão Bonaparte

1808 – Transferência da corte de D. João VI para o Brasil; *Os fuzilamentos de 3 de maio de 1808*, de Goya

1814 – *Os fuzilamentos de 3 de maio de 1808*, de Goya

1818 – *Peregrinação de Childe Harold*, de Lord Byron

Album/akg-images/Latinstock

Revolução Francesa

Jean Baptiste Debret. *Desembarque de D. Leopoldina no Brasil*, 1819.

Transferência da corte de D. João VI para o Brasil

On the road: o escapismo do século XX?

O livro *On the road* ou *Pé na estrada*, como foi traduzido no Brasil, é a obra do escritor americano Jack Kerouac (1922-1969), que influenciou a geração *beatnik* nos anos 1960.

Partindo da experiência pessoal do autor, que cruzou os EUA em viagens de carona e trem à procura de novas experiências, a obra de Kerouac é um verdadeiro hino à liberdade e há mais de 50 anos vem influenciando gerações de jovens.

Editora LPM

: John Lennon, fã das ideias *beat* desde a fase estudantil, dá o nome "Beatles" à sua banda como clara influência de Kerouac.

Pintura de *A Liberdade guiando o povo*, de Delacroix

Museu do Louvre, Paris

Publicação de *Os miseráveis*, de Victor Hugo

Jules Cheret. *Poster of 'Les Misérables'*. 1886/Archives Charmet/The Bridgeman Art Library/Grupo Keystone/ Coleção particular

- 1820 – Revolução Liberal do Porto
- 1822 – Proclamação da independência política do Brasil
- 1825 – Início do Romantismo em Portugal, com a publicação de *Camões*, de Almeida Garrett
- 1830 – Pintura de *A Liberdade guiando o povo*, de Delacroix
- 1836 – Introdução do Romantismo no Brasil, com a publicação de *Suspiros poéticos e saudades*, de Gonçalves de Magalhães
- 1850 – Proibição do tráfico de escravos para o Brasil
- 1862 – Publicação de *Os miseráveis*, de Victor Hugo
- 1869 – Publicação de *O navio negreiro*, de Castro Alves
- 1888 – Abolição da escravatura
- 1889 – Proclamação da República

Pedro Américo. *Independência ou Morte*. 1888/Museu Paulista/USP, São Paulo

Proclamação da independência política do Brasil

Johann Moritz Rugendas. *Navio Negreiro*. c.1835/ Coleção particular

Proibição do tráfico de escravos para o Brasil

Romantismo: entre duas revoluções

O Romantismo nasceu na Alemanha e na Inglaterra, chegou à França e a seguir espalhou-se por toda a Europa. Surgiu no rescaldo da Revolução Francesa e em meio à euforia produzida pela Revolução Industrial. Por um lado, convivia com a megalomania de Napoleão, que planejava transformar a Europa num grande império francês; por outro, estava imerso na realidade das sociedades industriais, em que vinham à luz novos inventos para a indústria, divisão de trabalho e busca de maior produtividade, formação de centros fabris, surgimento do operariado, revoltas sociais, nascimento de sindicatos e associações de trabalhadores e patrões.

Romantismo: a estética do contra

O Romantismo, enquanto visão de mundo, foi uma reação aos valores éticos e intelectuais ilustrados e clássicos, assim como aos fatos históricos mais marcantes da virada do século XVIII para o XIX: a Revolução Francesa, a Revolução Industrial e a política napoleônica. Nesse sentido, a visão de mundo romântica surge mais como uma reação ao novo que como a proposição de algo novo. Todo valor que ela elege é sempre em oposição a outro que pretende negar. À razão, o Romantismo opôs o sentimento, à mente o coração, à ciência a arte e a poesia, ao materialismo o espiritualismo, à objetividade a subjetividade, à filosofia ilustrada o cristianismo, ao corpo e à matéria o espírito, ao dia a noite, ao preciso o impreciso, ao equilíbrio a expansão e o entusiasmo, à vida social ampla a comunhão restrita de gênios e eleitos, aos valores universais os particulares e exóticos, ao estático e permanente o movimento, ao estável o instável etc. Seria infindável enumerar todas as inversões e negações que a visão romântica opôs às forças desencadeadas pelas duas grandes revoluções, a francesa e a industrial.

(Luiz Roncari. *Literatura brasileira – Dos primeiros cronistas aos últimos românticos.* 2. ed. São Paulo: Edusp/FDE, 1995. p. 286.)

proposição: proposta, sugestão.

A Revolução Francesa e o sentimento romântico de desagregação

O poeta romântico é um estranho entre os homens; é melancólico, extremamente sensível, ama a solidão e as efusões do sentimento, sobretudo as de um vago desespero no seio da Natureza. Trata-se de uma atitude e de um estado de alma que foram, se não criados, pelo menos poderosamente desenvolvidos pela influência de Rousseau. [...] A história da Revolução e da época subsequente contribuiu em muito para fazer os homens idealistas abandonarem o lado prático e reformador do movimento inaugurado por Rousseau, e os levou a se aferrar a seu lirismo solitário [...]. Esperava-se, antes da Revolução, e mesmo no decurso de seu desenvolvimento, poder criar um mundo inteiramente novo, conforme à Natureza, desembaraçado de todos os entraves que, segundo se acreditava, o fardo das tradições históricas era o único a opor à felicidade dos homens; e uma profunda decepção, vizinha do desespero, se apoderou das almas delicadas e idealistas quando se viu que, após tantos horrores e sangue derramado, embora fosse verdade que tudo tivesse mudado, o que saíra de todas as catástrofes da Revolução e da época napoleônica não era em absoluto um retorno à Natureza virtuosa e pura, mas novamente uma situação inteiramente histórica, bem mais grosseira, mais brutal e mais feia que a que desaparecera.

(Erich Auerbach. *Introdução aos estudos literários.* São Paulo: Cultrix, 1972. p. 228-9.)

Hippolyte Delaroche. *Napoleon Crossing the Alps.* 1850/The Bridgeman Art Library/Grupo Keystone/Walker Art Gallery, National Museums Liverpool

aferrar: prender, segurar.
efusão: saída, derramamento, expansão dos sentimentos.
entrave: obstáculo, impedimento.

Liberdade, paixão e emoção

O romantismo foi mais que um programa de ação de um grupo de poetas, romancistas, filósofos ou músicos. Tratou-se de um vasto movimento onde se abrigaram o conservadorismo e o desejo libertário, a inovação formal e a repetição de fórmulas consagradas, o namoro com o poder e a revolta radical [...]. Liberdade, paixão e emoção constituem um tripé sobre o qual se assenta boa parte do romantismo.

(Adilson Citelli. *O Romantismo*. São Paulo: Ática, 1986. p. 9.)

O Romantismo no Brasil

Rodolfo Amoedo. *O último tamoio*. 1883.

Na verdade, o Romantismo teve aqui [no Brasil] uma significação bastante diversa da que teve na Europa. Enquanto visão de mundo, ele viverá um processo de ajuste e adaptação. Os nossos autores, os melhores, souberam aproveitar dele os elementos que serviam mais bem aos seus propósitos e deixaram outros de lado. Essa era a primeira tarefa dos nossos estudantes que iam formar-se na Europa e tomavam contato com o que chamavam de "a nova poesia" ou "a poesia moderna". Para nós, o fato político mais candente foi a Independência, que mobilizou os homens livres e fez todos se sentirem empenhados na organização da nova nação. Ela isolou os portugueses estabelecidos no Brasil no comércio e na burocracia do Estado, considerados "restauradores" e "absolutistas". Ao mesmo tempo, uniu os que passaram a se considerar "brasileiros" e dispostos a organizar uma nação "livre" e "autônoma" [...]. O Romantismo, na medida em que rejeitava o mundo urbano-burguês e, pela imaginação, idealizava o mundo da natureza e do indígena, deu aos brasileiros os elementos com os quais podiam identificar-se e que era lícito transformar em símbolos da nacionalidade: as matas, os índios, a fauna e a flora. Quem éramos nós senão aqueles que tinham também sangue indígena, que cresceram acostumados às matas e florestas, que se temperaram ouvindo os sabiás e as jandaias, à sombra das mangueiras e palmeiras? Éramos, portanto, muito distintos dos portugueses, até na língua, pois o português falado no Brasil e por brasileiros sofria modificações e não podia ser igual ao que se falava em Portugal. Assim perguntava José de Alencar: "O povo que chupa o caju, a manga, o cambucá e a jabuticaba, pode falar uma língua com igual pronúncia e o mesmo espírito do povo que sorve o figo, a pera, o damasco e a nêspera?".

(Luiz Roncari, op. cit., p. 288-9.)

candente: que está ardendo em brasa.

• Roteiro de estudo •

Ao final da leitura dos textos, você deverá:

- Saber explicar a seguinte frase do texto "Romantismo: a estética do contra": "a visão de mundo romântica surge mais como uma reação ao novo que como a proposição de algo novo".
- Apontar, com propriedade, o que o Romantismo propôs de novo em relação aos seguintes traços que caracterizavam o Arcadismo: razão, mente, ciência, materialismo, filosofia ilustrada, corpo e matéria, dia, precisão, equilíbrio, vida social ampla, valores universais, permanência e estabilidade.
- Saber explicar por que a arte romântica, embora seja a expressão artística da burguesia, faz críticas à sociedade burguesa.
- Saber comentar por que o Romantismo brasileiro apresenta especificidades que o diferenciam do Romantismo europeu.

PRODUÇÃO DE TEXTO

Museu de Arte, San Diego

The Troupe of Mademoiselle Eglantine (1986), Henri de Toulouse Lautrec.

CAPÍTULO 2

O cartaz e o anúncio publicitário

O CARTAZ

TRABALHANDO O GÊNERO

Leia o cartaz ao lado, de Ziraldo.

Ziraldo

(Ricardo Leite. *Ziraldo em cartaz*. Rio de Janeiro: Senac, 2009. p. 106.)

1. O cartaz é um gênero textual que tem a finalidade de informar as pessoas, sensibilizá-las, convencê-las ou conscientizá-las sobre determinado assunto. O cartaz em estudo foi criado pelo cartunista Ziraldo, a pedido da Prefeitura do Rio de Janeiro.

a) Qual é a finalidade desse cartaz?

b) Que tipo de público esse cartaz pretende atingir?

2. Os cartazes geralmente são afixados em lugares públicos, em paredes ou murais. Considerando a entidade responsável pelo cartaz lido e a finalidade que se tem em vista com ele, levante hipóteses: Onde você acha que o cartaz foi afixado?

3. Os cartazes geralmente apresentam linguagem verbal e linguagem visual. Quanto ao cartaz em estudo, explique a relação existente entre a ilustração e o texto verbal.

4. O texto verbal dos cartazes normalmente é curto e em linguagem direta e simples. Pode haver o emprego de frases de efeito, expressões de comando, verbos no modo imperativo, ambiguidades, exploração da sonoridade, etc. No cartaz em estudo:

a) Que sentidos apresenta o enunciado "Quem faz a sua cabeça é você"?

b) Que variedade linguística foi empregada no texto?

c) Por que foi usada a expressão "não a droga", quando geralmente se utiliza "não à droga"?

5. Reúna-se com seus colegas de grupo e, juntos, concluam: Quais são as principais características do cartaz? Respondam, considerando os seguintes critérios: finalidade do gênero, perfil dos interlocutores, suporte ou veículo, tema, estrutura, linguagem.

Ziraldo

PRODUZINDO O CARTAZ

Com a orientação do professor, em dupla ou em grupo, criem um cartaz para uma das seguintes campanhas comunitárias (ou outra, se preferirem):

- Doação de computadores, impressoras e *softwares* usados a entidades ou a comunidades carentes
- Doação de livros de literatura infantil e juvenil e brinquedos a crianças carentes mantidas por uma ONG ou para uma escola de seu bairro ou de sua cidade
- Doação de alimentos e roupas a uma entidade assistencial de seu bairro ou de sua cidade
- Valorização da vida e divulgação dos males resultantes do consumo de drogas, álcool e cigarro
- Preservação da saúde e prevenção de doenças sexualmente transmissíveis e da Aids
- Preservação dos mananciais da cidade
- Economia de água e energia elétrica

PLANEJAMENTO DO TEXTO

- Decidam com os colegas e o professor o veículo em que os cartazes irão circular. Eles poderão, por exemplo, ser dispostos em paredes de toda a escola ou em um mural situado em local estratégico.
- Pensem no perfil dos leitores, lembrando que podem ser jovens, como vocês, e adultos.
- Caso se trate de uma campanha de doação, procurem fazer um texto curto e objetivo, que exponha em que ela consiste, qual é seu objetivo, o que fazer para participar dela. Se pedirem doações, indiquem o modo como elas poderão ser feitas, o local para onde deverão ser enviadas, o horário, etc. Caso se trate de uma campanha de esclarecimento, escrevam pequenos textos e deem instruções com vistas a persuadir o interlocutor, usando verbos no imperativo.

- Empreguem uma linguagem de acordo com a norma-padrão, menos ou mais formal, simples e direta e acessível ao perfil do público leitor.
- Criem um título chamativo, que ressalte a intenção do cartaz.

Revisão e reescrita

Antes de passar o texto para o suporte final, releiam-no, observando:

- se o enunciado principal atrai a atenção dos leitores;
- se fica claro o objetivo do cartaz: o que ele informa ou procura estimular, a quem se dirige, o que deve ser feito, etc.;
- se a linguagem é simples e direta, de acordo com a norma-padrão e adequada ao público a que se destina.

Façam as alterações necessárias e montem o cartaz. Numa folha de cartolina, disponham o texto verbal e imagens (fotos, ilustrações, colagens) que sirvam de apoio e estímulo à sua leitura. Deixem espaço entre as imagens e o texto verbal e usem letras de diferentes tipos e tamanhos.

O ANÚNCIO PUBLICITÁRIO

TRABALHANDO O GÊNERO

Leia o anúncio publicitário abaixo.

AlmapBBDO

(*35º Anuário da Criação Publicitária*, p. 158.)

1. O anúncio publicitário é um gênero textual que tem a finalidade de promover uma ideia, a marca de um produto ou uma empresa. Os anúncios mais conhecidos são os comerciais, que circulam na TV, no rádio, em jornais, revistas e em *sites* da Internet.
   a) O anúncio lido promove uma ideia ou a marca de um produto? Qual?
   b) Quem é o locutor?

2. O anúncio publicitário geralmente é constituído de linguagem verbal e de linguagem não verbal. Que relação há entre a imagem e o enunciado verbal do anúncio?

3. O anúncio publicitário é um texto que pertence ao grupo dos gêneros argumentativos, pois tem a finalidade de convencer o leitor a consumir determinado produto ou aderir a uma ideia.
   a) Qual é o principal argumento utilizado para convencer o leitor?
   b) Na sua opinião, esse argumento é suficientemente forte para persuadir o leitor?

4. O anúncio publicitário não tem uma estrutura rígida. Contudo, geralmente apresenta um **título**, às vezes seguido de um **subtítulo**, o **corpo** do texto, que amplia o argumento do título, e a **assinatura**, **logotipo** ou **marca** do anunciante.
   a) O anúncio em estudo não apresenta alguns desses elementos. Quais?
   b) No anúncio lido, o enunciado verbal disposto sobre a imagem constitui o corpo do texto. Qual é a função desse enunciado?

AlmapBBDO

5. O anúncio cita efeitos ambientais catastróficos e sugere a necessidade de medidas urgentes. Troque ideias com a classe:
   a) Sua região já sofre esses efeitos?
   b) A quem cabe tomar providências?

6. Leia o que o publicitário Jairo Lima, em entrevista, comenta sobre os recursos da linguagem publicitária:

> A campanha pode ser pensada em termos de hipérbole, pleonasmo, metonímia ou metáfora. Após a escolha, sigo o caminho traçado: o do exagero ou da repetição, ou da parte pelo todo, ou da simbologia. Quanto à escolha do vocabulário, a nível dos signos, deve ser simples, com os termos conhecidos e corriqueiros. O que vai valorizá-los e ampliá-los será as relações que se estabelecem: a polissemia, a oposição, o duplo sentido ou, às vezes, um novo sentido para um termo bastante conhecido.
>
> (In: Nelly de Carvalho. *Publicidade – A linguagem da sedução*. São Paulo: Ática, 1996. p. 29.)

   a) A parte verbal do anúncio corresponde ao que o publicitário afirma quanto à escolha do vocabulário?
   b) Na parte visual, qual recurso foi empregado no anúncio: o exagero, a parte pelo todo ou o contraste?

7. No anúncio publicitário, a linguagem geralmente se adapta ao perfil do público e frequentemente apresenta verbos no imperativo e no presente do indicativo.
   a) No anúncio em estudo, que variedade linguística foi empregada?
   b) O texto usa as formas verbais *estão avançando*, *forem* e *serão*. O que explica o emprego das formas do futuro, respectivamente do subjuntivo e do indicativo, *forem* e *serão*?
   c) Como se explica a ausência de verbos no imperativo?

8. Reúna-se com seus colegas de grupo e, juntos, concluam: Quais são as principais características do anúncio publicitário? Respondam, considerando os seguintes critérios: finalidade do gênero, perfil dos interlocutores, suporte ou veículo, tema, estrutura, linguagem.

PRODUZINDO O ANÚNCIO PUBLICITÁRIO

Há, a seguir, duas propostas de produção de anúncio publicitário. Com a orientação do professor, desenvolva ao menos uma delas.

Thinkstock/Getty Images

1. Reveja na página 25 os temas propostos para a produção de cartaz.

Em grupo, escolham um desses temas e produzam um anúncio publicitário para ser exposto na campanha **Solidariedade em cartaz**, a ser desenvolvida no final da unidade.

2. Reúna-se com seus colegas de grupo para, juntos, criarem um anúncio publicitário sobre um dos temas abaixo, ou outro que também se relacione com o mundo digital.

- O uso consciente da tecnologia
- O uso de celular nas aulas
- A valorização do convívio com o outro
- Estar ou não estar conectado todo o tempo? – eis a questão

Antes de escolher o tema, leiam os textos que seguem.

Homo connectus

Uma charge em recente número da revista *The New Yorker* mostrava uma animada mulher, ao telefone, convidando os amigos para uma festinha em sua casa. "Vai ser daquelas reuniões com todo mundo olhando para seu iPhone", ela diz. O leitor captou? A leitora achou graça? Cartunistas são mais rápidos do que antropólogos e mais diretos do que romancistas. Captam o fenômeno quase no momento mesmo em que vem à luz. O fenômeno em questão é o poder magnético dos iPhones, BlackBerries e similares. O ato de compra desses aparelhinhos é um contrato que vincula mais que casamento. As pessoas se obrigam a partilhar a vida com eles.

Thinkstock/Getty Images

Na charge da *New Yorker*, a mulher estava convidando para uma festa em que, ela sabia — e até se entusiasmava com isso —, as pessoas ficariam olhando para seus iPhones ainda mais do que umas para as outras. É assim, desde a sensacional erupção dos tais aparelhinhos, e não só nas ocasiões sociais. O mesmo ocorre nas reuniões de trabalho. Chegam os participantes e cada um já vai depositando à mesa o respectivo smartphone (o nome do gênero a que pertencem as espécies). Dali para a frente, será um olho lá e outro cá, um na reunião e outro na telinha. Não dá para desgarrar dela. De repente pode chegar uma mensagem, aparecer uma notícia importante, surgir a necessidade de uma consulta no Google.

[...] Qual o remédio, para a divisão da pessoa em duas, metade ela mesma, metade seu smartphone? Abrir mão do aparelhinho, depois de todas as facilidades que trouxe, está fora de questão. Se é para abrir mão de um dos dois lados, que seja o da pessoa. Por exemplo:

inventando-se um smartphone capaz de sugá-la e reproduzi-la em seu bojo. As reuniões sociais, as de trabalho [...] seriam feitas só de smartphones, sem a intermediação humana. Delírio? O leitor esquece do que a Apple é capaz.

(Roberto Pompeu de Toledo. *Veja*, nº 2 255. p. 126.)

Desconectar para reconectar

MOVIMENTO DEFENDE QUE AS PESSOAS DESLIGUEM SEUS APARELHOS ELETRÔNICOS MESMO QUE SEJA POR ALGUMAS HORAS E, ASSIM, VOLTEM A SE RELACIONAR DE MANEIRA MAIS INTENSA COM O OUTRO

[...] Faça uma pausa. Desligue-se dos aparatos ao redor e reflita: será que o uso excessivo dessas tecnologias estaria dispersando nossa atenção e nos afastando de um convívio mais profundo com o outro, conosco e com o ambiente a nossa volta? Essa é pergunta bem em voga.

Nos Estados Unidos [...], essa reflexão já aponta uma tendência a desconexões voluntárias e temporárias. Agências de turismo, resorts e hotéis enxergaram a oportunidade e oferecem pacotes de "desintoxicação digital": ao fazer check-in, o hóspede desliga seus aparelhos eletrônicos (pode até deixá-los guardados na recepção para não cair em tentação) e se entrega a prazeres offline, como ler um livro, passear pelo campo com os filhos ou andar de caiaque.

[...]

(Katia Abreu. *Vida Simples*, nº 115. p. 44.)

Planejamento do texto

- Decidam previamente com os colegas e o professor o veículo em que os anúncios publicitários irão circular. Eles poderão ser utilizados na campanha **Solidariedade em cartaz** ou afixados em paredes de toda a escola ou em um mural situado em local estratégico. Outra possibilidade é serem divulgados no *blog* da classe.
- Pensem no perfil dos leitores, lembrando que podem ser jovens, como vocês, e adultos.
- Criem um título ou uma frase interessante e, a seguir, o corpo do anúncio. Explicitem o que está sendo promovido, com que finalidade, de que modo participar, etc. Informem um número de telefone ou um endereço para contato.
- Empreguem uma linguagem adequada ao tema e ao perfil do público. Recursos como ambiguidades, trocadilhos, sonoridades, metáforas, metonímias, oposições, etc., são bem-vindos nesse gênero textual. Avaliem a conveniência de empregar ou não verbos no imperativo, considerando o tema e o perfil dos leitores.
- Criem ou pesquisem uma imagem que possa dar sustentação ao texto verbal.
- Criem um logotipo (com ou sem palavras) que identifique o grupo responsável pelo anúncio.

Revisão e reescrita

Antes de concluir o anúncio, releiam o texto verbal e examinem a imagem, observando:

- se, no texto, fica claro quem é o locutor;
- se, no texto, há um título ou uma frase principal que atrai a atenção dos leitores;
- se, no texto, fica claro o objetivo do anúncio: o que ele promove, a quem se dirige, as informações complementares, etc.;
- se, no texto, a linguagem é adequada ao perfil do público e ao tema do anúncio;
- se a linguagem verbal e a linguagem não verbal se complementam.

Façam as alterações necessárias e montem o anúncio.

CAM/Fundação Calouste Gulbenkian

LÍNGUA: USO E REFLEXÃO

: *Entrada* (1917), de Amadeo de Souza-Cardoso.

CAPÍTULO 3

O substantivo

CONSTRUINDO O CONCEITO

Leia o anúncio:

Ponto de Propaganda

(Disponível em: http://www.mppublicidade.com.br/image.php?url=trabalhos/original/142.jpg&type=img. Acesso em: 4/5/2012.)

1. Há, no anúncio, uma enumeração de palavras.

a) As palavras que compõem essa enumeração dizem respeito a que tipo de paisagem?

b) Entre as palavras, identifique as que nomeiam:

- seres animados
- objetos
- estabelecimentos comerciais
- meios de transporte

2. Observe estas duas palavras da enumeração:

BANCA
BANCO

a) É possível considerar que, no contexto do anúncio, essas palavras correspondem às formas masculina e feminina de um mesmo nome? Justifique sua resposta.

b) Entre as palavras seguintes, indique duas em que a relação entre a forma feminina e a forma masculina é a mesma que há entre banca e banco.

- casa
- lixo
- montanha
- pedra
- farmácia

3. A palavra *outdoor*, no anúncio, está destacada das outras. Releia os enunciados da parte inferior do anúncio:

"Apareça.
Outdoor é Ponto"

a) Levante hipóteses: Qual é o ramo de atividade da empresa anunciante?

b) Qual é o efeito de sentido criado no anúncio pela relação entre o destaque dado à palavra *outdoor* e o enunciado "Apareça"?

c) No contexto do anúncio, a palavra *Ponto* é substantivo próprio. O que justifica essa classificação?

CONCEITUANDO

Para identificar os seres, nomear os objetos e lugares, designar sentimentos, ações, etc., necessitamos de certo tipo de palavras, como *pedestre*, *cachorro*, *placa*, *fio*, *restaurante*, *bar*, *dor*, etc. Essas palavras são denominadas **substantivos**.

Substantivos: são palavras que designam seres – visíveis ou não, animados ou não –, objetos, lugares, ações, estados, sentimentos, desejos, ideias.

Morfossintaxe: forma e função

Falar é uma atividade tão habitual e natural que raramente o usuário de uma língua se dá conta dos mecanismos que regem qualquer ato de fala.

Todos os falantes inconscientemente *selecionam* e *combinam* palavras de acordo com determinadas regras interiorizadas por aqueles que se utilizam da língua.

Ao selecionar as palavras, o falante, além de considerar o sentido, leva em conta a *forma* das palavras (artigo, substantivo, verbo, etc.) em virtude da *função* (sujeito, objeto direto, predicativo, etc.) que elas assumem na oração.

Leia esta tira:

(Disponível em: http://blogdosquadrinhos2.blog.uol.com.br/noticia/arch2007-11-01_2007-11-30.html. Acesso em: 4/5/2012.)

Comparando a frase do rei com o texto não verbal, percebe-se que o efeito de humor é construído por uma inversão na combinação entre os verbos e seus complementos ("casar com a princesa" e "matar o dragão").

Há palavras que podem ocupar mais de um lugar na estrutura dos enunciados, ao contrário de outras. Entre o substantivo e seus determinantes, por exemplo, a ordem não pode ser alterada. O artigo sempre precede o substantivo, com o qual concorda em gênero e número – o(s) cavaleiro(s), a(s) princesa(s) –, nunca sendo possível o substantivo preceder o artigo.

Observe, abaixo, a estrutura sintática e as classes gramaticais que foram selecionadas para as combinações nas frases:

O cavaleiro matou a princesa.
O cavaleiro casou com o dragão.

	SUJEITO		PREDICADO		
Função	adjunto adnominal	núcleo do sujeito	núcleo do predicado	objeto direto	
Forma	artigo	substantivo	verbo	artigo	substantivo
	O	cavaleiro	matou	a	princesa

	SUJEITO		PREDICADO			
Função	adjunto adnominal	núcleo do sujeito	núcleo do predicado	objeto indireto		
Forma	artigo	substantivo	verbo	preposição	artigo	substantivo
	O	cavaleiro	casou	com	o	dragão

Num ato de fala, a seleção e a combinação ocorrem simultaneamente. Assim, ao estudar a forma e a função das palavras, não se pode desvincular o estudo de uma do estudo da outra, pois forma e função coexistem e seus papéis só se definem solidariamente.

De acordo com a forma que apresentam, as palavras classificam-se em: substantivos, adjetivos, numerais, artigos, pronomes, verbos, advérbios, preposições, conjunções e interjeições.

A parte da gramática que estuda a *forma* das palavras recebe o nome de **morfologia**. A que estuda a *função* das palavras na oração recebe o nome de **sintaxe**.

Função sintática do substantivo

O substantivo figura na frase como núcleo das seguintes funções sintáticas: sujeito, objeto direto, objeto indireto, predicativo do sujeito e do objeto, complemento nominal, adjunto adverbial, agente da passiva, aposto e vocativo.

Observe a relação entre *forma* (classe gramatical) e *função* na análise dos substantivos destas frases:

[O cavaleiro]$_{\text{sujeito}}$ matou [a princesa]$_{\text{OD}}$ e casou [com o dragão.]$_{\text{OI}}$

- cavaleiro: substantivo, núcleo do sujeito
- princesa: substantivo, núcleo do objeto direto
- dragão: substantivo, núcleo do objeto indireto

[O irmão [do cavaleiro]$_{\text{adjunto adnominal}}$]$_{\text{sujeito}}$ matou [o dragão]$_{\text{OD}}$ e casou [com a princesa.]$_{\text{OI}}$

- irmão: substantivo, núcleo do sujeito
- cavaleiro: substantivo, núcleo do adjunto adnominal
- dragão: substantivo, núcleo do objeto direto
- princesa: substantivo, núcleo do objeto indireto

EXERCÍCIOS

Leia esta tira, de Quino:

Joaquín Salvador Lavado (Quino). Toda Mafalda, Livraria Martins Fontes Ltda

(Disponível em: http://dropsculturais.wordpress.com/2012/03/15/parabens-mafalda/. Acesso em: 12/4/2012.)

1. A tira mostra claramente a diferença entre as duas personagens quanto a valores. Qual é essa diferença?

2. Contrapondo-se aos valores de Mafalda, Susanita argumenta: "Se você sair na rua sem cultura, a polícia te prende? Experimenta sair sem vestido".

a) Do ponto de vista morfológico, como se classificam os substantivos *vestidos* e *cultura*?

b) A argumentação de Susanita baseia-se em algo concreto: vestidos. Explique como a classificação morfológica de *cultura* contribui para a construção do humor do texto.

Classificação do substantivo

Os substantivos classificam-se em:

- **comuns**: referem-se a qualquer ser de uma espécie, sem particularizá-lo: *açúcar, bolo*.
- **próprios**: nomeiam um ser em particular, destacando-o dentro da espécie ou do grupo; são grafados com letra maiúscula: *Japão, Campinas*.
- **concretos**: nomeiam seres com existência própria, isto é, que não dependem de outro ser para existir: *lápis, gato*.
- **abstratos**: nomeiam ações, qualidades, estados, sentimentos, isto é, seres que só existem em outros ou a partir da existência de outros seres: *ensino, bravura, pobreza*.
- **coletivos**: designam uma pluralidade de seres da mesma espécie: *multidão, antologia*.

3. Observe que, no texto a seguir, há uso excessivo do pronome relativo *que*. Em muitos casos esse *que* pode ser substituído por um substantivo, procedimento que é chamado de nominalização. A fim de deixar o texto mais fluente, substitua a palavra *que* e os verbos destacados por substantivos abstratos. Faça as adaptações necessárias.

Thinkstock/Getty Images

O jornalista *que redigiu a* matéria que sugeria *que os* políticos acusados *eram inocentes* falou *que espera que o* público *o compreenda* e *que pretende* mover uma ação contra os *que o delataram*. A população, por sua vez, quer *que o* jornalista *seja condenado porque suprimiu* informações essenciais ao caso e *porque comportou-se* como se fizesse parte da quadrilha.

4. Complete adequadamente as manchetes de jornal com um dos substantivos coletivos do quadro.

quadrilha	colmeia	antologia	frota
tripulação	fauna	Pinacoteca	

Tarsila do Amaral. *Manacá*. 1927/Coleção Simão Mendel Guss

a) Prefeitura estuda a instalação de GPS na ☐ de táxis da capital

b) ☐ expõe obras de Tarsila do Amaral

c) A ☐ não informou os passageiros sobre problemas no voo

d) Pessoas que tentaram pôr fogo em ☐ são atacadas por abelhas

e) Biólogos revelam que construção de hidrelétrica ameaça ☐

f) Lançamento de ☐ comprova perspicácia de Stanislaw Ponte Preta

g) Polícia civil prende ☐ envolvida em desvio de cargas e roubo de caminhões

Classificação do substantivo quanto à formação

Quanto à formação, os substantivos classificam-se em:

- **primitivos**: são aqueles que dão origem a outras palavras: *livro, pedra.*
- **derivados**: são os que se originam de outras palavras: *livraria, pedregulho.*
- **simples**: são os formados por apenas uma palavra: *terra, homem.*
- **compostos**: são os formados por mais de uma palavra: *beija-flor, lobisomem.*

FLEXÃO DO SUBSTANTIVO

Leia este poema, de Ferreira Gullar:

Ocorrência

Aí o homem sério entrou e disse: bom dia.
Aí outro homem sério respondeu: bom dia.
Aí a mulher séria respondeu: bom dia.
Aí a menininha no chão respondeu: bom dia.
Aí todos riram de uma vez
Menos as duas cadeiras, a mesa, o jarro, as flores
as paredes, o relógio, a lâmpada, o retrato, os livros
o mata-borrão, os sapatos, as gravatas, as camisas,
[os lenços.

(*Melhores poemas de Ferreira Gullar*. 7. ed. Seleção de Alfredo Bosi. São Paulo: Global, 2004. p. 54.)

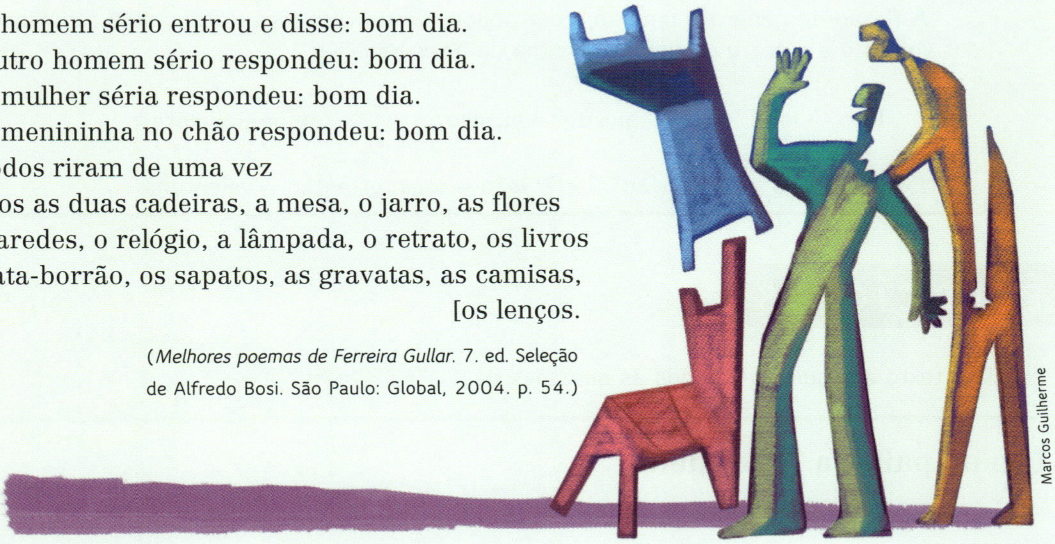

Marcos Guilherme

1. Os substantivos utilizados no poema ajudam na construção dos efeitos de sentido e do cenário em que a situação narrada ocorre. Levante hipóteses:

a) Qual fato narrado fez com que todos rissem de uma vez? Por que esse fato é engraçado?

b) Em que lugar se passa a cena? Justifique sua resposta com substantivos do texto.

c) Por que não riram os seres nomeados do sexto verso em diante?

d) Como se classificam os substantivos que nomeiam esses seres?

Sexo e gênero

Não se deve confundir sexo com gênero, pelas seguintes razões:

- O gênero diz respeito a todos os substantivos de nossa língua, quer se refiram a seres animais providos de sexo, quer designem apenas "coisas": o gato/a gata; o banco, a casa.
- Mesmo substantivos referentes a animais ou pessoas apresentam, muitas vezes, discrepância entre gênero e sexo: *cobra* é sempre feminino; *cônjuge* é sempre masculino.

O gênero dos substantivos é um princípio puramente linguístico, convencional.

2. Alguns substantivos têm uma forma para o masculino e outra para o feminino.

a) Identifique no poema um par de substantivos com formas diferentes no masculino e no feminino.

b) Como é formado o masculino do substantivo menina?

c) Nos três últimos versos, identifique três substantivos masculinos e três substantivos femininos.

d) Nesses substantivos, as terminações *-a* ou *-o* também podem ser associadas a gênero?

e) Com base nas respostas às perguntas anteriores, conclua: Em português, existe um único modo de formar o feminino dos substantivos?

3. No quarto verso, é empregado o substantivo *menininha*.

a) Qual sentido o acréscimo do sufixo *-inha* confere ao substantivo menina?

b) O acréscimo do sufixo *-inha* ao substantivo *mulher* produz a mesma alteração de sentido que em *menina*?

Gênero do substantivo

A flexão de gênero é uma só, com pouquíssimas variações: forma-se o feminino pela troca das vogais *o* e *e* por *a* ou pelo acréscimo da desinência *-a*:

lob*o* — lob*a*   mestr*e* — mestr*a*   auto*r* — autor*a*

Exceções: avô – avó; órfão – órfã; leão – leoa; valentão – valentona.

EXERCÍCIOS

Leia o texto a seguir e responda às questões de 1 a 4.

Uso da palavra "Presidenta"

04/07/2011 às 18h35

A partir de 1º de janeiro de 2011, o Brasil tem pela primeira vez uma mulher na Presidência da República. A novidade, porém, trouxe uma dúvida. Para outros cargos de governo a questão do gênero não se mostrou polêmica.

À medida que mulheres foram ocupando funções como as de ministra, governadora e deputada, por exemplo, a alteração do substantivo do masculino para feminino não levantou tantos questionamentos. Mas para presidente, qual seria a regra certa: a presidente ou presidenta?

A norma culta da língua portuguesa acata as duas formas como corretas e aceitáveis. De acordo com o dicionário Houaiss, "presidenta" é o feminino de presidente, embora seja menos usual. Já o dicionário Aurélio diz que a palavra pode ser usada no masculino e feminino, apontando "presidenta" como "esposa do presidente" ou "mulher que preside".

(Disponível em: http://www2.planalto.gov.br/presidenta/uso-da-palavra-presidenta. Acesso em: 15/4/2012.)

1. O texto faz referência à polêmica em torno do uso da palavra *presidenta* para indicar o cargo da primeira mulher a ocupar a Presidência da República no Brasil. Menciona também os termos *ministra*, *governadora* e *deputada*, comentando que o emprego deles não causou questionamentos. Qual é o masculino desses nomes e como seu feminino é formado?

2. Cite três substantivos terminados em *e* que são empregados tanto em referência ao masculino quanto ao feminino.

3. Cite três substantivos terminados em *e* cujo feminino é formado pela troca da vogal *e* por *a*.

4. Discuta com seus colegas e com o professor: A preferência pelo uso de *presidenta* constitui uma opção relativa unicamente à flexão de gênero? Justifique sua resposta.

5. Leia o texto abaixo, observando no enunciado o emprego de *pezinho*, forma diminutiva do substantivo *pé*.

AlmapBBDO

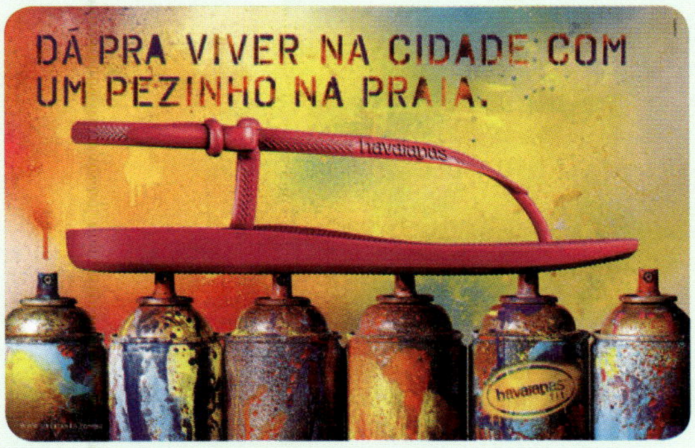

(Disponível em: http://www.memoriadapropaganda.org.br/noticias/noticia.php?newsId=20090826B&Img=2. Acesso em: 13/4/2012.)

a) Como se dá a formação da palavra *pezinho*?

b) Além de diminuição, o diminutivo pode expressar outras ideias. Quais são essas outras ideias, habitualmente?

c) Qual sentido pode ser atribuído ao diminutivo *pezinho*, no contexto do anúncio?

6. Nos últimos tempos, muitos substantivos de origem estrangeira têm sido incorporados ao nosso léxico. Alguns mantêm sua forma original, como, por exemplo, *outdoor*, *know-how*, *shopping center*; outros já se aportuguesaram e se flexionam em número, como os demais substantivos de nossa língua: zíper, pôster, frízer, chisbúrguer, suéter, destróier. Dê o plural dessas palavras.

7. Explique o que acontece com a pronúncia dos seguintes substantivos ao serem pluralizados:

a) imposto – ovo – povo – socorro – esforço – corpo – reforço

b) acordo – transtorno – choro – esboço – gosto – rolo – conforto

Número do substantivo simples

O plural dos substantivos simples se faz pelo acréscimo da desinência *-s*:

peixe — peixe*s*

Há, entretanto, alguns substantivos simples que fazem o plural de outras maneiras, dependendo de suas terminações. Por exemplo:

- os substantivos terminados em *-r*, *-s* ou *-z* fazem o plural acrescentando-se *-es*:

açúcar — açúcar*es*　　vez — vez*es*
mês — mes*es*

- os substantivos terminados em *-l* fazem geralmente o plural substituindo-se o *-l* por *-is*:

canal — cana*is*　　lençol — lençó*is*

Plural dos substantivos compostos

- Pluralizam-se as palavras variáveis (substantivo e adjetivo) e não se pluralizam as invariáveis (verbos, advérbios e interjeições) que compõem o substantivo composto:

tenentes-coronéis (subst. subst.)　　pequenos-burgueses (adj. subst.)
beija-flores (verbo subst.)

- Pode-se pluralizar apenas o primeiro substantivo se o segundo funcionar como *especificador*, com ou sem o auxílio de preposição:

pés-de-meia　　pombos-correio

- Nos compostos formados por palavras repetidas ou onomatopeias, pluraliza-se o segundo elemento:

corre-corres　　tico-ticos

- Não se pluraliza o adjetivo contraído *grã(o)*:

grão-duques　　grã-cruzes

- Nos nomes dos dias da semana pluralizam-se os dois elementos:

terças-feiras　　quartas-feiras

8. Em quais das sequências a seguir o plural de todos os substantivos compostos está de acordo com a norma-padrão da língua? Indique-as e depois reescreva adequadamente os substantivos que estão flexionados em desacordo com a norma-padrão.

a) lenga-lengas, abaixo-assinados, alto-falantes, quartas-feiras

b) bem-te-vis, águas-de-colônia, públicos-alvo, corre-corres
c) salário-mínimos, decretos-lei, segundas-feira, bem-te-vis
d) cartões-postais, cirurgiões-dentistas, quebra-cabeças, para-raios
e) vales-transportes, curto-circuitos, portas-mala, toca-fitas

9. Nos substantivos compostos, a palavra *guarda* pode ser forma verbal (do verbo *guardar*) ou substantivo. Para identificá-la morfologicamente, é útil fazer a seguinte observação: se o segundo elemento for substantivo, *guarda* é verbo; se o segundo elemento for adjetivo, *guarda* é substantivo. Com base nessa distinção, dê o plural dos seguintes substantivos compostos:

a) o guarda-roupa
b) o guarda-costas
c) o guarda-noturno
d) o guarda-chuva

10. Observe esta placa:

José Eduardo Camargo

(José Eduardo Camargo. *O Brasil das placas.* São Paulo: Panda Books, 2007.)

a) A forma plural *irmões* está de acordo com a norma-padrão? Por quê?
b) Das palavras a seguir, quais formam o plural da mesma forma que irmão?

• corrimão • latão • anão • cidadão

11. No poema abaixo, o poeta Carlos Saldanha brinca com as palavras, usando-as no aumentativo e no diminutivo, expressos por meio de sufixos. Para obter o poema em sua forma original, passe para o aumentativo as palavras que estão entre parênteses, empregando os sufixos aumentativos *-orra*, *-arra*, *-arrão*, *-ázio* ou *-anzil*. Depois, leia-o integralmente.

De binóculo

Abaixando o (copo)
Empunhando o espadim
Levantando o (corpo)
Indiferente ao poviléu
O (homem) abriu a (boca)
fitando admirado
O (navio) do (capitão)

(In: Heloisa Buarque de Hollanda, org. *26 poetas hoje.* 4. ed. Rio de Janeiro: Aeroplano, 2001. p. 27.)

Flexão do substantivo ou derivação?

Há uma polêmica entre os pesquisadores sobre o grau do substantivo. Alguns consideram os aumentativos e diminutivos uma flexão do substantivo. Outros, entretanto, como Joaquim Mattoso Camara Jr., consideram o aumentativo e o diminutivo como uma derivação.

Nos substantivos, a ideia de aumento ou diminuição das proporções se expressa por meio de adjetivos ou de sufixos:

homem *grande*	homem *pequeno*
(enorme, imenso)	(miúdo)
homen*zarrão*	homen*zinho*

As ideias de grandeza e pequenez emprestam às vezes aos substantivos um valor pejorativo ou depreciativo: *cabeçorra, politicão, livreco*; outras vezes, simpatia, afeição: *filhinha, benzinho.*

O SUBSTANTIVO NA CONSTRUÇÃO DO TEXTO

Leia a letra de uma canção do grupo Titãs e responda às questões propostas.

O pulso

O pulso ainda pulsa
O pulso ainda pulsa...

Peste bubônica
Câncer, pneumonia
Raiva, rubéola
Tuberculose e anemia
Rancor, cisticercose
Caxumba, difteria
Encefalite, faringite
Gripe e leucemia...

E o pulso ainda pulsa
E o pulso ainda pulsa

Hepatite, escarlatina
Estupidez, paralisia
Toxoplasmose, sarampo
Esquizofrenia
Úlcera, trombose
Coqueluche, hipocondria
Sífilis, ciúmes
Asma, cleptomania...

E o corpo ainda é pouco
E o corpo ainda é pouco
Assim...

Reumatismo, raquitismo
Cistite, disritmia
Hérnia, pediculose

Ricardo Azoury/Pulsar Imagens

Tétano, hipocrisia
Brucelose, febre tifoide
Arteriosclerose, miopia
Catapora, culpa, cárie
Cãibra, lepra, afasia...

O pulso ainda pulsa
E o corpo ainda é pouco
Ainda pulsa
Ainda é pouco

Pulso
Pulso
Pulso
Pulso

Assim...

(Arnaldo Antunes, Marcelo Fromer, Tony Bellotto. Disponível em: http://letras.terra.com.br/titas/48989/. Acesso em: 17/4/2012.)

1. A letra da canção é construída a partir de um processo chamado enumeração, que consiste numa exposição ou relação metódica de vários elementos.

a) Que classe de palavras predomina nessa enumeração?

b) Como consequência, o texto é predominantemente nominal ou verbal?

c) Entre os termos a seguir, de significação mais genérica, indique o que pode englobar a maioria das palavras enumeradas na canção.

- problemas
- imprevistos
- doenças
- dificuldades

2. Entre as palavras listadas na canção, há pelo menos cinco que podem ser consideradas "estranhas" à enumeração.

a) Quais são essas palavras?

b) Qual termo de significação mais genérica você utilizaria para se referir a essas palavras?

c) Há, no texto, uma palavra que pode ser considerada polissêmica, isto é, pode ter mais de um sentido no contexto. Qual é essa palavra e quais são seus sentidos possíveis?

d) Levante hipóteses: Que efeito de sentido é produzido na canção com a enumeração dessas palavras em um único conjunto?

3. Além de fazer várias enumerações, o texto repete, com pequena variação, estes enunciados:

> "O pulso ainda pulsa"
> "E o corpo ainda é pouco"

Levante hipóteses: Que relação pode ser estabelecida entre os nomes que compõem as enumerações e os enunciados acima?

Para que serve o substantivo?

O substantivo é uma das classes de palavras essenciais da língua. É responsável pela nomeação dos seres e coisas que estão à nossa volta, bem como de nossos sentimentos e ideias. Além disso, é essencial para atender à necessidade humana de ordenar, classificar, distinguir, hierarquizar, etc. Sem os substantivos, como faríamos a distinção, por exemplo, entre peixe e homem, terra e mar, sal e mel?

Ligados diretamente à experiência e à cultura de um povo, substantivos de uma língua às vezes não encontram correspondência em substantivos de outras línguas. A palavra *saudade*, por exemplo, quase não encontra correspondência perfeita em outras línguas.

SEMÂNTICA E DISCURSO

Leia o anúncio ao lado e responda às questões 1 e 2.

IBCC

(Disponível em: http://www.putasacada.com.br/cancer-laiaute-bahia. Acesso em: 20/4/2012.)

1. O enunciado principal do anúncio é constituído por uma única palavra: *esperança*.

a) De que material essa palavra é formada?

b) Como se classifica morfologicamente a palavra *esperança*?

2. Releia o enunciado da parte inferior do anúncio:

> "Sem a sua ajuda, as vítimas do câncer têm muito mais a perder."

Esse enunciado confere ao enunciado principal um novo sentido. Considerando esse novo sentido, responda:

a) Que tipo de tratamento de câncer está implícito no anúncio?

b) Sendo ajudadas, o que as vítimas de câncer perdem, em sentido concreto?

c) E sem ajuda, o que elas perdem?

3. A diferença entre substantivo concreto e substantivo abstrato às vezes é sutil e deve sempre ser considerada no contexto em que eles são empregados. Observe o conjunto de substantivos derivados do verbo *plantar* e seus respectivos empregos:

plantar	>	planta	>	plantação	>	plantio
verbo		subst. concreto		subst. concreto ou abstrato		subst. abstrato

A ***planta*** crescia assustadoramente.
subst. concreto

O ***plantio*** terá início em novembro.
subst. abstrato (ação/processo)

Os trabalhadores deram início à ***plantação***.
subst. abstrato (processo)

A ***plantação*** ficava toda verdinha no mês de abril.
subst. concreto

Crie frases em que os substantivos a seguir sejam empregados como concretos e depois como abstratos.

a) solução b) ferimento c) casamento d) comemoração

4. *Hipônimos* são palavras que, embora apresentem sentidos diferentes uma da outra, pertencem ao mesmo campo semântico. Por exemplo, as palavras *cão*, *gato*, *cabrito*, *elefante*, *leão* e *tigre* são hipônimas do substantivo *animais*. Já *animais*, por englobar as demais, é *hiperônima* delas. Leia estas sequências de substantivos:

- piloto, pedestre, médico, dentista, engenheiro
- feijoada, vinho, chá, café, refrigerante, suco
- botas, sandálias, chinelos, tênis, meias, coturnos
- infância, adolescência, viuvez, puberdade, juventude, velhice
- almoço, café, lanche, restaurante, jantar, merenda

a) Em cada uma das sequências, qual é o único substantivo que não é hipônimo?

b) Excluindo esse substantivo, que outro substantivo ou expressão hiperônima poderia englobar todos os restantes, em cada sequência?

5. Veja as diferenças de sentido entre estes substantivos abstratos:

negrura: cor negra
negritude: característica do negro
negror: escuridão densa
negrume: as trevas

Considerando esses sentidos, empregue-os no contexto das frases:

a) Sempre teve orgulho de sua ☐.

b) A ☐ das águas do rio é natural; por isso ele se chama rio Negro.

c) O ☐ da madrugada aos poucos ia esmaecendo, dando lugar ao sol.

d) Ninguém conseguiria enxergar nada naquele ☐.

LITERATURA

A despedida (1858), de Antônio José Patrício, pintor do Romantismo português.

CAPÍTULO 4

O Romantismo em Portugal

O Romantismo em Portugal teve dois momentos significativos em sua evolução. O primeiro deles representa o esforço de se firmar como movimento literário apoiado na cultura popular, no nacionalismo, na busca das origens medievais do país, enquanto o segundo corresponde a um momento de maturidade e de transição para o Realismo.

Como no resto da Europa, o Romantismo surgiu em Portugal num período de efervescência política – alguns anos após a revolução de 1820, que levou os liberais portugueses ao poder.

Participaram dessa revolução vários setores da burguesia portuguesa, nos quais se incluíam magistrados, comerciantes, militares, professores. Influenciados pelos ideais da Revolução Francesa, esses setores defendiam a reforma das instituições, a elaboração de uma Constituição, a liberdade de comércio, o direito de participação política do cidadão. Lutavam, enfim, pela modernização de Portugal.

A revolução liberal, entretanto, só se consumou por volta de 1834, com o confisco dos bens da nobreza, a expulsão de religiosos e a distribuição das terras dos nobres vencidos. Apesar disso, a luta entre liberais e conservadores, com a alternância de ambos no poder, perdurou por muitos anos, provocando o exílio de políticos, intelectuais e artistas.

O contato de artistas portugueses com o Romantismo inglês e francês favoreceu o surgimento de obras inovadoras, como *Camões*, de Almeida Garrett. Considerada o marco inicial do Romantismo em Portugal, essa obra foi publicada em Paris, em 1825, quando o autor se encontrava exilado na França. Outro escritor importante do período é Alexandre Herculano, que em 1831 se exilou na Inglaterra e depois na França, onde tomou contato com o Romantismo e com o romance histórico, do qual foi, mais tarde, a principal expressão na literatura portuguesa.

Assim, o Romantismo português nasceu identificado com o liberalismo burguês e com o espírito de lutas e revolução que envolveu a sociedade portuguesa no século XIX.

O movimento contou com um considerável número de poetas, dramaturgos e prosadores, tradicionalmente organizados em duas gerações.

O plano incestuoso de D. Pedro I

Com a morte de D. João VI, em 1826, D. Pedro I tornou-se rei do Brasil e de Portugal, mas em 1831 abdicou do trono em favor de seu filho e retornou a Portugal para apaziguar a crise política que lá se verificava.

Assumiu o trono português com o título de D. Pedro IV, escreveu uma Constituição liberal e tomou uma atitude inesperada: renunciou ao trono em favor de sua filha mais velha, D. Maria da Glória, então com 7 anos. Impôs, porém, uma condição: ela deveria se casar com o próprio tio, D. Miguel, na época com 24 anos.

O plano incestuoso de D. Pedro tinha uma clara finalidade: apaziguar a crise política que se instalara em Portugal desde a Revolução do Porto, ocorrida em 1820.

D. Pedro e D. Miguel, em caricatura que satiriza a histórica luta entre liberais e conservadores. D. Pedro, que no Brasil teve posições conservadoras, em Portugal aliou-se aos liberais.

A PRIMEIRA GERAÇÃO ROMÂNTICA

Essa geração caracteriza-se pelo empenho de seus integrantes em implantar o Romantismo no país; pelo emprego de alguns procedimentos clássicos ainda não superados; pelo nacionalismo e pelas preocupações históricas e políticas. Outras atitudes, como subjetivismo, medievalismo, idealização da mulher, do amor, da natureza, também se fazem notar, embora não sejam específicas dessa geração romântica. Entre outros, integram essa geração Almeida Garrett, Alexandre Herculano e Antônio Feliciano de Castilho.

Almeida Garrett: em busca das raízes nacionais

Quando o escritor Almeida Garrett (1799-1854) deixou Portugal, já era relativamente conhecido no país. Participara ativamente dos acontecimentos políticos de 1820, ocasião em que vários de seus escritos alusivos à revolução ganharam prestígio. Esteve na França, na Inglaterra e na Alemanha – países nos quais o Romantismo surgira –, onde absorveu as influências que o levaram a lançar-se na nova estética.

Almeida Garrett, o introdutor do Romantismo em Portugal.

As obras de Garrett apresentam, porém, traços da tradição clássica, como formalismo, vocabulário culto, racionalismo, contenção das emoções. Sua obra *Camões* (1825), apesar de considerada a primeira produção do Romantismo português, é fortemente marcada por essas influências. A inovação pela qual ela é responsável consiste muito mais na abordagem do tema – a vida de Camões, suas aventuras e seu sofrimento – do que na renovação da linguagem.

Preocupado com os rumos políticos, sociais e culturais de seu país, Garrett ocupou cargos públicos, assumiu o compromisso de reconstruir o teatro português e empenhou-se em criar obras que resgatassem o espírito de nacionalidade do povo lusitano. A obra *Romanceiro*, por exemplo, é uma reunião de poemas narrativos recolhidos em vários pontos do país e criteriosamente tratados do ponto de vista literário. Como essa, várias outras obras de Garret, em verso e em prosa, retratam o Portugal contemporâneo ou o Portugal histórico, bem ao gosto do vigente nacionalismo romântico.

A poesia

Partindo de poemas político-ideológicos comprometidos com o liberalismo e de obras ainda marcadas pela tradição clássica, como *Camões e D. Branca* (1826), o poeta só atingiu a maturidade romântica no gênero lírico quando contava com aproximadamente 50 anos. Depois de dois casamentos, Almeida Garrett, vivendo uma nova e profunda paixão, retomou a poesia lírica e criou, então, suas melhores obras poéticas: *Flores sem fruto* (1845) e *Folhas caídas* (1853).

LEITURA

Leia o poema a seguir, que integra a obra *Folhas caídas*.

São belas — bem o sei, essas estrelas,
Mil cores — divinais têm essas flores;
Mas eu não tenho, amor, olhos para elas:
Em toda a natureza
Não vejo outra beleza
Senão a ti — a ti!

Divina — ai! sim, será a voz que afina
Saudosa — na ramagem densa, umbrosa.
Será; mas eu do rouxinol que trina
Não oiço a melodia,
Nem sinto outra harmonia
Senão a ti — a ti!

Respira — n'aura que entre as flores gira,
Celeste — incenso de perfume agreste.
Sei... não sinto, minha alma não aspira,
Não percebe, não toma
Senão o doce aroma
Que vem de ti — de ti!

Formosos — são os pomos saborosos,
É um mimo — de néctar o racimo:
E eu tenho fome e sede... sequiosos,
Famintos meus desejos
Estão... mas é de beijos,
É só de ti — de ti!

Francis Danby. Disappointed love/Victoria and Albert Museum, London

Macia — deve a relva luzidia
Do leito — ser por certo em que me deito.
Mas quem, ao pé de ti, quem poderia
Sentir outras carícias,
Tocar noutras delícias
Senão em ti — em ti!

A ti! ai, a ti só os meus sentidos,
Todos num confundidos,
Sentem, ouvem, respiram,
Em ti, por ti deliram.
Em ti a minha sorte,
A minha vida em ti;
E quando venha a morte,
Será morrer por ti.

(Almeida Garrett. In: Alexandre Pinheiro Torres, org. *Antologia da poesia portuguesa*. Porto: Lello & Irmão, 1997. v. 2, p. 755-6.)

pomo: fruto.
racimo: cacho ou conjunto de flores ou frutos.
sorte: destino, fim, felicidade, acaso feliz.
umbroso: que produz sombra; copado.

1. No poema, ganham destaque os sentidos humanos. Identifique esses sentidos, na ordem em que aparecem no texto.

2. Observe os seguintes elementos do poema, aos quais são associados os sentidos:

- estrelas e flores
- canto do rouxinol
- perfume agreste
- pomos saborosos
- macia relva luzidia do leito

a) O que esses elementos têm em comum?

b) A que(m) eles são comparados?

c) Nessa comparação, o que ou quem sobressai?

3. Leia este comentário, do crítico Benedito Nunes:

> "Para o poeta romântico, as formas naturais com que ele dialoga, e que falam à sua alma, falam-lhe de alguma outra coisa; falam-lhe do elemento espiritual que se traduz nas coisas [...]"
>
> (Apud J. Guinsburg, org. *O Romantismo*. São Paulo: Perspectiva, 1978. p. 65.)

Embora o eu lírico fale da natureza, qual é, na verdade, o tema central do poema em estudo?

4. A exploração dos sentidos humanos associa-se, naturalmente, a uma percepção sensual do mundo. Há referências a *sensualidade* no poema? Justifique sua resposta com elementos do texto.

5. Releia a última estrofe do poema e identifique nela ao menos duas características marcadamente românticas.

Manuel Barreira - Editor, Porto

A prosa

Na prosa de ficção, Garrett escreveu as novelas *Arco de Santana* (1845-1850) e *Viagens na minha terra* (1846). A primeira é histórica, e a segunda, contemporânea.

Viagens na minha terra nasceu de uma viagem que Garrett fez a Santarém, a convite de um político. A obra concilia o relato de viagens com comentários sobre os mais diferentes temas, ao mesmo tempo que traça um rico retrato da vida social portuguesa à época do miguelismo (período em que assumiu o governo D. Miguel, cunhado do imperador D. Pedro I, do Brasil). Nela está inserida uma história de amor entre Joaninha e seu primo Carlos. Seguindo o modelo de *Viagem sentimental* (1787), de Sterne, e de *Viagem à roda do meu quarto* (1795), de Xavier de Maistre, a obra de Garrett inovou do ponto de vista técnico a prosa portuguesa, por conciliar relato de viagens, reflexões político-filosóficas, trama sentimental e digressões de toda ordem. O procedimento da digressão – situações em que o narrador foge ao tema central do texto e insere assuntos estranhos a ele – dá ao autor oportunidade de abordar os mais variados temas: filosóficos, sociais, artísticos, religiosos.

O teatro

No gênero dramático, Garrett produziu várias peças, entre outras, *Catão* (1822), *Mérope* (1841), *Um auto de Gil Vicente* (1842) e *Frei Luís de Sousa* (1844), esta considerada a obra-prima do teatro português. Em *Frei Luís de Sousa*, Garrett aborda um tema histórico de grande repercussão na vida cultural portuguesa: o desaparecimento e a volta de um nobre da guerra em Alcácer-Quibir, onde também desapareceu o rei D. Sebastião.

O drama inspira-se no episódio verídico vivido no fim do século XVI por Madalena de Vilhena e por D. Manuel de Sousa Coutinho, vigoroso prosador do Seiscentismo, que passou à história literária com o nome de Frei Luís de Sousa. Como D. João de Portugal, marido de D. Madalena, desaparecera em batalha, na África, ela se casa com D. Manuel e tem uma filha, D. Maria. Os anos se passam e eis que um dia surge um romeiro, vindo de Jerusalém, que diz trazer uma mensagem de D. João, que, segundo ele, se encontrava vivo e prisioneiro. Diante da notícia, o casal entra em desespero, em virtude da situação de adultério em que se encontrava. Como saída, ambos encerram-se num convento. A filha morre subitamente. Ao leitor, contudo, é revelada a identidade do romeiro.

Veja um trecho da parte final da peça, no qual o romeiro conversa com o criado Telmo:

TELMO: Esta voz... esta voz! Romeiro, quem és tu?

ROMEIRO (*tirando o chapéu e levantando o cabelo dos olhos*): Ninguém, Telmo; ninguém, se nem já tu me conheces.

TELMO (*deitando-se-lhe às mãos para lhas beijar*): Meu Amo, meu Senhor... sois vós? Sois, sois. D. João de Portugal, oh, sois vós, Senhor?

ROMEIRO: Teu filho já não?

TELMO: Meu filho!... Oh! é o meu filho todo; a voz, o rosto... Só estas barbas, este cabelo não... Mais branco já que o meu, Senhor!

Cena do filme *Frei Luís Sousa*, 1950.

Direção: António Lopes Ribeiro. Lisboa Filmes

TELMO: Meu Deus, meu Deus! Que hei de eu fazer?

ROMEIRO: O que te ordena teu Amo. Telmo, dá-me um abraço. (*Abraçam-se.*) Adeus, adeus, até...

TELMO: Até quando, Senhor?

ROMEIRO: Até ao dia do juízo...

TELMO: Pois vós?...

ROMEIRO: Eu... Vai, saberás de mim quando for tempo. Agora é preciso remediar o mal feito. Fui imprudente, fui injusto, fui duro e cruel. E para quê? D. João de Portugal morreu no dia em que sua mulher disse que ele morrera. Sua mulher honrada e virtuosa, sua mulher que ele amava... Oh, Telmo, Telmo, com que amor a amava eu! Sua mulher que ele já não pode amar sem desonra e vergonha!... Na hora em que ela acreditou na minha morte, nessa hora morri. Com a mão que deu a outro riscou-me do número dos vivos. D. João de Portugal não há de desonrar a sua viúva. Não, vai; dito por ti terá dobrada força: dize-lhe que falaste com o romeiro, que o examinaste, que o convenceste de falso e de impostor... dize o que quiseres, mas salva-a a ela da vergonha e ao meu nome da afronta. De mim já não há senão esse nome, ainda honrado; a memória dele que fique sem mancha. Está em tuas mãos, Telmo, entrego-te mais que a minha vida. [...]

(Almeida Garrett. *Frei Luís de Sousa* e *Viagens na minha terra.* São Paulo: Difel, 1969. p. 126-30.)

Alexandre Herculano e o romance histórico

Um exército de homens, montados em cavalos e armados com lanças, atiradeiras e escudos, põe-se em fileira. Em suas bandeiras veem-se brasões e o símbolo da cruz. À sua frente, coloca-se outro exército de homens de feições diferentes, com turbantes na cabeça, roupas compridas e largas, falando uma língua estranha e defendendo um deus diferente: Alá.

Não se trata de um filme da "sessão da tarde" na televisão, embora cenas como a descrita acima sejam frequentes em filmes de aventura. Trata-se de uma das situações criadas por Alexandre Herculano (1810-1877), escritor português que se interessou por temas históricos, principalmente aqueles cujo cenário é a Idade Média, mundo de fantasias em que cavaleiros heroicos lutam contra o exército árabe e procuram salvar donzelas indefesas.

Embora tenha cultivado também a poesia, foi na prosa de ficção que Alexandre Herculano deixou sua maior contribuição. Nela o autor fez uso de seu largo conhecimento da história de Portugal, particularmente a relativa à Idade Média, introduzindo o romance histórico no país. Esse gênero renovou e revigorou a prosa de ficção portuguesa, dado o desgaste das novelas de cavalaria e das novelas sentimentais. Herculano é autor dos romances *O bobo* (situado no século XII), *Eurico, o presbítero* (situado no século VIII) e *O monge de Cister* (situado no século XVI). Como contista, publicou *Lendas e narrativas*, também de ambientação medieval.

Nessas obras, misturando-se a fatos históricos devidamente documentados, a matéria literária (trama amorosa, aventuras da cavalaria medieval, fantasia, imaginação) é às vezes utilizada pelo autor apenas como pretexto para dar vazão às suas ideias sociais, filosóficas, religiosas e nacionalistas.

Alexandre Herculano ainda deixou contribuições à cultura no campo do ensaio, do jornalismo e da historiografia. Como historiador, publicou *História de Portugal* e *Estabelecimento da Inquisição em Portugal*.

Alexandre Herculano.

Eurico, o presbítero

O principal romance de Alexandre Herculano é *Eurico, o presbítero,* que retrata a invasão árabe na península Ibérica ocorrida no século VIII e a história do amor impossível de Eurico e Hermengarda.

Eurico é um padre que se refugiara na vida religiosa para tentar esquecer Hermengarda, cuja mão lhe fora negada pelo pai dela, o duque de Cantábria, em virtude da baixa posição social do pretendente.

Quando ocorre a invasão árabe, Eurico – corajoso cavaleiro no passado – torna-se o temido "cavaleiro negro", que atemoriza os árabes com sua valentia e ousadia. Contudo, os árabes vencem a guerra e invadem cidades, casas, conventos e igrejas.

Eurico alia-se a um grupo de resistência que se esconde na floresta e tem como líder Pelágio, irmão de Hermengarda.

Em meio às lutas, o cavaleiro e a moça se reencontram, e ela, em sonho, revela seu amor por ele. Entretanto, a união entre os dois é agora mais impossível ainda, porque ele se tornara padre. Depois de ter participado de uma bem-sucedida emboscada contra os árabes, Eurico se deixa matar pelos inimigos, pondo fim ao seu sofrimento amoroso e ao conflito religioso. Hermengarda, ao saber de sua morte, enlouquece.

Shaun Egan/AWL Images/Getty Imag

Em Granada, sul da Espanha, a Alhambra, complexo arquitetônico de influência árabe.

LEITURA

O texto a seguir reproduz o trecho final de *Eurico, o presbítero*, no qual se dá o clímax e o desfecho da narrativa. Eurico persegue três cavaleiros inimigos. Entre eles estão dois cristãos traidores, Juliano e Opas, e um árabe, Muguite. Eurico alcança-os e junta-se a eles. Seu principal objetivo não é matá-los, mas executar um plano.

Quatro cavaleiros, a pé e em fio, caminhavam por aquele apertado carreiro. Pelos trajos e armas, conhecia-se que eram três cristãos e um sarraceno. Chegados à clareira, este parou de repente e, voltando-se com aspecto carregado para um dos três, disse-lhe:

— Nazareno, ofereceste-nos a salvação, se te seguíssemos: fiamo-nos em ti, porque não precisavas de trair-nos. Estávamos nas mãos dos soldados de Pelágio, e foi a um aceno teu que eles cessaram de perseguir-nos. Porém o silêncio tenaz que tens guardado gera em mim graves suspeitas. Quem és tu? Cumpre que sejas sincero, como nós. Sabes que tens diante de ti Muguite, o amir da cavalaria árabe, Juliano, o conde de Septum, e Opas, o bispo de Híspalis.

— Sabia-o — respondeu o cavaleiro: — por isso vos trouxe aqui. Queres saber quem sou? Um soldado e um sacerdote de Cristo!

— Aqui!?... — atalhou o amir, levando a mão ao punho da espada e lançando os olhos em roda. — Para que fim?

O herói encapuzado: ontem e hoje

A figura de um herói misterioso, como o cavaleiro negro de *Eurico, o presbítero*, com algumas adaptações ainda faz parte da cultura atual. E está no cinema, na tevê e nos quadrinhos. É o caso, por exemplo, de Zorro, também um cavaleiro negro que luta pela justiça. Mais recentemente, o mito foi associado ao enigmático Batman, identificado com o morcego por causa da capa e da máscara negras que usa e por agir à noite. Batman troca o cavalo negro pelo incrível Batmóvel e, em vez de árabes, combate as tramas de seus rivais Pinguim e Coringa e da sensual Mulher-Gato.

A máscara do Zorro. Direção: Martin Campbell, 1998.
Interfoto/Latinstock

— A ti, que não eras nosso irmão pelo berço; que tens combatido lealmente conosco, inimigos da tua fé; a ti, que nos oprimes, porque nos venceste com esforço e à luz do dia, foi para te ensinar um caminho que te conduza em salvo às tendas dos teus soldados. É por ali!... A estes, que venderam a terra da pátria, que cuspiram no altar de seu Deus, sem ousarem francamente renegá-lo, que ganharam nas trevas a vitória maldita da sua perfídia, é para lhes ensinar o caminho do inferno... Ide, miseráveis, segui-o!

E quase a um tempo dois pesados golpes de franquisque assinalaram profundamente os elmos de Opas e Juliano. No mesmo momento mais três reluziram.

Um contra três! — Era um combate calado e temeroso. O cavaleiro da cruz parecia desprezar Muguite: os seus golpes retiniam só nas armaduras dos dois godos. Primeiro o velho Opas, depois Juliano caíram.

Então, recuando, o guerreiro cristão exclamou:

— Meu Deus! Meu Deus! — Possa o sangue do mártir remir o crime do presbítero!

E, largando o franquisque, levou as mãos ao capacete de bronze e arrojou-o para longe de si.

Muguite, cego de cólera, vibrara a espada: o crânio do seu adversário rangeu, e um jorro de sangue salpicou as faces do sarraceno. [...]

Nessa noite, quando Pelágio voltou à caverna, Hermengarda, deitada sobre o seu leito, parecia dormir. Cansado do combate e vendo-a tranquila, o mancebo adormeceu, também perto dela, sobre o duro pavimento da gruta. Ao romper da manhã, acordou ao som de cântico suavíssimo. Era sua irmã que cantava um dos hinos sagrados, que muitas vezes ele ouvira entoar na catedral de Tárraco. Dizia-se que seu autor fora um presbítero da diocese de Híspalis, chamado Eurico.

Quando Hermengarda acabou de cantar, ficou um momento pensando. Depois, repentinamente, soltou uma destas risadas que fazem eriçar os cabelos, tão tristes, soturnas e dolorosas são elas: tão completamente exprimem irremediável alienação de espírito.

A desgraçada tinha, de feito, enlouquecido.

(São Paulo: Ática, 1982. p. 111-2.)

amir: chefe muçulmano.

franquisque: arma antiga, semelhante ao machado.

godos: habitantes da antiga Germânia, que, entre os séculos III e V, invadiram o Império Romano; no contexto, são os cristãos.

Nazareno: cristão; o árabe chama Eurico dessa forma porque sua roupa era adornada com uma cruz.

perfídia: traição.

remir: compensar, pagar a culpa.

sarraceno: árabe.

tenaz: firme, obstinado.

trajos: trajes.

1. A invasão e a ocupação árabe da península Ibérica tiveram causas políticas e econômicas. No entanto, o autor procura dar outro caráter à luta em que se envolveram Eurico e os árabes. Qual parece ser a finalidade da luta? Justifique sua resposta com palavras ou trechos do texto.

2. Ao ir ao encontro dos inimigos, o cavaleiro tem um plano em mente.

a) Qual é esse plano?

b) Durante o combate, o cavaleiro da cruz, Eurico, "parecia desprezar Muguite". Por que Eurico procedia desse modo?

3. Como se explica, no contexto de toda a obra, a frase de Eurico "Possa o sangue do mártir remir o crime do presbítero"?

4. Uma das atitudes do Romantismo é a fusão do grotesco e do sublime, isto é, a junção de aspectos maravilhosos e ao mesmo tempo repelentes, em um único ser. Com base no texto, indique características de Eurico e Hermengarda que comprovam essa atitude romântica.

5. Alexandre Herculano, ao filiar a raça portuguesa aos heroicos godos – povo que vivia na península Ibérica quando ocorreu a invasão árabe –, desejava destacar certos valores, como a fé cristã e o heroísmo, que, na sua visão, são também características do povo português. Que traços tipicamente românticos se revelam nesse procedimento do autor?

O grotesco e o sublime no cinema

O primeiro romântico a levantar a teoria de uma arte que fundisse o grotesco e o sublime foi Victor Hugo, no "Prefácio" da peça teatral *Cromwell*. Os filmes *O corcunda de Notre-Dame*, *A Bela e a Fera* e *Frankenstein* são expressões cinematográficas desse conceito romântico de convivência entre feiura física e beleza interior.

Frankenstein. Direção: Kenneth

A SEGUNDA GERAÇÃO ROMÂNTICA

Essa geração representa a maturidade do movimento romântico, ao mesmo tempo que prenuncia a sua superação, em vista da presença de características realistas na produção literária de seus integrantes. Alguns dos autores dessa geração apresentam certos traços do "mal do século", comportamento fortemente marcado pelo pessimismo, pelo negativismo existencial, pelo mórbido e pelo sentimentalismo excessivo. É o caso do poeta Soares de Passos e de Camilo Castelo Branco em algumas de suas obras. Contudo, o próprio Camilo como Júlio Dinis e o poeta João de Deus, já revela traços que apontam a superação do Romantismo e a transição para o Realismo e o Naturalismo, movimentos da segunda metade do século XIX.

Camilo Castelo Branco: o mestre da novela passional

Imagine a seguinte situação: um garoto de origem humilde fica órfão de mãe com 1 ano e de pai com 10 anos. Criado por uma tia e depois por uma irmã mais velha, recebe uma educação provinciana e irregular. Aos 16 anos, casa-se com uma aldeã, mas logo a abandona e vai tentar cursar Medicina no Porto e em Coimbra. Por desilusão amorosa, torna-se seminarista, mas passa a viver muitas aventuras amorosas. Foge com Ana Plácido, mulher casada com um rico comerciante brasileiro. Por crime de adultério, os amantes são presos. Nesse ínterim, publica a novela *Amor de perdição* (1862), que aproveita muito dessa experiência e lhe garante popularidade. Finalmente absolvido, liga-se definitivamente a Ana Plácido, com quem se casa após a morte do marido. A partir daí, dedica-se a escrever livros como forma de sobreviver e torna-se o escritor mais lido de Portugal. Apesar disso, desgostos na família (dificuldades financeiras, a loucura de um filho) e a ameaça de cegueira levam-no cada vez mais ao desespero. Sem possibilidade de cura, suicida-se.

Essa história não é o enredo de nenhum romance romântico, mas a síntese da biografia de Camilo Castelo Branco (1825-1890), um dos mais fecundos escritores da literatura portuguesa. Um exemplo claro de como, no Romantismo, a vida se confunde com a arte.

A obra

As narrativas camilianas normalmente se ambientam em lugares que fizeram parte da vida do autor: uma vila ou uma aldeia provinciana, a cidade do Porto, o convento em que os pais enclausuravam as filhas desobedientes, a taberna aldeã, etc. Povoam esse ambiente tipos campesinos, que vão de fidalgos provincianos preconceituosos a elementos da burguesia portuense; mulheres de todas as condições sociais, da camponesa e da operária à fidalga; o padre, o comerciante com negócios no Brasil, a freira, o ferrador, o pedreiro, o salteador de estrada.

Anônimo. Retrato de Camilo Castelo Branco

Camilo Castelo Branco, autor de *Amor de perdição.*

A mola da ação de seus enredos é frequentemente o amor. O amor contrariado pelas convenções sociais ou o amor gerador de raptos, de emboscadas e riscos, de ódios implacáveis entre famílias. O direito a esse sentimento é defendido e os que se interpõem entre os amantes são ridicularizados ou tratados com ódio.

Como narrador, Camilo foi extraordinário, oscilando entre o lirismo e o sarcasmo. Vibra com as personagens e comumente intervém na história, tecendo comentários piedosos, indignados ou sarcásticos. Sua linguagem caracteriza-se pelo vocabulário rico e pela economia de recursos. Concisão e força caracterizam seu estilo.

Apesar disso, a qualidade da obra camiliana é irregular, uma vez que o autor, sobrevivendo de suas publicações, chegou a produzir mais de duzentas obras. Em sua vasta produção ficcional destacam-se o romance-folhetim *Mistérios de Lisboa*, em que as narrativas são de mistério ou de terror; a novela passional, gênero no qual o autor atinge a maturidade narrativa em *Amor de perdição*, *Amor de salvação* e *O romance de um homem rico*, que tematizam o amor trágico; a novela satírica de costumes, em que a exploração do humorismo permite a caracterização irônica e satírica geralmente do burguês rico, do português que tenta a fortuna no Brasil ou do provinciano que faz má figura em Lisboa, representada por *Coração, cabeça e estômago* e *A queda de um anjo*; e a novela histórica *O judeu*, biografia romanceada de Antônio José da Silva.

Quando a arte imita a vida

Para o artista romântico, a arte não devia ser imitação, mas expressão direta da emoção, da intuição, da inspiração e da espontaneidade vividas por ele na hora da criação. Por isso, sua obra, a seu ver, não podia ser retocada após a concepção, sob risco de comprometer a autenticidade e a qualidade do trabalho.

Crendo nisso, muitos artistas românticos viveram em busca de aventuras e fortes emoções para que, assim, pudessem colher experiências criadoras. Alguns se envolveram com alcoolismo e drogas; outros participaram de lutas sociais.

O brasileiro Álvares de Azevedo foi um desses poetas românticos para quem a vida se confundia com a arte: em apenas quatro anos, escreveu cerca de sete obras. Morreu com 20 anos. Sobre seu túmulo consta o verso "Foi poeta – sonhou – e amou na vida", de autoria dele próprio.

Na última fase de sua produção, Camilo deixou-se influenciar pelo romance naturalista e o imitou satiricamente nas obras *A corja*, *Eusébio Macário* e *Vulcões de lama*. Em *A brasileira dos Prazins*, contudo, o tratamento sério dado à obra mostra uma assimilação real, embora parcial, do Naturalismo, movimento da segunda metade do século XIX.

A novela passional

A novela passional foi o gênero em que Camilo Castelo Branco mais se destacou, além de ter sido o seu definidor e o seu maior representante em Portugal.

A novela é um gênero controvertido. Nasceu na Europa, durante a Baixa Idade Média, sob a forma de novela de cavalaria; posteriormente, renovou-se e se definiu como gênero com as narrativas picantes do humanista Boccaccio, no século XIV. Até o século XIX, quando Camilo Castelo Branco se tornou o mestre da novela romântica portuguesa, sofreu várias transformações. De modo simplificado, pode-se dizer que a novela é uma narrativa mais curta e com menos personagens do que o romance e com uma única ação central.

A novela camiliana da fase inicial constrói-se a partir de um esquema mais ou menos comum. Normalmente o protagonista é um jovem de vida desregrada, que se deixa corromper pela vida social urbana. A seguir envolve-se com uma moça, e, a partir daí, dois tipos de desfecho podem ocorrer: ou ele a abandona, enfastiado, ou quer casar com ela e se regenerar, mas o pai da moça não aceita, pois prefere casá-la com um homem mais rico e mais ajustado socialmente.

O triângulo amoroso é outro ingrediente da novela camiliana e normalmente conta com a oposição de mulheres de tipos diferentes. A mulher-anjo, delicada, pura e frágil, opõe-se à mulher fatal, mais independente e sedutora, como ocorre em *Amor de salvação*.

A contraposição desses perfis femininos quase sempre é feita com a finalidade de satirizar a falsa vida conjugal feliz.

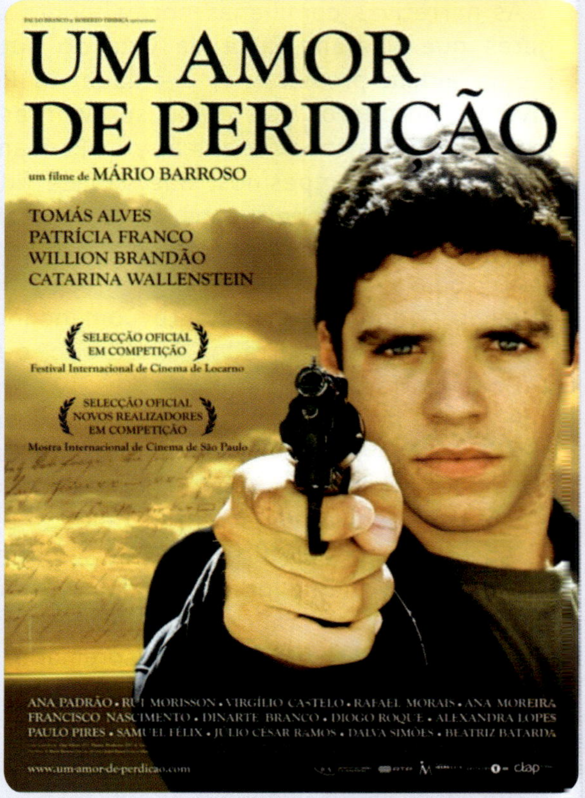

Plateau Leopardo Filmes

Cena do filme *Um amor de perdição* (2008), do cineasta português Mário Barroso, cujo roteiro foi baseado na obra de Camilo Castelo Branco.

Novela, *novella*, *novel*, *short story* ou *long short story*

Muita confusão se tem feito com relação ao emprego do termo *novela*. Isso se deve sobretudo aos termos com que as línguas designam seus gêneros literários. A palavra *novela* vem do italiano *novella*, ou seja, pequenas histórias, como as de Boccaccio em seu *Decameron*. Contudo, em espanhol, por exemplo, o romance é chamado de *novela*; a nossa novela é chamada de *novela corta*, e o conto, de *cuento*. Em inglês, *novel* é o termo usado para designar o romance, *short story* para o conto e *long short story* para a novela. Além das diferenças de nomenclatura, em cada língua o gênero assume feições diferentes, o que dificulta ainda mais sua classificação.

LEITURA

Amor de perdição é a mais famosa novela passional de Camilo Castelo Branco. Embora tenha relacionado a história à vida atribulada de um parente, Camilo incorporou à obra muito de suas próprias experiências na prisão e de seu relacionamento proibido com Ana Plácido, mulher casada.

Espécie de *Romeu e Julieta* à lusitana, *Amor de perdição* narra a história do amor impossível entre Simão Botelho e Teresa de Albuquerque, jovens pertencentes a famílias nobres e inimigas, que tentam afastar os apaixonados: Simão é enviado a Coimbra, enquanto Teresa depois de se recusar a casar com seu primo Baltasar Coutinho, é encerrada num convento, no Porto. Simão, protegido pelo ferreiro João da Cruz e por Mariana, filha deste, permanece em Viseu. Na partida de Teresa, enfurece-se com a insolência de Baltasar e o mata a tiro, entregando-se em seguida à Justiça. Condenado à forca, tem depois sua sentença transformada em exílio. Nesse ínterim, Teresa, minada pela tristeza, adoece. No capítulo final, Simão embarca para o exílio e, a distância, avista o mosteiro em que Teresa se encontra e pressente sua morte. Tomado de febre, vem também a morrer na viagem. Ao ser lançado o corpo ao mar, Mariana, que sempre o amara e espontaneamente o acompanhava ao exílio, lança-se ao mar e une-se a ele.

O fragmento que segue pertence ao penúltimo capítulo da obra, momento em que os amantes, por carta, discutem seu destino.

Baixe obras da Internet!

Você pode ler e baixar obras inteiras de Alexandre Herculano, Almeida Garrett, Júlio Dinis e Camilo Castelo Branco no *site* www.dominiopublico.gov.br.

"Dez anos! — dizia-lhe a enclausurada de Monchique. — Em dez anos terá morrido meu pai e eu serei tua esposa, e irei pedir ao rei que te perdoe, se não tiveres cumprido a sentença. Se vais ao degredo, para sempre te perdi, Simão, porque morrerás, ou não acharás memória de mim, quando voltares."

Como a pobre se iludia nas horas em que as débeis forças de vida se lhe concentravam no coração!

As ânsias, a lividez, o deperecimento tinham voltado. O sangue, que criara novo, já lhe saía em golfadas com a tosse.

Se por amor ou piedade o condenado aceitasse os ferrolhos três mil seiscentas e cinquenta vezes corridos sobre as suas longas noites solitárias, nem assim Teresa susteria a pedra sepulcral que a vergava de hora a hora.

"Não esperes nada, mártir — escrevia-lhe ele. — A luta com a desgraça é inútil, e eu não posso já lutar. Foi um atroz engano o nosso encontro. Não temos nada neste mundo. Caminhemos ao encontro da morte... Há um segredo que só no sepulcro se sabe. Ver-nos-emos?

Vou. Abomino a pátria, abomino a minha família; todo este solo está aos meus olhos coberto de forcas, e quantos homens falam a minha língua, creio que os ouço vociferar as imprecações do carrasco. Em Portugal, nem a liberdade com a opulência; nem já agora a realização das esperanças que me dava o teu amor, Teresa!

Esquece-te de mim, e adormece no seio do nada. Eu quero morrer, mas não aqui. Apague-se a luz de meus olhos; mas a luz do céu, quero-a! Quero ver o céu no meu último olhar.

Não me peças que aceite dez anos de prisão. Tu não sabes o que é a liberdade cativa dez anos! Não compreendes a tortura dos meus vinte meses. A voz única que tenho ouvido é a da mulher piedosa que me esmola o pão de cada dia, e a do aguazil que veio dar-me a sarcástica boa nova de uma graça real, que me comuta o morrer instantâneo da forca pelas agonias de dez anos de cárcere.

Salva-te, se podes, Teresa. Renuncia ao prestígio dum grande desgraçado. Se teu pai te chama, vai. Se tem de renascer para ti uma aurora de paz, vive para a felicidade desse dia. E, se não, morre, Teresa, que a felicidade é a morte, é o desfazerem-se em pó as fibras laceradas pela dor, é o esquecimento que salva das injúrias a memória dos padecentes."

As palavras únicas de Teresa, em resposta àquela carta, significativa da turbação do infeliz, foram estas:

"Morrerei, Simão, morrerei. Perdoa tu ao meu destino... Perdi-te... Bem sabes que sorte eu queria dar-te... e morro, porque não posso, nem poderei jamais resgatar-te. Se podes, vive; não te peço que morra, Simão; quero que vivas para me chorares. Consolar-te-á o meu espírito... Estou tranquila... Vejo a aurora da paz... Adeus até ao céu, Simão."

(5. ed. São Paulo: Saraiva, s.d.)

aguazil: oficial de diligências; juiz.
débil: fraco.
degredo: exílio.
deperecimento: ato de desfalecer.
imprecação: súplica.
lacerada: dilacerada, cortada.
lividez: palidez.
opulência: riqueza, luxo.
turbação: comoção, agitação.
vociferar: exclamar, bradar.

TV Bandeirantes

Simão (Miguel Thiré) e Teresa (Ana S. Folch) na novela *Paixões proibidas*, cujo roteiro foi escrito a partir das obras de Camilo Castelo Branco.

1. Teresa pede a Simão que aceite ficar dez anos preso em Portugal, em vez de dez anos exilado na África. Que razões levam a moça a pensar desse modo?

2. A heroína romântica normalmente é vista sob duplo enfoque: de um lado, certa fragilidade; de outro, a coragem e a persistência. Que elementos da caracterização de Teresa comprovam essa afirmação?

3. Simão, em sua carta, afirma: "E, se não, morre, Teresa, que a felicidade é a morte, é o desfazerem-se em pó as fibras laceradas pela dor, é o esquecimento que salva das injúrias a memória dos padecentes".

a) Verifica-se, nesse excerto, um posicionamento tipicamente romântico de Simão diante da morte. Explicite-o, comentando o significado da morte para a personagem.

b) O Romantismo apresenta um gosto acentuado pela linguagem figurada e metafórica. Identifique, no texto, esse procedimento.

4. É próprio do herói romântico colocar as razões do coração acima das normas e convenções sociais, apesar dos conflitos e problemas existenciais que decorrem desse comportamento. Identifique na carta de Simão um fragmento que confirma o sentimento de desagregação experimentado por ele em relação à família e à sociedade portuguesa.

Na vida real se morria por amor?

Sim, às vezes acontecia de os amantes matarem ou morrerem por amor. Veja o que contam os historiadores Philippe Ariès e Georges Duby:

Em 1828, *Le Journal des Débats* divulga um crime passional. Uma jovem operária de dezenove anos, filha de alfaiates, cortejada por um colega de trabalho com vinte anos, que a acompanha até sua casa "segurando-lhe o braço", conta o fato à sua família: pode se casar com ele? Deliberam, julgam que o rapaz não tem seriedade nem talento suficiente [...]. Então vem a recusa e segue-se o assassinato cometido pelo pretendente rejeitado. A força do desejo se quebra contra o granito do grupo. Muitos processos do século XIX nos contam histórias de amores impossíveis.

(*História da vida privada*. São Paulo: Companhia das Letras, 1991. v. 4, p. 136.)

Júlio Dinis: o último sopro romântico

Júlio Dinis é o pseudônimo literário de Joaquim Guilherme Gomes Coelho (1839-1871), filho de um português e uma inglesa. Médico por profissão, Júlio Dinis ligou-se à grande burguesia do Porto e dedicou parte de seu tempo à leitura dos principais romancistas ingleses, pelos quais foi influenciado.

Com exceção de *Uma família inglesa*, que tem por ambiente o meio mercantil do Porto, os demais romances do autor ambientam-se no campo. *A morgadinha dos canaviais*, *Os fidalgos da casa mourisca* e *As pupilas do senhor reitor* têm como personagens pequenos proprietários e lavradores e como pano de fundo as transformações políticas e econômicas por que passava o país com o regime liberal.

Júlio Dinis é o último prosador significativo do Romantismo português. Sua obra ainda apresenta uma série de clichês românticos, tais como a vitória do amor sobre as convenções sociais, o predomínio dos sentimentos sobre a razão, a idealização da vida natural, a busca de uma linguagem simples e direta. Contudo, já demonstra certas características que prenunciam o movimento literário seguinte, o Realismo, como a preocupação em descrever com precisão a natureza e os comportamentos sociais; a objetividade ao fixar tipos sociais; a caracterização psicológica de personagens; o tom moralizante, que tem em vista divertir e ensinar ao mesmo tempo. Por esses aspectos, Júlio Dinis, ao lado de escritores como João de Deus e Tomás Ribeiro, representa um momento de transição do Romantismo para o Realismo.

Márcia Zoet/Agência O Globo

Cena da novela *As pupilas do senhor reitor*, exibida pelo SBT em 1995.

As pupilas do senhor reitor é a obra mais conhecida de Júlio Dinis. Narra a história do lavrador José das Dornas e de seus filhos, Pedro e Daniel. Pedro assemelha-se ao pai; é um rapaz simples, integrado ao campo. Daniel, contudo, desde cedo mostra-se diferente, mais frágil e sensível. Aconselhado pelo reitor (o padre), o pai manda Daniel à cidade para realizar os estudos. Os anos passam e Pedro fica noivo de Clara; o casal espera a volta de Daniel para a realização do matrimônio. Quando este chega, envolve-se sentimentalmente com a noiva do irmão, dando início a uma série de mexericos. A intervenção do reitor e de Margarida (irmã de Clara e ex-namoradinha de Daniel quando criança) põe fim à situação. Num típico final feliz, Clara casa-se com Pedro, e Margarida com Daniel. Há a ideia de que o amor verdadeiro é capaz de resolver todas as confusões e pôr fim à maledicência.

Veja a sequência do episódio da chegada de Daniel à cidade:

Pedro foi quem, ao cerrar da noite, pôs fim a este interrogatório, que levava jeitos de eternizar-se.

— Vem daí dar um passeio, Daniel; e de caminho hei de mostrar-te a minha mulher... a que há de ser.

— Ah... É verdade que estás para casar. Estimo que me dês ocasião de tomar desde já conhecimento com a que dentro em pouco chamarei irmã. Espero encontrá-la digna de ti. Vamos lá.

— Ide, ide, rapazes — observou José das Dornas. — Vais ver uma guapa cachopa, Daniel. Mas tu conhecê-la... É uma filha do Meadas.

— Ah!... sim... tenho uma ideia.

Cumpre-me confessar que Daniel não tinha tal ideia das filhas do Meadas. Enquanto esteve no Porto, e até nos curtos intervalos de férias que passara na terra, vivera ele muito estranho à vida do campo, para se recordar ainda das alcunhas, pelas quais, na aldeia, mais geralmente são conhecidas as famílias, do que ainda por os verdadeiros nomes e sobrenomes.

José das Dornas é que tinha uma ideia ao dizer aquilo: era de fazer lembrar ao filho o episódio da infância, que decidira da sua vida inteira.

Mas, ainda que sob o risco de indispor o ânimo das leitoras contra uma das principais personagens desta singelíssima história, farei aqui a desagradável, mas conscienciosa declaração, de que a imagem de Margarida andava, por aquele tempo, tão desvanecida já na memória de Daniel, que nem o nome, pelo qual fora sempre designada na terra a família da rapariga, lhe pôde avivar os traços.

Havia muitos anos que Daniel observava um sistema de vida, que de todo o trazia desafeito dos hábitos campestres e indiferente às coisas e pessoas da localidade que o vira nascer.

Encarnara-se intimamente nele o espírito das cidades. As momentosas questões que ocupavam as cabeças sérias da aldeia, faziam-no sorrir; as distrações que entretinham as mais levianas, obrigavam-no a bocejar.

Daniel não deixara mentir o prognóstico que aquelas duas boas velhas, das quais não sei se o leitor ainda se lembrará, tinham feito do jovem estudante de latim, ao verem-no passar, sobraçando os livros, para casa do reitor. Durante os seus anos de estudo fora efetivamente o filho de José das Dornas herói de numerosas aventuras de amor, de mui diverso caráter.

Deixando-se impressionar de circunstâncias insignificantes, que outro espírito, menos exaltado, receberia como indiferença, andava ele quase de contínuo sob o império, fértil em deleitosas sensações, de uma paixão nascente.

Este coração, eminentemente acessível e irritável, não tivera quase, até ali, um instante de sossego.

(São Paulo: Saraiva. p. 73-4.)

Para quem quer mais na Internet

Em nosso *site* (http://www.atualeditora.com.br/pl/paraquemquermais), você poderá ler e baixar outros textos de Almeida Garrett, Alexandre Herculano e Camilo Castelo Branco e conhecer um pouco da poesia de Soares de Passos e João de Lemos.

Royal Museums of Fine Arts, Bruxelas

: *A Morte de Marat* (1793), Jacques-Louis David.

LÍNGUA: USO E REFLEXÃO

CAPÍTULO 5

O adjetivo

CONSTRUINDO O CONCEITO

O texto a seguir foi publicado em uma revista semanal e está reproduzido com algumas supressões de palavras, numeradas de 1 a 10. Leia-o.

"Lixo Extraordinário" enfoca trabalho de Vik Muniz em aterro sanitário

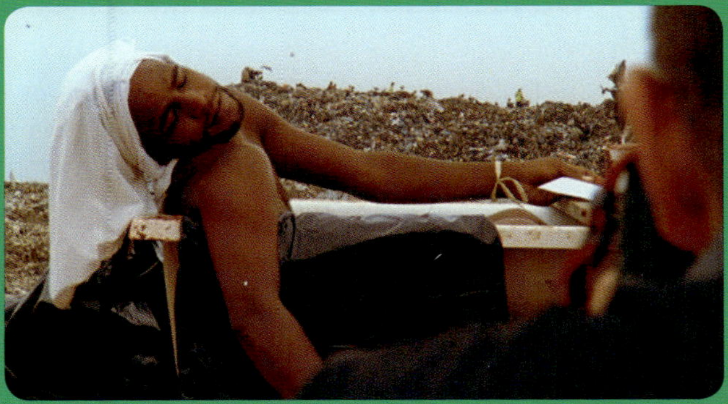

Lixo extraordinário. Lucy Walker, 2011/O2 Filmes

Vik Muniz. *Marat* (Sebastião), 2008. Coleção particular

: À esquerda, o sindicalista Tião, retratado no documentário *Lixo extraordinário* em simulação do quadro *A morte de Marat*, de Jacques-Louis David, de 1793. À direita, o trabalho de Vik Muniz, feito de materiais recolhidos no lixão.

Espera-se que, ao assistir ao (1) **Lixo Extraordinário**, os espectadores tenham reação semelhante à da plateia do Festival de Paulínia, quando o filme foi exibido pela primeira vez, em julho de 2010. Ovacionado por alguns minutos, foi escolhido pelo público o melhor documentário da competição. A (2) recepção não foi à toa. Dirigida a seis mãos em etapas distintas pela inglesa Lucy Walker e pelos brasileiros João Jardim (*Janela da Alma*) e Karen Harley, essa coprodução tem ingredientes para comover um grande número de espectadores.

Lucy Walker iniciou o projeto de mostrar o trabalho de Vik Muniz, (3) artista plástico (4) radicado nos Estados Unidos. Ao longo de dois anos [...], Muniz e sua equipe miraram o foco nas (5) jornadas dos catadores de material (6) do Jardim Gramacho, em Duque de Caxias, no Rio de Janeiro. Trata-se do (7) aterro sanitário da América Latina, responsável por receber cerca de 70% dos dejetos da capital (8). [...]

Devido aos rumos imprevistos das filmagens, "Lixo Extraordinário" pode parecer sem norte. A fita, contudo, funciona bem ao revelar o passo a passo do (9) processo de criação de Vik Muniz, além de ser um (10) registro de desvalidos em busca de oportunidades na vida. Há, sim, um certo pendor ao paternalismo, mas nada que estremeça a análise da transformação do descartável em arte, do lixo em luxo.

(Disponível em: http://vejasp.abril.com.br/revista/edicao-2201/lixo-extraordinario-de-vik-muniz-em-aterro-sanitario. Acesso em: 17/4/2012.)

Marat e Jacques-Louis David

"A morte de Marat" é uma das mais conhecidas obras do pintor francês Jacques-Louis David. Essa tela é uma homenagem de David a seu amigo revolucionário Jean-Paul Marat.

Marat, um radical jacobino, tinha uma doença de pele que o obrigava a permanecer várias horas na banheira. Numa das inúmeras vezes que aí permanecia, Charlotte Corday, militante do partido moderado dos girondinos, fazendo passar-se por uma informante consegue um pretexto para se encontrar com ele e assassina Marat a punhaladas.

Logo após o assassinato, David correu para o cenário do crime, para registrá-lo. Embora o fundo seja friamente vazio, a pintura de David enfatizou o caixote, a carta que ele segura na mão, a toalha manchada de sangue e a faca que, como objetos reais, foram cultuados como relíquias sacras. David retrata Marat como um santo, numa pose similar à de Cristo na "Pietà", de Michelângelo.

[...]

(Disponível em: http://oglobo.globo.com/pais/noblat/posts/2007/11/21/a-obra-prima-do-dia-80968.asp Acesso em: 2/5/2012.)

Royal Museums of Fine Arts, Bruxelas

A morte de Marat (1793), de Jacques-Louis David.

1. Considerando o assunto tratado no texto, responda:

a) Em qual seção da revista ele provavelmente foi publicado?

- Baladas
- *Shows*
- Luxo
- Cinema
- Crianças

b) A supressão de palavras impediu a compreensão do assunto?

2. As palavras que foram suprimidas no texto estão relacionadas a seguir.

a) Em grupo, releia o texto e, junto com os colegas, identifique onde se encaixa cada uma das palavras suprimidas. Veja três exemplos.

emocionante: 1 (emocionante *Lixo Extraordinário*)

bem-sucedido: 3 (bem-sucedido artista plástico)

maior: 7 (maior aterro)

paulistano
curioso
ótima
caloroso
desumanas
fluminense
reciclável

b) Com toda a classe, discuta quais foram os critérios utilizados por vocês para identificar o lugar de cada palavra.

3. Releia o texto, incorporando a ele as palavras suprimidas. Depois, discuta com os colegas e o professor: Qual ou quais sentidos essas palavras acrescentam ao texto?

CONCEITUANDO

Todos os seres que nos circundam podem ser diferenciados ou particularizados por características que lhes são próprias, circunstanciais ou fruto de nossa percepção. Por exemplo, o filme *Lixo extraordinário* pode ser caracterizado como *emocionante*, *caloroso*; o artista plástico Vik Muniz como *paulistano* e *bem-sucedido*; o trabalho dos catadores do aterro, como *desumano*; a recepção do filme, como *ótima*. Essas palavras – *emocionante, caloroso, paulistano, bem-sucedido, desumano, ótima* – são **adjetivos**.

> **Adjetivos** são palavras que designam condição ou estado provisórios ou permanentes, caracterizando e particularizando os seres. Podem expressar fatos ou percepções subjetivas. Referem-se sempre a um substantivo explícito ou subentendido na frase, com o qual concordam em gênero e número.

Quanto à *formação*, os adjetivos podem ser **primitivos** (estreito, liso), **derivados** (brasileiro, louvável), **simples** (querido, perigoso) e **compostos** (científico-literário, azul-marinho).

Função sintática do adjetivo

Na análise do adjetivo, observe a relação entre *forma* e *função*.

O *adjetivo* e a *locução adjetiva* exercem na oração as funções de adjunto adnominal, predicativo do sujeito e predicativo do objeto.

Foi recebido na estação por um homem *forte e barbado*.
adj. adn.

O adjetivo também pode passar a *advérbio* e funcionar como adjunto adverbial, em expressões como: sorrir *amarelo*, falar *alto*, falar *baixo*, comprar *barato*, vender *caro*. Nesse caso, conserva-se invariável e na forma correspondente ao masculino singular.

Como qualquer outra classe gramatical, o adjetivo também pode substantivar-se:

Estranhei-lhe o *desalinhado* do cabelo.

: Dá-se o nome de *locução adjetiva* à expressão com valor de adjetivo formada por preposição + substantivo. Nos títulos de filmes, ao lado, por exemplo, as expressões *da vida*, *de guerra* e *de ferro* constituem locuções adjetivas.

Imagem Filmes

Walt Disney

Paris Filmes

EXERCÍCIOS

Leia este texto:

A maratona do herói

Sampics/Corbis/Latinstock

A maratona é a mais longa, difícil e emocionante prova olímpica. Desde 1908, seu percurso é de 42.195 m. Tudo começou no ano de 490 a.C., quando soldados gregos e persas travaram uma batalha que se desenrolou entre a cidade de Maratona e o mar Egeu.

A luta estava difícil para os gregos. Comandados por Dario, os persas avançaram seu exército em direção a Maratona. Milcíades, o comandante grego, resolveu pedir reforço. Chamou Fidípides, um de seus valentes soldados. Ótimo corredor, ele levou o apelo de cidade em cidade até chegar em Atenas, 40 km distante. Voltou com 10 mil soldados e os gregos venceram a batalha, matando 6.400 persas.

Entusiasmado com a vitória, Milcíades ordenou que Fidípides fosse correndo até Atenas outra vez para informar que eles tinham vencido a batalha. Fidípides foi de novo, sem parar. Quando chegou ao seu destino, só teve forças para dizer uma palavra: "Vencemos!". E caiu morto. Em 1896, durante os primeiros Jogos Olímpicos da era moderna, Fidípides foi homenageado com a criação da prova. No início, a distância a ser percorrida era de 40 km, a mesma que separava Maratona de Atenas.

(Marcelo Duarte. *O guia dos curiosos*. 3. ed. São Paulo: Panda Books, 2005. p. 245)

1. Quais adjetivos são utilizados no texto para caracterizar a prova olímpica da maratona?

2. Observe estas frases:

"soldados **gregos** e **persas** travaram uma batalha"

"os **persas** avançaram"
"os **gregos** venceram a batalha"

Os termos destacados nas frases são substantivos ou adjetivos?
Justifique sua resposta.

FLEXÃO DO ADJETIVO

Leia esta tira:

Fernando Gonsales

(Disponível em: http://merdowski.blogspot.com.br/. Acesso em: 22/4/2012.)

1. Na tira, a personagem Níquel Náusea emprega os adjetivos *grande*, no 1º quadrinho, e *maior*, no 2º e 3º quadrinhos.

a) A que se referem esses adjetivos?

b) O substantivo a que se refere o adjetivo está explícito ou subentendido na fala da personagem?

2. As palavras *bom* e *boa* normalmente são adjetivos. Observe o 4º quadrinho.
Quando Níquel diz "Boa", essa palavra tem função adjetiva? Se sim, a que ela se refere?

3. Na sequência dos quadrinhos, Níquel fala: *grande*, *bem grande* e *maior*.

a) Que tipo de relação há entre esses adjetivos?

b) Leia o quadro da página 63 e depois classifique, quanto ao grau, as formas *bem grande* e *maior*.

4. No 4º quadrinho, a ratinha emprega o adjetivo *baldio*, no masculino singular.

a) A qual termo esse adjetivo se refere?

b) Segundo o dicionário, *baldio* significa "sem cultivo" ou "que não vale a pena, inútil". Considerando o segundo significado da palavra, que forma ela teria ao concordar com o substantivo *esperanças*?

Tal como o substantivo, o adjetivo se flexiona em *gênero* (masculino e feminino), em *número* (singular e plural) e em *grau* (comparativo e superlativo). Os exercícios a seguir tratam desse assunto. Ao resolvê-los, se tiver dúvida, consulte os boxes.

Fernando Gonsales

EXERCÍCIOS

1. Grande parte dos adjetivos pátrios são simples, mas há também compostos, como, por exemplo, *anglo-francês*, *euro-asiático*, *indo-europeu*. Nesses casos, o primeiro elemento do adjetivo composto apresenta uma forma reduzida, de origem normalmente erudita. Veja as principais:

afro — africano
anglo — inglês
austro — austríaco
euro — europeu
franco — francês
greco — grego
hispano — hispânico, espanhol
indo — indiano
ítalo — italiano
luso — lusitano
nipo — nipônico, japonês
sino — chinês
teuto — teutônico, alemão

Forme os adjetivos pátrios compostos referentes a:

a) império *chinês e japonês*

b) conflitos *alemães e brasileiros*

c) línguas *indianas e europeias*

d) literatura *francesa e provençal*

e) atlas *italiano e suíço*

f) trovadores *galegos e portugueses*

g) Antiguidade *grega e latina*

h) ginásio *inglês e espanhol*

i) acordos *portugueses e brasileiros*

j) relações *africanas e europeias*

Gênero do adjetivo

Os adjetivos formam o feminino quase sempre do mesmo modo que os substantivos, isto é, por meio da troca da vogal *o* por *a* ou do acréscimo de *a* no final da palavra:

homem *magro* — mulher *magra*

Alguns adjetivos, porém, têm uma só forma para o masculino e para o feminino:

exercício *fácil* — questão *fácil*

Os adjetivos compostos formam o feminino variando apenas o segundo elemento:

quadro *político-econômico*
integração *político-econômica*

2. No texto a seguir, os adjetivos estão entre parênteses. Observe os substantivos a que eles se referem e flexione-os adequadamente em gênero e número.

> E aquilo se foi constituindo numa (grande) lavanderia, (agitado) e (barulhento) com as suas cercas de varas, as suas hortaliças (verdejante) e os seus jardinzinhos de três e quatro palmos, que apareciam como manchas (alegre) por entre a negrura das (limoso) tinas (transbordante) e o revérbero das (claro) barracas de algodão (cru), armadas sobre os (lustroso) bancos de lavar. E os (gotejante) jiraus, cobertos de roupa (molhado), cintilavam ao sol, que nem lagos de metal (branco).
>
> E naquela terra (encharcado) e (fumegante), naquela umidade (quente) e (lodoso), começou a minhocar, a esfervilhar, a crescer, um mundo, uma coisa (vivo), uma geração, que parecia brotar (espontâneo), ali mesmo, daquele lameiro, e multiplicar-se como larvas no esterco.
>
> (Aluisio Azevedo. *O cortiço*. 2. ed. São Paulo: Saraiva, 2009. p. 20.)

3. Leia a tira:

(Disponível em: http://pseudouniverso.blogspot.com.br/2011/02/aline.html. Acesso em: 23/4/2012.)

a) Qual adjetivo Aline utilizou para caracterizar a minissaia que ela vestia no 1º quadrinho?

b) E para caracterizar a nova saia que ela tem nas mãos no 2º quadrinho? Em que grau o adjetivo está empregado?

c) Se Aline vestisse um *short*, em vez de uma minissaia, como seriam flexionados os adjetivos que ela utiliza nas suas falas?

d) Observe o 3º quadrinho. Aline resolveu o problema inicial? Justifique sua resposta.

Número do adjetivo

Os adjetivos simples formam o plural do mesmo modo que os substantivos:

alimento saudáv*el* — alimentos saudáv*eis*

Os adjetivos compostos formam o plural variando apenas o segundo elemento:

amizade luso-brasileira — amizades luso-brasileira*s*

Há, entretanto, exceções:

- *azul-marinho* e *azul-celeste* admitem duas formas: ternos *azul-marinho* ou ternos *azuis-marinhos*;
- *amarelo-canário, verde-oliva, verde-mar* e outros adjetivos compostos em que o segundo elemento é um substantivo admitem duas flexões: fardas *verde-oliva* ou fardas *verdes-olivas*; saias *amarelo-canário* ou saias *amarelos-canários*.

Grau do adjetivo

Grau é uma categoria gramatical que nos adjetivos exprime quantidade e intensidade.

Os graus do adjetivo são o **comparativo** (quando se comparam dois elementos) e o **superlativo** (quando se destaca determinada característica em relação a uma pessoa ou a um grupo). Veja o esquema relativo aos graus do adjetivo:

Comparativo
- de igualdade: *tão* fácil *quanto* (*como*)...
- de superioridade: *mais* fácil (*do*) *que*...
- de inferioridade: *menos* fácil (*do*) *que*...

Superlativo
- relativo
  - de superioridade: *o mais* fácil *de*...
  - de inferioridade: *o menos* fácil *de*...
- absoluto
  - analítico: *muito* (*bastante, extremamente, bem*) fácil
  - sintético: fac*ílimo*, paup*érrimo*, alt*íssimo*

Os adjetivos *bom*, *mau*, *grande* e *pequeno* formam o comparativo e o superlativo de modo especial. Observe:

ADJETIVO	COMPARATIVO DE SUPERIORIDADE	SUPERLATIVO	
		Absoluto	Relativo
bom	melhor	ótimo	o melhor
mau	pior	péssimo	o pior
grande	maior	máximo	o maior
pequeno	menor	mínimo	o menor

4. Suponha que você tivesse que empregar no plural as expressões:

saias azul-clar□
problemas polític□-econômic□
relações lus□-brasileir□
escolas médic□-cirúrgic□

a) Como ficariam os adjetivos?

b) Conclua: Qual é o princípio que rege o plural dos adjetivos compostos?

5. Observe que nas três frases seguintes o adjetivo está no grau comparativo. Em qual delas a comparação expressa superioridade?

a) Ela é menos alta do que seu namorado.

b) Sou mais tímido que você.

c) Essa anedota é tão velha quanto o mundo.

6. Nas frases a seguir, o adjetivo está no grau superlativo:

I. Pelo jeito, você foi o menos dedicado dos alunos.

II. Essa dupla sertaneja é muito popular.

III. Você não acha que ela é a mais elegante de todas?

IV. Esse livro é ótimo.

a) Em qual delas o adjetivo está no superlativo absoluto analítico?

b) Em qual delas o adjetivo está no superlativo relativo de inferioridade?

7. Na linguagem oral e coloquial, há diversas maneiras de intensificar o grau de um adjetivo sem flexioná-lo nas formas convencionais, de acordo com a norma-padrão. Reescreva as frases a seguir, usando nas formas recomendadas pela norma-padrão os superlativos subentendidos.

a) Aquela garota é bonita pra caramba!

b) Esse sujeito é podre de rico!

c) Meu primo é mó inteligente!

d) Quando viu a cobra, o menino ficou branco de susto.

e) Ela disse que o café está caro? Põe caro nisso.

8. Em cada uma das frases a seguir, há uma comparação implícita. Reescreva as frases, explicitando a comparação.

a) Minha avó está muito lúcida para quem já fez 90 anos.

b) Você acha que seu irmão é careta? O meu é o dobro!

Mais bom, mais mau, mais grande, mais pequeno?

As formas analíticas *mais bom, mais mau* e *mais grande* correspondentes, respectivamente, aos adjetivos *bom, mau* e *grande*, podem ser empregadas quando se confrontam qualidades do mesmo ser. Veja:

Pedro é bom e atencioso: mais bom do que atencioso.

Pode-se usar também *mais pequeno*, em lugar de *menor*, superlativo do adjetivo *pequeno*. Trata-se de uma forma que normalmente se evita empregar no Brasil, mas que é usada comumente em Portugal.

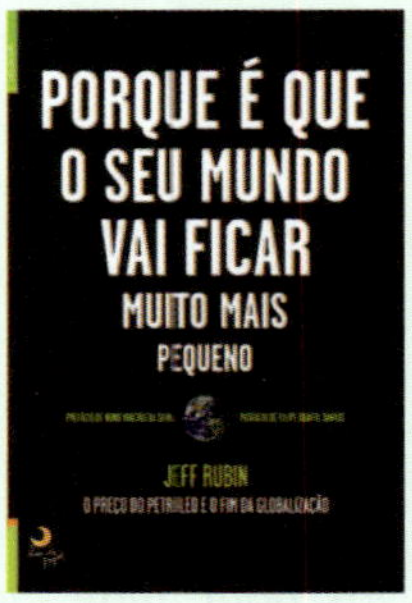

Editora Lua de Papel

A forma "mais pequeno" em título de edição portuguesa.

Leia o anúncio ao lado e responda às questões 9 e 10.

Marcus Hausser/Talent

(Disponível em: http://www.putasacada.com.br/mizuno-talent/. Acesso em: 23/4/2012.)

9. Na construção do sentido do anúncio, é explorado o uso de alguns adjetivos.

a) O produto anunciado é um tênis desenvolvido para uma atividade específica. Qual é essa atividade?

b) Identifique os adjetivos presentes no texto.

c) Quais das formas identificadas por você no item anterior tiveram variação de grau? Como é chamada essa variação?

d) A quais termos da frase, respectivamente, referem-se os termos *maior* e *melhor*?

10. No anúncio, um cachorro segura um tênis na boca. Ao fundo, um relógio marca 5h30min.

a) Levante hipóteses: Onde o cachorro está? O que ele quer?

b) A que se referem os termos *maior adversário* e *melhor amigo*? Justifique sua resposta.

c) Qual é o efeito de sentido criado por essa associação para qualificar o produto anunciado, um tênis de corrida?

O ADJETIVO NA CONSTRUÇÃO DO TEXTO

Leia este anúncio:

YR Brasil

(Disponível em: http://quasepublicitarios.wordpress.com/2011/08/12/anuncios-da-tam/. Acesso em: 28/4/2012.)

1. Releia o enunciado principal do anúncio:

> "Globalização é quando uma companhia aérea brasileira tem pontualidade britânica."

a) No contexto internacional, o que é globalização?

b) A quais substantivos do enunciado os adjetivos *brasileira* e *britânica* fazem referência, respectivamente?

c) No anúncio, como os adjetivos *brasileira* e *britânica* contribuem para reforçar a noção de globalização?

Para que servem os adjetivos?

Assim como os substantivos designam, organizam, distinguem e hierarquizam os seres que estão à nossa volta, ou nossos sentimentos e desejos, os adjetivos também participam dessa tarefa, modificando os substantivos, atribuindo-lhes características específicas.

Desse modo, no plano da linguagem, é por meio de adjetivos que distinguimos realidades distintas como *mar **limpo*** de *mar **poluído***; *direito **preservado*** de *direito **ultrajado***; *criança **protegida*** de *criança **abandonada***, etc.

2. No enunciado principal do anúncio, o anunciante empregou os adjetivos *aérea* e *brasileira* para caracterizar o substantivo *companhia*.

a) Suponha que o anunciante houvesse preferido a ordem *companhia brasileira aérea*, em vez de *companhia aérea brasileira*. O sentido seria o mesmo? Troque ideias com os colegas da classe.

b) Tendo em vista que se trata de um anúncio veiculado no Brasil, quais outros sentidos da caracterização *brasileira* podem favorecer a imagem da empresa?

3. A pontualidade da empresa enfatizada no enunciado principal do anúncio é reforçada pelo texto situado abaixo dele.

a) Qual adjetivo desse texto faz referência direta a essa ideia?

b) Qual é a relevância desse adjetivo para a construção da imagem da empresa?

4. Observe este trecho:

> "São 47 destinos nacionais e 11 internacionais. Todos com padrão de serviço TAM."

YR Brasil

a) Levando-se em conta o objetivo do anúncio, por qual(is) adjetivo(s) o termo *TAM* poderia ser substituído?

b) Ao afirmar que os voos têm "padrão de serviço TAM", o anúncio utiliza o nome da empresa para qualificar o padrão de serviço, como se o nome TAM fosse um adjetivo. Levante hipóteses: Que efeito de sentido essa construção confere ao anúncio?

5. Observe a parte não verbal do anúncio.

a) Além do avião, qual imagem aparece?

b) A qual parte do texto verbal essa imagem faz referência direta? Justifique sua resposta.

c) Levante hipóteses: De que maneira o destaque dado a essa característica contribui para uma boa imagem da empresa entre o público?

6. Você observou, no anúncio, o efeito de sentido criado pelo emprego de alguns recursos de linguagem relacionados ao adjetivo. Agora conclua: Considerando-se a finalicade principal de todo anúncio publicitário, que papel o adjetivo desempenha na construção desse gênero textual?

SEMÂNTICA E DISCURSO

Leia a tira:

(Disponível em: http://bibliocomics.blogspot.com.br/2010_09_01_archive.html. Acesso em: 29/5/2012.)

1. No 1º quadrinho, Zezé pede à irmã que o ajude a encontrar o livro da biblioteca. O que a resposta de Zoé permite ao leitor concluir sobre o comportamento do irmão?

2. Observe a fala de Zoé no 2º quadrinho:

> "Vou te ajudar a achar seu estúpido livro da biblioteca!"

a) A que termo da frase se refere o adjetivo *estúpido*?

b) Por que Zezé se ofende com a fala da irmã?

3. Diante da reclamação de Zezé, Zoé se desculpa e reformula sua frase. Observe a fala de Zoé no 4º quadrinho:

> "Vou te ajudar a achar seu livro da biblioteca, estúpido!"

a) A quem se refere o adjetivo *estúpido*, nesse caso?

b) Zezé não reclama mais da fala da irmã; pelo contrário, diz "Assim é melhor". Levante hipóteses: Por que Zezé reage dessa forma e como seu comportamento contribui para a construção de humor na tira?

4. Em conversas do dia a dia, certos adjetivos, quando empregados no diminutivo ou no aumentativo, nem sempre indicam tamanho, podendo expressar outras ideias.
Observe o diminutivo nestas duas situações:

> — Como é o escritório novo?
> — É *arrumadinho*.
>
> — E aí, gostou do escritório novo?
> — Gostei. É *bonzinho*.

a) Em qual delas o emprego do diminutivo expressa também uma ideia de restrição?

b) Que ideia o outro diminutivo traduz?

5. Os adjetivos são largamente empregados, tanto na escrita quanto na fala, para caracterizar seres e coisas, indicando tamanho, cor, tipo, forma, qualidades, defeitos, etc. Entretanto, em uma notícia jornalística, por exemplo, evita-se empregar adjetivos que envolvam uma avaliação ou uma carga elevada de subjetividade, uma vez que esse tipo de texto deve se ater aos fatos narrados e ser o mais impessoal e objetivo possível.
Em quais dos itens seguintes os adjetivos expressam opinião?

a) rapaz maravilhoso, charmoso, bonitão

b) caixa amarela, retangular e nova

c) material atóxico e reciclável

d) modelo estonteante, exuberante, perfeita

6. Muitos adjetivos têm mais de um significado, dependendo da posição que ocupam em relação aos substantivos. Assim, por exemplo, o adjetivo *alto*, anteposto ao substantivo *funcionário*, significa "funcionário de posição elevada"; se posposto, significa "funcionário de estatura elevada".
Dê o significado dos adjetivos nos pares de expressões a seguir:

a) bravo garoto / garoto bravo

b) santa mulher / mulher santa

c) simples exercício / exercício simples

d) pobre gente / gente pobre

LITERATURA

Martin Johnson Heade. *Beija-flores brasileiros*, 1871

Detalhe de *Beija-flores brasileiros* (1871), de Martin Johnson Heade.

CAPÍTULO 6

O Romantismo no Brasil: primeira geração

O Romantismo surgiu no Brasil poucos anos depois de nossa independência política (1822).
Por isso, as primeiras obras literárias e os primeiros artistas românticos mostravam-se empenhados em definir um perfil da cultura brasileira, no qual o nacionalismo *era o traço essencial.*

A história do Romantismo no Brasil confunde-se com a própria história política brasileira da primeira metade do século XIX. Com a invasão de Portugal por Napoleão, a Coroa portuguesa mudou-se para o Brasil em 1808 e elevou a colônia à categoria de Reino Unido, ao lado de Portugal e Algarves. Como decorrência desse fato, a colônia passou por uma série de mudanças, entre as quais a criação de escolas de nível superior, a fundação de museus e bibliotecas públicas, a instalação de tipografias e o surgimento de uma imprensa regular.

A dinamização da vida cultural da colônia e a formação de um público leitor (mesmo que inicialmente só de jornais) criaram algumas das condições necessárias para o surgimento de uma produção literária mais consistente do que as manifestações literárias dos séculos XVII e XVIII.

Com a independência política, ocorrida em 1822, os intelectuais e artistas da época passaram a dedicar-se ao projeto de criar uma cultura brasileira identificada com as raízes históricas, linguísticas e culturais do país.

O Romantismo, além de seu significado primeiro – o de ser uma reação à tradição clássica –, assumiu em nossa literatura a conotação de movimento anticolonialista e antilusitano, ou seja, de rejeição à literatura produzida na época colonial, em virtude do apego dessa produção aos modelos culturais portugueses.

Portanto, um dos traços essenciais de nosso Romantismo é o *nacionalismo*, que, orientando o movimento, abriu-lhe um rico leque de possibilidades a serem exploradas, entre as quais o indianismo, o regionalismo, a pesquisa histórica, folclórica e linguística, além da crítica aos problemas nacionais – todas posturas comprometidas com o projeto de construção de uma identidade nacional.

A publicação da obra *Suspiros poéticos e saudade* (1836), de Gonçalves de Magalhães, tem sido considerada o marco inicial do Romantismo no Brasil. A importância dessa obra, porém, reside muito mais nas novidades teóricas de seu prólogo, em que Magalhães anuncia a revolução literária romântica, do que propriamente na execução dessas teorias.

Inspiração: inimiga de regras

No prefácio de *Suspiros poéticos*, intitulado "Lede", Gonçalves de Magalhães critica a imitação aos clássicos e defende uma poesia voltada para a natureza, para os sentimentos e para Deus. Formalmente, propõe maior liberdade na criação. Diz ele:

> Quanto à forma, isto é, a construção, por assim dizer, material das estrofes, e de cada cântico em particular, nenhuma ordem seguimos; exprimindo as ideias como elas se apresentaram, para não destruir o acento da inspiração.

Histórias da História do Brasil

Depois que o filme *Carlota Joaquina* (1995), de Carla Camurati, mostrou nas telas como foi a vinda da Coroa portuguesa ao Brasil, em 1808, muitas outras obras têm sido produzidas sobre o assunto. Em *O Chalaça* (1999), por exemplo, o escritor José Roberto Torero une pesquisa histórica e ficção e retrata os bastidores do Império pela ótica de Chalaça, secretário particular de D. Pedro I. Em 2002, a Rede Globo levou ao ar o seriado *O quinto dos infernos*, sobre o mesmo tema.

Em 2007, no contexto da comemoração dos 200 anos da chegada da família real, o escritor Ruy Castro publicou *Era no tempo do rei*. E, em 2012, a historiadora Mary del Priore publicou *A carne e o sangue*, um romance de fundo histórico que narra, com base em pesquisa histórica, o triângulo amoroso formado por D. Pedro I, a imperatriz Leopoldina, sua esposa, e a Marquesa de Santos.

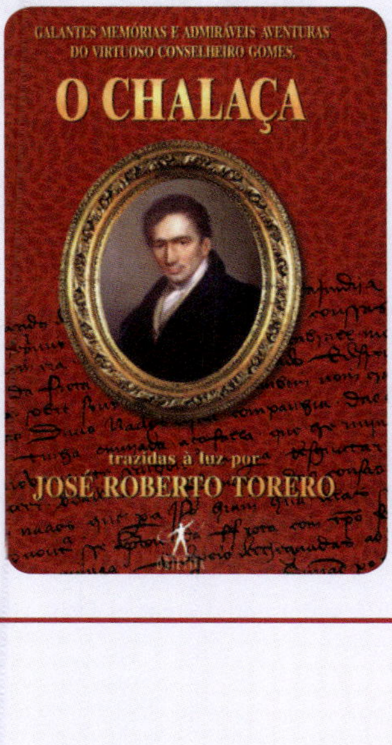

Editora Objetiva

Alfaguara Brasil

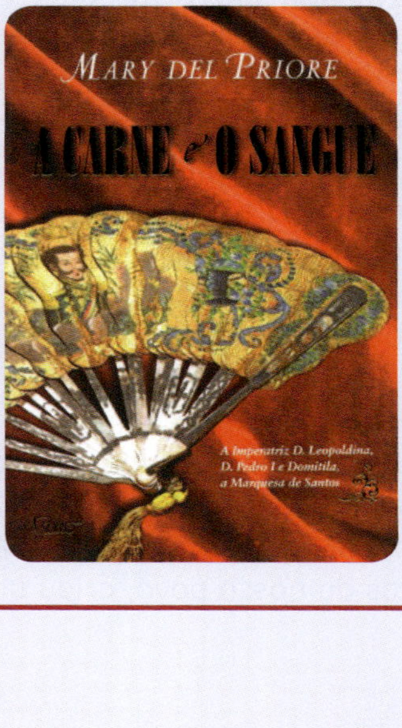

Editora Rocco

AS GERAÇÕES DO ROMANTISMO

Tradicionalmente são apontadas três gerações de escritores românticos. Essa divisão, contudo, engloba principalmente os autores de poesia. Os romancistas não se enquadram muito bem nessa divisão, uma vez que suas obras podem apresentar traços característicos de mais de uma geração.

Assim, as três gerações de *poetas* românticos brasileiros são:

- **Primeira geração:** nacionalista, indianista e religiosa. Nela se destacam Gonçalves Dias e Gonçalves de Magalhães.
- **Segunda geração:** marcada pelo "mal do século", apresenta egocentrismo exacerbado, pessimismo, satanismo e atração pela morte. Seus principais representantes são Álvares de Azevedo, Casimiro de Abreu, Fagundes Varela e Junqueira Freire.
- **Terceira geração:** formada pelo grupo condoreiro, desenvolve uma poesia de cunho político e social. A maior expressão desse grupo é Castro Alves.

O Romantismo brasileiro contou com um grande número de escritores e com uma vasta produção, em diferentes gêneros, que, em resumo, podem ser assim apresentados:

- **na lírica:** Gonçalves Dias, Gonçalves de Magalhães, Álvares de Azevedo, Casimiro de Abreu, Fagundes Varela, Junqueira Freire, Castro Alves e Sousândrade;
- **na épica:** Gonçalves Dias e Castro Alves;
- **no romance:** José de Alencar, Manuel Antônio de Almeida, Joaquim Manuel de Macedo, Bernardo Guimarães, Visconde de Taunay, Franklin Távora;
- **no conto:** Álvares de Azevedo;
- **no teatro:** Martins Pena, José de Alencar, Gonçalves de Magalhães, Gonçalves Dias e Álvares de Azevedo.

GONÇALVES DIAS: UM PROJETO DE CULTURA BRASILEIRA

Filho de um português e de uma cafusa, Gonçalves Dias (1823-1864) fez seus primeiros estudos no Maranhão, seu Estado natal, e completou-os em Coimbra, onde cursou Direito. De volta ao Brasil, em 1845, trouxe na bagagem boa parte de seus escritos. Fixou-se no Rio de Janeiro e ali publicou sua primeira obra, *Primeiros cantos* (1846), seguida por outras publicações, como *Segundos cantos* e *Sextilhas de Frei Antão* (1848), *Últimos cantos* (1851) e *Os timbiras* (1857). Fez várias viagens pelo país, incluindo a Amazônia, e chegou a escrever um *Dicionário da língua tupi*.

Embora Gonçalves de Magalhães seja considerado o introdutor do Romantismo no Brasil, na verdade foi Gonçalves Dias quem implantou e solidificou a poesia romântica em nossa literatura. Sua obra pode ser considerada a realização de um verdadeiro projeto de construção da cultura brasileira.

Gonçalves Dias, buscando captar a sensibilidade e os sentimentos do nosso povo, criou uma poesia voltada para o índio

Caricatura de Gonçalves Dias.

e para a natureza brasileira, expressa numa linguagem simples e acessível. Seus versos, tais como os de sua "Canção do exílio", são melódicos e exploram métricas e ritmos variados. Cultivou também poemas religiosos, de fundo panteísta, que falam da manifestação de Deus na natureza.

Sua obra poética inclui os gêneros lírico e épico. Na épica, canta os feitos heroicos de índios valorosos, substitutos da figura do herói medieval europeu. Na lírica, tem como temas mais comuns a pátria, a natureza, Deus, o índio e o amor não correspondido.

A épica

Na produção épica de Gonçalves Dias destacam-se dois poemas: "I-Juca-Pirama" e "Os timbiras", este inacabado.

"I-Juca-Pirama", considerado o mais perfeito poema épico-indianista de nossa literatura, narra a história vivida por um índio tupi que cai prisioneiro de uma nação inimiga: os timbiras. O drama do prisioneiro reside nos sentimentos contraditórios provocados por sua prisão: de um lado, deseja morrer lutando, como guerreiro corajoso que sempre fora; de outro, deseja viver para cuidar do pai, doente e cego.

O prisioneiro é libertado e afirma que voltará a se entregar quando o pai vier a falecer. Os timbiras não acreditam em seu argumento e acusam-no de covarde. Posteriormente, o índio reencontra o pai, leva-lhe alimento, mas o velho, percebendo o cheiro das tintas e os ornamentos do ritual, descobre-lhe o segredo. Renega então o filho, leva-o de volta à tribo timbira e pede que ele seja sacrificado. No canto VIII, um momento de rara beleza, o pai amaldiçoa o filho. Em seguida, o índio luta bravamente, provando que não era covarde. No último canto são afirmadas as qualidades heroicas do guerreiro, que se transforma em mito nas tradições da cultura timbira. O título do poema, extraído da língua tupi, já sugere a sina de seu protagonista: "o que há de ser morto".

Seguindo a tradição dos árcades Basílio da Gama e Santa Rita Durão, Gonçalves Dias soube atualizar e dar nova dimensão ao tema indianista, a dimensão de que necessitavam a nação recém-independente e a cultura brasileira, em fase de definição e consolidação.

O herói do poema não é apenas um índio tupi: representa *todos os índios brasileiros* ou, ainda, *todos os brasileiros*, uma vez que o índio foi, durante o Romantismo, o representante da nossa nacionalidade. Além disso, ao enfocar e pôr em discussão valores e sentimentos humanos profundos, como a bondade filial e a honra, o poema supera os limites da abordagem puramente indianista e ganha universalidade.

"I-Juca-Pirama" representa em nossa cultura o passo decisivo para a transformação das manifestações *nativistas* da literatura colonial em manifestações conscientemente *nacionalistas*. O canto do índio tupi – misto de amor, honra e luta – assemelha-se ao do próprio poeta, também descendente de índios: um canto de amor à pátria e à raça ancestral; um canto de luta pela construção de uma poesia genuinamente brasileira.

Gonçalves Dias na Internet

Nos *sites* que seguem, você pode ler e baixar poemas e obras inteiras de Gonçalves Dias. Vale a pena conferir.

- www.revista.agulha.nom.br/gdias.html
- www.dominiopublico.gov.br/pesquisa/PesquisaObraForm.do?Select_action=&co_autor=13

Rousseau e a bondade natural

Segundo Jean Jacques Rousseau, filósofo iluminista do século XVIII, o ser humano nasce naturalmente puro, mas é corrompido pela civilização. Assim, em contraposição à vida urbana e social, o filósofo valorizava a vida natural, bem como a ingenuidade da criança e do selvagem, ainda não contaminados.

Embora o Romantismo se contraponha ao Arcadismo e ao racionalismo do século XVIII, as ideias de Rousseau foram acolhidas pelos escritores românticos. A natureza, por exemplo, tem lugar de destaque nos textos românticos, nos quais assume um papel que varia de uma espécie de confidente das personagens a refúgio purificador da alma.

LEITURA

O texto a seguir é o canto IV de "I-Juca-Pirama". Conforme as tradições indígenas, o prisioneiro é preparado para um cerimonial antropofágico em que serão vingados os mortos timbiras. Ao lhe pedirem, como é próprio do ritual, que cante seus feitos de guerra e que se defenda da morte, o prisioneiro responde aos inimigos:

Meu canto de morte,
Guerreiros, ouvi:
Sou filho das selvas,
Nas selvas cresci;
Guerreiros, descendo
Da tribo tupi.

Da tribo pujante,
Que agora anda errante
Por fado inconstante,
Guerreiros, nasci:
Sou bravo, sou forte,
sou filho do Norte;
Meu canto de morte,
Guerreiros, ouvi.

Já vi cruas brigas
De tribos imigas,
E as duras fadigas
Da guerra provei;
Nas ondas mendaces
Senti pelas faces
Os silvos fugaces
Dos ventos que amei.

Andei longes terras,
Lidei cruas guerras,
Vaguei pelas serras
dos vis Aimorés;
Vi lutas de bravos,
Vi fortes — escravos!
De estranhos ignavos
Calcados aos pés.

E os campos talados,
E os arcos quebrados,
E os piagas coitados
Já sem maracás;
E os meigos cantores,
Servindo a senhores,
Que vinham traidores,
Com mostras de paz.

Ao velho coitado
De penas ralado,
Já cego e quebrado,
Que resta? — Morrer.
Enquanto descreve
O giro tão breve
Da vida que teve,
Deixai-me viver!

Aos golpes do imigo
Meu último amigo,
Sem lar, sem abrigo
Caiu junto a mi!
Com plácido rosto,
Sereno e composto,
O acerbo desgosto
Comigo sofri.

Meu pai a meu lado
Já cego e quebrado,
De penas ralado,
Firmava-se em mi:
Nós ambos, mesquinhos,
Por ínvios caminhos,
Cobertos d'espinhos
Chegamos aqui!

O velho no entanto
Sofrendo já tanto
De fome e quebranto,
Só qu'ria morrer!
Não mais me contenho,
Nas matas me embrenho,
Das frechas que tenho
Me quero valer.

Então, forasteiro,
Caí prisioneiro
De um troço guerreiro
Com que me encontrei:
O cru dessossego
Do pai fraco e cego,
Enquanto não chego,
Qual seja, — dizei!

Instituto Moreira Salles

Menino índio (1880), de Marc Ferrez.

Eu era o seu guia
Na noite sombria,
A só alegria
Que Deus lhe deixou:
Em mim se apoiava,
Em mim se firmava,
Em mim descansava,
Que filho lhe sou.

Não vil, não ignavo,
Mas forte, mas bravo,
Serei vosso escravo:
Aqui virei ter.
Guerreiro, não coro
Do pranto que choro;
Se a vida deploro,
Também sei morrer.

(*Poemas de Gonçalves Dias*. Seleção de Péricles Eugênio da Silva Ramos. Rio de Janeiro: Ediouro, s.d. p.119-122.)

acerbo: doloroso, árduo.
deploro: lamento, choro.
frecha: flecha.
fugace: que foge veloz.
ignavo: covarde.
imiga: inimiga.
ínvio: intransitável.
maracá: chocalho usado pelos índios em solenidades guerreiras ou religiosas.
mendace: mentirosa, traiçoeira.
mi: mim.
piaga: pajé.
quebrado: cansado, frágil.
quebranto: abatimento, fraqueza.
silvo: assobio.
talado: devastado, arrasado.
troço: corpo de tropas.
vil: moralmente baixo, desprezível.

1. Nesse canto do poema, o índio tupi narra a trajetória de sua vida e de sua tribo.

a) Como o índio via a si mesmo, até o momento em que foi aprisionado?

b) Qual é a atual condição de sua tribo?

c) Com quem e por que o índio tupi foge?

2. Na 6ª estrofe do texto, o prisioneiro faz um pedido aos inimigos: "Deixai-me viver!".

a) Que motivos alega, na 10ª e na 11ª estrofes, para que o deixem vivo?

b) Identifique na última estrofe os versos em que o prisioneiro propõe um acordo. Qual é esse acordo?

3. Seguindo os modelos do Romantismo europeu e a atração pelo *medievalismo*, nossos escritores encontraram no índio brasileiro o representante mais direto de nosso passado medieval – único habitante nestas terras antes do Descobrimento. Além disso, vivendo distante da civilização, nosso índio correspondia plenamente à concepção idealizada do "bom selvagem", defendida por Rousseau. Observe o comportamento do índio tupi e indique:

a) uma característica dele que se assemelhe às do cavaleiro medieval;

b) uma atitude dele que reforce o mito do "bom selvagem".

4. Os primeiros versos do poema "I-Juca-Pirama" são estes:

> No meio das tabas de amenos verdores,
> Cercadas de troncos — cobertos de flores,
> Alteiam-se os tetos d'altiva nação.

Gilberto Mendonça Teles, poeta atual, numa clara relação de intertextualidade, escreveu:

Aldeia global

No meio das tabas há menos verdores,
não há gentes brabas nem campos de flores.

No meio das tabas cercadas de insetos,
pensando nas babas dos analfabetos,
vou chamando as tribos dos sertões gerais,
passando recibos nos vãos de Goiás.

Venham os xerentes, craôs e crixás,
bororos doentes e xicriabás.
E os apinajés, os carajás roídos,
e os tapirapés e os inás perdidos.
[...]

(*Os melhores poemas de Gilberto Mendonça Teles*. 3. ed. Seleção de Luís Busatto. São Paulo: Global, 2001. p. 91.)

Fabio Colombini

Tribo indígena Kalapalo.

Compare os versos de Gilberto Mendonça Teles aos versos iniciais e a todo o canto IV de "I-Juca-Pirama".

a) Qual é a diferença entre os índios retratados por Gonçalves Dias e os retratados por Gilberto Mendonça Teles?

b) Levante hipóteses: A que se deve essa diferença?

c) Levante hipóteses: Por que Gilberto Mendonça Teles teria escolhido um poema épico romântico para, a partir dele, criar seu poema?

O índio e o caráter nacional

Os índios foram instrumento de quanto aqui se praticou de útil e grandioso. São o princípio de todas as nossas coisas. São os que deram a base para o nosso caráter nacional, ainda mal desenvolvido, e será a coroa de nossa prosperidade o dia de sua inteira reabilitação.

(Gonçalves Dias, 1849. Apud *Folha de S. Paulo*, 6/5/2005.)

A lírica

A poesia lírica de Gonçalves Dias é um dos pontos altos da lírica nacional. Empregando com sabedoria recursos que lhe deram formação clássica e lusitana, o poeta cultivou uma lírica de rica construção formal, equilibrada, sem cair nos exageros românticos e sem deixar, por isso, de ser plenamente romântico.

Como o árcade Cláudio Manuel da Costa, Gonçalves Dias também tinha em vista atualizar a produção literária brasileira e colocá-la à altura da que se realizava nas grandes nações europeias. Esse empenho devia-se sobretudo à contemporaneidade da Independência e à necessidade de definição de uma cultura brasileira que então se impunha.

O equilíbrio de linguagem e os temas preferidos de Gonçalves Dias – natureza, religião, amor, solidão, pátria, índio, medievalismo – serviram de modelo a muitas gerações de poetas que o sucederam, tanto no Romantismo quanto em outros movimentos literários subsequentes.

Para alguns estudiosos, Gonçalves Dias foi o primeiro grande poeta brasileiro e, entre os românticos, o melhor.

Leia o texto a seguir, considerado um dos mais belos poemas líricos de Gonçalves Dias.

Leito de folhas verdes

Por que tardas, Jatir, que tanto a custo
À voz do meu amor moves teus passos?
Da noite a viração, movendo as folhas,
já nos cimos do bosque rumoreja.

Eu sob a copa da mangueira altiva
Nosso leito gentil cobri zelosa
Com mimoso tapiz de folhas brandas,
Onde o frouxo luar brinca entre flores.

Do tamarindo a flor abriu-se, há pouco,
já solta o bogari mais doce aroma!
Como prece de amor, como estas preces,
No silêncio da noite o bosque exala.

Brilha a lua no céu, brilham estrelas,
Correm perfumes no correr da brisa,
A cujo influxo mágico respira-se
Um quebrando de amor, melhor que a vida!

A flor que desabrocha ao romper d'alva
Um só giro do sol, não mais, vegeta:
Eu sou aquela flor que espero ainda
Doce raio do sol que me dê vida.

Sejam vales ou montes, lago ou terra,
Onde quer que tu vás, ou dia ou noite,
Vai seguindo após ti meu pensamento;
Outro amor nunca tive: é meu, sou tua!

Fabio Colombini

Índia da tribo Kalapalo.

Meus olhos outros olhos nunca viram,
Não sentiram meus lábios outros lábios,
Nem outras mãos, Jatir, que não as tuas
A arasoia na cinta me apertaram.

Do tamarindo a flor jaz entreaberta,
Já solta o bogari mais doce aroma;
Também meu coração, como estas flores,
Melhor perfume ao pé da noite exala!

Não me escutas, Jatir! nem tardo acodes
À voz do meu amor, que em vão te chama!
Tupã! lá rompe o sol! do leito inútil
A brisa da manhã sacuda as folhas!

(*Poemas de Gonçalves Dias*, cit., p. 114-5.)

arasoia: saiote de pena usado pelas mulheres indígenas.
tapiz: tapete.

Dando voz a um eu lírico feminino, o poema é a expressão de uma índia que, em vão, durante toda a noite, espera por Jatir, seu amado. O cenário de amor, composto pela integração da mulher com a natureza (uma natureza brasileira, real), por ricas imagens, comparações e sugestões táteis ("folhas brandas", "lábios", "arasoia") e olfativas ("melhor perfume", "doce aroma"), confere ao poema um erotismo que rompe com o comedimento do amor árcade, cheio de convenções, mas, ainda assim, com a ausência de Jatir, mantém-se na perspectiva romântica do amor irrealizado.

Dias & Dias: Gonçalves Dias inspira romance

Dias & Dias, de Ana Miranda, é uma espécie de biografia romanceada de Gonçalves Dias, narrada pela ótica de Feliciana, uma jovem apaixonada pelo poeta maranhense. Com essa obra, a escritora Ana Miranda ganhou o Prêmio Jabuti. Vale a pena conferir.

Capa de Victor Burton/Editora Cia. das Letras

Para quem quer mais

Se você deseja aprofundar os seus conhecimentos sobre a poesia de Gonçalves Dias, leia o texto a seguir e, posteriormente, sozinho, em dupla ou em grupo, procure resolver as questões propostas pelo **Roteiro de estudo**.

Olhos verdes

Eles verdes são:
E têm por usança,
Na cor esperança.
E nas obras não.
Camões, Rimas

São uns olhos verdes, verdes,
Uns olhos de verde-mar,
Quando o tempo vai bonança;
Uns olhos cor de esperança,
Uns olhos por que morri;
Que ai de mi!
Nem já sei qual fiquei sendo
Depois que os vi!

....

Como duas esmeraldas,
Iguais na forma e na cor,
Têm luz mais branda e mais forte,
Diz uma — vida, outra — morte;
Uma — loucura, outra — amor.
Mas ai de mi!
Nem já sei qual fiquei sendo
Depois que os vi!

São verdes da cor do prado,
Exprimem qualquer paixão,
Tão facilmente se inflamam,
Tão meigamente derramam
Fogo e luz do coração;
Mas ai de mi!
Nem já sei qual fiquei sendo
Depois que os vi!

....

Como se lê num espelho,
Pude ler nos olhos seus!
Os olhos mostram a alma,
Que as ondas postas em calma
Também refletem os céus;
Mas ai de mi!
Nem já sei qual fiquei sendo
Depois que os vi!

Dizei vós, ó meus amigos,
Se vos perguntam por mi,
Que eu vivo só da lembrança
De uns olhos cor de esperança
De uns olhos verdes que vi!
Que ai de mi!
Nem já sei qual fiquei sendo
Depois que os vi!

Dizei vós: Triste do bardo!
Deixou-se de amor finar!
Viu uns olhos verdes, verdes,
Uns olhos da cor do mar:
Eram verdes sem esp'rança,
Davam amor sem amar!
Dizei-o vós, meus amigos,
Que ai de mi!
Não pertenço mais à vida
Depois que os vi!

(*Poemas de Gonçalves Dias*, cit., p. 137-9.)

• Roteiro de estudo •

Ao final da leitura, você deverá ser capaz de:

- Explicar por que, sendo o Romantismo contrário à tradição clássica, o poema "Olhos verdes" apresenta como epígrafe versos de Camões.
- Comentar a importância dos dualismos – como *vida/morte*, *loucura/amor* – na construção do texto "Olhos verdes" e confrontá-los com os dualismos barrocos.
- Explicar em que consiste o estado de "morto-vivo" do eu lírico, no poema "Olhos verdes".

Para quem quer mais na Internet

Em nosso *site* (http://www.atualeditora.com.br/pl/paraquemquermais), você poderá ler e reproduzir outros textos de Gonçalves Dias e conhecer um pouco mais da poesia de Gonçalves de Magalhães.

Secom/PR

Detalhe de um folheto que divulga uma campanha de combate ao tráfico de mulheres.

PRODUÇÃO DE TEXTO

CAPÍTULO 7

O texto de campanha comunitária

TRABALHANDO O GÊNERO

Leia o seguinte texto de uma campanha comunitária.

Ministério da Saúde

1. A finalidade de uma campanha comunitária é esclarecer e orientar a população em geral sobre determinado assunto e persuadi-la a colaborar.

ONU Ministério da Saúde

MINISTÉRIO DA SAÚDE

Programa das Nações Unidas para o Controle Internacional de Drogas

a) Observe acima os logotipos que estão na parte de baixo do texto. Quem é o locutor do texto, isto é, o seu produtor ou responsável?

b) Qual é o objetivo dessa campanha?

2. Observe a imagem do texto.

a) Levante hipóteses: Qual é a faixa etária da pessoa que se vê nele? Justifique sua resposta.

b) O que essa pessoa está fazendo? Em que lugar ela está?

3. Na parte verbal do texto, lemos:

Ministério da Saúde

VOCÊ SABIA QUE O ÁLCOOL, O CIGARRO, OS REMÉDIOS SEM INDICAÇÃO MÉDICA E A COLA DE SAPATEIRO, SÃO AS DROGAS MAIS CONSUMIDAS NO BRASIL? SÃO AS MAIS COMUNS E, POR ISSO MESMO, MUITO TRAIÇOEIRAS. PORQUE O PIOR DE TODA DROGA NEM É O RISCO DE MORTE. É A CERTEZA DE UMA VIDA DE DEPENDÊNCIA. QUEM AINDA ACREDITA QUE AS DROGAS LIBERTAM, É CANDIDATO A ESCRAVO. PORQUE A OUTRA PALAVRA PARA LIBERDADE É INDEPENDÊNCIA.

a) Que relação há entre a imagem e o trecho "Você sabia que o álcool, o cigarro, os remédios sem indicação médica e a cola de sapateiro são as drogas mais consumidas no Brasil?"?

b) O que representam as pedras de gelo nas quais a personagem se equilibra?

4. O trecho "Quem ainda acredita que as drogas libertam, é candidato a escravo" refere-se a uma contradição. Em que consiste essa contradição?

5. Na frase "Liberdade é não depender de droga nenhuma pra viver", a palavra *droga* foi empregada de modo ambíguo. Que sentidos ela apresenta no contexto?

6. Nos textos de campanha comunitária, é comum os verbos serem empregados no modo imperativo. No texto em estudo, isso não ocorre, mas há outras formas indicativas de persuasão.

a) Levante hipóteses: Por que os verbos no imperativo foram evitados no texto?

b) Identifique no texto um trecho que tem o sentido de injunção (isto é, de ordem ou imposição) e que, de certo modo, exerce um papel semelhante ao do emprego de verbos no imperativo.

7. Na parte inferior do texto, lemos: "A gente se ajuda a sair dessa". Como você caracteriza essa frase em relação ao uso das variedades linguísticas? Justifique sua resposta.

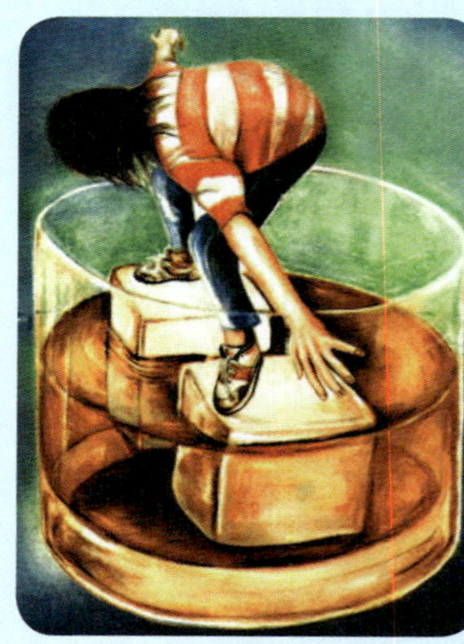

Ministério da Saúde

8. Unindo os vários elementos que compõem o texto – o tipo de linguagem, a imagem principal, a referência à liberdade –, conclua: Qual é o público-alvo a que se destina a campanha? Por quê?

9. Os textos de campanha comunitária podem circular em diferentes suportes e veículos. Levante hipóteses: Em que suportes e veículos você acha que o texto em estudo circulou?

10. Reúna-se com seus colegas de grupo e, juntos, concluam: Quais são as principais características do texto de campanha comunitária? Respondam, considerando os seguintes critérios: finalidade do gênero, perfil dos interlocutores, suporte ou veículo, tema, estrutura, linguagem.

PRODUZINDO O TEXTO DE CAMPANHA COMUNITÁRIA

1. Observe os seguintes cartazes de campanha comunitária. Neles falta o enunciado verbal principal, eliminado propositalmente. O primeiro destinava-se a orientar a população a evitar o sol entre 10 horas e 16 horas; o segundo, a estimular a população a vacinar cães e gatos. Crie enunciados para substituir os que foram eliminados, considerando a finalidade de cada um.

Ziraldo

Ministério da Saúde

2. Individualmente ou em grupo, escreva um texto e pesquise ou crie uma imagem para uma das seguintes campanhas comunitárias, dirigidas à comunidade escolar ou à comunidade do bairro onde se localiza a escola ou, ainda, ao público em geral.

- Inclusão de pessoas portadoras de deficiência
- Doação de livros de literatura infantil e juvenil para a biblioteca da escola
- Banco de óculos em prol de uma entidade assistencial de seu bairro ou da cidade
- Doação de alimentos e agasalhos para uma entidade assistencial de sua cidade ou para pessoas vítimas de enchentes
- Doação de brinquedos e roupas para crianças carentes de uma escola de seu bairro ou da cidade

Planejamento do texto

- Decida com os colegas e o professor em que suporte e veículo os textos de campanha comunitária irão circular. Eles poderão ser utilizados, por exemplo, na campanha **Solidariedade em cartaz**, a ser desenvolvida no final da unidade. Ou ser publicados em um *blog* coletivo da classe ou em uma rede social.
- Decidido o suporte, pense no perfil do leitor: você vai escrever para jovens como você e para adultos. A linguagem deve estar, portanto, adequada ao gênero e ao perfil do público leitor.
- Na proposta 1, crie enunciados atraentes, estimulantes, persuasivos. Na proposta 2, crie um enunciado principal (uma ou mais frases), capaz de introduzir o texto e expressar a ideia princi-

pal da campanha. Depois, se necessário, também um texto complementar, que explique melhor o objetivo da campanha.

- De modo explícito ou implícito, o texto deve apresentar argumentos que convençam o interlocutor a aderir à campanha. Escolha entre usar verbos no modo imperativo ou outras construções injuntivas.
- A linguagem deve seguir a norma-padrão, mas você pode usar um registro informal e recursos como sonoridades e ambiguidades, se julgar conveniente.
- Na proposta 2, lembre-se de que a imagem, mais do que mera ilustração, é importante para a construção dos sentidos do texto e deve estar em sintonia com a parte verbal.

Ministério da Saúde

Revisão e reescrita

Antes de fazer a versão final do texto de campanha comunitária, reveja-o, observando:

- se ele apresenta um enunciado capaz de atrair a atenção dos leitores;
- se o objetivo da campanha está claro, em que ela consiste, quem está promovendo, a quem ela se dirige, a quem beneficia, como as pessoas podem colaborar, etc.
- se há argumentos capazes de estimular o leitor a aderir à campanha;
- se a linguagem verbal e a linguagem não verbal se completam;
- se a linguagem está de acordo com a norma-padrão da língua e com o grau de formalidade adequado ao público-alvo.

Faça as alterações necessárias e monte o seu texto de campanha, passando-o para o suporte em que ele irá circular.

ESCREVENDO COM ADEQUAÇÃO

O DISCURSO CITADO

Observe e compare as duas pinturas a seguir: a primeira é o quadro *O grito* (1893), de Edvard Munch (1863-1944), pintor expressionista do período de transição do século XIX para o século XX; a outra, chamada *O berro*, é de Mauricio de Sousa, autor atual de história em quadrinhos.

Nasjonalgalleriet, Oslo, Norway

: *O grito* (1893), de Edvard Munch.

Mauricio de Sousa Produções

: (Mauricio de Sousa. *História em quadrões com a Turma da Mônica*. São Paulo: Globo, 2010. v. 2, p. 32.)

1. O quadro de Edvard Munch foi pintado no final do século XIX. Observe o espaço retratado, as cores utilizadas e a personagem que está em primeiro plano. A personagem central tapa os ouvidos com as mãos e tem olhos e boca abertos. Que impressões a personagem e a tela como um todo transmitem a você?

2. Observe agora o quadro de Mauricio de Sousa. Pintado em 2008, ele faz uma "releitura" do quadro de Munch, isto é, cita a tela de Munch em forma de paródia.
   a) Que elementos do quadro de Mauricio de Sousa nos lembram o de Munch?
   b) Que novo elemento Mauricio de Sousa incorporou a seu quadro?

3. Compare, nos dois quadros, as duas personagens que estão ao fundo. Que diferença há entre elas?

4. Os elementos presentes no quadro de Munch, ao serem deslocados de seu contexto e transpostos para a tela de Mauricio de Sousa, ganham sentido diferente.
   a) Por que isso ocorre?
   b) Interprete o quadro de Mauricio de Sousa. Qual o sentido que ele sugere?
   c) Que efeito resulta da transposição das personagens de Mauricio de Sousa para o quadro de Munch? Justifique sua resposta.

Mauricio de Sousa, quando pintou *O berro*, pretendia dialogar com o quadro de Munch, e, assim, homenageá-lo. Para fazer isso, **citou-o** claramente, incorporando em seu quadro alguns dos elementos do quadro de Munch.

Discurso citado é o discurso ou parte de discurso que é incorporado por outro discurso.

Você observou um caso de citação discursiva entre duas telas. Mas o discurso citado pode ocorrer em todos os tipos de linguagem: no cinema, no teatro, na música, na literatura, nas artes plásticas, no jornalismo, na publicidade, etc.

Mikhail Bakhtin (1895-1975), filósofo e teórico da linguagem russo, defendia a ideia de que não existe discurso puro e original. Todo discurso, segundo ele, é uma resposta ao discurso de outra pessoa, seja para confirmar, seja para ampliar ou discordar do que o outro disse.

Assim, mesmo sem ter consciência disso, a todo instante dialogamos com o discurso dos outros e trazemos para o nosso discurso diferentes vozes com que temos contato: as vozes de autores de livros, jornais e revistas que lemos, dos professores que nos ensinam, dos familiares com quem convivemos, a voz dos juristas que elaboram as leis que regem a sociedade. Enfim, para se construir, nosso discurso incorpora os discursos de muitas outras pessoas.

EXERCÍCIOS

Observe, a seguir, a capa do disco *Abbey road*, de 1969, da banda inglesa The Beatles, e um quadrinho de Nik.

Apple Records

(Disponível em: http://en.wikipedia.org/wiki/Abbey_Road. Acesso em: 9/5/2012.)

Gaturro, Nik © 2004 Nik / Dist. by Universal Uclick

(*Gaturro*. Buenos Aires: Ediciones de La Flor, 2004. v. 4, p. 89. Tradução dos autores.)

1. Há, entre os dois textos, uma nítida relação de intertextualidade. Que discurso (ou texto) é citado?

2. O humor do quadrinho de Nik se dá pela articulação entre a linguagem verbal e a não verbal. Explique o papel do discurso citado nessa relação.

TIPOS DE DISCURSO NA LINGUAGEM VERBAL

Leia o texto:

Do que são feitos os meninos? Bananas

Dieta da mãe durante a gravidez — mais ou menos calórica — pode definir sexo do bebê

A dieta da mãe pode determinar o nascimento de meninos ou meninas. Cientistas das universidades de Oxford e Exeter, na Inglaterra, entrevistaram 740 mulheres que engravidaram pela primeira vez. Queriam conhecer seus hábitos alimentares no ano anterior ao da concepção. Elas foram divididas em grupos de "altas, médias e baixas calorias", informa o *Guardian*. As descobertas: 56% das mulheres do grupo de refeições calóricas que ingeriam com frequência cereais e banana no café da manhã tiveram bebê do sexo masculino — ante 45% da turma de dieta mais frugal, menos rica. "Pela primeira vez mostramos uma associação clara entre os hábitos alimentares da mãe e o sexo do filho", disse Fiona Mathews, líder do estudo.

Mais que uma questão de saúde, é uma consequência das mudanças de comportamento. Os pesquisadores afirmam que a tendência moderna de optar por dieta de baixas calorias pode explicar a queda no nascimento de meninos em países desenvolvidos, diz a *BBC*. As estatísticas acompanham o raciocínio. Nos últimos 40 anos houve um pequeno, mas constante, declínio do nascimento de meninos em países desenvolvidos como a Inglaterra.

(*Revista da Semana*, ano 2, nº 17.)

Thinkstock/Getty Images

Filho ou filha: 56% das mulheres que ingeriam cereais no café da manhã tiveram meninos.

1. O texto acima relata um estudo feito por cientistas das universidades de Oxford e Exeter, na Inglaterra, que queriam conhecer os hábitos alimentares de mulheres no ano anterior ao da concepção de seu filho. Identifique um trecho em que o jornalista reproduziu a fala da líder do estudo, com as mesmas palavras que ela empregou.

2. Em outro trecho do texto, o jornalista conta o que os pesquisadores disseram, mas sem reproduzir as mesmas palavras usadas por eles. Identifique o trecho.

No texto acima, o jornalista utilizou dois procedimentos para citar o discurso das pessoas envolvidas na pesquisa: reproduziu textualmente a fala de Fiona Mathews, a líder do estudo ("Pela primeira vez mostramos uma associação clara entre os hábitos alimentares da mãe e o sexo do filho"), o chamado **discurso direto**, e reproduziu, com suas próprias palavras, a fala dos pesquisadores ("Os pesquisadores afirmam que a tendência moderna de optar por dieta de baixas calorias pode explicar a queda no nascimento de meninos em países desenvolvidos"), o **discurso indireto**.

Em textos verbais, além do discurso direto e do indireto, existe também o **discurso indireto livre**.

Discurso direto

Na palma da sua mão

E tem a história do cara que foi consultar uma quiromante, para que ela lesse seu destino na palma da sua mão. Queria saber, acima de tudo, como e quando seria a sua morte. Queria saber seu futuro para poder evitá-lo, pois tinha um plano para ludibriar a Morte.

A quiromante sorriu.

— Ninguém pode mudar seu destino — disse.

— Eu posso — disse o homem.

A quiromante continuou a sorrir, alisando a palma da mão dele com a sua.

— Como você pretende ludibriar a Morte?

— Deixa comigo. Só me diga como e quando ela virá.

— O que está na palma da sua mão não pode ser mudado. Se eu lhe disser que você vai morrer em minutos, você vai morrer em minutos. Ninguém pode negociar com a Morte.

— Sabendo como e quando Ela virá, pode.

— Mas a Morte tem mil disfarces. Vem de várias formas, das maneiras mais inesperadas. Não pode ser evitada.

— Só me diga o que você vê na palma da minha mão e deixe o resto comigo.

Então a quiromante examinou a palma da mão do homem e parou de sorrir. Disse:

— Você vai morrer em minutos.

— Onde você viu isso? — perguntou o homem.

— Aqui — disse a quiromante, cruzando a linha da vida do homem com a sua unha envenenada.

E o homem morreu em minutos. A Morte tem mil disfarces.

(Luis Fernando Verissimo. *Mais comédias para ler na escola*. Seleção de Marisa Lajolo. Rio de Janeiro: Objetiva, 2010. p. 115.)

Veja que, no trecho "– Eu posso – disse o homem", foram empregados dois travessões. O primeiro introduz a fala da personagem; o segundo separa a fala da personagem da fala do narrador. Em textos literários, é mais comum o emprego do travessão para isolar o discurso direto; em textos jornalísticos e científicos, é mais comum o emprego das aspas.

Veja também que, em "– disse o homem", foi empregado o verbo de elocução *dizer*, cujo papel é informar quem está falando. Às vezes, esse verbo, ou outro verbo de elocução, é omitido, mas está implícito na situação:

Verbos de elocução

O discurso direto caracteriza-se pela presença de verbos *dicendi*, aqueles que servem para introduzir a fala de outra pessoa (*dizer*, *afirmar*, *responder*, *declarar*, *definir*), de verbos da área semântica de *perguntar* (*indagar*, *inquirir*, *questionar*, *interrogar*) e de verbos *sentiendi*, os que expressam estado de espírito, reação psicológica da pessoa que fala, emoções (*gemer*, *suspirar*, *gritar*, *lamentar(-se)*, *queixar-se*, *explodir*). Esses verbos podem vir implícitos ou explícitos.

A quiromante continuou a sorrir, alisando a palma da mão dele com a sua. [Pergunta:]
— Como você pretende ludibriar a Morte?

Para introduzir o discurso direto, é comum também o emprego de dois-pontos.

Discurso indireto

No discurso indireto, o locutor (aquele que fala) reproduz com suas próprias palavras a fala de outras pessoas ou personagens. Veja como ficaria uma das falas da personagem da crônica, caso fosse empregado o discurso indireto:

A quiromante disse que o homem ia morrer em minutos.

Observe que, para transformar o discurso direto em indireto, foi adotado o seguinte procedimento: indicar quem está falando (a quiromante) + verbo *dicendi* (disse) + que.

Além disso, o verbo que está no presente do indicativo (*vai*) passou para o pretérito imperfeito do indicativo (*ia*). Assim, o discurso indireto caracteriza-se pela presença de verbos *dicendi* e *sentiendi*, pela presença da conjunção integrante *que* e pela alteração de tempos verbais. Também ocorrem alterações de advérbios e pronomes.

Do discurso direto para o discurso indireto

Há, a seguir, um quadro com as principais transformações que ocorrem na passagem do discurso direto para o indireto, e vice-versa:

DISCURSO DIRETO	DISCURSO INDIRETO
VERBOS	
Presente do indicativo O delegado afirmou: – Não *confio* em ninguém.	*Imperfeito do indicativo* O delegado afirmou que não *confiava* em ninguém.
Perfeito do indicativo A garota perguntou: – Meu namorado não *esteve* aqui?	*Mais-que-perfeito do indicativo* A garota perguntou se seu namorado não *estivera* (*tinha* estado) ali.
Futuro do presente O rapaz garantiu: – Eu *farei* a revisão do texto.	*Futuro do pretérito* O rapaz garantiu que *faria* a revisão do texto.
Presente do subjuntivo – Não quero que *espalhem* meus livros – disse-lhes o professor.	*Imperfeito do subjuntivo* O professor disse-lhes que não queria que eles *espalhassem* seus livros.
Imperativo – *Faça*-me um favor – pediu-me o rapaz.	*Imperfeito do subjuntivo* O rapaz pediu-me que eu lhe *fizesse* um favor.
PRONOMES	
eu, nós, você(s), senhor(a)(s) O homem sussurrou: – *Eu* estou rico.	*ele(s), ela(s)* O homem sussurrou que *ele* estava rico.
meu(s), minha(s), nosso(a)(s) – *Minha* irmã vai adorar esta revista – disse a garota.	*seu(s), sua(s), dele(a)(s)* A garota disse que *sua* irmã ia adorar aquela revista.
este(a)(s), isto, isso – *Esta* é sua casa? – perguntou.	*aquele(a)(s), aquilo* Ele(a) perguntou se *aquela* era sua casa.

ADVÉRBIOS	
hoje, ontem, amanhã – *Hoje* o comércio não abre – disse eu.	*naquele dia, no dia anterior, no dia seguinte* Eu disse que *naquele dia* o comércio não abria.
aqui, cá, aí – Não saio mais *daqui*! – falou Paulo.	*ali, lá* Paulo falou que não saía mais *dali*.

Discurso indireto livre

Mais comum em textos ficcionais, o **discurso indireto livre** ou **semi-indireto** é uma fusão dos discursos direto e indireto, porque apresenta a fala ou o pensamento da personagem discretamente inseridos no discurso do narrador. Observe a presença do discurso indireto livre nas frases destacadas deste texto:

> *Se não fosse isso... An! em que estava pensando?* Meteu os olhos pela grade da rua. *Chi! que pretume!* O lampião da esquina se apagara, *provavelmente o homem da escada só botara nele meio quarteirão de querosene.*
>
> (Graciliano Ramos)

O discurso indireto livre caracteriza-se por não apresentar as conjunções integrantes *que* e *se* e os verbos de elocução do discurso indireto; por manter as expressões empregadas pela personagem e sua correspondente pontuação "An! em que estava pensando?" / "Chi! que pretume!". Mantém, geralmente, os tempos verbais, advérbios e pronomes da forma como aparecem no discurso direto em 3ª pessoa.

EXERCÍCIOS

1. Leia este texto:

É POSSÍVEL FECHAR A INTERNET?

Para entrar na internet, uma máquina precisa conversar com um provedor de internet. Assim, ela consegue se conectar às outras máquinas conectadas ao redor do mundo. Se o provedor para de funcionar, você sabe, sua internet cai. Então é possível derrubar a internet. O presidente Hosni Mubarak fechou a rede do Egito por 5 dias em 2011, tentando censurar os protestos que o acabariam tirando do poder. Foi relativamente simples: bastou contatar os 6 provedores que funcionavam no país e obrigá-los a interromper o serviço.

Em blecautes como esse, porém, alguém sempre pode acender uma vela. Os ativistas egípcios, por exemplo, mantiveram contato online com o resto do mundo com ajuda de europeus. Como eles ainda tinham linhas de telefone, ligaram para fora do país e entraram na internet usando as velhas conexões discadas, via Europa.

Derrubar a internet é sempre complicado, porque ela foi criada, em 1969, justamente para não cair nunca — a ideia era que o governo americano tivesse uma rede de computadores à prova de ataques soviéticos. "Ela foi criada para se curar sozinha. Se você ataca uma parte da web, o resto irá simplesmente contornar o dano", diz Galperin.

Blecautes localizados já aconteceram em outros países, como Síria, Mianmar e

China. Cortar a internet em todo o mundo, no entanto, seria extremamente difícil — exigiria um acordo de todos os líderes mundiais e de todos os provedores. "O dano econômico seria inestimável. O Egito já teve um prejuízo estimado em milhões de dólares ao cortar o acesso por 5 dias", afirma Galperin.

Até os EUA já pensaram em criar uma lei para fazer isso. Em 2010, senadores discutiram um projeto que daria ao presidente o poder de cortar todo acesso à rede, em caso de risco à segurança nacional. Seria algo complexo, por causa do grande número de provedores existentes no país. Muito criticada, a lei acabou não sendo aprovada.

(Guilherme Rosa. *Galileu*, nº 248, p. 60.)

Galperin: Eva Galperin, da ONG Electronic Frontier Foundation.

Para construir uma resposta à pergunta formulada no título do texto, o autor se vale do discurso citado.

a) Identifique no texto duas situações em que há emprego do discurso citado.

b) Nas duas situações em que há discurso citado, de quem são os discursos originais?

c) Que tipo de discurso foi utilizado: o direto ou o indireto?

2. Identifique nos textos abaixo os trechos que constituem discurso direto e indireto e, a seguir, transforme o discurso direto em indireto, e vice-versa. Faça as adaptações necessárias, lembrando-se de usar os sinais de pontuação adequados.

a) "Quero lhe fazer um pedido" — disse a voz feminina do outro lado da linha. Era uma voz agradável, musical, firme – de uma mulher ainda jovem. "Sim" – eu perguntei de forma lacônico-psicanalítica, não sem uma pitada de medo. [...] "Eu queria que o senhor escrevesse uma crônica em defesa das flores..." – Sorri feliz. [...].

(Rubem Alves. *O amor que acende a lua*. 15. ed. Campinas-SP: Papirus, 2011. p. 13.)

b) [...] Tem propósito uma coisa dessas? Ela acabou chorando, dizendo que eu sou um bruto, um rinoceronte. Engraçado. Minha mulher vem com uma rosa para casa, uma rosa dada por um homem, e eu não devo achar ruim [...]

(Carlos Drummond de Andrade. *O poder ultrajovem*. 21. ed. Rio de Janeiro: Record, 2011. p. 71.)

3. Identifique nos textos a seguir os trechos que correspondem ao discurso indireto livre.

a) Estão os dois, à mesa do restaurante. Olham-se. Seus olhos não são os olhos ingênuos que contemplam as cenas de felicidade das telas de Larsson. A cena, refletida nos olhos do outro, não é uma cena de felicidade. Seus olhos procuram a felicidade que se perdeu. Mas como se perdeu? O rosto não é o mesmo, aquele mesmo rosto que, jurei pra mim mesmo, haveria de amar para sempre? [...]

(Rubem Alves. *O amor que acende a lua*, cit., p. 146.)

b) 

Thinkstock/Getty Images

O garoto não parava um só minuto. Subia as escadas, pendurava-se no corrimão, corria pelos corredores. Sou o Batman! Depois, Homem-Aranha. Sinal de que havia melhorado e a febre fora embora.

LÍNGUA: USO E REFLEXÃO

© Burstein Collection/Corbis/Latinstock/Museu Nacional Centro de Arte Reina Sofia, Espanha

: *Guernica* (1937), de Pablo Picasso.

CAPÍTULO 8

O artigo e o numeral

CONSTRUINDO O CONCEITO

Leia o texto estampado na camiseta abaixo, vendida em um *site* português.

Thinkstock/Getty Images/WMO

(Disponível em: http://www.dezpeme.com/tshirts/humor/5/35/. Acesso em: 3/5/2012.)

tramado: gíria do português de Portugal equivalente a "embaçado", no Brasil, isto é, ruim, difícil, de solução complicada.

1. O humor do texto da camiseta é construído com base na quebra de expectativa do leitor.

a) A frase "Meu sonho é ser pobre um dia" sugere que o locutor tenha qual perfil?

b) Por que essa frase causa estranhamento?

c) A explicação que vem na sequência, "porque todos os dias é tramado", faz uma revelação a respeito do perfil do locutor. Qual é ela?

d) O efeito do humor decorre do novo sentido que a frase em destaque ganha após a leitura do conjunto dos dizeres estampados na camiseta. Qual é esse novo sentido?

2. A ambiguidade da palavra *um* é essencial para a construção do humor do texto da camiseta.

a) Lendo apenas a primeira frase, a palavra *um* tem qual sentido?

b) Após ler a segunda frase, depreendemos outro sentido da palavra *um*. Qual é?

CONCEITUANDO

Você deve ter observado que algumas palavras que antecedem o substantivo, como *um*, em "um dia", podem modificar-lhe o sentido. Podemos entender a expressão como "um dia qualquer" e também como "um único dia". Na primeira situação, a palavra *um* é **artigo**; na segunda, *um* é **numeral**.

> **Artigo** é a palavra que antecede o substantivo, definindo-o ou indefinindo-o.
> **Numeral** é a palavra que expressa quantidade exata de pessoas ou coisas ou o lugar que elas ocupam numa determinada sequência.

Os artigos classificam-se em:

- **definidos**: *o, a, os, as*, quando definem o substantivo, indicando que se trata de um ser conhecido que já foi mencionado antes, ou que é objeto de um conhecimento ou experiência:

A cidade amanheceu em festa.

- **indefinidos**: *um, uma, uns, umas*, quando indefinem o substantivo, indicando um ser qualquer entre vários da mesma espécie e ao qual ainda não se fez menção:

Há *um* homem na sala de espera querendo falar com você.

Os numerais classificam-se em:

- **cardinais**: designam uma quantidade de seres:

Nessa carteira só há *duas* notas de *cinco* reais.

- **ordinais**: indicam série, ordem, posição:

A *primeira* proposta foi aceita pela maioria dos alunos.

- **multiplicativos**: expressam aumento proporcional a um múltiplo da unidade:

Comprou na feira o *dobro* de livros que pretendia.

Função sintática do artigo e do numeral

O artigo, definido ou indefinido, exerce na oração a função sintática de adjunto adnominal:

O Amazonas é *um* grande rio.

O numeral, por sua vez, tem mais de uma função sintática. Para saber qual é ela, precisamos observar se, na oração, seu papel é de adjetivo ou substantivo. No primeiro caso, o numeral assume a função sintática de *adjunto adnominal*; no segundo caso, ele desempenha uma função sintática própria do substantivo, ou seja, de *núcleo* de um sujeito, de um objeto direto, de um objeto indireto, etc. Observe:

Alugamos *cinco* DVDs, mas só assistimos a *dois*.

(*cinco*: adj. adn.; *cinco DVDs*: objeto direto; *dois*: núcleo; *a dois*: objeto indireto)

- **fracionários**: denotam diminuição proporcional a divisões (frações) da unidade:

> Coube a ela *um terço* da herança dos avós.

Alguns gramáticos acrescentam a essa classificação os **numerais coletivos**, assim chamados porque, como os substantivos coletivos, designam um conjunto de seres ou coisas. Diferentemente dos substantivos coletivos, porém, indicam um número exato de seres: *dezena, década, dúzia, centena, cento, milheiro, par,* etc.

O numeral pode referir-se a um substantivo ou substituí-lo; no primeiro caso, é **numeral adjetivo**; no segundo, **numeral substantivo**. Observe, por exemplo, no título do texto a seguir, que *primeiro* é *numeral adjetivo*, porque acompanha o substantivo *embrião*. O mesmo ocorre, no texto, com o numeral *primeira*, que acompanha a palavra *vez*. Na frase "Os dois vivem no parque", *dois* é *numeral substantivo*, porque substitui a palavra *rinocerontes*.

Cientistas criam o primeiro embrião de rinoceronte em laboratório

Material veio de rinocerontes-negros que vivem em um zoológico na Austrália. Falta, no entanto, uma técnica para introduzir o embrião na fêmea.

Uma junta de cientistas australianos e alemães conseguiu criar, pela primeira vez no mundo, um embrião de rinoceronte em laboratório, anunciou-se nesta sexta-feira, na Austrália.

Isso aconteceu em um zoológico do Estado de New South Wales, depois de algumas tentativas que não deram certo. O material veio dos rinocerontes-negros Rocket e Kwanzaa. Os dois vivem no parque. A espécie já esteve bem perto da extinção.

Mesmo feliz com o sucesso da fertilização, a bióloga australiana Tâmara Keeley ressalta que faltam muitos anos de estudo para que um embrião como esse vire um rinoceronte de fato. Ainda não se tem uma técnica para introduzi-lo na fêmea e dar início à gestação, de 14 meses.

Até que essa técnica chegue, o embrião vai ficar armazenado em nitrogênio líquido, a uma temperatura de –196 °C.

Minden Pictures/LatinStock

(Disponível em: http://g1.globo.com/Noticias/Ciencia/0,,MUL591488-5603,00-CIENTISTAS+CRIAM+O+PRIMEIRO+EMBRIAO+DE+RINOCERONTE+EM+LABORATORIO.html. Acesso em: 18/4/2012.)

Algarismos ou numerais?

Em textos, sempre que possível, devem ser empregados os numerais. Entretanto, números de telefones, datas, dados estatísticos e outros costumam ser escritos em algarismos.

É comum o artigo ter o papel de substantivar uma palavra ou expressão. Por exemplo, a palavra *melhor*, empregada normalmente como adjetivo, está substantivada pelo artigo definido *o* na capa da revista ao lado. Também é comum os artigos aparecerem unidos a preposições, como no anúncio à direita, em que o artigo *o* está unido à preposição *de*, formando a combinação *do*.

Editora Abril

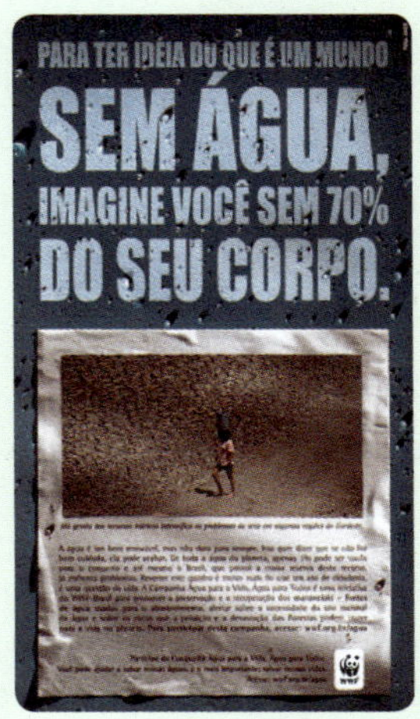

WWF - Brasil

Leitura ou escrita dos numerais

- **Cardinais**: coloca-se a conjunção *e* após as centenas e dezenas:

  Paguei *mil trezentos **e** trinta **e** quatro reais* pelo computador. (1 334)

- **Ordinais**:

  a) os inferiores a 2 000 são lidos ou escritos como ordinais:

  Ela é a *milésima octingentésima quinquagésima sexta* classificada. (1 856ª)

  b) os superiores a 2 000 são lidos de forma mista, o primeiro algarismo como cardinal e os demais como ordinais:

  Sou o *dois milésimo centésimo primeiro* classificado. (2 101º)

EXERCÍCIOS

1. Leia a tira ao lado.

(Fernando Gonsales. *Níquel Náusea – Nem tudo que balança cai*. São Paulo: Devir, 2003. p. 20.)

Na tira, aparecem duas palavras em negrito: *de* e *do*. No contexto, qual é a diferença de sentido provocada pelo uso das formas *de* e *do* (de + o)?

2. Conforme vimos, o artigo, definido ou indefinido, caracteriza-se por ser a palavra que introduz o substantivo, indicando-lhe o gênero e o número. Assim, seu emprego permite a distinção de substantivos homônimos, ou seja, palavras de origem e significados diferentes mas com a mesma pronúncia e grafia, como *o grama* (medida de massa) e *a grama* (capim).

Dê o significado dos seguintes homônimos:

a) o cabra – a cabra

b) o cisma – a cisma

c) o coma – a coma

d) o moral – a moral

e) o foca – a foca

f) o caixa – a caixa

g) o guarda – a guarda

h) o nascente – a nascente

3. Em relação à leitura e à escrita dos numerais, deve-se observar que:

- na designação de papas, reis, séculos, partes de obras e artigos de lei, indicados por algarismos romanos, estes devem ser lidos como numerais ordinais até *décimo* e daí por diante como cardinais;
- na indicação dos dias do mês (excetuando-se o primeiro dia), anos e horas, usam-se os cardinais;
- na numeração de páginas e folhas de livros, como na de casas, apartamentos, quartos de hotel, cabines de navio, poltronas de teatro e equivalentes, empregam-se os cardinais; porém, estando o numeral anteposto ao substantivo, utilizam-se os ordinais.

Considerando esses usos, indique como devem ser lidos os algarismos empregados nas frases a seguir.

a) A Idade Média compreende o período que vai da Queda do Império Romano, no século V, até a Tomada de Constantinopla pelos turcos, no século XV.

b) O livro que você me indicou é tão interessante que, em poucas horas, já li até o capítulo XXII.

c) Quem proclamou a Independência do Brasil foi D. Pedro I ou D. Pedro II?

d) Por favor, abram o livro na 33ª página.

e) Você pode me buscar no aeroporto? Eu telefono avisando se regresso no dia 31 de janeiro ou 1º de fevereiro.

f) A citação encontra-se na página 25 do capítulo LXXIX.

g) Era a 213ª pessoa da fila.

4. Indique as frases em que o numeral está empregado em desacordo com a norma-padrão. A seguir, reescreva-as, adequando-as à norma-padrão.

a) A descrição da personagem principal encontra-se à página vinte e duas.

b) As flores devem ser entregues na rua Quarenta e Um, casa dois.

c) Ao papa Paulo Seis sucedeu João Paulo Primeiro.

d) O artigo 22 foi revogado ontem.

e) Hoje é trinta e um de janeiro; amanhã, um de fevereiro.

O ARTIGO E O NUMERAL NA CONSTRUÇÃO DO TEXTO

Leia o anúncio a seguir e responda às questões propostas.

WWF - Brasil

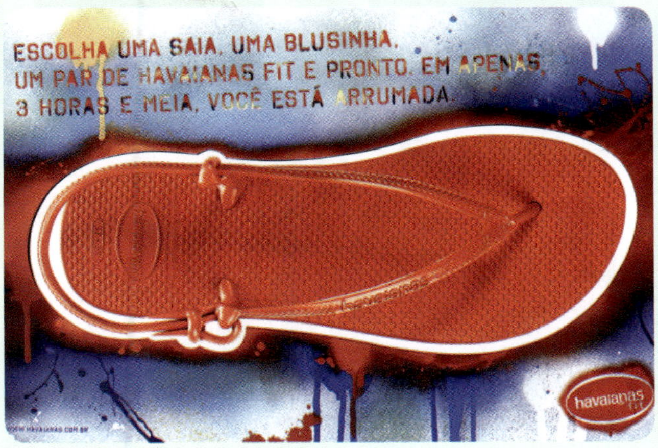

Para que servem os artigos?

Os artigos não são apenas meros acompanhantes dos substantivos. Quase sempre, a presença ou a ausência de artigo assume um papel decisivo na precisão do sentido que se pretende dar a um texto. O artigo pode, por exemplo, particularizar ou generalizar, como em *Gostaria de ter um filho novamente / Gostaria de ter o filho novamente*; pode se referir à parte ou ao todo, como em *A comissão foi formada por moradores da rua* (alguns) */ A comissão foi formada pelos moradores da rua* (todos).

1. Na situação de comunicação relacionada ao anúncio:

a) Quem é o anunciante? E o produto anunciado?

b) Qual é o público-alvo do anúncio? Justifique sua resposta com expressões do texto.

c) Qual é o principal argumento de persuasão utilizado pelo anunciante?

2. Releia o texto verbal do anúncio, observando o emprego das palavras *uma*, *um*, *par*, *3* e *meia*.

a) Classifique como artigo, numeral ou algarismo essas palavras.

b) Ao utilizar a expressão *um par*, o anunciante se refere a um par qualquer ou a um par específico de sandálias? Justifique sua resposta.

3. A utilização de artigos e numerais tem papel central na construção do humor do anúncio.

a) Que ideia fica subentendida na frase "Escolha uma saia, uma blusinha, um par de Havaianas Fit e pronto"?

b) Por que o emprego do numeral que é utilizado na frase "Em apenas 3 horas e meia, você está arrumada" tem efeito humorístico?

c) Que figura de linguagem se observa na frase "Em apenas 3 horas e meia você está pronta"? Que elementos, na construção da frase, resultam nessa figura?

4. Por meio do emprego das expressões *uma*, *um* e *3 e meia*, o anúncio faz um jogo de oposições entre, por um lado, a ideia de simplicidade, despreocupação e, por outro, a ideia de sofisticação, cuidado excessivo.

a) Quais dessas expressões, no anúncio, dão ideia de simplicidade e despreocupação? Justifique sua resposta com base na classe de palavras a que elas pertencem e no sentido que elas conferem ao texto.

b) E qual a ideia de sofisticação e cuidado excessivo? Justifique sua resposta também com base na classe de palavras dos termos que a compõem e no sentido resultante de seu emprego.

c) Qual é o papel da oposição entre as ideias de simplicidade e sofisticação na construção da imagem do produto anunciado?

SEMÂNTICA E DISCURSO

Leia o texto:

O homem nunca pisou na Lua?

Há quem afirme de pés juntos que a conquista do nosso satélite foi mais uma farsa do governo americano — e dirigida por ninguém menos que o cineasta Stanley Kubrick

Por Alexandre Petillo

Glenn Image Gallery/Nasa Images

Esqueça tudo o que lhe ensinaram na escola: o homem nunca pisou na Lua. A célebre imagem da nave americana pousando em nosso satélite no dia 20 de julho de 1969, o passo em câmera lenta de Neil Armstrong, a bandeira do Tio Sam fincada no solo lunar... Tudo isso foi encenado em um estúdio de TV no Estado de Nevada, nos Estados Unidos. Para ganhar contornos ainda mais espetaculares, as filmagens foram dirigidas por ninguém menos que o cineasta Stanley Kubrick.

[...]

Essa tese [...] é defendida pelo escritor Bill Kaysing em seu livro *We Never Went to the Moon* ("Nunca Fomos à Lua"). Segundo Kaysing, a Nasa, agência espacial americana, não tinha tecnologia para colocar o homem na Lua em 1969.

Mas precisava fazer isso de qualquer maneira. Tudo porque, em abril de 1961, o cosmonauta soviético Yuri Gagarin conseguira entrar para a história como o primeiro homem a viajar pelo espaço. Para não ficar atrás, o presidente dos Estados Unidos, John Kennedy, fez uma promessa: até o final da década, o país mandaria astronautas para a Lua. Mas a década de 60 chegou ao fim e os americanos ainda não tinham tecnologia para chegar lá. Por isso, a Apollo 11 realmente foi lançada – mas pousou no Polo Sul. Os astronautas Neil Armstrong, Buzz Aldrin e Michael Collins foram levados secretamente a um estúdio de TV e encenaram a conquista da Lua.

(Disponível em: http://super.abril.com.br/ciencia/homem-nunca-pisou-lua-445113.shtml. Acesso em: 18/4/2012.)

1. O título da matéria faz referência a um fato histórico muito famoso.

a) Qual é esse fato?

b) Segundo o título, o responsável por esse feito seria "o homem". Classifique o artigo utilizado nessa expressão.

c) Deduza: A expressão "o homem" refere-se unicamente ao astronauta que pisou na Lua?

2. Releia o título do texto: "*O homem* nunca pisou n*a Lua*?"

Spacesuit and Spacewalk History Image Gallery/Nasa Images

a) Uma das funções específicas do artigo é a de generalizar. Compare os empregos dos artigos *o* e *a* no título do texto. Em qual das duas expressões destacadas há generalização?

b) Qual é o efeito de sentido criado por esse uso do artigo?

c) Qual é a função do artigo na outra expressão?

3. Leia este enunciado:

> Segundo o texto, o homem nunca pisou n*a Lua* e, nas imagens que todos viram, os astronautas pisavam em *uma lua* cenográfica.

Classifique os artigos que integram as expressões destacadas e explique os efeitos de sentido criados por eles.

4. Explique por que só é possível o emprego do artigo definido, e não do indefinido, nas expressões destacadas neste trecho:

> "Em abril de 1961, *o cosmonauta soviético Yuri Gagarin* conseguira entrar para *a história* como *o primeiro* homem a viajar pel*o espaço*."

5. Identifique, entre as afirmações que seguem, aquelas que se referem apropriadamente ao papel que têm na construção de sentidos do texto os artigos empregados nestas expressões:

- na escola
- a célebre imagem
- a bandeira do Tio Sam
- um estúdio de TV no Estado de Nevada
- os americanos

a) Os artigos definidos das expressões "na escola", "a célebre imagem" e "a bandeira do Tio Sam" têm o papel de generalizar os termos que eles antecedem, fazendo referência a todas as escolas, todas as imagens célebres e todas as bandeiras americanas.

b) O artigo definido da expressão "na escola" generaliza o termo que ele antecede, fazendo referência a toda e qualquer escola em que o leitor tenha estudado. O mesmo acontece com o artigo definido de "os americanos", que faz referência a todos os americanos.

c) Os artigos definidos das expressões "a célebre imagem" e "a bandeira do Tio Sam" particularizam os termos que eles antecedem, isto é, fazem referência a uma imagem e a uma bandeira específicas, que todos conhecem e sempre veem nas fotos que divulgam o evento mencionado no texto.

d) O uso do artigo indefinido na expressão "Um estúdio de TV no Estado de Nevada" reforça a ideia de que a gravação foi feita em um único estúdio, sem a necessidade de utilizar outros cenários ou instalações diferentes.

e) O uso do artigo indefinido na expressão "um estúdio de TV no Estado de Nevada" não define em qual estúdio exatamente foi feita a encenação, reforçando a ideia de mistério que cerca o assunto de que trata o texto.

Georg Flegel. Still life/The Bridgeman Art Library/Grupo Keystone/Johnny van Haeften Gallery, London, UK

Natureza-morta de Georg Flegel.

PRODUÇÃO DE TEXTO

CAPÍTULO 9

O conto (I)

TRABALHANDO O GÊNERO

Leia este conto, de Lygia Fagundes Telles:

As cerejas

Aquela gente teria mesmo existido? Madrinha tecendo a cortina de filé com um anjinho a esvoaçar por entre rosas, a pobre Madrinha sempre afobada, piscando os olhinhos estrábicos, “vocês não viram onde deixei meus óculos?”. A preta Dionísia a bater as claras de ovos em ponto de neve, a voz ácida “esta receita é nova...”. Tia Olívia enfastiada e lânguida, abanando-se com uma ventarola chinesa, a voz pesada indo e vindo ao embalo da rede, “fico exausta no calor...”. Marcelo muito louro – Por que não me lembro da voz dele? – agarrado à crina do cavalo, agarrado à cabeleira de tia Olívia, os dois tombando lividamente azuis sobre o divã. “Você levou as velas à tia Olívia?”, perguntou Madrinha lá debaixo. O relâmpago apagou-se. E no escuro que se fez, veio como resposta o ruído das cerejas se despencando no chão.

A casa em meio do arvoredo, o rio, as tardes como que suspensas na poeira do ar – desapareceu tudo sem deixar vestígios. Ficaram as cerejas, só elas resistiram com sua vermelhidão de loucura. Basta abrir a gaveta: algumas foram roídas por alguma barata e nessas o algodão estoura, empelotado, não, tia Olívia, não eram de cera, eram de algodão suas cerejas vermelhas.

Thinkstock/Getty Images

Ela chegou inesperadamente. Um cavaleiro trouxe o recado do chefe da estação pedindo a charrete para a visita que acabara de desembarcar.

– É Olívia! – exclamou Madrinha. É a prima! Alberto escreveu dizendo que ela viria, mas não disse quando, ficou de avisar. Eu ia mudar as cortinas, bordar umas fronhas e agora!... Justo Olívia. Vocês não podem fazer ideia, ela é de tanto luxo e a casa aqui é tão simples, não estou preparada, meus céus! O que é que eu faço, Dionísia, me diga agora o que é que eu faço!

Dionísia folheava tranquilamente um livro de receitas. Tirou um lápis da carapinha tosada e marcou a página com uma cruz.

– Como se já não bastasse esse menino, que também chegou sem aviso...

O menino era Marcelo. Tinha apenas dois anos mais do que eu mas era tão alto e parecia tão adulto com suas belas roupas de montaria, que tive vontade de entrar debaixo do armário quando o vi pela primeira vez.

– Um calor na viagem! – gemeu tia Olívia em meio de uma onda de perfumes e malas. – E quem é este rapazinho?

– Pois este é o Marcelo, filho do Romeu – disse Madrinha. – Você não se lembra do Romeu? Primo-irmão do Alberto...

Tia Olívia desprendeu do chapeuzinho preto dois grandes alfinetes de pérola em formato de pera. O galho de cerejas estremeceu no vértice do decote da blusa transparente. Desabotoou o casaco.

– Ah, minha querida, Alberto tem tantos parentes, uma família enorme! Imagine se vou me lembrar de todos com esta minha memória. Ele veio passar as férias aqui?

Por um breve instante Marcelo deteve em tia Olívia o olhar frio. Chegou a esboçar um sorriso, aquele mesmo sorriso que tivera quando Madrinha, na sua ingênua excitação, nos apresentou a ambos, "pronto, Marcelo, aí está sua priminha, agora vocês poderão brincar juntos". Ele então apertou um pouco os olhos. E sorriu.

– Não estranhe, Olívia, que ele é por demais arisco – segredou Madrinha ao ver que Marcelo saía abruptamente da sala. – Se trocou comigo meia dúzia de palavras, foi muito. Aliás, toda a gente de Romeu é assim mesmo, são todos muito esquisitos. Esquisitíssimos!

Tia Olívia ajeitou com as mãos em concha o farto coque preso na nuca. Umedeceu os lábios com a ponta da língua.

– Tem *charme*...

Aproximei-me fascinada. Nunca tinha visto ninguém como tia Olívia, ninguém com aqueles olhos pintados de verde e com aquele decote assim fundo.

– É de cera? – perguntei tocando-lhe uma das cerejas.

Ela acariciou-me a cabeça com um gesto distraído. Senti bem de perto seu perfume.

– Acho que sim, querida. Por quê? Você nunca viu cerejas?

– Só na folhinha.

Ela teve um risinho cascateante. No rosto muito branco a boca parecia um largo talho aberto, com o mesmo brilho das cerejas.

– Na Europa são tão carnudas, tão frescas.

Marcelo também tinha estado na Europa com o avô. Seria isso? Seria isso que os fazia infinitamente superiores a nós? Pareciam feitos de outra carne e pertencer a um outro mundo tão acima do nosso, ah! como éramos pobres e feios. Diante de Marcelo e tia Olívia, só diante dos dois é que eu pude avaliar como éramos pequenos: eu, de unhas roídas e vestidos feitos por Dionísia, vestidos que pareciam as camisolas das bonecas de jornal que Simão recortava com a tesoura do jardim. Madrinha, completamente estrábica e tonta em meio de suas rendas e filés. Dionísia, tão preta quanto enfatuada com as tais receitas secretas.

– Não quero é dar trabalho – murmurou tia Olívia dirigindo-se ao quarto. Falava devagar, andava devagar. Sua voz foi se afastando com a mansidão de um gato subindo a escada. – Cansei-me muito, querida. Preciso apenas de um pouco de sossego...

Agora só se ouvia a voz de Madrinha que tagarelava sem parar: a chácara era modesta, modestíssima, mas ela haveria de gostar, por que não? O clima era uma maravilha e o pomar nessa época do ano estava coalhado de mangas. Ela não gostava de mangas? Não?... Tinha também bons cavalos se quisesse montar, Marcelo poderia acompanhá-la, era um ótimo cavaleiro, vivia galopando dia e noite. Ah, o médico proibira? Bem, os passeios a pé também eram lindos, havia no fim do caminho dos bambus um lugar ideal para piqueniques, ela não achava graça num piquenique?

Fui para a varanda e fiquei vendo as estrelas por entre a folhagem da paineira. Tia Olívia devia estar sorrindo, a umedecer com a ponta da língua os lábios brilhantes. Na Europa eram tão carnudas... Na Europa.

Theodore Gericault. Le dressage' man training (breaking) a horse with docked tail/World History Archive/Other Images

Abri a caixa de sabonete escondida sob o tufo de samambaia. O escorpião foi saindo penosamente de dentro. Deixei-o caminhar um bom pedaço e só quando ele atingiu o centro da varanda é que me decidi a despejar a gasolina. As chamas azuis subiram num círculo fechado. O escorpião rodou sobre si mesmo, erguendo-se nas patas traseiras, procurando uma saída. A cauda contraiu-se desesperadamente. Encolheu-se. Investiu e recuou em meio das chamas que se apertavam mais.

– Será que você não se envergonha de fazer uma maldade dessas?

Voltei-me. Marcelo cravou em mim o olhar feroz. Em seguida, avançando para o fogo, esmagou o escorpião no tacão da bota.

– Diz que ele se suicida, Marcelo...

– Era capaz mesmo quando descobrisse que o mundo está cheio de gente como você.

Tive vontade de atirar-lhe a gasolina na cara. Tapei o vidro.

– E não adianta ficar furiosa, vamos, olhe para mim. Sua boba. Pare de chorar e prometa que não vai mais judiar dos bichos.

Encarei-o. Através das lágrimas ele pareceu-me naquele instante tão belo quanto um deus, um deus de cabelos dourados e botas, todo banhado de luar. Fechei os olhos, já não me envergonhava das lágrimas, já não me envergonhava de mais nada. Um dia ele iria embora do mesmo modo imprevisto como chegara, um dia ele sairia sem se despedir e desapareceria para sempre. Mas isso também já não tinha importância. Marcelo, Marcelo!, chamei. E só meu coração ouviu.

Quando ele me tomou pelo braço e entrou comigo na sala, parecia completamente esquecido do escorpião e do meu pranto. Voltou-lhe o sorriso.

– Então é essa a famosa tia Olívia? Ah, ah, ah.

Enxuguei depressa os olhos na barra da saia.

– Ela é bonita, não?

Ele bocejou.

– Usa um perfume muito forte. E aquele galho de cerejas dependurado no peito. Tão vulgar.

– Vulgar?

Fiquei chocada. E contestei; mas, em meio da paixão com que a defendi, senti uma obscura alegria ao perceber que estava sendo derrotada.

– E, além do mais, não é meu tipo – concluiu ele voltando o olhar indiferente para o trabalho de filé que Madrinha deixara desdobrado na cadeira. Apontou para o anjinho esvoaçando entre grinaldas. – Um anjinho cego.

– Por que cego? – protestou Madrinha descendo a escada. Foi nessa noite que perdeu os óculos. – Cada ideia, Marcelo!

Ele debruçara-se na janela e parecia agora pensar em outra coisa.

– Tem dois buracos em lugar dos olhos.

– Mas filé é assim mesmo, menino! No lugar de cada olho deve ficar uma casa vazia – esclareceu ela sem muita convicção. Examinou o trabalho. E voltou-se nervosamente para mim: – Por que não vai buscar o dominó para jogarem uma partida? E vê se encontra meus óculos que deixei por aí.

Quando voltei com o dominó, Marcelo já não estava na sala. Fiz um castelo com as pedras. E soprei-o com força. Perdia-o sempre, sempre. Passava as manhãs galopando como louco. Almoçava rapidamente e mal terminava o almoço, fechava-se no quarto e só reaparecia no lanche, pronto para sair outra vez. Restava-me correr ao alpendre para vê-lo seguir em direção à estrada, cavalo e cavaleiro tão colados um ao outro que pareciam formar um corpo só.

Thinkstock/Getty Images

Como um corpo só os dois tombaram no divã, tão rápido o relâmpago e tão longa a imagem, ele tão grande, tão poderoso, com aquela mesma expressão com que galopava como que agarrado à crina do cavalo, arfando doloridamente na reta final.

Foram dias de calor atroz os que antecederam à tempestade. A ansiedade estava no ar. Dionísia ficou mais casmurra. Madrinha ficou mais falante, procurando disfarçadamente os óculos nas latas de biscoito ou nos potes de folhagens, esgotada a busca em gavetas e armários. Marcelo pareceu-me mais esquivo, mais crispado. Só tia Olívia continuava igual, sonolenta e lânguida no seu negligê branco. Estendia-se na rede. Desatava a cabeleira. E, com um movimento brando, ia se abanando com a ventarola. Às vezes vinha com as cerejas que se esparramavam no colo polvilhado de talco. Uma ou outra cereja resvalava por entre o rego dos seios e era então engolida pelo decote.

Georg Flegel. Still life/The Bridgeman Art Library/Grupo Keystone/Johnny van Haeften Gallery, London, UK

– Sofro tanto com o calor...

Madrinha tentava animá-la:

– Chovendo, Olívia, chovendo você verá como vai refrescar.

Ela sorria umedecendo os lábios com a ponta da língua.

– Você acha que vai chover?

– Mas claro, as nuvens estão baixando, a chuva já está aí. E vai ser um temporal daqueles, só tenho medo é que apanhe esse menino lá fora. Você já viu menino mais esquisito, Olívia? Tão fechado, não? E sempre com aquele arzinho de desprezo.

– É da idade, querida. É da idade.

– Parecido com o pai. Romeu também tinha essa mesma mania com cavalo.

– Ele monta tão bem. Tão elegante.

Defendia-o sempre enquanto ele a atacava, mordaz, implacável: "É afetada, esnobe. E como representa, parece que está sempre no palco". Eu contestava, mas de tal forma que o incitava a prosseguir atacando.

Lembro-me de que as primeiras gotas de chuva caíram ao entardecer, mas a tempestade continuava ainda em suspenso, fazendo com que o jantar se desenrolasse numa atmosfera abafada. Densa. Pretextando dor de cabeça, tia Olívia recolheu-se mais cedo. Marcelo, silencioso como de costume, comeu de cabeça baixa. Duas vezes deixou cair o garfo.

– Vou ler um pouco – despediu-se assim que nos levantamos.

Fui com Madrinha para a saleta. Um raio estalou de repente: como se esperasse por esse sinal, a casa ficou completamente às escuras enquanto a tempestade desabava.

– Queimou o fusível! – gemeu Madrinha. – Vai, filha, vai depressa buscar o maço de velas, mas leva primeiro ao quarto de tia Olívia. E fósforos, não esqueça os fósforos!

Subi a escada. A escuridão era tão viscosa, que se eu estendesse a mão, poderia senti-la amoitada como um bicho por entre os degraus. Tentei acender a vela mas o vento me envolveu. Escancarou-se a porta do quarto. E em meio do relâmpago que rasgou a treva, vi os dois corpos completamente azuis, tombando enlaçados no divã.

Afastei-me cambaleando. Agora as cerejas se despencavam sonoras como enormes bagas de chuva caindo de uma goteira. Fechei os olhos. Mas a casa continuava a rodopiar desgrenhada e lívida com os dois corpos rolando na ventania.

– Levou as velas para tia Olívia? – perguntou Madrinha.

Desabei num canto, fugindo da luz do castiçal aceso em cima da mesa.

– Ninguém respondeu, ela deve estar dormindo.

– E Marcelo?

– Não sei, deve estar dormindo também.

Madrinha aproximou-se com o castiçal:

– Mas que é que você tem, menina? Está doente? Não está com febre? Hem?! Sua testa está queimando... Dionísia, traga uma aspirina, esta menina está com um febrão, olha aí!

Até hoje não sei quantos dias me debati esbraseada, a cara vermelha, os olhos vermelhos, escondendo-me debaixo das cobertas para não ver por entre clarões de fogo milhares de cerejas e escorpiões em brasa, estourando no chão.

– Foi um sarampo tão forte – disse Madrinha ao entrar certa manhã no quarto. – E como você chorava, dava pena ver como você chorava! Nunca vi um sarampo doer tanto assim.

Sentei-me na cama e fiquei olhando uma borboleta branca pousada no pote de avencas da janela. Voltei-me em seguida para o céu límpido. Havia um passarinho cantando na paineira. Madrinha então disse:

– Marcelo foi-se embora ontem à noite, quando vi, já estava de mala pronta, sabe como ele é. Veio até aqui se despedir, mas você estava dormindo tão profundamente.

Dois dias depois, tia Olívia partia também. Trazia o costume preto e o chapeuzinho com os alfinetes de pérola espetados na capa. Na blusa branca, bem no vértice do decote, o galho de cerejas.

Sentou-se na beirada da minha cama:

– Que susto você nos deu, querida – começou com sua voz pesada. – Pensei que fosse alguma doença grave. Agora está boazinha, não está?

Prendi a respiração para não sentir seu perfume.

– Estou.

– Ótimo! Não te beijo porque ainda não tive sarampo – disse ela calçando as luvas. Riu o risinho cascateante. – E tem graça eu pegar nesta altura doença de criança?

Cravei o olhar nas cerejas que se entrechocavam sonoras, rindo também entre os seios. Ela desprendeu-as rapidamente:

– Já vi que você gosta, pronto, uma lembrança minha.

– Mas ficam tão lindas aí – lamentou Madrinha. – Ela nem vai poder usar, bobagem, Olívia, leve suas cerejas!

– Comprarei outras.

Durante o dia seu perfume ainda pairou pelo quarto. Ao anoitecer, Dionísia abriu as janelas. E só ficou o perfume delicado da noite.

– Tão encantadora a Olívia – suspirou Madrinha sentando-se ao meu lado com sua cesta de costura. – Vou sentir falta dela, um encanto de criatura. O mesmo já não posso dizer daquele menino. Romeu também era assim mesmo, o filho saiu igual. E só às voltas com cavalos, montando em pelo, feito índio. Eu quase tinha um enfarte quando via ele galopar.

Exatamente um ano depois ela repetiria, num outro tom, esse mesmo comentário ao receber a carta onde Romeu comunicava que Marcelo tinha morrido de uma queda de cavalo.

Quem conta um conto

Um conto é uma narrativa curta. Não faz rodeios: vai direto ao assunto.

No conto tudo importa: cada palavra é uma pista. Em uma descrição, as informações são valiosas; cada adjetivo é insubstituível; cada vírgula, cada ponto, cada espaço – tudo está cheio de significado.

Já se disse que o conto está para o romance assim como a fotografia está para o cinema: tanto o contista quanto o fotógrafo devem selecionar uma situação e tentar extrair dela o máximo. Escritores, estudiosos e amantes da literatura em geral vêm há muito tempo tentando definir o que é, afinal, o conto – mas esse debate, pelo jeito, está longe de acabar...

Enquanto isso, os contos vão sendo escritos. O Brasil tem uma lista extensa de grandes contistas: Mário de Andrade, Murilo Rubião, Guimarães Rosa, Rubem Braga, Clarice Lispector, Rubem Fonseca, Dalton Trevisan, Otto Lara Resende e inúmeros outros [...].

(In: Antônio de Alcântara Machado et alii. *De conto em conto*. São Paulo: Ática, 2003. p. 103.)

Nana Moraes/Conteúdo Expresso

Otto Lara Resende.

– Anjinho cego, que ideia! – prosseguiu ela desdobrando o filé nos joelhos. – Já estou com saudades de Olívia, mas dele?

Sorriu alisando o filé com as pontas dos dedos. Tinha encontrado os óculos.

(*As cerejas*. São Paulo: Atual, 1992. p. 4-15.)

carapinha: cabelo crespo, pixaim.
cascateante: com som de cascata.
casmurro: teimoso, implicante.
crispado: contraído.
desgrenhado: despenteado.
enfastiado: entediado, enfadado.
enfatuado: presumido, vaidoso.
filé: uma espécie de renda feita artesanalmente.
lânguido: langoroso, fraco, abatido.
mordaz: satírico, crítico.
negligê: roupão fino.
tacão: salto.
tosado: tosquiado, aparado.

O conto: maturidade no século XIX

Segundo o escritor Moacyr Scliar, é no século 19 "que o gênero conto atinge o que poderíamos chamar de sua maturidade, a forma que hoje tem. Isto se deve a muitos fatores, um deles prosaico: o desenvolvimento do jornal e da revista permitiu o acesso de um amplo público ao conto. O que influenciou até o romance: as obras de Dickens, por exemplo, eram publicadas em fascículos, narrativas mais ou menos curtas que terminavam com um suspense à la Sherazade. Consequência disto é que quando o navio chegava da Inglaterra trazendo o último fascículo multidões corriam ao porto de Nova York para saber o que tinha ocorrido com a pequena Nell ou com Oliver Twist.

É também no século 19 que surge o primeiro grande teórico do conto, Edgar Allan Poe [...]. Poe conceitua o conto como uma peça ficcional curta (tempo de leitura: 30 a 120 minutos), coesa, tendo como tema um único incidente: "Tendo concebido, com deliberado cuidado, um efeito único e original, invente o incidente que conduza ao efeito. Toda palavra da narrativa deve servir a este desígnio".

O fecho é essencial. Para o crítico Irving Howe, o conto tem de ser ferozmente condensado, como o poema, e deve explodir numa revelação (o que os outros chamam epifania).

(*Folha de S. Paulo*, 27/12/1992.)

1. Como a fábula, o conto é um texto que pertence ao grupo dos gêneros narrativos ficcionais. Caracteriza-se por ser condensado, isto é, apresentar poucas personagens, poucas ações e tempo e espaço reduzidos. No conto "As cerejas", a ação das personagens desenrola-se em uma chácara.
   a) Quais personagens viviam na chácara?
   b) Quais estavam ali a passeio?
   c) Como você imagina a narradora do conto?
   d) Que parentesco havia entre a narradora e Marcelo? E entre ela e Olívia?

2. Em relação ao espaço do conto, responda:
   a) Em que lugar da chácara ocorrem os fatos?
   b) O tempo é indicado de forma precisa? Quanto tempo você supõe que transcorreu desde a chegada até a partida de Olívia?
   c) A narração se dá muito tempo depois da ocorrência dos fatos. Que fala da narradora deixa isso explícito?
   d) Que elemento material restou da experiência narrada?

3. A frase "Aquela gente teria mesmo existido?" dá início à apresentação do conto, na qual são evocadas imagens situadas na memória da narradora. A partir de que parágrafo se inicia propriamente a narração dos fatos?

4. Nos gêneros narrativos, a sequência de fatos que mantêm entre si uma relação de causa e efeito constitui o **enredo**. Um dos elementos mais importantes do enredo é o **conflito**, geralmente apresentado no seu desenvolvimento, ou **complicação**. O conflito consiste em uma oposição de interesses que cria uma tensão em torno da qual se organizam os fatos narrados. É ele que faz a história caminhar e prende a atenção do leitor ou ouvinte. No conto em estudo, que fato novo dá início a uma complicação e introduz o conflito?

O conto: da oratura à literatura

O conto tem origens antigas. Liga-se ao desejo de contar e ouvir histórias inerente à natureza humana e manifesta-se precocemente na História. Vem das narrativas orais dos antigos povos nas noites de luar, passa pelas narrativas dos bardos gregos e romanos, pelas lendas orientais, pelas parábolas bíblicas, pelas novelas medievais italianas, pelas fábulas francesas e chega até nós, em livros, como hoje o conhecemos.

Em sua trajetória, o conto vestiu-se de inúmeras roupagens, resultando numa riqueza de tipos de difícil classificação. É comum encontrarmos antologias que reúnem contos por nacionalidade: o conto brasileiro, o conto russo, o conto francês, etc.; ou antologias que os reúnem por regiões: o conto brasileiro do Norte, do Sul, etc.; ou por subgêneros: contos maravilhosos, fantásticos, de terror, de mistério, policiais, de amor, de ficção científica; ou por outras classificações: o conto tradicional, o conto moderno, o conto contemporâneo, etc.

5. Observe estes trechos do texto:

- "Fiquei chocada. E contestei; mas, em meio da paixão com que a defendi, senti uma obscura alegria ao perceber que estava sendo derrotada."
- "Eu contestava, mas de tal forma que o incitava a prosseguir atacando."

O que explica os sentimentos contraditórios da narradora em relação a Olívia? Justifique sua resposta com elementos do texto.

6. Nos contos, o **clímax** constitui a parte de maior tensão da narrativa. Em que momento se dá o clímax no conto lido?

7. Após o clímax, momento no qual o conflito é superado, o enredo caminha para o **desfecho**. Normalmente, no desfecho as ações retornam à situação de equilíbrio inicial. No conto lido, após o clímax, a narradora fica doente. Quando desperta, percebe ao seu redor elementos naturais anunciadores de paz. Quais são esses elementos?

8. O adoecimento da personagem, no conto lido, pode ser visto como um rito de passagem, isto é, um momento de transformação, no qual a narradora deixa para trás sua condição de menina e se torna mulher. Explique a relação entre o sofrimento físico e emocional da personagem e o seu renascimento.

9. Nos contos, a narração pode ser feita em 1ª ou em 3ª pessoa. No primeiro caso, o narrador participa da história, e, no segundo caso, ele observa e narra os fatos, sem participar deles. Observe estes trechos do conto lido:

- "O relâmpago apagou-se. E no escuro que se fez, veio como resposta o ruído das cerejas se despencando no chão."
- "Aproximei-me fascinada. Nunca tinha visto ninguém como tia Olívia, ninguém com aqueles olhos pintados de verde e com aquele decote assim fundo."

Em que pessoa é feita a narração?

10. No enredo dos contos, ocorrem fatos aparentemente sem importância, mas que podem contribuir para a construção do sentido geral do texto. Indique possíveis interpretações para os seguintes aspectos ou passagens do conto lido:

- A palavra *cerejas* dá título ao conto e aparece em vários momentos da narrativa.
- A menina tenta matar o escorpião com fogo logo após a chegada de tia Olívia.
- A menina faz um castelo com as peças do dominó e sopra-o com força.
- Há menção a anjinho cego, figura que se via na renda feita por Madrinha.
- Madrinha perde os óculos e só aparece usando-os de novo no final.

11. Observe a linguagem do conto lido.

a) Que variedade linguística foi empregada?

b) Que tempo verbal predomina?

12. Reúna-se com seus colegas de grupo e, juntos, concluam: Quais são as características do conto? Respondam, considerando os seguintes critérios: finalidade do gênero, perfil dos interlocutores, suporte ou veículo, tema, estrutura, linguagem.

O conto por contistas

[...] Muitos escritores que dedicaram parte de sua obra ao gênero chegaram a conceber conceitos próprios sobre o "conto". Cortázar ressaltava haver nas narrativas breves um poder latente entre "fugacidade" e "permanência", capaz de criar uma tensão que venceria o leitor "por nocaute", e não "por pontos" (como ocorre nos romances). Machado de Assis, talvez o maior entre os nossos, alertava para a imensa complexidade que se esconde sob a tarefa aparentemente simples de elaborar em poucas páginas uma trama envolvente. Carnavalizando o debate, Mário de Andrade vaticinou: cabe ao próprio autor definir se o texto que criou deve ser considerado um conto ou não. Uma das mais precisas definições, contudo, veio do argentino Ricardo Piglia. Em suas "Teses sobre o conto", ele enfatiza que a principal característica do gênero é narrar, paralelamente, duas histórias – uma aparente e a outra secreta. Este fio que se desenrola quase que silenciosamente em algum momento se revelaria, despertando "verdades secretas" que jazem sob a "capa" do texto propriamente dito.

Milton Michida/AE

(Marcelo Moutinho. Disponível em: http://www.paralelos.org/out03/000256.html. Acesso em: 12/6/2012.)

Loucos por contos

Para aqueles que são aficionados de contos, sugerimos a leitura de: *Geração 90 - Os transgressores*, organização de Nelson de Oliveira (Boitempo); *Os melhores contos de loucura*, organização de Flávio Moreira da Costa (Ediouro); *Boa companhia - contos*, de vários autores (Companhia das Letras); *Os cem menores contos brasileiros do século*, organização de Marcelino de Freitas (Ateliê Editorial); *Meus contos preferidos*, de Lygia Fagundes Telles (Rocco); *A selva do amor – Contos clássicos da guerra dos sexos*, seleção de Roberto Maggiati (Record); *Os cem melhores contos brasileiros do século*, seleção de Italo Moriconi (Objetiva); *Os 100 melhores contos de humor da literatura universal*, organização de Flávio Moreira da Costa (Ediouro); *Ficção - Histórias para o prazer da leitura*, organização de Miguel Sanches Neto (Leitura); *Os 100 melhores contos de crime e mistério*, organização de Flávio Moreira da Costa (Ediouro); *Contos fantásticos do século XIX*, escolhidos por Italo Calvino (Companhia das Letras).

PRODUZINDO O CONTO

Escolha uma das seguintes propostas de produção de texto.

1. A seguir são reproduzidos trechos de três contos de escritores brasileiros. Leia-os e escolha um deles para fazer parte de uma narrativa. Você pode usar o trecho escolhido como introdução, clímax ou desfecho de um conto.

PROJETO

Contos jovens

Reúna seus contos aos dos colegas e montem um livro ou um *blog* de contos da classe.

O livro poderá ser exposto na biblioteca e lido por colegas de sua classe e de outras, por professores e funcionários da escola, por familiares e amigos.

Se optarem por um *blog*, divulguem amplamente o endereço eletrônico a fim de que o maior número possível de leitores tenha acesso ao trabalho.

a)

Uma noite, voltando de metrô para casa, como fazia cinco vezes por semana, onze meses por ano, ele ouviu uma voz. Estava exausto, com o nó da gravata frouxo no pescoço, o colarinho desabotoado, a cabeça jogada para trás, o walkman a todo o volume e os fones enterrados nos ouvidos. De repente, antes mesmo de poder perceber a interrupção, a música que vinha ouvindo cessou sem explicações e, ao cabo de um breve silêncio, no lugar dela surgiu uma voz que ele não sabia nem como, nem de quem, nem de onde. Ergueu a cabeça. Olhou para os lados, para os outros passageiros. Mas era só ele que a ouvia.

(Bernardo Carvalho. "A vida de um homem normal". In: Moacyr Scliar et alii. *Boa companhia – contos*. São Paulo: Companhia da Letras, 2003. p. 11.)

b)

Entraram no quarto: coisa pequena, abafada, o armário embutido tomando uma das paredes, a pequena mesa, uma cadeira, a cama desfeita, como se alguém houvesse acabado de levantar-se, um pé da sandália verde, o tapete. Seria e era um quarto normal se não houvesse pelas paredes, pelas portas do armário, pela mesa, até mesmo pelo chão, uma porção de fotos de bicicletas. Coloridas, pequenas, grandes, recortadas de revistas e de catálogos de fábrica, de vários tamanhos e feitios e cores e usos, cintilantes, opacas, cromadas, multicores, embandeiradas, desmontadas, lívidas, gritantes, estáticas, abandonadas, puras, destacadas — entidades à parte de um universo niquelado e frágil.

(Carlos Heitor Cony. "O para-lama". In: Carlos Heitor Cony et alii. *Ficções urbanas*. São Paulo: Sesc/Lazuli, 2003. p. 13.)

c)

Zero Manivela deu meia-volta e embarafustou ladeira abaixo. Ezequiel não queria correr atrás dele, mas quando percebeu já estava correndo. Passaram por duas ruas, chegaram perto da avenida e nem perceberam. Alguém deu um berro, mas eles não ouviram, estavam surdos de raiva.

Laerte Silvino

(Pedro Cavalcanti. "Olho por olho". In: Moacyr Scliar et alii. *Boa companhia – contos*, cit., p. 88.)

2. Escolha um assunto e desenvolva-o em um conto com um desses títulos:

- A guitarra mágica
- A rosa traída
- Morangos mofados
- Escorpião em círculo de fogo
- O binóculo desfocado

Planejamento do texto

- Decida com os colegas e o professor em que suporte e veículo os contos irão circular: se em um livro ou em um *blog* de contos.
- Decidido o suporte, pense no perfil do leitor: você vai escrever para jovens como você e para adultos. A linguagem deve estar, portanto, adequada ao gênero e ao perfil do público leitor.
- Imagine o conflito, ou seja, a situação problemática que as personagens viverão, e como ocorrerá sua superação. Depois planeje a organização dos fatos, isto é, a estruturação do enredo em introdução, complicação, clímax e desfecho, ou uma maneira interessante de subverter essa estrutura.
- A linguagem deve seguir a norma-padrão, mas, dependendo do perfil do narrador e das personagens, pode haver variações de registro e até o uso de uma variedade linguística em desacordo com a norma-padrão.

Revisão e reescrita

Antes de fazer a versão final do seu conto, reveja-o, observando:

- se o texto consiste em uma narrativa ficcional curta;
- se apresenta poucas personagens, poucas ações e tempo e espaço reduzidos;
- se o enredo está estruturado em introdução, complicação, clímax e desfecho ou se essa estrutura é subvertida intencionalmente;
- se a linguagem está de acordo com a norma-padrão ou com o perfil do narrador e das personagens.

Faça as alterações necessárias e passe seu conto para o suporte em que ele irá circular.

ESCREVENDO COM EXPRESSIVIDADE

OS ELEMENTOS DA NARRATIVA: O ENREDO, O TEMPO E O ESPAÇO

Leia este conto, de José Faria Nunes:

O carneirinho do presépio

O menino observa as pessoas que saem e volta-se para o presépio. Examina-o com interesse. Na missa, ouviu que o reino dos céus é das crianças.

Tempestade mental. Se é das crianças o céu e viver no céu é ser feliz, então a felicidade é das crianças.

Olha o presépio. O boi. O carneirinho. Os astrônomos que foram chamados reis — os reis magos. A estrela. Tudo bonito. Tudo. Enamora-se. Bem que queria um desses. O carneirinho. Só o carneirinho. O Menino Jesus, esse não. Tem de ficar no presépio. Presépio sem Menino Jesus não é presépio. O carneirinho, esse sim. Há outros no presépio.

Não tivera Natal em casa. Nunca. Não conhece Papai Noel. “Será que Papai Noel me conhece? Sabe da minha existência?”

Na sua frente, o carneirinho cresce, apequena, atrai. Por que o padre falou que o céu é das crianças?

Não ganhou brinquedo e quer o carneirinho. Será pecado? O que é pecado? Para que pecado? Se é verdade que Deus ama a gente, por que ele deixou a cobra dar a maçã para Eva e

Eva para Adão para depois todo mundo ter pecado?

Ele quer o carneirinho. Todos já se foram. Ninguém vê. O Cristo, crucificado, parece dormir de cansaço e de dor na cruz, na parede, lá atrás do altar. Parece não se importar com nada ali na igreja. Coitadinho de Cristo. Sofreu muito. Mas por que, se ele é Deus? Ou ele é apenas o Filho de Deus? Se é filho não é pai e se Deus é pai não é filho?!

Bartolome Esteban Murillo. *The Adoration of the Shepherds*, c.1650/The Bridgeman Art Library/Grupo Keystone/Museu do Prado, Madri

A adoração dos pastores (1650), de Bartolome Esteban Murillo.

Coitadinho de Cristo! O padre falou que Cristo sofreu para o perdão dos pecados. Não sei não. Acho que Cristo não sofreu por mim não. Papai Noel não me conhece. Será que Cristo me conhece?

Esfrega as mãos, nervoso. A decisão. Ergue o braço, mas o gesto fica suspenso no ar com a chegada do vigário que vem fechar a igreja. Para disfarçar a intenção, limpa com o dedinho o espelho que forma o lago nas proximidades da gruta de Belém. Por que presépio em forma de gruta? Cristo nasceu não foi num ranchinho, na estrebaria, casa de animais?

— O Sinhore vai fechá a igreja? — pergunta ao padre que fecha a primeira porta.

— Estou fechando — responde o padre, em seu sotaque de estrangeiro, não com aquele carinho com que falou na missa da meia-noite.

— O presepe tá bunito, né? — insiste o menino, tentando coragem para pedir o carneirinho.

— Você acha? — o padre fala indiferente e o menino entende que o vigário não está interessado naquele diálogo, quase monólogo.

— Acho — termina o menino, desconcertado, infeliz. Percebe que de nada adiantará insistir. Não vai ganhar o presente.

Absorto nos sonhos, fica a olhar o presépio sem nada ver.

"Como eu queria um carneirinho desse!"

E o vigário o acorda para a realidade:

— Vamos embora, dormir?

— Vamo.

Volta-se e ainda dirige um último olhar para o carneirinho do presépio, um ente querido que talvez jamais voltará a ver. O padre fecha a última porta e se vai.

O menino, agora com medo, corre debaixo da madrugada em direção ao aconchego que o espera debaixo da ponte, onde se juntará aos pais e aos cinco irmãos menores. Dormem. Não veem a fome, não sentem nenhum desejo. Enquanto dormem, os sentidos nada reclamam. Ele sonha com o presente de Natal que não ganhou: o carneirinho do presépio.

(José Faria Nunes. "O carneirinho do presépio". In: Adolfo Mariano da Costa et alii. *O conto brasileiro hoje*. São Paulo: RG Editores, 2005. p. 67-8.)

1. O conto pertence ao grupo dos gêneros narrativos ficcionais, que apresentam alguns elementos em comum, como fatos, personagens, tempo, espaço e narrador. No conto "O carneirinho do presépio":

a) Quais são as personagens envolvidas nessa história?

b) Onde acontecem os fatos narrados?

c) No conto, os fatos são narrados em sequência temporal e mantêm entre si uma relação de causa e efeito. No conto lido, o menino decide pegar o carneirinho do presépio, mas, quando ergue o braço para pegá-lo, o padre entra. O menino, então, disfarça, limpando com o dedo o espelho que forma o lago no presépio. Cite outros fatos da narrativa dispostos em sequência temporal e ligados por uma relação de causa e efeito.

d) Em que época acontecem os fatos narrados? Em que lugar?

2. No conto em estudo, os fatos narrados são vividos pelo menino e pelo padre.

a) Levante hipóteses: Por que essas personagens não têm nome?

b) As personagens podem ser caracterizadas fisicamente e psicologicamente. Como é o menino? E o padre?

3. Releia os três primeiros parágrafos do texto e responda: Em que trecho a narrativa começa a criar expectativa no leitor?

4. O menino quer o carneirinho do presépio e pensa sobre o que ouviu na missa.

a) Por que ele não quer o Menino Jesus?

b) Que tipo de discurso o narrador emprega para apresentar o pensamento do menino?

c) Qual é o momento de maior tensão no texto?

5. O conto em estudo narra uma história que pode ser real e vivida por muitas crianças que desejam algo, mas não podem ter. Na sua opinião, o menino do conto teria cometido um crime se furtasse o carneirinho do presépio? Justifique sua resposta.

Uma fábula, um conto, um romance, uma anedota, uma lenda, são tipos de texto que pertencem ao gênero narrativo. Em linhas gerais, um texto narrativo se estrutura em torno de alguns elementos básicos: fatos, personagens, tempo, espaço e narrador.

A seguir, trataremos de enredo, tempo e espaço.

O enredo

O estudioso e escritor Edward Morgan Forster distingue, no texto narrativo, *história* e *enredo*. Leia este texto:

> O rei morreu. A rainha foi viver sozinha numa velha cabana na floresta.

Observe que esse texto, embora curto, é uma narrativa de acontecimentos dispostos numa sequência de tempo. Cada fato narrado apela para a curiosidade do leitor ou do ouvinte e satisfaz a pergunta "e depois?". Temos, nesse caso, a *história*.

Compare o texto anterior a este:

> O rei morreu, e a rainha, de tristeza, foi viver sozinha numa velha cabana na floresta.

Enredo e narrativa

O enredo pode se desenvolver num romance, num conto, numa novela, isto é, numa obra em prosa; pode também ser encontrado num poema, numa peça de teatro, num filme, numa novela de televisão, numa fotonovela, numa história em quadrinhos; pode aparecer também na música, como espinha dorsal de um desfile de escola de samba: samba-enredo.

É indissolúvel a relação enredo/narrativa. Porém você não falará no enredo de um poema lírico, um poema que seja pura expressão de estados de alma de uma subjetividade.

O enredo é uma categoria do gênero épico, isto é, narrativo; supõe um distanciamento entre o sujeito que narra e o mundo.

(Samira Nahid de Mesquita. *O enredo*. 3. ed. São Paulo: Ática, 1994. p. 11-2.)

Note que, embora a sequência temporal se mantenha, a narrativa agora dá ênfase à causalidade. Dessa forma, a narrativa aguça a inteligência do leitor, cria nele uma expectativa. A narrativa de acontecimentos cuja ênfase recai sobre a causalidade constitui o *enredo*.

Segundo Forster, diante da *história*, nós, leitores/ouvintes, perguntamos "e depois?", enquanto, diante do enredo, perguntamos "por quê?".

Assim, o narrador, ao criar o enredo de sua narrativa, tem a intenção de deixar que o leitor imagine, acrescente, construa novos sentidos.

O texto "O carneirinho do presépio", além de apresentar os fatos em uma sequência de tempo, enfatiza a causalidade e exige a inteligência e a memória do leitor. Apresenta, pois, enredo.

A verossimilhança

Você verificou que os fatos do enredo de "O carneirinho do presépio" estão organizados em sequência de tempo e que nessa organização há uma lógica, ou seja, um fato desencadeia outro, numa relação de causa e efeito. Por exemplo: O menino observa as pessoas que saem da igreja e volta para examinar o presépio. Pensa no que o vigário disse. Olha o boi, depois o carneirinho, os reis magos, a estrela, acha tudo bonito, deseja ficar com um deles e se decide pelo carneirinho. Assim, o enredo dessa narrativa apresenta verossimilhança.

A **verossimilhança** é a organização lógica dos fatos no enredo. Cada fato é motivo (causa) para o desencadeamento de outros fatos (efeito).

Os fatos relatados numa narrativa não precisam ser verdadeiros, isto é, não há a exigência de que correspondam à realidade; mas eles devem ser verossímeis, ou seja, mesmo que inventados, devem ter coerência e dar ao leitor a impressão de que podem acontecer.

O conflito e as partes do enredo

Você observou que o texto lido constitui uma história completa, isto é, tem os elementos fundamentais de uma narrativa (fatos, personagens, lugar, tempo), e que os fatos estão organizados de tal forma que apresentam começo, meio e fim. Para a estruturação desses elementos, entretanto, há necessidade de um conflito. Suponha, por exemplo, que o texto "O carneirinho do presépio" se limitasse a narrar apenas a vontade do menino de possuir o carneirinho e não usasse como ingredientes o fato de ele nunca ter tido Natal em casa nem ter ganhado um presente, seu questionamento sobre sua condição social e sobre o fato de Deus e o Papai Noel saberem ou não de sua existência. Teríamos então um texto sem graça, banal, que não provocaria o leitor/ouvinte, porque faltaria ao enredo algo que o estruturasse, ou seja, o conflito.

O **conflito** é, portanto, uma oposição entre elementos da história - fatos, personagens, ambiente, ideias, desejos, opiniões - da qual resulta uma tensão que organiza os fatos. O conflito cria no leitor ou no ouvinte expectativa em relação aos fatos da história, e a ele se deve a estruturação do enredo em partes: introdução (ou apresentação), complicação (ou desenvolvimento), clímax e desfecho.

A **introdução** (ou apresentação) geralmente coincide com o começo da história. Nela o narrador costuma apresentar os fatos iniciais, as personagens e, eventualmente, o tempo ou o espaço. No conto "O carneirinho do presépio", a personagem principal (o menino) é mencionada no 1º parágrafo, mas é só ao longo da narrativa que ficamos sabendo mais sobre ele. No 1º parágrafo também temos informação sobre o local, uma igreja, pois há referência ao presépio.

A introdução de um texto narrativo é muito importante, porque deve despertar a atenção do leitor e situá-lo na história que vai ler. É comum optarmos ou não pela leitura de um livro depois de lermos seu início.

A **complicação** (ou desenvolvimento) é a parte do enredo em que é desenvolvido o conflito. Em "O carneirinho do presépio" é o fato de o menino querer para si um carneirinho do presépio da igreja.

Uma narrativa pode ter mais de um conflito: em um romance ou novela de TV, por exemplo, muitos conflitos são desenvolvidos ao longo da história.

O **clímax** é o momento culminante da história, o momento de maior tensão, aquele em que o conflito atinge o seu ponto máximo. No texto lido, corresponde ao momento em que o menino decide se apossar do carneirinho e ergue o braço para pegá-lo.

Numa história, o clímax pode ser o ponto de referência para as outras partes do enredo. Os romances, principalmente os do século XIX, e as novelas de TV têm no clímax um dos elementos que os sustentam. Os capítulos são interrompidos quando um dos conflitos da história atinge seu clímax, o que é uma técnica empregada para despertar a curiosidade do leitor ou do telespectador.

O **desfecho** (desenlace ou conclusão) é a solução do conflito, a parte final: boa, má, surpreendente, trágica, cômica, feliz, etc. No conto lido, o desfecho consiste no retorno do garoto para junto de sua família sem o carneirinho de presépio tão desejado.

EXERCÍCIOS

1. Os itens a seguir apresentam elementos com os quais é possível desenvolver uma narrativa. Escolha dois deles e relacione os elementos a partir de um conflito. Veja o exemplo:

a cerimônia de um casamento – um bêbado no último banco

A cerimônia do casamento segue seu curso, depois de longos preparativos e expectativas. Os noivos estão felizes. Os pais da noiva e do noivo, emocionados, deixam cair algumas lágrimas vez ou outra. A igreja está cheia; os convidados, muito elegantes, acompanham as palavras do padre atentamente. Chega o momento em que o padre diz a célebre frase "Se há alguém que saiba de algo que impeça este matrimônio, diga-o agora ou cale-se para sempre", e aguarda alguns segundos. No momento em que abre a boca para dar continuidade à cerimônia, o bêbado, lá no fundo da igreja, fala alto com voz pastosa: "Eu, seu vigário, eu vou falar".

Rico

a) uma casa abandonada – três adolescentes – um gato preto

b) um museu famoso com quadros valiosos – um bando de ladrões – um vigia maluco

c) um jardineiro – um quintal – um caixão

d) uma casa antiga – dois irmãos sozinhos – um barulho no porão

2. Crie um desfecho para este poema narrativo:

A expedição

Um homem com uma lata
Entra no museu do Louvre
E senta num banco
Examinando a lata
Com muita atenção
Depois abre a lata
Com um abridor de latas
E põe cuidadosamente
Muito seguro de si
[...]

(Jacques Prévert. *Poemas*. Rio de Janeiro: Nova Fronteira, s.d. p. 45.)

3. As tiras das histórias em quadrinhos caracterizam-se por apresentar um enredo rápido, desenvolvido em três ou quatro quadrinhos, com palavras e imagens e, às vezes, apenas imagens. Abaixo você vê o primeiro de três quadrinhos de uma tira do cartunista Fernando Gonsales. Observe-o com atenção e crie em linguagem verbal uma complicação e um desfecho para a situação apresentada.

Fernando Gonsales

(*Níquel Náusea – Nem tudo que balança cai!*. São Paulo: Devir, 2003. p. 12.)

Tempo

O tempo está relacionado com a época em que se passa a história. Ele pode ser indicado por marcadores temporais, como, por exemplo, *há muitos anos*, *naquele dia*, *ontem*, *mais tarde*, *três horas depois*, por formas verbais no passado ou ser estabelecido pela própria sequência de eventos da narrativa, com alusões ao tempo (Natal, presépio), como ocorre em "O carneirinho do presépio".

Os fatos de uma narração apresentam relações com o tempo em diferentes níveis:

Tempo cronológico

É o tempo que transcorre na ordem natural dos fatos no enredo, do começo para o final. Está ligado ao enredo linear, ou seja, à ordem em que os fatos ocorrem. Chama-se *tempo cronológico* porque pode ser medido em horas, meses, anos, séculos. No conto "O carneirinho do presépio", os fatos acontecem em alguns minutos, entre a saída da missa e a partida do menino para sua casa.

Tempo psicológico

É o tempo que transcorre numa ordem determinada pela vontade, pela memória ou pela imaginação do narrador ou personagem. É característico de enredo não linear, ou seja, do enredo em que os acontecimentos estão fora da ordem natural.

A técnica do *flashback*

O *flashback* é um recurso narrativo que consiste em voltar no tempo. Ocorre, por exemplo, quando uma personagem lembra um fato ou conta a outras personagens fatos que acrescentam informações ou esclarecem uma situação, um enigma, etc. Em nossa literatura, o romance *Memórias póstumas de Brás Cubas*, de Machado de Assis, apresenta essa técnica: o tempo para o narrador-personagem Brás Cubas tem como referência a sua condição de morto, o que lhe permite voltar tanto ao passado recente, contando como morreu, por exemplo, como ao passado mais distante, contando fatos de sua infância e juventude.

O *flashback* na literatura, no cinema e na TV

Na literatura, nos filmes, na televisão e em outras mídias, o *flashback* ocorre quando uma ou mais cenas interpostas levam a narrativa de volta a um tempo anterior ao apresentado na história.

Geralmente, os *flashbacks* são usados para recontar fatos ou completar uma sequência de fatos, para criar um suspense na história ou para desenvolver um personagem. Na literatura, o *flashback* interno remete a um evento anterior ao fato que está sendo narrado; o *flashback* externo remete a um tempo anterior ao início da narrativa.

Na série *Lost*, por exemplo, o *flashback* é usado para mostrar o "lado feio" das personagens, isto é, o que fizeram de errado no passado.

ABC/Album/Latinstock

Álbum de *Lost* (2004).

Espaço

Na narrativa, o espaço é o lugar onde se passa a ação. Articula-se com as personagens, podendo influenciar suas atitudes ou sofrer transformações provocadas por elas.

Os fatos de uma narrativa mantêm relações com o espaço em dois níveis: físico (ou geográfico) e social.

O espaço físico (ou geográfico)

É o lugar onde acontecem os fatos que envolvem as personagens: uma máquina do tempo, uma casa, uma praça, Londres. O espaço pode ser descrito detalhadamente ou suas características podem aparecer diluídas na narração. Quase sempre é possível identificá-lo como espaço aberto ou fechado, urbano ou rural, etc. No conto "O carneirinho do presépio", o espaço se limita à igreja.

O espaço social (ambiente)

É o espaço relativo às condições socioeconômicas, morais e psicológicas que dizem respeito às personagens. Alguns estudiosos preferem chamar esse tipo de espaço de *ambiente*, termo que, segundo eles, engloba dois referenciais: o tempo e o espaço. Assim, o ambiente possibilita, entre outras coisas, situar as personagens na época, no grupo social e nas condições em que se passa a história, projetar os conflitos vividos por elas, fornecer pistas para certo tipo de desfecho.

Tanto o espaço físico quanto o social podem determinar a vida da personagem ou apenas servir de cenário para os acontecimentos narrados. Assim, por exemplo, um ambiente macabro pode refletir a morbidez de uma personagem; uma história de amor pode pedir um cenário romântico; um romance policial pode combinar com becos e ruas escuras de uma grande cidade.

No conto "O carneirinho do presépio", o ambiente contribui para que o leitor fique comovido: é Natal, há uma igreja vazia e uma criança pobre que deseja uma peça do presépio.

EXERCÍCIO

Suponha que, remexendo suas gavetas à procura de um documento, você encontre coisas das quais você nem se lembrava mais, como um brinquedo da época em que era criança, uma foto de família ou de você com amigos na escola, um bilhetinho de amor ou de um(a) colega de classe, ou um cartão de um familiar querido que já morreu.

Utilizando a técnica do *flashback*, desenvolva uma narrativa de tal modo que um desses objetos lhe permita voltar a esse tempo e contar algo que lhe tenha ocorrido àquela época e que de alguma forma se relacione com o momento presente. Retorne ao presente e dê um desfecho para seu texto.

Frankfurter Goethe-Museum, Frankfurt

O pesadelo (1790-1), de Johann Heinrich Fussli.

CAPÍTULO 10

O Ultrarromantismo

Algumas décadas depois da introdução do Romantismo no Brasil, a poesia ganhou novos rumos com o aparecimento dos ultrarromânticos. Esses poetas, desvinculados do compromisso com a nacionalidade assumido pela primeira geração, desinteressavam-se da vida político-social e voltavam-se para si mesmos, numa atitude profundamente pessimista. Como forma de protesto contra o mundo burguês, viviam entediados e à espera da morte.

Os jovens e os estudantes de hoje encontram diferentes maneiras de protestar contra os valores sociais ou contra o poder instituído. Alguns se organizam em associações ou agremiações estudantis e se manifestam em jornais, assembleias e passeatas. Outros preferem se manifestar por meio das chamadas *tribos urbanas* e, para mostrar que pertencem a elas, pintam os cabelos, usam coturnos, roupas rasgadas; ou usam pulseiras e colares de metal, roupas pretas com caveiras estampadas, *piercings*, cabelos longos.

Durante o Romantismo, nas décadas de 1850 e 1860, jovens poetas universitários de São Paulo e do Rio de Janeiro reuniram-se em um grupo que deu origem à poesia romântica brasileira conhecida como *Ultrarromantismo*.

Sem acreditar nas ideias e valores que levaram à Revolução Francesa e sem ter nenhum outro projeto, essa segunda geração romântica sentia-se como uma "geração perdida". E a forma encontrada para expressar seu pessimismo e o sentimento de inadequação à realidade foi, no *plano pessoal*, levar uma vida desregrada, dividida entre os estudos acadêmicos, o ócio, os casos amorosos e a leitura de obras literárias como as de Musset e Byron, escritores cujo estilo de vida imitavam.

No *plano literário*, essa geração caracterizou-se por cultivar o "mal do século", uma onda de pessimismo que se traduzia em atitudes e valores considerados decadentes na época, como atração pela noite, pelo vício e pela morte. No caso de Álvares de Azevedo, o principal representante do grupo, esses traços foram acrescidos ainda de temas macabros e satânicos, o que aproxima o poeta de Horace Walpole, escritor inglês que alguns anos antes tinha dado início ao romance gótico, com *O castelo de Otranto* (1765).

Os ultrarromânticos desprezaram certos temas e posturas da primeira geração, como o nacionalismo e o indianismo; contudo acentuaram traços como o subjetivismo, o egocentrismo e o sentimentalismo, ampliando a experiência da sondagem interior e preparando terreno para a investigação psicológica que, três décadas mais tarde, iria caracterizar o Realismo.

Lord Byron: ousadia e negação

O poeta inglês Lord Byron (1788-1824) foi um dos principais escritores do Romantismo europeu. Dividido entre a vida luxuosa das cortes, a literatura e as mulheres, Byron escandalizou a Inglaterra com seu estilo boêmio de vida e com suas relações amorosas extraconjugais. Foi ainda acusado de pederastia e de manter relações incestuosas com a irmã. Escreveu, entre outras obras, *Don Juan* e *Jovem Haroldo*.

Editora Saraiva

O MEDO DE AMAR

Em relação ao amor, as obras dos ultrarromânticos apresentam uma visão dualista, que envolve atração e medo, desejo e culpa. Segundo Mário de Andrade, escritor e crítico modernista, os românticos, e principalmente os ultrarromânticos, temiam a realização amorosa. Por isso, o ideal feminino é normalmente associado a figuras incorpóreas ou assexuadas, como *anjo*, *criança*, *virgem*, etc., e as referências ao amor físico se dão apenas de modo indireto, sugestivo ou superficial.

O ultrarromântico Casimiro de Abreu, por exemplo, no poema intitulado "Amor e medo", evidencia seu medo de amar:

No fogo vivo eu me abrasara inteiro!
Ébrio e sedento na fugaz vertigem
Vil, machucava com meu dedo impuro
As pobres flores da grinalda virgem!

Vampiro infame, eu sorveria em beijos
Toda a inocência que teu lábio encerra,
E tu serias no lascivo abraço
Anjo enlodado nos pauis da terra.
....
Se de ti fujo é que te adoro e muito,
És bela — eu moço; tens amor, eu — medo!...

(In: Antonio Candido e José A. Castello. *Presença da literatura brasileira*. São Paulo: Difel, 1968. v. 2, p. 44.)

pauis: brejos.

Como se observa, o medo de amar, nesse poema, traduz-se no receio de macular a virgem, no temor de se entregar ao apelo dos sentidos e ferir a pureza da mulher amada. A imagem de "anjo enlodado" dá a medida exata do ideal feminino para os românticos: mulher virgem, assexuada e incorpórea.

Os ultrarromânticos e a cultura *pop*

A cultura *pop* tem grande influência da literatura ultrarromântica. Manifestações artísticas variadas – na música, no cinema, nos quadrinhos – devem tributos aos poetas do Romantismo.

Na música, por exemplo, várias bandas da década de 1960-70, e que mais tarde influenciariam várias subculturas e tendências artísticas, prendem-se a essa tradição, como The Doors, The Velvet Underground & Nico, David Bowie, T-Rex, entre outros.

Jim Morrison, por exemplo, líder da banda The Doors, foi admirador da poesia dos românticos Baudelaire e William Blake e do simbolista Rimbaud. Algumas canções de Jim Morrison, inclusive a canção "The end", que integra o filme *Apocalypse now*, de Francis Ford Coppola, estão disponíveis no YouTube.

Michael Ochs Archives/Getty Images

Jim Morrison, em 1968.

Eis um quadro dos principais escritores do Ultrarromantismo e suas produções:

AUTOR	GÊNEROS CULTIVADOS	OBRAS PRINCIPAIS
Álvares de Azevedo	Poesia lírica, contos, teatro	*Lira dos vinte anos, Noite na taverna, Macário*
Casimiro de Abreu	Poesia lírica	*As primaveras*
Fagundes Varela	Poesia lírica	*Cantos e fantasias*
Junqueira Freire	Poesia lírica	*Inspirações do claustro*

ÁLVARES DE AZEVEDO: A ANTÍTESE PERSONIFICADA

Álvares de Azevedo (1831-1852) é a principal expressão da geração ultrarromântica de nossa poesia. Paulista, fez os estudos básicos no Rio de Janeiro e cursava o quinto ano de Direito em São Paulo quando sofreu um acidente (queda de cavalo) cujas complicações o levaram à morte, antes de completar 21 anos.

O escritor cultivou a poesia, a prosa e o teatro. Os sete livros, discursos e cartas que produziu foram escritos em apenas quatro anos, período em que era estudante universitário. Por isso, deixou uma obra de qualidade irregular, se considerada no conjunto, mas de grande significado na evolução da poesia nacional.

As faces de Ariel e Caliban

A característica intrigante da obra de Álvares de Azevedo reside na articulação consciente de um projeto literário baseado na *contradição*, talvez a contradição que ele próprio sentisse como adolescente.

Perfeitamente enquadrada nos dualismos que caracterizam a linguagem romântica, essa contradição é visível na sua principal obra poética, *Lira dos vinte anos*.

Ariel e Caliban

Ariel e Caliban são entidades mitológicas populares que representam, respectivamente, o bem e o mal. Shakespeare incorporou-as como personagens em sua peça *A tempestade*.

A primeira e a terceira partes da obra mostram um Álvares de Azevedo adolescente, casto, sentimental e ingênuo. A essas partes ele mesmo chama de a face de Ariel, isto é, a face do bem. O poema seguinte é um exemplo dessa face.

Soneto

Filipe Rocha

Pálida, à luz da lâmpada sombria,
Sobre o leito de flores reclinada,
Como a lua por noite embalsamada,
Entre as nuvens do amor ela dormia!

Era a virgem do mar! na escuma fria
Pela maré das águas embalada!
Era um anjo entre nuvens d'alvorada
Que em sonhos se banhava e se esquecia!

Era mais bela! o seio palpitando...
Negros olhos as pálpebras abrindo...
Formas nuas no leito resvalando...

Não te rias de mim, meu anjo lindo!
Por ti — as noites eu velei chorando,
Por ti — nos sonhos morrerei sorrindo!

(In: *Álvares de Azevedo*. Seleção de textos de Bárbara Heller, Luís Percival L. Brito e Marisa Lajolo. São Paulo: Abril Educação, 1982. p. 22. Literatura Comentada.)

Adolescentes criativos

Álvares de Azevedo, aos 13 anos, dominava francês, inglês e latim. Aos 17, traduziu Shakespeare e Byron. Aos 21, morreu e deixou uma obra de mais de 800 páginas!

A força criativa do poeta não foi exclusividade sua. Vários escritores publicaram suas principais obras antes dos 25 anos. Veja: Johann Goethe tinha 24 anos quando escreveu *Os sofrimentos do jovem Werther*; Arthur Rimbaud tinha 16 anos quando escreveu *O barco bêbado*, um de seus mais importantes poemas; Castro Alves, com 22 anos, escreveu *O navio negreiro*; e Rachel de Queiroz publicou *O quinze* aos 19 anos.

Observe que o soneto está organizado a partir de relações antitéticas: a escuridão e a claridade; a noite e o amanhecer; o ambiente onírico (de sonho) e o real; a virgem pálida e distante e a mulher corporificada e sensual; o amor e a morte.

Note ainda que da primeira para a última estrofe há um processo de materialização da mulher amada: no início, ela é uma "virgem do mar" ou um "anjo"; depois, torna-se uma mulher sensual e nua na cama. Essa gradação ocorre paralelamente à gradação da luz, conforme o dia amanhece.

Numa atitude tipicamente adolescente, o eu lírico, como um verdadeiro *voyeur*, observa de longe a mulher amada, sem ter com ela nenhum comprometimento. Trata-se de um comportamento resultante do "medo de amar", ligado à dúvida e ao prazer reprimido, e cuja saída é a sublimação pela morte.

Quando se inicia a segunda parte da *Lira dos vinte anos*, contudo, o leitor depara com um segundo prefácio da obra, com os seguintes dizeres:

Cuidado, leitor, ao voltar esta página!

Aqui dissipa-se o mundo visionário e platônico. Vamos entrar num mundo novo, terra fantástica, verdadeira ilha Baratária de D. Quixote, onde Sancho é rei; [...]

Quase que depois de Ariel esbarramos em Caliban.

A razão é simples. É que a unidade deste livro e capítulo funda-se numa binomia. Duas almas que moram nas cavernas de um cérebro pouco mais ou menos de poeta escreveram este livro, verdadeira medalha de duas faces.

....

Nos meus lábios onde suspirava a monodia amorosa, vem a sátira que morde.

(In: Antonio Candido e José A. Castello, op. cit., v. 2, p. 14.)

Com esse comentário, o poeta introduz o leitor no mundo de Caliban, representado principalmente pelo poema "Ideias íntimas" e por uma série intitulada "Spleen e charutos". Embora não se incluam na *Lira dos vinte anos*, também se aproximam desse grupo de textos os contos de *Noite na taverna* e a peça teatral *Macário*. Esses escritos retratam um mundo decadente, povoado de viciados, bêbados, prostitutas, andarilhos solitários sem vínculos e sem destino. Observe essa atitude nos seguintes versos do poeta:

Poema do frade

Meu herói é um moço preguiçoso
Que viveu e bebia porventura
Como vós, meu leitor... se era formoso
Ao certo não o sei. Em mesa impura
Esgotara com lábio fervoroso
Como vós e como eu a taça escura.
Era pálido sim... mas não d'estudo:
No mais... era um devasso e disse tudo!

[...]

Não quisera mirar a face bela
Nesse espelho de lodo ensanguentado!
A embriaguez preferia: em meio dela
Não viriam cuspir-lhe o seu passado!
Como em nevoento mar perdida vela
Nos vapores do vinho assombreado
Preferia das noites na demência
Boiar (como um cadáver!) na existência!

[...]

(In: *Álvares de Azevedo*, cit.)

Marcos Guilherme

Ultrarromânticos na Internet

Nos *sites* que seguem, você pode ler e baixar obras dos escritores ultrarromânticos brasileiros:

- www.revista.agulha.nom.br/fvarela.html
- www.dominiopublico.gov.br/pesquisa/PesquisaObraForm.jsp

LEITURA

Leia alguns trechos do poema "Ideias íntimas", de Álvares de Azevedo, e entre na "terra fantástica" do mundo de Caliban cultivado pelo poeta. O ambiente é um quarto de estudante no qual o jovem se entrega a uma viagem por esse espaço e pelo interior de si mesmo. Nessa viagem há o reconhecimento dos objetos que formam o pequeno mundo do jovem e o reconhecimento da relação entre este e aqueles, de modo que a solidão e o desarranjo do quarto são um prolongamento da condição interior do eu lírico.

Ideias íntimas

I

Ossian o bardo é triste como a sombra
Que seus cantos povoa. O Lamartine
É monótono e belo como a noite,
Como a lua no mar e o som das ondas...
....

Parece-me que vou perdendo o gosto,
Vou ficando blasé, passeio os dias
Pelo meu corredor, sem companheiro,
Sem ler, nem poetar. Vivo fumando.
Minha casa não tem menores névoas
Que as deste céu d'inverno... Solitário
Passo as noites aqui e os dias longos;
Dei-me agora ao charuto em corpo e alma;
....

X

Meu pobre leito! eu amo-te contudo!
Aqui levei sonhando noites belas;
As longas horas olvidei libando
Ardentes gotas de licor doirado,
Esqueci-as no fumo, na leitura
Das páginas lascivas do romance...

Meu leito juvenil, da minha vida
És a página d'oiro. Em teu asilo
Eu sonho-me poeta, e sou ditoso,
E a mente errante devaneia em mundos
Que esmalta a fantasia! Oh! Quantas vezes

Do levante no sol entre odaliscas
Momentos não passei que valem vidas!
Quanta música ouvi que me encantava!
Quantas virgens amei! que Margaridas,
Que Elviras saudosas e Clarissas,
Mais trêmulo que Faust, eu não beijava,
Mais feliz que Don Juan e Lovelace
Não apertei ao peito desmaiando!
Ó meus sonhos de amor e mocidade,
Por que ser tão formosos, se devíeis
Me abandonar tão cedo... e eu acordava
Arquejando a beijar meu travesseiro?

XII

Aqui sobre esta mesa junto ao leito
Em caixa negra dois retratos guardo.
Não os profanem indiscretas vistas.
Eu beijo-os cada noite: neste exílio
Venero-os juntos e os prefiro unidos
— Meu pai e minha mãe. — Se acaso um dia
Na minha solidão me acharem morto,
Não os abra ninguém. Sobre meu peito
Lancem-os em meu túmulo. Mais doce
Será certo o dormir da noite negra
Tendo no peito essas imagens puras.

Mariângela Haddad

XIV

Parece que chorei... Sinto na face
Uma perdida lágrima rolando...
Satã leve a tristeza! Olá, meu pajem,
Derrama no meu copo as gotas últimas
Dessa garrafa negra...
Eia! bebamos!
És o sangue do gênio, o puro néctar
Que as almas do poeta diviniza,
O condão que abre o mundo das magias!
Vem. Fogoso *Cognac*! É só contigo
Que sinto-me viver. Inda palpito,
Quando os eflúvios dessas gotas áureas
Filtram no sangue meu correndo a vida,
Vibram-me os nervos e as artérias queimam,
Os meus olhos ardentes se escurecem
E no cérebro passam delirosos
Assomos de poesia... Dentre a sombra
Vejo num leito d'oiro a imagem dela
Palpitante, que dorme e que suspira,
Que seus braços me estende...

Eu me esquecia:
Faz-se noite; traz fogo e dois charutos
E na mesa do estudo acende a lâmpada...

(In: *Álvares de Azevedo*, cit., p. 31-8.)

bardo: poeta, trovador.
blasé: entediado.
condão: virtude especial, dom.
ditoso: feliz.
eflúvio: emanação, exalação.
Lamartine: poeta romântico francês.
lascivo: sensual.
libar: beber, sorver.
olvidar: esquecer.
Ossian: pseudônimo de James MacPherson, poeta medieval escocês.

1. O ambiente do poema, um quarto de estudante, sugere, o tempo todo, desarranjo e solidão. Que ações do eu lírico, na parte I, confirmam o seu estado *blasé*, isto é, de profundo tédio?

2. A parte X dá sequência à viagem pelo interior do quarto e do próprio eu e tematiza o leito do eu lírico, em que ele sonhou noites belas e passou longas horas.
   a) De que modo o eu lírico tornava as "longas horas" menos dolorosas?
   b) Que sonhos criava quando estava no leito?
   c) Destaque os versos do poema que, ironicamente, destroem a idealização amorosa.

3. Durante a viagem do eu lírico, há o reconhecimento dos objetos cotidianos que formam o pequeno mundo do jovem e o reconhecimento neles do próprio eu, de modo que a solidão e o desarranjo do quarto – com quadros, conhaque, charuto, livros, etc. – são um prolongamento da condição interior do eu lírico. Apesar disso, o jovem guarda em lugar especial os retratos do pai e da mãe. De acordo com os versos da parte XII, o que significam os pais para ele?

4. Observe a parte XIV. Nela, como nas outras partes do poema, os momentos de devaneio – motivados pelo fumo, pelo álcool e pela solidão – são interrompidos por momentos de lucidez.
   a) Reconheça as estrofes que revelam lucidez e as que revelam devaneio.
   b) Como num círculo vicioso e obsessivo, que tipo de visão o eu lírico torna a ter quando sob o efeito do álcool?
   c) Pode-se entender, por meio da última estrofe do poema, que a viagem foi encerrada? Por quê?

5. Certos traços do eu lírico presentes nesse poema – pessimismo, isolamento, fantasias, devaneios – não são exclusivos de Álvares de Azevedo, mas são característicos do Ultrarromantismo em geral. Eles faziam parte do modo como esses poetas expressavam seu inconformismo diante do mundo. Embora "Ideias íntimas" seja um poema subjetivo e egocêntrico, é possível dizer que tem também uma conotação social? Justifique sua resposta.

Sexo, satanismo e rebeldia

Observe o comentário do crítico literário Antonio Candido sobre certos valores do grupo ultrarromântico, que apresenta afinidades com a obra do poeta francês Charles Baudelaire:

> Esses elementos (o "descompassado amor à carne" e o "satanismo") [...] representavam atitudes de rebeldia. Como os de hoje, os jovens daquele tempo, no Brasil provinciano e atrasado, faziam do sexo uma plataforma de libertação e combate, que se articulava à negação das instituições. Portanto, foi um grande instrumento libertador esse Baudelaire [...] que fornecia descrições arrojadas da vida amorosa e favorecia uma atitude de oposição aos valores tradicionais, por meio de dissolventes como o tédio, a irreverência e a amargura.

(*A educação pela noite e outros ensaios*. São Paulo: Ática, 1989. p. 26.)

The Bridgeman Art Library/ Grupo Keystone/ Hungarian National Gallery, Budapest, Hungary

Depois do banho (1880), de Karoly Lotz.

A ironia ou a terceira face de Álvares de Azevedo

A ironia é um traço constante na obra poética de Álvares de Azevedo. Forma não passiva de ver a realidade, é empregada pelo poeta como recurso para quebrar a noção de ordem e abalar as convenções do mundo burguês.

Enquanto o lado Caliban do poeta situa-se em uma das linhas que compõem o Romantismo – a linha orgíaca e satânica –, a ironia levada às últimas consequências deu a Álvares de Azevedo acesso a um veio novo: o veio antirromântico. Constituindo outro paradoxo, o mais romântico dos nossos românticos lançou o germe da própria superação do Romantismo, ao ironizar algumas das atitudes mais caras à sua geração, como a pieguice amorosa e a idealização do amor e da mulher, conforme se observa nos versos abaixo.

É ela! É ela! É ela! É ela!

É ela! é ela! — murmurou tremendo,
E o eco ao longe murmurou — é ela!
Eu a vi minha fada aérea e pura —
A minha lavadeira na janela!

Dessas águas-furtadas onde eu moro
Eu a vejo estendendo no telhado
Os vestidos de chita, as saias brancas;
Eu a vejo e suspiro enamorado!

Esta noite eu ousei mais atrevido
Nas telhas que estalavam nos meus passos
Ir espiar seu venturoso sono,
Vê-la mais bela de Morfeu nos braços!

Como dormia! que profundo sono!...
Tinha na mão o ferro do engomado...
Como roncava maviosa e pura!...
Quase caí na rua desmaiado!

....

(In: *Álvares de Azevedo*, cit., p. 44.)

Filipe Rocha

Certos aspectos da poesia de Álvares de Azevedo são encontrados na obra de alguns dos melhores poetas do século XX: a *ironia*, na poesia de Carlos Drummond de Andrade; a forte presença do *cotidiano*, na de Manuel Bandeira. Essa convergência comprova a importância e a atualidade de Álvares de Azevedo em nossa literatura.

LITERATURA COMPARADA

DIÁLOGO ENTRE A POESIA DE ÁLVARES DE AZEVEDO E A POESIA DE LORD BYRON

A fim de observar um dos diálogos que a poesia romântica brasileira estabeleceu com a poesia romântica europeia, você fará, a seguir, a leitura comparada de dois poemas: o primeiro é do poeta inglês Lord Byron, em tradução de Castro Alves; o segundo é do poeta brasileiro Álvares de Azevedo. Leia-os e responda às questões propostas.

A uma taça feita de um crânio humano

"Não recues! De mim não foi-se o espírito...
Em mim verás — pobre caveira fria —
Único crânio que, ao invés dos vivos,
Só derrama alegria.

Vivi! amei! bebi qual tu: Na morte
Arrancaram da terra os ossos meus.
Não me insultes! empina-me!... que a *larva*
Tem beijos mais sombrios do que os teus.

Mais val guardar o sumo da parreira
Do que ao verme do chão ser pasto vil;
— Taça — levar dos Deuses a bebida,
Que o pasto do reptil.

Que este vaso, onde o espírito brilhava,
Vá nos outros o espírito acender.
Ai! Quando um crânio já não tem mais [cérebro
... Podeis de vinho o encher!

Bebe, enquanto inda é tempo! Uma outra [raça,
Quando tu e os teus fordes nos fossos,
Pode do abraço te livrar da terra,
E ébria folgando profanar teus ossos.

E por que não? Se no correr da vida
Tanto mal, tanta dor aí repousa?
É bom fugindo à podridão do lodo
Servir na morte enfim p'ra alguma cousa!..."

(Lord Byron. *As trevas e outros poemas.* Tradução de Castro Alves. São Paulo: Saraiva, 2007. p. 25.)

Weberson Santiago

Glória moribunda

É uma visão medonha uma caveira?
Não tremas de pavor, ergue-a do lodo.
Foi a cabeça ardente de um poeta,
Outrora a sombra dos cabelos louros,
Quando o reflexo do viver fogoso
Ali dentro animava o pensamento,
Esta fronte era bela. Aqui nas faces
Formosa palidez cobria o rosto;
Nessas órbitas, — ocas, denegridas! —
Como era puro seu olhar sombrio!

Agora tudo é cinza. Resta apenas
A caveira que a alma em si guardava,
Como a concha no mar encerra a pérola,
Como a caçoila a mirra incandescente.
Tu outrora talvez desses-lhe um beijo;
Olha-a comigo! Que espaçosa fronte!
Como a seiva nos ramos do arvoredo!
E a sede em fogo das ideias vivas
Onde está? Onde foi? Essa alma errante
Que um dia no viver passou cantando,
Como canta na treva um vagabundo,

Perdeu-se acaso no sombrio vento,
Como noturna lâmpada apagou-se?
E a centelha da vida, o eletrismo
Que as fibras tremulantes agitava
Morreu para animar futuras vidas?

Sorris? Eu sou um louco. As utopias,
Os sonhos da ciência nada valem.
A vida é um escárnio sem sentido,
Comédia infame que ensanguenta o lodo.
[...]

Levanta-me do chão essa caveira!
Vou cantar-te uma página de vida
De uma alma que penou e já
[descansa.

(Álvares de Azevedo. *Poesias completas de Álvares de Azevedo*. Rio de Janeiro: Ediouro, s.d. p. 86-7.)

caçoila ou caçoula: recipiente usado para queimar substâncias ou misturas aromáticas.
denegrido: escuro, negro.
escárnio: zombaria, troça; aquilo que é objeto de desdém ou ironia.
mirra: árvore cuja resina serve como incenso ou como unguento.
moribundo: aquele que está agonizando ou morrendo.
utopia: projeto de natureza irrealizável; ideia generosa, porém impraticável; quimera, fantasia.

1. O Ultrarromantismo mostra preferência por elementos contrários à mentalidade materialista e racional da sociedade burguesa. Assim, em lugar da razão, do trabalho, do progresso, etc., os poetas dessa geração preferiam o ócio, o tédio, o prazer, o vício (a bebida e o fumo), a decrepitude, a loucura, o humor negro e, às vezes, a morte como saída para a angústia de viver.
Observe o vocabulário empregado nos dois poemas. Que palavras dos textos são responsáveis pela formação de uma atmosfera noturna, macabra e degradante?

Interfoto/Latinstock

Animação de Tim Burton (2005).

2. Os dois poemas abordam o tema vida/morte.
a) Que elemento representa a morte em cada um dos poemas?
b) De acordo com a visão dos dois textos, o que resta da vida depois que se morre? Comprove sua resposta com elementos da última estrofe do poema de Byron e da 2ª estrofe do poema de Álvares de Azevedo.
c) Em qual dos dois textos a abordagem do tema é feita com sarcasmo e humor negro? Por quê?

Loucos por Byron

Se você deseja conhecer um pouco mais sobre a vida e a obra de Lord Byron, leia *As trevas e outros poemas* (Editora Saraiva).

Editora Saraiva

3. Compare os dois primeiros versos seguintes, de Lord Byron, aos outros dois, de Álvares de Azevedo:

"[...] Se no correr da vida
Tanto mal, tanta dor aí repousa?"

"A vida é um escárnio sem sentido,
Comédia infame que ensanguenta o lodo."

O que os versos dos dois poetas apresentam em comum quanto à visão de mundo do eu lírico de cada um dos textos?

Frankenstein, Mary Shelley e Byron

A escritora Mary Shelley (1797-1851), mulher do poeta inglês Percy B. Shelley, escreveu *Frankenstein* para participar de uma espécie de concurso de contos de terror proposto e organizado por Lord Byron em seu castelo, em Genebra. Mesmo competindo com grandes gênios da literatura da época, Mary Shelley venceu o concurso. *Frankenstein* teve posteriormente inúmeras edições no mundo inteiro e diversas adaptações para o cinema, tornando-se uma das principais referências da tradição gótica.

Direção: Kenneth Branagh/Everett Collection/Grupo Keystone

Cena do filme *Frankenstein* (1994).

CASIMIRO DE ABREU: A POESIA BEM-COMPORTADA

Quem ainda não ouviu estes versos?

Meus oito anos

Oh! souvenirs! printemps! aurores!
V. Hugo

Oh! que saudades que tenho
Da aurora da minha vida,
Da minha infância querida
Que os anos não trazem mais!
Que amor, que sonhos, que flores,
Naquelas tardes fagueiras
À sombra das bananeiras,
Debaixo dos laranjais!

Como são belos os dias
Do despontar da existência!
— Respira a alma inocência
Como perfumes a flor;
O mar é — lago sereno,
O céu — um manto azulado,
O mundo — um sonho dourado,
A vida — um hino d'amor!

Que auroras, que sol, que vida,
Que noites de melodia
Naquela doce alegria,
Naquele ingênuo folgar!
O céu bordado d'estrelas,
A terra de aromas cheia,
As ondas beijando a areia
E a lua beijando o mar!

Oh! dias da minha infância!
Oh! meu céu de primavera!
Que doce a vida não era
Nessa risonha manhã!
Em vez das mágoas de agora,
Eu tinha nessas delícias
De minha mãe as carícias
E beijos de minha irmã!

Livre filho das montanhas,
Eu ia bem satisfeito,
Da camisa aberto o peito,
— Pés descalços, braços nus —
Correndo pelas campinas
À roda das cachoeiras,
Atrás das asas ligeiras
Das borboletas azuis!
....

(In: Antonio Candido e José A. Castello, op. cit., p. 41.)

David Cooper/Photonica/Getty Images

Esse conhecido poema tem como autor Casimiro de Abreu (1839-1860), um dos mais populares poetas brasileiros. Natural de Barra de São João, no Rio de Janeiro, Casimiro escreveu a maior parte dos poemas de sua obra, *Primaveras*, em Portugal.

Apesar de ligado à segunda geração da poesia romântica, Casimiro, quando surgiu no cenário literário carioca, ajudou a desanuviar o ambiente noturno que Álvares de Azevedo deixara ao morrer, sete anos antes.

Diferentemente do que ocorre na obra de Azevedo, em que amor se confunde com morte, nos poemas de Casimiro o amor associa-se sempre à vida e à sensualidade – e este é um dos pontos altos de sua poesia. Contudo, a sensualidade em Casimiro – mais natural que em Álvares de Azevedo, porque mais concreta – ainda não atinge plena maturação. É uma sensualidade que se conserva ligada ao medo de amar, sempre disfarçada, fruto de insinuações e do jogo de mostrar e esconder.

Casimiro de Abreu destaca-se também pela abordagem graciosa de certos temas, como a infância, a pátria, a saudade, a solidão, a natureza, o amor – temas que agradavam ao público, já acostumado a eles.

Aproveitando-se de certas novidades introduzidas pela primeira geração, como as variações métricas e rítmicas, a forte musicalidade e o emprego de uma língua brasileira, Casimiro as utiliza até o esgotamento, numa época em que essas inovações já não eram ruptura, por estarem incorporadas ao gosto do público.

Aurora da minha vida

O dramaturgo e diretor teatral Naum Alves de Souza levou aos palcos brasileiros a peça *Aurora da minha vida*, que promove uma reflexão sobre a infância e a vida escolar. Do texto da peça faz parte o poema de Casimiro de Abreu, declamado várias vezes durante a encenação.

Nicete Bruno Produções

Elenco da peça *Aurora da minha vida*, de Naum Alves de Souza, encenada em 2009 sob a direção de Bárbara Bruno.

Com o tratamento brando que deu aos temas, Casimiro de Abreu não ampliou nem modificou os horizontes do Romantismo brasileiro – a inovação por ele proporcionada ficou circunscrita à abordagem mais natural da sensualidade. Entretanto sua poesia contribuiu para a consolidação e para a popularização definitiva do Romantismo entre nós.

LEITURA

Segredos

Eu tenho uns amores — quem é que os não [tinha
Nos tempos antigos? — Amar não faz mal;
As almas que sentem paixão como a minha,
Que digam, que falem em regra geral.

— A flor dos meus sonhos é moça bonita
Qual flor entr'aberta do dia ao raiar;
Mas onde ela mora, que casa ela habita,
Não quero, não posso, não devo contar!

....

Oh! ontem no baile com ela valsando
Senti as delícias dos anjos do céu!
Na dança ligeira qual silfo voando
Caiu-lhe do rosto seu cândido véu!

— Que noite e que baile! — Seu hálito [virgem
Queimava-me as faces no louco valsar,
As falas sentidas, que os olhos falavam,
Não quero, não posso, não devo contar!
Depois indolente firmou-se em meu braço,

Fugimos das salas, do mundo talvez!
Inda era mais bela rendida ao cansaço,
Morrendo de amores em tal languidez!

— Que noite e que festa! e que lânguido rosto
Banhado ao reflexo do branco luar!
A neve do colo e as ondas dos seios
Não quero, não posso, não devo contar!

....

— Agora eu vos juro... Palavra!! — não minto!
Ouvi a formosa também suspirar;
Os doces suspiros, que os ecos ouviram,
Não quero, não posso, não devo contar!

Então nesse instante nas águas do rio
Passava uma barca, e o bom remador
Cantava na flauta: — "Nas noites d'estio
O céu tem estrelas, o mar tem amor!"

E a voz maviosa do bom gondoleiro
Repete cantando: — "viver é amar!"
Se os peitos respondem à voz do barqueiro...
Não quero, não posso, não devo contar!

Trememos de medo... a boca emudece
Mas sentem-se os pulos do meu coração!
Seu seio nevado de amor se intumesce
E os lábios se tocam no ardor da paixão!

— Depois... mas já vejo que vós, meus
[senhores,
Com fina malícia quereis me enganar;
Aqui faço ponto; — segredos de amores
Não quero, não posso, não devo contar!

(*Poesias completas de Casimiro de Abreu.* Rio de Janeiro: Ediouro, s.d. p. 61-3.)

Joseph Mallord William Turner. *Venice, from the Porch of Madonna della Salute.* 1835/Metropolitan Museum of Art, New York.

cândido: imaculado, puro.
colo: parte do corpo formada pelo pescoço e pelos ombros.
indolente: preguiçosa.
intumesce: incha, torna-se túmido.
lânguido: abatido, sensual.
maviosa: suave, harmoniosa.
silfo: gênio do ar, na mitologia céltica.

1. O poema apresenta forte musicalidade, característica comum à poesia romântica em geral, mas principalmente à de Casimiro de Abreu. Faça um levantamento rítmico dos versos da 1ª estrofe e indique a relação que o ritmo do poema mantém com o ritmo da valsa.

2. O escritor José de Alencar, em sua obra *Senhora*, também descreve um baile em que se dança valsa. Afirma o escritor: "Há uma delícia, uma voluptuosidade pura e inocente nesta embriaguez da velocidade. Aos volteios rápidos, a mulher sente nascer-lhe as asas e pensa que voa; rompe-se o casulo da seda, esfralda-se a borboleta".

a) Destaque do poema de Casimiro de Abreu um trecho que confirma a sensação de voo provocada pela valsa, nos dizeres de Alencar.

b) Na 3ª estrofe, a virgem deixa cair o véu de seu rosto durante a dança. O que sugere esse fato, considerando-se os diversos significados culturais relacionados ao véu?

c) Que imagem do texto de Alencar confirma a resposta dada à pergunta do item anterior?

3. Isolados os amantes, a sensualidade entre eles aumenta gradativamente. Na 10ª estrofe, o erotismo chega ao seu limite, uma vez que é revelado o desejo da virgem. Destaque dessa estrofe a imagem que traduz esse desejo.

4. Segundo Roland Barthes, cientista da linguagem, o erotismo é mais intenso não quando é direto e explícito, mas quando nasce do jogo de ocultar e desvendar. Esse procedimento pode ser constatado no poema em estudo. Identifique-o e explique de que modo o poeta constrói esse jogo. Justifique sua resposta com palavras ou expressões do texto.

5. De acordo com a concepção amorosa dos poetas da segunda geração romântica, explique a afirmação do eu lírico na 10ª estrofe: "Trememos de medo".

FAGUNDES VARELA: UMA POESIA EM TRANSIÇÃO

Fagundes Varela (1841-1875) nasceu em Rio Claro, no Estado do Rio de Janeiro. Estudou Direito em São Paulo, onde se casou com uma prostituta.

Dessa união, nasceu o filho primogênito, que veio a falecer com apenas três meses de vida. Amargurado, entregou-se totalmente à vida boêmia e ao álcool. Os últimos anos de vida passou-os longe das grandes cidades, buscando refúgio na religião e no contato direto com a natureza e com pessoas simples. A poesia que produziu nessa fase reveste-se de preocupação espiritual e apresenta caráter panteísta.

Parte de sua obra poética mostra atitudes comuns ao grupo ultrarromântico, como o pessimismo, a solidão e a morte. Nos versos a seguir, por exemplo, Fagundes Varela aborda a sensação de ser um estranho entre as pessoas, de sentir-se só em meio à multidão.

O exilado

O exilado está só por toda a parte!

Passei tristonho dos salões no meio,
Atravessei as turbulentas praças
Curvado ao peso de uma sina escura;
As turbas contemplaram-me sorrindo,
Mas ninguém divisou a dor sem termos
Que as fibras de meu peito espedaçava.
O exilado está só por toda a parte!
[...]

Fagundes Varela: boêmia, sofrimento, luta social e religiosidade.

Varela panfletário?

O poema abaixo, de autoria desconhecida, é atribuído por alguns críticos a Fagundes Varela. Circulou de mão em mão em certo 2 de dezembro, aniversário de D. Pedro II, e talvez tenha sido publicado em algum jornal carioca. Não se sabe ao certo em que ano nem em que jornal isso aconteceu.

Embora pareça ser laudatório, ou seja, de exaltação ao rei, o poema constitui, na verdade, um acróstico satírico. Leia-o.

Oh! excelso monarca, eu vos saúdo!
Bem como vos saúda o mundo inteiro,
O mundo que conhece as vossas glórias.
Brasileiros, erguei-vos e de um brado.
O monarca saudai, saudai com hinos.
Do dia de dezembro o dois faustoso,
O dia que nos trouxe mil venturas!
Ribomba ao nascer d'alva a artilharia.
E parece dizer em tom festivo:
Império do Brasil, cantai, cantai!
Festival harmonia reine em todos;
As glórias do monarca, as vãs virtudes.
Zelemos decantando-as sem cessar.
A excelsa imperatriz, a mãe dos pobres.
Não olvidemos também de festejar.
Neste dia imortal que é para ela
O dia venturoso em que nascera
Sempre grande e imortal, Pedro II.

Disponível em: http://www.almanaquebrasil.com.br/curiosidades-historia/7664-poeta-anonimo-fez-galhofa-com-o-excelso-monarca.html. Acesso em: 17/2/2012.

Apesar da inclinação ao pessimismo, há na obra de Varela prenúncio de rumos novos, que conduzem à geração seguinte. Por exemplo, em vez de egocêntrica, sua poesia já se volta para os problemas sociais e políticos do Brasil; em alguns poemas faz a defesa da pátria, do índio e da nacionalidade, e critica a escravidão. Quanto à forma, Varela introduz o tom grandiloquente da oratória e a abundância de imagens. Tanto essas inovações de conteúdo quanto as de forma foram mais tarde retomadas e ampliadas por Castro Alves, poeta da terceira geração.

LEITURA

A seguir são apresentados alguns fragmentos do poema "Cântico do calvário", considerado a obra-prima de Varela. O poeta dedicou-o à memória do filho, morto com três meses de vida.

Cântico do calvário

À memória de meu filho morto a 11 de dezembro de 1863

Eras na vida a pomba predileta
Que sobre o mar de angústia conduzia
O ramo da esperança. Eras a estrela
Que entre as névoas do inverno cintilava
Apontando o caminho ao pegureiro
Eras a messe de um dourado estio
Eras o idílio de um amor sublime.
Eras a glória, a inspiração, a pátria,
O porvir de teu pai! — Ah! no entanto,
Pomba, — varou-te a flecha do destino!
Astro, — engoliu-te o temporal do norte!
Teto, — caíste! — Crença, já não vives!

....

Mas não! tu dormes no infinito seio
Do Criador dos seres! Tu me falas
Na voz dos ventos, no chorar das aves,
Talvez das ondas no respiro flébil!
Tu me contemplas lá do céu, quem sabe?
No vulto solitário de uma estrela.
E são teus raios que meu estro aquecem!
Pois bem! Mostra-me as voltas do caminho!
Brilha e fulgura no azulado manto,
Mas não te arrojes, lágrima da noite,
Nas ondas nebulosas do ocidente!
Brilha e fulgura! Quando a morte fria
Sobre mim sacudir o pó das asas,
Escada de Jacó serão teus raios
Por onde asinha subirá minh'alma.

(In: Antonio Candido e José A. Castello, op. cit., p. 53-8.)

Images.com/Corbis/Latinstock

asinha: depressa.
estio: verão.
estro: inspiração, criatividade.
flébil: lastimoso, choroso.
fulgura: relampeja, brilha.
messe: colheita.
pegureiro: guardador de gado, pastor.
porvir: futuro.

1. Na 1ª estrofe do texto, o eu lírico faz diversas referências ao filho morto e a si mesmo por meio de abundante metaforização.

a) Destaque algumas das metáforas empregadas em referência ao filho e ao eu lírico.

b) Explique o que representava o filho para o eu lírico.

2. Outro traço comum à linguagem de alguns poetas românticos – entre os quais Gonçalves Dias e Fagundes Varela – é o *panteísmo*, isto é, a concepção de que Deus é a própria natureza e que tudo o que há no universo é emanação dele.

A propósito da 2ª estrofe, responda:

a) Pode-se afirmar que o filho está morto?

b) Que traços panteístas podem ser identificados nela?

Para quem quer mais

Se você deseja aprofundar os seus conhecimentos sobre a poesia de Álvares de Azevedo, leia o texto a seguir e, posteriormente, sozinho, em dupla ou em grupo, procure resolver as questões propostas pelo **Roteiro de estudo**.

Lembrança de morrer

No more! o never more!
Shelley

Mariângela Haddad

Quando em meu peito rebentar-se a fibra,
Que o espírito e aça à dor vivente,
Não derramem por mim nem uma lágrima
Em pálpebra demente.

E nem desfolhem na matéria impura
A flor do vale que adormece ao vento:
Não quero que uma nota de alegria
Se cale por meu triste passamento.

Eu deixo a vida como deixa o tédio
Do deserto, o poente caminheiro
— Como as horas de um longo pesadelo
Que se desfaz ao dobre de um sineiro;

Como o desterro de minh'alma errante,
Onde fogo insensato a consumia:
Só levo uma saudade — é desses tempos
Que amorosa ilusão embelecia.

Só levo uma saudade — e dessas sombras
Que eu sentia velar nas noites minhas...
De ti, ó minha mãe! pobre coitada
Que por minha tristeza te definhas!

De meu pai... de meus únicos amigos,
Poucos — bem poucos — e que não [zombavam

Quando, em noites de febre endoidecido,
Minhas pálidas crenças duvidavam.
Se uma lágrima as pálpebras me inunda,
Se um suspiro nos seios treme ainda,
É pela virgem que sonhei... que nunca
Aos lábios me encostou a face linda!

Só tu à mocidade sonhadora
Do pálido poeta deste flores...
Se viveu, foi por ti! e de esperança
De na vida gozar de teus amores.

Beijarei a verdade santa e nua,
Verei cristalizar-se o sonho amigo...
Ó minha virgem dos errantes sonhos,
Filha do céu, eu vou amar contigo!

Descansem o meu leito solitário
Na floresta dos homens esquecida,
À sombra de uma cruz, e escrevam nela:
— Foi poeta — sonhou — e amou na vida. —

Sombras do vale, noites da montanha,
Que minh'alma cantou e amava tanto,
Protejei o meu corpo abandonado,
E no silêncio derramai-lhe canto!

Mas quando preludia ave d'aurora
E quando à meia-noite o céu repousa,
Arvoredos do bosque, abri os ramos...
Deixai a lua prantear-me a lousa!

(In: *Álvares de Azevedo*, cit., p. 28-9.)

• Roteiro de estudo •

Ao final da leitura, você deverá ser capaz de:

- Comentar o significado que têm a morte e a família para o eu lírico do texto.
- Identificar o perfil de mulher retratado no poema.
- Identificar as principais características românticas presentes em "Lembrança de morrer".

Para quem quer mais na Internet

Em nosso *site* (http://www.atualeditora.com.br/pl/paraquemquermais), você poderá ler e baixar outros textos de Álvares de Azevedo, Casimiro de Abreu, Fagundes Varela e conhecer um pouco da poesia de Junqueira Freire, poeta baiano que também participou do Ultrarromantismo.

LÍNGUA: USO E REFLEXÃO

Quadro Claro (1913), de Wassily Kandinsky.

CAPÍTULO 11

O pronome

CONSTRUINDO O CONCEITO

Leia a tira ao lado.

Calvin Hobbes, Bill Watterson © 1988 Watterson/Dist. by Universal Uclick

(Bill Watterson)
(Disponível em: http://chadameianoite.blogspot.com.br/2010/11/calvin-and-hobbes.html. Acesso em: 16/4/2012.)

1. Na tira, Calvin conversa com as flores. No 1º, no 2º e no 3º quadrinhos:

a) Quais palavras das falas de Calvin se referem a ele mesmo, isto é, à 1ª pessoa do discurso, aquela que fala?

b) Quais palavras das falas de Calvin se referem às flores, isto é, à 2ª pessoa do discurso, aquela com quem se fala?

2. Calvin estabelece uma situação de relação direta entre ele e suas interlocutoras, as flores.

a) Na relação com as flores, Calvin se coloca em posição de superioridade ou igualdade? Por que ele se coloca assim?

b) Tendo em vista o que acontece no último quadrinho, conclua: A afirmação feita por Calvin era verdadeira?

3. Observe as falas e as fisionomias de Calvin. É possível considerar que há uma gradação no comportamento do garoto nos três primeiros quadrinhos, interrompida por um desfecho inesperado no 4º quadrinho.

a) Descreva sucintamente a gradação na fisionomia de Calvin nos três quadrinhos iniciais.

b) No último quadrinho, qual sentimento é explicitado na fisionomia de Calvin?

c) Com humor, o autor da tira retrata e ironiza uma característica que não é exclusiva da personagem. Qual é essa característica?

Calvin Hobbes, Bill Watterson © 1988 Watterson/Dist. by Universal Uclick

CONCEITUANDO

Na tira lida, há na fala de Calvin referência às três pessoas do discurso:

- 1ª pessoa: quem fala, o *locutor*;
- 2ª pessoa: com quem se fala, o *locutário* ou *interlocutor*;
- 3ª pessoa: de que se fala, o *assunto* ou *referente*.

Assim, Calvin exerce o papel de locutor (1ª pessoa), e as flores, o de locutárias ou interlocutoras (2ª pessoa); o assunto ou referente é o poder que Calvin supõe ter. As palavras *vocês, eu, mim, suas, minhas* indicam a pessoa do discurso, substituem *flores* e *Calvin* e acompanham *destino, vida*.

As palavras *vocês, eu, mim, suas, minhas* são **pronomes**.

Calvin Hobbes, Bill Watterson © 1988 Watterson/Dist. by Universal Uclick

> **Pronomes** são palavras que substituem ou acompanham outras palavras, principalmente substantivos, fazendo referência às pessoas do discurso. Podem também remeter a palavras, orações e frases expressas anteriormente.

Os pronomes que funcionam como substantivos chamam-se **pronomes substantivos**, e os que acompanham substantivos, **pronomes adjetivos**.

Eu controlo o *seu* destino

Eu — pronome substantivo

seu — pronome adjetivo

PRONOMES PESSOAIS

Leia o seguinte painel de poemas ou trechos de poemas de autoria de Vinícius de Morais.

Foto: Folhapress

Ilustração: Estúdio Ampla Arena

O morro não tem vez

O morro não tem vez
E o que ele fez já foi demais
Mas olhem bem vocês
Quando derem vez ao morro
Toda a cidade vai cantar

[...]

O nosso amor

O nosso amor
Vai ser assim
Eu pra você
Você pra mim

Tristeza
[...]

A Berlim

Vós os vereis surgir da aurora mansa
Firmes na marcha e uníssonos no brado
Os heroicos demônios da vingança
Que vos perseguem desde Stalingrado.
[...]

Soneto de carta e mensagem

"Sim, depois de tanto tempo volto a ti
Sinto-me exausta e sou mulher e te amo
Dentro de mim há frutos, há aves, há tempestades
E apenas em ti há espaço para a consolação

"Sim, meus seios vazios me mortificam – e nas noites
Eles têm ânsias de semente que sente germinar seu broto
Ah, meu amado! é sobre ti que eu me debruço
E é como se me debruçasse sobre o infinito!

"Pesa-me, no entanto, o medo de que me tenhas esquecido
Ai de mim! que farei sem o meu homem, sem o meu esposo
Que rios não me levarão de esterilidade e de tristeza?

"Mulher, para onde caminharei senão para a sombra
Se tu, oh meu companheiro, não me fecundares
E não esparzires do teu grão a terra pálida dos lírios?..."

Formosa

Formosa, não faz assim
Carinho não é ruim
Mulher que nega
Não sabe, não
Tem uma coisa de menos
No seu coração

A gente nasce, a gente cresce
A gente quer amar
Mulher que nega
Nega o que não é para negar
A gente pega, a gente entrega
A gente quer morrer
Ninguém tem nada de bom
Sem sofrer
Formosa mulher!

Mensagem a Rubem Braga

A meu amigo Rubem Braga
Digam que vou, que vamos bem: só não tenho é coragem de escrever
Mas digam-lhe. Digam-lhe que é Natal, que os sinos
Estão batendo, e estamos no Cavalão: o Menino vai nascer
Entre as lágrimas do tempo. Digam-lhe que os tempos estão duros
Falta água, falta carne, falta às vezes o ar: há uma angústia
Mas fora isso vai-se vivendo. Digam-lhe que é verão no Rio
[...]

(Disponível em: http://www.viniciusdemoraes.com.br/site/. Acesso em: 20/4/2012.)

Após ler os textos, discuta com o professor e os colegas: Que palavras ou expressões o poeta empregou para se referir às pessoas do discurso?

Os pronomes pessoais designam diretamente as pessoas do discurso, isto é, quem fala (1ª pessoa), com quem se fala (2ª pessoa) e de que se fala (3ª pessoa).

Pronomes pessoais são aqueles que indicam as três pessoas do discurso.

Os pronomes pessoais classificam-se em *retos* e *oblíquos*, de acordo com a função que desempenham na oração.

Os **retos** exercem a função de sujeito ou predicativo do sujeito.

Os **oblíquos** funcionam como complemento.

O pronome oblíquo que se refere ao mesmo ser indicado pelo pronome reto é chamado de **pronome reflexivo**.

Veja a classificação dos pronomes nestes versos:

S (*Vós* – pron. reto) OD (*os* – pron. oblíquo)

Vós *os* vereis surgir da aurora mansa

[...] é sobre *ti* que *eu* *me* debruço

adj. adv.: sobre *ti* (*ti* – pron. oblíquo); S: *eu* (pron. reto); OD: *me* (pron. reflexivo (a mim mesmo))

Vós: um pronome em extinção

Atualmente, o pronome pessoal *vós* raramente é empregado nas situações cotidianas de comunicação; em seu lugar, tem-se utilizado *vocês*. A forma *vós* ainda é empregada em textos bíblicos e literários e em situações muito formais, como textos jurídicos e políticos por exemplo. Também é usado para criar um efeito de respeito ou subordinação ao interlocutor.

Segue o quadro tradicional dos pronomes pessoais da língua portuguesa. Leia-o e depois compare-o ao quadro apresentado pelo boxe **Contraponto**.

PRONOMES PESSOAIS

Números	Pessoa	Retos	Oblíquos	
			Átonos (usados sem preposição)	Tônicos (usados com preposição)
Singular	1ª	eu	me	mim, comigo
	2ª	tu	te	contigo
	3ª	ele/ela	o, a, lhe, se	si, ele, ela, consigo
Plural	1ª	nós	nos	nós, conosco
	2ª	vós	vos	vós, convosco
	3ª	eles/elas	os, as, lhes, se	si, eles, elas, consigo

Contraponto

O sistema de pronomes pessoais do português brasileiro vem sofrendo mudanças há muito tempo e já começa a ser descrito de modo diferente pelos linguistas.

O linguista Ataliba Castilho, por exemplo, acrescenta outras palavras à tradicional lista de pronomes pessoais do português brasileiro e organiza-a em dois grupos: o do português formal e o do informal.

Veja o quadro apresentado pelo linguista:

	Pessoa	Português brasileiro formal		Português brasileiro informal	
		Sujeito	**Complemento**	**Sujeito**	**Complemento**
Singular	1ª	eu	me, mim, comigo	eu, a gente	eu, me, mim, prep + eu, mim
	2ª	tu, você, o senhor, a senhora	te, ti, contigo, prep + o senhor, com a senhora	você/ocê/tu	você/ocê/cê, te, ti, prep + você/ocê (=docê, cocê)
	3ª	ele, ela	o/a, lhe, se, si, consigo	ele/ei, ela	ele, ela, lhe, prep + ele, ela
Plural	1ª	nós	nos, conosco	a gente	a gente, prep + a gente
	2ª	vós, os senhores, as senhoras	vos, convosco, prep + os senhores, as senhoras	vocês/ocês/cês	vocês/ocês/cês, prep + vocês/ocês
	3ª	eles, elas	os/as, lhes, se, si, consigo	eles/eis, elas	eles/eis, elas, prep + eles/eis, elas

(Ataliba T. de Castilho. *Nova gramática do português brasileiro*. São Paulo: Contexto, 2010. p. 477.)

Observações:

- No português brasileiro falado atualmente, as formas *você*, *a gente* e *vocês* são utilizadas também como pronomes pessoais e fazem referência, respectivamente, à 2ª pessoa do singular e à 1ª e à 2ª pessoas do plural. Formalmente, entretanto, correspondem à 3ª pessoa, tanto na conjugação verbal quanto na formação das formas oblíquas e átonas.
- Os pronomes oblíquos *o, a, os, as* assumem as formas *lo, la, los, las* após as formas verbais terminadas em *r*, *s* ou *z* e as formas *no, na, nos, nas* após fonemas nasais (*am, em, õe*, etc.).
- Quando em uma oração ocorrem dois pronomes átonos, um com a função de objeto direto e outro com a função de objeto indireto, eles podem combinar-se: Devolveram-me a revista → Devolveram-ma.

Eu ou mim?

Os pronomes pessoais *eu* e *tu* desempenham a função de sujeito, enquanto os oblíquos tônicos *mim* e *ti* desempenham outras funções.

Observe o emprego do pronome *eu* na fala do lutador Anderson Silva, o Spider:

Spider: 'O que der para eu fazer para massagear meu ego, vou fazer'

Campeão dos médios do UFC, Anderson Silva se diz um homem vaidoso com a aparência: 'Só não vou ao cabeleireiro porque não tenho cabelo'.

(Disponível em: http://sportv.globo.com/site/eventos/combate/noticia/2012/03/spider-o-que-der-para-eu-fazer-para-massagear-meu-ego-vou-fazer.html. Acesso em: 20/4/2012.)

Josh Hedges/Zuffa LLC/Zuffa LLC/Getty Image

Anderson Silva.

De acordo com a norma-padrão, na fala do lutador Anderson Silva não seria adequado empregar *mim* no lugar de *eu*. Isso porque o pronome reto *eu* funciona como sujeito do verbo fazer, que se encontra no infinitivo. Da mesma maneira, não seria adequado empregar o pronome pessoal *ti*, por exemplo, na frase "Trouxe o livro para *tu* leres".

Na norma culta, os pronomes pessoais retos *eu* e *tu* (e somente eles) não podem ser regidos de preposição e desempenhar função de complemento. Por isso, na função de complemento, a preposição obriga o uso dos pronomes oblíquos tônicos *mim* e *ti*. Se o lutador tivesse dito "Para *mim*, é preciso fazer o que for possível para manter a aparência", seria adequado o emprego do pronome oblíquo, em vez do pronome pessoal do caso reto, pois, nessa frase, o pronome *mim* não desempenha a função de sujeito.

Veja outros exemplos:

Não há mais nada entre *mim* e *você*. (entre *mim* e *você*: adj. adv.)

Ela chegou até *mim* e abraçou-me carinhosamente. (até *mim*: adj. adv.)

Conosco ou com nós? Consigo ou ...?

Na norma-padrão, os pronomes oblíquos *si* e *consigo* só podem ser empregados como reflexivos na 3ª pessoa:

Vaidosa, ela só fala de *si* mesma.
O professor trouxe as avaliações *consigo*.

Os demais, *comigo*, *contigo*, *conosco*, *convosco*, são utilizados normalmente:

Ela simpatizou *comigo/conosco*.

O emprego de *com vós* e *com nós* é admitido quando estes forem reforçados por *outros*, *mesmos*, *próprios*, *todos*, *ambos* ou qualquer numeral:

Ele já discutiu *com nós* ambos/com *nós* dois.

Função sintática dos pronomes pessoais

Conforme você deve ter observado:

1º) os pronomes pessoais são sempre pronomes substantivados;
2º) para distingui-los e empregá-los, é necessário saber que função sintática desempenham na oração.

Assim:

- Os *pronomes retos* empregam-se como sujeito e predicativo do sujeito:

Eu (S) sou *eu* (PS), ora.

- Os *pronomes oblíquos* (átonos ou tônicos) geralmente exercem na frase a função de objeto direto ou indireto.

Os *átonos* de 3ª pessoa *o, a, os, as* funcionam como objeto direto; *lhe, lhes*, como objeto indireto; os demais, *me, te, se, nos, vos*, podem ser objeto direto ou indireto, dependendo da predicação do verbo que completam:

Convidou-*me/os* a sair. (*me/os*: OD)   Emprestaram-*me/lhe* os livros. (*me/lhe*: OI)

Os *tônicos* são sempre precedidos de preposição. Por isso, sua função sintática só pode ser determinada pela predicação do verbo ou nome ao qual servem de complemento:

Carolina é fiel *a ele*. (*a ele*: CN)   O trabalho foi feito *por mim*. (*por mim*: agente da passiva)

Em muitos casos, o pronome oblíquo pode equivaler a um pronome possessivo, situação em que exerce a função de adjunto adnominal:

Rasgara-*me* o livro ⟶ Rasgara o *meu* livro. (*me*: adj. adn.; *meu*: adj. adn.)

PRONOMES DE TRATAMENTO

Leia esta tira, de Laerte:

(*Folha de S. Paulo*, 7/2/2003.)

Observe que, no 1º quadrinho, a personagem dirige-se aos moradores do prédio tratando-os por *senhores*. Essa e outras palavras e expressões, como *você, Vossa Senhoria, Vossa Santidade, Vossa Excelência*, etc., são **pronomes de tratamento**.

Pronomes de tratamento são palavras e expressões empregadas para tratar de modo familiar ou cerimonioso o interlocutor.

Apesar de designarem o interlocutor – a pessoa com quem se fala (2ª pessoa) –, os pronomes de tratamento exigem verbo e pronome na 3ª pessoa. Veja:

Você se esqueceu de me devolver o livro.
Vossa Excelência trouxe os relatórios?

Empregamos alguns pronomes de tratamento precedidos de *Sua* quando nos referimos à pessoa; e precedidos de *Vossa* quando nos dirigimos diretamente a nosso inter-

Que forma devemos empregar: *tu* ou *você*?

As duas formas são válidas. Embora, no Brasil, a maioria das pessoas empregue o pronome de tratamento *você* para se dirigir ao interlocutor, em algumas cidades do Sul, do Norte e do Nordeste, predomina o emprego do pronome pessoal reto *tu*. O importante, ao seguir a norma culta, é não misturar as formas: ou se usa apenas a 2ª pessoa (*tu*) ou somente a 3ª (*você*). Na linguagem coloquial é comum haver mistura de tratamento.

locutor. Assim, numa situação formal, se uma pessoa fosse se dirigir ao presidente da República, diria, por exemplo, "*Vossa Excelência* aceita mais café?", porque está se dirigindo diretamente a seu interlocutor. Em outro contexto, em conversa com outra pessoa, diria, por exemplo, referindo-se ao presidente: "*Sua Excelência* tomou duas xícaras de café".

São pronomes de tratamento, entre outras, as formas de tratamento, cerimônia ou reverência constantes do quadro:

FORMAS DE TRATAMENTO		
Tratamento	Abreviatura	Usado para
você	v.	pessoas com quem temos intimidade
Vossa Alteza	V. A.	príncipes, duques
Vossa Eminência	V. Emª	cardeais
Vossa Excelência	V. Exª	altas autoridades do governo e das forças armadas
Vossa Magnificência	V. Magª	reitores de universidades
Vossa Majestade	V. M.	reis, imperadores
Vossa Santidade	V. S.	papa
Vossa Senhoria	V. Sª	funcionários públicos graduados, oficiais (até coronel) e pessoas de cerimônia
senhor, senhora	sr., sra.	geralmente pessoas mais velhas que nós ou a quem queremos tratar com distanciamento e respeito; a forma *senhorita*, já caindo em desuso, é empregada para moças solteiras

EXERCÍCIOS

O poema a seguir, de autoria de Ferreira Gullar, foi musicado pelo cantor Fagner. Leia-o e responda às questões de 1 a 3. E, se possível, ouça a canção, disponível na Internet.

Cantiga para não morrer

Quando você for se embora,
moça branca como a neve,
me leve.

Se acaso você não possa
me carregar pela mão,
menina branca de neve,
me leve no coração.

Se no coração não possa
por acaso me levar,
moça de sonho e de neve,
me leve no seu lembrar.

E se aí também não possa
por tanta coisa que leve
já viva em seu pensamento,
menina branca de neve,
me leve no esquecimento.

(Ferreira Gullar. *Melhores poemas*. 7. ed. Seleção de Alfredo Bosi. São Paulo: Global, 2004. p. 120.)

John Singer Sargent. *Sally Fairchild*, c.1890/The Bridgeman Art Library/Getty Images/Coleção particular

1. Qual pronome o eu lírico utiliza para se dirigir a sua amada? Como se classifica esse pronome?

2. Em que pessoa estão os verbos e os outros pronomes utilizados pelo eu lírico para fazer referência à interlocutora? Esse uso segue a norma-padrão?

3. No poema, o eu lírico se dirige à mulher amada, procurando persuadi-la.

a) O que ele deseja?

b) Por que a escolha gramatical dos pronomes contribui para que o eu lírico alcance seu objetivo?

4. Leia a tira a seguir.

(Lucas Lima. *Nicolau – Primeiras histórias*. São Paulo: Junqueira & Marin Editores, 2007. p. 47.)

a) Na norma-padrão da língua, é comum o emprego da expressão *a gente*. Na norma-padrão formal, que pronome substitui essa expressão?

b) Com base na sua resposta, torne a fala do 1º quadrinho adequada à norma-padrão formal.

c) Levante hipóteses: Qual a intenção do autor em seguir a norma-padrão formal para compor a fala da mãe?

d) Considerando o papel social dos interlocutores na tira, explique por que o vencedor não tem credibilidade no seu discurso.

PRONOMES POSSESSIVOS

Reveja, ao lado, um dos quadrinhos da tira reproduzida no início do capítulo. Observe que, nas frases "Eu controlo o *seu* destino!" e "As *suas* vidas estão nas *minhas* mãos!", a palavra *seu* refere-se a *destino*; *suas*, a *vidas*; e *minhas*, a *mãos*.

As palavras *seu*, *suas* e *minhas* indicam posse e concordam com a coisa possuída – *destino*, *vidas* e *mãos*, respectivamente – e também com a pessoa do discurso que é o possuidor: *seu* refere-se ao destino *das flores* (o interlocutor, 3ª pessoa); *suas*, às vidas também *das flores* (o interlocutor, 3ª pessoa); e *minhas*, às mãos *de Calvin* (o locutor, 1ª pessoa).

Seu, *suas* e *minhas* são **pronomes possessivos**.

Pronomes possessivos são aqueles que indicam posse em relação às três pessoas do discurso.

Nas três situações, os pronomes possessivos acompanham substantivos. Por isso, são chamados de **pronomes possessivos adjetivos**. Quando o pronome possessivo substitui um substantivo, chama-se **pronome possessivo substantivo**. Veja:

As *suas* vidas estão nas *minhas* mãos, mas a *minha* não está nas *suas*.

suas	*minhas*	*minha*	*suas*
pron. posses. adjetivo	pron. posses. adjetivo	pron. posses. substantivo	pron. posses. substantivo

Eis o quadro dos pronomes possessivos, referentes às três pessoas do discurso:

PRONOMES POSSESSIVOS					
		Singular		Plural	
Número	Pessoa	Masculino	Feminino	Masculino	Feminino
Singular	1ª	meu	minha	meus	minhas
	2ª	teu	tua	teus	tuas
	3ª	seu	sua	seus	suas
Plural	1ª	nosso	nossa	nossos	nossas
	2ª	vosso	vossa	vossos	vossas
	3ª	seu	sua	seus	suas

PRONOMES DEMONSTRATIVOS

Leia este anúncio:

DM9DDB

Leia agora o texto verbal do anúncio:

Daqui a exatamente 3 horas, 12 minutos e 18 segundos uma fileira de tanques de guerra irá passar por esta avenida. Desrespeitando qualquer lógica, um civil desarmado entrará na frente desses tanques, impedindo a passagem com o próprio corpo. Uma pessoa mais atenta irá registrar esse instante. Mais de 1 bilhão irão conhecê-lo. **Grandes fotos acontecem sem briefing**.

Observe que, ao se referir à avenida retratada na foto, o texto emprega a forma *esta*. Na segunda frase, para se referir aos tanques mencionados na frase anterior, emprega a forma *desses* e, para retomar tudo o que foi dito anteriormente, utiliza, na terceira frase, a forma *esse*.

Estudante chinês enfrenta tanque de guerra

Aconteceu no dia 5 de junho de 1989. Uma onda de protestos, de diferentes grupos sociais insatisfeitos com o regime totalitário implementado na China, teve início no dia 15 de abril daquele ano. [...] No dia 4 de junho, aconteceu a tragédia conhecida como Massacre da Praça da Paz Celestial. O governo, indisposto a acatar as reivindicações dos manifestantes, enviou tropas do exército para pôr fim à desordem. Como resultado, cerca de 800 pessoas perderam a vida. No dia seguinte, mais de 40 tanques de guerra foram incumbidos de fiscalizar a cidade à procura de novos protestos. Neste dia, um estudante se colocou à frente do primeiro tanque para tentar impedir a sua passagem. O fotógrafo Jeff Widener flagrou o momento, e desde então a imagem tornou-se um símbolo mundial pela paz. A identidade e o paradeiro do estudante até hoje não foram desvendados.

AP Photo/Jeff Widene/Glow Images

Estudante à frente dos tanques.

As palavras *esta* e *esse(s)* são **pronomes demonstrativos**.

Pronomes demonstrativos são aqueles que situam pessoas ou coisas em relação às três pessoas do discurso. Essa localização pode se dar no tempo, no espaço ou no próprio texto.

No anúncio, os pronomes *esta*, *esses* e *esse* acompanham, respectivamente, os substantivos *avenida*, *tanques* e *instante*; por isso, são **pronomes demonstrativos adjetivos**. Quando ocupam o lugar de um substantivo, são **pronomes demonstrativos substantivos**. Veja este exemplo.

Isso aconteceu no dia 5 de junho de 1989.

Nessa frase, o pronome demonstrativo ocupa o lugar de um substantivo, como, por exemplo, *o fato*, *o massacre*; por isso, tem uma função substantiva.

No português brasileiro falado, o sistema ternário de pronomes demonstrativos (relativo às três pessoas do discurso) está sofrendo mudanças e vem se transformando em um sistema binário. Contudo, recomenda-se observar as indicações da norma-padrão, em situações em que se exige o registro culto e formal.

Eis o quadro dos pronomes demonstrativos:

PRONOMES DEMONSTRATIVOS					
Pessoas	Variáveis				Invariáveis
	Masculino		Feminino		
	Singular	Plural	Singular	Plural	
1ª	este	estes	esta	estas	isto
2ª	esse	esses	essa	essas	isso
3ª	aquele	aqueles	aquela	aquelas	aquilo

São também pronomes demonstrativos *o*, *a*, *os*, *as*, quando equivalem a *isto*, *isso*, *aquele*, *aquela*, *aqueles*, *aquelas*; *mesmo* e *próprio*, quando reforçam pronomes pessoais ou fazem referência a algo expresso anteriormente; *tal* e *semelhante*, quando equivalem a *esse*, *essa*, *aquela*:

Imagino *o* que ela já sofreu.
(= aquilo)

Eu *mesma* vi a cena repetir-se.

Em *tais* ocasiões é preciso prudência.
(= essas)

Para empregar os pronomes demonstrativos de acordo com a norma-padrão, devemos levar em conta critérios como espaço, tempo e referência a elementos no interior do próprio discurso:

Em relação ao espaço

- *Este(s)*, *esta(s)* e *isto* indicam o que está perto da pessoa que fala:

> *Este* relógio de bolso que *eu* estou usando pertenceu a meu avô.

- *Esse(s)*, *essa(s)* e *isso* indicam o que está perto da pessoa com quem se fala:

> Mamãe, passe-me, por favor, *essa* revista que está perto de *você*.

- *Aquele(s)*, *aquela(s)* e *aquilo* indicam o que está distante tanto da pessoa que fala como da pessoa com quem se fala:

> Olhem *aquela* casa. É um exemplo da arquitetura colonial brasileira.

Pronomes demonstrativos: um sistema em mudança

A maior parte dos falantes brasileiros, incluindo os que empregam a norma culta, já não faz uma distinção rigorosa entre os demonstrativos de 1ª e 2ª pessoas, principalmente quando estão numa situação de fala informal.

Para alguns linguistas, isso é sinal de que o sistema ternário desses pronomes está se transformando em um sistema binário. Essa constatação quer dizer que, na prática, os pronomes estão sendo utilizados do seguinte modo: de um lado, os pronomes de 1ª ou 2ª pessoa; de outro, os pronomes de 3ª pessoa.

Assim, um falante tende a dizer, indiferentemente, "Nesse momento" ou "Neste momento". O que vai determinar se ele se refere ao momento presente ou a um momento anteriormente enunciado no discurso é o contexto.

Apesar dessa tendência da língua, é importante conhecer o sistema ternário clássico dos pronomes demonstrativos e saber empregá-lo quando necessário.

Em relação ao tempo

- *Este(s)*, *esta(s)* e *isto* indicam o tempo presente em relação à pessoa que fala:

> *Esta* tarde irei ao supermercado fazer a compra do mês.

- *Esse(s)*, *essa(s)* e *isso* indicam o tempo passado, mas relativamente próximo à época em que se situa a pessoa que fala:

> *Essa* noite dormi mal; tive pesadelos horríveis.

- *Aquele(s)*, *aquela(s)* e *aquilo* indicam um afastamento no tempo, referido de modo vago ou como tempo remoto:

> *Naquele* tempo, os filhos das classes abastadas iam estudar em Portugal.

Em relação ao falado ou escrito ou ao que se vai falar ou escrever

- *Este(s)*, *esta(s)* e *isto* são empregados quando se quer fazer referência a alguma coisa sobre a qual ainda se vai falar:

> São *estes* os assuntos da reunião: informes gerais, discussão do uso das quadras nos intervalos entre as aulas, abertura da cantina aos sábados.

- *Esse(s)*, *essa(s)* e *isso* são empregados quando se quer fazer referência a alguma coisa sobre a qual já se falou:

> Sua participação nas olimpíadas de Matemática, *isso* é o que mais desejamos agora.

- *Este* e *aquele* são empregados quando se faz referência a termos já mencionados; *aquele* para o referido em primeiro lugar e *este* para o referido por último:

> Pedro e Paulo são alunos que se destacam na classe: *este* pela rapidez com que resolve os exercícios de Matemática; *aquele* pela criatividade em produção de textos.

28/01/2012 - 07h31

MAC será aberto neste sábado no antigo Detran; veja vídeo

DE SÃO PAULO

Folha de São Paulo/WMO

(www.folha.uol.com.br)

: É comum, nas manchetes de jornal, o emprego do pronome demonstrativo *este* e variações para indicar o tempo futuro relativamente próximo ao tempo presente (o dia em que a notícia é publicada).

EXERCÍCIOS

Leia estas tiras:

Fernando Gonsales

(Fernando Gonsales, *Folha de S. Paulo*, 30/6/2008.)

PIRATAS DO TIETÊ LAERTE

Laerte

(Laerte, *Folha de S. Paulo*, 25/2/2012.)

1. Observe a situação de comunicação retratada em cada tira.

   a) Em qual delas existe maior formalidade no discurso? Justifique sua resposta.

   b) Levante hipóteses: A que você atribui essa formalidade?

2. Observe o emprego do pronome demonstrativo no 1º balão das duas tiras.

   a) O uso desses pronomes está de acordo com a norma-padrão? Por quê?

   b) Considerando as situações de comunicação, existe incoerência em alguma das tiras quanto ao emprego dos pronomes? Justifique sua resposta.

3. Na segunda tira, uma das personagens emprega uma forma pronominal em desuso na língua atual: "*vo-lo* trouxesse". Em relação à forma *vo-lo*, responda:

   a) Como é constituída essa forma pronominal?

   b) A que ou a quem ela se refere?

4. Compare as tiras. O que elas têm em comum quanto ao conteúdo?

PRONOMES INDEFINIDOS

Leia o anúncio:

WMcCann

(Disponível em: http://garciapaulo.files.wordpress.com/2010/05/1.jpg. Acesso em: 4/5/2012.)

Observe que, na parte verbal do anúncio, as palavras *tudo* e *todos* se referem de modo genérico aos objetos e pessoas caracterizados na imagem.

Tudo e *todos* são **pronomes indefinidos**.

> **Pronomes indefinidos** são aqueles que fazem referências vagas, imprecisas e genéricas a substantivos.

Os pronomes indefinidos podem ser variáveis, isto é, sofrer flexão de gênero e número, como, por exemplo, *todos* os familiares, *toda* a família; ou invariáveis, como, por exemplo, *cada* familiar, *cada* família.

Os indefinidos podem também, como a maior parte dos pronomes, ser **pronomes substantivos** e **pronomes adjetivos**. Veja:

Cabem *todos* os seus familiares nesse carro; nele cabe *tudo*.

todos — pron. indefinido adjetivo

tudo — pron. indefinido substantivo

Eis o quadro dos pronomes indefinidos da nossa língua:

PRONOMES INDEFINIDOS	
Variáveis	Invariáveis
algum, nenhum, todo, outro, muito, pouco, certo, vário, tanto, quanto, qualquer, qual	alguém, ninguém, tudo, outrem, nada, cada, algo, que, quem

Os pronomes indefinidos também aparecem na forma de locuções: *cada um, cada qual, qualquer um, seja qual for, seja quem for, todo aquele que*, etc.

PRONOMES INTERROGATIVOS

Leia este texto jornalístico:

Thinkstock/Getty Images

Intercâmbio: o que, como, quando, onde, quem e por quê?

Seis perguntas básicas que podem ajudar a decidir o melhor programa e melhor momento para viajar

O intercâmbio já foi um privilégio de poucos. Hoje em dia, essa prática já se popularizou e muitas modalidades surgiram como opção aos já tradicionais High School e intercâmbios profissionais para universitários. Atualmente, a experiência internacional tem sido procurada por muitos adultos como forma de aprimoramento profissional, através dos mais diversos programas. As rotas também estão muito mais variadas. [...]

[...]

(Disponível em: http://www.ecaderno.com/profissional/mercado-de-trabalho/1844/intercambio-o-que-como-quando-onde-quem-e-porque.html. Acesso em: 23/4/2012.)

As palavras (*o*) *que* e *quem*, que aparecem no título do texto, referem-se a intercâmbio de forma indefinida, genérica e imprecisa. Trata-se de palavras que têm a função de perguntar sobre o elemento a que se referem.

(*O*) *que* e *quem* são **pronomes interrogativos**.

Pronomes interrogativos são os pronomes indefinidos *que, quem, qual* e (*o*) *que* quando empregados em frases interrogativas.

Os pronomes interrogativos podem aparecer tanto em perguntas diretas quanto em indiretas e ser empregados como **pronomes substantivos** e como **pronomes adjetivos**. Veja:

Que horas são? (interrogativa direta) — *Que*: pron. inter. adj.

Gostaria de saber *quem* falou na reunião. (interrogativa indireta) — *quem*: pron. inter. subst.

Função sintática dos pronomes

Os pronomes possessivos, demonstrativos, indefinidos e interrogativos, quando são *adjetivos*, desempenham na oração a função de adjunto adnominal; quando são *substantivos*, desempenham na oração as funções próprias dos substantivos, ou seja, de sujeito, objeto direto, objeto indireto, etc. Veja os exemplos:

Empreste-me *seu* caderno. (*seu*: adj. adn.; pron. poss. adj.) Esqueci o *meu* em casa. (*meu*: OD; pron. poss. subst.)

Ninguém imaginava *quem* era *aquele* ilustre visitante. (*Ninguém*: S; pron. indef. subst. — *quem*: S; pron. inter. subst. — *aquele*: adj. adn.; pron. demonstr. adj.)

PRONOMES RELATIVOS

Leia este texto:

Verde ou maduro?

Thinkstock/Getty Images

Sempre me perguntei se a água que gostosamente mata a sede vem do mesmo coco que se rala. Explica meu consultor para assuntos baianos, José Frazão [...]: a água vendida vem mais do coqueiro-anão, aqui introduzido na primeira metade do século 20. Chega aos quatro metros e seu coco verde fornece a água e a fina polpa que se come de colher. Quando amadurece, diz Frazão, o pé em geral não segura a penca. Os cocos caem, inaproveitáveis.

Já o coqueiro-da-baía, com cinco séculos de Brasil, que sobe a 30 metros, além da água do fruto verde, dá o coco maduro, da casca marrom. Com este é que preparamos delícias como moqueca, arroz de coco, cuscuz. Frazão ensina: pela cor da palha em cima da penca, o nordestino é capaz de distinguir o coco pururuca, maduro, mas ainda tenro, com o qual se faz a cocada mais tenra. [...]

(In: Mylton Severiano. *Brasil: Almanaque de cultura popular*, nº 109.)

A frase que inicia o texto poderia também ter esta redação:

Sempre me perguntei (1ª oração)
se a água vem do mesmo coco (2ª oração)
a água gostosamente mata a sede (3ª oração)
o coco se rala. (4ª oração)

Observe que, nessa redação, o texto ficaria confuso, repetitivo e menos direto. Para evitar isso, as palavras repetidas foram substituídas pela palavra *que*.

Quando substitui uma palavra ou expressão antecedente, isto é, já mencionada, a palavra *que* é um **pronome relativo**.

Pronome relativo é aquele que liga orações e se refere a um termo anterior – o antecedente.

Eis o quadro dos pronomes relativos:

PRONOMES RELATIVOS				
Variáveis				Invariáveis
Masculino		Feminino		
Singular	Plural	Singular	Plural	
o qual	os quais	a qual	as quais	que
cujo	cujos	cuja	cujas	quem
quanto	quantos	–	quantas	onde

Os pronomes relativos podem ser precedidos ou não de preposições. Veja:

o coco verde fornece a água e a fina polpa *que* se come de colher.

O nordestino é capaz de distinguir o coco pururuca, *com o qual* se faz a cocada mais tenra.
(com: preposição)

Função sintática dos pronomes relativos

Os pronomes relativos assumem um duplo papel no período: representam um antecedente e servem de elemento de subordinação na oração que iniciam. Por isso, sempre desempenham nas orações que iniciam uma função sintática, que pode ser de sujeito, objeto direto, objeto indireto, predicativo, adjunto adnominal, adjunto adverbial, complemento nominal e agente da passiva. Observe:

O remédio custa muito caro. Eu preciso *do remédio*. (OI)

O remédio *de que* preciso custa muito caro. (OI)

O pronome relativo *cujo* funciona geralmente como adjunto adnominal; e o relativo *onde*, como adjunto adverbial:

A família a *cujo* imóvel se referem mudou-se do Brasil. (adj. adn.)

A cidade *onde* nasci é muito calma e agradável. (adj. adv.)

Leia a tira a seguir e responda às questões 1 e 2.

Atlantic Syndication

(*Folha de S. Paulo*, 21/2/2003.)

1. No 2º quadrinho, as personagens empregam vários pronomes.

a) Como se classifica o pronome *todas*?

b) Identifique um pronome relativo e seu antecedente.

c) Justifique o emprego do pronome demonstrativo *isso*.

2. No 3º quadrinho, identifique:

a) um pronome indefinido substantivo;

b) o pronome demonstrativo substantivo que se refere às garotas que o dono de Garfield não conhece.

3. O pronome indefinido *todo*, quando precede substantivo, sendo, portanto, pronome adjetivo, tem o sentido de *qualquer* ou *todos*. Se, porém, for sucedido pelo artigo *o/a* (*todo o*), exerce uma função adjetiva em relação ao substantivo que acompanha, e seu sentido passa a ser *inteiro*(*a*). Veja:

> *Toda* cidade vibrou com os jogos olímpicos. (Todas as cidades vibraram...)
>
> *Toda* a cidade vibrou com os jogos olímpicos. (A cidade inteira vibrou...)

Reescreva as frases, completando-as adequadamente com *todo* ou *todo o*:

a) □ colheita foi perdida com a seca dos últimos meses.

b) □ aluno em final de curso deve passar pela secretaria para assinar documentos.

c) Preenchi □ cupom e enviei-o pelo correio.

d) □ Brasil vibrou e se entristeceu com a Copa de 1998.

4. Leia a tira abaixo.

Laerte

(Laerte. *Classificados – Livro 1*. São Paulo: Devir, 2001. p. 40.)

Na fala dos três quadrinhos:

a) Identifique um pronome demonstrativo e um pronome possessivo, e indique se são adjetivos ou substantivos.

b) Os dois pronomes *que* empregados são interrogativos ou relativos? Por quê?

O PRONOME NA CONSTRUÇÃO DO TEXTO

Leia a tira:

(*Nik. Gaturro*. Cotia-SP: Vergara & Riba, 2008. p. 89.)

1. A situação retratada na tira ocorre em um escritório. No 1º quadrinho, o homem de cabelo e bigode branco diz: "Quem foi o culpado?".

a) Levante hipóteses: Que relação há entre esse homem e as outras pessoas?

b) O que justifica semântica e morfologicamente o emprego da palavra *quem*?

2. No último quadrinho, Gaturro conclui: "Nada melhor do que um escritório para aprender os pronomes".

a) Que tipos de pronome foram empregados na tira?

b) A que pessoas do discurso pertencem os pronomes?

c) O que essa diversidade de pronomes mostra quanto à postura das pessoas que respondem à pergunta feita no 1º quadrinho?

3. Considerando os pronomes pessoais do caso reto, qual deles o homem gostaria de ouvir como resposta?

Para que servem os pronomes

Pronomes são palavras que exercem papel fundamental nas interações verbais. São eles que indicam as pessoas do discurso, expressam formas sociais de tratamento e substituem, acompanham ou retomam palavras e orações já expressas. Contribuem, assim, para garantir a síntese, a clareza, a coerência e a coesão do texto.

SEMÂNTICA E DISCURSO

Leia a tira:

(Disponível em: http://giscreatio.blogspot.com.br/2010/09/palestra-com-cartunista-caco-galhardo.html. Acesso em: 4/5/2012.)

1. A tira retrata uma situação de comunicação em uma empresa.

a) Levante hipóteses: Que relação de trabalho há entre o homem e a mulher? Justifique sua resposta.

b) As respostas da moça atendem à expectativa de seu interlocutor? Justifique sua resposta.

c) Levante hipóteses: Quais respostas eram esperadas pelo interlocutor?

d) Conclua: Em que sentido as respostas da jovem contribuem para a construção do humor da tira?

2. Considerando a situação de comunicação entre as personagens e o uso que elas fazem da linguagem, responda:

a) Nesse contexto, haveria necessidade de que a linguagem fosse rigorosamente monitorada, com o fim de ficar de acordo com a norma-padrão? Por quê?

b) No 1º e no 3º quadrinhos, o homem emprega vários pronomes. Quais são utilizados por ele em referência à interlocutora?

c) Em relação às regras gramaticais da norma-padrão, é possível afirmar que há desvios? Explique.

3. O homem, na tira, ainda utiliza os pronomes *esta* (em *nesta*) e *algo*.

a) Por que, para se referir à empresa, ele utiliza a forma *nesta*?

b) Justifique semanticamente o emprego do pronome indefinido *algo* na fala da personagem no 3º quadrinho.

4. Observe as frases:

"O *que* te move nesta empresa?"

"Falo de algo maior, *que* te faz dar seu suor."

A palavra *que* não tem a mesma função nas duas frases. Explique em que consiste essa diferença e classifique a palavra em cada ocorrência.

Juca Varella/Folhapress

LITERATURA

CAPÍTULO 12

O Condoreirismo

Elenco da peça *Os miseráveis*, montada em São Paulo em 2001 e baseada no texto de Victor Hugo.

As décadas de 60 e 70 do século XIX representam um período de transição na poesia brasileira. Ao mesmo tempo que muitos dos procedimentos da primeira e da segunda gerações se mantiveram, surgiram novidades de forma e de conteúdo, dando origem à terceira geração da poesia romântica, mais voltada para os problemas sociais e para uma nova forma de tratar o tema amoroso.

A terceira geração da poesia romântica brasileira é formada por poetas ligados à corrente *condoreira* ou *hugoana*, como também é chamada por influência do escritor francês Victor Hugo. Desse grupo participaram vários escritores, entre eles Castro Alves, Pedro Luís, Pedro Calasãs e, até certo ponto, Sousândrade.

Ampliando as experiências de Fagundes Varela – que por vezes conseguiu superar o egocentrismo e voltar-se para o mundo exterior –, os condoreiros, comprometidos com a causa abolicionista e republicana, desenvolveram a poesia social. Seus poemas, geralmente em tom grandiloquente, próximo da oratória, tinham como finalidade convencer o leitor-ouvinte e conquistá-lo para a causa defendida. O centro de preocupação da linguagem desloca-se do eu (o emissor) para o assunto (no caso, a Abolição e a República), o que representa uma mudança profunda, considerando-se que o Romantismo é por natureza egocêntrico.

O nome *condoreirismo* dado a essa corrente associa-se ao condor ou a outras aves como a águia, o falcão e o albatroz, tomadas como símbolo dessa geração de poetas com preocupações sociais. Identificando-se com o condor – ave de voo alto e solitário e capaz de enxergar a grande distância –, os poetas condoreiros supunham-se também dotados dessa capacidade e, por isso, obrigados ao compromisso, como poetas-gênios iluminados por Deus, de orientar os homens comuns para os caminhos da justiça e da liberdade.

No Romantismo europeu, os condoreiros se ocuparam especialmente com a causa dos oprimidos, como os operários da indústria e os camponeses. A obra *Os miseráveis*, de Victor Hugo, é um dos melhores exemplos da literatura condoreira da época.

No Brasil, como a força de trabalho era predominantemente escrava, o Condoreirismo assumiu feições abolicionistas e republicanas. Estes versos do poema "O vidente", de Castro Alves, demonstram o pensamento liberal-cristão do poeta:

Quebraram-se as cadeias, é livre a terra inteira,
A humanidade marcha com a Bíblia por bandeira;
São livres os escravos, quero empunhar a lira,
Quero que est'alma ardente um canto audaz desfira,
Quero enlaçar meu hino aos murmúrios dos ventos,
Às harpas das estrelas, ao mar, aos elementos!

(*O navio negreiro e outros poemas*. São Paulo: Saraiva, 2007. p. 69.)

S. R. Ferreira/Academia Brasileira de Letras

Castro Alves, o "poeta dos escravos".

CASTRO ALVES: A LINGUAGEM DA PAIXÃO

Castro Alves (1847-1871), o "poeta dos escravos", é considerado a principal expressão condoreira da poesia brasileira. Nascido em Curralinho, hoje Castro Alves (BA), estudou Direito em Recife e em São Paulo. Sua obra representa, na evolução da poesia romântica brasileira, um momento de maturidade e de transição. Maturidade em relação a certas atitudes ingênuas das gerações anteriores, como a idealização amorosa e o nacionalismo ufanista, substituídas por posturas mais críticas e realistas; transição porque a perspectiva mais objetiva e crítica com que via a realidade apontava para o movimento literário subsequente, o Realismo, que, aliás, havia muito predominava na Europa.

Castro Alves cultivou a poesia lírica e social, de que são exemplos as obras *Espumas flutuantes* e *A cachoeira de Paulo Afonso*; a poesia épica, em *Os escravos*; e o teatro, em *Gonzaga e a Revolução de Minas*.

Neruda saúda Castro Alves

Pablo Neruda (1904-1973), poeta chileno que também se destacou por seus poemas sociais, homenageou o poeta brasileiro com o poema "Castro Alves do Brasil". Leia um trecho do poema:

Castro Alves do Brasil, para quem cantaste?
Para a flor cantaste? Para a água
cuja formosura diz palavras às pedras?
Cantaste para os olhos, para o perfil cortado
daquela que então amaste? Para a primavera?
[...]

— Cantei para os escravos, sobre os barcos
como o cacho escuro da vinha da ira
viajaram, e no porto o navio sangrou
deixando-nos o peso do sangue roubado.

(Tradução de Cláudio Blanc. In: Castro Alves. *O navio negreiro e outros poemas*. São Paulo: Saraiva, 2007. p. 245.)

A poesia social

Talvez seja Castro Alves o primeiro grande poeta social brasileiro. Como poucos, soube conciliar as ideias de reforma social com os procedimentos específicos da poesia, sem permitir que sua obra fosse um mero panfleto político – aliás, o grande risco para quem pretende fazer *arte engajada*, isto é, arte com o compromisso de interferir politicamente no processo social.

Comparando Álvares de Azevedo – principal poeta da segunda geração – a Castro Alves, percebemos pontos em comum entre eles. O primeiro, ao tratar do desequilíbrio entre o eu e o mundo, revela um desejo latente de transformação da realidade, com a qual não consegue integrar-se, enquanto o segundo também mostra desejo de transformação, porém faz uma tomada de posição: na sua poesia, tanto lírica quanto social, há a consciência dos problemas humanos e a busca de fórmulas para solucioná-los.

Desse modo, em vez de apresentar uma visão idealizada e ufanista da pátria, Castro Alves retrata o lado feio e esquecido pelos primeiros românticos: a escravidão dos negros, a opressão e a ignorância do povo brasileiro.

Castro Alves e a tradição da poesia social

Castro Alves é o fundador da poesia social e engajada no Brasil. Chama-se poesia engajada aquela que se coloca a serviço de uma causa político-ideológica e procura ser uma arte de contestação e conscientização. No século XX, vários poetas deram continuidade a essa tradição: Carlos Drummond de Andrade, Ferreira Gullar, Thiago de Melo e outros. A música popular também cumpriu esse papel nas décadas de 60 e 70 do século XX, durante o regime militar, principalmente pela voz de Geraldo Vandré e Chico Buarque de Holanda.

A linguagem usada por Castro Alves para defender seus ideais liberais é grandiosa, com gosto acentuado pelas hipérboles e por espaços amplos, como o mar, o céu, o infinito, o deserto. Nela tudo supera a atitude bem-comportada e superficial de um Casimiro de Abreu e busca o voo alto ou o mergulho profundo.

Trazendo inovações de forma e de conteúdo, a linguagem poética de Castro Alves prenuncia a perspectiva crítica e a objetividade do Realismo, movimento literário da década seguinte. Apesar disso, é uma linguagem essencialmente romântica, porque afinada com o projeto liberal do Romantismo brasileiro e bastante carregada emocionalmente, beirando os limites da paixão.

Brasil: país da diversidade e da desigualdade

Nas últimas décadas do século XX, os negros brasileiros perceberam que a luta iniciada por Castro Alves (ironicamente, um branco) deveria ser levada adiante. Agora, não mais uma luta pela abolição, mas pelo fim do preconceito racial e cultural, da desigualdade de oportunidades, da discriminação social. Assim, diversos grupos organizados, bem como muitos negros de destaque na sociedade, têm afirmado sua identidade afro-brasileira, seja por meio de manifestações de protesto, seja por meio de atividades culturais identificadas com as origens africanas.

A discussão em torno da igualdade de oportunidades entre negros e brancos tem se ampliado no país e chegou à universidade. Hoje, algumas instituições, adotando a política de cotas, têm reservado parte de suas vagas para a população negra, o que tem causado polêmicas, inclusive na comunidade negra.

Paper Boat Creative/Stone/Getty Images

"O navio negreiro"

O poema épico-dramático "O navio negreiro" integra a obra *Os escravos* e, ao lado de "Vozes d'África", da mesma obra, constitui uma das principais realizações poéticas de Castro Alves.

O tema de "O navio negreiro" é a denúncia da escravização e do transporte de negros para o Brasil. Quando o poema foi escrito, em 1868, já fazia dezoito anos que vigorava a Lei Eusébio de Queirós, que proibia o tráfico de escravos, mas a escravidão no país persistia.

Portanto, sem a preocupação de escrever sobre a realidade imediata, Castro Alves faz uma recriação poética das cenas dramáticas do transporte de escravos no porão dos navios negreiros. Para isso valeu-se em grande parte dos relatos de escravos com quem conviveu, na Bahia, quando menino.

Navio negreiro em *rap*: o canto dos excluídos

No CD *Livro* (1998), o baiano Caetano Veloso cria uma música para o poema "O navio negreiro" e canta-o, em estilo *rap*, juntamente com Maria Bethânia.

Se possível, ouça a canção e observe como Caetano confere atualidade ao poema de Castro Alves ao aproximá-lo do *rap*, gênero musical cultivado geralmente na periferia das grandes cidades por negros e por outros grupos socialmente excluídos.

O cruzamento do poema com o *rap* parece lembrar que os problemas de opressão e miséria social vividos pelos negros no século XIX, com algumas diferenças, continuam os mesmos.

LEITURA

O texto que segue, a parte IV de "O navio negreiro", é a descrição do que se via no interior de um navio negreiro. Perceba a capacidade de Castro Alves em nos fazer ver a cena, como se estivéssemos num teatro.

Era um sonho dantesco!... o tombadilho,
Que das luzernas avermelha o brilho,
Em sangue a se banhar.
Tinir de ferros... estalar de açoite...
Legiões de homens negros como a noite,
Horrendos a dançar...

Negras mulheres, suspendendo às tetas
Magras crianças, cujas bocas pretas
Rega o sangue das mães:
Outras, moças, mas nuas e espantadas,
No turbilhão de espectros arrastadas,
Em ânsia e mágoa vãs!

E ri-se a orquestra, irônica, estridente...
E da ronda fantástica a serpente
Faz doudas espirais...
Se o velho arqueja, se no chão resvala,
Ouvem-se gritos... o chicote estala.
E voam mais e mais...

Presa nos elos de uma só cadeia,
A multidão faminta cambaleia,
E chora e dança ali!

Um de raiva delira, outro enlouquece,
Outro, que de martírios embrutece,
Cantando, geme e ri!

No entanto o capitão manda a manobra.
E após fitando o céu que se desdobra
Tão puro sobre o mar,
Diz do fumo entre os densos nevoeiros:
"Vibrai rijo o chicote, marinheiros!
Fazei-os mais dançar!..."

Marc Ferrez.

Negra da Bahia (1885), por Marc Ferrez.

E ri-se a orquestra irônica, estridente...
E da ronda fantástica a serpente
Faz doudas espirais...
Qual num sonho dantesco as sombras
[voam!...
Gritos, ais, maldições, preces ressoam!
E ri-se Satanás!...

(*Espumas flutuantes*. Rio de Janeiro: Edições de Ouro, s.d. p. 184-5.)

açoite: chicote.
arquejar: ofegar.
dantesco: relativo às cenas horríveis narradas por Dante Alighieri em sua obra *Divina comédia*, na parte em que descreve o inferno.
espectros: fantasmas.
luzernas: clarões.
tombadilho: alojamento do navio.
turbilhão: redemoinho.
vãs: inúteis, sem valor.

1. O texto revela grande força expressiva em razão de sua plasticidade, criada a partir das fortes imagens e das sugestões de cor, som e movimento que envolvem a cena. Com relação a esses recursos, responda:

a) A que se referem as metáforas "a orquestra" e "a serpente" na 3ª e na 6ª estrofes?

b) Duas cores são postas em contraste na 1ª e na 2ª estrofes. Quais são elas e o que representam?

c) Observe a 1ª, 3ª, 4ª e 5ª estrofes e identifique nelas palavras ou expressões que sugiram *movimento*.

d) Observe a 1ª e a 3ª estrofes e identifique nelas palavras ou expressões que se associem a *sonoridade*.

2. Acentuando a plasticidade do texto, por duas vezes o poeta aproxima as ideias de som e movimento, empregando as palavras *orquestra* e *dança*, como se houvesse uma dança dos escravos ao som da orquestra. De acordo com o texto, explique que tipo de dança os escravos realizam.

3. Além de *antíteses*, também *hipérboles* foram empregadas nesse poema de Castro Alves. A hipérbole é uma figura de linguagem que se caracteriza pelo exagero na expressão. Identifique na 1ª estrofe três hipérboles e indique que efeito de sentido têm no texto.

4. O poema "O navio negreiro" tem uma finalidade política e social evidente: a erradicação da escravidão no Brasil. De que modo o poeta procura atingir o público e convencê-lo de suas ideias: com argumentos racionais ou com a exploração das emoções? Justifique.

Castro Alves na Internet

Você pode baixar textos e obras inteiras de Castro Alves nestes *sites*:

- www.dominiopublico.gov.br/pesquisa/PesquisaObraForm.do?select_action=&co_autor=12
- www.jornaldepoesia.jor.br/calves.html

A poesia lírica

Embora a lírica amorosa de Castro Alves ainda contenha um ou outro vestígio do amor platônico e da idealização da mulher, de modo geral ela representa um avanço decisivo na tradição poética brasileira, por ter abandonado tanto o amor convencional e abstrato dos clássicos quanto o amor cheio de medo e culpa dos românticos.

Em vez de "virgem pálida", a mulher nos poemas de Castro Alves é quase sempre um ser corporificado e, mais que isso, participa ativamente do envolvimento amoroso. E o amor é uma experiência viável, concreta, capaz de trazer tanto a felicidade e o prazer como a dor. Portanto, o conteúdo da lírica do poeta é uma espécie de superação da fase adolescente do amor e o início de uma fase adulta, mais natural, que aponta para uma objetividade maior, prenunciando o Realismo.

LEITURA

Boa noite

Boa noite, Maria! Eu vou-me embora.
A lua nas janelas bate em cheio.
Boa noite, Maria! É tarde... é tarde...
Não me apertes assim contra teu seio.

Boa noite!... E tu dizes — Boa noite,
Mas não mo digas assim por entre beijos...
Mas não mo digas descobrindo o peito,
— Mar de amor onde vagam meus desejos.

Julieta do céu! Ouve... a calhandra
Já rumoreja o canto da matina.
Tu dizes que eu menti?... Pois foi mentira...
... Quem cantou foi teu hálito, divina!

Se a estrela d'alva os derradeiros raios
Derrama nos jardins do Capuleto,
Eu direi, me esquecendo d'alvorada:
"É noite ainda em teu cabelo preto..."

É noite ainda! Brilha na cambraia
— Desmanchado o roupão, a espádua nua
— O globo de teu peito entre os arminhos
Como entre as névoas se balouça a lua...

É noite, pois! Durmamos, Julieta!
Rescende a alcova ao trescalar das flores,
Fechemos sobre nós estas cortinas...
— São as asas do arcanjo dos amores.

A frouxa luz da alabastrina lâmpada
Lambe voluptuosa os teus contornos...
Oh! Deixa-me aquecer teus pés divinos
Ao doudo afago de meus lábios mornos.

Mulher do meu amor! Quando aos meus
[beijos
Treme tua alma, como a lira ao vento,
Das teclas de teu seio que harmonias,
Que escalas de suspiros, bebo atento!

Ai! Canta a cavatina do delírio,
Ri, suspira, soluça, anseia e chora...
Marion! Marion!... É noite ainda.
Que importa os raios de uma nova aurora?!...

Como um negro e sombrio firmamento,
Sobre mim desenrola teu cabelo...
E deixa-me dormir balbuciando:
Boa noite! — formosa Consuelo!...

(Castro Alves. *Espumas flutuantes*. Rio de Janeiro: Edições de Ouro, s. d. p. 67-8.)

alabastrina: cor de alabastro (branca).
alcova: quarto de casal.
arminho: pelo de arminho, de cor branca, usado no decote de roupões femininos.
balouçar: balançar.
calhandra: espécie de cotovia.
cambraia: tecido fino de linho ou algodão.
cavatina: pequena ária (peça musical).
espádua: parte posterior do ombro.
lira: instrumento musical.
trescalar: exalar cheiro.
voluptuosa: sensual.

Jean-Auguste-Dominique Ingres

A grande Odalisca (1814), de Jean-Auguste-Dominique Ingres.

1. A propósito da relação amorosa presente no texto, responda:
   a) Que reação tem a mulher amada diante da afirmação de seu amante de que vai embora?
   b) Em que essa reação da amante difere da de outras mulheres das gerações românticas anteriores?

2. Da 5ª estrofe em diante, a sensualidade da cena amorosa aumenta.
   a) Identifique nessa estrofe as expressões que caracterizam eroticamente a mulher amada.
   b) Identifique na 5ª, 6ª e 7ª estrofes o tipo de percepção sensorial – visão, audição, tato, olfato e paladar – que predomina em cada uma delas.

3. Na 9ª estrofe, ocorre na relação entre os amantes uma espécie de clímax, sugerido pela palavra *delírio*. É descrito um estado de embriaguez amorosa, em que predominam as sensações; um momento mágico que, na concepção romântica, deveria ser paralisado para que o casal o vivesse eternamente, enquanto o tempo corria lá fora. Releia essa estrofe e identifique nela:
   a) um verso que confirma as sensações ou sentimentos contraditórios verificados durante o estado de delírio;
   b) as expressões que confirmam o desejo romântico de perpetuar o instante de prazer.

4. Observe o emprego da expressão *boa noite* na 1ª e na última estrofes e indique a alteração de sentido que ela sofre de uma estrofe para a outra.

5. Ao longo do poema, o eu lírico chama a mulher amada de diferentes nomes: Maria, Julieta, Marion e Consuelo. Todas elas são personagens de histórias de amor de escritores europeus. Levante hipóteses: Com que finalidade o eu lírico atribui essa multiplicidade de nomes à mulher amada? Dê uma interpretação possível.

LITERATURA COMPARADA

DIÁLOGO ENTRE A POESIA E A CANÇÃO CONTEMPORÂNEAS E A POESIA SOCIAL DE CASTRO ALVES

A seguir, você vai fazer a leitura de dois poemas e de um trecho de letra de uma canção e vai comparar os textos entre si e também com a poesia social de Castro Alves. O primeiro poema é de Adão Ventura, poeta brasileiro da atualidade; o segundo é de Craveirinha (1922-2003), poeta moçambicano do século XX; o trecho de letra é de uma canção de Chico Science e Lúcio Maia, gravada pelo grupo Nação Zumbi.

Negro forro

Minha carta de alforria
não me deu fazendas,
nem dinheiro no banco,
nem bigodes retorcidos.

Minha carta de alforria
costurou meus passos
aos corredores da noite
de minha pele.

(Adão Ventura. In: Ítalo Moriconi, org. *Cem melhores poemas brasileiros do século*. Rio de Janeiro: Objetiva, 2001. p. 275.)

batelão: tipo de embarcação. **forro:** liberto da escravidão, alforriado.

Mariângela Haddad

Na cantiga do negro do batelão

Ilustrações: Mariângela Haddad

Se me visses morrer
Os milhões de vezes que nasci...
Se me visses chorar
Os milhões de vezes que te riste...
Se me visses gritar
Os milhões de vezes que me calei
Se me visses cantar
Os milhões de vezes que morri
E sangrei
Digo-te, irmão europeu
Também tu
Havias de nascer
Havias de chorar
Havias de cantar
Havias de gritar
Havias de morrer
E sangrar...
Milhões de vezes como eu

(Craveirinha. Via Atlântica, n. 5. *Revista do Departamento de Letras Clássicas e Vernáculas da FFLCH da USP*. São Paulo, 2002. p. 100.)

Etnia

Somos todos juntos uma miscigenação
E não podemos fugir da nossa etnia
Índios, brancos, negros e mestiços
Nada de errado em seus princípios
O seu e o meu são iguais
Corre nas veias sem parar
Costumes, é folclore é tradição
Capoeira que rasga o chão
Samba que sai da favela acabada
É hip hop na minha embolada
[...]
Maracatu psicodélico
Capoeira da Pesada
Bumba meu rádio
Berimbau elétrico
Frevo, Samba e Cores
Cores unidas e alegria
Nada de errado em
[nossa etnia.

(http://letras.terra.com.br/nacao-zumbi/77662/)

Museu de Arte da Bahia.

Festa do Bonfim (1950), de Carybé.

1. Partindo de sua experiência pessoal, o eu lírico do poema "Negro forro" avalia os efeitos da abolição da escravatura. De acordo com a 1ª estrofe do poema, a abolição não trouxe "fazendas", "dinheiro no banco" nem "bigodes retorcidos".

a) O que esses elementos representam socialmente?

b) A que grupo social os elementos citados estão historicamente associados?

2. Na 2ª estrofe, o eu lírico do poema "Negro forro" trata, em linguagem metafórica, dos efeitos da alforria.

a) Interprete: O que a carta de alforria lhe trouxe?

b) Explique o uso da ironia no título do poema.

3. Observe agora o poema de Craveirinha. Dirigindo-se a um interlocutor, o eu lírico imagina uma situação hipotética – introduzida pela oração condicional "Se me visses..." – que contrapõe duas realidades.

a) Quem é o interlocutor do eu lírico? Identifique no poema a expressão que justifica sua resposta.

b) Quais são as duas realidades contrapostas no poema?

4. Compare o poema do poeta brasileiro Adão Ventura ao do poeta africano Craveirinha. Apesar das diferenças históricas que envolvem o negro africano e o negro brasileiro, o que os textos apresentam em comum?

5. O terceiro texto aborda a questão étnica no Brasil de um ponto de vista diferente.

a) Qual é esse ponto de vista?

b) Discuta com a classe: Para os autores da canção, os problemas que envolvem a relação entre negros e brancos estão superados?

c) De acordo com o texto, de que modo as diferenças étnicas se manifestam na cultura brasileira?

6. Compare os três textos lidos ao trecho do poema "Navio negreiro", de Castro Alves, que você leu (p. 150). Embora haja diferenças entre esses textos quanto ao lugar, à época e até à linguagem em que foram produzidos, todos eles apresentam em comum uma visão de qual seja o papel da poesia ou da arte. Qual é esse papel?

7. O jornalista e escritor Diogo Mainardi publicou um texto polêmico intitulado "Fora, Zumbi". Leia um fragmento desse texto:

> O movimento negro sempre lutou para que os negros se orgulhassem da própria cor. Eu aboliria essa ideia. Aboliria o Dia Nacional da Consciência Negra, a política de cotas, as ações afirmativas. Aboliria também o mito da miscigenação racial brasileira.
>
> Quando se considera toda a história da humanidade, os alemães são tão miscigenados quanto nós. Raça é uma noção arcaica. Não tem base científica. A luta contra o racismo não se dá glorificando a figura de Zumbi nos livros escolares, mas ensinando que os brancos são negros e os negros são brancos.
>
> (*Veja*, nº 1801.)

Você concorda com o ponto de vista de Diogo Mainardi? Troque ideias com os colegas.

SOUSÂNDRADE: PRECURSOR DA MODERNIDADE

Joaquim de Sousa Andrade (1832-1902), ou Sousândrade, foi o poeta brasileiro mais original do século XIX. Filho de fazendeiros, nasceu no Maranhão e estudou na França, onde se bacharelou em Letras e Engenharia de Minas. Viajou por vários outros países, como Inglaterra, México, Espanha, Colômbia, Chile e viveu nos Estados Unidos por 14 anos. De volta ao Brasil, envolveu-se com a política e atuou em defesa dos ideais republicanos e abolicionistas. Em 1889, após a proclamação da República, foi nomeado prefeito de São Luís.

Na literatura, Sousândrade dedicou-se a diversos gêneros: poesia lírica e social, nas obras *Harpas selvagens* e *Harpas de oiro*; poesia épica, em *O Guesa*; romance, em *A casca da caneleira*. Escreveu também textos que circularam em vários periódicos do Brasil e do exterior.

Sua obra mais importante, o poema épico *O Guesa*, escrito ao longo de 33 anos (1857-1900), apresenta um projeto político-cultural americanista, indo além do sentido restrito de pátria difundido no Romantismo. Sousândrade defendia uma nova civilização americana, idealizando as três Américas como uma única pátria, democrática, independente política e culturalmente.

Esse projeto é alegorizado na figura da personagem que dá nome à obra *O Guesa*, um jovem índio muísca que foge no momento em que seria sacrificado a Bochica, deus do Sol. Guesa inicia, então, um périplo pela América, África e Europa, no qual assume a missão de disseminar os ideais republicanos e denunciar a situação precária em que viviam os povos indígenas. Para Sousândrade, as dificuldades a que os índios estavam expostos eram fruto tanto do processo histórico de colonização quanto do descaso dos governantes.

Sousândrade e a crítica

A obra de Sousândrade é considerada singular pela crítica. Pela sua peculiaridade, era muito diferente do que se produzia no Romantismo brasileiro e acabou sendo marginalizada pelos leitores e críticos da época em que o escritor viveu. Ele próprio afirmou, em 1877, na introdução ao canto VII de *O Guesa*: "ouvi dizer já por duas vezes que o Guesa errante será lido cinquenta anos depois; entristeci – decepção de quem escreve cinquenta anos antes". A obra de Sousândrade foi esquecida, e somente na segunda metade do século XX, após a releitura que os críticos Augusto e Haroldo de Campos fizeram dela, ocorreu sua valorização. Para a crítica atual, trata-se de uma obra que vai além do Romantismo e se aproxima dos experimentos estéticos de autores modernos como Gerard Manley Hopkins, Stéphane Mallarmé e Ezra Pound. Sousândrade é visto, hoje, como o primeiro autor moderno brasileiro.

Veja, no seguinte trecho do canto I de *O Guesa*, como o poeta retrata as figuras dos conquistadores europeus e do povo indígena.

"Nos áureos tempos, nos jardins da América
Infante adoração dobrando a crença
Ante o belo sinal, nuvem ibérica
Em sua noite a envolveu ruidosa e densa.
"Cândidos Incas! Quando já campeiam
Os heróis venedores do inocente
Índio nu; quando os templos s'incendeiam,
Já sem virgens, sem ouro reluzente,
"Sem as sombras dos reis filhos de Manco,
Viu-se (que tinham feito? E pouco havia
A fazer-se...) n'um leito puro e branco
A corrupção, que os braços estendia!
"E da existência meiga, afortunada,
O róseo fio n'esse albor ameno
Foi destruído. Como ensanguentada
A terra fez sorrir ao céu sereno!
"Foi tal a maldição dos que caídos
Morderam d'essa mãe querida o seio,
A contrair-se aos beijos, denegridos,
O desespero se imprimiu-os veio, —
"Que ressentiu-se, verdejante e válido,
O floripôndio em flor; e quando o vento
Mugindo estorce-o doloroso, pálido
Gemidos se ouvem no amplo firmamento!
"E o Sol, que resplandece na montanha
As noivas não encontram, não se abraçam
No puro amor; e os fanfarrões d'Espanha,
Em sangue edênico os pés os pés lavando,
[passam.

(Joaquim de Sousa Sousândrade. *O Guesa*. Prefácio de Augusto de Campos. São Paulo: Annablume, 2009. p. 19-20.)

albor: amanhecer.
campeiam: batalham.
edênico: paradisíaco, próprio do Éden.
estorcer: torcer.
floripôndio: espécie de lírio narcótico usado em rituais xamânicos.
inca: indivíduo de civilização indígena pré-colombiana que habitou o Peru.
Manco: Manco Capac, primeiro rei da cidade de Cuzco, no século IX; também considerado filho de Inty, ceus do Sol cultuado pelos incas.
venedores: vendedores.

Sousândrade, Caetano Veloso e Nova Iorque

Universal

É o próprio Caetano quem conta como nasceu "Manhatã", do CD *Livro*, dedicada ao amigo Lulu Santos: "Essa música é filha de uma cruza de Sousândrade com Lulu Santos. A palavra Manhatã consta no poema 'O inferno de Wall Street', de Sousândrade. Me inspirei nele. Parece som de palavra tupi e ao mesmo tempo tem cara de música de Djavan". Acrescenta Caetano: "Estávamos de férias e, ao passarmos pelas ruas de Nova York, Lulu apontava para os prédios e dizia Manhatã. O mais incrível é que ele nem conhecia o poema de Sousândrade".

Veja alguns versos da canção de Caetano:

Uma canoa canoa
Varando a manhã de norte a sul
Deusa da lenda na proa
Levanta uma tocha na mão
Todos os homens do mundo
Voltaram seus olhos naquela direção
Sente-se o gosto do vento
Cantando nos vidros nome doce da cunhã:

Manhattan, Manhattan
Manhattan, Manhattan

(Disponível em: http://letras.terra.com.br/caetano-veloso/423772/. Acesso em: 4/5/2012.)

Observe que o poeta idealiza uma América habitada por gente pura e doce. A chegada dos europeus é retratada pela metáfora de uma "nuvem ibérica" que envolve e corrompe o continente.

Para quem quer mais

Se você deseja aprofundar os seus conhecimentos sobre a poesia de Castro Alves, leia o texto a seguir e, posteriormente, sozinho, em dupla ou em grupo, procure resolver as questões propostas pelo **Roteiro de estudo**.

Ricardo Dantas

Mater dolorosa

Deixa-me murmurar à tua alma um adeus eterno, em vez de lágrimas chorar sangue, chorar o sangue de meu coração sobre meu filho; porque tu deves morrer, meu filho, tu deves morrer.

Nathaniel Lee

Meu Filho, dorme, dorme o sono eterno
No berço imenso, que se chama — o céu.
Pede às estrelas um olhar materno,
Um seio quente, como o seio meu.

Ai! borboleta, na gentil crisálida,
As asas de ouro vais além abrir.
Ai! rosa branca no matiz tão pálida,
Longe, tão longe vais de mim florir.

Meu filho, dorme... Como ruge o norte
Nas folhas secas do sombrio chão!...
Folha dest'alma como dar-te à sorte?
É tredo, horrível o feral tufão!

Não me maldigas... Num amor sem termo
Bebi a força de matar-te... a mim...
Viva eu cativa a soluçar num ermo...
Filho, sê livre... Sou feliz assim...

— Ave — te espera da lufada o açoite,
— Estrela — guia-te uma luz falaz.
— Aurora minha — só te aguarda a noite,
— Pobre inocente — já maldito estás.

Perdão, meu filho... se matar-te é crime...
Deus me perdoa... me perdoa já.
A fera enchente quebraria o vime...
Velem-te os anjos e te cuidem lá...

Meu filho dorme... dorme o sono eterno
No berço imenso, que se chama o céu.
Pede às estrelas um olhar materno,
Um seio quente, como o seio meu.

(Castro Alves. *O navio negreiro e outros poemas.* São Paulo: Saraiva, 2007. p. 31-2.)

• Roteiro de estudo •

Ao final da leitura, você deverá ser capaz de:

- Justificar o título do poema "Mater dolorosa".
- Com base em "Mater dolorosa", comentar o papel das metáforas na construção da linguagem poética de Castro Alves.
- Interpretar o poema "Mater dolorosa" e tomar uma posição favorável ou contrária à atitude da mãe e fundamentar seu ponto de vista com argumentos.

Para quem quer mais na Internet

Em nosso *site* (http://www.atualeditora.com.br/pl/paraquemquermais), você poderá ler e reproduzir integralmente o poema "Vozes d'África", além de outros poemas de Castro Alves e de Sousândrade.

INTERPRETAÇÃO DE TEXTO

Jupiter Unlimited/Other Images

CAPÍTULO 13

Justificação e conclusão

*Neste capítulo, você vai conhecer as ações ou operações chamadas **justificação** e **conclusão**, e ver como elas são avaliadas nas provas do Enem e do vestibular.*

Veja como o dicionário conceitua as ações ou operações de *justificar* e *concluir*:

Justificar: demonstrar que (algo) está certo ou que (alguém) está com a razão; fornecer argumentos a favor de; constituir-se em, dar, encontrar razões válidas para; legitimar.

Concluir: chegar a um resultado, a uma decisão, a uma afirmação, a partir de um elemento ou de um conjunto de elementos concretos ou abstratos, após observação atenta ou por meio de raciocínio.

(*Dicionário eletrônico Houaiss da língua portuguesa.*)

Como você pode notar, trata-se de operações muito parecidas. Contudo, quando nos exames é pedido ao candidato que justifique sua resposta com elementos do texto, o que se quer é que ele comprove com provas textuais concretas o que afirma. Ou seja, ele deve indicar ou retirar do texto palavras, expressões, frases, versos, imagens, etc.

Da mesma forma, não há muito rigor quanto ao significado no emprego de verbos como *concluir*, *inferir* e *deduzir*. De modo geral, nas três situações, espera-se que o estudante chegue a um resultado (uma conclusão) por meio da observação de pistas ou elementos do texto nem sempre explícitos.

Observe a questão a seguir, extraída do vestibular da Universidade Federal do Rio de Janeiro, e a resposta que consta no gabarito oficial dele.

Happy end

O meu amor e eu
nascemos um para o outro
agora só falta quem nos apresente

(Cacaso)

O texto "Happy end" — cujo título ("final feliz") faz uso de um lugar-comum dos filmes de amor — constrói-se na relação entre desejo e realidade e pode ser considerado uma paródia de certo imaginário romântico. *Justifique a afirmativa, levando em conta elementos textuais.*

Resposta: O título oficial do poema de Cacaso e seus dois primeiros versos remetem a um amor predestinado, idealizado. O desejo de realização desse amor, entretanto, é desmontado pelo terceiro verso, que traz a contingência da realidade. Essa ironia destrutiva é característica do discurso paródico.

Para justificar a afirmativa feita no enunciado da questão, é preciso primeiramente compreendê-la bem. O candidato deveria perceber que, com o último verso, Cacaso destrói o imaginário romântico do "final feliz", contrapondo o ideal (amor perfeito) ao real (ainda falta conhecer a pessoa amada).

Observe que a justificativa apresentada na resposta oficial demonstra como o poema foi organizado para construir a paródia. Por isso, estabelece uma oposição entre o último verso e as demais partes do poema (incluindo o título), ressaltando a ironia destrutiva como um procedimento típico da paródia.

Leia agora outra questão, do exame vestibular da Universidade de Fortaleza, Ceará.

Atenção: A questão baseia-se no texto apresentado abaixo.

Quando se fala em seca na Amazônia ou nos furacões no Sul dos Estados Unidos, a primeira coisa que vem à cabeça é o aquecimento global. A Terra está de fato ficando mais quente, mas, segundo os especialistas, é impossível demonstrar um vínculo causal entre esse aquecimento e fenômenos particulares, como os furacões e a seca. O que os cientistas já sabem, no entanto, é que os dois fenômenos tiveram a mesma origem: o aquecimento da água no norte do Oceano Atlântico.

Ao lado do aquecimento, o desmatamento também contribui para a seca. Onde há floresta, a maior parte da água da chuva é interceptada pela copa das árvores. A água evapora rapidamente e causa mais chuva. Em áreas desmatadas, com o solo pobre em matéria orgânica, essa água escorre para os rios, indo para longe. Assim as duas causas podem se encontrar em um ponto comum: ao "sequestrar" gás carbono, a floresta contribui para conter o efeito estufa e, com ele, o aquecimento global.

(Lourival Sant'Anna. *O Estado de S. Paulo*, A13, 16/10/2005.)

Conclui-se corretamente do texto que:

a) é importante controlar o desmatamento da floresta amazônica, como prevenção para a ocorrência de certos fenômenos climáticos.
b) está havendo medição mais atenta da temperatura da água do Oceano Atlântico, para evitar ocorrência de catástrofes naturais na região amazônica.
c) parece ter-se tornado praticamente impossível conter o efeito estufa, por não se encontrarem soluções para suas consequências, em todo o planeta.
d) especialistas em alterações climáticas divergem ao estabelecer associação entre a seca no Amazonas e os furacões nos Estados Unidos.
e) desmatar nem sempre ocasiona efeitos prejudiciais à vida dos moradores, pois a água das chuvas garante o nível mais cheio dos rios.

Resposta: *a*.

A questão não oferecia maior dificuldade, pois a conclusão a que o candidato deveria chegar (item *a*) é praticamente uma paráfrase do último parágrafo, ou seja, diz a mesma coisa com outras palavras.

PREPARE-SE PARA O ENEM E O VESTIBULAR

Texto para as questões 1 e 2:

VIAGEM NO TEMPO

RENATA VALÉRIO DE MESQUITA

Ambientada na Inglaterra do século 12 (em Os pilares da Terra, de Ken Follett) ou no Brasil colonial (em 1808 e 1822, de Laurentino Gomes), seja sobre Abraham Lincoln (em Lincoln, de Gore Vidal), seja sobre Gregório de Matos (em Boca do inferno, de Ana Miranda), leitores e escritores demonstram crescente interesse pelos acontecimentos e pelas figuras do passado. Mas por que, em uma época de imediatismo e constante inovação, tanto entusiasmo com os tempos de outrora?

A resposta está no próprio presente, segundo Vera Lúcia Follain de Figueiredo, professora de literatura da Pontifícia Universidade Católica (PUC-Rio) e autora de quatro livros, um deles sobre o tema: Da profecia ao labirinto. “Atualmente, as pessoas querem escapar do ritmo vertiginoso em que vivem. É como se houvesse uma sensação de cansaço pelas mudanças tecnológicas constantes e pela falta de utopias para o futuro. Isso geraria uma nostalgia de outros tempos, que ofereceram modelos de valores e heróis”, comenta.

A literatura, assim, encontra na História a forma de saciar essa nostalgia. E, mais do que nunca, as duas áreas se confundem no gênero chamado “romance histórico” ou “ficção histórica”. Segundo a History Novel Society, fundada em 1997 na Inglaterra, o gênero em pauta deve tratar de eventos ou personalidades da História de 50 anos antes ou mais e deve ser escrito por alguém que não tenha vivido nessa época, de forma que a reconstituição do período estaria mais baseada em pesquisas do que nas experiências pessoais. Mas essas regras não são aceitas com unanimidade pelo mercado editorial e tais aspectos não costumam ser levados ao pé da letra. [...]

(*Revista da Cultura*, julho de 2011. www.revistadacultura.com.br:8090/revista/rc48/index2.asp?page=materia3)

Corbis/Latinstock

Folhapress

Eva Peron e Assis Chateaubriand, respectivamente: personalidades retratadas em romances históricos.

1. O texto lido comenta o atual interesse de leitores e escritores por acontecimentos e figuras do passado, apesar do imediatismo que caracteriza o século XXI. Aponte a alternativa que contenha uma causa desse fenômeno, não mencionada no texto.

a) fuga do ritmo de vida atual

b) interesse em personalidades do passado

c) cansaço com as constantes mudanças tecnológicas

d) utilização do gênero "romance histórico" ou "ficção histórica" na montagem de roteiros cinematográficos

e) ausência de sonhos e projetos para tempos futuros

2. A análise feita no texto possibilita afirmar que a literatura tem o poder de desencadear utopias?

a) Não, uma vez que a busca de um ritmo de vida mais calmo não inclui a leitura.

b) Não, porque a busca de utopias se dá apenas pela leitura de obras que retratam os últimos 50 anos.

c) Sim, pois a leitura possibilita recuperar, pela memória, tempos em que sobressaíram modelos de valores e heróis.

d) Não, porque apenas a filosofia e a história podem inspirar utopias.

e) Sim, pois toda literatura valoriza o presente, o passado e o futuro.

3. Leia a notícia:

Mais distante planeta do Sistema Solar, Netuno faz 165 anos

O mais distante planeta do Sistema Solar, Netuno fez aniversário de descobrimento na terça-feira (12).

Para comemorar a data, a Nasa e ESA (as agências espaciais americana e europeia) divulgaram fotos do planeta gasoso que foram tiradas pelo telescópio espacial Hubble.

Como Netuno leva quase 165 anos para completar uma volta em torno do Sol, só agora se passou um ano netuniano desde que foi localizado, em 1846.

Tim Kiusalaas/Corbis/Latinstock

(*Folha de S. Paulo*, 13/7/2011. www1.folha.uol.com.br/ciencia/942958-mais-distante-planeta-do-sistema-solar-netuno-faz-165-anos.shtml)

Há, entre o que é afirmado no título e no corpo da notícia lida, uma contradição. Assinale a alternativa que esclarece em que consiste essa contradição.

a) O título informa que Netuno é planeta, mas no corpo da notícia é feita a afirmação de que ele é gasoso.

b) O título dá a impressão de que o planeta tem 165 anos de idade, o que não é confirmado depois.

c) No título, 165 anos refere-se à idade de Saturno, enquanto no corpo da notícia é o tempo de órbita do planeta em volta do Sol.

d) No corpo da notícia é desmentido o título, uma vez que Netuno tem 1 846 anos.

e) Netuno não é o planeta mais distante do Sistema Solar.

4. Leia:

FERRARI TRABALHA EM CARRO QUE LÊ A MENTE DO MOTORISTA

A notícia parece insólita, mas vem de uma das publicações mais respeitadas do mundo automotivo, a revista britânica Autocar. De acordo com o correspondente alemão Greg Klab, a Ferrari está desenvolvendo sistemas capazes de monitorar estados físico e mental de quem estiver atrás do volante dos próximos carros a serem lançados pela marca italiana. [...]

(www.carrosnitrados.net/blog/2011/01/12/ferrari-trabalha-em-carro-que-le-a-mente-do-motorista-diz-revista/)

Masterfile/Other Images

Quando lemos "Ferrari trabalha" ou "a Ferrari está desenvolvendo", inferimos que o nome *Ferrari* corresponde, na realidade, aos funcionários da empresa fabricante de automóveis. Essas construções são exemplos de:

a) metáfora.
b) hipérbole.
c) paradoxo.
d) metonímia.
e) personificação.

5. Leia o texto:

Blog do Caminha

Quando fui convidado a assumir o cargo de escrivão oficial da Armada de Cabral, fiquei deveras honrado. Pareceu-me uma tarefa gloriosa: relatar às Cortes de Lisboa o que encontraríamos no caminho para as novas índias. Não confundir com o novo caminho para as Índias. Era razoável vislumbrar que eu me candidatara, naquele momento, a ser o escritor de uma das páginas mais importantes da história da humanidade. Não achei desmedido sonhar com o Pulitzer.

Foi-me entregue a estrutura que pedi, me deram boas condições de trabalho. Não tenho do que me queixar. Mas as coisas não saíram como planejadas. Pelo menos não na cobertura da expedição. Logo depois da nau recolher a âncora, vazaram alguns tuítes que quase comprometeram a empreitada. Num deles, um tripulante perguntava se em Pindorama a voltagem era 110 ou 220. O que fez muita gente duvidar do real coeficiente de aventura que envolvia nossa expedição. [...]

(http://blogsdoalem.com.br/Caminha/. Acesso em: 22/12/2011.)

Pulitzer: prêmio concedido a profissionais que se destacam nas categorias Jornalismo, Literatura e Música, criado em 1917, nos Estados Unidos.

Nessa pequena narrativa, um dos elementos utilizados para produzir humor é, conforme podemos inferir:

a) o fato de Pero Vaz de Caminha ser apenas um navegante na Internet.
b) o caráter informal do texto de Pero Vaz de Caminha.
c) a mistura de épocas: o Brasil do século XVII e o Brasil do século XXI.

d) o fato de a tripulação usar Internet.

e) a relação tumultuada entre Cabral e a tripulação.

6. No romance *A hora da estrela*, de Clarice Lispector, há o seguinte diálogo entre as personagens Olímpico e Macabea:

> Ele: — Pois é.
> Ela: — Pois é o quê?
> Ele: — Eu só disse pois é!
> Ela: — Mas "pois é" o quê?
> Ele: — Melhor mudar de conversa porque você não me entende.
> Ela: — Entender o quê?
> Ele: — Santa Virgem, Macabea, vamos mudar de assunto e já!
>
> (Rio de Janeiro: Nova Fronteira, 1977.)

Conforme podemos concluir, ocorre nesse diálogo a função da linguagem denominada:

a) emotiva.

b) referencial.

c) metalinguística.

d) fática.

e) poética.

7. Leia os textos:

Museu Paulista apresenta réplica do vestido da Condessa de Pinhal

Pertence a Anna Carolina de Mello Oliveira Arruda Botelho

O vestido original (à direita) e sua réplica.

O Museu Paulista (USP) lançou esta semana uma ferramenta eletrônica inédita entre os museus do Brasil: um hotsite interativo que expõe detalhes de uma peça de seu acervo e de uma réplica feita dela. Essa, aliás, é outra experiência inédita. Pesquisadores do museu fizeram uma réplica de uma peça de roupa do final do século 19, que está tão desgastada que sequer pode ser exposta. É um vestido preto que pertenceu a Anna Carolina de Mello Oliveira Arruda Botelho, a Condessa do Pinhal.

http://blogs.estadao.com.br/curiocidade/files/2011/07/replica-e-original1.jpg

Segundo Teresa Cristina Toledo de Paula, que é conservadora de têxteis do Museu Paulista e coordenadora do trabalho, já foram produzidas replicagens de figurinos no país, mas nenhuma parecida com a que foi feita do vestido da condessa. "Nós nos preocupamos em fazer a roupa exatamente no mesmo padrão, com a mesma modelagem", afirma.

O trabalhou começou em 2009. A ideia surgiu depois que descendentes da condessa pediram a peça original emprestada para expô-la na Casa do Pinhal, em São Carlos (SP) – fazenda onde a dona do vestido viveu.

(Disponível em: http://blogs.estadao.com.br/curiocidade/museu-paulista-apresenta-replica-online-do-vestido-da-condessa-de-pinhal/. Acesso em: 15/5/2012.)

De acordo com os textos, podemos concluir que ferramentas digitais permitiram que o museu:

a) atingisse um público que não entende de moda.

b) atingisse o público estudioso da história da condessa.

c) atraísse o público que se interessa por réplicas.

d) atraísse um público que está fisicamente longe dele.

e) pudesse promover o acervo da condessa.

EM DIA COM O ENEM E O VESTIBULAR

Literatura e estudos de linguagem

(UFAL-AL) Texto para as questões de 1 a 3:

O estudo dos gêneros não é novo, mas está na moda

O estudo dos gêneros textuais não é novo e, no Ocidente, já tem pelo menos vinte e cinco séculos, se considerarmos que sua observação sistemática iniciou-se com Platão. O que hoje se tem é uma nova visão do mesmo tema. Seria gritante ingenuidade histórica imaginar que foi nos últimos decênios do século XX que se descobriu e iniciou o estudo dos gêneros textuais. Portanto, uma dificuldade natural no tratamento desse tema acha-se na abundância e diversidade das fontes e perspectivas de análise. Não é possível realizar aqui um levantamento sequer das perspectivas teóricas atuais.

O termo “gênero” esteve, na tradição ocidental, especialmente ligado aos gêneros literários, cuja análise se inicia com Platão para se firmar com Aristóteles, passando por Horácio e Quintiliano, pela Idade Média, o Renascimento e a Modernidade, até os primórdios do século XX. Atualmente, a noção de *gênero textual* já não mais se vincula apenas à literatura, mas é usada em etnografia, sociologia, antropologia, retórica e na linguística.

(MARCUSCHI, Luiz Antônio. *Produção textual, análise de gêneros e compreensão.* São Paulo: Parábola, 2008. p. 147. Adaptado.)

1. A análise das características gerais do texto revela que:

1) ele tem uma função predominantemente fática; nele prevalecem a descrição e a utilização de uma linguagem formal, que está adequada ao gênero em que o texto se realiza.
2) sua função é prioritariamente referencial, embora no início do segundo parágrafo se evidencie um trecho metalinguístico; do ponto de vista tipológico, é caracteristicamente expositivo.
3) nele, podem-se encontrar algumas marcas da oralidade informal; por outro lado, sua linguagem é eminentemente conativa e, embora seja descritivo, apresenta vários trechos injuntivos.
4) ele é um texto típico da linguagem escrita formal, que apresenta um vocabulário específico, embora numa formulação simples, cumpre uma função informativa e está elaborado conforme a norma-padrão da nossa língua.

Estão corretas apenas:

a) 1 e 2.
b) 2 e 3.
c) 3 e 4.
d) 1 e 3.
e) 2 e 4.

2. Como se sabe, o enquadramento de uma palavra em uma determinada classe gramatical depende das funções que a palavra desempenha nos contextos em que se insere. Assim, é correto afirmar que:

a) nos enunciados “O estudo dos gêneros textuais não é *novo*” e “Há um *novo* estudo sobre os gêneros textuais”, as palavras em destaque pertencem a classes diferentes, porque sua funções são também diferentes.
b) nos enunciados “Seria gritante ingenuidade histórica imaginar que foi nos *últimos* decênios do século XX que se descobriu e iniciou o estudo dos gêneros textuais” e “Os *últimos* serão os primeiros...”, as palavras em destaque se enquadram em diferentes classes.
c) no trecho “A expressão ‘gênero’ esteve, na tradição ocidental, especialmente ligada aos gêneros literários, cuja análise *se* inicia com Platão para *se* firmar com Aristóteles”, as palavras destacadas, embora se grafem da mesma maneira, são de classes distintas.
d) no enunciado “*Atualmente*, a noção de gênero textual já *não* mais se vincula apenas à literatura”, as palavras destacadas têm funcionamento diferente; por isso se enquadram em classes gramaticais também diferentes.
e) as palavras destacadas nos enunciados “Não é possível realizar aqui *um* levantamento sequer das perspectivas teóricas atuais” e “De todos os livros que li, apenas *um* deles se tratava dos gêneros textuais com profundidade” são da mesma classe gramatical.

3. Segundo o texto “a expressão *gênero* esteve, na tradição ocidental, especialmente ligada aos gêneros literários”. Assinale a alternativa em que a relação entre os movimentos literários e os gêneros que neles prevalecem está correta.

	MOVIMENTOS LITERÁRIOS	GÊNEROS PREVALENTES
a)	2ª geração romântica	romance e poema
b)	3ª geração romântica	soneto e sermão
c)	Arcadismo	folhetim e poema
d)	Barroco	soneto, tragédia
e)	1ª geração romântica	poema épico e novela de cavalaria

4. (UNIFESP-SP) Leia o poema de Almeida Garrett.

Seus olhos

Seus olhos — que eu sei pintar
O que os meus olhos cegou —
Não tinham luz de brilhar,
Era chama de queimar;
E o fogo que a ateou
Vivaz, eterno, divino,
Como facho do Destino.

Divino, eterno! — e suave
Ao mesmo tempo: mas grave
E de tão fatal poder,
Que, um só momento que a vi,
Queimar toda a alma senti...
Nem ficou mais de meu ser,
Senão a cinza em que ardi.

Da leitura do poema, depreende-se que se trata de obra do:

a) Barroco, no qual se identifica o escapismo psicológico.
b) Arcadismo, no qual se identifica a contenção do sentimento.
c) Romantismo, no qual se identifica a idealização da mulher.
d) Realismo, no qual se identifica o pessimismo extremo.
e) Modernismo, no qual se identifica a busca pela liberdade.

5. (UnB-DF)

I-Juca Pirama

Gonçalves Dias

Meu canto de morte,
Guerreiros, ouvi:
Sou filho das selvas,
Nas selvas cresci;
Guerreiros, descendo
Da tribo tupi.

Da tribo pujante,
Que agora anda errante
Por fado inconstante,
Guerreiros, nasci;
Sou bravo, sou forte,
Sou filho do Norte;
Meu canto de morte,
Guerreiros, ouvi.

[...]
Ao velho coitado
De penas ralado,
Já cego e quebrado,
Que resta? — Morrer.
Enquanto descreve
O giro tão breve
Da vida que teve,
Deixai-me viver!

Aos golpes do imigo,
Meu último amigo,
Sem lar, sem abrigo
Caiu junto a mi!
Com plácido rosto,
Sereno e composto,
O acerbo desgosto
Comigo sofri.

Meu pai a meu lado
Já cego e quebrado,
De penas ralado,
Firmava-se em mi:
Nós ambos, mesquinhos,
Por ínvios caminhos,
Cobertos d'espinhos
Chegamos aqui!

[...]

Eu era o seu guia
Na noite sombria,
A só alegria
Que Deus lhe deixou:
Em mim se apoiava,
Em mim se firmava,
Em mim descansava,
Que filho lhe sou.

Não vil, não ignavo,
Mas forte, mas bravo,
Serei vosso escravo:
Aqui virei ter.
Guerreiros, não coro
Do pranto que choro:
Se a vida deploro,
Também sei morrer.

A partir do trecho apresentado, extraído do clássico poema do indianismo brasileiro *I-Juca Pirama*, julgue os itens a seguir como certo ou errado.

a) No contexto da literatura brasileira do século XIX, era incomum o recurso a protagonistas ameríndios em poemas épicos e romances. Especialmente os autores que se filiavam ao romantismo tenderam a dar destaque nos seus textos a heróis de proveniência europeia, como forma de rejeitar o projeto de uma identidade brasileira, bem como de restaurar os laços com a cultura europeia, que haviam sido cortados desde a independência.
b) O refrão do poema – "Meu canto de morte, / Guerreiros, ouvi" – remete ao passado do personagem épico *I-Juca Pirama*, como indica o emprego da forma verbal "ouvi", flexionada no pretérito do indicativo.
c) Ao utilizar como recurso de composição a narrativa em primeira pessoa do singular, o autor potencializa o apelo romântico do texto, fazendo que o drama do personagem Tupi seja sublinhado pela perspectiva íntima, a partir da qual os fatos são apresentados.
d) Para conferir dramaticidade ao momento de tensão em que o índio Tupi se apresenta à tribo que o aprisionou, o poeta utiliza esquema métrico e rítmico ágil, destacando-se a redondilha maior e as rimas cruzadas.
e) O índio, nesse poema de Gonçalves Dias e nas demais obras do indianismo romântico brasileiro, é representado segundo técnica literária realista, por meio da qual se pretende revelar o índio como legítimo dono das terras e da identidade cultural do país.
f) Verifica-se, nas últimas estrofes apresentadas, que o grande temor do personagem narrador é a morte, apesar de a desdita que a vida reservou a ele e a seu pai ser apresentada em forma de lamento.
g) O movimento romântico brasileiro, do qual o poema *I-Juca Pirama* é produção exemplar, procurou estabelecer as bases literárias da identidade cultural brasileira, objetivando a superação do cosmopolitismo expresso pela estética neoclássica, característica do Arcadismo.
h) Autores do modernismo brasileiro retomaram o tema do índio moralmente forte como símbolo da nação, como se pode verificar na obra *Macunaíma*, de Mário de Andrade.

6. (ENEM)

Soneto

Já da morte o palor me cobre o rosto,
Nos lábios meus o alento desfalece,
Surda agonia o coração fenece,
E devora meu ser mortal desgosto!
Do leito embalde no macio encosto
Tento o sono reter!... já esmorece
O corpo exausto que o repouso esquece...
Eis o estado em que a mágoa me tem posto!

O adeus, o teu adeus, minha saudade,
Fazem que insano do viver me prive
E tenha os olhos meus na escuridade.

Dá-me a esperança com que o ser mantive!
Volve ao amante os olhos por piedade,
Olhos por quem viveu quem já não vive!

(AZEVEDO, A. *Obra completa*. Rio de Janeiro: Nova Aguilar, 2000.)

O núcleo temático do soneto citado é típico da segunda geração romântica, porém configura um lirismo que o projeta para além desse momento específico. O fundamento desse lirismo é:

a) a angústia alimentada pela constatação da irreversibilidade da morte.
b) a melancolia que frustra a possibilidade de reação diante da perda.
c) o descontrole das emoções provocado pela autopiedade.
d) o desejo de morrer como alívio para a desilusão amorosa.
e) o gosto pela escuridão como solução para o sofrimento.

7. (UNIFESP-SP) Leia os versos de Fagundes Varela.

Roem-me atrozes ideias,
A febre me queima as veias,
A vertigem me tortura!...
Oh! por Deus! quero dormir,
Deixem-me os braços abrir
Ao sono da sepultura!
Despem-se as matas frondosas,
Caem as flores mimosas
Da morte na palidez:
Tudo, tudo vai passando,
Mas eu pergunto chorando
— Quando virá minha vez?

Os versos filiam-se ao estilo:

a) árcade, flagrado pela alusão à natureza como forma de fugir dos problemas.
b) ultrarromântico, influenciado pelo Mal do Século, e presentificam o pessimismo e a morte.
c) condoreiro, distanciado da visão egocêntrica, pois estão voltados aos problemas sociais.
d) parnasiano, cuja busca de perfeição formal é mais relevante que a expressão da emoção.
e) simbolista, em que o pessimismo e a dor existencial levam o eu lírico à transcendência.

(UNIFESP-SP) Leia o excerto para responder às questões de números 8 e 9.

Ontem a Serra Leoa,
A guerra, a caça ao leão,
O sono dormido à toa
Sob as tendas d'amplidão!
Hoje... o porão negro, fundo,
Infecto, apertado, imundo,
Tendo a peste por jaguar...
E o sono sempre cortado
Pelo arranco de um finado,
E o baque de um corpo ao mar...

Ontem plena liberdade,
A vontade por poder...
Hoje... cúm'lo de maldade,
Nem são livres p'ra morrer...
Prende-os a mesma corrente
– Férrea, lúgubre serpente –
Nas roscas da escravidão.
E assim roubados à morte,
Dança a lúgubre coorte
Ao som do açoite... Irrisão!...

(Castro Alves. Fragmento de *O navio negreiro – tragédia no mar*.)

8. Considere as seguintes afirmações.

I. O texto é um exemplo de poesia carregada de dramaticidade, própria de um poeta-condor, que mostra conhecer bem as lições do "mestre" Victor Hugo.
II. Trata-se de um poema típico da terceira fase romântica, voltado para auditórios numerosos, em que se destacam a preocupação social e o tom hiperbólico.
III. É possível reconhecer nesse fragmento de um longo poema de teor abolicionista o gosto romântico por uma poesia de recursos sonoros.

Está correto o que se afirma em:

a) I, apenas.
b) II, apenas.
c) III, apenas.
d) I e II, apenas.
e) I, II e III.

9. Nesse fragmento do poema:

a) o poeta se vale do recurso ao paralelismo de construção apenas na primeira estrofe.
b) o eu poemático aborda o problema da escravidão segundo um jogo de intensas oposições.

c) os animais evocados – *leão, jaguar* e *serpente* – têm, respectivamente, sentidos denotativo, denotativo e metafórico.
d) o tom geral assumido pelo poeta revela um misto de emoção, vigor e resignação diante da escravidão.
e) os versos são constituídos alternadamente por sete e oito sílabas poéticas.

10. (PUC-SP)

Um balneário histórico

Guarujá deve ter herdado o nome ("guaru-yá") do termo indígena *que* indicaria a passagem estreita entre a praia das Pitangueiras, a mais central, e a praia dos Astúrias, *que* já foi chamada de praia do Guarujá.

Além de Pitangueiras e Astúrias, a ilha tem praias mais recônditas, como Tombo e Guaíba. Tem ainda praias movimentadas, caso da Enseada, *cuja* história se confunde com a do imigrante de origem libanesa Miguel Estefno; do Pernambuco/Jequitimar, *onde* reinaram a quatrocentona Veridiana da Silva Prado e o pioneiro Fernando Lee, em *cuja* ilha do Arvoredo fazia experimentações com energias alternativas (eólica, das marés etc.) e colecionava plantas e aves exóticas.

Folha de São Paulo, 21 de agosto de 2008.

Assinale a alternativa que indica a que se referem os pronomes destacados no texto "Um balneário histórico", na ordem em que aparecem.

a) Guarujá; termo indígena; Enseada; Pernambuco/Jequitimar; Fernando Lee
b) termo indígena; praia dos Astúrias; Enseada; Pernambuco/Jequitimar; Fernando Lee
c) Guarujá; Pitangueiras; Enseada; Veridiana da Silva Prado; Fernando Lee
d) praia dos Astúrias; termo indígena; Pernambuco/Jequitimar; Enseada; Fernando Lee
e) Guaru-yá; praia dos Astúrias; caso da Enseada; Fernando Lee; Veridiana da Silva Prado

11. (ENEM)

Luis Fernando Verissimo

VERISSIMO, L. F. *As cobras em: Se Deus existe que eu seja atingido por um raio*. Porto Alegre: L&PM, 1997.

O humor da tira decorre da reação de uma das cobras com relação ao uso de pronome pessoal reto, em vez de pronome oblíquo. De acordo com a norma padrão da língua, esse uso é inadequado, pois:

a) contraria o uso previsto para o registro oral da língua.
b) contraria a marcação das funções sintáticas de sujeito e objeto.
c) gera inadequação na concordância com o verbo.
d) gera ambiguidade na leitura do texto.
e) apresenta dupla marcação de sujeito.

(FUVEST-SP) Texto para as questões de 12 a 14:

S. Paulo, 13-XI-42

Murilo

São 23 horas e estou honestissimamente em casa, imagine! Mas é doença que me prende, irmão pequeno. Tomei com uma gripe na semana passada, depois, desensarado, com uma chuva, domingo último, e o resultado foi uma sinusitezinha infernal que me inutilizou mais esta semana toda. E eu com tanto trabalho! Faz quinze dias que não faço nada, com o desânimo de após-gripe, uma moleza invencível, e as dores e tratamento atrozes. Nesta noitinha de hoje me senti mais animado e andei trabalhandinho por aí. [...]

Quanto a suas reservas a palavras do poema que lhe mandei, gostei da sua habilidade em pegar todos os casos "propositais". Sim senhor, seu poeta, você até está ficando escritor e estilista. Você tem toda a razão de não gostar do "nariz furão", de "comichona", etc. Mas lhe juro que o gosto consciente aí é da gente não gostar sensitivamente. As palavras são postas de propósito pra não gostar, devido à elevação declamatória do coral que precisa ser um bocado bárbara, brutal, insatisfatória e lancinante. Carece botar um pouco de insatisfação no prazer estético, não deixar a coisa muito bem-feitinha. [...] De todas as palavras que você recusou só uma continua me desagradando "lar fechadinho", em que o carinhoso do diminutivo é um desfalecimento no grandioso do coral.

Mário de Andrade, *Cartas a Murilo Miranda*.

12. "... estou *honestissimamente* em casa, imagine! Mas é doença que me prende, irmão pequeno."

No trecho acima, o termo destacado indica que o autor da carta pretende:

a) revelar a acentuada sinceridade com que se dirige ao leitor.
b) descrever o lugar onde é obrigado a ficar em razão da doença.
c) demarcar o tempo em que permanece impossibilitado de sair.
d) usar a doença como pretexto para sua voluntária inatividade.

e) enfatizar sua forçada resignação com a permanência em casa.

13. No texto, as palavras "sinusitezinha" e "trabalhandinho" exprimem, respectivamente:

a) delicadeza e raiva.
b) modéstia e desgosto.
c) carinho e desdém.
d) irritação e atenuação.
e) euforia e ternura.

14. No trecho "... o gosto consciente aí é da gente não gostar sensitivamente", apresenta-se um jogo de ideias contrárias, que também ocorre em:

a) "dores e tratamento atrozes".
b) "reservas a palavras do poema".
c) "insatisfação no prazer estético".
d) "a coisa muito bem-feitinha".
e) "o carinhoso do diminutivo".

15. (PUC-SP) **Instrução**: Para responder à questão, leia o trecho abaixo, extraído de *Navio Negreiro*, de Castro Alves, e as alternativas.

Era um sonho dantesco!... o tombadilho,
Que das luzernas avermelha o brilho,
Em sangue a se banhar.
Tinir de ferros... estalar de açoite...
Legiões de homens negros como a noite,
Horrendos a dançar...

Negras mulheres, suspendendo às tetas
Magras crianças, cujas bocas pretas
Rega o sangue das mães:
Outras, moças, mas nuas e espantadas,
No turbilhão de espectros arrastadas,
Em ânsia e mágoa vãs!

Nesse fragmento, o poeta:

I. denuncia a permanência do tráfico de escravos, embora esse tenha sido proibido pela Lei Eusébio de Queirós, de 1850.
II. descreve a luta dos negros, transportados no navio, contra os seus opressores, apontando para a possibilidade de libertação.
III. usa as exclamações como suporte para o tom de indignação e repúdio ao ato escravocrata.
IV. alude, com a expressão "sonho dantesco" ao "Inferno", de *A Divina Comédia*, para enfatizar o drama dos condenados à escravidão.

As afirmativas corretas são:

a) I e II.
b) I e IV.
c) II e III.
d) III e IV.
e) I, III e IV.

Produção de texto

16. (UFPR-PR) Leia abaixo um trecho da entrevista do filósofo e escritor suíço Alain de Botton à revista Época. Na entrevista, De Botton discute a relação do homem com o trabalho, questão abordada no seu livro mais recente: *Os Prazeres e Desprazeres do Trabalho* (Ed. Rocco).

Época: É possível ser feliz no trabalho?

De Botton: Sim, assim como é possível ser feliz no amor. Todos nós conhecemos pessoas que têm relacionamentos maravilhosos. Conhecemos também pessoas que têm trabalhos maravilhosos. Elas amam o que fazem. Mas é uma minoria. Para a maior parte das pessoas algo está errado. Pode ser que, em algum momento, as coisas tenham ido bem, mas depois elas acabaram perdendo o interesse no trabalho. Pode ser que as coisas nunca tenham ido bem para elas. A ideia de que todos podemos ser felizes no trabalho é bonita. Mas, no atual estado da economia, da política e até da psicologia, isso é impossível.

Época: Por que é tão difícil ser feliz no trabalho?

De Botton: Por diversas razões. Pode ser muito difícil saber o que você quer fazer com sua vida. Existe gente que diz "eu quero fazer algo para ajudar as outras pessoas", mas não sabe exatamente o que fazer, nem como fazer isso. Outras pessoas dizem "quero fazer algo criativo", mas também não sabem como. Há certo mistério para conseguir o que queremos. Há também muitos obstáculos. Qualquer empreendedor, ao abrir seu negócio, terá de superar a inércia do mercado para se estabelecer. Um indivíduo que entrou num novo emprego enfrenta um problema parecido para mostrar ao mundo que ele existe. É uma tarefa difícil, em qualquer ramo de atividade. É sempre algo extraordinário quando alguém ama o que faz – e é bonito ver isso acontecer.

(*Época*, 26 set. 2009, p. 114. Texto adaptado.)

Escreva um texto de 08 a 12 linhas, em discurso indireto, sintetizando essa entrevista. Seu texto deve:

- deixar claro que se trata de uma entrevista, indicando a fonte;
- explicitar a que perguntas o entrevistado respondeu.

Interpretação de texto

17. (PUC-RS) Leia o texto:

> Estamos na sociedade da informação. Somos autênticos *informívoros*, necessitamos de informação para sobreviver, como necessitamos de alimento, calor ou contato social. Nas ciências da comunicação, considera-se que informação é tudo aquilo que reduz a incerteza de um sistema. Nesse sentido, todos nós nos alimentamos de informação que nos permite não apenas prever como também controlar os acontecimentos de nosso meio. Previsão e controle são duas das funções fundamentais da aprendizagem, inclusive nos organismos mais simples. Na vida social, a informação é ainda mais essencial porque os fenômenos que nos rodeiam são complexos e cambiantes e, portanto, ainda mais incertos do que os que afetam os outros seres vivos. A incerteza é ainda maior na sociedade atual, como consequência da descentração do conhecimento e dos vertiginosos ritmos de mudança em todos os setores da vida. Um traço característico de nossa cultura da aprendizagem é que, em vez de ter de buscar ativamente a informação com que alimentar nossa ânsia de previsão e controle, estamos sendo abarrotados, superalimentados de informação, na maioria das vezes em formato *fast food*. Sofremos uma certa obesidade informativa, consequência de uma dieta pouco equilibrada.
>
> Juan Ignácio Pozo. *Aprendizes e mestres*. (fragmento)

Com relação às ideias apresentadas no texto, é correto concluir que:

a) as ciências da comunicação ensinam o homem a lidar com o excesso de informação.
b) o culto à informação está sendo substituído pela cultura da aprendizagem.
c) só aprendemos para melhor prever e controlar a realidade.
d) a falta de informação sobre os fenômenos que nos cercam gera insegurança.
e) toda informação que não buscamos ativamente resulta inútil.

18. (ENEM)

> Calcula-se que 78% do desmatamento na Amazônia tenha sido motivado pela pecuária — cerca de 35% do rebanho nacional está na região — e que pelo menos 50 milhões de hectares de pastos são pouco produtivos. Enquanto o custo médio para aumentar a produtividade de 1 hectare de pastagem é de 2 mil reais, o custo para derrubar igual área de floresta é estimado em 800 reais, o que estimula novos desmatamentos. Adicionalmente, madeireiras retiram as árvores de valor comercial que foram abatidas para a criação de pastagens. Os pecuaristas sabem que problemas ambientais como esses podem provocar restrições à pecuária nessas áreas, a exemplo do que ocorreu em 2006 com o plantio da soja, o qual, posteriormente, foi proibido em áreas de floresta.
>
> *Época*, 3/3/2008 a 9/6/2008 (com adaptações).

A partir da situação-problema descrita, conclui-se que:

a) o desmatamento na Amazônia decorre principalmente da exploração ilegal de árvores de valor comercial.
b) um dos problemas que os pecuaristas vêm enfrentando na Amazônia é a proibição do plantio de soja.
c) a mobilização de máquinas e de força humana torna o desmatamento mais caro que o aumento da produtividade de pastagens.
d) o *superavit* comercial decorrente da exportação de carne produzida na Amazônia compensa a possível degradação ambiental.
e) a recuperação de áreas desmatadas e o aumento de produtividade das pastagens podem contribuir para a redução do desmatamento na Amazônia.

19. (ENEM) O gráfico abaixo mostra a área desmatada da Amazônia, em km², a cada ano, no período de 1988 a 2008.

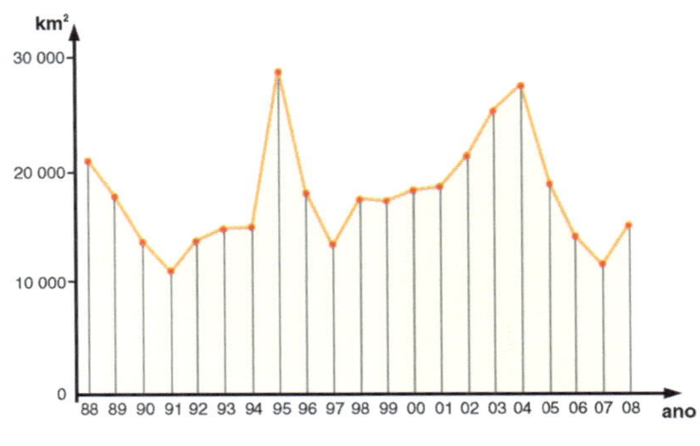

Fonte: MMA.

As informações do gráfico indicam que:

a) o maior desmatamento ocorreu em 2004.
b) a área desmatada foi menor em 1997 que em 2007.
c) a área desmatada a cada ano manteve-se constante entre 1998 e 2001.
d) a área desmatada por ano foi maior entre 1994 e 1995 que entre 1997 e 1998.
e) o total de área desmatada em 1992, 1993 e 1994 é maior que 60 000 km².

INTERVALO

Jim West/Alamy/Other Images

Nos capítulos 2 e 7 desta unidade, você criou cartazes e textos de campanha comunitária. Agora, com a orientação do professor, participe com os colegas da realização de uma campanha de solidariedade.

Definam com o professor o Dia da Solidariedade, no qual a campanha deverá ser lançada para toda a escola, e o local do evento.

Projeto

CAMPANHA: SOLIDARIEDADE EM CARTAZ

I. PREPARANDO A CAMPANHA

1. Cartazes em cena

Reúnam os cartazes que vocês produziram no capítulo 2 desta unidade e estudem pontos estratégicos da escola em que, ao ser expostos, eles fiquem bem visíveis e, assim, possam chamar a atenção do público. Se necessário, façam cópias dos cartazes.

Warrick Page/Getty Images

Jim West/Alamy/Other Images

Ana Carolina Fernandes/Folhapress

2. Textos de campanha à vista!

Verifiquem a melhor forma de divulgar os textos de campanha comunitária que vocês produziram no capítulo 7 desta unidade. Dependendo do suporte escolhido, eles poderão ser afixados em paredes e murais da escola, reproduzidos e distribuídos de mão em mão ou divulgados por meio dos dois recursos.

A divulgação da campanha de solidariedade deve ser ampla e deixar bem claro como contribuir. Caso ela envolva doações, estas deverão ser feitas no Dia da Solidariedade e nos textos de campanha deverá constar a quem, quando e onde entregá-las.

Janine Wiedel Photolibrary/Alamy/Other Images

3. Faixas

Produzam algumas faixas, para serem afixadas em pontos estratégicos da escola, convidando as pessoas para participar do Dia da Solidariedade, quando será deflagrada a campanha. Informem o dia, o local e o horário.

Dhavid Normando/ Futurapress

II. REALIZANDO A CAMPANHA

1. Esclarecimentos

Preparem o local combinado com faixas e cartazes relativos à campanha e, no Dia da Solidariedade, prestem esclarecimentos aos visitantes, persuadindo-os a colaborar.

2. Doações

Se a campanha envolver doações, façam com que elas cheguem ao seu destino. Se possível, convidem as pessoas beneficiadas ou representantes delas para participar do Dia da Solidariedade.

3. Palestras

Se a campanha for contra o consumo de drogas, álcool e cigarro ou relacionada à preservação da saúde, ou ao meio ambiente, convidem especialistas no assunto ou integrantes de entidades ou ONGs para dar uma breve palestra aos estudantes e visitantes.

Rafaelle Mendes/Futurapress

The Bridgeman Art Library/Grupo Keystone

Reading by the window (séc. XIX), de Charles James Lewis.

UNIDADE 2 O ROMANTISMO. A PROSA

Nas últimas décadas, a rotina de boa parte dos brasileiros no final do dia tem sido quase sempre esta: sair do trabalho, ir para casa, jantar e, antes de dormir, assistir à televisão, normalmente ao jornal e à novela.

Se compararmos esse hábito com o que grande parte das pessoas no Brasil tinha nas décadas de 1940 e 1950, veremos que não há grandes diferenças: o rádio, então o meio de comunicação mais popular, incluía em suas programações noticiários, radionovelas e programas de auditório, ouvidos por todo o país à noite.

E no século XIX, como os brasileiros se informavam? Aqueles que tinham certo grau de instrução liam o jornal diário, que surgiu no país com a vinda da família real (1808). Uma das seções mais lidas nos jornais era o *folhetim*, uma publicação de romances que se fazia dia a dia, capítulo por capítulo, tal como se dá atualmente com as novelas de TV.

A fórmula "notícias e lazer" – que ainda hoje atrai a atenção dos telespectadores – é que deu origem, no século XIX, ao romance brasileiro, cujo papel, além de divertir, foi o de vasculhar o país em busca de uma identidade nacional.

Mary Evans/Ronald Grant/Diomedia

INTERVALO

Projeto:

Sarau gótico: Oh! My Goth!

Declamação e encenação de textos e apresentação de músicas e filmes relacionados com a tradição gótica.

O gosto pela leitura do romance precedeu no Brasil o surgimento de um romance próprio. Com a abertura dos portos, a Independência e a consequente ampliação dos contatos e intercâmbio entre o país e outras nações europeias, particularmente a França, difundiu-se aqui a leitura do romance europeu. Ao contrário de outros gêneros, mais restritos à apreciação das camadas cultas e letradas, o romance ganhou um público mais amplo. Isso pelas próprias características do gênero, que teve sua feição "moderna" ajustada aos interesses comerciais de editores e autores, que viam em sua venda e leitura ampliada maiores possibilidades de ganho.

(Luiz Roncari. *Literatura brasileira – Dos primeiros cronistas aos últimos românticos.* 2. ed. São Paulo: Edusp, 1995. p. 483.)

Fique ligado! Pesquise!

Para você saber mais sobre a prosa romântica e assuntos afins, eis algumas sugestões:

- No bloco 6 do DVD ***Literatura e outras linguagens*** há declamações, entrevistas, depoimentos, trechos de filmes e músicas, relacionadas com o Romantismo. Converse com o professor sobre a possibilidade de assistir a esse bloco.
- ***O morro dos ventos uivantes***, de Peter Kominsky; ***Razão e sensibilidade***, de Ang Lee; ***Cold mountain***, de Antony Minghella; ***A dama das camélias***, de George Cukor; ***Um amor de Swann***, de Volker Schlöndorff; ***Orgulho e preconceito***, de Joe Wright; ***O guarani***, de Norma Bengell; ***Inocência***, de Walter Lima Jr. Assista também aos filmes da tradição gótica, como ***Nosferatu***, de Werner Herzog; ***Drácula de Bram Stocker***, de Francis Ford Coppola; ***Frankenstein***, de James Whale; ***Entrevista com o vampiro***, de Neil Jordan; e aos filmes do cineasta brasileiro Zé do Caixão.

- ***Jane Eyre***, de Charlotte Brontë (Paz e Terra); ***David Copperfield***, de Charles Dickens (Ática); ***O morro dos ventos uivantes***, de Charlotte Brontë (Record); ***Bola de sebo***, de Guy de Maupassant (Globo); ***Cartas de meu moinho***, de Alphonse Daudet (Global); ***A dama das camélias***, de Alexandre Dumas Filho (Paz e Terra); ***As trevas e outros poemas***, de Lord Byron (Saraiva); ***Moby Dick***, de Henry Melville (Melhoramentos); ***Os assassinatos da rua Morgue***, de Edgar Allan Poe (Sette Letras); ***Iracema***, ***Senhora*** (Saraiva), ***Lucíola*** e ***O gaúcho***, de José de Alencar (Ática); ***Macário e Noite na taverna***, de Álvares de Azevedo (Saraiva); ***Memórias de um sargento de milícias***, de Manuel Antônio de Almeida (Saraiva).

Ouça a ópera ***O guarani***, do compositor brasileiro Carlos Gomes. Ouça também a composição "Meu doce vampiro", de Rita Lee e Roberto de Carvalho.

Para ler ou baixar as principais obras em prosa do Romantismo, acesse o *site*:

- www.dominiopublico.gov.br/pesquisa/PesquisaObraForm.do

LITERATURA

Eduardo-Leon Garrido. A Good Book/The Bridgeman Art Library/Grupo Keystone

Um bom livro, de Eduardo-Leon Garrido.

CAPÍTULO 1

O romance romântico e a identidade nacional. O romance indianista

A Independência do Brasil (1822) pôs na ordem do dia a seguinte questão: o que é ser brasileiro? Os escritores românticos tomaram para si o compromisso de definir nação, povo, língua e cultura brasileira. O romance, ao surgir nesse contexto, assumiu o papel de um dos principais instrumentos nesse processo de "descoberta" do país e de busca da identidade nacional.

No século XIX, o público consumidor da literatura romântica era eminentemente formado pela burguesia. As origens populares dessa classe não condiziam com o refinamento da arte clássica, cuja compreensão exige conhecimento das culturas grega e latina. A burguesia ansiava por uma literatura que enfocasse seu próprio tempo, seus problemas e sua forma de viver. O romance, por relatar acontecimentos da vida cotidiana e por dar vazão ao gosto burguês pela fantasia e pela aventura, tornou-se o mais importante meio de expressão artística dessa classe.

Sob certo ponto de vista, o romance substituiu a epopeia, um dos gêneros de maior prestígio da tradição clássica. Contudo, alterou-lhe o foco de interesse, pois, enquanto a epopeia narra um fato passado – em geral um mito da cultura de um povo –, o romance narra o presente, os acontecimentos comuns da vida das pessoas, numa linguagem simples e direta.

Os primeiros romances, como nós os compreendemos atualmente, surgiram na Europa, já identificados com o início da revolução romântica. Destacam-se entre os primeiros romances europeus: *Manon Lescaut*, do abade Prévost (1731), e *A história de Tom Jones*, de Henry Fielding (1749).

As origens do romance

A palavra *romance* origina-se do termo medieval *romanço*, que designava as línguas usadas pelos povos sob domínio do Império Romano. Essas línguas eram uma forma popular e evoluída do latim. Também eram chamadas de romance as composições de cunho popular e folclórico que, escritas nesse latim vulgar, em prosa ou em verso, contavam histórias cheias de imaginação, fantasia e aventuras.

Como gênero literário, o romance foi se modificando, tendo assumido as formas de *romance de cavalaria, romance sentimental, romance pastoral*. Somente no século XVIII é que a palavra *romance* tomou o sentido que tem hoje: texto em prosa, normalmente longo, que desenvolve vários núcleos narrativos, organizados em torno de um núcleo central, e narra fatos relacionados a personagens, numa sequência de tempo relativamente ampla e em determinado lugar ou lugares.

Fernando Favoretto/Criar Imagens

O ROMANCE BRASILEIRO E A BUSCA DO NACIONAL

Nas décadas que sucederam a Independência do Brasil, os romancistas empenharam-se no projeto de construção de uma cultura brasileira autônoma. Esse projeto exigia dos escritores o reconhecimento da identidade de nossa gente, nossa língua, nossas tradições e também das nossas diferenças regionais e culturais. Nessa busca do nacional, o romance voltou-se para os espaços nacionais, identificados como a selva, o campo e a cidade, que deram origem, respectivamente, ao **romance indianista** e **histórico** (a vida primitiva), ao **romance regional** (a vida rural) e ao **romance urbano** (a vida citadina). José de Alencar, por exemplo, o maior romancista do nosso Romantismo, escreveu obras que enfocaram esses três aspectos, como *O guarani*, romance histórico-indianista, *O gaúcho*, romance regional, e *Senhora*, romance urbano.

Romance folhetinesco: o pai da telenovela

O romance surgiu sob a forma de folhetim, publicação diária, em jornais, de capítulos de determinada obra literária. Esse procedimento, ao mesmo tempo que formava um público leitor de literatura, ampliava o número de leitores de jornais diários.

Fabricio Mota/Editora Abril - Imagens/Conteúdo Expresso

Para garantir que o leitor comprasse o jornal no dia seguinte e lesse mais um capítulo do romance, os autores do folhetim valiam-se de certas técnicas, como interromper a narração no momento culminante de uma cena ou sequência de cenas. Essa técnica – a mais explorada – pode ser observada hoje nas telenovelas, herdeiras diretas do romance folhetinesco. Outros ingredientes comuns aos dois tipos de narrativa são o triângulo amoroso, a vitória do bem contra o mal e o final feliz.

O ROMANCE INDIANISTA

Enquanto o branco era identificado como o colonizador europeu, e o negro, como o escravo africano, o índio era considerado o único e legítimo representante da América. Assim, o Romantismo brasileiro encontrou no índio uma autêntica expressão de nacionalidade e, por meio do indianismo, alcançou algumas de suas melhores realizações, tanto na poesia quanto na prosa.

Vários fatores contribuíram para a implantação do indianismo em nossa cultura, entre eles a existência de uma *tradição literária indianista* do período colonial – introduzida pela literatura de informação e catequética e retomada pela épica de Basílio da Gama e Santa Rita Durão – e a influência da *teoria do bom selvagem*, de Rousseau, cujo representante mais direto, entre nós, era o índio. Outro fator importante foi a adaptação que os escritores brasileiros românticos fizeram da figura idealizada do herói medieval: como o Brasil não teve Idade Média, seu "herói medieval" passou a ser o índio, o habitante do país no período pré-cabralino.

JOSÉ DE ALENCAR E O ROMANCE INDIANISTA

José de Alencar (1829-1877) foi o principal romancista brasileiro da fase romântica. Cearense, cursou Direito em São Paulo e viveu a maior parte de sua vida no Rio de Janeiro. Dedicou-se à carreira de advogado e atuou também como jornalista. Na política foi eleito várias vezes deputado e chegou a ocupar o cargo de ministro da Justiça, que exerceu de 1868 a 1870.

Museu Histórico Nacional, RJ

José de Alencar por Alberto Henschel.

Na literatura, escreveu romances indianistas, históricos, urbanos e regionalistas. Foi também autor de crônicas, críticas e várias peças teatrais, como *Mãe* e *O jesuíta*, encenadas na época.

A produção diversificada de Alencar estava voltada ao projeto de construção da cultura brasileira, no qual o romance indianista, buscando um tema nacional e uma língua mais brasileira, ganhou papel de destaque.

As principais realizações indianistas em prosa de nossa literatura são três romances de José de Alencar: *O guarani* (1857), *Iracema* (1865) e *Ubirajara* (1874).

Nas três obras, o ambiente é sempre a selva, porém com algumas diferenças: em *O guarani*, o índio Peri vive próximo aos brancos; em *Iracema*, o branco é que vive entre os índios; *Ubirajara* é o único romance que trata apenas da vida entre os índios.

O guarani: o mito da povoação

O guarani, romance histórico-indianista, foi publicado pela primeira vez sob a forma de folhetim no *Diário do Rio de Janeiro*, em 1857.

D. Antônio de Mariz, fidalgo português, muda-se para o Brasil com a família: D. Lauriana, sua esposa; Cecília e D. Diogo, filhos do casal; e Isabel, oficialmente sobrinha do fidalgo, mas, na verdade, filha dele com uma índia. Acompanha a família o jovem cavaleiro D. Álvaro de Sá, além de muitos outros empregados.

A obra se articula a partir de alguns fatos essenciais: a devoção e fidelidade de um

Em busca do "poema nacional"

José de Alencar assim escreveu sobre a importância da pesquisa linguística:

> O conhecimento da língua indígena é o melhor critério para a nacionalidade da literatura. Ele nos dá não só o verdadeiro estilo, como as imagens poéticas do selvagem, os modos de seu pensamento, as tendências de seu espírito, e até as menores particularidades de sua vida.
>
> É nessa fonte que deve beber o poeta brasileiro; é dela que há de sair o verdadeiro poema nacional, tal como eu o imagino.

(In: *Iracema*. 2. ed. Edição crítica de M. Cavalcanti Proença. São Paulo: Edusp, 1979. p. 206.)

índio goitacá, Peri, a Cecília; o amor de Isabel por Álvaro e o amor deste por Cecília; a morte acidental de uma índia aimoré, provocada por D. Diogo, e a consequente revolta e ataque dos aimorés, ocorrido simultaneamente a uma rebelião dos homens de D. Antônio, liderados pelo ex-frei Loredano, homem ambicioso e devasso que queria saquear a casa e raptar Cecília.

LITERATURA COMPARADA

DIÁLOGO ENTRE O INDIANISMO CONTEMPORÂNEO E O INDIANISMO ROMÂNTICO

A seguir, você vai ler dois textos indianistas. O primeiro é um fragmento de *O guarani*; trata-se do episódio em que toda a família de D. Antônio de Mariz está aprisionada pelos aimorés, e Peri, a fim de salvar Ceci, enfrenta, sozinho, um exército de duzentos inimigos. O segundo texto é do romance moderno *A expedição Montaigne*, de Antônio Callado; publicada em 1982, a obra mostra a condição do índio no século XX.

TEXTO I

Sergio Ranalli/Pulsar Imagens

Cena do filme *Xingu*, dirigido por Cao Hamburguer, que retrata a saga dos irmãos Villas-Boas e seu empenho pela criação do Parque Nacional do Xingu.

Mas o inimigo caiu no meio deles, subitamente, sem que pudessem saber se tinha surgido do seio da terra, ou se tinha descido das nuvens.

Era Peri.

Altivo, nobre, radiante da coragem invencível e do sublime heroísmo de que já dera tantos exemplos, o índio se apresentava só em face de duzentos inimigos fortes e sequiosos de vingança.

[...]

Passado o primeiro espanto, os selvagens bramindo atiraram-se todos como uma só mole, como uma tromba do oceano, contra o índio que ousava atacá-los a peito descoberto.

Houve uma confusão, um turbilhão horrível de homens que se repeliam, tombavam e se estorciam; de cabeças que se levantavam e outras que desapareciam; de braços e dorsos que se agitavam e se contraíam, como se tudo isto fosse partes de um só corpo, membros de algum monstro desconhecido debatendo-se em convulsões.

[...]

O velho cacique dos Aimorés se avançava para ele sopesando a sua imensa clava crivada de escamas de peixe e dentes de fera; alavanca terrível que o seu braço possante fazia jogar com a ligeireza da flecha.

Os olhos de Peri brilharam; endireitando o seu talhe, fitou no selvagem esse olhar seguro e certeiro, que não o enganava nunca.

O velho aproximando-se levantou a sua clava e imprimindo-lhe o movimento de rotação, ia descarregá-la sobre Peri e abatê-lo; não havia espada nem montante que pudesse resistir àquele choque.

O que passou-se então foi tão rápido, que não é possível descrevê-lo; quando o braço do velho volvendo a clava ia atirá-la, o montante de Peri lampejou no ar e decepou o punho do selvagem; mão e clava foram rojar pelo chão.

[...]

Peri, vencedor do cacique, volveu um olhar em torno dele, e vendo o estrago que tinha feito, os cadáveres dos Aimorés amontoados uns sobre os outros, fincou a ponta do montante no chão e quebrou a lâmina. Tomou depois os dois fragmentos e atirou-os ao rio.

Então passou-se nele uma luta silenciosa, mas terrível para que pudesse compreendê-la. Tinha quebrado a sua espada, porque não queria mais combater; e decidira que era tempo de suplicar a vida ao inimigo.

Mas quando chegou o momento de realizar essa súplica, conheceu que exigia de si mesmo uma coisa sobre-humana, uma coisa superior às suas forças.

Ele, Peri, o guerreiro invencível, ele, o selvagem livre, o senhor das florestas, o rei dessa terra virgem, o chefe da mais valente nação dos Guaranis, suplicar a vida ao inimigo! Era impossível.

Três vezes quis ajoelhar, e três vezes as curvas de suas pernas distendendo-se como duas molas de aço o obrigaram a erguer-se.

Finalmente a lembrança de Cecília foi mais forte do que a sua vontade.

Ajoelhou.

(José de Alencar. *O guarani*. São Paulo: Ática, 1992. p. 220-222.)

mole: imenso volume ou massa.
montante: espada grande manejada com ambas as mãos para golpear o adversário pelo alto.
rojar: deslizar, arrastar, lançar longe.
sopesar: calcular o peso.

Peri na ópera

O romance *O guarani* inspirou o músico Carlos Gomes (1839-1904) a compor uma ópera, também chamada *O guarani*, que fez enorme sucesso nos teatros europeus, especialmente em Milão, na Itália.

A carreira, a vida pessoal e as aventuras amorosas de Carlos Gomes são retratadas pelo romancista Rubem Fonseca em *O selvagem da ópera*, obra em que são retratados também os bastidores da corte no Rio de Janeiro durante o governo de D. Pedro II.

Companhia das Letras

TEXTO II

A expedição Montaigne narra a história do jornalista Vicentino Beirão, que pretendia armar um exército de índios na Amazônia contra o colonialismo branco. O romance é uma sátira política ao Brasil da guerrilha (décadas de 1960-70) e um retrato da decadência do índio brasileiro.

O verdadeiro e olvidado nome de Ipavu era Paiap mas como Paiap falava muito em Ipavu, a lagoa dos camaiurá, os brancos tinham trocado o nome dele pelo da lagoa e Paiap tinha despido o nome verdadeiro com a indiferença, o alívio de quando, roubada ou ganha uma camisa nova, jogava fora a velha, molambo roído de barro branco, de urucum vermelho, de jenipapo preto, vai-te, camisa, pra puta que te pariu, dizia ele pra fazer os brancos rirem que branco, sabe-se lá por que, sempre ria quando índio dizia palavrão ensinado por branco. Ipavu não queria por nada deste mundo voltar a ser índio, nu, piroca ao vento, pegando peixe com flecha ou timbó, comendo peixe com milho ou beiju. Queria viver em cidade caraíba, com casas de janela empilhada sobre janela e botequim de parede forrada, do rodapé ao teto, de bramas e antárticas. Índio era burro de morar no mato, beber caxiri azedo, numa cuia, quando podia encher a cara de cerveja e sair correndo na hora de pagar a conta. Ah, se Ipavu pudesse carregar Uiruçu para o botequim não ia mais nem precisar fugir na hora de pagar o porre, que era só exibir a lindeza de Uiruçu, harpia chamada dos brancos, as asas de flor de sabugueiro, penacho alvo, ou então mostrar aos botequineiros recalcitrantes o olho de Uiruçu, miçangão de puro assassinato.

(Antônio Callado. *A expedição Montaigne*. Rio de Janeiro: Nova Fronteira, 1982. p. 13.)

Por que o negro não se tornou herói?

Das três etnias que formaram o povo brasileiro, apenas o índio se tornou herói na literatura romântica. O branco, por identificar-se com o colonizador português, não poderia ser o herói nacional naquele momento, porque isso entraria em choque com o sentimento nacionalista e antilusitano que surgiu após a Independência. O negro representava o alicerce econômico daquela estrutura social, a mão de obra escravizada e compelida ao trabalho. Seria, portanto, um contrassenso econômico e social elevá-lo à condição de herói, uma vez que muitos escritores da época faziam parte da classe dominante e compactuavam com o regime escravocrata.

Desse modo, coube ao índio, isento de conotações negativas, quer sociais, quer econômicas, o papel de herói nacional em nossa literatura romântica.

beiju bolo de massa de mandioca ou tapioca.
camaiurá: tribo indígena tupi.
caraíba: designação que os índios davam ao branco.
caxiri: licor de mandioca fermentado.
harpia: tipo de pássaro; o mesmo que gavião-de-penacho.
olvidar: esquecer.
piroca: pênis.
recalcitrante: teimoso, obstinado.
timbó: planta que tem efeito narcótico nos peixes.

1. Observe a descrição de Peri no 3º parágrafo do texto I.

a) Identifique os adjetivos que caracterizam a figura do índio.

b) Explique o papel desses adjetivos na construção do herói romântico.

2. José de Alencar é considerado um ótimo contador de histórias. O 4º parágrafo é um exemplo das habilidades do escritor. Observe o papel dos verbos nesse parágrafo e comente em que medida eles contribuem para construir a cena.

3. No confronto com os índios e com o chefe aimoré, Peri corre sério risco.

a) Que característica do herói é ressaltada no fato de Peri enfrentar duzentos índios inimigos?

b) E na situação de confronto com o chefe aimoré?

4. Mesmo tendo se saído bem no duelo com o cacique, Peri destrói suas próprias armas e se entrega ao inimigo. Interprete o gesto de Peri, considerando a finalidade pela qual ele iniciou a luta.

5. Peri é um índio. No entanto, enfrenta sozinho duzentos índios aimorés para salvar seus amigos brancos.

a) Na ótica do Romantismo brasileiro, o que esse gesto significava?

b) Passados quase duzentos anos desde o Romantismo, como esse gesto seria visto atualmente, se considerarmos a condição do índio hoje?

6. No texto II, como consequência do contato com os brancos, o índio Ipavu vive um processo de perda de sua identidade cultural.

a) Que novos hábitos e comportamentos de Ipavu comprovam essa mudança?

b) Ao longo de *O guarani*, Peri dá várias mostras de valores como fidelidade, honestidade, coragem, honra. No fragmento de *A expedição Montaigne*, Ipavu demonstra ter os mesmos valores?

c) Levando em conta a resposta dada nos itens *a* e *b*, responda: Por que se pode dizer que o romance de Antônio Callado satiriza a tradição indianista romântica?

Iracema

Iracema, que o autor chamou de "lenda do Ceará", é uma das mais belas realizações indianistas de nossa prosa romântica. O romance narra a lenda (criada pelo próprio Alencar) da origem do Ceará, Estado natal do autor, que teria surgido dos amores proibidos entre o guerreiro português Martim, que se encontrava em expedição no Brasil, e a virgem Iracema (anagrama de América), uma jovem índia, filha do pajé Araquém. Iracema estava impossibilitada de casar-se, porque conhecia o segredo da jurema – bebida mágica utilizada nos rituais religiosos da tribo – e devera manter-se virgem e fiel a Tupã. Desobedecendo às tradições da tribo, Iracema relaciona-se com Martim, dando origem, pela perspectiva da obra, à civilização brasileira.

LITERATURA COMPARADA

DIÁLOGO ENTRE A POESIA AFRICANA CONTEMPORÂNEA E A PROSA ROMÂNTICA BRASILEIRA

A seguir, você vai ler e comparar dois textos: o primeiro é um fragmento do romance romântico *Iracema*, do escritor brasileiro José de Alencar (1829-1877); o segundo, um poema de Antônio Jacinto (1924-1991), escritor angolano do século XX. Após a leitura dos textos, responda às questões propostas.

TEXTO I

Além, muito além daquela serra, que ainda azula no horizonte, nasceu Iracema.

Iracema, a virgem dos lábios de mel, que tinha os cabelos mais negros que a asa da graúna, e mais longos que seu talhe de palmeira.

O favo de jati não era doce como seu sorriso; nem a baunilha recendia no bosque como seu hálito perfumado.

Mais rápida que a ema selvagem, a morena virgem corria o sertão e as matas de Ipu, onde campeava sua guerreira tribo, da grande nação tabajara. O pé grácil e nu, mal roçando, alisava apenas a verde pelúcia que vestia a terra com as primeiras águas.

Um dia, ao pino do sol, ela repousava em um claro da floresta. Banhava-lhe o corpo a sombra da oiticica, mais fresca do que o orvalho da noite. Os ramos da acácia silvestre esparziam flores sobre os úmidos cabelos. Escondidos na folhagem os pássaros ameigavam o canto.

Iracema saiu do banho: o aljôfar d'água ainda a roreja, como à doce mangaba que corou em manhã de chuva. Enquanto repousa, empluma das penas do gará as flechas de seu arco, e concerta com o sabiá da mata, pousado no galho próximo, o canto agreste.

(José de Alencar. *Iracema*. 2. ed. Edição crítica de M. Cavalcanti Proença. Rio de Janeiro: Livros Técnicos e Científicos; São Paulo: Edusp, 1979. p. 12.)

aljôfar: gota d'água, gota de orvalho.
campear: dominar, imperar.
esparzir: espalhar, salpicar, disseminar.
graúna: ave de coloração preta com brilho violáceo e de bico preto.
jati: tipo de abelha.
mangaba: fruto da mangabeira.
oiticica: árvore de até 15 metros de altura, com alternadas folhas e flores amarelas, em espigas.
recender: cheirar, exalar cheiro ou perfume.
rorejar: banhar gota a gota, gotejar, orvalhar.

TEXTO II

Carta de um contratado

Eu queria escrever-te uma carta
amor,
uma carta que dissesse
deste anseio
de te ver
deste receio de te perder
deste mais que bem querer que sinto
deste mal indefinido que me persegue
desta saudade a que vivo todo entregue...
Eu queria escrever-te uma carta
amor,
uma carta de confidências íntimas
uma carta de lembranças de ti
de ti
dos teus lábios vermelhos como tacula
dos teus cabelos negros como diloa
dos teus olhos doces como macongue
dos teus seios duros como maboque
do teu andar de onça
e dos teus carinhos
que maiores não encontrei por aí...
Eu queria escrever-te uma carta
amor,
que recordasse nossos dias na capopa
nossas noites perdidas no capim
que recordasse a sombra que nos caía dos
[jambos
o luar que se coava das palmeiras sem fim
que recordasse a loucura
da nossa paixão
e a amargura de nossa separação...
Eu queria escrever-te uma carta amor
que a não lesses sem suspirar
que a escondesses de papai Bombo
que a sonegasses a mamãe Kieza
que a relesses sem a frieza
do esquecimento
uma carta que em todo kilombo
outra a ela não tivesse merecimento...
Eu queria escrever-te uma carta
amor,
uma carta que te levasse o vento que passa
uma carta que os cajus e cafeeiros
que as hienas e palancas

Getty Images

Oratura na África

Moçambique e Angola foram colônias de Portugal até a década de 1970. Até essa data, esses países eram dependentes da metrópole também culturalmente e viviam um grave problema de analfabetismo. Isso não quer dizer, entretanto, que neles não havia uma intensa vida cultural e literária. Havia, sim, e tal era a importância dessa produção transmitida oralmente, que se costuma chamá-la de *oratura*, já que etimologicamente a palavra *literatura* se refere à produção escrita (*littera* = letra, escrita).

Num de seus depoimentos, o escritor Antônio Jacinto conta como foi seu primeiro contato com a poesia:

> O meu gosto pela leitura e pela poesia é influência da minha mãe. Na minha infância vivíamos no interior de Angola, numa terra muito pequena, muito isolada, com muito pouco convívio (Cambondo), e a minha mãe contava-me contos infantis, da tradição portuguesa e não só, e também ela conhecia — até de cor — poemas de poetas portugueses, que recitava e muitas vezes também cantava! Daí ficou esse gosto pela poesia e pela literatura.

que os jacarés e bagres
pudessem entender
para que se o vento a perdesse no caminho
os bichos e plantas
compadecidos de nosso pungente sofrer
de canto em canto
de lamento em lamento
de farfalhar em farfalhar
te levassem puras e quentes
as palavras ardentes
as palavras magoadas da minha carta
que eu queria escrever-te amor...
Eu queria escrever-te uma carta...
Mas ah meu amor, eu não sei compreender
por que é, por que é, por que é, meu bem
que tu não sabes ler
e eu — Oh! Desespero — não sei escrever
também!

(Antônio Jacinto. In: Manuel Ferreira, org. *No reino de Caliban*. Lisboa: Seara Nova, 1976. p. 133-5.)

Iracema na MPB

Assim como Peri, também Iracema tem servido aos nossos compositores da MPB como referência do lado primitivo e selvagem do Brasil. Na canção "Tropicália", por exemplo, Caetano Veloso contrapõe Iracema ao Brasil moderno nos versos "viva Iracema ma ma/viva Ipanema ma ma ma ma". Chico Buarque chegou a compor a canção "Iracema voou" a partir da personagem de Alencar. Conheça a canção no *site* do compositor: www.chicobuarque.com.br

contratado: pessoa contratada para trabalhar na monagamba, região agrícola de Angola caracterizada por péssimas condições de vida.

maboque: fruto do tamanho e cor da laranja e de casca dura.

pungente: comovente, aguda.

tacula: árvore nativa de Angola que fornece madeira vermelha.

1. O texto I, extraído das primeiras páginas de *Iracema*, de José de Alencar, descreve Iracema, a protagonista. A caracterização da personagem é feita por meio de comparações. Observe os quatro primeiros parágrafos.

a) A que elementos Iracema é comparada?

b) Nessa comparação, quem se destaca mais: a índia ou esses elementos?

c) Que característica romântica se observa nesse procedimento?

2. José de Alencar foi um dos principais escritores brasileiros empenhados no projeto romântico de construir uma identidade nacional. Por meio da literatura, o escritor pretendia libertar a cultura brasileira do domínio da cultura portuguesa. De que modo o escritor põe em prática esse projeto, no texto, considerando-se os aspectos da língua e do espaço?

3. No texto II, o eu lírico, estando distante da mulher amada, manifesta o desejo de escrever uma carta a ela.

a) O que o impossibilita de fazê-lo?

b) O eu lírico não pôde escrever a carta; no entanto, seus sentimentos deram origem a um poema. Na sua opinião, o poema consegue dizer aquilo que o eu lírico deseja dizer na carta?

4. O eu lírico do texto II, prevendo que talvez a carta não chegasse à mulher amada, pensa numa forma de ela ser transmitida. Leia o boxe "Oratura na África" e responda:

a) Que meios para a transmissão de sua mensagem o eu lírico imagina?

b) Que relação existe entre esses meios e a tradição da "oratura" africana?

5. O romance *Iracema* foi escrito após a independência política do Brasil. O poema de Antônio Jacinto foi escrito no período em que Angola ainda era uma colônia portuguesa. Considerando os contextos de produção dos textos, responda: Que importância têm, no texto de José Alencar e no poema, as várias referências feitas à fauna e à flora brasileiras e angolanas, respectivamente?

PRODUÇÃO DE TEXTO

Getty Images/SuperStock RM

CAPÍTULO 2

: *Alethea*, por John White Alexander.

O conto (II)

O escritor Umberto Eco, em *Pós-escrito a O nome da rosa*, afirma que "O homem é um animal fabulador por natureza". Essa afirmação, sem dúvida, tem por base nosso gosto de ouvir/ler/contar histórias, sejamos nós crianças, jovens ou adultos. As histórias de que gostamos vão de contos de fadas, fábulas, romances, lendas, mitos, contos de mistério e de terror ou fantásticos a anedotas, "causos" populares, novelas de cavalaria, histórias em quadrinhos e tantas outras, reais ou fictícias.

Há, a seguir, quatro contos para você ler por prazer. E também para servirem de inspiração à produção de texto que você deverá realizar a seguir.

O abutre

Era um abutre que me dava grandes bicadas nos pés. Já havia dilacerado sapatos e meias, e as bicadas iam penetrando na minha carne. De vez em quando, agitado, o abutre esvoaçava em volta de mim e logo retomava sua faina.

Um homem passava pelo local e ficou observando a cena por alguns momentos; em seguida me perguntou como podia eu suportar aquele abutre.

— Acontece que estou sem defesa — respondi. — Ele apareceu e me atacou. Claro que tentei lutar, tentei mesmo estrangulá-lo, mas o bicho é muito forte, um bicho desse quilate! Ele ia até mesmo me atacando o rosto, por isso achei melhor sacrificar meus pés. Como pode ver, meus pés estão quase em frangalhos.

— Mas como pôde se deixar torturar dessa maneira! — disse o homem. — Bastaria um tiro e pronto!

— Acha mesmo? — disse eu. — O senhor gostaria de disparar um tiro?

— Claro — disse o homem. — É só ir até a minha casa e apanhar a espingarda. Consegue aguentar aí mais meia hora?

— Não sei lhe responder — falei.

Mas ao sentir uma dor lancinante, acrescentei:

— De qualquer maneira, vá logo, estou lhe pedindo.

— Bem — disse o homem. — Vou o mais rápido possível.

Filipe Rocha

O abutre escutara a conversa tranquilamente, olhando ora para mim ora para o homem. Vi que entendera tudo. Ele ergueu-se com um bater de asas e em seguida, empinando-se para ganhar equilíbrio, como um lançador de dardos, enfiou-me o bico boca adentro até o mais profundo do meu ser. Ao cair, com que alívio senti que o abutre se engolfava impiedosamente nos abismos infinitos do meu sangue.

(Franz Kafka. In: Flávio Moreira da Costa, org. *Os melhores contos de medo, horror e morte*. Rio de Janeiro: Nova Fronteira, 2005. p. 121-2.)

A pílula

Leio nos jornais que o professor Plumb, da Universidade de Chicago, inventou recentemente um novo tipo de alimento, de altíssima concentração orgânica. Todos os elementos essenciais para a nutrição estão nele contidos e condensados sob a forma de tabletes deglutíveis que contêm de duas a trezentas vezes a substância normal de uma onça de qualquer espécie de alimento. Esses tabletes, quando dissolvidos em água, de preferência água aquecida, proporcionam tudo quanto é necessário para se viver. Quanto ao professor Plumb, ele confia estar bem próximo de operar uma verdadeira revolução no atual sistema alimentar do mundo todo.

Ora, as coisas deste gênero andarão sem dúvida muitíssimo bem, mas não sem alguns inevitáveis enganos, pelo menos no princípio. E mesmo no esplendoroso futuro previsto pelo professor Plumb não seria difícil imaginar fatos como o que passo aqui a narrar.

Nossa pequena família estava alegremente sentada na sala de jantar. Sobre a mesa, preparada de uma maneira sofisticada, havia apenas uma grande panela de água quente, e cada um de nós, as crianças também, tinha diante de si uma tigela. Minha mãe, alegríssima, sorria para todos nós naquela oportunidade solene de ceia de Natal, contida ela inteira dentro de um dedal que repousava em cima de uma ficha de jogo de cartas. Estávamos todos em silêncio quando meu pai, levantando-se da cadeira na cabeceira de mesa, virou o dedal de cabeça pra baixo e mostrou finalmente uma pequena pílula em cima da ficha de plástico que era usada como bandeja. Continha a pílula ao mesmo tempo o peru, o molho, a farofa de castanhas, a torta e o pudim. Tudo estava ali, naquela pílula mínima, que não esperava outra coisa senão ser dissolvida em água quente. Foi então que meu pai, com um ar contrito e olhos devotos, mirando ora a pílula ora o céu, começou a habitual oração abençoando o alimento.

Um grito de horror seguiu-se a estas palavras da minha mãe:

— Ah, Harry, depressa, depressa! O pequeno Peter engoliu a pílula!

Era verdade, o anjinho de cabelos dourados chamado Peter, no meio-tempo da oração, agarrara toda a ceia de Natal e a havia colocado na boca, sorrindo, muito satisfeito com sua alegre gaiatice. E eis que 175 quilos de alimentos desciam pelo esôfago do inocente abaixo.

— Que alguém bata nas costas dele! — gritou mamãe, torcendo as mãos, acometida de um enlouquecido desespero. — Dá-lhe um pouco d'água!

Pois esta ideia foi fatal para o pequeno Peter. A água, ao se encontrar com a pílula, subitamente fez com que ela se expandisse. Ouviu-se um triste e profundo ruído e, logo depois, um tremendo estrondo. Peter acabara de explodir por sobre a mesa do nosso primeiro Natal em pílulas.

Quando juntaram as migalhas do corpinho do meu irmão, seus lábios ainda arvoravam um sorriso: o sorriso de uma criança que havia comido treze ceias de Natal de uma só vez.

(Stephen Leacock. In: Flávio Moreira da Costa, org. *Os 100 melhores contos de humor da literatura universal.* Rio de Janeiro: Nova Fronteira, 2001. p. 338-9.)

A cidade dos cinco ciprestes

Ricardo Dantas

Não era um homem rico. Nem era um homem pobre. Era um homem, apenas. E esse homem teve um sonho.

Sonhou que um pássaro pousava em sua janela e lhe dizia: "Há um tesouro esperando por você na cidade dos cinco ciprestes". Mas quando o homem quis abrir a boca para perguntar onde ficava a cidade, abriram-se os seus olhos, e o pássaro levantou voo levando o sonho no bico.

O homem perguntou aos vizinhos, aos conhecidos, se sabiam de tal cidade. Ninguém sabia. Perguntou aos desconhecidos, aos viajantes que chegavam. Ninguém a havia visto ou ouvido falar dela. Por fim, perguntou ao seu coração, e seu coração lhe respondeu que quando se quer o que ninguém conhece, melhor é ir procurar pessoalmente.

Vendeu sua casa e com o dinheiro comprou um cavalo, vendeu sua horta e com o dinheiro comprou os arreios, vendeu seus poucos bens e colocou as moedas numa sacola de couro que pendurou no pescoço.

Já podia partir.

Iria para o Sul, decidiu esporeando o cavalo. As terras do sol são mais propícias aos ciprestes, pensou ainda afastando do pescoço a pelerine.

Galopou, galopou, galopou. Bebeu água de regatos, bebeu água de rios, debruçou-se sobre um lago para beber e viu seu rosto esgotado. Mas cada vez tornou a montar, porque um tesouro esperava por ele.

Pareciam cinco torres riscadas a carvão no céu azul, quando afinal os viu ao longe coroando o topo de uma colina. Meus ciprestes! cantou altíssimo seu coração. E embora tão cansado o cavalo, pediu-lhe um último esforço. Ainda hoje te darei cocheira e palha fresca na minha cidade, prometeu sem ousar cravar-lhe as esporas.

Foram a passo. Porém, desbastando a distância, percebeu o homem que não poderia cumprir a promessa. Nenhum perfil de telhado, nenhuma quina de casa, nenhum muro denteava o alto da colina. Galgaram lentamente a encosta sem caminhos. No topo, cinco ciprestes reinavam altaneiros e sós. Não havia cidade alguma.

A noite já se enovelava no vale. Melhor dormir, pensou o homem, amanhã verei o que fazer. Soltou o cavalo, que pastasse. Cobriu-se com a pelerine, fez do seu desapontamento travesseiro, e adormeceu.

Acordou com a conversa dos ciprestes na brisa. O ar fresco da noite ainda lhe coroava a testa, mas já uma enxurrada de ouro em pó transbordava do horizonte alagando o vale, e os insetos estremeciam asas prontos a lançar-se ao sol que logo assumiria o comando do dia.

O homem levantou-se. Estava no delicado topo do mundo. Os sons lhe chegavam de longe, suaves como se trazidos nas mãos em concha. Ao alto, cinco pontas verdes ondejavam desenhando o vento.

Eis que encontrei meu tesouro, pensou o homem tomado de paz. E soube que ali construiria sua nova casa.

Uma casa pequena com um bom avarandado, a princípio. Depois, com o passar dos anos, outras casas, dele que havia fundado família, e de outras famílias e gentes atraídas pela sedução daquele lugar. Um povoado inicialmente, transformado em aldeia que desce pela encosta como baba de caracol e que um dia será cidade.

A quem no vale pergunta, já respondem, é a cidade dos cinco ciprestes.

No alto, esquecido, um baú cheio de moedas de ouro dorme no escuro coração da terra, entrelaçado com cinco fundas raízes.

(Marina Colasanti. *Histórias de um viajante*. São Paulo: Global, 2005. p. 85-7. © by Marina Colasanti.)

Ricardo Dantas

Corrente

Após meses de sofrimento e solidão chega o correio:

esta corrente veio da Venezuela escrita por Salomão Fuais
para correr mundo
faça vinte e quatro cópias e mande a amigos em lugares distantes:
antes de nove dias terá surpresa, graças a santo Antônio.
Tem vinte e quatro cópias, mas não tem amigos distantes,
José Edouard, Exército venezuelano, esqueceu de distribuir cópias,
perdeu o emprego.
Lupin Gobery incendiou cópia, casa pegou fogo,
metade da família morreu.

Mandar então a amigos em lugares próximos.
Também não tem amigos em lugares próximos.

Fecha a casa.
Deitado na cama, espera surpresa.

(Rubem Fonseca. *Contos reunidos*. São Paulo: Companhia das Letras, 2004. p. 324.)

PRODUZINDO O CONTO

Apresentamos a seguir trechos de alguns contos de escritores brasileiros. Escolha um deles e dê continuidade à história, considerando as características desse gênero textual, ou escreva um conto com um assunto de sua preferência.

a) Subi no avião com indiferença, e como o dia não estava bonito, lancei apenas um olhar distraído a essa cidade do Rio de Janeiro e mergulhei na leitura de um jornal. Depois fiquei a olhar pela janela e não via mais que nuvens, e feias. Na verdade não estava no céu; pensava certas coisas. Uma aborrecida sonolência foi me dominando, até que uma senhora nervosa ao meu lado disse que "nós não podemos descer!". O avião já havia chegado a São Paulo, mas estava fazendo a sua ronda dentro de um nevoeiro fechado, à espera de ordem para pousar. Procurei acalmar a senhora.

Ivan Coutinho

Ela estava tão aflita que embora fizesse frio se abanava com uma revista. Tentei convencê-la [...]

(Rubem Braga. "Um braço de mulher". In: Italo Moriconi, org. *Os cem melhores contos brasileiros do século*. Rio de Janeiro: Objetiva, 2000. p. 169.)

b) Quando Otávio me bateu à porta, às dez horas da noite, eu tinha um livro aberto diante de mim. Não lia. À cólera, que me agitara durante toda a tarde, sucedera uma grande prostração. Parecia-me sem remédio a minha desgraça, depois daquela certeza, daquela terrível certeza [...]

(Olavo Bilac. "O crime". In: Ivan Marques, org. *Histórias do Realismo*. São Paulo: Scipione, 2006. p. 21.)

c) O nevoeiro, não muito espesso, mas excessivamente viscoso, que envolvia Restington e dava um aspecto sobrenatural às árvores outonais, estendendo uma espécie de teia de aranha sobre as tamargueiras, obrigou Henry Ivor a fechar a janela para expelir o vento sibilante e o ruído que vinha da praia. Raramente escrevia após o chá sem a companhia do ar fresco, e ia deixar a pena quando o mordomo entrou.

— Senhor, um casal o procura. É o mesmo que esteve antes aqui, quando o senhor se achava ausente.

(John Galsworthy. "Filantropia". In: Rubem Braga, org. *Contos ingleses*. Rio de Janeiro: Ediouro, 2004. p. 251.)

Ao escrever seu conto, siga as orientações que se encontram no capítulo 9 da unidade 1, na página 104.

O DISCURSO CITADO EM TEXTOS NARRATIVOS FICCIONAIS

Você já aprendeu que, nos gêneros narrativos ficcionais, há três modos básicos de inserir o discurso das personagens no discurso do narrador: os discursos *direto, indireto* e *indireto livre*. O uso desses tipos de discurso em textos narrativos tem relação com um conjunto de fatores que convém conhecer.

O emprego do discurso direto

Leia esta crônica, de Luís Martins:

A consulta

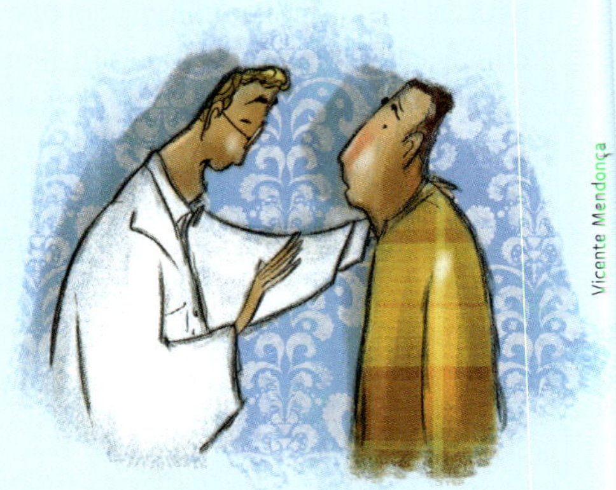
Vicente Mendonça

— Sua aparência é saudável, mas as aparências às vezes enganam. Vamos lá ver: que é que o senhor sente?

— O que eu sinto, doutor? Não sei dizer direito. É uma espécie de opressão, de angústia, de ansiedade...

— E o senhor pensa que eu também não sinto? Isto é normal. Normalíssimo. Que mais?

— Bem, doutor. Eu tenho insônias.

— E eu não tenho, por acaso? Pergunte ao seu vizinho se não tem também.

— Eu não me dou com o meu vizinho.

— É isto: não se dá com o vizinho. Eu também não me dou com o meu. Ninguém se dá com ninguém. Mas não precisa perguntar: eu sei. Seu vizinho não consegue dormir. Ninguém consegue. Isto é normal.

— Mas, doutor...

— Eu sei: o senhor anda nervoso, excitado, angustiado... Diga-me: não sente medo? Um medo sem causa, sem nenhum motivo aparente, medo de qualquer coisa que o senhor não sabe o que é?

— Realmente... Eu estava com vergonha de dizer, mas, desde que o senhor falou, é verdade: sinto, sim.

— Ótimo! O senhor sente medo. Eu também sinto. Ótimo, torno a dizer. O senhor não tem nada, meu amigo. Está inteiramente são, uma vez que sente medo. Se não sentisse, aí sim, precisaríamos procurar as causas dessa anomalia. Talvez fosse grave.

— Sabe, doutor? Às vezes tenho a impressão de que estou ficando neurótico.

— Claro que está! E eu não estou? E o seu vizinho não está? E todo o mundo não está? E o senhor pensa que vai ficar de fora? Por quê? Mas reflita um pouco, meu caro. O senhor vive, eu vivo, toda a gente vive num mundo anormal, sádico, doente, sanguinário, onde a regra é a falta de regras, um mundo hediondo e tenebroso, onde o homem é cada vez mais — e como nunca foi — o lobo do próprio homem. Um mundo de guerra, de massacres, de hecatombes, alicerçado no ódio, na iniquidade e na violência. Acrescente a tudo isso a poluição atmosférica, a poluição sonora, a poluição moral, a degradação dos costumes, a falência dos serviços públicos, o colapso do trânsito, a morte da urbanidade, da cordialidade, da solidariedade humanas. O senhor sente angústia. É natural. O senhor tem medo. É normalíssimo. O senhor tem insônias. Como não tê-las? Meu caro cliente, vá tranquilo: o senhor não tem absolutamente nada. Passe bem. O próximo, por favor?

(*Antologia da crônica brasileira – De Machado de Assis a Lourenço Diaféria*. São Paulo: Moderna, 2005. p. 103-4.)

1. A crônica retrata uma cena que se passa em um consultório médico.

a) Qual é a especialidade do médico? Justifique sua resposta.

b) O humor da crônica está relacionado com o comportamento do médico. Explique por quê.

2. Observe, na crônica, que o diálogo entre as personagens está em primeiro plano e não há discurso do narrador.

Vicente Mendonça

a) A fala das personagens está em discurso direto ou em discurso indireto?

b) Esse procedimento de construção do texto dá às personagens maior ou menor espaço na narrativa?

3. O discurso do narrador foi suprimido na crônica lida. Coloque-se no lugar do narrador e escreva um pequeno parágrafo para finalizar a narrativa.

4. A escolha do tipo de discurso depende de vários fatores, como o gênero, o destaque que se pretende dar às personagens e principalmente os efeitos de sentido que o escritor tem em vista.

a) Imagine como seria esse diálogo se o narrador nos contasse o que as personagens conversaram. O texto teria a mesma expressividade?

b) Troque ideias com os colegas e conclua: Quais são as vantagens ou os benefícios do emprego do discurso direto para a narrativa?

O emprego do discurso direto e do discurso indireto

Você vai ler agora uma crônica de Rubem Braga, um dos melhores cronistas brasileiros, e vai poder observar os efeitos de sentido que o escritor extrai da utilização dos dois tipos de discurso.

Noite de chuva

Foi na última chuvarada do ano, e a noite era preta. O homem estava em casa; chegara tarde, exausto e molhado, depois de uma viagem de ônibus mortificante, e comera, sem prazer, uma comida fria. Vestiu o pijama e ligou o rádio, mas o rádio estava ruim, roncando e estalando. "Há dois meses estou querendo mandar consertar este rádio", pensou com tédio. E pensou ainda que há muitos meses, há muitos anos, estava com muita coisa para consertar, desde os dentes até a torneira da cozinha, desde seu horário no serviço até aquele caso sentimental em Botafogo. E quando começou a dormir e ouviu que batiam na porta, acordou assustado achando que era o dentista, o homem do rádio, o caixa da firma, o irmão de Honorina ou um vago fiscal geral dos problemas da vida que lhe vinha pedir contas.

A princípio não reconheceu a negra velha Joaquina Maria, miúda, molhada, os braços magros luzindo, a cara aflita. Ela dizia coisas que ele não entendia; mandou que entrasse. Há alguns meses a velha lavava-lhe a roupa, e tudo o que sabia a seu respeito é que morava em um barraco, num morro perto da Lagoa, e era doente. Sua história foi saindo aos poucos. O temporal derrubara o barraco, e o netinho, de oito anos, estava sob os escombros. Precisava de ajuda imediata, se lembrara dele.

Filipe Rocha

— O menino está... morto?

Ouviu a resposta afirmativa com um suspiro de alívio. O que ela queria é que ele telefonasse para a polícia, chamasse ambulância ou rabecão, desse um jeito para o menino não passar a noite entre os escombros, na enxurrada; ou arranjasse um automóvel e alguém para ir retirar o corpinho. Quis telefonar, mas o telefone não dava sinal; enguiçara. E quando meteu uma capa de gabardina e um chapéu e desceu a escada, viu que tudo enguiçara, os bondes, os ônibus, a cidade, todo esse conjunto de ferro, asfalto, fios e pedras que faz uma cidade, tudo estava paralisado, como um grande monstro débil.

— E os pais dele?

A velha disse que a mãe estava trabalhando em Niterói.

— E o pai?

Na mesma hora sentiu que fizera uma pergunta ociosa; deve ser um personagem vago e impreciso, negro e perdido na noite e no tempo, o pai daquele pretinho morto. Ia atravessando a rua com a velha; subitamente, como a chuva estivesse forte, e ela tossisse, mandou que voltasse e esperasse na entrada da casa. Tentou fazer parar quatro ou cinco automóveis; apenas conseguiu receber na perna jatos de lama. Entrou, curvando-se, em um botequim sórdido que era o único lugar aberto em toda a rua, mas já estava com a porta de ferro a meia altura. Não tinha telefone. Contou a história ao português do balcão, deu explicações ao garçom e a um freguês mulato que queria saber qual era o nome do morro — e sentiu que estava fazendo uma coisa inútil e ridícula, contar aquela história sem nenhum objetivo. Bebeu uma bagaceira, saiu para a rua, sob a chuva intensa, andou até a segunda esquina, atravessou a avenida, voltou, olhando vagamente dois bondes paralisados, um ônibus quebrado, os raros carros que passavam, luzidios na noite negra. Sentiu uma alegria vingativa pensando que mais adiante, como certamente já acontecera antes, eles ficariam paralisados, no engarrafamento enervante do trânsito. Uma ruazinha que descia à esquerda era uma torrente de água enlameada. Mesmo que encontrasse algum telefone funcionando, sabia que não conseguiria àquela hora qualquer ajuda da polícia, nem da assistência, nem dos bombeiros; havia desgraças em toda a cidade, bairros inteiros sem comunicação, perdidos debaixo da chuva. Meteu os pés até os tornozelos numa poça d'água. Encontrou a velha chorando baixinho.

— Dona...

Ela ergueu os olhos para ele, fixou-o numa pergunta aflitiva, como se fosse ele o responsável pela cidade, pelo mundo, pela organização inteira do mundo dos brancos. Disse à velha, secamente, que tinha arrumado tudo para "amanhã de manhã". Ela ainda o olhou com um ar desamparado — mas logo partiu na noite escura, sob a chuva.

(*Rubem Braga – Os melhores contos*. 3. ed. São Paulo: Global, 1985. p. 85-7.)

1. O 1º parágrafo da crônica apresenta a situação inicial, aquela a partir da qual ocorrem os fatos. Nesse parágrafo, uma das personagens da história é caracterizada. Como é essa personagem? Como ela se porta em relação às coisas que a cercam e às decisões que deve tomar sobre sua própria vida?

2. Ao atender à porta, inicialmente o homem não reconhece a lavadeira. Depois de ouvir o pedido dela, ele lhe pergunta se o menino estava morto. O narrador afirma: "Ouviu a resposta afirmativa com um suspiro de alívio".

a) Considerando as características pessoais desse homem e a reação dele em relação à lavadeira, responda: Como é o relacionamento dessa personagem com as pessoas? Por quê?

b) Levante hipóteses: Por que o homem se sentiu aliviado ao saber que a criança estava morta?

3. O homem tenta ajudar a negra velha: sai de casa, procura um telefone, tenta parar um carro, mas nada consegue.

a) Que sentimentos ele vivencia nessa experiência?

b) A resposta dada "secamente" à velha, "amanhã de manhã", é coerente com as características pessoais desse homem?

4. Observe as palavras destacadas nestes trechos do texto:

"a noite era *preta*"
"não reconheceu a *negra* velha"
"deve ser um personagem vago e impreciso, *negro* e perdido [...] o pai daquele *pretinho*"
"pela organização inteira do mundo dos *brancos*"

a) Com base nas palavras destacadas, responda: Que tipo de oposição o texto estabelece entre as personagens?

b) Que outro tipo de oposição se pode depreender do relacionamento deles, levando-se em conta que ele é patrão e ela, empregada?

c) Apesar das diferenças existentes entre as duas personagens, o caos provocado pela tempestade as aproxima e iguala, mesmo que provisoriamente. Em que aspecto elas se igualam?

d) Essa experiência torna o homem mais humano, decidido e comunicativo?

5. O discurso direto é empregado apenas quatro vezes no texto e, em todas essas situações, para representar a voz de apenas uma das personagens.

a) Qual é essa personagem? Suas falas são longas ou breves?

b) Interprete: Que relação existe entre a extensão das frases da personagem e as características dela?

c) A voz da outra personagem só aparece na forma de discurso indireto. Esse dado confere maior ou menor destaque à personagem na narrativa?

d) Interprete: Que relação existe entre a representação da voz da personagem, feita apenas em discurso indireto, e suas características étnicas, sociais e econômicas?

6. Com base na leitura das crônicas de Luís Martins e de Rubem Braga, troque ideias com os colegas e conclua: Os tipos de discurso, quando empregados de modo criterioso, podem contribuir para a construção de sentidos no texto? Por quê?

LÍNGUA: USO E REFLEXÃO

Museu Salomon R. Guggenheim, Nova York

A criança-carburador (1919), de Francis Picabia

CAPÍTULO 3

O verbo

CONSTRUINDO O CONCEITO

A foto ao lado é do fotógrafo francês Pierre Verger, que viveu na Bahia entre 1946 e 1996, ano de sua morte. Nela é retratado um dos temas pelos quais o fotógrafo mais se interessou em nosso país: a cultura popular.

Fundação Pierre Verger

(*O Brasil de Pierre Verger*. Rio de Janeiro: Fundação Pierre Verger, 2006. p. 40.)

1. A foto retrata uma cena de rua da década de 1950, época em que circulavam bondes. Observe a imagem.

   a) Qual é o destino do bonde?

   b) Quanto custava a passagem?

2. Observe o homem que está à frente do bonde, do lado de fora.

   a) Como ele está vestido?

   b) O que tem nas mãos?

   c) Pela expressão facial, como ele parece estar?

3. Observe o local, como está o dia e as vestimentas de outras pessoas do bonde.

   a) Deduza: Que evento da cultura popular brasileira está acontecendo?

   b) Levante hipóteses: Para onde essas pessoas estão indo ou de onde estão voltando?

   c) Você acha que esse evento envolvia muitas pessoas? Por quê?

   d) Em que momento do dia ocorre a cena?

4. Leia este comentário de Ordep Serra a respeito do travestimento carnavalesco:

> Como regra, tem de ser mesmo acentuado o contraste entre a evidência da condição masculina do travestido e sua fantasia feminina. Um travestimento muito benfeito, capaz de iludir [...], é coisa que o travestido carnavalesco típico evita. A maquiagem, os trejeitos de mulher, as roupas femininas são exagerados, mas também ficam visíveis traços másculos do portador, que resultam até salientados.
>
> ("Carnaval dos travestidos – Verger e as metamorfoses do carnaval". In: *O Brasil de Pierre Verger*, cit., p. 33.)

Fundação Pierre Verger

Observe a pessoa que está no detalhe da foto reproduzido acima e o homem que está à frente do bonde.

O comentário de Ordep Serra se aplica a essas pessoas da foto? Justifique sua resposta.

5. A cena retratada expressa movimento, ações. Indique, entre as ações a seguir, aquelas que estão relacionadas à cena.

   a) subir e descer
   b) falar
   c) rir
   d) segurar-se
   e) ir
   f) chorar
   g) brincar
   h) olhar
   i) ouvir

CONCEITUANDO

Ao responder às questões acima, você deve ter empregado palavras ou expressões como *ir*, *estar*, *custar*, *vestir*, *usar*, *calçar*, *rir*, *subir*, *descer*, etc. Essas palavras são **verbos**.

> **Verbos** são palavras que exprimem ação, estado, mudança de estado e fenômenos meteorológicos, sempre em relação a um determinado tempo.

Veja alguns exemplos de emprego de verbos:

O bonde *ia* para Cascadura. (ação)

As pessoas *estavam* fantasiadas. (estado)

Fazia sol. (fenômeno meteorológico)

Fundação Pierre Verger

LOCUÇÃO VERBAL

Observe a forma verbal destacada nesta frase:

O bonde *está indo* para Cascadura.

Está indo é uma expressão formada por dois verbos – *está* (verbo *estar* no presente do indicativo) + *indo* (verbo *ir* no gerúndio) – com valor de um, pois equivale a *vai*.

Nas locuções verbais, conjuga-se apenas o verbo auxiliar, pois o verbo principal vem sempre numa das formas nominais: infinitivo, gerúndio ou particípio.

Os verbos auxiliares de uso mais frequente são *ter*, *haver*, *ser*, *estar* e *ir*.

Quando a locução verbal é constituída de formas dos verbos auxiliares *ter* e *haver* mais o particípio do verbo principal, temos um **tempo composto**. Veja este exemplo:

Ele já *tinha saído* (ou *havia saído*) para o trabalho quando você me telefonou.

Nessa frase, a forma verbal destacada está no pretérito mais-que-perfeito composto e corresponde, na forma simples, ao pretérito mais-que-perfeito do indicativo:

Ela já *saíra* para o trabalho quando você me telefonou.

O gerúndio e o gerundismo

Você já ouviu falar em gerundismo? É o uso exagerado e inadequado do gerúndio. Compare estas frases:

Enquanto você faz compras, vou estar jogando futebol.
Vou estar verificando o que podemos fazer.

Observe que, na 1ª frase, a locução *vou estar* + gerúndio é adequada, uma vez que comunica a ideia de uma ação que ocorre no momento da outra. Na 2ª frase, entretanto, essa ideia não ocorre, pois a locução verbal *vou estar* + gerúndio se refere a um futuro em andamento. Nesse caso, portanto, deve-se empregar *vou verificar* ou *verificarei*.

FLEXÃO DOS VERBOS

Os verbos flexionam-se em número, pessoa, modo, tempo e voz.

Número e pessoa

As três pessoas do verbo são as mesmas do discurso, ou seja, aquelas que envolvem todo ato de comunicação, e podem estar no singular ou no plural. Observe as variações de pessoa e de número relativas ao presente do verbo *escrever*, por exemplo:

- *1ª pessoa* (quem fala): *Eu* escrev*o* bem./ *Nós* escreve*mos* bem.
- *2ª pessoa* (com quem se fala): *Tu* escreve*s* bem./ *Vós* escreve*is* bem.
- *3ª pessoa* (de quem ou de que se fala): *Ele*(*a*) escreve bem./ *Eles*(*as*) escreve*m* bem.

Modo

- **Indicativo**: É o modo da certeza, o que expressa algo que seguramente acontece, aconteceu ou acontecerá:

Eu *leio* todos os dias.

Que modo usar nas orações subordinadas substantivas?

Emprega-se o indicativo geralmente nas orações que completam o sentido de verbos como *afirmar*, *compreender*, *comprovar*, *crer* (no sentido afirmativo), *dizer*, *pensar*, *ver*, *verificar*.

Emprega-se o subjuntivo depois de verbos ligados à ideia de ordem, proibição, pedido, súplica, condição e outros semelhantes, como *desejar*, *duvidar*, *implorar*, *lamentar*, *negar*, *ordenar*, *pedir*, *proibir*, *querer*, *suplicar*.

Veja os exemplos:

Afirmo que ele *vem* à reunião de formatura.
Duvido que ele *venha* à reunião de formatura.

• **Subjuntivo:** É o modo da dúvida, o que expressa a incerteza, a possibilidade de algo vir a acontecer:

Meus pais querem que eu *leia* todos os dias.

• **Imperativo:** É o modo geralmente empregado quando se tem a finalidade de exortar o interlocutor a cumprir a ação indicada pelo verbo. É o modo da persuasão, da ordem, do pedido, do conselho, do convite:

Leia todos os dias, nem que seja um pequeno texto!

(*29º Anuário do Clube de Criação de São Paulo*. p. 238.)

O modo imperativo é muito usado nas propagandas, uma vez que elas têm por objetivo influenciar o interlocutor, persuadi-lo ou mesmo fazer-lhe um apelo.

Tempo

Leia estas frases:

Disse adeus aos pais e *partiu* com a caravana.
Este *é* aquele com quem *viverei* de agora em diante.

Observe que cada uma das formas verbais destacadas transmite uma noção temporal diferente. Na primeira frase, as formas verbais *disse* e *partiu* se referem a fatos que já aconteceram; na segunda, a forma verbal *é* se refere a algo que ocorre no momento em que se fala, enquanto a forma *viverei* se refere a um fato que ainda vai acontecer. Assim, os verbos *dizer* e *partir* estão no *pretérito*, também chamado de *passado* (*disse*, *partiu*), o verbo *ser* está no *presente* (*é*) e o verbo *viver*, no *futuro* (*viverei*).

Os verbos apresentam flexão de tempo nos modos indicativo e subjuntivo.

Flexões de tempo no modo indicativo

Os tempos do modo indicativo são:

• **presente:** expressa uma ação que está ocorrendo no momento em que se fala ou uma ação que se repete ou perdura:

Nós *moramos* aqui.

• **pretérito:** subdivide-se em:
  – **pretérito perfeito:** transmite a ideia de uma ação completamente concluída:

Eu *joguei* bola ontem.

  – **pretérito imperfeito:** transmite a ideia de uma ação habitual ou contínua ou que vinha acontecendo, mas foi interrompida por outra:

Ele sempre me *visitava* aos domingos. (ação contínua)
Nós *fechávamos* a porta quando as visitas chegaram. (ação interrompida)

  – **pretérito mais-que-perfeito:** expressa a ideia de uma ação ocorrida no passado, mas anterior a outra ação, também passada:

Quando ele saiu, eu já *fizera* minha lição.

- **futuro**: subdivide-se em:
  - **futuro do presente**: expressa a ideia de uma ação que ocorrerá num tempo futuro em relação ao tempo atual:

Eu *irei* à praia amanhã.

  - **futuro do pretérito**: expressa a ideia de uma ação que ocorreria desde que certa condição tivesse sido atendida:

Eu *iria* à praia, se estivesse em férias.

Flexões de tempo no modo subjuntivo

Os tempos do modo subjuntivo são:

- **presente**: indica um fato incerto no presente ou um desejo, sendo empregado normalmente depois de expressões como *convém que*, *é necessário que*, *é possível que*, *tomara que*, *talvez*:

Talvez eu *faça* um curso de inglês este ano.

- **pretérito imperfeito**: indica um fato incerto ou improvável ou um fato que poderia ter ocorrido mediante certa condição:

Se ele *pensasse* no futuro, estudaria mais.

- **futuro**: expressa a ideia de um acontecimento possível no futuro:

Quando ele *chegar*, nós iniciaremos a reunião.

(Ziraldo. *O menino Maluquinho em quadrinhos*. Porto Alegre: L&PM, 1991.)

Voz

A voz do verbo indica o tipo de relação que o sujeito mantém com o verbo. São três as vozes verbais:

- **ativa**: o sujeito pratica a ação verbal e, por isso, é um sujeito agente:

A imobiliária do meu tio *alugou* todas as casas velhas da vila.
sujeito agente — ação verbal

- **passiva**: o sujeito sofre a ação expressa pelo verbo e, por isso, é um sujeito paciente. Há dois tipos de passiva:
  - **analítica**: formada pelo verbo *ser* ou *estar* mais o particípio do verbo principal:

Todas as casas velhas da vila *foram alugadas* pela imobiliária do meu tio.
sujeito paciente — verbo ser + particípio

– **sintética**: formada pelo acréscimo do pronome apassivador, normalmente em frases nas quais o verbo precede o sujeito paciente:

> Alugaram-*se* todas as casas velhas da vila.
> (*se*: pronome apassivador; todas as casas velhas da vila: sujeito paciente)

• **reflexiva**: o sujeito pratica e recebe a ação verbal:

> O garoto feriu-*se* com o estilete.
> (O garoto: sujeito agente e paciente; *se*: pronome reflexivo)

EXERCÍCIOS

1. Leia esta tira:

Joaquín Salvador Lavado (Quino)

(Quino. *Mafalda 2*. São Paulo: Martins Fontes, 1998. p. 28-9.)

a) Identifique um verbo empregado no modo subjuntivo.

b) Identifique uma locução verbal.

c) Por que Mafalda inclui o judô na sua formação?

Leia a anedota a seguir e responda às questões 2 e 3.

> Dois camaradas se <u>encontram</u> quando estão passeando com seus cachorros na rua.
> Um deles, muito convencido, diz:
> — O meu cachorro <u>consegue</u> ler!
> O outro, mais convencido ainda:
> — Eu já <u>sabia</u>. O meu me <u>contou</u>!
>
> (Amir Mattos, org. *Brincadeiras, pegadinhas e piadas da Internet*. Belo Horizonte: Leitura, 2001. p. 12.)

2. Reconheça o tempo em que estão as formas verbais sublinhadas na anedota.

3. Identifique a locução verbal que aparece na anedota e substitua-a por uma forma verbal simples de sentido equivalente.

4. Complete as frases, empregando no futuro do pretérito os verbos indicados:

a) Se ela trouxesse as chaves, nós □ entrar no salão. (poder)

b) Se eles deixassem, vocês □ as cartas. (escrever)

c) Eu □ o convite, se pudesse. (aceitar)

d) Se nós disséssemos isso, certamente eles se □. (ofender)

5. Complete as frases, empregando no futuro do presente os verbos indicados:

a) Quando eles chegarem, nós □ imediatamente seu convite. (entregar)

b) Quando ela vir você tão bem, não □. (acreditar)

c) Enquanto eu não obtiver todos os dados, não □ a pesquisa. (terminar)

FORMAS NOMINAIS DO VERBO

Leia este texto:

Atrás do espesso véu

Blendimages RM/Other Images

Disse adeus aos pais e, montada no camelo, partiu com a longa caravana na qual seguiam seus bens e as grandes arcas do dote. Atravessaram desertos, atravessaram montanhas. Chegando afinal à terra do futuro esposo, eis que ele saiu de casa e veio andando ao seu encontro. "Este é aquele com quem viverás para sempre", disse o chefe da caravana à mulher. Então ela pegou a ponta do espesso véu que trazia enrolado na cabeça, e com ele cobriu o rosto, sem que nem se vissem os olhos. Assim permaneceria dali em diante. Para que jamais soubesse o que havia escolhido, aquele que a escolhera sem conhecê-la.

(Marina Colasanti. *Contos de amor rasgados.* Rio de Janeiro: Rocco, 1986. p. 47.)

Observe que, no texto, entre outras, aparecem três formas verbais:

"e veio *andando* ao seu encontro"
"o que havia *escolhido*"
"sem *conhecê*-la"

As formas verbais destacadas acima chamam-se, respectivamente, **gerúndio**, **particípio** e **infinitivo** e constituem as **formas nominais** dos verbos, pois podem desempenhar também a função de um nome. Veja:

Estou lhe devolvendo os livros *emprestados*. → Estou lhe devolvendo os livros que me *emprestou*.

emprestados: forma nominal correspondente a adjetivo
emprestou: verbo

As formas nominais do verbo derivam do tema (radical + vogal temática) acrescido das desinências:

- **-r**: para o *infinitivo*: atravess*ar*, conhec*er*, part*ir*
- **-do**: para o *particípio*: atravessa*do*, permaneci*do*, escolhi*do*
- **-ndo**: para o *gerúndio*: anda*ndo*, permanece*ndo*, parti*ndo*

As formas nominais não podem exprimir por si nem o tempo nem o modo. Seu valor de modo e tempo depende do contexto em que aparecem.

O **infinitivo** apresenta o processo verbal em potência, exprimindo a ação verbal propriamente dita; aproxima-se, desse modo, do substantivo. Veja:

> *Ler* é um prazer.

O **gerúndio** transmite a ideia de que a ação verbal está em curso; desempenha, assim, as funções exercidas pelo advérbio e pelo adjetivo. Observe:

> "*Chegando* afinal à terra do futuro esposo, eis que ele saiu de casa e veio *andando* ao seu encontro."

O **particípio** transmite a ideia de que o processo da ação verbal chegou ao fim; pode desempenhar a função de um adjetivo e, nesse caso, concorda em gênero e número com o substantivo a que se refere. Veja:

> A jovem não escolhera, foi *escolhida*.

EXERCÍCIOS

Leia esta tira, de Fernando Gonsales:

Fernando Gonsales

(*Níquel Náusea – Minha mulher é uma galinha.* São Paulo: Devir, 2008. p. 14.)

1. Em que tempo e modo se encontram as formas verbais do 1º quadrinho?

2. Na frase do 2º quadrinho, temos:

a) formas verbais no infinitivo e no gerúndio, respectivamente.

b) formas verbais no infinitivo e no particípio, respectivamente.

c) formas verbais no particípio e no gerúndio, respectivamente.

d) formas verbais no gerúndio e no infinitivo, respectivamente.

3. Em cada fala do 4º quadrinho, há uma forma verbal omitida, identificável pelo contexto. Qual é ela? Em que tempo e modo ela está?

4. Como é característico das tiras, o último quadrinho surpreende o leitor. Qual é o elemento responsável por essa surpresa e por que ele provoca humor?

CLASSIFICAÇÃO DOS VERBOS

Os verbos classificam-se, quanto à flexão, em *regulares*, *irregulares*, *anômalos*, *defectivos* e *abundantes*; e, quanto à função, em *auxiliares* e *principais*.

Verbos regulares e irregulares

Leia esta tira:

Adão Iturrusgarai

(Adão Iturrusgarai. *Kiki, a primeira vez.* São Paulo: Devir, 2002. p. 14.)

No 1º balão da tira, aparece com destaque o verbo *tatuar* (1ª conjugação). Se conjugarmos esse verbo no presente, no imperfeito e no futuro do indicativo, observaremos que ele não apresenta alterações no radical e que as desinências variam de acordo com um modelo. O verbo *tatuar* e todos os outros que ao serem conjugados não sofrem alteração no radical e cujas desinências variam de acordo com um modelo são chamados de **regulares**. Veja:

eu tatu*o* — eu tatua*va* — eu tatua*rei*

No 2º balão da tira, aparece a forma *faça*, do verbo *fazer* (2ª conjugação). Ao conjugar esse verbo na mesma pessoa e nos tempos verbais que conjugamos o verbo *tatuar*, veremos que ele sofre alterações no radical. O verbo *fazer* e muitos outros que sofrem alteração no radical ou se afastam do modelo de conjugação ao qual pertencem, como *dar*, *estar* e *ter*, são chamados de **irregulares**. Compare, por exemplo, o verbo *arrepender-se*, que é regular, com o verbo *fazer*, que é irregular:

Os morfemas dos verbos

- **Radical:** contém a significação básica da palavra; normalmente ele se repete em todos os modos e tempos, sem sofrer modificações. No verbo *atravessar*, por exemplo, o radical é *atravess-*.
- **Vogal temática:** é a vogal que se segue ao radical dos verbos e indica a conjugação a que eles pertencem: *-a* indica a 1ª conjugação: am*a*r; *-e* indica a 2ª conjugação: beb*e*r; *-i* indica a 3ª conjugação: part*i*r.
- **Tema:** é o radical somado à vogal temática: atravess + a = *atravessa*.
- **Desinências:** são morfemas que indicam a pessoa do discurso (1ª, 2ª ou 3ª), o número (singular ou plural), o tempo e o modo do verbo: atravessa + *re* + *mos*.

eu me arrepend*o*	eu me arrepend*ia*	eu me arrepende*rei*
eu faç*o*	eu faz*ia*	eu fa*rei*

O mesmo se dá com outros verbos, como *caber* (caibo, coube), *poder* (podemos, puder), *ter* (tenha, tivesse), *dizer* (diga, disseram), *haver* (hei, houve), *ir* (fui, vamos), *vir* (vim, veio, viesse), *ver* (vejo, visse, vir), etc.

Para saber se um verbo é regular ou irregular, basta conjugá-lo no presente ou no pretérito perfeito do indicativo. Se esses dois tempos seguirem o modelo dos verbos regulares, os outros tempos também seguirão. Se não, é sinal de que são irregulares.

Verbos anômalos, defectivos e abundantes

Anômalos são os verbos que, ao serem conjugados, apresentam no radical alterações mais profundas que as sofridas pelos verbos irregulares. Veja:

- *ser*: presente do indicativo: sou, és, é, somos, sois, são
  pretérito perfeito do indicativo: fui, foste, foi, fomos, fostes, foram
  pretérito imperfeito do indicativo: era, eras, era, etc.
- *ir*: presente do indicativo: vou, vais, vai, vamos, ides, vão
  pretérito perfeito do indicativo: fui, foste, foi, fomos, etc.
  pretérito imperfeito do indicativo: ia, ias, ia, íamos, etc.

Defectivos são os verbos que, ao serem conjugados, não apresentam todos os tempos, modos ou pessoas. Na maioria dos casos, a defectividade verbal é devida à eufonia ou à significação. O verbo *abolir*, por exemplo, não é conjugado na 1ª pessoa do singular do presente do indicativo porque, por tradição, soa mal.

Os verbos *reaver* e *precaver(-se)* só têm, no presente do indicativo, a 1ª e 2ª pessoas do plural – *nós reavemos, vós reaveis, nós precavemos, vós precaveis*. Quando necessário, suprimos a ausência das outras pessoas empregando um sinônimo – eu *recupero* (para *reaver*) – ou uma forma equivalente – eu *consigo reaver*.

Esses verbos apresentam o imperativo afirmativo: *reavei* vós, *precavei* vós; faltam-lhes, entretanto, o imperativo negativo e o presente do subjuntivo. Nos demais tempos verbais, conjugam-se normalmente: *reouve, reaverei, reouvesse*, etc.

Abundantes são verbos que apresentam duas ou mais formas equivalentes: *havemos* e *hemos*; *entopem* e *entupem*; *matado* e *morto*.

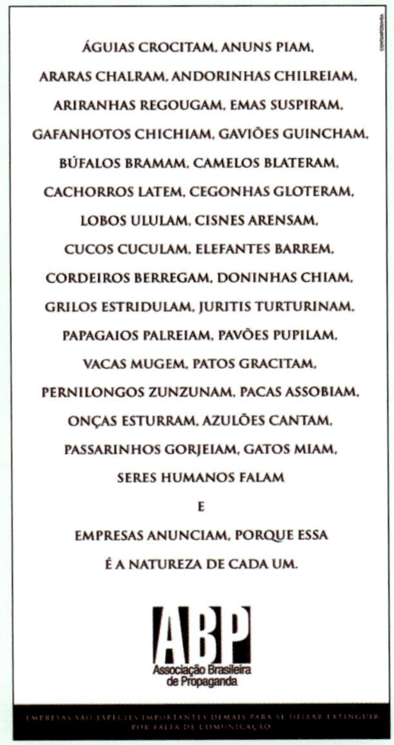

(*O Globo*, 1º/3/2004.)

: Observe, nesse anúncio, o emprego de vários verbos que designam vozes de animais – *crocitar, chalrar, chilrear*... Esses verbos são defectivos, pois só são conjugados na 3ª pessoa, em virtude de sua significação.

Normalmente, a abundância ocorre no *particípio*: um regular, terminado em *-ado* (1ª conjugação) ou *-ido* (2ª e 3ª conjugações), e outro irregular, proveniente do latim ou de nome que passou a ter aplicação como verbo. Eis uma relação dos particípios regulares e irregulares mais comuns:

INFINITIVO	PARTICÍPIO REGULAR	PARTICÍPIO IRREGULAR
aceitar	aceitado	aceito, aceite
acender	acendido	aceso
benzer	benzido	bento
eleger	elegido	eleito
entregar	entregado	entregue
enxugar	enxugado	enxuto

INFINITIVO	PARTICÍPIO REGULAR	PARTICÍPIO IRREGULAR
expressar	expressado	expresso
expulsar	expulsado	expulso
extinguir	extinguido	extinto
frigir	frigido	frito
ganhar	ganhado	ganho
isentar	isentado	isento
imprimir	imprimido	impresso
incorrer	incorrido	incurso
matar	matado	morto
omitir	omitido	omisso
romper	rompido	roto
salvar	salvado	salvo
soltar	soltado	solto
submergir	submergido	submerso
suspender	suspendido	suspenso
tingir	tingido	tinto
vagar	vagado	vago

Os particípios regulares geralmente são empregados na construção dos tempos compostos da voz ativa e, portanto, acompanham os verbos auxiliares *ter* e *haver*. Os particípios irregulares acompanham *ser* e *estar*. Veja os exemplos:

A direção *tinha suspendido* as aulas por falta de energia.
As aulas *foram suspensas* por falta de energia.

CONJUGAÇÕES

Conjugar um verbo é flexioná-lo em alguns de seus modos, tempos, pessoas, números e vozes. O conjunto de todas essas flexões, de acordo com determinada ordem, chama-se **conjugação**. Todos os verbos da língua portuguesa pertencem a três conjugações, caracterizadas pela vogal temática:

- *1ª conjugação:* os verbos que têm a vogal temática *-a*: pens*a*r;
- *2ª conjugação:* os verbos que têm a vogal temática *-e*: entend*e*r;
- *3ª conjugação:* os verbos que têm a vogal temática *-i*: reflet*i*r.

Como a vogal temática aparece com mais clareza no infinitivo, costuma-se geralmente indicar pela terminação dessa forma verbal (vogal temática + desinência -r) a conjugação a que um dado verbo pertence. Assim, os verbos terminados em *-ar* no infinitivo pertencem à 1ª conjugação; os terminados em *-er*, à 2ª; os terminados em *-ir*, à 3ª.

O verbo *pôr*, do mesmo modo que seus derivados, como *repor*, *supor*, *compor*, *apor*, *antepor*, etc., pertence à 2ª conjugação, pois historicamente perdeu a vogal temática *-e*. Observe a evolução da forma latina de *pôr* para a forma atual: ponere > poer > pôr.

EXERCÍCIOS

Leia o texto a seguir e responda às questões de 1 a 3.

Todo mundo falando

Se somos parentes tão próximos dos chimpanzés, por que apenas os humanos conseguem falar? Cientistas da David Geffen School of Medicine, da California University, se aproximaram da resposta ao descobrir diferenças significativas nas versões humana e primata de um gene conhecido como FOXP2, relacionado com a fala. O trabalho pode resultar em drogas para tratar melhor de distúrbios humanos que afetam a fala, como o autismo.

(*Conhecer*, out. 2010, p. 15.)

Brad Wilson/Iconica/Getty Images

1. Identifique a pessoa, o número, o tempo e o modo em que estão os verbos destacados nestas frases do texto:

a) "Se *somos* parentes tão próximos dos chimpanzés"

b) "Cientistas [...] se *aproximaram* da resposta"

2. Identifique as locuções verbais empregadas no texto.

3. No enunciado "O trabalho *pode resultar* em drogas para tratar melhor de distúrbios humanos que afetam a fala, como o autismo", o que a locução verbal destacada expressa?

a) A ideia de certeza a respeito dos resultados da pesquisa.

b) A ideia de incerteza quanto aos resultados da pesquisa.

c) A ideia de possibilidade de tratamentos por meio dos resultados da pesquisa.

d) A ideia de desconfiança quanto aos resultados da pesquisa.

4. Leia a tira abaixo:

Adão Iturrusgarai

(*Folha de S. Paulo*, 28/12/2010.)

Troque ideias com os colegas:

a) A forma *pôr* que aparece no último quadrinho está no infinitivo ou no futuro do subjuntivo?

b) Ela está empregada de acordo com a norma-padrão? Por quê?

FORMAÇÃO DOS TEMPOS VERBAIS SIMPLES

Em português, há dois tempos primitivos – o presente do indicativo e o pretérito perfeito do indicativo – e uma forma nominal – o infinitivo impessoal – dos quais derivam todos os tempos e formas nominais.

Tempos derivados do presente do indicativo

Do *presente do indicativo* deriva o *presente do subjuntivo*.

- *1ª conjugação:* troca-se a vogal final do presente do indicativo por *-e*.
- *2ª e 3ª conjugações:* troca-se a vogal final da 1ª pessoa do presente do indicativo por *-a*.

Veja:

1ª CONJUGAÇÃO		2ª CONJUGAÇÃO		3ª CONJUGAÇÃO	
Presente do indicativo	PRESENTE DO SUBJUNTIVO	Presente do indicativo	PRESENTE DO SUBJUNTIVO	Presente do indicativo	PRESENTE DO SUBJUNTIVO
pens*o*	pens*e*	vend*o*	vend*a*	part*o*	part*a*
pensas	penses	vendes	vendas	partes	partas
pensa	pense	vende	venda	parte	parta
pensamos	pensemos	vendemos	vendamos	partimos	partamos
pensais	penseis	vendeis	vendais	partis	partais
pensam	pensem	vendem	vendam	partem	partam

Constituem exceções os verbos *haver*, *ir*, *ser*, *estar*, *querer* e *saber*, que no presente do indicativo e no presente do subjuntivo se conjugam assim:

- **haver**: hei, hás, há, havemos, haveis, hão / haja, hajas, haja, hajamos, hajais, hajam
- **ir**: vou, vais, vai, vamos, ides, vão / vá, vás, vá, vamos, vades, vão
- **ser**: sou, és, é, somos, sois, são / seja, sejas, seja, sejamos, sejais, sejam
- **estar**: estou, estás, está, estamos, estais, estão / esteja, estejas, esteja, estejamos, estejais, estejam
- **querer**: quero, queres, quer, queremos, quereis, querem / queira, queiras, queira, queiramos, queirais, queiram
- **saber**: sei, sabes, sabe, sabemos, sabeis, sabem / saiba, saibas, saiba, saibamos, saibais, saibam

Do *presente do indicativo* e do *presente do subjuntivo* originam-se o *imperativo afirmativo* e o *negativo*. Veja, como exemplo, a formação do imperativo do verbo *dizer*, observando que:

- no *imperativo* não existe a 1ª pessoa do singular;
- no *imperativo afirmativo* as formas da 2ª pessoa (do singular e do plural) originam-se do presente do indicativo sem *-s*; as demais são as mesmas do *presente do subjuntivo*;
- no *imperativo negativo* as formas de todas as pessoas coincidem com as do *presente do subjuntivo*.

Presente do indicativo	IMPERATIVO AFIRMATIVO	Presente do subjuntivo	IMPERATIVO NEGATIVO
eu digo	———	eu diga	———
tu dize~~s~~ →	dize tu	tu digas →	não digas tu
ele diz	diga você ←	ele diga →	não diga você
nós dizemos	digamos nós ←	nós digamos →	não digamos nós
vós dizei~~s~~ →	dizei vós	vós digais →	não digais vós
eles dizem	digam vocês ←	eles digam →	não digam vocês

O verbo *ser*, nas formas da 2ª pessoa (*tu* e *vós*) do imperativo, apresenta exceções: *sê* (tu), *sede* (vós). As demais pessoas formam-se do mesmo modo que os outros verbos.

(*Folha de S. Paulo*, 29/8/2007.)

: A princesa trata o seu interlocutor, o príncipe-sapo, na 2ª pessoa do plural; daí o emprego do imperativo negativo *não brinqueis* no último quadrinho.

Tempos derivados do pretérito perfeito do indicativo

Do tema do *pretérito perfeito do indicativo* derivam:

- o *pretérito mais-que-perfeito do indicativo*, juntando-se ao tema as desinências *-ra*, *-ras*, *-ra*, *-ramos*, *-reis*, *-ram*;
- o *pretérito imperfeito do subjuntivo*, juntando-se ao tema as desinências *-sse*, *-sses*, *-sse*, *-ssemos*, *-sseis*, *-ssem*;
- o *futuro do subjuntivo*, acrescentando-se ao tema as desinências *-r*, *-res*, *-r*, *-rmos*, *-rdes*, *-rem*.

Como modelo, observe a formação destes tempos do verbo *fazer*:

Pretérito perfeito do indicativo	PRETÉRITO MAIS-QUE-PERFEITO DO INDICATIVO	PRETÉRITO IMPERFEITO DO SUBJUNTIVO	FUTURO DO SUBJUNTIVO
fiz	fizera	fizesse	fizer
fizeste	fizeras	fizesses	fizeres
fez	fizera	fizesse	fizer
fizemos	fizéramos	fizéssemos	fizermos
fizestes	fizéreis	fizésseis	fizerdes
fizeram	fizeram	fizessem	fizerem

Tempos derivados do infinitivo impessoal

Do *infinitivo impessoal* derivam:

- o *futuro do presente do indicativo*, juntando-se ao tema as desinências *-rei*, *-rás*, *-rá*, *-remos*, *-reis*, *-rão*;
- o *futuro do pretérito do indicativo*, juntando-se ao tema as desinências *-ria*, *-rias*, *-ria*, *-ríamos*, *-ríeis*, *-riam*;
- o *infinitivo pessoal*, juntando-se ao tema as desinências *-es* (2ª p. do sing.) e *-mos*, *-des*, *-em* (respectivamente 1ª, 2ª e 3ª p. do plural), em todas as conjugações;
- o *pretérito imperfeito do indicativo*, juntando-se, na 1ª conjugação, as desinências *-va*, *-vas*, *-va*, *-vamos*, *-veis*, *-vam*; e, na 2ª e na 3ª conjugações, *-ia*, *-ias*, *-ia*, *-íamos*, *-íeis*, *-iam*.

Como modelo, observe a formação do futuro do presente, do futuro do pretérito do indicativo e do infinitivo pessoal do verbo *estudar*.

Infinitivo impessoal	FUTURO DO PRESENTE DO INDICATIVO	FUTURO DO PRETÉRITO DO INDICATIVO	INFINITIVO PESSOAL
estudar	estudarei estudarás estudará estudaremos estudareis estudarão	estudaria estudarias estudaria estudaríamos estudaríeis estudariam	estudar estudares estudar estudarmos estudardes estudarem

Como modelo, observe a formação do pretérito imperfeito do indicativo nas três conjugações:

Infinitivo impessoal			PRETÉRITO IMPERFEITO DO INDICATIVO		
1ª conj.	2ª conj.	3ª conj.	1ª conj.	2ª conj.	3ª conj.
lavar	perceber	abrir	lavava lavavas lavava lavávamos laváveis lavavam	percebia percebias percebia percebíamos percebíeis percebiam	abria abrias abria abríamos abríeis abriam

Os verbos *dizer*, *fazer*, *trazer* e derivados perdem o *-ze* no futuro do presente e no futuro do pretérito: direi, diria; farei, faria; trarei, traria.

Os verbos *ser*, *ter*, *vir* e *pôr* tomam, no pretérito imperfeito do indicativo, respectivamente, estas formas: era, eras...; tinha, tinhas...; vinha, vinhas...; punha, punhas...

FORMAÇÃO DOS TEMPOS VERBAIS COMPOSTOS

Modo indicativo

- *Pretérito perfeito composto:* formado pelo presente do indicativo do verbo auxiliar *ter* + o particípio do verbo principal: tenho cantado, tens cantado, tem cantado, temos cantado, tendes cantado, têm cantado.
- *Pretérito mais-que-perfeito composto:* formado pelo imperfeito do indicativo do verbo auxiliar *ter* (ou *haver*) + o particípio do verbo principal: tinha cantado, tinhas cantado, tinha cantado, etc.
- *Futuro do presente composto:* formado pelo futuro do presente simples do verbo auxiliar *ter* (ou *haver*) + o particípio do verbo principal: terei cantado, terás cantado, terá cantado, etc.
- *Futuro do pretérito composto:* formado pelo futuro do pretérito simples do verbo auxiliar *ter* (ou *haver*) + o particípio do verbo principal: teria cantado, terias cantado, teria cantado, etc.

Modo subjuntivo

- *Pretérito perfeito composto:* formado pelo presente do subjuntivo do verbo auxiliar *ter* (ou *haver*) + o particípio do verbo principal: tenha cantado, tenhas cantado, tenha cantado, etc.
- *Pretérito mais-que-perfeito composto:* formado pelo imperfeito do subjuntivo do verbo auxiliar *ter* (ou *haver*) + o particípio do verbo principal: tivesse cantado, tivesses cantado, tivesse cantado, etc.
- *Futuro composto:* formado pelo futuro do subjuntivo do verbo auxiliar *ter* (ou *haver*) + o particípio do verbo principal: tiver cantado, tiveres cantado, tiver cantado, etc.

Formas nominais

- *Infinitivo impessoal composto:* formado pelo infinitivo impessoal do verbo *ter* (ou *haver*) + o particípio do verbo principal: ter cantado.
- *Infinitivo pessoal composto:* formado pelo infinitivo pessoal do verbo *ter* (ou *haver*) + o particípio do verbo principal: ter cantado, teres cantado, ter cantado, termos cantado, terdes cantado, terem cantado.
- *Gerúndio composto:* formado pelo gerúndio do verbo auxiliar *ter* (ou *haver*) + o particípio do verbo principal: tendo cantado.

EXERCÍCIOS

Leia o poema a seguir, de Mário Quintana, e responda às questões de 1 a 3.

Quem ama inventa

Quem ama inventa as coisas que ama...
Talvez chegaste quando eu te sonhava.
Então de súbito acendeu-se a chama!
Era a brasa dormida que acordava...
E era um revoo sobre a ruinaria,
No ar atônito bimbalhavam sinos,
Tangidos por uns anjos peregrinos
Cujo dom é fazer ressurreições...
Um ritmo divino? Oh! Simplesmente
O palpitar de nossos corações
Batendo juntos e festivamente,
Ou sozinhos, num ritmo tristonho...
Oh! meu pobre, meu grande amor distante,
Nem sabes tu o bem que faz à gente
Haver sonhado... e ter vivido o sonho!

(*A cor do invisível*. São Paulo: Global, 2005. p. 58.)

Mariângela Haddad

1. Numere os versos do poema e observe o tempo, o modo e a pessoa em que estão os verbos, em especial os que aparecem nos versos 2 e 14.

a) A quem se dirige o eu lírico?

b) Em que pessoa verbal o eu lírico trata seu interlocutor?

c) O eu lírico mantém coerência nesse tratamento que dá ao seu interlocutor? Por quê?

2. As formas verbais *chegaste* e *sabes* estão, respectivamente:

a) no pretérito perfeito do indicativo e no imperativo negativo.

b) no pretérito imperfeito do indicativo e no presente do indicativo.

c) no pretérito perfeito do indicativo e no presente do indicativo.

d) no pretérito mais-que-perfeito do indicativo e no imperativo negativo.

3. Dê uma interpretação para o título do poema.

4. Reescreva as frases, empregando adequadamente no imperativo os verbos indicados:

a) Não ☐ tuas obrigações e ☐ um bom aluno. (esquecer, ser)

b) ☐ suas promessas, não ☐ demagogo. (cumprir, ser)

c) ☐, mas não se ☐ lá mais que meia hora. (ir, demorar)

d) ☐-me seu lápis, Augusto. (emprestar)

e) ☐ o que eu tenho a dizer: ☐ à risca as instruções. (ouvir, seguir)

5. Reescreva as frases, passando os verbos para o imperativo negativo e conservando-os no mesmo número e na mesma pessoa:

a) Põe os livros na estante, por favor.

b) Traze as encomendas amanhã.

c) Peça o livro a Pedro e leia o capítulo 1.

d) Sede tolerante com os outros.

e) Mantende a calma e intervinde na questão.

6. Reescreva as frases, empregando a flexão apropriada dos verbos indicados:

a) ☐ o projeto, Excelência. É preciso que duzentos carros ☐ na garagem. (rever, caber)

b) Gostaria que ☐ a minha casa com seus pais. (vir)

c) Tenho certeza de que, se ele ☐ o resultado dos exames, ficará muito feliz. (saber)

d) Faremos somente o que Vossa Excelência ☐. Mas, por favor, ☐ com bom-senso. (propor, agir)

e) Vá quando ☐. (querer)

O VERBO NA CONSTRUÇÃO DO TEXTO

Leia, ao lado, um anúncio que divulga um jornal de TV.

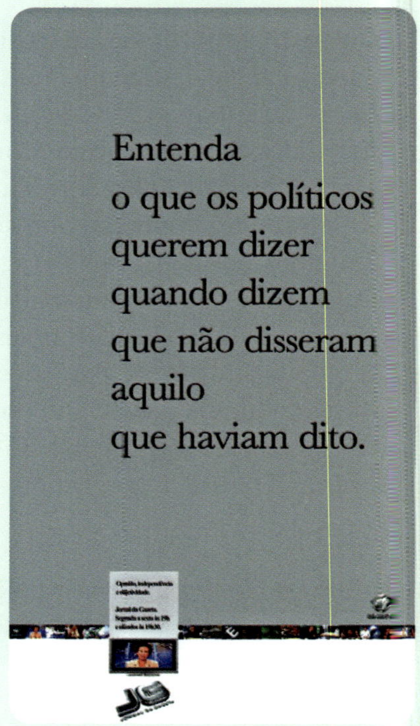

Tv Gazeta/Divulgação

1. Releia o enunciado principal do anúncio:

> "Entenda o que os políticos *querem dizer* quando *dizem* que não *disseram* aquilo que *haviam* dito"

Associe as colunas, relacionando as formas verbais destacadas no enunciado ao sentido que pode ser atribuído a cada uma:

a) querem dizer	1. a fala dos políticos
b) dizem	2. a verdadeira intenção dos políticos
c) não disseram	3. as falsas promessas dos políticos
d) haviam dito	4. o assunto do discurso dos políticos

2. O anúncio sugere que o jornal divulgado por ele pode ajudar seus telespectadores.

a) Em que, segundo ele, consiste essa ajuda?

b) O que é sugerido pelo anúncio sobre a fala dos políticos?

3. Na parte inferior do anúncio, lê-se: "Opinião, independência e objetividade. Jornal da Gazeta. Segunda a sexta às 19h e sábados às 19h30".

a) A que ou a quem dizem respeito os substantivos *opinião*, *independência* e *objetividade*?

b) Que relação há entre esses substantivos e a ideia veiculada pelo anúncio?

Para que serve o verbo?

O verbo está diretamente relacionado com a existência e com a ação do homem no mundo. Por exemplo, toda vez que queremos dizer que alguém *fez* alguma coisa ou que alguém *é*, empregamos verbos. Assim, juntamente com o nome, o verbo é a base da linguagem verbal.

4. Observe as formas verbais *disseram* e *haviam dito*.

a) Em que tempo e modo elas estão?

b) *Haviam dito* é uma forma verbal composta. A qual forma simples ela equivale?

c) Leia novamente o anúncio em estudo e levante hipóteses: Por que, no enunciado principal, foi feita a opção pela forma composta *haviam dito* e não pela simples equivalente a ela?

5. Os verbos *entender* e *dizer* têm papel fundamental na construção de sentidos no anúncio.

a) O que a repetição do verbo *dizer* sugere quanto ao discurso da maioria dos políticos?

b) Por que o verbo *entender* foi empregado uma única vez?

6. Na sua opinião, é possível um jornal impresso ou de TV veicular notícias com absoluta imparcialidade?

Son Salvador/EM/D.A Press

SEMÂNTICA E DISCURSO

Leia o cartaz ao lado, de Ziraldo.

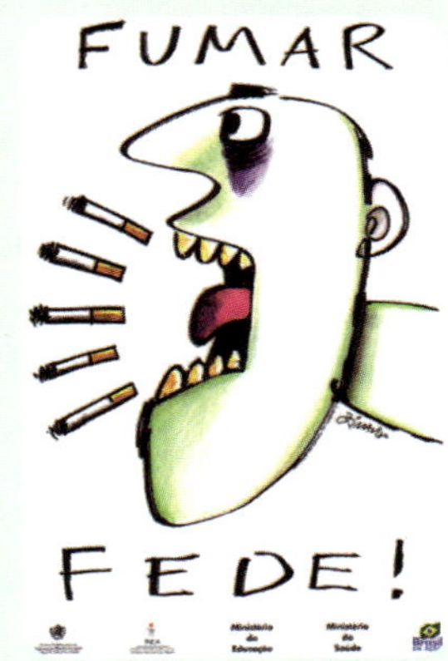

Ziraldo/Ministério da Educação

(Ricardo Leite. *Ziraldo em cartaz*. Rio de Janeiro: Senac, 2009. p. 241.)

1. Dependendo de sua finalidade, um cartaz pode assumir um caráter argumentativo. No cartaz lido:

a) O que os logotipos na parte de baixo informam sobre quem é o locutor?

b) Quem são os destinatários?

c) Qual é a finalidade?

d) Qual é o principal argumento utilizado?

e) Qual é a relação semântica entre a imagem e o enunciado verbal?

2. O enunciado verbal do cartaz é constituído basicamente pelos verbos *fumar* e *feder*.

Centro Colaborador da Organização Mundial da Saúde Programa Tabaco ou Saúde · INCA Coordenação Nacional de Controle do Tabagismo e Prevenção do Câncer-Contapp Instituto Nacional de Câncer · Ministério da Educação · Ministério da Saúde · Brasil em Ação

Ziraldo/Ministério da Educação

a) Em que modo ou forma nominal eles estão empregados?

b) Um desses verbos, no contexto, assume o papel de um nome. Qual é esse verbo? Que papel ele assume?

3. Nos gêneros argumentativos, como o anúncio publicitário, o texto de campanha comunitária e certos cartazes, é comum o emprego de verbos no imperativo.

a) No cartaz em estudo, que enunciado verbal o locutor poderia ter utilizado, se tivesse optado por empregar esse modo verbal?

b) Por que, no cartaz em estudo, o anunciante optou por não empregar o modo imperativo?

Leia o texto a seguir e responda às questões de 4 a 6.

Juntando tudo, Virgínia fez uma bola e atirou-a no cesto. Meu Deus, que distante lhe parecia aquele tempo. Aquela gente. Bruna casada com Afonso e com uma filha começando a fazer perguntas. Otávia prometendo para breve uma exposição de pintura. Natércio já aposentado, cada vez mais casmurro. Mais fechado. Letícia já famosa, segundo Bruna sugeriu. Conrado enfurnado na chácara, tocando piano e criando pombos... Na casa, em lugar de Frau Berta, ficara uma portuguesa chamada Inocência. Sim, tudo mudara e ficara longe.

(Lygia Fagundes Telles)

Ricardo Dantas

4. Observe que o narrador, nesse texto, lembrando-se de alguns fatos do passado, emprega muitos verbos nas formas nominais, omitindo os verbos auxiliares.

a) Que verbo auxiliar poderia ser empregado junto com as formas nominais *casada*, *prometendo*, *aposentado*, *fechado* e *enfurnado*?

b) De acordo com o contexto, em que tempo e modo esse verbo seria empregado?

5. O gerúndio é uma forma nominal que exprime a ideia de que a ação verbal está ocorrendo naquele momento, enquanto o particípio transmite a ideia de que o processo verbal chegou ao fim.

a) Que personagens, citadas no texto, dão ao leitor a ideia de estarem estabilizadas, numa situação definitiva? Qual dessas formas nominais é empregada em referência à condição dessas personagens?

b) Que personagens, ao contrário, dão ao leitor a ideia de que estão ativas, em permanente ação? Qual dessas formas nominais é empregada em referência a essas personagens?

c) Que formas nominais são empregadas para caracterizar a personagem Conrado?

6. Observe estas frases do texto:

"Natércio já aposentado" "Letícia já famosa"

De acordo com o contexto, que circunstância o emprego da palavra *já* (advérbio) expressa nessas frases?

- a permanência de um estado
- a chegada a determinado ponto que causa mudança de estado
- a chegada a determinado ponto que indica o término de um processo

7. Leia os dois textos seguintes e responda às questões propostas.

Num domingo de sol, à tarde, uma turma de meninos e meninas conversa preguiçosamente na praça, sem decidir o que fazer. De repente, um deles diz:

— E se fôssemos passear de bicicleta ou nadar no clube?

Pai e filho discutiam sobre um problema qualquer. O filho, teimoso, falava sem parar. O pai, já muito bravo e cheio, diz:

— E se você fechasse a boca e fosse para o seu quarto?

a) Qual é a intenção do falante em cada uma das frases interrogativas nesses contextos?

b) Substituindo o imperfeito do subjuntivo por outro tempo verbal, transforme as frases interrogativas dos dois textos em outras de sentido equivalente.

LITERATURA

Museu Kupferstich-Kabinett, Berlim

Cercanias de Laranjeiras (1817-8), de Thomas Encer.

CAPÍTULO 4

O romance regional

Diferentemente dos outros tipos de romance romântico, o romance regional, por falta de referências no Romantismo europeu, foi obrigado a construir seus próprios modelos. Como consequência, a literatura brasileira ganhou maior autonomia e o Brasil passou a se conhecer melhor em suas enormes diversidades regionais.

Coube ao romance regionalista, mais do que aos romances indianista, histórico e urbano, a missão nacionalista que o Romantismo se atribuiu de proporcionar ao país uma visão de si mesmo. Estendendo o olhar para os quatro cantos do Brasil, o romance regional buscou compreender e valorizar as características étnicas, linguísticas, sociais e culturais que marcam as regiões do país e diferenciam umas das outras.

Sem apoio em modelos europeus, o romance regionalista romântico teve de abrir sozinho seus próprios caminhos. Portanto, constituiu em nossa literatura uma experiência nova, que exigiu dos escritores pesquisa e senso de observação da realidade. Como resultado desse empenho, os romances regionais românticos deram um passo decisivo no rumo da tão desejada autonomia cultural brasileira.

OS ESPAÇOS NACIONAIS

Os espaços nacionais que despertaram maior interesse entre os escritores românticos foram o das capitais, normalmente situadas no litoral, com amplo destaque para a então capital do país, o Rio de Janeiro, e o das regiões Sul, Nordeste e Centro-Oeste. O espaço das capitais é descrito pelo romance urbano, enquanto os demais são retratados pelo romance regional.

Centro-Oeste: Visconde de Taunay

Alfredo d'Escragnolle Taunay (1843-1899), o Visconde de Taunay, era carioca, fez carreira militar e, aos 20 anos, participou da Guerra do Paraguai.

Na carreira de militar, o que o seduzia era principalmente a possibilidade de viajar e conhecer a diversidade natural do Brasil. Apaixonado pela natureza brasileira, registrava em desenhos espécies da fauna e da flora nacionais e, já no século XIX, protestava contra a destruição das matas na cidade do Rio de Janeiro.

Em suas andanças por Mato Grosso, Taunay colheu experiências para compor suas obras. Ressalta-se nelas a capacidade do escritor de reproduzir com precisão aspectos visuais da paisagem sertaneja, especialmente da fauna e da flora da região. Foi autor de romances, como *Inocência* (1872), sua obra-prima, e de livros sobre a guerra e o sertão, como *Retirada da Laguna* (1871).

Museu Imperial de Petrópolis

Taunay: pioneiro no despertar da consciência ecológica.

Inocência: a busca do sertão

Inocência é considerada a obra-prima não só de Taunay, mas também do romance regionalista de nosso Romantismo, e sua qualidade resulta do equilíbrio alcançado na contraposição de vários aspectos: ficção e realidade, valores românticos e valores da realidade bruta do sertão, linguagem culta e linguagem regional. Trata-se de uma história de amor impossível, que envolve Cirino, prático de farmácia que se autopromovera a médico, e Inocência, uma jovem do sertão de Mato Grosso, filha de Pereira, pequeno proprietário, representante típico da mentalidade vigente entre os habitantes daquela região.

A realização amorosa entre os jovens é inviável, porque Inocência fora prometida em casamento pelo pai a Manecão Doca, um rústico vaqueiro da região; e também porque Pereira exerce forte vigilância sobre a filha, pois, de acordo com seus valores, ele tem de garantir a virgindade de Inocência até o dia do casamento.

Ao lado dos acontecimentos que constituem a trama amorosa, há também o choque de valores entre Pereira e Meyer, um naturalista alemão colecionador de borboletas que se hospedara na casa do pequeno proprietário. O choque de valores entre os dois evidencia as diferenças entre o meio rural brasileiro e o meio urbano europeu.

LEITURA

Estava Cirino fazendo o inventário da sua roupa e já começava a anoitecer, quando Pereira novamente a ele se chegou.

— Doutor, disse o mineiro, pode agora mecê entrar para ver a pequena. Está com o pulso que nem um fio, mas não tem febre de qualidade nenhuma.

— Assim é *bem melhor*[1], respondeu Cirino.

E, arranjando precipitadamente o que havia tirado da canastra, fechou-a e pôs-se de pé.

Antes de sair da sala, deteve Pereira o hóspede com ar de quem precisava tocar em assunto de gravidade e ao mesmo tempo de difícil explicação.

Afinal começou meio hesitante:

— Sr. Cirino, eu cá sou homem muito bom de gênio, muito amigo de todos, muito acomodado e que tenho o coração perto da boca, como vosmecê deve ter visto...

— Por certo, concordou o outro.

— Pois bem, mas... tenho um grande defeito; sou muito desconfiado. Vai o doutor entrar no interior da minha casa e... deve portar-se como...

Notas do próprio Taunay:

1 Locução muito usual no interior.

— Oh, Sr. Pereira! atalhou Cirino com animação, mas sem grande estranheza, pois conhecia o zelo com que os homens do sertão guardam da vista dos profanos os seus aposentos domésticos, posso gabar-me de ter sido recebido no seio de muita família honesta e sei proceder como devo.

Expandiu-se um tanto o rosto do mineiro.

— Vejo, disse ele com algum acanhamento, que o doutor não é nenhum pé-rapado, mas nunca é bom facilitar... E já que não há outro remédio, vou dizer-lhe todos os meus segredos... Não metem vergonha a ninguém, com o favor de Deus; mas em negócios da minha casa não gosto de bater língua... Minha filha Nocência fez 18 anos pelo Natal, e é rapariga que pela feição parece moça de cidade, muito ariscazinha de modos, mas bonita e boa deveras... Coitada, foi criada sem mãe, e aqui nestes *fundões*[2]. [...]

Cinemateca Brasileira

Cena do filme *Inocência*, de Walter Lima Jr.

— Ora muito que bem, continuou Pereira caindo aos poucos na habitual garrulice, quando vi a menina tomar corpo, tratei logo de casá-la.

— Ah! é casada? perguntou Cirino.

— Isto é, é e não é. A coisa está apalavrada. Por aqui costuma labutar no costeio do gado para São Paulo um homem de mão-cheia, que talvez o Sr. conheça... o Manecão Doca...

....

— Esta obrigação de casar as mulheres é o diabo!... Se não tomam estado, ficam jururus e fanadinhas...; se casam podem cair nas mãos de algum marido malvado... E depois, as histórias!... Ih, meu Deus, mulheres numa casa, é coisa de meter medo... São redomas de vidro que tudo pode quebrar... Enfim, minha filha, enquanto solteira, honrou o nome de meus pais... O Manecão que se aguente, quando a tiver por sua... Com gente de saia não há que fiar... Cruz! botam famílias inteiras a perder, enquanto o demo esfrega um olho.

Esta opinião injuriosa sobre as mulheres é, em geral, corrente nos nossos sertões e traz como consequência imediata e prática, além da rigorosa clausura em que são mantidas, não só o casamento convencionado entre parentes muito chegados para filhos de menor idade, mas sobretudo os numerosos crimes cometidos, mal se suspeita possibilidade de qualquer intriga amorosa entre pessoa da família e algum estranho.

....

— Sr. Pereira, replicou Cirino com calma, já lhe disse e torno-lhe a dizer que, como médico, estou há muito tempo acostumado a lidar com famílias e a respeitá-las. É este meu dever, e até hoje, graças a Deus, a minha fama é boa... Quanto às mulheres, não tenho as suas opiniões, nem as acho razoáveis nem de justiça. Entretanto, é inútil discutirmos porque sei que isso são prevenções vindas de longe, e quem torto nasce, tarde ou nunca se endireita... O Sr. falou-me com toda franqueza, e também com franqueza lhe quero responder. No meu parecer, as mulheres são tão boas como nós, se não melhores: não há, pois, motivo para tanto desconfiar delas e ter os homens em tão boa conta... enfim, essas suas ideias podem quadrar-lhe à vontade, e é costume meu antigo a ninguém contrariar, para viver bem com todos e deles merecer o tratamento que julgo ter direito a receber. Cuide cada qual de si, olhe Deus para todos nós, e ninguém queira arvorar-se em palmatória do mundo.

Tal profissão de fé, expedida em tom dogmático e superior, pareceu impressionar agradavelmente a Pereira, que fora aplaudindo com expressivo movimento de cabeça a sensatez dos conceitos e a fluência da frase.

(Taunay. *Inocência*. 6. ed. São Paulo: Ática, 1984. p. 29-32.)

2 Sertões.

Taunay: o desbocado

Taunay criticava todo mundo. [...] Quanto aos escritores brasileiros, nenhum deles podia ser considerado um mestre, segundo o olhar crítico do autor de *Inocência*. Ele foi aluno de Joaquim Manuel de Macedo, a quem chama de Macedinho, mas não tinha muito apreço por sua obra. Ao contrário, trata duramente esse escritor nas *Memórias*, vendo-o mais como um artista medíocre que perdeu a inspiração. A sua relação com Alencar e sua obra já é diferente. Taunay respeita Alencar, como político e escritor, não vendo nele um modelo a seguir ou imitar.

(Sérgio Medeiros, em entrevista ao jornal *O Estado de S. Paulo*, 27/3/2005.)

1. A linguagem literária quase sempre faz uso da norma culta. Por essa razão, um dos mais difíceis problemas encontrados pelos autores regionalistas é a adequação da variedade linguística regional à linguagem literária. No texto lido, observe as linguagens de Cirino e de Pereira, a linguagem do narrador e as notas de rodapé, feitas pelo próprio autor. Em seguida, responda: De que modo Taunay resolve o problema da linguagem regional em *Inocência*?

2. No diálogo entre Pereira e Cirino, evidencia-se a opinião do primeiro a respeito da mulher e do casamento. De acordo com a visão de Pereira expressa no texto:

a) O que representam as moças em uma família?

b) Que significado tem para um pai o casamento de sua filha?

3. Em certo momento do texto, o narrador interfere na narração para expressar seu ponto de vista a respeito das ideias de Pereira.

a) Identifique o parágrafo em que isso ocorre.

b) Qual é o julgamento do narrador a respeito da opinião expressa por Pereira? Que consequências ele menciona como decorrentes dela?

4. No penúltimo parágrafo do texto, Cirino emite sua opinião, depois de ter ouvido a de Pereira.

a) Existem diferenças entre as ideias de Cirino e as de Pereira? Comente.

b) Identifique no texto uma frase por meio da qual se percebe que Cirino, apesar de discordar, aceita as regras daquela sociedade.

O regionalismo no livro, na telinha e na telona

A busca dos espaços nacionais como meio de definir a identidade cultural – introduzida pelo Romantismo – acabou se tornando uma preocupação permanente e cíclica na arte brasileira. No começo do século XX, por exemplo, o sertão baiano foi retratado em *Os sertões*, de Euclides da Cunha. Na década de 1930, vários escritores, como Rachel de Queiroz, Graciliano Ramos e Jorge Amado, deram continuidade aos temas regionais.

Atualmente, além de estar presente na literatura, o regionalismo vem sendo explorado também nas novelas da tevê e no cinema. Novelas como *Gabriela*, *Tieta*, *O salvador da pátria*, entre outras, marcaram a história da televisão brasileira.

No cinema, bons filmes têm dado continuidade à tradição regionalista, como *Abril despedaçado*, de Walter Sales (2001), *Cinema, aspirina e urubus*, de Marcelo Gomes (2005), e *Árido movie*, de Lírio Ferreira (2005).

Miramax/Courtesy Everett

Cena do filme *Abril despedaçado*, de Walter Sales.

Sul: *O gaúcho*, a alma pampa

A obra *O gaúcho*, de José de Alencar, é a principal das realizações literárias do Romantismo que tomaram o Sul como tema. Nela são evidentes as preocupações do autor em compor o painel sociocultural do Rio Grande do Sul no século passado, ressaltando-lhe os valores e os costumes sociais, as peculiaridades linguísticas, as características naturais e geográficas e o passado histórico.

A ação narrada na obra se situa por volta de 1832, portanto às vésperas da Guerra dos Farrapos (1835), que abalou a região Sul do país. Dela participam personagens históricas do Brasil e do Uruguai, como Frutuoso Rivera (primeiro presidente do Uruguai), Juan Lavalleja (principal adversário de Frutuoso Rivera) e o militar brasileiro Bento Gonçalves.

O protagonista da obra é Manuel Canho (sobrinho de Bento Gonçalves), um típico gaúcho, com largo conhecimento da região e verdadeira paixão por seu cavalo, companheiro inseparável. Ao lado dos acontecimentos políticos que permeiam toda a obra, tem destaque o envolvimento sentimental de Canho com Catita, filha do dono de uma pousada.

Observe no seguinte fragmento de *O gaúcho* como Alencar procura ressaltar a integração entre a natureza e o homem.

Quantos seres habitam as estepes americanas, sejam homem, animal ou planta, inspiram nelas uma alma pampa. Tem grandes virtudes essa alma. A coragem, a sobriedade, a rapidez são indígenas da savana.

....

Como a árvore, são a ema, o touro, o corcel, todos os filhos bravios da savana. Nenhum ente, porém, inspira mais energicamente a alma pampa do que o homem, o "gaúcho". De cada ser que povoa o deserto, torna ele o melhor; tem a velocidade da ema ou de corça, os brios do corcel e a veemência do touro.

O coração, fê-lo a natureza franco e descortinado como a vasta coxilha; a paixão que o agita lembra os ímpetos do furacão, o mesmo bramido, a mesma pujança. A esse turbilhão do sentimento era indispensável uma amplitude de coração, imensa como a savana.

Tal é o pampa.

Esta palavra originária da língua quíchua significa simplesmente o plaino; mas sob a fria expressão do vocábulo está viva e palpitante a ideia. Pronunciai o nome, como o povo que o inventou. Não vedes no som cheio da voz, que reboa e se vai propagando expirar no vago, a imagem fiel da savana a dilatar-se por horizontes infindos? Não ouvis nessa majestosa onomatopeia repercutir a surdina profunda e merencória da vasta solidão?

Nas margens do Uruguai, onde a civilização já babujou a virgindade primitiva dessas regiões, perdeu o pampa seu belo nome americano. O gaúcho, habitante da savana, dá-lhe o nome de campanha.

(2. ed. São Paulo: Ática, 1982. p. 23-5.)

babujar: corromper, viciar.
bramido: berro ou urro de uma fera; estrondo.
brio: dignidade, honradez.
coxilha: campina com pequenas elevações arredondadas.
estepe e **savana**: vastas planícies.
merencório: melancólico.
reboar: fazer eco, repercutir.

Nordeste: o protesto de Franklin Távora

Franklin Távora (1842-1888) nasceu no Ceará e estudou Direito no Rio de Janeiro. Foi um dos mais polêmicos e radicais escritores regionalistas. Rebelou-se, por exemplo, contra a "literatura do Sul", especialmente a de Alencar, seu conterrâneo, alegando que ele se deixava levar pelos modelos estrangeiros (referência aos romances urbanos) e que, quando se dedicava a romances regionalistas, desconhecia a região retratada (referência a *O gaúcho*).

No prefácio de *O Cabeleira*, sua obra célebre, Távora chama a atenção para a necessidade e a capacidade do Nordeste de criar sua própria literatura, construindo-a a partir do farto material constituído por um passado histórico cheio de heroísmo, por costumes típicos, pela poesia popular.

Em tom ressentido, provavelmente em razão do prestígio de que a região Sul gozava na época, em virtude do plantio de café, o escritor afirma: "Proclamo uma verdade irrecusável. Norte e Sul são irmãos, mas são dois. Cada um há de ter uma literatura sua, porque o gênio de um não se confunde com o do outro".

Franklin Távora, com *O Cabeleira*, inaugurou um dos veios mais férteis de nossa ficção regional. Trouxe à tona problemas até então pouco conhecidos em outras regiões do país, introduzindo certos temas – como banditismo, cangaço, seca, miséria, migrações – que foram, mais tarde, retomados e aprofundados por ficcionistas como Graciliano Ramos, José Lins do Rego, Jorge Amado.

O Cabeleira

O Cabeleira é uma crônica histórica na qual é personagem o famoso cangaceiro José Gomes, o Cabeleira, que, junto com dois outros malfeitores, Joaquim Gomes, seu pai, e Teodósio, aterrorizou as populações das cidades pernambucanas no século XVIII.

A obra oscila entre ficção, relato histórico e exposição analítico-dissertativa.

O fragmento a seguir mostra o Cabeleira e seu pai invadindo um povoado e atemorizando a população. Observe como essa cena prenuncia o tema do cangaço, que apareceu na literatura e no cinema décadas depois.

— O Cabeleira! O Cabeleira! Grandes desgraças vamos ter, minha gente! — clamou o mal-avisado roceiro.

Estas palavras caíram como raios mortíferos no meio da multidão que se entregava, incuidosa e confiante, ao regozijo oficial.

desabrimento: rudeza.
incuidosa: sem cuidados.
regozijo: grande alegria.

A confusão foi indescritível. Às expansões da pública alegria sucederam as demonstrações do geral terror. Homens, mulheres, crianças atropelaram-se, correndo, fugindo, gritando, caindo como impelidos por infernal ciclone. A fama do Cabeleira tinha, não sem razão, criado na imaginação do povo um fantasma sanguinário que naquele momento se animou no espírito de todos e a todos ameaçou com inevitável extermínio.

....

— Estás com medo, Zé Gomes, deste poviléu? Parece-me ver-te fraquear. Por minha bênção e maldição te ordeno que me ajudes a fazer o bonito enquanto é tempo. Não sejas mole, Zé Gomes; sê valentão como é teu pai.

Tendo ouvido estas palavras, o Cabeleira, em cuja vontade exercitava Joaquim irresistível poder, fez-se fúria descomunal e, atirando-se no meio do concurso de gente, foi acutilando a quem encontrou com diabólico desabrimento. Como dois raios exterminadores, descreviam pai e filho no seio da massa revolta desordenadas e vertiginosas elipses.

(São Paulo: Ática, 1973. p. 23-4.)

Projeto Portinari

Cangaceiro (1953), de João Cândido Portinari.

PRODUÇÃO DE TEXTO

John Atkinson Grimshaw, Silver M

Luar prateado (1880), de John Atkinson.

CAPÍTULO 5

O conto de mistério

TRABALHANDO O GÊNERO

O conto a seguir faz parte de *Noite na taverna*, de Álvares de Azevedo. Nele, há um narrador em 3ª pessoa, que introduz o cenário, as personagens, a situação e praticamente desaparece para dar voz a outros narradores, que contam episódios aventurescos de suas vidas. Leia a narrativa de Johann.

Johann

Pourquoi? c'est que mon coeur au milieu des délices,
D'un souvenir jaloux constamment oppressé,
Froid au bonheur présent, va chercher ses supplices
Dans l'avenir et le passé?*

Alexandre Dumas

Agora a minha vez!

Quero lançar também uma moeda em vossa urna: é o cobre azinhavrado do mendigo: pobre esmola por certo!

Era em Paris, num bilhar. Não sei se o fogo do jogo me arrebatara, ou se o *kirsch* e o *curaçau* me queimaram demais as ideias... Jogava contra mim um moço: chamava-se Artur.

Era uma figura loura e mimosa como a de uma donzela. Rosa infantil lhe avermelhava as faces: mas era uma rosa de cor desfeita. Leve buço lhe sombreava o lábio, e pelo oval do rosto uma penugem dourada lhe assomava como a felpa que rebuça o pêssego.

Faltava um ponto a meu adversário para ganhar. A mim, faltavam-me não sei quantos: sei só que eram muitos e pois requeria-se um grande sangue frio e muito esmero no jogar.

* "Por quê? é que meu coração, em meio às delícias, / De uma lembrança ciumenta constantemente oprimido / Indiferente à felicidade presente, vai procurar tormentos / No futuro e no passado?

Soltei a bola. Nessa ocasião o bilhar estremeceu... O moço louro, voluntariamente ou não, se encostara ao bilhar... A bola desviou-se, mudou de rumo: com o desvio dela perdi... A raiva levou-me de vencida. Adiantei-me para ele. A meu olhar ardente o mancebo sacudiu os cabelos louros e sorriu como d'escárnio.

Era demais! Caminhei para ele: ressoou uma bofetada. O moço convulso caminhou para mim com um punhal, mas nossos amigos nos sustiveram.

— Isso é briga de marujo. O duelo, eis a luta dos homens de brio.

O moço rasgou nos dentes uma luva e atirou-ma à cara. Era insulto por insulto, lodo por lodo: tinha de ser sangue por sangue.

Meia hora depois tomei-lhe a mão com sangue frio e disse-lhe no ouvido:

— Vossas armas, senhor?

— Sabê-las-eis no lugar.

— Vossas testemunhas?

— A noite e minhas armas.

— A hora?

— Já.

— O lugar?

— Vireis comigo... Onde pararmos aí será o lugar...

— Bem, muito bem: estou pronto, vamos.

Dei-lhe o braço e saímos. Ao ver-nos tão frios a conversar creram uma satisfação. Um dos assistentes contudo entendeu-nos.

Louis Leopold Boilly. Inn Scene./The Bridgeman Art Library/Grupo Keystone

Neste quadro de Louis Leopold Boilly, o retrato de uma taverna. Bebidas, mulheres e histórias macabras criam a atmosfera da taverna em que vão sendo narradas as histórias de *Noite na taverna*.

Chegou e disse:

— Senhores, não há pois meio de conciliar-vos?

Nós sorrimos ambos.

— É uma criançada, tornou ele.

Nós não respondemos.

— Se precisardes de uma testemunha, estou pronto.

Nós nos curvamos ambos.

Ele entendeu-nos: viu que a vontade era firme e afastou-se.

Nós saímos.

....

Um hotel estava aberto. O moço levou-me para dentro.

— Moro aqui; entrai — disse-me.

Entramos.

— Senhor — disse ele —, não há meio de paz entre nós: um bofetão e uma luva atirada às faces de um homem são nódoas que só o sangue lava. É pois um duelo de morte.

— De morte — repeti como um eco.

— Pois bem: tenho no mundo só duas pessoas — minha mãe e... Esperai um pouco.

O moço pediu papel, pena e tinta. Escreveu: as linhas eram poucas. Acabando a carta deu-ma a ler.

— Vede, não é uma traição — disse.

— Artur, creio em vós; não quero ler esse papel.

Repeli o papel. Artur fechou a carta, selou o lacre com um anel que trazia no dedo. Ao ver o anel, uma lágrima correu-lhe na face e caiu sobre a carta.

— Senhor, sois um homem de honra. Se eu morrer, tomai este anel; no meu bolso achareis uma carta, entregareis tudo a... Depois dir-vos-ei a quem...

— Estais pronto? — perguntei.

— Ainda não! antes de um de nós morrer é justo que brinde o moribundo ao último crepúsculo da vida. Não sejamos abissínios; demais, o sol no cinábrio do poente ainda é belo.

O vinho do Reno correu em águas d'oiro nas taças de cristal verde. O moço ergueu-se.

— Senhor, permiti que eu faça uma saúde convosco.

— A quem?

— É um mistério... é uma mulher, porque o nome daquela que se apertou uma vez nos lábios, a quem se ama, é um segredo. Não a fareis?

— Seja como quiserdes — disse eu.

Batemos os copos. O moço chegou à janela. Derramou algumas gotas de vinho do Reno à noite. Bebemos.

— Um de nós fez a sua última saúde — disse ele. — Boa noite para um de nós... bom leito e sonos sossegados para o filho da terra!

Foi a uma secretária, abriu-a, tirou duas pistolas.

— Isto é mais breve — disse ele. — Pela espada é mais longa a agonia. Uma delas está carregada, a outra não. Tirá-las-emos à sorte, atiraremos à queima-roupa.

— É um assassinato...

— Não dissemos que era um duelo de morte, que um de nós devia morrer?

— Tendes razão. Mas dizei-me, onde iremos?

Rue Des Archives/Other Images

Gravura de Goya.

— Vinde comigo. Na primeira esquina deserta dos arrabaldes. Qualquer canto de rua é bastante sombrio para dois homens dos quais um tem de matar o outro.

À meia-noite estávamos fora da cidade. Ele pôs as duas pistolas no chão.

— Escolhei, mas sem tocá-las.

Escolhi.

— Agora vamos — disse eu.

— Esperai, tenho um pressentimento frio e uma voz suspirosa me geme no peito. Quero rezar... é uma saudade por minha mãe.

Ajoelhou-se. À vista daquele moço de joelhos — talvez sobre um túmulo — lembrei-me que eu também tinha mãe e uma irmã... e que eu as esquecia. Quanto a amantes, meus amores eram como a sede dos cães das ruas, saciavam-se na água ou na lama... Eu só amara mulheres perdidas.

— É tempo — disse ele.

Caminhamos frente a frente. As pistolas se encostaram nos peitos. As pistolas estalaram, um tiro só estrondou, ele caiu morto...

— Tomai — murmurou o moribundo e acenava-me para o bolso.

Atirei-me a ele. Estava afogado em sangue. Estrebuchou três vezes e ficou frio... Tirei-lhe o anel da mão. Meti-lhe a mão no bolso como ele o dissera. Achei dois bilhetes.

A noite era escura: não pude lê-los.

Voltei à cidade. À luz baça do primeiro lampião vi os dois bilhetes. O primeiro era a carta para sua mãe. O outro estava aberto, li:

À uma hora da noite na rua de... nº 60, 1º andar; acharás a porta aberta.

Tua G.

Não tinha outra assinatura.

Eu não soube o que pensar. Tive uma ideia: era uma infâmia.

Fui à entrevista. Era no escuro. Tinha no dedo o anel que trouxera do morto... Senti uma mãozinha acetinada tomar-me pela mão, subi. A porta fechou-se.

Foi uma noite deliciosa! A amante do louro era virgem! Pobre Romeu! Pobre Julieta! Parece que essas duas crianças levavam as noites em beijos infantis e em sonhos puros!

(Johann encheu o copo, bebeu-o, mas estremeceu.)

Quando eu ia sair, topei um vulto à porta.

— Boa noite, cavalheiro... eu vos esperava há muito.

Essa voz pareceu-me conhecida. Porém eu tinha a cabeça desvairada...

Não respondi: o caso era singular. Continuei a descer, o vulto acompanhou-me. Quando chegamos à porta vi luzir a folha de uma faca. Fiz um movimento e a lâmina resvalou-me no ombro. A luta fez-se terrível na escuridão. Eram dois homens que se não conheciam, que não pensavam talvez terem-se visto um dia à luz, e que não haviam mais de ver-se por ventura ambos vivos.

O punhal escapou-lhe das mãos, perdeu-se no escuro: subjuguei-o. Era um quadro infernal, um homem na escuridão abafando a boca do outro com a mão, sufocando-lhe a garganta com o joelho, e a outra mão a tatear na sombra procurando um ferro.

The Bridgeman Art Library/Grupo Keystone

As flores de Sommeil, de Achille T. Cesbron.

Nessa ocasião senti uma dor horrível: frio e dor me correram pela mão. O homem morrera sufocado, e na agonia me enterrara os dentes pela carne. Foi a custo que desprendia a mão sangrenta e descarnada da boca do cadáver. Ergui-me.

Ao sair tropecei num objeto sonoro. Abaixei-me para ver o que era. Era uma lanterna furta-fogo. Quis ver quem era o homem. Ergui a lâmpada...

O último clarão dela banhou a cabeça do defunto... e apagou-se...

Eu não podia crer: era um sonho fantástico toda aquela noite. Arrastei o cadáver pelos ombros... levei-o pela laje da calçada até o lampião da rua, levantei-lhe os cabelos ensanguentados do rosto... (Um espasmo de medo contraiu horrivelmente a face do narrador... Tomou o copo, foi beber... os dentes lhe batiam como de frio... o copo estalou-lhe nos lábios.)

Aquele homem — sabei-lo!... era do sangue do meu sangue, era filho das entranhas de minha mãe, como eu... era meu irmão! Uma ideia passou entre meus olhos como um anátema. Subi ansioso ao sobrado. Entrei. A moça desmaiara de susto ouvindo a luta. Tinha a face fria como o mármore. Os seios nus e virgens estavam parados e gélidos como os de uma estátua... A forma de neve eu a sentia meio nua entre os vestidos desfeitos, onde a infância asselara a nódoa de uma flor perdida.

Abri a janela, levei-a até aí...

Na verdade que sou um maldito! Olá, Archibald, dá-me um outro copo, enche-o de *conhaque*, enche-o até à borda! Vede!... sinto frio, muito frio... tremo de calafrios e o suor me corre nas faces! Quero o fogo dos espíritos! a ardência do cérebro ao vapor que tonteia... quero esquecer!

— Que tens, Johann? tiritas como um velho centenário!

— O que tenho? o que tenho? Não o vedes pois? Era minha irmã!

(*Noite na taverna e poemas escolhidos (de Lira dos vinte anos)*. São Paulo: Moderna, 1994. p. 54-8.)

abissínio: natural ou habitante de Abissínia, atual Etiópia, África.

anátema: expulsão do seio da Igreja, excomunhão; maldição, execração, opróbio.

asselar: selar; legalizar, validar, confirmar.

azinhavraco: coberto de azinhavre, camada verde de hidrocarbonato de cobre que se forma nos objetos de cobre expostos ao ar e à umidade.

baço: sem brilho, embaciado.

brio: sentimento da própria dignidade, pundonor; coragem, valentia.

buço: penugem do lábio superior do homem e de algumas mulheres.

cinábrio: mineral trigonal vermelho, sulfeto de mercúrio, minério de mercúrio.

desvairado: que perdeu o juízo, alucinado; desorientado, desatinado.

felpa: pelo saliente nos tecidos; lanugem de folhas ou de frutos.

***kirsch* e *curaçau*:** nome de bebidas alcoólicas.

nódoa: espaço de cor diferente numa superfície de cor uniforme; mancha; ignomínia, afronta.

rebuçar: cobrir com rebuço; esconder, ocultar; disfarçar, dissimular.

resvalar: fazer escorregar ou cair; deslizar.

O gótico Edgar Allan Poe

Edgar Allan Poe.

Se a literatura mundial deve a Edgar Allan Poe (1809-1849) a criação do gênero policial, com seus contos de dedução e raciocínio, ao escritor americano cabe também o mérito de haver renovado o conto e o romance de terror, de mistério e de morte, neles introduzindo o fator científico que lhes daria certo cunho de verossimilhança e de verdade.

O gênero já existia: em 1764, com seu *Castelo de Otranto*, Horace Walpole, romancista inglês, iniciava o gênero que se chamou "romance negro" ou "romance gótico", talvez porque a ação se situava quase sempre em velhos castelos e mansões medievais.

A influência do "romance negro" foi imensa na Inglaterra, na França e na Alemanha. Pode-se encontrá-la em escritores como Walter Scott, Byron, Shelley, cuja esposa, também escritora, criou o famoso personagem Frankenstein. Muitos outros autores não escaparam à influência do gênero, mas Poe renovou-o, tornando-o obra de arte e não apenas um meio de desencadear terror em leitores impressionáveis.

Enquanto os demais autores descreviam um medo exterior, que provinha do mundo sobrenatural da fantasmagoria, da cenografia teatral com alçapões, fumaça de enxofre e satanazes chifrudos, rasgando risadas horripilantes, Poe descrevia um medo real, um medo que estava dentro do próprio personagem. Seus personagens são condenáveis, fracos, viciosos, dignos de dó, e condenados a pagar com a morte os próprios vícios.

(Adaptado de: Edgar Allan Poe. *Ficção completa, poesia & ensaios*. Rio de Janeiro: Aguilar, 1963. p. 187-9.)

1. A narrativa feita no conto se desenvolve em dois planos de narração, de tempo e de espaço.

a) Em relação aos narradores, observe que Johann narra em 1ª pessoa sua história. Identifique em que momentos da narrativa um narrador em 3ª pessoa intervém, fazendo comentários sobre Johann.

b) Considerando que o tema do conto relaciona-se com o satanismo, levante hipóteses: Por que o narrador em 3ª pessoa se retira para dar voz ao narrador-protagonista?

c) Johann narra a um grupo de amigos em uma taverna um episódio vivido por ele em Paris. Tempo e espaço contribuem para criar um ambiente propício aos fatos que serão narrados e para gerar os conflitos vividos pelo narrador-personagem. Que características em comum há entre o ambiente da taverna e os ambientes onde se desenvolve a história narrada por Johann?

2. A história narrada é um conto, um tipo de texto cujo enredo normalmente apresenta introdução, complicação, clímax e desfecho, além de um conflito.

a) Em que consiste o conflito do conto?

b) A complicação se desenvolve num clima de tensão, criando suspense e atingindo mais de um clímax. O último clímax, entretanto, coincide com o desfecho. Considerando que esse conto envolve acontecimentos fantásticos, levante hipóteses: Por que o narrador deixa para o final a revelação de que a mulher a quem enganara era sua irmã?

3. Ao contar sua história, o narrador vai introduzindo o cenário de suas desventuras, composto por um bilhar, um hotel e um quarto em Paris e um local nos arrabaldes da cidade. Como é o ambiente dos lugares em que acontecem os fatos narrados?

4. Vemos que uma das características da narrativa gótica é a sondagem das zonas obscuras do subconsciente, na qual sonho e loucura se aproximam. Os fragmentos a seguir referem-se a Johann. Indique quais deles expressam atitudes que exemplificam uma inclinação para um estado de inconsciência do narrador-protagonista.

a) "Não sei se o fogo do jogo me arrebatara, ou se o *kirsch* e o *curaçau* me queimaram demais as ideias..."

b) "Eu só amara mulheres perdidas."

Mistério e terror no cinema

Provocar suspense e medo tem sido a tônica dos muitos filmes que colocam em cena uma galeria de personagens diabólicas.

Paramount Pictures/Album/Album Cinema/Latinstock

Cena de *O bebê de Rosemary*, de Roman Polanski.

Para quem gosta do gênero, sugerimos alguns clássicos do cinema de mistério e terror: *O bebê de Rosemary* (1968), de Roman Polanski; *O exorcista* (1973), de William Fried Kin; *A bruxa de Blair* (1999), de Daniel Myrick e Eduardo Sanches; *O sexto sentido* (1999), de M. Night Shyamalan; *O que terá acontecido a Baby Jane?* (1962), de Robert Aldrich; *Poltergeist – O fenômeno* (1982), de Tobe Hooper; *O iluminado* (1980), de Stanley Kubrick; *Psicose* (1960), de Alfred Hitchcock; *O jovem Frankenstein* (1974), de Mel Brooks.

c) "Tive uma ideia: era uma infâmia."

d) "eu tinha a cabeça desvairada..."

e) "Eu não podia crer: era um sonho fantástico toda aquela noite."

5. Considerando a ideia que o protagonista faz de si mesmo ("Na verdade que sou um maldito!") e suas perspectivas de vida ("sinto frio, muito frio... tremo de calafrios e o suor me corre nas faces! [...] quero esquecer!"), levante hipóteses: Johann escolheu seu destino ou foi vítima do ambiente mórbido que frequentava? Por quê?

6. Observe que, no início e no final do conto, os verbos estão no presente ("Quero lançar", "sou um maldito", "dá-me um outro copo") e, quando o narrador relata os episódios vividos por ele, os verbos estão no pretérito.

a) Levante hipóteses: O que essa variação de tempos verbais marca na narrativa?

b) No final do relato do episódio, o narrador suspende a narrativa ("Abri a janela, levei-a até aí...") e volta ao presente. Que efeito essa interrupção da narrativa e a volta ao presente produzem no texto?

c) No conto, o narrador é protagonista. Na sua opinião, seria melhor se nesse conto o narrador fosse observador? Justifique sua resposta.

7. Observe a linguagem do conto lido. Que tipo de variedade linguística foi empregado?

8. Reúna-se com seus colegas de grupo e, juntos, concluam: Quais são as características do conto de mistério? Respondam, considerando os seguintes critérios: finalidade do gênero, perfil dos interlocutores, suporte ou veículo, tema, estrutura e linguagem.

PRODUZINDO O CONTO DE MISTÉRIO

Escolha uma das seguintes propostas de produção de texto.

1. Suponha que na noite em que Johann fez seu relato você estivesse na taverna e, ao final da narração dele, tomasse a palavra para narrar também sua história. Escreva um conto de mistério, reproduzindo a história que você teria contado. Opte, se quiser, por um tema macabro ou satânico.

2. Leia, a seguir, um fragmento do conto "Assassinatos na Rua Morgue", de Edgar Allan Poe. Depois, supondo que você vivesse na cidade em que ocorreram os crimes e fosse o policial responsável pela investigação, escreva um conto de mistério, narrando o que foi descoberto a respeito do caso e, talvez, a sua solução.

Projeto: Contos jovens

Com seus colegas, reúna os contos produzidos nesta unidade para montar o livro de contos da classe. Passem a limpo os contos, em folhas de papel sulfite ou outro que queiram, ou digitem-nos. Deem destaque ao título de cada um e ilustrem-nos. Confeccionem a capa em papel mais grosso e montem-na com o título escolhido pela classe, a indicação do ano de vocês e uma ilustração interessante. Unam a capa aos contos e grampeiem-nos, formando o livro.

Exponham o livro na biblioteca e divulguem-no entre professores, funcionários e colegas de outros anos. Depois, façam a doação do livro de contos à biblioteca da escola.

Assassinatos extraordinários

Esta manhã, pelas três horas, os moradores do bairro Saint-Roch foram despertados por uma série de espantosos gritos provenientes do quarto andar de uma casa na Rua Morgue, ocupada na totalidade, como se sabia, por uma Sra. l'Espanaye e sua filha, Camille l'Espanaye. Após demoras causadas por alguns esforços infrutíferos no sentido de admissão à maneira habitual, a porta foi forçada com o auxílio de uma barra, e oito ou dez vizinhos entraram, acompanhados de dois gendarmes.

Os gritos haviam cessado, mas, no momento em que todos chegavam, atabalhoadamente, ao primeiro andar, ouviram-se duas vozes fortes, talvez mais, que pareciam discutir violentamente e vinham da parte superior da casa. No segundo andar, cessaram igualmente aquelas vozes, e tudo ficou perfeitamente tranquilo. Os vizinhos percorreram os quartos. Chegados a uma grande peça situada na parte traseira, no quarto andar, e cuja porta, fechada, foi forçada, viram-se diante de um espetáculo que os aturdiu e terrorizou.

Reinava no quarto a mais completa desordem; os móveis, espatifados, espalhavam-se por todos os cantos. Do único leito, os colchões tinham sido arrancados e lançados ao meio do soalho. Sobre uma cadeira, encontrou-se uma navalha da qual escorria sangue; no átrio, três longos e fortes anéis de cabelos grisalhos, que pareciam violentamente arrancados com as raízes. No soalho, quatro napoleões, um brinco ornado de topázio, três grandes colheres de prata, três menores, de metal de Argel, e duas bolsas contendo quase quatro mil francos de ouro. Num dos cantos, as gavetas de uma cômoda, abertas, tinham sido sem dúvida saqueadas, apesar de nelas se verem intactos vários artigos. Um pequeno cofre de ferro foi encontrado debaixo da cama e não debaixo da armação da cama; estava aberto, e tinha a chave na fechadura. Encerrava apenas algumas velhas cartas e outros papéis sem importância.

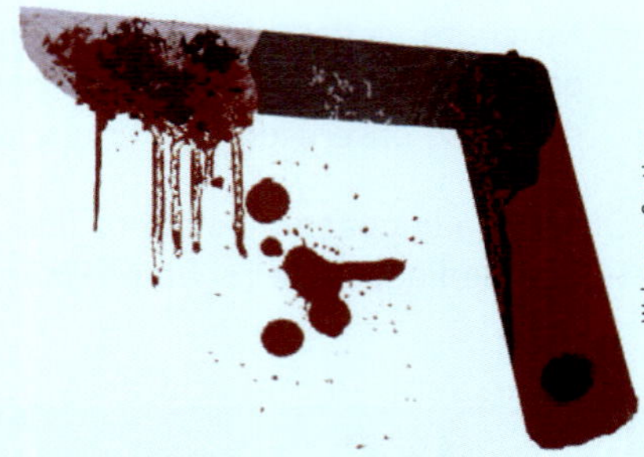
Weberson Santiago

Não se viam vestígios da Sra. l'Espanaye; notou-se, todavia, grande quantidade de fuligem na lareira, fez-se uma busca e — coisa horrível de dizer! — tirou-se o corpo da senhorita, de cabeça para baixo, introduzido à força e empurrado pela estreita abertura até considerável distância. O corpo estava ainda quente. Examinando-o, descobriram-se numerosas escoriações, causadas sem dúvida pela violência com a qual fora empurrado e com a qual fora retirado. Trazia fortes arranhões. A garganta apresentava equimoses e profundos sulcos de unhas, como se morte tivesse verificado por estrangulamento.

Após minucioso exame de cada parte da casa, que não acarretou nenhuma outra novidade, os vizinhos entraram num patiozinho pavimentado, na parte traseira da construção. Lá, jazia o cadáver da velha senhora, com o pescoço cortado tão perfeitamente que, ao tentarem erguê-lo, a cabeça se separou do tronco. O corpo, como a cabeça, horrivelmente mutilado, mal conservava a aparência humana.

O caso permanece envolto no mistério. Até agora não se descobriu, que saibamos, o menor fio condutor.

(*Assassinatos na Rua Morgue e outras histórias*. Tradução de Aldo Della Nina. São Paulo: Saraiva, 2006. p. 18-9. Col. Clássicos Saraiva.)

Planejamento do texto

- Seu conto de mistério fará parte do livro que você e seus colegas irão produzir e expor para leitura no projeto **Contos jovens**. Assim, ao escrevê-lo, considere que seus leitores serão colegas da sua classe e de outras, professores e funcionários da escola.
- O cenário de sua história deve ser constituído por locais de clima sombrio, noturno, macabro, sobrenatural. Como protagonista, imagine um indivíduo melancólico ou decadente; as outras personagens devem ser pessoas sem perspectivas, pessimistas ou que se entregam a vícios. Planeje o conflito, ou seja, a situação problemática que as pessoas viverão. E também a organização dos fatos, isto é, a estruturação do enredo em partes (introdução, complicação, clímax e desfecho) ou uma maneira de subverter essa estrutura. Dê ao enredo uma sequência que crie expectativa no leitor e provoque suspense.
- Narre a história do ponto de vista do narrador-personagem. Empregue os verbos no passado e, se quiser, intercale o uso desse tempo com o do presente.
- Ao redigir, empregue uma variedade de acordo com a norma-padrão ou outra, dependendo do narrador-personagem e das outras personagens.

Revisão e reescrita

Antes de fazer a versão final do seu conto de mistério, releia-o, observando:

- se é uma narrativa ficcional curta;
- se há poucas personagens, poucas ações e tempo e espaço bem reduzidos;

- se o enredo está estruturado em introdução, complicação, clímax e desfecho, ou se faz uma alteração intencional dessa estrutura;
- se o tema abordado privilegia o macabro ou satânico e se as personagens se caracterizam por estados de consciência próximos da loucura;
- se o ambiente retratado é sombrio, noturno, macabro;
- se a narrativa cria mistério e suspense;
- se a linguagem empregada está de acordo com a norma-padrão ou com o perfil do narrador e das personagens.

Faça as alterações necessárias e passe o texto a limpo.

ESCREVENDO COM EXPRESSIVIDADE

O NARRADOR

Leia estes dois contos:

E a brisa sopra

Ao amanhecer, quando vindo do mar começava a soprar leve vento, subia o rapaz no alto daquele prédio, e empinava a pipa amarela. Batendo tênue corpo de papel contra as varetas, serpenteando a cauda, lá ficava ela no azul até que o final da tarde engolia a brisa, halitando então a terra sobre o mar, e descendo o rapaz para a noite.

Assim, repetia-se o fato todos os dias. Menos naquele em que, por doença ou sono, o rapaz não apareceu no alto do terraço. E a brisa da manhã começou a soprar. Mas não estando a âncora amarela presa ao céu, o edifício lentamente estremeceu, ondulou, aos poucos abandonando seus alicerces para deixar-se levar pelo vento.

(Marina Colasanti. *Contos de amor rasgados.* Rio de Janeiro: Rocco, 1986. p. 27.)

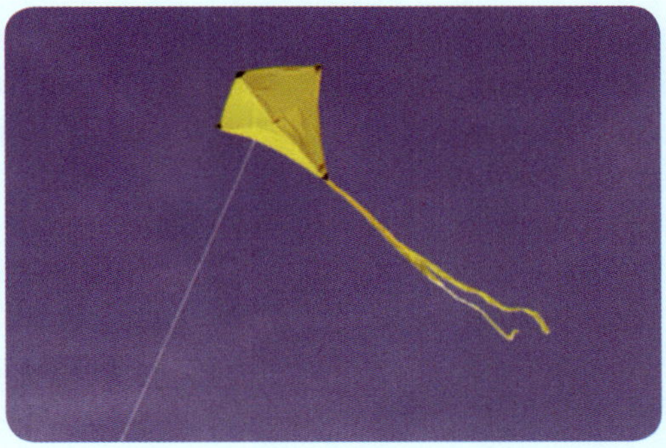
David Samuel Robbins/Photographer's Choice/Getty Images

Despedida

Meu pai leva-me à porta do famoso noturno para a cidade grande:

— Cuide-se, meu filho. É um mundo selvagem.

Esse verbo clamante no teu ouvido. Por delicadeza, perdi minha voz. Ó profetas ó sermões!

— Longe da família, será você contra todos.

Homem não se beija nem abraça, nos apertamos duramente as mãos. Me instalo a uma das janelas, com a vidraça descida. Mais que me esforce, impossível erguê-la. Já não podemos falar. Esse pai dos pais ali na plataforma, mudo e solene. O trem não parte. Fumaça da estação? De repente ei-lo de olhos marejados.

E, sem querer, também eu comovido. Diante de mim o feroz tirano da família? Ditador da verdade, dono da palavra final? Primeira vez, em tantos anos, vejo um senhor muito antigo. Pobre velhinho solitário. Merda, o trem não parte. Meu pai saca o relógio do colete, dois giros na corda. Pressuroso, digo que se vá. Doente, não apanhe friagem. E ele sem escutar.

Olha de novo o relógio. Aceno que pode ir, não espere a partida. Quero ver a hora? Exibe o patacão na ponta da corrente dourada. Nosso último encontro, sei lá. E, ainda, na despedida, o eterno equívoco entre nós. Maldita vidraça de silêncio a nos separar. Desta vez para sempre.

(Dalton Trevisan. *Quem tem medo de vampiro?*. São Paulo: Ática, 1998. p. 75-6.)

noturno: trem que viaja à noite.

1. Nos dois contos, há um narrador, isto é, alguém que conta a história.

a) Em qual dos contos o narrador é observador, isto é, conta os fatos sem participar deles como personagem?

b) Em que pessoa estão empregados os verbos e os pronomes nesse conto? Exemplifique.

c) Em qual deles o narrador participa como personagem dos fatos narrados?

d) Em que pessoa estão empregados os verbos e os pronomes nesse conto? Exemplifique.

2. O emprego de um tipo de narrador ou ponto de vista narrativo produz nos textos diferentes efeitos de sentido. Compare os dois textos.

a) Qual deles possibilita ao leitor envolver-se mais com a narrativa? Na sua opinião, por que isso acontece?

b) Qual deles leva o leitor a ter maior distanciamento em relação aos fatos narrados? Por quê?

3. O conto "E a brisa sopra" pertence ao livro *Contos de amor rasgados*. Na sua opinião, essa é uma história de amor? Por quê?

4. No conto "Despedida", o relacionamento entre pai e filho é retratado pela ótica do filho, o narrador. Como é esse relacionamento?

Como você pôde observar, nos textos pertencentes ao gênero narrativo – romances, contos, crônicas, novelas, etc. – o elemento que estrutura a história é o **narrador**. Ele assume diante dos fatos narrados certa posição, chamada **foco narrativo**. Há, basicamente, dois focos narrativos: em 1ª pessoa e em 3ª pessoa.

No conto "Despedida", o narrador participa dos fatos e é também uma das personagens; ele se situa nos acontecimentos, fala de si mesmo, empregando verbos e pronomes na 1ª pessoa: "[...] nos apertamos duramente as mãos", "Me instalo a uma das janelas", etc. Nesse caso o foco narrativo está em 1ª pessoa e o narrador é chamado de *narrador-personagem*.

No conto "E a brisa sopra", ao contrário, o narrador não participa da história; ele é um mero observador, isto é, está fora dos acontecimentos narrados e conta-os sem fazer nenhuma referência a si mesmo, empregando verbos e pronomes na 3ª pessoa: "Ao amanhecer, quando vindo do mar começava a soprar leve vento, subia o rapaz no alto daquele prédio, e empinava a pipa amarela", "[...] o rapaz não apareceu no alto do terraço", etc. Nesse caso, o foco narrativo está em 3ª pessoa e o narrador é chamado de *narrador-observador*.

Variantes do narrador em 3ª pessoa

O tipo mais comum de narrador em 3ª pessoa é o **narrador onisciente**, que sabe tudo sobre a história, conhece todos os fatos, podendo inclusive, por exemplo, antecipar para o leitor algum fato ou revelar os pensamentos mais íntimos de uma personagem. No conto "E a brisa sopra", o narrador é desse tipo.

Um dos tipos de narrador em 3ª pessoa é o **narrador intruso**, aquele que fala com o leitor ou que julga o comportamento das personagens. Exemplo desse tipo de narrador é o do conto "Odisseia de uma vaca", de Arkadi Averchenko, autor russo, considerado o rei do humor de seu país. Veja, no trecho a seguir, o comentário do narrador que se dirige ao leitor:

O que mais me revolta é pensar que algum leitor mal-humorado, depois de ler o que aqui conto, possa fazer uma careta e dizer, em tom que não admite réplica:

— Na vida real, tudo isso é impossível.

Ora, pois afirmo que é possível sim.

O leitor lógico poderá replicar:

— Poderia apresentar-me alguma prova?

Prova? Como provar uma coisa destas? Meu Deus, é muito simples: o fato é possível porque aconteceu.

Espero que não me exijam outras provas.

(In: Flávio Moreira da Costa, org. *Os 100 melhores contos de humor da literatura universal*. Rio de Janeiro: Ediouro, 2001. p. 371.)

Ediouro

Variantes do narrador em 1ª pessoa

O narrador-personagem também apresenta variantes, como, por exemplo, o narrador-testemunha e o narrador-protagonista.

O **narrador-testemunha** vive os fatos narrados como personagem secundária, condição em que pode observar os acontecimentos e dar testemunho deles ao leitor, de modo mais direto e verossímil. Seu ângulo de visão, entretanto, é limitado; não conseguindo saber o que se passa no pensamento das demais personagens, apenas pode lançar hipóteses sobre o que viu ou ouviu. Esse tipo de narrador encontra-se, por exemplo, em *O nome da rosa*, de Umberto Eco. No romance, num monastério da Itália medieval, em 1327, sete monges são misteriosamente assassinados. Quem narra a história é Adso de Melk, um monge que, na época em que ocorreram os episódios, era um jovem noviço, acompanhante de Guilherme, o encarregado da investigação.

Autor e narrador

Na análise de uma narrativa, o **autor** é o sujeito que a escreve, o escritor que recebe da realidade em que vive os estímulos que o levam a produzir o texto. Tais correspondências entre o autor e seu ambiente cultural são elementos auxiliares da análise literária: permitem-nos entender como certos fatores externos ao texto acabam por ser interiorizados, como aponta Antonio Candido [crítico literário], contribuindo assim para o entendimento do processo de construção da narrativa.

Entretanto, na análise do texto é fundamental a utilização de um outro conceito – o de **narrador**. **Entidade fictícia**, como as personagens e a história contada, o narrador acaba por constituir uma verdadeira **persona** (máscara, personagem), que narra os acontecimentos. O narrador não pode ser confundido com o autor, mesmo quando a narrativa é contada em terceira pessoa.

(Benjamin Abdala Junior. *Introdução à análise da narrativa*. São Paulo: Scipione, 1995. p. 20.)

Observe a presença de um narrador-testemunha num trecho de *O nome da rosa*:

Chegando ao fim desta minha vida de pecador, enquanto, encanecido, envelheço como o mundo, à espera de perder-me no abismo sem fundo da divindade silenciosa e deserta, participando da luz inconversível das inteligências angélicas, já entrevado com meu corpo pesado e doente nesta cela do caro mosteiro de Melk, apresto-me a deixar sobre este pergaminho o testemunho dos eventos mirífícos e formidáveis que na juventude me foi dado assistir,

O nome da rosa, 1986. Direção: Jean-Jacques Annaud/Mary Evans/Ronald Grant/Diomedia

Cena do filme *O nome da rosa*.

repetindo verbatim quanto vi e ouvi, sem me aventurar a tirar disso um desenho, como a deixar aos que virão (se o Anticristo não os preceder) signos de signos, para que sobre eles se exercite a prece da decifração.

Conceda-me o Senhor a graça de ser testemunha transparente dos acontecimentos que tiveram lugar na abadia da qual é bem e piedoso se cale também afinal o nome, ao fundar o ano do Senhor de 1327 [...].

(Rio de Janeiro: *O Globo*; São Paulo: *Folha de S. Paulo*, 2003. p. 19.)

O **narrador-protagonista** vive os fatos como personagem principal. Apesar disso, também não tem acesso aos pensamentos das demais personagens e narra os acontecimentos limitando-se às suas percepções, pensamentos e sentimentos. Exemplifica-o o narrador do conto "O poço e o pêndulo", de Edgar Allan Poe.

Leia a seguir um trecho do conto e observe nele a presença do narrador-protagonista:

Eu estava exausto, mortalmente exausto naquela longa agonia; e, quando enfim me desamarraram e me deram permissão para sentar-me — vi que perdia os sentidos. A sentença — a terrível sentença de morte — foi, distintamente acentuada, a última frase que me chegou aos ouvidos. Depois as vozes dos inquisidores pareceram sumir-se num sussurro indeterminado de sonho. Minha alma foi assaltada pela ideia de rotação — talvez porque a minha imaginação a associava com o barulho de uma roda de moinho. Isso somente por um breve período; pois, de repente, não ouvi mais nada.

(In: Vinícius de Morais, org. *Contos norte-americanos*. Rio de Janeiro: Ediouro, 2004. p. 69.)

Além desses pontos de vista e suas variantes, há uma forma de narrar em que a figura do narrador quase desaparece. Essa forma de narrar é chamada de **modo dramático**. Nesse caso, a narrativa se estrutura por meio dos diálogos das personagens e de marcadores que situam as personagens no espaço. Para nós, leitores, é como se estivéssemos assistindo a uma peça de teatro. O conto "Atitude suspeita", de Luis Fernando Verissimo, é um exemplo do emprego do modo dramático. Nele, o narrador só aparece no primeiro parágrafo; daí em diante, o conto se constrói com o diálogo das personagens.

Sempre me intriga a notícia de que alguém foi preso "em atitude suspeita". É uma frase cheia de significados. Existiriam atitudes inocentes e atitudes duvidosas diante da vida e das coisas e qualquer um de nós estaria sujeito a, distraidamente, assumir uma atitude que dá cadeia!

— Delegado, prendemos este cidadão em atitude suspeita.

— Ah, um daqueles, é? Como era a sua atitude?

— Suspeita.

— Compreendo. Bom trabalho, rapazes. E o que é que se alega?

— Diz que não estava fazendo nada e protestou contra a prisão.

— Hmm. Suspeitíssimo. Se fosse inocente não teria medo de vir dar explicações.

— Mas eu não tenho o que explicar! Sou inocente!

— É o que todos dizem, meu caro. A situação é preta. Temos ordem de limpar a cidade de pessoas em atitudes suspeitas.

— Mas eu só estava esperando o ônibus.

(In: *Histórias divertidas*. São Paulo: Ática, 2003. p. 85.)

EXERCÍCIOS

1. Há, a seguir, algumas sugestões de início de parágrafos. Escolha uma delas e escreva um pequeno texto narrando os fatos de acordo com o foco indicado entre parênteses.

a) – Ah! Se não fosse tão complicado... (narrador-protagonista)

b) – Pela vidraça do apartamento... (narrador-observador, do tipo onisciente)

c) – É você?
– ... (modo dramático)

2. Leia este texto:

Versões

Debi Treloar/Photonica/Getty Images

A *versão da mulher*: "Eu estava no apartamento, nuinha, uma graça, pensando com meu umbigo — porque botão não tinha, né? — que o velho de binóculo no apartamento da frente já estava passando dos limites e que se ele não parasse com aquilo eu era capaz até de fechar a janela, onde se viu, quando bateram na porta e era esse cara com uma arma deste tamanho perguntando: 'Onde é que ela está? Onde é que ela está?'. Aí eu disse: 'Eu, hein?', mas ele nem quis ouvir, foi me empurrando e entrou no apartamento, entrou no quarto e acordou o Samuca, coitado, que ele não dormia há dois dias, diz ele que trabalhando na campanha do Miro, mas eu acho que é outra coisa, tinha marca de dentes no pescoço, eu aguento? O Samuca nem sabia o que estava acontecendo, só fazia 'Ahn? Ahn?' e o cara gritando 'Onde é que ela está?'. Olha, eu sou muito calma, eu sou uma pessoa equilibradíssima, pra me tirar do sério tem que desabar o mundo, mas eu não aguentei e gritei: 'Qualé? Invadindo meu domicílio, qualé?'. E pulei nas costas dele. Ele caiu por cima do Samuca. A cama desabou. A arma disparou. E acertou o Samuca, coitado".

A *versão do criminoso*: "Não estou satisfeito com o que aconteceu. Me excedi, reconheço. Foi um erro, pronto. Bati na porta e a moça atendeu. Perguntei se a Dalva estava. Ela disse que ali não tinha Dalva nenhuma. Pedi, educadamente, para entrar e ver se tinha ou não tinha. Ela disse que não podia abrir a porta porque estava nua. Eu duvidei e ela abriu a porta para mostrar que era verdade. Nuinha. Eu entrei. A porta do quarto estava fechada. Eu fui na direção da porta e ela avisou 'Não entra aí!'. Eu entrei, pensando encontrar a Dalva, e dei com um homem armado. Brigamos, e a moça pulou nas minhas costas, nós caímos sobre a cama, a cama desabou, a arma disparou por acidente e ele morreu, pronto. Não pensem que eu estou orgulhoso do que fiz, mas qualquer um se engana. Olha, tenho nível. Sou formado. Foi um erro". [...]

(Luis Fernando Verissimo. *Outras do analista de Bagé*. 29. ed. Porto Alegre: L&PM, 1982. p. 45-7.)

Dê continuidade à narrativa, incluindo outras versões sobre os fatos, apresentadas do ponto de vista de dois ou mais dos narradores sugeridos a seguir.

- O velho de binóculo
- Dalva
- Samuca
- A arma
- O gato
- O telefone

Lembre-se de que a versão de cada narrador deve levar em conta os fatos mencionados pelos narradores do texto original. Se quiser, faça versões bem-humoradas e inclua outras personagens. Ao produzir seu texto, siga as orientações que se encontram no capítulo 9 da unidade 1, na página 104.

LÍNGUA: USO E REFLEXÃO

Impressão (1872), de Claude Monet

CAPÍTULO 6

O advérbio

CONSTRUINDO O CONCEITO

Observe este quadro, de Georges de La Tour:

Louvre, Paris

O trapaceiro com ás de ouros (1635-40), de Georges de La Tour.

1. Na cena retratada no quadro não há luz artificial. Portanto, é dia ou noite?

2. Três pessoas jogam cartas a dinheiro.

a) Como e onde estão os jogadores de carta?

b) Quem é provavelmente a mulher que está em pé?

c) Como é o olhar das duas mulheres?

3. Observe o título do quadro e a atitude das pessoas retratadas.

a) De que modo o trapaceiro trapaceia o jogo?

- com medo
- com desespero
- com astúcia
- com desprezo

b) O trapaceiro vai conseguir enganar os outros jogadores? Por quê?

4. Na sua opinião, qual será o desfecho desse jogo?

5. Transpondo a linguagem visual para a verbal, complete o texto seguinte, de acordo com as indicações entre parênteses e com os elementos do quadro observados anteriormente.

Três pessoas estão sentadas □ (lugar) e jogam cartas. O jogador sentado □ (lugar) está trapaceando, pois pega, □ (modo), duas cartas que estão escondidas □ (lugar). Ele, entretanto, □ (negação) está conseguindo enganar seus parceiros de jogo, pois a criada provavelmente viu sua trapaça quando passou □ (lugar) dele para servir o vinho e troca olhares com a mulher, avisando-a. A mulher □ (dúvida) o desmascare.

O trapaceiro com ás de ouros (1647), Georges de La Tour

CONCEITUANDO

As palavras que se referem principalmente ao verbo, dando ideia de lugar, tempo, modo, causa, etc., são chamadas de **advérbios**.

Advérbio é a palavra que indica as circunstâncias em que se dá a ação verbal.

O conjunto de duas ou mais palavras que têm valor de advérbio denomina-se **locução adverbial**:

O jogador pega cartas escondidas *com astúcia*.

O advérbio modifica apenas o verbo?

Etimologicamente, *advérbio* (*ad*, "junto de" + verbo) significa "termo que acompanha o verbo". Apesar disso, os advérbios de intensidade podem acompanhar, além de verbos, substantivos, adjetivos e advérbios. Veja:

Quase médico, já consulta com eficiência.
(adv.: *Quase*; subst.: médico)

O menino tem olhos *muito* claros, expressivos.
(adv.: *muito*; adj.: claros)

A vida lhe corre *muito* bem.
(adv.: *muito*; adv.: bem)

Alguns advérbios podem, ainda, se referir a uma oração inteira:

Felizmente, tudo se resolveu.
(adv.: *Felizmente*; oração: tudo se resolveu)

VALORES SEMÂNTICOS DOS ADVÉRBIOS E DAS LOCUÇÕES ADVERBIAIS

Os advérbios e as locuções adverbiais são classificados de acordo com seu valor semântico, isto é, com o sentido que apresentam ou a circunstância que indicam.

Alguns dos valores semânticos dos advérbios e das locuções adverbiais são estes:

- **tempo**: *ontem, hoje, agora, antes, depois*: "O que aconteceu? Você chegou *cedo*!".
- **modo**: *bem, mal, assim, depressa* e quase todos os advérbios terminados em *-mente*, como, por exemplo, *felizmente, suavemente*: "Saiu *repentinamente* da reunião e não se justificou".
- **lugar**: *aqui, ali, lá, abaixo, acima, longe, fora, dentro*: "Meus tios moraram *perto* de nós durante muitos anos".
- **dúvida**: *possivelmente, porventura, quiçá*: "*Talvez* chegue a tempo para assistir ao casamento".
- **afirmação**: *decerto, certamente, realmente, efetivamente*: "*Sim*, senhor, eu vi tudo".
- **negação**: *não, nem, nunca, tampouco*: "Ela *não* está bem de saúde hoje".

Além de ter esses valores semânticos, as locuções adverbiais podem indicar ainda outras circunstâncias, como: assunto, companhia, fim, etc. Veja alguns exemplos:

O conferencista falou *sobre literatura brasileira*. (assunto)
Foi ao teatro *com os amigos*. (companhia)
Foi, *apesar da proibição*. (concessão)
Só sairá da escola *com autorização*. (condição)
Fez o edifício *conforme o projeto*. (conformidade)
Preparou-se com afinco *para os exames vestibulares*. (fim)
Redigiu o texto final *com uma caneta-tinteiro*. (instrumento)

Função sintática do advérbio

O *advérbio* e a *locução adverbial* desempenham na oração a função de adjunto adverbial, classificando-se de acordo com as circunstâncias que acrescentam ao verbo, ao adjetivo e ao advérbio:

Meio tonta, deixou-se cair na cama.
adj. adv. de intensidade

Advérbios interrogativos

Os advérbios interrogativos *onde, quando, como* e *por que* são empregados nas orações interrogativas diretas e indiretas em referência, respectivamente, a lugar, tempo, modo e causa. Observe, na tira a seguir, o emprego dos advérbios interrogativos *onde* e *por que*, indicando, respectivamente, lugar e causa.

(Bill Watterson. *O progresso científico deu "tilt"*. São Paulo: Best, 1991. v. 2, p. 25.)

EXERCÍCIOS

1. O poema a seguir, de Arnaldo Antunes, é construído quase inteiramente com advérbios e locuções adverbiais. Leia-o.

> *Em cima* de cima assim e acima sobre
> do alto e de alto a baixo *debaixo* ao lado
> *atrás* e de lado a lado detrás e sob *acolá*
> e além de *ali* depois pelo centro entre
> de fora dentro *na frente* e *já* de ago-
> ra em frente e *daqui defronte* através
> e rente no fundo no fundo no fundo
> em pé *de repente perto* envolvido em
> torno envolvendo em volta e de vol-
> ta já e também no meio na mosca no
> alvo na hora fora daqui mas a pou-
> cos pés *pouco a pouco* aos pés através
> atrás de viés e em e ainda *mais* e ainda
> *agora* e a cada vez de uma vez ain-
> da no fundo no fundo no fundo ante e
> antes de então e então durante e enquan-
> to aqui *por enquanto adiante* avante
> acerca e portanto ao largo ao redor e lá
> e *nos arredores* nos cantos cá de pas-
> sagem logo tangente longe distante e
> onde no mundo *no mundo* no mundo
>
> (*Melhores poemas*. Seleção de Noemi Jaffe. São Paulo: Global, 2010. p. 95.)

a) Classifique os advérbios e as locuções adverbiais em destaque no texto, de acordo com os valores semânticos que exprimem no contexto.

b) Troque ideias com os colegas: Considerando-se que advérbios e locuções adverbiais geralmente exprimem circunstâncias relativas a ações expressas por verbos e que o poema termina com "no mundo no mundo no mundo", que interpretação pode ser dada ao poema?

2. Leia o anúncio abaixo:

Globo Marcas

(*Veja*, nº 2050.)

a) No anúncio, a expressão *sinal vermelho* apresenta mais de um sentido. Relacionando a imagem principal do anúncio a essa expressão, indique os sentidos que ela apresenta no contexto.

b) Explique a oposição entre *sinal vermelho* e *planeta azul*.

c) No texto principal do anúncio, há uma locução adverbial e um advérbio. Identifique-os e indique o valor semântico que eles exprimem.

Flexão do advérbio

Os advérbios são palavras invariáveis em gênero e número. Observe:

Há *menos* pessoas naquela fila.
Eles moram *longe* da escola.

Entretanto, podem sofrer variação de grau, apresentando-se nos graus *comparativo* e *superlativo*. Esses graus são formados por processos análogos aos da flexão de grau dos adjetivos.

Comparativo

- de superioridade: Falou *mais* baixo *que* (ou *do que*) o colega.
- de igualdade: Falou *tão* baixo *quanto* (ou *como*) o colega.
- de inferioridade: Falou *menos* baixo *que* (ou *do que*) o colega.

Superlativo

- sintético: Falou *baixíssimo* (*altíssimo*, *dificílimo*, etc.).
- analítico: Falou *muito* baixo (*extremamente* baixo, *consideravelmente* alto, *muito* difícil, etc.).

3. Há palavras que em determinados contextos são adjetivos (portanto, variáveis) e em outros são advérbios (portanto, invariáveis). Observe:

Você comeu *rápido* demais.
advérbio

Vocês são *rápidos* demais para comer.
adjetivo

Viajamos para *longe*, para terras estranhas.
advérbio

Viajamos por terras *longes* e estranhas.
adjetivo

Identifique nas frases seguintes se a palavra destacada é adjetivo ou advérbio.

a) As crianças vão *melhor*, obrigada. Já estão sem febre.

b) O molho de tomate está *melhor* agora, mais saboroso, você não acha?

c) Ana, Carla, Joana e Rose são as *melhores* alunas do 2º ano.

d) Visitei-os ontem e encontrei-os *pior*, mais abatidos e aflitos.

e) Tente elaborar outro plano, porque este apresentou os *piores* resultados.

Melhor, pior / mais bem, mais mal

Melhor e *pior* são comparativos de *bem* e *mal* (como também dos adjetivos *bom* e *mau*), respectivamente, sendo, portanto, invariáveis. Observe:

Ninguém conhece *melhor* seus interesses do que eu.

As formas *mais bem* e *mais mal* podem ser empregadas, desde que junto de adjetivos representados por particípios. Veja este exemplo:

Os contribuintes estavam *mais bem* informados do que há um ano.

4. Reescreva as frases, completando-as com *meio* ou *meia*, conforme convier:

a) A porta do camarim estava ☐ aberta e, por instantes, vimos a cantora se maquilando.

b) Não a incomode, pois hoje ela está ☐ triste.

c) Era ☐-dia e ☐ quando o almoço foi servido.

d) Para dar um sabor especial ao molho de salada, acrescente o suco de ☐ limão e ☐ colher de sobremesa de mostarda.

Meio ou meia?

O numeral *meio* ("metade de um") é uma palavra variável, ou seja, flexiona-se em gênero. Veja:

Tomei *meio* copo de refrigerante, e ela, *meia* xícara de leite.
Suas aulas iniciam-se *meio*-dia e *meia*. (meia hora)

Já o advérbio *meio* ("um tanto, não inteiramente, quase") é invariável, isto é, não admite flexão.

Assim:

Maria está *meio* aborrecida hoje.

O ADVÉRBIO NA CONSTRUÇÃO DO TEXTO

Leia esta crônica, de Luis Fernando Verissimo:

De domingo

— Outrossim...
— O quê?
— O que o quê?
— O que você disse.
— Outrossim?
— É.
— O que é que tem?
— Nada. Só achei engraçado.
— Não vejo a graça.
— Você vai concordar que não é uma palavra de todos os dias.
— Ah, não é. Aliás, eu só uso domingo.
— Se bem que parece mais uma palavra de segunda-feira.
— Não. Palavra de segunda-feira é "óbice".
— "Ônus".
— "Ônus" também. "Desiderato". "Resquício".
— "Resquício" é de domingo.
— Não, não. Segunda, no máximo terça.
— Mas "outrossim", francamente...
— Qual é o problema?
— Retira o "outrossim".
— Não retiro. É uma ótima palavra. Aliás, é uma palavra difícil de usar. Não é qualquer um que usa "outrossim". Tem que saber a hora certa. Além do dia.
— Aliás, uma palavra que uso pouco é "aliás".
— Pois você não sabe o que está perdendo. "Aliás" é ótimo. Muito bom também é "não obstante".
— "Não obstante"! Acho que essa eu nunca usei.

Filipe Rocha

— "Não obstante" é de sábado.

— Quais são as outras palavras de domingo?

— Bem, tem "bel-prazer".

— "Bel-prazer" é fantástico.

— "Trâmites", "paulatino" ou "paulatinamente", "destarte"...

— "Amiúde" é de domingo?

— Não, meio de semana. De domingo é "assaz".

— Mas o que é que você estava dizendo?

— O que era mesmo? Eu parei no outrossim...

— Não. Eu não aceito outrossim.

— Como, não aceita?

— Não quero. Outrossim, não. Usa outra palavra.

— Mantenho o outrossim.

— Então é fim de papo.

— Você vai me tirar o outrossim da boca? Eu tive um trabalho danado para arranjar uma frase para encaixar o outrossim e agora não posso usar?

— Pra cima de mim, não.

— Deveras, eu...

— Deveras não!

— Mas deveras é de domingo.

— Não. Retira o deveras. Retira o deveras!

(*Novas comédias da vida privada*. Porto Alegre: L&PM, 1996. p. 158-9.)

1. A crônica é construída com base no diálogo entre duas personagens. O que motiva a discussão entre elas?

2. As personagens mencionam várias palavras de pouco uso. Associe as duas colunas, relacionando as palavras da primeira coluna ao sentido que elas têm:

a) óbice	1. realmente, de fato
b) desiderato	2. bastante, suficientemente
c) resquício	3. vontade, capricho
d) outrossim	4. empecilho, estorvo
e) não obstante	5. igualmente, do mesmo modo
f) assaz	6. o que se deseja, aspiração
g) deveras	7. resto, resíduo
h) bel-prazer	8. apesar de, embora
i) amiúde	9. com frequência

3. As personagens associam as palavras a dias de semana. Releia este trecho:

"— Ah, não é. Aliás, eu só uso [outrossim] domingo.

— Se bem que parece mais uma palavra de segunda-feira."

No contexto, qual é a diferença entre uma palavra "de domingo" e uma palavra "de segunda-feira"?

4. Observe estes trechos do texto:

"eu só uso domingo"
"uma palavra que eu uso pouco"
"acho que essa eu nunca usei"

a) Que advérbios acompanham o verbo *usar* nesses trechos? Classifique-os, de acordo com o valor semântico que têm no contexto.

b) Considerando o tema da discussão, o que justifica o emprego de advérbios com esse valor semântico?

5. Observe as palavras destacadas nestes trechos:

"Mantenho o *outrossim*."
"Retira o *deveras*."
"*Aliás* é ótimo."

Filipe Rocha

Embora todas elas sejam originalmente advérbios, no contexto desempenham outro papel gramatical.

a) Qual é esse papel?

b) Justifique sua resposta anterior, levando em conta cada um dos empregos.

6. Observe o emprego da palavra *deveras* neste trecho:

"— Para cima de mim, não. — Deveras, eu... — Deveras não!"

a) Levando em conta as intenções dos interlocutores, responda: Qual é o sentido da palavra *deveras* em cada situação?

b) Qual é o papel morfológico da palavra *deveras* em cada um desses empregos?

7. Um advérbio pode exprimir uma circunstância relativa a um verbo e também um ponto de vista a respeito de uma afirmação. No texto, em quais das situações abaixo o advérbio se refere a uma afirmação?

a) "Acho que essa eu *nunca* usei".

b) "– Deveras, eu..."

c) "– Mas 'outrossim', *francamente*..."

8. Como conclusão de estudo, assinale a alternativa falsa em relação ao texto lido:

a) O texto tem caráter metalinguístico, uma vez que promove uma reflexão sobre a língua e sobre sua capacidade de produzir sentidos.

b) Há, no texto, um grande número de advérbios, o que se justifica pelo fato de as personagens discutirem quando, como e por que usam certas palavras.

c) O texto revela que o brasileiro conhece mal sua própria língua, pois não domina plenamente o vocabulário e o valor expressivo das palavras.

d) O texto mostra que, embora a língua tenha uma natureza social, o uso que se faz dela envolve escolhas pessoais e subjetivas.

SEMÂNTICA E DISCURSO

No anúncio a seguir, o anunciante é a The Nature Conservancy, uma das principais organizações do mundo que atuam na defesa do meio ambiente. Leia-o e responda às questões de 1 a 6.

A nossa riqueza ecológica representa uma das maiores fontes de vida do planeta. Infelizmente, ela está sob sérias ameaças, sendo reduzida a cada dia que passa.

Para conservar o nosso patrimônio e restaurar áreas degradadas, a The Nature Conservancy (TNC) forma parcerias com empresas privadas, setores do governo e sociedade. Sempre conciliando desenvolvimento econômico com conservação da natureza, a TNC já ajudou a conservar uma área equivalente a quatro vezes o estado do Rio de Janeiro.

Para saber mais sobre o nosso trabalho, visite o nosso site

www.nature.org/brasil

The Nature Conservancy

(*Horizonte Geográfico*, nº 134, p. 62.)

1. O anúncio é constituído de parte verbal e parte não verbal.

a) Que elementos compõem a parte não verbal?

b) O que a imagem evidencia?

2. O texto escrito no *post-it* (papel de recado) faz um alerta.

a) Sobre o que ele alerta?

b) Levante hipóteses: Por que a frase foi escrita em um *post-it*?

3. No texto do *post-it* há dois advérbios. Quais são eles? Que valores semânticos expressam?

4. A foto e o *post-it* estão sobrepostos a um fundo verde.

a) Levando em conta quem é o anunciante, estabeleça relações entre os advérbios, as cores do anúncio, a imagem que aparece na fotografia e a finalidade do anúncio.

b) Responda: Qual finalidade o anunciante tinha em vista com a publicação desse anúncio?

5. Uma das características do advérbio é poder ocupar diferentes posições em uma frase. Releia esta frase:

"Algumas espécies aqui foram extintas antes de serem descobertas."

a) Que outras posições o advérbio *aqui* pode ocupar na frase sem que haja mudança de sentido?

b) Se o advérbio *aqui* fosse empregado no final da frase, o sentido do enunciado seria o mesmo? Justifique sua resposta.

6. Leia este enunciado:

A riqueza ecológica brasileira tem sido frequentemente e seriamente ameaçada.

Quando dois ou mais advérbios terminados em *-mente* se referem à mesma palavra, recomenda-se usar o sufixo apenas no último deles, a fim de dar mais leveza ao enunciado. Comprove esse efeito, eliminado o sufixo *-mente* no primeiro advérbio do enunciado.

7. Leia os textos:

Texto 1

13/01/2012 - 16h50

Confira 15 programas imperdíveis para o fim de semana

Não fique à toa no fim de semana: o **Guia** indica 15 programas imperdíveis para você se divertir de sexta-feira (13) a domingo (15). Saia de casa e aproveite.

(Disponível em: http://guia.folha.com.br/passeios/1033733-confira-15-programas-imperdiveis-para-o-fim-de-semana.shtml. Acesso em: 23/3/2012.)

Texto 2

Gilberto Dimenstein

23/02/2012 - 07h10

Brasileiro inventa carro de papel

Não é à toa que o urbanista Jaime Lerner, ex-prefeito de Curitiba, foi incluído na lista das 100 mais influentes personalidades do planeta, segundo a revista *Time*. Neste Carnaval, ele me mostrou um detalhe de seu projeto, em desenvolvimento avançado, de fazer o menor carro do mundo: ele será de papel, totalmente reciclável [...].

[...]

(Disponível em: http://www1.folha.uol.com.br/colunas/gilbertodimenstein/1052286-brasileiro-inventa-carro-de-papel.shtml. Acesso em: 23/3/2012.)

Texto 3

— Sujeitinho à toa, não vale nada!

Nos três textos, foi empregada a expressão *à toa*.

a) Que sentido tem a expressão em cada um dos textos?

b) Em qual texto a expressão é locução adjetiva? Em quais é locução adverbial?

8. As palavras e expressões destacadas nas frases a seguir não são advérbios, pois não modificam verbo, adjetivo ou outro advérbio. Entretanto, podem denotar, por exemplo, realce, inclusão, exclusão, designação, retificação e situação. Indique o que elas denotam nestes contextos:

a) Que *é que* você tem?

b) Outro dia, *por exemplo*, li no jornal um comentário muito interessante sobre esse assunto.

c) "Passeavam cachorros de apartamento e seus donos solitários e, à tarde, velhos aposentados se reuniam e tomavam a fresca, limpinhos e direitos. *Também* candinhas faladeiras, pegajosas e de olhar mau, vestidas fora de moda [...]" (João Antonio)

d) Todos compareceram ao evento, *exceto* o presidente.

LITERATURA

Berthélemy Lauverge

A *grande rua* (1832), de Berthélemy Lauverge, retrato do Rio de Janeiro no séc. XIX.

CAPÍTULO 7

O romance urbano

Pelo fato de tratar das particularidades da vida cotidiana da burguesia, o romance urbano conquistou enorme prestígio entre o público dessa classe tanto na Europa quanto no Brasil. Esse êxito não apenas teve como consequência a consolidação e o amadurecimento do romance como gênero, mas também preparou caminhos para voos literários mais altos, representados pelos romances urbanos de Machado de Assis, que surgiram alguns anos depois.

O romance romântico, em vez de tratar de temas antigos, relacionados aos gregos e aos romanos, retratava o dia a dia do leitor, pondo em discussão certos problemas e valores vividos pelo próprio público nas cidades. Para a burguesia de então, ver o seu mundo retratado nos livros era uma novidade excepcional.

Por essa razão, o romance urbano, entre todos os tipos de romance que se produziram na Europa e no Brasil no século XIX, é o mais lido desde o Romantismo até os dias de hoje.

No Brasil, a literatura romântica contou com um número considerável de romances urbanos, entre os quais se destacam *A Moreninha*, de Joaquim Manuel de Macedo, *Memórias de um sargento de milícias*, de Manuel Antônio de Almeida, e *Lucíola* e *Senhora*, de José de Alencar.

A MORENINHA: A PERIPÉCIA SENTIMENTAL

O primeiro romance brasileiro propriamente dito, depois de algumas tentativas malsucedidas no gênero, foi *A Moreninha* (1844), de Joaquim Manuel de Macedo (1820-1882). Embora formado em Medicina, Macedo dedicou-se ao jornalismo e à política. Sua primeira obra, *A Moreninha*, conferiu-lhe ampla popularidade, mantida com a publicação de outros romances.

Nessa obra, Macedo utilizou os ingredientes necessários para satisfazer o gosto do leitor da época e repetiu-os à exaustão em seus dezessete romances posteriores. De modo geral, esses ingredientes são a comicidade, o namoro difícil ou impossível, a dúvida entre o dever e o desejo, a revelação surpreendente de uma identidade, as brincadeiras de estudantes e uma linguagem mais inclinada para o tom coloquial.

LEITURA

O enredo do romance *A Moreninha* se inicia com a ida de um grupo de amigos – Augusto, Fabrício, Leopoldo e Filipe – à casa da avó de Filipe, numa ilha próxima ao Rio de Janeiro, onde os rapazes vão passar o Dia de Sant'Ana. Filipe aposta que os amigos irão interessar-se por suas primas ou por sua irmã, Carolina, que lá estarão. Augusto aceita a aposta, e fica combinado que quem perder escreverá a história de sua derrota. Mais tarde se vem a saber que essa história é a própria obra *A Moreninha*.

De fato, Augusto apaixona-se pela moreninha Carolina, mas não pode realizar seus sentimentos; sete anos antes – aos treze anos – havia feito um juramento de fidelidade a uma menina que conhecera na praia. Ele e a menina haviam-se unido para auxiliar um moribundo, o qual, num gesto simbólico, casara-os e fizera com que trocassem presentes – ele deu a ela um camafeu, e ela deu a ele uma esmeralda –, além de juras de um casamento verdadeiro no futuro.

Augusto, agora com vinte anos, confessa seu amor a Carolina, que considera a atitude do rapaz uma prova de sua infidelidade amorosa e lhe pede que vá embora, ao encalço daquela a quem jurara amor. Ele concorda. Em seguida...

Herói romântico e herói moderno

O herói romântico geralmente é um ser dotado de idealismo, honra, força e coragem. Às vezes, põe a vida em risco para atender aos apelos do coração ou da justiça. O índio Peri, de *O guarani*, é um dos melhores exemplos de herói romântico em nossa literatura.

Após o Romantismo, entretanto, surge o *herói problemático*, uma pessoa comum, com limites e dificuldades, diferente em tudo de seu antecessor. Apesar desse perfil do herói moderno, o que vemos hoje nos quadrinhos, nos desenhos e em filmes é, em grande parte, a manutenção do modelo romântico.

Indiana Jones e o templo da perdição/Photonostop/Screen prod/Diomedia

Indiana Jones é o maior herói do cinema, de acordo com a revista *Total Film*.

D. Carolina deixou cair uma lágrima, e falou ainda, mas já com voz fraca e trêmula:

– Sim, deve partir... vá... Talvez encontre aquela a quem jurou amor eterno... Ah! senhor! nunca lhe seja perjuro.

– Se eu a encontrasse!...

– Então!... que faria?...

– Atirar-me-ia a seus pés, abraçar-me-ia com eles e lhe diria: "Perdoai-me, perdoai-me, senhora, eu já não posso ser vosso esposo! tomai a prenda que me destes..."

E o infeliz amante arrancou debaixo da camisa um breve, que convulsivamente apertou na mão.

– O breve verde!... exclamou d. Carolina, o breve que contém a esmeralda!...

– Eu lhe diria, continuou Augusto: "recebei este breve que já não devo conservar, porque eu amo outra que não sois vós, que é mais bela e mais cruel do que vós!..."

A cena estava se tornando patética; ambos choravam e só passados alguns instantes, a inexplicável Moreninha pôde falar e responder ao triste estudante.

– Oh! pois bem, disse; vá ter com sua antiga desposada, repita-lhe o que acaba de dizer, e se ela ceder, se perdoar, volte que eu serei sua... esposa.

– Sim... eu corro... Mas meu Deus, onde poderei achar essa moça a quem não tornei a ver, nem poderei conhecer?... onde, meu Deus?... onde?

E tornou a deixar correr o pranto por um momento suspenso.

– Espere, tornou d. Carolina, escute, senhor. Houve um dia, quando minha mãe era viva, em que eu também socorri um velho moribundo. Como o senhor e sua camarada, matei a fome de sua família e cobri a nudez de seus filhos; em sinal de reconhecimento também este velho me fez um presente; deu-me uma relíquia milagrosa, que asseverou-me ele, tem o poder uma vez, na vida de quem possui, de dar o que se deseja. Eu cosi essa relíquia dentro de um breve; ainda não lhe pedi coisa alguma, mas trago-a sempre comigo; eu lha cedo... tome o breve, descosa-a, tire a relíquia e à mercê dela talvez encontre sua antiga amada. Obtenha o seu perdão e me terá por esposa.

– Isto tudo me parece um sonho, respondeu Augusto, porém, dê-me, dê-me esse breve!

A menina, com efeito, entregou o breve ao estudante, que começou a descosê-lo precipitadamente. Aquela relíquia, que se dizia milagrosa, era sua última esperança; e, semelhante ao náufrago que no derradeiro extremo se agarra à mais leve tábua, ele se abraçava com ela. Só faltava a derradeira capa do breve... ei-la que cede e se descose... salta uma pedra... e Augusto, entusiasmado e como delirante, cai aos pés de d. Carolina, exclamando:

– O meu camafeu!... o meu camafeu!...

A senhora d. Ana e o pai de Augusto entraram nesse instante na gruta e encontraram o feliz e fervoroso amante de joelhos e a dar mil beijos nos pés da linda menina, que também por sua parte chorava de prazer.

Cinemateca Brasileira

Cena do filme *A Moreninha*, adaptado da obra de Joaquim Manuel de Macedo.

– Que loucura é esta? perguntou a senhora d. Ana.

– Achei minha mulher!... bradava Augusto; encontrei minha mulher!... encontrei minha mulher!...

– Que quer dizer isto, Carolina?...

– Ah, minha boa avó!... respondeu a travessa Moreninha ingenuamente: nós éramos conhecidos antigos.

(São Paulo: Ática, s.d. p. 144-6.)

breve: escapulário, santinho.

1. Um dos traços que marcam a linguagem romântica em geral, inclusive a prosa, é o *sentimentalismo exagerado*. Destaque do texto um fragmento em que tal traço se evidencie.

2. O *amor impossível* e a *mulher idealizada* são também elementos frequentes da prosa romântica. Para o impasse amoroso, costuma haver dois tipos de saída: o *final feliz*, em que o amor supera as barreiras sociais, ou o *final trágico*, em que a morte se coloca como única saída, adiando para a vida eterna a realização amorosa. Em *A Moreninha*:

a) Qual é a saída para o impedimento amoroso?

b) Pode-se afirmar que essa saída está de acordo com as normas sociais ou é contrária a elas? Justifique com elementos do texto.

3. O romance romântico, principalmente o da fase inicial, costuma apresentar a técnica do *flashback* narrativo, isto é, um retorno no tempo, para explicar, por meio do passado, certas atitudes das personagens no presente. Às vezes é no *flashback* que se situa a peripécia sentimental, isto é, o fato ou revelação capaz de mudar o rumo da história.

a) Que fato da obra *A Moreninha* constitui um *flashback*?

b) E a peripécia sentimental?

c) Que efeito o narrador procura provocar no leitor por meio da peripécia sentimental?

4. Leia o boxe abaixo e responda: As personagens de *A Moreninha* são planas ou esféricas?

Tipos e personagens planas e esféricas

Nas obras ficcionais, há dois tipos básicos de personagem: as *planas* e as *esféricas*. A personagem plana nós a conhecemos exteriormente, pelo que fala e faz. Como os comportamentos desse tipo de personagem costumam ser regulares, não é difícil prever o seu destino.

A personagem esférica, por sua vez, é explorada psicologicamente. Dela conhecemos os pensamentos, conflitos, medos, reflexões existenciais, etc., mas, apesar disso, ela sempre pode nos surpreender. Personagens românticas esféricas são encontradas apenas na fase de transição do Romantismo para o Realismo.

Além das personagens, existe também o *tipo*, uma personagem menor, espécie de estereótipo ou caricatura literária, que age de acordo com a profissão ou a classe a que pertence. Seus comportamentos são inteiramente previsíveis. Exemplos de tipo são o motorista de táxi, o balconista, o barbeiro, etc.

Entre o casamento e a sífilis

Os modos bem-comportados das personagens de *A Moreninha* dão pouca ideia de como era a vida sexual dos jovens no século XIX. Para as moças, a virgindade era supervalorizada e deveria ser mantida até o casamento. Para os rapazes, entretanto, havia uma mentalidade diferente: o jovem deveria "aproveitar a vida", namorar várias moças, frequentar prostíbulos, divertir-se, porque o casamento poderia tirar-lhe essa liberdade. Entretanto, o grande problema para os rapazes da época era a possibilidade de contrair sífilis, doença sexual muito comum.

MANUEL ANTÔNIO DE ALMEIDA: A MALANDRAGEM EM CENA

Manuel Antônio de Almeida (1831-1861) nasceu no Rio de Janeiro. De família simples, com muita dificuldade cursou Medicina em sua cidade natal; contudo, a profissão que exerceu foi o jornalismo.

Como escritor, Manuel Antônio de Almeida produziu uma única obra. O descompromisso com o sucesso e um grande senso de humor lhe permitiram criar uma das obras mais originais do Romantismo brasileiro: *Memórias de um sargento de milícias*.

Correio Mercantil

Manuel Antônio de Almeida foi jornalista do *Correio Mercantil*, no Rio de Janeiro.

Memórias de um sargento de milícias

Esse romance foi publicado sob a forma de folhetins anônimos, assinados com o pseudônimo "Um Brasileiro", no *Correio Mercantil*, onde Manuel Antônio de Almeida trabalhou como jornalista de 1852 a 1853.

Provavelmente o autor valeu-se da convivência com as camadas mais humildes da população carioca do século XIX para construir o universo social da obra.

Memórias de um sargento de milícias difere da maioria dos romances românticos, pois apresenta uma série de procedimentos que fogem ao padrão da prosa romântica. O protagonista não é herói nem vilão, mas um malandro simpático que leva uma vida de pessoa comum; não há idealização da mulher, da natureza ou do amor, sendo reais as situações retratadas; a linguagem aproxima-se da jornalística, deixando de lado a excessiva metaforização que caracteriza a prosa romântica.

Vez e voz dos despossuídos

Ao contrário do que acontece nos demais romances urbanos, que retratam o cotidiano da aristocracia, em *Memórias de um sargento de milícias*, de Manuel Antônio de Almeida, ganham espaço figuras comuns da sociedade, como o barbeiro, a comadre, o delegado, o soldado, o vagabundo e outros.

Em nossa literatura predominam romances que retratam as camadas média e alta da população. Poucos foram os períodos e os autores que tomaram por tema a classe média baixa, o operário ou o camponês. Alguns merecem ser lembrados: no século XIX, além de *Memórias de um sargento de milícias*, há também *O cortiço* e *Casa de pensão*, de Aluísio Azevedo; no século XX, marcaram época as obras *Triste fim de Policarpo Quaresma*, de Lima Barreto, *Vidas secas*, de Graciliano Ramos, *O Quinze*, de Rachel de Queiroz, *Os corumbas*, de Amando Fontes, *Quarto de despejo – Diário de uma favelada*, de Carolina de Jesus.

O enredo

A narrativa é situada na época de D. João VI, no início do século XIX, quando se muda para o Brasil o meirinho (oficial de justiça) Leonardo Pataca – pai de Leonardo, o protagonista da história.

No navio, Leonardo Pataca conhece Maria das Hortaliças e a engravida. Já no Brasil, após o nascimento e o batizado de Leonardo Filho, Maria é flagrada pelo marido com outro homem e foge para Portugal. Com a separação do casal, Leonardo é criado pelo padrinho (um barbeiro), com ajuda da madrinha (uma parteira).

As travessuras de Leonardo são o centro da narrativa e servem tanto para a concatenação de outras personagens e ações da obra quanto para a descrição de tipos, ambientes e costumes da sociedade carioca do começo do século XIX.

A série de malandragens de Leonardo só tem fim quando, em virtude de sua ampla experiência no mundo da vadiagem, ele é escolhido por Vidigal (chefe de polícia) para ocupar o cargo que vagara na tropa de granadeiros (soldados).

ALENCAR E A CRÍTICA SOCIAL

Além de ter se dedicado ao romance indianista e ao romance regional, José de Alencar foi também um de nossos melhores romancistas urbanos. Suas obras, além de conter os ingredientes próprios do romance urbano romântico – intrigas amorosas, chantagens, amores impossíveis, peripécias –, conseguem analisar com profundidade certos temas delicados daquele contexto social. Em *Senhora* são abordados os temas do casamento por interesse, da independência feminina e da ascensão social a qualquer preço. Em *Lucíola* é discutida a prostituição nas altas camadas sociais e, como em *Senhora*, a oposição entre o amor e o dinheiro. O romance *Diva*, ao lado de *Senhora* e *Lucíola*, constitui a série "perfis femininos".

Senhora

Publicada em 1875, *Senhora* é uma das últimas obras escritas por Alencar. Ao tematizar o casamento como forma de ascensão social, o autor deu início à discussão sobre certos valores e comportamentos da sociedade carioca da segunda metade do século XIX.

Editora Saraiva

Embora *Senhora* ainda esteja presa ao modelo narrativo romântico, que considera o amor como o único meio de redimir todos os males, a obra apresenta alguns elementos inovadores, que anunciam a grande renovação realista. Entre tais elementos estão a vigorosa crítica à futilidade dos comportamentos e à fragilidade dos valores burgueses resultantes do então emergente capitalismo brasileiro e, em certo grau, a introspecção psicológica.

O enredo

Aurélia Camargo é uma moça pobre e órfã de pai, noiva de Fernando Seixas. Seixas é um bom rapaz, porém tem o desejo de ascender rapidamente na escala social e, por isso, troca Aurélia por outra moça de dote mais valioso. Aurélia passa a desprezar todos os homens, e eis que, com a morte de um avô, torna-se milionária e, por isso, uma das mulheres mais cortejadas das cortes do Rio de Janeiro. Como vingança, manda oferecer a Seixas um dote de cem contos, mas sem que fosse revelado o nome da noiva, só conhecido no dia do casamento. Seixas aceita e se casam; porém, na noite de núpcias, Aurélia revela-lhe seu desprezo. Seixas cai em si e percebe o quanto fora vil em sua ganância. Vivem como estranhos na mesma casa durante onze meses, mas socialmente formam o "casal perfeito". Ao longo desse período, Seixas trabalha arduamente até conseguir obter a quantia que recebera como sinal pelo "acordo". Devolve os cem contos à esposa e se despede dela. Nesse momento, porém, Aurélia revela-lhe seu amor. Os dois, então igualados no amor e na honra, podem desfrutar o casamento, que ainda não havia se consumado.

LEITURA

A seguir você lerá dois textos. O primeiro é um fragmento de *Memórias de um sargento de milícias*; o segundo é extraído de *Senhora* e mostra dois episódios do romance: a cena do casamento entre Aurélia e Seixas e a cena da noite de núpcias do casal.

TEXTO I

[...] Ao sair do Tejo, estando a Maria encostada à borda do navio, o Leonardo fingiu que passava distraído por junto dela, e com o ferrado sapatão assentou-lhe uma valente pisadela no pé direito. A Maria, como se já esperasse por aquilo, sorriu-se como envergonhada do gracejo, e deu-lhe também em ar de disfarce um tremendo beliscão nas costas da mão esquerda. Era isto uma declaração em forma, segundo os usos da terra: levaram o resto do dia de namoro cerrado; ao anoitecer passou-se a mesma cena de pisadela e beliscão, com a diferença de serem desta vez um pouco mais fortes; e no dia seguinte estavam os dois amantes tão extremosos e familiares, que pareciam sê-lo de muitos anos.

Quando saltaram em terra começou a Maria a sentir certos enojos; foram os dois morar juntos; e daí a um mês manifestaram-se claramente os efeitos da pisadela e do beliscão; sete meses depois teve a Maria um filho, formidável menino de quase três palmos de comprido, gordo e vermelho, cabeludo, esperneador e chorão; o qual, logo depois que nasceu, mamou duas horas seguidas sem largar o peito. E este nascimento é certamente de tudo o que temos dito o que mais nos interessa, porque o menino de quem falamos é o herói desta história.

Chegou o dia de batizar-se o rapaz: foi madrinha a parteira; sobre o padrinho houve suas dúvidas: o Leonardo queria que fosse o Sr. juiz; porém teve de ceder a instâncias da Maria e da comadre, que queriam que fosse o barbeiro de defronte, que afinal foi adotado. Já se sabe que houve nesse dia função: os convidados do dono da casa, que eram todos dalém-mar, cantavam ao desafio, segundo seus costumes; os convidados da comadre, que eram todos da terra, dançavam o fado. O compadre trouxe a rabeca, que é, como se sabe, o instrumento favorito da gente do ofício. A princípio, o Leonardo quis que a festa tivesse ares aristocráticos, e propôs que se dançasse o minuete da corte. Foi aceita a ideia, ainda que houvesse dificuldade em encontrarem-se pares. Afinal levantaram-se uma gorda e baixa matrona, mulher de um convidado; uma companheira desta, cuja figura era a mais completa antítese da sua; um colega do Leonardo, miudinho, pequenino, e com fumaças de gaiato, e o sacristão da Sé, sujeito alto, magro e com pretensões de elegante. O compadre foi quem tocou o minuete na rabeca; e o afilhadinho, deitado no colo da Maria, acompanhava cada arcada com um guincho e um esperneio. Isto fez com que o compadre perdesse muitas vezes o compasso, e fosse obrigado a recomeçar outras tantas.

D. Pedro I e Leonardo Pataca: entre o real e o imaginário

Fundindo realidade e ficção, Ruy Castro, em *Era no tempo do rei* (Editora Objetiva), aproxima a personagem de ficção Leonardo Pataca da figura histórica de d. Pedro I. No livro, os dois são amigos inseparáveis, inseridos em um enredo cheio de aventuras, política e erotismo.

Eis a explicação do autor sobre como surgiu a ideia de reunir as duas figuras:

Alfaguara Brasil

A mãe do Leonardo o abandonou e seu pai também logo sumiu. No caso do d. Pedro I, não se esperava que o rei ou a rainha ficassem verificando se o filho estava estudando, conferindo notas. Isso era deixado para os tutores. Então é um tipo de criação parecida entre eles, tanto que se entenderam imediatamente, na ficção. E acho que interiormente eles tinham muitas coisas em comum, como a coragem, o senso de aventura, a curiosidade.

(*Folha de S. Paulo*, 17/11/2007.)

Depois do minuete foi desaparecendo a cerimônia, e a brincadeira aferventou, como se dizia naquele tempo. Chegaram uns rapazes de viola e machete: o Leonardo, instado pelas senhoras, decidiu-se a romper a parte lírica do divertimento. Sentou-se num tamborete, em um lugar isolado da sala, e tomou uma viola. Fazia um belo efeito cômico, vê-lo, em trajes do ofício, de casaca, calção e espadim, acompanhando com um monótono zum-zum nas cordas do instrumento o garganteado de uma modinha pátria. Foi nas saudades da terra natal que ele achou inspiração para o seu canto, e isto era natural a um bom português, que o era ele. [...]

O canto do Leonardo foi o derradeiro toque de rebate para esquentar-se a brincadeira, foi o adeus às cerimônias. Tudo daí em diante foi burburinho, que depressa passou à gritaria, e ainda mais depressa à algazarra. [...]

(Manuel Antônio de Almeida. *Memórias de um sargento de milícias*. São Paulo: Ática, 1976. p. 9-11.)

derradeiro: último.
enojo: enjoo, náusea.
função: espetáculo.
instar: pedir, solicitar, insistir.
minuete: antiga dança francesa com movimentos delicados e equilibrados.
rebate: sinal, anúncio.
rabeca: nome antiquado do violino.
Tejo: rio de Portugal.

TEXTO II

Os convidados, que antes lhe admiravam a graça peregrina, essa noite a achavam deslumbrante, e compreendiam que o amor tinha colorido com as tintas de sua palheta inimitável, a já tão feiticeira beleza, envolvendo-a de irresistível fascinação.

— Como ela é feliz! — diziam os homens.

— E tem razão! — acrescentaram as senhoras volvendo os olhos ao noivo.

Também a fisionomia de Seixas se iluminava com o sorriso da felicidade. O orgulho de ser o escolhido daquela encantadora mulher ainda mais lhe ornava o aspecto já de si nobre e gentil.

Efetivamente, no marido de Aurélia podia-se apreciar essa fina flor da suprema distinção, que não se anda assoalhando nos gestos pretensiosos e nos ademanes artísticos; mas reverte do íntimo com uma fragrância que a modéstia busca recatar, e não obstante exala-se dos seios d'alma.

Depois da cerimônia começaram os parabéns que é de estilo dirigir aos noivos e a seus parentes.

[...]

Para animar a reunião as moças improvisaram quadrilhas, no intervalo das quais um insigne pianista, que fora mestre de Aurélia, executava os melhores trechos de óperas então em voga.

Por volta das dez horas despediram-se as famílias convidadas.

[...]

Aurélia ergueu-se impetuosamente.

— Então enganei-me? — exclamou a moça com estranho arrebatamento. — O senhor ama-me sinceramente e não se casou comigo por interesse?

Seixas demorou um instante o olhar no semblante da moça, que estava suspensa de seus lábios, para beber-lhe as palavras:

— Não, senhora, não enganou-se, disse afinal com o mesmo tom frio e inflexível. Vendi-me; pertenço-lhe. A senhora teve o mau gosto de comprar um marido aviltado; aqui o tem como desejou. Podia ter feito de um caráter, talvez gasto pela educação, um homem de bem, que se enobrecesse com sua afeição; preferiu um escravo branco; estava em seu direito, pagava com seu dinheiro, e pagava generosamente. Esse escravo aqui o tem; é seu marido, porém nada mais do que seu marido!

(José de Alencar. *Senhora*. São Paulo: Saraiva, 2007. p. 75 e 127.)

Amor e dinheiro no cinema

O dilema moral vivido por Seixas em *Senhora*, dividido entre o casamento por amor e o casamento de conveniência, ainda é um tema atual e frequentemente abordado nas novelas de TV e no cinema.

O tema é explorado, por exemplo, em filmes como *Proposta indecente*, de Adrian Lyne, *O amor custa caro*, de Joel e Ethan Coen, e *Match Point* (*Ponto final*), de Woody Allen.

Mary Evans/Ronald Grand/Diomed

Cena do filme *O amor custa caro*.

ademane: aceno, trejeito, qualquer gesto ou comportamento afetado.
arrebatamento: exaltação, arroubo, comportamento precipitado.
aviltado: desonrado, rebaixado, envilecido.
insigne: destacado, famoso, ilustre.
não obstante: apesar disso, contudo.

Malandragem: o "jeitinho brasileiro"?

Segundo o escritor Mário de Andrade, Leonardo Pataca é uma personagem semelhante ao pícaro espanhol, um tipo de malandro simpático e brincalhão que vive à margem da sociedade, sem nenhum vínculo, sempre à procura de novas aventuras.

No século XX, o próprio Mário de Andrade daria continuidade à tradição da malandragem com sua personagem irreverente Macunaíma, na opinião dele o retrato do brasileiro. Em 1978, Chico Buarque de Hollanda resgatou essa tradição com a peça teatral *Ópera do malandro*, que também foi levada ao cinema, sob direção de Ruy Guerra.

Será que a malandragem é mesmo uma característica do jeito brasileiro de ser?

Moacyr Lopes/Folhapress

Ensaio da peça *Ópera do malandro*.

1. Os dois textos apresentam em comum o ambiente urbano do Rio de Janeiro do século XIX e o relacionamento entre homem e mulher.
   a) Que classe social cada um dos textos retrata?
   b) Que importância ou significado tem o casamento para as personagens do texto I e para as do texto II?
2. Nas duas obras, as personagens – de um lado, Maria das Hortaliças e, de outro, Aurélia e Seixas – transgridem as regras sociais ou as regras do amor romântico.
   a) Qual a transgressão de Maria das Hortaliças?
   b) Qual é a transgressão de Aurélia e Seixas?
3. Nos dois textos, ocorre uma festa que revela diferenças de comportamento das classes sociais retratadas. Compare as festas e responda:
   a) Por que a sugestão de Leonardo de se dançar o minuete é inadequada ao seu grupo social?
   b) Que diferenças há entre as festas, considerando-se a participação dos convidados?
4. Na segunda parte do texto II, Aurélia, na noite de núpcias, revela ao marido o desprezo que tem por ele. Interprete e explique estas afirmações de Seixas:
   a) "Podia ter feito de um caráter, talvez gasto pela educação, um homem de bem, que se enobrecesse com sua afeição; preferiu um escravo branco"
   b) "Esse escravo aqui o tem; é seu marido, porém nada mais do que seu marido!"
5. No texto II, Aurélia, considerando-se sua condição de mulher e a pouca idade que tinha, apresenta um comportamento raro naquela sociedade.

Memórias de um sargento de milícias em quadrinhos

Almeida, Manuel Antônio de. Literatura Brasileira em Quadrinhos - *Memórias de um sargento de Milícias*. São Paulo: Escala Educacional, 2006. p. 3

A obra de Manuel Antônio de Almeida vem sendo regularmente adaptada para outras linguagens, como o teatro e a história em quadrinhos. No mercado, já existem várias adaptações de *Memórias de um sargento de milícias* para a linguagem dos quadrinhos.

Embora a leitura dos quadrinhos não substitua a leitura da obra original, ela é válida quando apreciada como obra independente.

   a) Em que o comportamento de Aurélia difere do das demais moças?
   b) A que se deve essa diferença?
6. *Senhora* e *Memórias de um sargento de milícias* são obras consideradas precursoras do Realismo – movimento literário que surgiu na segunda metade do século XIX e se caracteriza pela objetividade e pela crítica ostensiva à sociedade burguesa – em virtude do retrato mais direto, crítico e objetivo que fazem da realidade. Contudo, as duas obras ainda estão presas a certas convenções românticas.
   a) Qual dos dois romances foge mais às convenções românticas, tais como linguagem metafórica e idealização do amor e da mulher?
   b) Qual dos dois romances aprofunda mais a crítica à sociedade, já apresentando elementos próprios da crítica realista? Justifique.

LÍNGUA: USO E REFLEXÃO

Glow Images, Inc/Getty Images

CAPÍTULO 8

Palavras relacionais: a preposição e a conjunção

CONSTRUINDO O CONCEITO

Leia esta fábula:

A andorinha e os pássaros

Nos primeiros dias da estação de caça, a andorinha sentiu o perigo que rondava seus irmãos. Convocou então os pássaros para uma assembleia e aconselhou-os a arrancar dos carvalhos as parasitas viscosas. E acrescentou:

— Se vocês não conseguirem fazer isso, vão até os homens e peçam-lhes para não recorrer ao visco para nos pegar.

Os pássaros riram, achando que a andorinha não estava bem do juízo. Ela, por seu lado, foi até os homens e pediu-lhes clemência. Eles a acolheram por vê-la tão inteligente e deram-lhe abrigo. A andorinha encontrou refúgio e proteção entre eles; já os outros pássaros foram pegos e serviram de alimento para os homens.

Quem sabe prever os perigos consegue se safar melhor.

(Esopo. *Fábulas de Esopo*. Porto Alegre: L&PM, 1997. p. 81.)

Cindy Kassab/Corbis/Latinstock

visco: suco vegetal glutinoso no qual se envolvem varinhas para apanhar pássaros; visgo.

1. Leia estes pares de palavras:

- estação — caça
- foi — os homens
- pássaros — uma assembleia

a) Do modo como as palavras de cada par estão organizadas, há alguma palavra que as relaciona entre si?

b) Volte ao texto e identifique a palavra que liga as palavras de cada par.

c) A relação entre as palavras, no texto, é explicitada pelas palavras que as ligam?

d) Associe as palavras que ligam as palavras de cada par ao sentido relacionado a cada uma.

- movimento no espaço
- tipo
- direção, finalidade

2. Há, na fábula, várias palavras ligadas pela palavra *para*: "*para* não recorrer", "*para* nos pegar", "*para* os homens". Em qual das três expressões a palavra *para* indica finalidade?

3. Observe agora estes pares de orações:

- "vocês não conseguirem fazer isso"
  "vão até os homens"
- "Ela, por seu lado, foi até os homens"
  "pediu-lhes clemência"

a) Volte ao texto e identifique a palavra que liga as orações de cada par.

b) Em qual par de orações a palavra que as liga estabelece uma relação de adição?

CONCEITUANDO

Zuri

Você observou que é possível estabelecer relações entre palavras e orações, ligando-as por meio de outras palavras. As palavras que estabelecem relações entre palavras e orações são chamadas de **palavras relacionais**. Quando ligam duas palavras são denominadas **preposições**; quando ligam orações são chamadas de **conjunções**.

Em "foi *até* os homens", a preposição *até* cumpre o papel de ligar a palavra *foi* à palavra *homens*, exprimindo a noção de movimento no espaço. Em "*Se* vocês não conseguirem fazer isso, vão até os homens", a conjunção *se* cumpre o papel de ligar uma oração a outra, estabelecendo entre elas uma relação de condição.

As conjunções relacionam também termos semelhantes da mesma oração. Veja:

A andorinha encontrou refúgio e proteção entre eles.
(refúgio e proteção: objeto direto)

Concluindo:

Preposição é a palavra que liga duas outras palavras, de forma que o sentido da primeira é completado pela segunda.

Conjunção é a palavra ou expressão que relaciona duas orações ou dois termos de mesmo valor sintático.

As relações estabelecidas pelas preposições e conjunções contribuem para que um texto apresente textualidade, isto é, seja coerente e coeso, e não apenas uma sequência de palavras ou frases sem sentido.

A PREPOSIÇÃO

As principais preposições são: *a, ante, após, até, com, contra, de, desde, em, entre, para, perante, por (per), sem, sob, sobre, trás.*

Sairemos *após* o jantar.

Duas ou mais palavras empregadas com valor de preposição constituem uma **locução prepositiva**: *ao lado de, além de, depois de, através de, dentro de, abaixo de, a par de.* A locução prepositiva sempre termina por preposição.

Antes de sair, feche portas e janelas.

Combinação e contração

As preposições *a, de, em, por, para* e *com* podem ligar-se a outras palavras (artigo, pronome ou advérbio), formando combinações e contrações.

Combinação

Ocorre quando não há perda de fonema na ligação entre a preposição e o artigo ou entre a preposição e o advérbio. Observe:

De manhã, ela enviou o bilhete *ao* namorado.
prep. + art.

Eu gostaria de saber *aonde* ela quer chegar.
prep. + adv.

Contração

Ocorre quando há perda de fonema na ligação entre a preposição e o artigo, entre a preposição e o pronome pessoal, entre a preposição e o pronome demonstrativo ou entre a preposição e o advérbio. Observe:

O carro novo *do* meu irmão veio com defeito de fábrica.
prep. + art. (de + o)

As cartas e as fotografias estão *nesta* caixa antiga.
prep. + pron. dem. (em + esta)

Ela não para de falar *nele*.
prep. + pron. pess. (em + ele)

Pode deixar que eu continuo a varrer *daí* para frente.
prep. + adv. (de + aí)

DM

(*Época*, nº 525.)

: No texto principal do anúncio – "5 de junho, Dia Mundial do Meio Ambiente" –, a palavra *do* é uma contração, resultante da ligação entre a preposição *de* e o artigo *o*.

Quando a preposição *a* se une ao artigo *a* ou aos pronomes *aquele*, *aquilo*, ocorre um tipo especial de contração, denominado *crase*. Na escrita, a crase é indicada com o acento grave. Observe:

Fomos *à* feira de livros promovida pela biblioteca de nossa escola.
prep. *a* + art. *a*

O conferencista referiu-se *àquele* assunto que estudamos ontem.
prep. *a* + pron. *aquele*

EXERCÍCIO

O texto a seguir fala sobre ratos de laboratório. Leia-o e complete-o com preposições, combinações ou contrações a fim de torná-lo compreensível.

De onde vêm? Para onde vão?

Os roedores que existem apenas porque a ciência precisa deles nascem □ biotérios (do latim "lugar onde fica a vida"), uma espécie □ berçário que segue normas rígidas □ higiene e conforto ditadas □ órgãos internacionais [...]. A ideia é mantê-los limpos e livres □ doenças, □ não comprometer os resultados □ estudos. [...]

A mania □ limpeza ajuda □ manter as cobaias aptas □ os experimentos, mas é também uma forma □ respeitar seu estilo natural de ser. Pois, acredite, ratos não são seres imundos, nem os □ bueiro. [...]

Os cuidados não param □ aí. □ biotérios, os ratos são tratados □ a mordomia □ um hotel cinco estrelas. [...]

Drogas e aventuras

Não é à toa que os ratos se escondem atrás □ lata □ lixo ou □ bueiros. Eles temem espaços abertos e altura. Os cientistas aproveitam esse ponto fraco □ fazer testes □ ansiedade. Soltá-los □ piscinas fundas, onde eles não possam se apoiar, é uma □ formas □ testar suas reações. Mas o brinquedo mais popular □ medicina comportamental é o labirinto, usado □ avaliação □ ansiedade há mais de 20 anos. [...]

Os labirintos também servem □ analisar o quanto a bebedeira pode fazer mal. □ um estudo □ alcoolismo [...] ratos receberam doses diárias □ álcool □ longo □ 4 meses. Após o período, tiveram □ enfrentar desafios □ avaliar o prejuízo cognitivo. Eles tinham □ entrar □ um labirinto □ água e chegar □ uma plataforma [...]. Os alcoólatras demoravam mais. [...]

Roedor sem dor

Depois de uma vida desafiando os próprios medos, bebendo ou fazendo sexo, chega a hora □ aposentadoria. □ dois anos, os roedores já estão velhos como um humano □ 80. Aí, há dois finais: a eutanásia ou virar refeição □ cobras. Os pesquisadores garantem que tudo é feito □ analgésicos □ que não sofram. Justo. Afinal, dedicaram sua vida □ bem □ ciência e muitos deixam descendentes □ seguir o trabalho.

(*Galileu*, nº 247.)

Os valores semânticos da preposição

No texto principal do anúncio ao lado, a palavra *do* é contração da preposição *de* com o artigo *o*. Observe que a preposição *de*, além de ligar os substantivos *África* e *Sul*, serve para caracterizar o substantivo *África*. Assim, as preposições, além de terem o papel de ligar palavras, apresentam *valor semântico*, isto é, significado próprio.

No final do texto do anúncio, a preposição *per* (= por), presente na contração *pelo* (per + o), indica "lugar por onde".

Aroldo Araújo

(*Espaço D*, ano 2, nº 8.)

De acordo com a relação que as preposições estabelecem entre as palavras, inúmeros são os valores semânticos que elas exprimem. Entre eles, estão estes:

- **assunto**: O sacerdote falou *da* fraternidade.
- **causa**: A criança estava trêmula *de* frio.
- **origem**: As tulipas vêm *da* Holanda.
- **direção contrária**: Agiu *contra* todos.
- **distância no espaço**: Daqui *a* dois quilômetros há um bar.
- **fim**: Saíram *para* pescar bem cedinho.
- **meio**: Vim *de* ônibus.
- **posse**: Esta casa é *de* meu pai.
- **delimitação**: É uma pessoa rica *de* virtudes.
- **conformidade**: Como é teimoso! Saiu *ao* avô.
- **instrumento**: Redigiu os artigos *a* lápis.
- **lugar**: Os livros estão *sobre* a mesa da sala.
- **matéria**: Ganhou uma correntinha *de* ouro.

EXERCÍCIOS

Leia este poema, de Roseana Murray:

Chão

Meu universo é um chão
de terra,
aí fermentam as palavras,
os símbolos, os sons
com que me unto
todos os dias para atravessar
a ponte entre a poesia e as horas.

(*Poemas para ler na escola*. Rio de Janeiro: Objetiva, 2011. p. 40.)

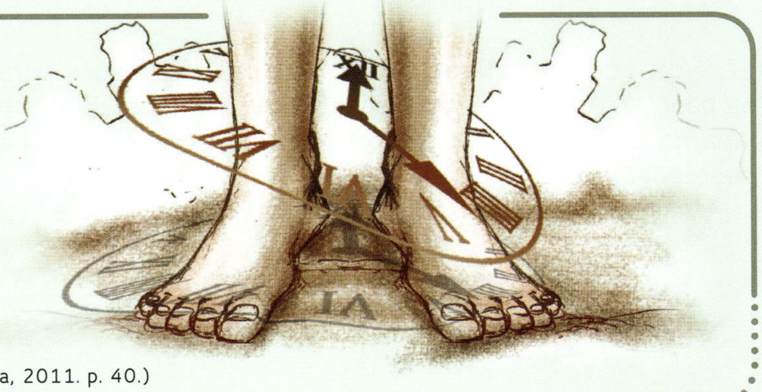

Ricardo Dantas

1. A que atividade o eu lírico do poema se dedica diariamente?

2. Identifique as preposições empregadas no poema e o valor semântico de cada uma delas no contexto.

3. A preposição *para*, além do valor semântico de finalidade, também pode expressar:

- movimento em direção a um ponto;
- lugar a que se é mandado;
- lugar para onde se vai com a intenção de permanecer;
- direção ou sentido;
- objetivo, utilidade;
- tempo em que algo será feito.

O que a preposição *para* destacada em cada uma das frases a seguir expressa?

a) Prestou concurso *para* juiz.
b) O poeta foi degredado *para* a África.
c) Partiu *para* os Estados Unidos.
d) Deixou as tarefas *para* o dia seguinte.
e) Olhou *para* os lados.
f) Encaminhou-se *para* a porta.

A CONJUNÇÃO

Duas ou mais palavras empregadas com valor de conjunção, como *já que*, *visto que*, *se bem que*, *a fim de que*, constituem uma **locução conjuntiva**. Veja:

Comparecerei à reunião, *a não ser que* surja um imprevisto.

Classificação das conjunções

Leia a tira a seguir.

(Bill Watterson. *Tem alguma coisa babando embaixo da cama*. São Paulo: Conrad, 2008. p. 39.)

Observe a estrutura destas orações da tira:

O ovo queimou (1ª oração) *e* (conjunção) grudou na panela (2ª oração)

Veja que nessa frase Calvin faz duas afirmações para sua mãe: "O ovo queimou" e "grudou na panela". As orações correspondentes às afirmações têm valor equivalente e são independentes uma da outra. A conjunção que relaciona orações independentes recebe o nome de **conjunção coordenativa**.

Veja, agora, como se relacionam as orações:

Acho (1ª oração) *que* (conjunção) você consegue raspar o fundo com essa chave de fenda. (2ª oração)

Note que a 2ª oração está ligada ao verbo *achar* da 1ª oração, informando aquilo que Calvin supôs que sua mãe conseguiria fazer. As duas orações, portanto, mantêm entre si uma relação de dependência, uma vez que uma completa a outra. A conjunção que relaciona orações de modo que uma seja dependente de outra é chamada de **conjunção subordinativa**.

Assim:

As **conjunções coordenativas** ligam palavras ou orações de mesmo valor sintático. As **conjunções subordinativas** inserem uma oração na outra, estabelecendo entre elas uma relação de dependência sintática.

EXERCÍCIOS

Leia a tira a seguir e responda às questões de 1 a 3.

(Nik. *Gaturro*. Cotia-SP: Vergara&Riba, 2008. p. 61.)

1. No contexto da tira, no 1º e no 2º quadrinho, o verbo *dizer* precisa de complemento.

a) Quais são as orações que complementam o sentido desse verbo nos dois quadrinhos?

b) Portanto, nos dois quadrinhos, que relação existe entre a 1ª e a 2ª oração: de coordenação ou de subordinação?

2. Se eliminarmos a conjunção *e* da fala de Gaturro no 4º quadrinho, teremos: "Fechamos em oito, todos saem satisfeitos, ok?!". Observe que, nesse caso, a 1ª e a 2ª oração não dependem uma da outra sintaticamente. Então conclua: A conjunção *e* é coordenativa ou subordinativa?

3. Releia o 1º e o 2º quadrinho.

a) Identifique a conjunção ou locução conjuntiva que vincula as duas informações lidas pela personagem.

b) Essa conjunção ou locução conjuntiva é coordenativa ou subordinativa?

4. Leia este poema, de Carlos Drummond de Andrade:

Lembrete

Se procurar bem, você acaba encontrando
não a explicação (duvidosa) da vida,
mas a poesia (inexplicável) da vida.

(*A lua no cinema e outros poemas*. São Paulo: Cia. das Letras, 2011. p. 129.)

a) Identifique as conjunções presentes no poema.

b) As conjunções são coordenativas ou subordinativas?

c) Embora o tema do poema seja a vida, o título dele, "Lembrete", sugere algo pouco importante. Trata-se, de fato, de uma contradição?

Valores semânticos das conjunções coordenativas

As conjunções coordenativas podem ser:

1. **Aditivas:** servem para ligar dois termos ou duas orações de mesmo valor sintático, estabelecendo entre eles uma ideia de adição. São as conjunções *e, nem (e não), que, não só... mas também*.

   Ele não respondeu às minhas cartas *nem* me telefonou.

2. **Adversativas:** ligam dois termos ou orações, estabelecendo entre eles uma relação de oposição, contraste, ressalva. São elas: *mas, porém, todavia, contudo, no entanto, entretanto, e* (com valor de *mas*).

   A mulher chamou imediatamente o médico, *porém* não foi atendida.

3. **Alternativas:** ligam palavras ou orações, estabelecendo entre elas uma relação de separação ou exclusão. São as conjunções *ou, ou... ou, já... já, ora... ora, quer... quer*, etc.

   O mecânico *ora* desparafusava o motor do carro, *ora* juntava outras peças espalhadas pelo chão.

4. **Conclusivas:** introduzem uma oração que exprime conclusão em relação ao que se afirmou anteriormente. São elas: *logo, pois* (no meio ou no fim da oração), *portanto, por conseguinte, por isso, assim*, etc.

   Meu irmão estudou muito o ano inteiro; *logo*, deve ir bem nos exames.

5. **Explicativas:** ligam duas orações de modo que a segunda justifica ou explica o que se afirmou na primeira. São as conjunções *que, porque, porquanto, pois* (no início da oração).

   Vá rápido, *pois* já está começando a chover.

A conjunção coordenativa *pois*

Dependendo da posição que ocupa na frase, a conjunção coordenativa *pois* pode estabelecer duas relações diferentes. Quando inicia oração, estabelece uma relação de justificativa: "Pai, me dê uma carona, *pois* estou perdendo a hora da escola". Nesse caso, é *explicativa*. Quando vem posposta a um termo da oração a que pertence, estabelece uma relação de conclusão: "Filho, o carro está com o pneu furado; não tenho, *pois* (= portanto), condição de levar você". Nesse caso, é *conclusiva*.

EXERCÍCIOS

1. Associe as conjunções coordenativas destacadas nas frases seguintes a um destes valores semânticos:

- adição
- conclusão
- alternância
- exclusão
- oposição
- explicação

a) Nunca abra esta porta *ou* vai se arrepender amargamente.

b) Volte sempre, *porque* adoro conversar.

c) *Ora* ela diz uma coisa, *ora* afirma outra.

d) Começou o trabalho com entusiasmo; *contudo*, não fiquei convencido de sua mudança de atitude.

e) Sempre foi honesto comigo; *portanto*, que razão tenho para duvidar dele?

f) Fale baixo, *que* há pessoas estudando.

g) Não telefonou *nem* deixou recado.

Leia a tira a seguir, de Laerte, e responda às questões 2 e 3.

(Laerte. *Classificados*. São Paulo: Devir, 2004. v. 3, p. 34.)

2. No 2º quadrinho da tira, seu Randal poderia ter se expressado assim:

> "Você odeia criança, por isso elas te adoram, Luís!"

a) Qual é o valor semântico da conjunção coordenativa *por isso* na frase acima?

b) Que outras conjunções com o mesmo valor semântico poderiam substituir *por isso*, nessa frase?

3. Releia estas frases da tira:

> "Eu odeio criança, seu Randal!"
> "É exatamente por isso que elas te adoram, Luís!"

Observe que, entre as duas frases, há uma *oposição* de ideias.

a) Como seu Randal poderia se expressar caso quisesse reunir em um período composto as informações das duas frases?

b) Qual seria a classificação da conjunção que faria a ligação entre as duas orações?

4. Observe a relação semântica existente entre as orações de cada um dos itens a seguir. Depois una-as em uma única frase, empregando uma destas conjunções coordenativas: *e*, *nem*, *mas*, *porém*, *porque*, *pois*, *logo*.

a) A vida é generosa. Às vezes torna-se cruel.

b) Ele vive mentindo. Não merece confiança.

c) Ela amava seu marido. Admirava-o muito.

d) Não dê informações falsas em seu currículo. Aquele entrevistador não se deixa enganar.

e) Ele não estudou. Não se esforçou. Perdeu muitas oportunidades na vida.

f) Perdeu muitas oportunidades na vida. Não estudou.

Valores semânticos das conjunções subordinativas

As conjunções subordinativas ligam duas orações, sendo uma a **principal** e a outra **subordinada**, de modo que a subordinada completa sintaticamente a principal. Observe:

> conjunção
> Alugou apenas um DVD *porque* os demais não lhe interessaram.
> oração principal — oração subordinada

As conjunções subordinativas compreendem dois grupos: as *integrantes* e as *adverbiais*.

As **integrantes** são as conjunções *que* e *se* quando introduzem orações que funcionam como sujeito, objeto direto, objeto indireto, predicativo, complemento nominal ou aposto da oração principal.

> Acredito *que* ele terá sucesso em Paris.
> oração principal — oração que funciona como objeto direto da oração principal

As **adverbiais** iniciam orações que exprimem uma circunstância adverbial relacionada ao enunciado da oração principal.

Já estava em casa (oração principal) *quando* o temporal desabou sobre a cidade (oração que exprime uma circunstância de tempo em relação à oração principal)

Bill Watterson/Dist. by Atlantic Syndication

: Observe na fala de Calvin que o emprego da conjunção subordinativa adverbial causal *já que* introduz a causa (estar doente) do fato mencionado na oração principal: trazer o café da manhã para a mãe.

As conjunções adverbiais classificam-se em *causais, comparativas, concessivas, condicionais, conformativas, consecutivas, finais, proporcionais* e *temporais*.

1. **Causais:** iniciam oração que indica a causa, o motivo, a razão do efeito expresso na oração principal: *que* (= porque), *porque, como, visto que, já que, uma vez que, desde que*, etc.

   Foi bem-sucedido no vestibular, *porque* estudou bastante.

2. **Comparativas:** iniciam oração que estabelece uma comparação em relação a um elemento da oração principal: *como, que, do que* (depois de *mais, menos, maior, menor, melhor, pior*), *qual* (depois de *tal*), *quanto* (depois de *tanto* ou *tão*), *assim como, bem como*.

   Maria é *tão* inteligente *quanto* Ana.

3. **Concessivas:** iniciam oração que indica uma concessão relativamente ao fato expresso na oração principal, ou seja, indica um fato contrário ao expresso na oração principal, mas insuficiente para impedir sua realização: *embora, conquanto, ainda que, mesmo que, se bem que, por mais que*, etc.

   Ele não concordará com isso, *por mais* que você insista.

4. **Condicionais:** iniciam oração que expressa uma condição para que ocorra o fato expresso na oração principal: *se, caso, contanto que, salvo se, a menos que, a não ser que*, etc.

   Se eu tivesse companhia, iria hoje ao teatro.

5. **Conformativas:** iniciam oração que estabelece uma ideia de conformidade em relação ao fato expresso na oração principal: *conforme, como, segundo*, etc.

   Fizemos a pesquisa, *conforme* a orientação do professor de Ciências.

6. **Consecutivas:** iniciam oração que indica uma consequência, um efeito do fato expresso na oração principal: *que* (precedido dos advérbios de intensidade *tal, tão, tanto, tamanho*), *de forma que, de modo que*, etc.

   Trabalhei *tanto* hoje, *que* estou morto de cansaço.

7. **Finais:** iniciam oração que apresenta uma finalidade em relação ao fato expresso na oração principal: *para que, a fim de que, porque* (= *para que*), *que*, etc.

   Chegue mais cedo *a fim de que* possamos preparar a pauta da reunião.

8. **Proporcionais:** iniciam oração que indica concomitância, simultaneidade ou proporção em relação a outro fato: *à proporção que, à medida que, enquanto,* etc.

O medo das pessoas crescia, *à medida que* o temporal aumentava.

9. **Temporais:** iniciam oração que indica o momento, a época da ocorrência de certo fato: *quando, antes que, depois que, até que, logo que, desde que,* etc.

Enquanto a mãe preparava o lanche, o filho arrumava a mesa.

EXERCÍCIOS

1. Observe a relação semântica existente entre as orações de cada um dos itens a seguir. Depois una-as em uma única frase, empregando uma destas conjunções subordinativas: *como, desde que, assim que, que.*

a) Nunca mais me escreveu. Viajou.

b) Houve protestos. Divulgaram as novas medidas econômicas.

c) Já disse. Sou seu adversário político.

d) Gritou tanto. Ficou rouco.

e) As calças de brim são tão práticas. Todos as usam.

2. Leia os textos seguintes, tentando perceber possíveis relações semânticas entre as orações. Depois complete-os com uma das conjunções ou locuções conjuntivas indicadas entre parênteses, de modo a estabelecer relações de coerência e coesão entre as orações.

a) "☐ ninguém estava preparado para aquilo, ficaram todos ali apalermados, se entreolhando calados. ☐ alguém se lembrou de pedir explicações sobre as atividades da companhia, Geraldo já ia longe na bicicleta vermelha." (José J. Vieira) (conforme, como, uma vez que, que, quando)

b) "☐ acendia a palha com as mãos em concha, via ☐ o motorista carregava perto do depósito, em dois galões, a gasolina do trator." (Mafra Carbonieri) (já que, enquanto, tão como, porém, que, sem que)

c) "☐ se calça a luva ☐ não se põe o anel, / ☐ se põe o anel ☐ não se calça a luva." (Cecília Meireles) (logo, que, ou, porque, e, a fim de que)

A CONJUNÇÃO NA CONSTRUÇÃO DO TEXTO

Leia o poema a seguir, do poeta contemporâneo Antonio Cicero, e responda às questões.

Maresia

O meu amor me deixou
levou minha identidade
não sei mais bem onde estou
nem onde a realidade.

Ah, se eu fosse marinheiro
era eu quem tinha partido
mas meu coração ligeiro
não se teria partido

ou se partisse colava
com cola de maresia
eu amava e desamava
sem peso e com poesia.

Ah, se eu fosse marinheiro
seria doce meu lar
não só o Rio de Janeiro
a imensidão e o mar

leste oeste norte sul
onde um homem se situa
quando o Sol sobre o azul
ou quando no mar a Lua

não buscaria conforto
nem juntaria dinheiro
um amor em cada porto
ah, se eu fosse marinheiro.

Laerte Silvino

(*A lua no cinema e outros poemas.* São Paulo: Cia. das Letras, 2011. p. 62.)

1. Na 1ª estrofe, o eu lírico se refere a como ficou após uma decepção amorosa.
   a) Qual é o sentido, no contexto, de "levou minha identidade"?
   b) Relacione os versos 3 e 4 à resposta que você deu no item anterior.

2. Para deixar de sofrer por amor, o eu lírico refugia-se em uma situação hipotética.
   a) Qual é essa situação hipotética?
   b) Por que essa situação seria uma solução para o mal de amor?
   c) Por que, nessa situação, o amor seria mais leve?

3. O poema pode ser dividido em duas partes: a primeira parte, formada pelas estrofes 1, 2 e 3; e a segunda, pelas estrofes 4, 5 e 6. Observe as formas verbais empregadas nas duas partes e, considerando a norma-padrão, responda:
   a) Na primeira parte, as formas verbais do pretérito imperfeito do indicativo estão em correlação com as formas *fosse* e *partisse*, do pretérito imperfeito do subjuntivo?
   b) Na segunda parte, os tempos e modos verbais estão correlacionados?
   c) Como o eu lírico imagina sua vida na segunda parte?

4. Compare as duas partes do poema.
   a) Qual delas se refere a ideias impossíveis de realizar?
   b) Qual se refere a ideias possíveis de realizar?
   c) As formas verbais empregadas no poema têm relação com a possibilidade e impossibilidade de realização?

5. Diante da frustração que vive no plano real, o eu lírico procura se situar em um plano hipotético, da imaginação.
   a) Nas estrofes de 2 a 6, que conjunção se destaca?
   b) Qual dos seguintes valores semânticos essa conjunção expressa?
      - causa
      - consequência
      - condição
      - concessão
      - tempo
   c) Que papel essa conjunção desempenha na construção de sentido no poema, considerando-se o desejo do eu lírico?

Para que servem as preposições e as conjunções?

Com o desenvolvimento do ser humano nos mais diferentes campos – científico, social, cultural, tecnológico, etc. – as formas de comunicação e de relacionamento social tornam-se cada vez mais complexas. Para dar conta da complexidade crescente do mundo e das ideias, a linguagem verbal também se desenvolve e cria mecanismos específicos para estabelecer relações entre as ideias. É o caso das preposições e das conjunções, palavras que ligam palavras e orações, estabelecendo relações de coordenação, subordinação, oposição, causalidade, consequência, comparação, etc.

SEMÂNTICA E DISCURSO

Leia a tira a seguir e responda às questões 1 e 2.

(Fernando Gonsales. *Níquel Náusea – Com mil demônios.* São Paulo: Devir, 2002. p. 20.)

Fernando Gonsales

1. No 1º quadrinho, o garoto que faz a pergunta conta com certa interpretação do interlocutor para a expressão "tirar leite".
a) Qual é essa interpretação?
b) Qual é o sentido com que ele empregou a expressão?

2. O humor da tira é construído com base na ambiguidade do valor semântico da preposição *de*.
a) Em "leite de vaca", *de vaca* equivale a *vacum*, e em "leite de cabra", *de cabra* equivale a *caprino*. Na expressão "leite de gato", *de gato* equivale a que expressão?
b) Na interpretação esperada inicialmente pelo garoto para "tirar leite de gato", a preposição *de* especifica de qual animal se extrai o leite. Qual é o valor semântico de *de* nessa situação:
• restrição ou delimitação • posse • matéria
c) Qual é o valor semântico da preposição *de* no 2º quadrinho?
• restrição ou delimitação • posse • matéria

O texto a seguir é um trecho da crônica "No subúrbio da gramática", de Paulo Mendes Campos. Leia-o e responda às questões de 3 a 6.

Conjunção — Palavra invariável que liga e relaciona entre si duas orações completas ou incompletas. Exemplos: [...] Casimiro de Abreu aos oito anos de idade andava descalço, conforme se sabe. — Sete cidades gregas reclamam a cidadania de Homero, e, contudo, há quem afirme que ele nem nasceu. — D. H. Lawrence gostava de cachorros, de crisântemos, de cobras venenosas, mas embirrava muito com as pessoas. — Não sei se Rui Barbosa teria medo de avião. — Caso Cleópatra estivesse viva, os fotógrafos não a deixariam em paz; daí o ter morrido; sem embargo, ninguém sabe que espécie de ofídio lhe deu a morte. [...] — Jarry já chora, já ri. Todo mundo gostava de La Fontaine, visto que tratava bem as formigas. — Kant era mais pontual do que o relógio. [...] — Desde que Shelley caísse na água, Byron ficava apavorado.

3. Nesse texto, o cronista faz um jogo entre o conceito gramatical e a licença poética, ou seja, os exemplos apresentam orações relacionadas entre si por conjunções, mas oferecem sobre as pessoas citadas informações que não passam de um exercício de imaginação. Considerando as informações sobre as pessoas, tente responder:
a) Que expressão, no 1º exemplo, mantém uma relação intertextual com um poema do poeta romântico Casimiro de Abreu?
b) Levante hipóteses: Por que Cleópatra atrairia a atenção de fotógrafos, se isso fosse possível na época?
c) A que fábula de La Fontaine o cronista se refere?

4. Entre as pessoas citadas, há uma cujo nome sugere uma parte de uma locução conjuntiva.
a) Qual é essa pessoa?
b) Que valor semântico a locução conjuntiva empregada nesse trocadilho feito pelo cronista apresenta?

5. Relacione as colunas a seguir: a 1ª contém o nome de algumas pessoas citadas no texto; a 2ª, os valores semânticos das conjunções ou das locuções conjuntivas empregadas nas frases que se referem a essas pessoas.

a) Casimiro de Abreu	1. comparação
b) D. H. Lawrence	2. causa
c) Cleópatra	3. conformidade
d) La Fontaine	4. condição
e) Kant	5. oposição

LITERATURA

Interfoto/Latinstock

Cena do filme *A noiva cadáver*, de Tim Burton.

CAPÍTULO 9

A prosa gótica

Contrapondo-se aos valores racionalistas e materialistas da sociedade burguesa, certos escritores do Romantismo criaram uma literatura fantasiosa, identificada com um universo de satanismo, mistério, morte, sonho, loucura e degradação. Trata-se da literatura de **tradição gótica** ***— conhecida também como*** **maldita** ***—, que até hoje encontra adeptos na literatura, na música, no cinema e no estilo de vida.***

Ao lado da rica produção do romance romântico, que se voltou à descoberta do país, floresceu entre nós um tipo de prosa que, apesar de ter tido pouca repercussão no Brasil da época, estava sintonizada com a obra de importantes escritores estrangeiros, como Edgar Allan Poe, Lord Byron e Charles Baudelaire. Trata-se da *prosa gótica*, cujos principais representantes, no Brasil, foram Álvares de Azevedo e Bernardo Guimarães.

A pouca repercussão dessa literatura à época do Romantismo deve-se à qualificação de "marginal" ou "maldita" que lhe foi atribuída. Isso primeiramente porque se colocava à margem dos padrões estabelecidos pelo próprio Romantismo e, em segundo lugar, porque o mundo que retratava também se situava à margem do racionalismo e do materialismo da sociedade capitalista. O sonho, a loucura, o vício, o sexo desenfreado, o macabro e formas de transgressão variadas povoam o universo gótico, que valoriza as zonas escuras e antilógicas do subconsciente, onde se fundem instintos de vida e morte, libido e terror.

Mais tarde viriam a se somar a essa tendência outros escritores, como o dramaturgo Oscar Wilde, o poeta francês Mallarmé e os poetas brasileiros Cruz e Sousa, Alphonsus Guimaraens e Augusto dos Anjos.

Liga-se à tradição gótica literária uma longa produção de contos de mistério ou de terror e uma vasta produção cinematográfica, constituída principalmente de filmes dedicados ao vampirismo. Na música, várias tendências ou subculturas, como o *heavy metal*, o *punk* e o gótico propriamente dito, prestam reverência a essa literatura do século XIX, da qual tomam emprestados temas macabros, satanismo e o mal-estar diante da civilização burguesa.

O gótico na música

Em 1979, jornalistas ingleses empregaram o termo *gótico* para designar uma nova tendência musical cujo ícone naquele momento era a banda Bauhaus, que fazia sucesso com a música "Bela Lugosi's dead". Contudo, as origens da tendência gótica na música situam-se bem antes, no início da década de 1970, com música de The Velvet Undergroud & Nico, The Doors, David Bowie, Banshees, Stooges e T-Rex, entre outros.

Nos anos de 1980 e 1990, muitos outros grupos, como Siouxsie, The Cure, Cinema Strange e London after Midnight, ligaram-se aos góticos.

Na atualidade, várias bandas internacionais, como Boody Dead and Sexy, The Chants of Maldoror, Joy Disaster, A Covenant of Thorns, Hatesex, Scarlet Remains, seguem essa tradição.

Terry O'Neill/Getty Images

: The Cure.

O Brasil também tem sua expressão gótica, em grupos como Elegia, Tears of Blood, Pecadores, In Auroram, Plastique Noir, Zigurate, Banda Invisível, Enjoy, Ismália, Dança das Sombras e Orquídeas Francesas, entre outros.

ÁLVARES DE AZEVEDO: A PROSA MARGINAL

O gótico manifestou-se tanto na poesia quanto na prosa de Álvares de Azevedo, mas foi principalmente na prosa que ganhou maior expressão. A tendência aparece na face Caliban da poesia do autor, presente na obra de contos *Noite na taverna* e na peça teatral *Macário*.

As situações relatadas em *Noite na taverna* provavelmente não têm nenhum vínculo direto com as experiências de vida do escritor, morto precocemente aos 21 anos. São fruto da imaginação fantasiosa do quase adolescente Álvares de Azevedo e da influência exercida sobre ele por Lord Byron e provavelmente pelo romance gótico *O castelo de Otranto*, de Horace Walpole, e pelos contos fantásticos de E. A. Hoffmann e Edgar Allan Poe.

Noite na taverna: o relato do absurdo

Noite na taverna pode ser considerada uma obra de contos, apesar de haver um fio narrativo que une todas as histórias.

No primeiro capítulo da obra, um narrador em 3ª pessoa faz a apresentação do ambiente: uma taverna, povoada de bêbados e loucos, na qual, a uma mesa, alguns homens conversam e bebem. Excitados pelo álcool, cada um deles conta um episódio de sua vida. Esses episódios constituem capítulos, que levam o nome do narrador-personagem.

As histórias narradas são todas fantásticas e envolvem acontecimentos trágicos, amor e morte, vícios e crimes, e todos os narradores demonstram um forte pessimismo diante da vida.

Os temas mais excêntricos ao gosto romântico predominante são encontrados nessas narrativas: violência física e sexual, adultérios, assassinatos, incestos, necrofilia, antropofagia, corrupção.

Góticos na Internet

Para conhecer melhor a subcultura gótica hoje, baixe os textos de escritores góticos nos *sites*:

- www.spectrumgothic.com.br/gothic/materias.htm
- www.goticosp.com.br/

Capítulo II

Solfieri

Sabei-o. Roma é a cidade do fanatismo e da perdição: na alcova do sacerdote dorme a gosto a amásia, no leito da vendida se pendura o crucifixo lívido. É um requintar de gozo blasfemo, que mescla o sacrilégio à convulsão do amor, o beijo lascivo à embriaguez da crença!

Era em Roma. [...] A noite ia bela. Eu passeava a sós pela ponte de... As luzes se apagaram uma por uma nos palácios, as ruas se faziam ermas, e a lua de sonolenta se escondia no leito de nuvens. Uma sombra de mulher apareceu numa janela solitária e escura. Era uma forma branca. A face daquela mulher era como de uma estátua pálida à lua. Pelas faces dela, como gotas de uma taça caída, rolavam fios de lágrimas.

O gótico nos quadrinhos

Neil Gaiman/Editora Conrad do Brasil

Nas histórias em quadrinhos, a expressão máxima do gótico é a série Sandman, de Neil Gaiman. Em *Fábulas e reflexões*, por exemplo, em mais uma de suas jornadas pelo infinito, o Senhor dos Sonhos nos leva a conhecer os segredos de diferentes seres e personagens históricos, numa mistura de contos maravilhosos, fatos reais, mitologia clássica e fantasia pagã.

Eu me encostei à aresta de um palácio. A visão desapareceu no escuro da janela... e daí um canto se derramava. Não era só uma voz melodiosa: havia naquele cantar um como choro de frenesi, um como gemer de insânia: aquela voz era sombria como a do vento à noite nos cemitérios, cantando a nênia das flores murchas da morte.

Depois o canto calou-se. A mulher apareceu na porta. Parecia espreitar se havia alguém nas ruas. Não viu ninguém: saiu. Eu segui-a.

Andamos longo tempo pelo labirinto das ruas, enfim ela parou: estávamos num campo.

Aqui, ali, além eram cruzes que se erguiam de entre o ervaçal. Ela ajoelhou-se. Parecia soluçar: em torno dela passavam as aves da noite.

Não sei se adormeci: sei apenas que quando amanheceu achei-me a sós no cemitério. Contudo a criatura pálida não fora uma ilusão: as urzes, as cicutas do campo-santo estavam quebradas junto a uma cruz.

O frio da noite, aquele sono dormido à chuva, causaram-me uma febre. No meu delírio passava e repassava aquela brancura de mulher, gemiam aqueles soluços, e todo aquele devaneio se perdia num canto suavíssimo...

Um ano depois voltei a Roma. Nos beijos das mulheres nada me saciava; no sono da saciedade me vinha aquela visão...

Uma noite, e após uma orgia, eu deixara dormida no leito dela a condessa Barbora. Dei um último olhar àquela forma nua e adormecida com a febre nas faces e a lascívia nos lábios úmidos, gemendo ainda nos sonhos como na agonia voluptuosa do amor. Saí. Não sei se a noite era límpida ou negra; sei apenas que a cabeça me escaldava de embriaguez. As taças tinham ficado vazias na mesa: aos lábios daquela criatura eu bebera até a última gota do vinho do deleite...

Quando dei acordo de mim estava num lugar escuro: as estrelas passavam seus raios brancos entre as vidraças de um templo. As luzes de quatro círios batiam num caixão entreaberto. Abri-o: era o de uma moça. Aquele branco da mortalha, as grinaldas da morte na fronte dela, naquela tez lívida e embaçada, o vidrento dos olhos mal apertados... Era uma defunta!... e aqueles traços todos me lembraram uma ideia perdida... Era o anjo do cemitério! Cerrei as portas da igreja, que, ignoro por que, eu achara abertas. Tomei o cadáver nos meus braços para fora do caixão. Pesava como chumbo... [...] Tomei-a no colo. Preguei-lhe mil beijos nos lábios. Ela era bela assim: rasguei-lhe o sudário, despi-lhe o véu e a capela como o noivo os despe à noiva. [...] O gozo foi fervoroso — cevei em perdição aquela vigília. A madrugada passava já frouxa nas janelas. Àquele calor de meu peito, à febre de meus lábios, à convulsão de meu amor, a donzela pálida parecia reanimar-se. Súbito abriu os olhos empanados [...] Não era já a morte; era um desmaio. [...]

Nunca ouvistes falar da catalepsia? É um pesadelo horrível aquele que gira ao acordado que emparedam num sepulcro; sonho gelado em que se sentem os membros tolhidos, e as faces banhadas de lágrimas alheias, sem poder revelar a vida!

A moça revivia a pouco e pouco. Ao acordar desmaiara. Embucei-me na capa e tomei-a nos braços coberta com seu sudário como uma criança. Ao aproximar-me da porta topei um corpo, abaixei-me, olhei: era algum coveiro do cemitério da igreja que aí dormia de ébrio, esquecido de fechar a porta...

....

Caminhei. Estava cansado. Custava a carregar o meu fardo; e eu sentia que a moça ia despertar. Temeroso de que ouvissem-na gritar e acudissem, corri com mais esforço...

Quando eu passei a porta ela acordou. O primeiro som que lhe saiu da boca foi um grito de medo...

Dois dias e duas noites levou ela de febre assim... Não houve sanar-lhe aquele delírio, nem o rir do frenesi. Morreu depois de duas noites e dois dias de delírio.

À noite saí; fui ter com um estatuário que trabalhava perfeitamente em cera, e paguei-lhe uma estátua dessa virgem.

Quando o escultor saiu, levantei os tijolos de mármore de meu quarto, e com as mãos cavei aí um túmulo. Tomei-a então pela última vez nos braços, apertei-a a meu peito muda e fria, beijei-a e cobri-a adormecida do sono eterno com o lençol de seu leito. Fechei-a no seu túmulo e estendi meu leito sobre ele.

Um ano — noite a noite — dormi sobre as lajes que a cobriam... Um dia o estatuário me trouxe a sua obra. Paguei-lha e paguei o segredo...

— Não te lembras, Bertram, de uma forma branca de mulher que entrevistes pelo véu do meu cortinado? Não te lembras que eu te respondi que era uma virgem que dormia?

— E quem era essa mulher, Solfieri?

— Quem era? Seu nome?

— Quem se importa com uma palavra quando sente que o vinho queima assaz os lábios? Quem pergunta o nome da prostituta com quem dormiu e sentiu morrer a seus beijos, quando nem há dele mister por escrever-lho na lousa?

Solfieri encheu uma taça e bebeu-a. Ia erguer-se da mesa quando um dos convivas tomou-o pelo braço.

— Solfieri, não é um conto isso tudo?

— Pelo inferno que não! Por meu pai que era conde e bandido, por minha mãe que era a bela Messalina das ruas, pela perdição que não! Desde que eu próprio calquei aquela mulher com meus pés na sua cova de terra, eu vo-lo juro! — guardei-lhe como amuleto a capela de defunta. Ei-la!

Abriu a camisa, e viram-lhe ao pescoço uma grinalda de flores mirradas.

— Vede-a? Murcha e seca como o crânio dela!

(Álvares de Azevedo. *Noite na taverna*. São Paulo: Martins, 1965. p. 39.)

assaz: muito.
catalepsia: doença em que a pessoa entra em estado mórbido, como se tivesse morrido.
cicuta: tipo de planta.
círio: grande vela de cera.
embuçar: cobrir até o rosto.
empanado: ofuscado, baço.
frenesi: agitação interior, arrebatamento.
lascivo: sensual.
lívido: de cor semelhante à do chumbo, própria de cadáveres.
mister: necessidade.
nênia: canto fúnebre.
saciedade: estado de satisfação de quem se saciou.
sudário: mortalha que envolve o cadáver.
tez: pele.

O gótico no cinema

É ampla a filmografia que deve tributos à tradição gótica. As principais referências são *Nosferatu, uma sinfonia de horror* (1922), de F. W. Murnau, e *Drácula* (1931), de Tod Browning, com o ator Bela Lugosi, que deram início à tradição vampiresca, em que se tornaram clássicos filmes como *Nosferatu, o vampiro da noite* (1979), de Werner Herzog, e *Drácula de Bram Stocker* (1992), de Francis F. Coppola, entre outros.

Mary Evans/Ronald Grant/Diomedia

Cartaz do filme *Asas do Desejo*.

Mas também se ligam à tradição gótica filmes mais poéticos, como *Blade Runner* (1982), de Ridley Scott, e *Asas do desejo* (1987), de Wim Wenders.

No campo da animação, destacaram-se *Estranho mundo de Jack* (1993), de Henry Selick, e *A noiva cadáver* (2005), de Tim Burton e Mike Johnson.

1. A narrativa se desenvolve numa atmosfera de expectativa e surpresas, criada pelo ambiente em que se desenrolam as ações e pelo emprego de algumas técnicas de suspense.

a) Faça um levantamento dos ambientes em que se situam as ações de Solfieri, do início ao fim do conto, e indique as características que, de modo geral, eles apresentam.

b) Como o narrador cria suspense ao relatar sua saída da capela?

2. O conto lido apresenta a técnica da narração dupla, isto é, Solfieri narra aos amigos, na taverna, sua própria história. Terminada a narração da personagem, um narrador desconhecido relata em 3ª pessoa o que está acontecendo na taverna entre Solfieri e seus amigos. Identifique o parágrafo a partir do qual surge a segunda narrativa.

3. O ideal de beleza feminina presente nos textos de inspiração byroniana em geral difere bastante dos padrões atuais e nacionais de beleza. Releia o segundo parágrafo e destaque as palavras e expressões utilizadas para caracterizar a mulher amada de Solfieri.

4. Uma das características desse tipo de narrativa – chocante e surpreendente – pode ser verificada no episódio em que Solfieri adentra a capela do cemitério e encontra a mulher amada.

a) Que fato inusitado ocorre entre os dois?

b) De que modo a própria narrativa desfaz o impacto produzido por esse fato?

5. Em vez de uma visão lógica e coerente da realidade, a narrativa gótica prefere sondar as zonas obscuras do subconsciente, beirando, portanto, os limites do sonho e da loucura. Identifique no comportamento de Solfieri e de sua amada atitudes que sejam exemplo dessa inclinação para o inconsciente.

6. Os seguintes fragmentos do conto dizem respeito a Solfieri, o narrador-protagonista da história:

> "Uma noite, e após uma orgia"
> "a cabeça me escaldava de embriaguez"
> "Por meu pai que era conde e bandido, por minha mãe que era a bela Messalina das ruas"

Que visão de mundo eles expressam? Que perspectiva de vida Solfieri tem?

PRODUÇÃO DE TEXTO

Henri de Toulouse-Lautrec

Monsieur Dihau (1890), de Toulouse-Lautrec. Esta tela ilustra a importância do jornal na vida cotidiana das pessoas a partir do século XIX.

CAPÍTULO 10

A notícia

TRABALHANDO O GÊNERO

Leia esta notícia:

Bebê impresso

DÉBORA MISMETTI

Editora-assistente de "Saúde"

Os nove meses de gestação não precisam mais terminar para ter o bebê nas mãos. Um exame que entra neste mês no mercado no país oferece a possibilidade de imprimir o feto em três dimensões.

O resultado é uma réplica do bebê em tamanho real, feita de um material similar ao gesso ou de um tipo de resina – e, a depender da escolha dos pais, até de prata.

Até agora, afirma o ginecologista Heron Werner Jr., o método estava sendo usado só para pesquisas com foco em malformações, como tumores cervicais, lesões externas, fenda no lábio e problemas nos membros e na coluna. Casos como esses ainda devem ser as principais indicações do exame, que está em testes há mais de cinco anos.

Um dos objetivos, segundo o especialista em medicina fetal, é entender melhor os problemas do feto. "A ideia é transformar isso numa interface amigável para a equipe. É mais fácil discutir o caso mostrando um modelo físico e não só vê-lo na tela."

Algumas malformações podem requerer cirurgias logo após o nascimento, que podem ser mais bem planejadas com o modelo impresso, diz Werner. Outra vantagem é facilitar a comunicação do problema aos pais.

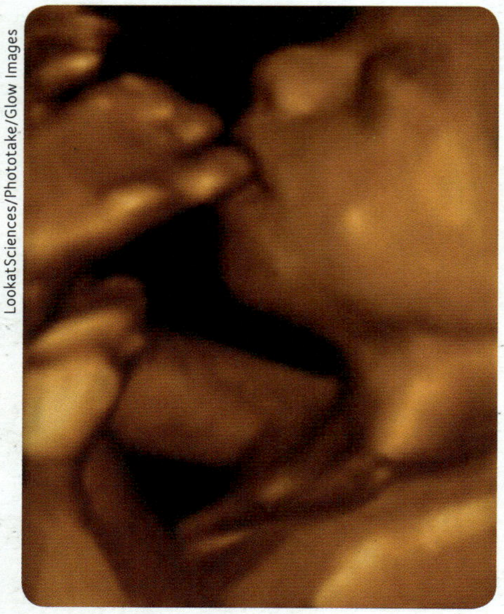

: Ultrassonografia 3D.

LookatSciences/Phototake/Glow Images

Mas, assim como aconteceu com a ultrassonografia 3D e a apelidada de 4D (em que é possível ver uma imagem tridimensional do feto se mexendo em tempo real), a nova tecnologia também deve servir para os pais guardarem uma lembrança do período de gestação do filho.

Da impressão em 3D, leva-se uma réplica que pode virar até pingente de prata. "Não é esse o objetivo inicial, mas acaba pegando carona. A cópia é muito fiel."

[...]

(*Folha de S. Paulo*, 8/4/2012.)

interface: ponto de integração com um usuário.

malformação: má-formação; deformidade ou anomalia congênita.

1. A notícia, assim como a entrevista, a reportagem e o editorial, é um gênero jornalístico.

a) Qual é o objetivo de uma notícia?

b) A que tipo de público uma notícia se dirige?

2. Entre os gêneros jornalísticos, há aqueles que priorizam a informação e os que priorizam o comentário. Os textos que priorizam a informação se ocupam de divulgar um fato novo, um acontecimento; os textos que priorizam o comentário se ocupam de expressar uma opinião, um julgamento.

a) De que a notícia se ocupa: de informação ou de comentário?

b) A notícia em estudo confirma sua resposta à questão anterior?

3. Uma notícia geralmente compõe-se de duas partes: ***lead*** (lê-se "lide") e corpo. O *lead* consiste normalmente no primeiro parágrafo da notícia e é a parte que apresenta um resumo, feito em poucas linhas, no qual são fornecidas respostas às questões fundamentais do jornalismo: **o que** (fatos), **quem** (personagens/pessoas), **quando** (tempo), **onde** (lugar), **como** e **por quê**. Na notícia em estudo, identifique no primeiro e no segundo parágrafos:

a) o fato principal;

b) as pessoas envolvidas;

c) quando ocorreu o fato;

d) o lugar onde ocorreu o fato;

e) por que o fato aconteceu.

Isto é notícia

Observe algumas definições da palavra *notícia*:

"Notícia é tudo que alguém, em algum lugar, está tentando esconder, e que outras pessoas desejam e têm o direito de saber."

"Notícia é aquilo que atrai as pessoas e afeta a sua vida de alguma forma, mesmo que elas ainda não saibam."

"Notícia é o que as pessoas gostariam de contar a outras, desde que ficassem sabendo antes do jornal publicar."

"Notícia é tudo aquilo que o jornal publica."

(André Carvalho Sebastião Martins. *Jornalismo*. 2. ed. Belo Horizonte: Lê, 1991. p. 16.)

Veja mais esta definição, dada por um editor de um jornal de Nova Iorque, *The Sun*, há mais de cem anos: "Quando um cachorro morde um homem, isso não é notícia. Mas, quando um homem morde um cachorro, isso é notícia".

(Chris e Ray Harris. *Faça o seu próprio jornal*. Campinas: Papirus, 1993. p. 10.)

4. O corpo da notícia é a parte que apresenta o detalhamento do *lead*, fornecendo ao leitor novas informações em ordem cronológica ou de importância. Na notícia em estudo, que parágrafos constituem o corpo?

5. Para ampliar o enfoque sobre o fato relatado, os jornalistas costumam entrevistar pessoas envolvidas com ele. Depois, ao redigir a notícia, é comum citarem o discurso de algumas pessoas. Na notícia em estudo:

a) Identifique uma dessas citações e dê o nome da pessoa citada.

b) Como o leitor pode identificar esses discursos?

c) Que tipo de discurso é empregado nos textos citados: o discurso direto ou o indireto?

d) Qual é o papel do discurso citado nas notícias e nos textos jornalísticos em geral?

6. Observe a linguagem empregada no texto.

a) Que características ela apresenta?

- impessoal, clara, objetiva, direta, acessível a qualquer leitor
- pessoal, indireta, emprega palavras de uso não corrente na língua
- coloquial e com o uso de gírias

b) Em que variedade linguística ela está?

c) Nas formas verbais, que tempo predomina? Em que pessoa?

7. Observe o título da notícia em estudo.

a) Ele anuncia o assunto que será desenvolvido no texto?

b) Ele é objetivo ou subjetivo?

c) As palavras empregadas nele são de uso comum, fáceis de serem compreendidas pela maioria dos leitores?

d) Em que tempo e modo encontra-se o verbo empregado no título?

8. Reúna-se com seus colegas de grupo e, juntos, concluam: Quais são as características da notícia? Respondam, considerando os seguintes critérios: finalidade do gênero, perfil dos interlocutores, suporte ou veículo, tema, estrutura, linguagem.

A linguagem jornalística: o mínimo de palavras e o máximo de informação

A linguagem jornalística adota a norma-padrão da língua, sem contudo perder de vista o universo vocabular do leitor. Exige o emprego do mínimo de palavras e o máximo de informação, correção, clareza e exatidão.

Para uma boa redação de textos jornalísticos:

- construa períodos curtos, com no máximo duas ou três linhas, evitando frases intercaladas ou ordem inversa desnecessária;
- adote como norma a ordem direta, elaborando frases cuja estrutura seja sujeito, verbo e complemento;
- empregue o vocabulário usual. Adote esta regra prática: nunca escreva o que você não diria. Termos técnicos ou difíceis devem ser evitados; se tiver que escrevê-los, coloque entre parênteses seu significado. Os termos coloquiais ou de gírias devem ser usados com parcimônia, apenas em casos especiais;
- nunca use duas palavras se puder usar uma só;
- evite os superlativos e adjetivos desnecessários;
- empregue verbos de ação e prefira a voz ativa, que dinamizam mais a frase e estimulam o leitor.

(Adaptado de: Eduardo Martins. *Manual de redação e estilo de O Estado de S. Paulo*. São Paulo: Moderna, 1997.)

PRODUZINDO A NOTÍCIA

Escolha ao menos uma das seguintes propostas para produzir uma notícia.

1. Escreva uma notícia sobre um fato ocorrido recentemente no Brasil ou no mundo. Ela pode se referir a um fato relacionado à política nacional ou internacional, à economia, ao meio ambiente, à saúde, à educação, aos esportes, às artes em geral, aos jovens, à violência urbana, etc.

2. Escreva uma notícia sobre um fato ocorrido recentemente em seu bairro ou em sua escola. Um fato referente ao bairro pode ser, por exemplo, uma campanha de entidade filantrópica, um movimento cultural, um passeio ciclístico, um evento promovido por uma sociedade amigos de bairro, a inauguração de um centro esportivo ou cultural, a abertura de um estabelecimento comercial, uma festa de rua, etc. Um fato referente à escola pode ser uma formatura de alunos, uma campanha, uma feira de livros, uma mostra de cinema, uma feira científica, uma apresentação teatral, uma comemoração cívica, um campeonato esportivo, aquisição de jornais, revistas ou livros para a biblioteca, uma festa beneficente, uma excursão, etc.

Photos 12 - Cinema/Diomedia

Cena do filme *Boa noite, boa sorte*, que aborda o tema do jornalismo.

Loucos por notícias e jornais

Para aqueles que são aficionados dos gêneros jornalísticos ou pretendem adotar o jornalismo por profissão, sugerimos a leitura de: *A arte de fazer um jornal diário*, de Ricardo Noblat (Contexto); *Jornal, história e técnica – História da imprensa brasileira* e *Jornal, história e técnica – As técnicas do jornalismo*, de Juarez Bahia (Ática); *O texto da reportagem impressa – um curso sobre sua estrutura*, de Oswaldo Coimbra (Ática). Leia também os poemas "Poema tirado de uma notícia de jornal", de Manuel Bandeira, e "Jornal, longe", de Cecília Meireles. E ouça a canção "Notícia de jornal", de Luis Reis e Haroldo Barbosa, cantada por Chico Buarque (CD *Chico Buarque & Maria Bethânia ao vivo*).

Planejamento do texto

- Na unidade seguinte, no projeto do capítulo **Intervalo**, você vai montar com os colegas um jornal mural do qual farão parte as notícias produzidas neste capítulo. Considerando esse suporte, pense no perfil dos leitores – lembrando que podem ser jovens como você e adultos – e empregue uma linguagem adequada ao gênero e a esse público.
- Leia jornais e revistas; depois, converse com seus pais, professores, colegas e vizinhos sobre o assunto escolhido, procurando obter o maior número possível de informações.
- Escreva com simplicidade, na ordem direta (sujeito, verbo e complemento); sempre que possível, empregue uma palavra em vez de duas ou mais; use frases curtas, com duas ou três linhas no máximo, e parágrafos com poucas frases; empregue um vocabulário acessível; evite palavras difíceis, termos coloquiais, gírias, superlativos e adjetivos desnecessários; procure responder às perguntas que um leitor faria: "o quê?, quem?, quando?, onde?, como?, por quê?".
- Comece seu texto pela informação que considerar a mais interessante ou esclarecedora para o leitor; use no relato verbos em 3ª pessoa; limite-se a informar, não dando sua opinião sobre o fato, e empregue a norma-padrão da língua. Dê a sua notícia um título curto e sugestivo e que sirva para anunciar ao leitor o assunto que será desenvolvido.

Revisão e reescrita

Antes de fazer a versão final da notícia que você escreveu, releia-a, observando:

- se ela apresenta título, *lead* e corpo;
- se o *lead* menciona a maior parte das informações essenciais relacionadas ao fato ocorrido: *o que, quem, quando, onde, como* e *por que*;
- se o corpo contém o detalhamento do *lead*;
- se a linguagem empregada é impessoal e segue a norma-padrão.

Faça as alterações necessárias e passe o texto a limpo.

LÍNGUA: USO E REFLEXÃO

Roy Lichtenstein

: *Som da música* (1964), de Roy Lichtenstein.

CAPÍTULO 11

A interjeição

CONSTRUINDO O CONCEITO

Leia a tira:

Fernando Gonsales

1. No 1º quadrinho, a ratinha faz uma pergunta a Níquel Náusea.

a) Descreva a reação que o ratinho tem quando ouve a pergunta.

b) Tendo em vista a reação do ratinho, deduza: Qual é o significado da fala "Hum", nesse quadrinho?

2. Releia a fala de Níquel no 2º quadrinho e levante hipóteses: Qual é a relação entre o que diz e o aparente desconforto em que fica com a pergunta inicial?

3. No 3º quadrinho, a ratinha diz a Níquel: "Puxa!! Obrigada!". Que sentimentos as palavras da ratinha expressam?

4. Observe a fisionomia de Níquel no 3º quadrinho.

a) A reação da ratinha foi a que ele esperava? Justifique sua resposta.

b) Que reação ele esperava que a ratinha tivesse?

c) Caso o que a ratinha disse atendesse à expectativa de Níquel, que palavras ou expressões ela provavelmente teria usado?

5. Observe as palavras *hum*, *puxa* e *obrigada*, na tira. Retomando o estudo feito nas questões anteriores, identifique entre os itens a seguir o que se refere adequadamente à função dessas palavras na tira.

- Expressam alegria e satisfação, tanto por parte do enunciador como por parte do destinatário.
- Caracterizam psicologicamente as personagens da tira, uma vez que se referem a emoções que elas têm.
- Expressam sensações e sentimentos, prevendo e provocando certas reações no interlocutor.
- Apontam seres e objetos que participam da história e/ou compõem o cenário da tira.

CONCEITUANDO

Fernando Gonsales

Pelos exercícios anteriores, você observou que, de acordo com o contexto, muitas palavras podem expressar sensações e sentimentos, ou provocar reações no interlocutor, fazendo com que ele adote certo tipo de comportamento. As palavras e expressões que desempenham esse tipo de papel chamam-se **interjeições**.

Interjeição é a palavra que expressa emoções, apelos, sentimentos, sensações, estados de espírito.

Duas ou mais palavras que, juntas, desempenham o papel de interjeição constituem uma **locução interjetiva**.

Você ainda acha que ele virá? *Que esperança!*

CLASSIFICAÇÃO DAS INTERJEIÇÕES

As interjeições e locuções interjetivas classificam-se de acordo com seus valores semânticos, que dependem fundamentalmente do contexto e da entonação. Entre outras, podemos distinguir as que expressam:

- **advertência**: Cuidado!, Olhe!, Atenção!, Fogo!
- **agradecimento**: Obrigado!, Valeu!, Grato!
- **alegria**: Ah!, Eh!, Oh!, Oba!, Viva!
- **alívio**: Ufa!, Ah!
- **ânimo**: Coragem!, Força!, Ânimo!
- **apelo** ou **chamamento**: Socorro!, Ei!, Ô!, Oi!, Alô!, Psiu!, Ó de casa!
- **aplauso**: Muito bem!, Bravo!, Bis!, É isso aí!
- **aversão** ou **contrariedade**: Droga!, Porcaria!, Credo!
- **desejo**: Oxalá!, Tomara!, Quisera!, Queira Deus!, Quem dera!
- **dor**: Ai!, Ui!, Ah!
- **espanto, surpresa**: Oh!, Puxa!, Quê!, Nossa!, Nossa mãe!, Virgem!, Caramba!
- **reprovação**: Bah!, Ora!, Ora, bolas!, Só faltava essa!, Fora!, Para!
- **satisfação**: Viva!, Oba!, Boa!, Bem!
- **silêncio**: Silêncio!, Psiu!
- **medo**: Oh!, Credo!, Cruzes!

Interjeições: sínteses de emoção

As interjeições permitem expressar, em uma única palavra, estados de espírito às vezes complexos. Assim, podem ser recursos eficientes na redação de textos que precisam ser sucintos e objetivos, como títulos de livros e nomes de revista. Veja os exemplos:

Editora Sextante

Editora Gente

Editora Abril

Editora Leitura

Qualquer palavra, dependendo do contexto e do tom com que é falada, pode se tornar uma interjeição. A palavra *bravo*, por exemplo, é normalmente adjetivo. Mas, quando alguém grita "*Bravo!*", no final de um espetáculo, torna-se uma interjeição de aplauso. É também o que ocorre no caso do nome da revista *Bravo!*.

EXERCÍCIO

Nos textos a seguir, extraídos de um jornal de grande circulação, foram eliminadas as interjeições. Leia-os com atenção e complete-os com uma das conjugações do quadro abaixo, de acordo com o contexto:

oxalá	ufa	bingo	oba	xi	credo

a)

A credencial conseguida de última hora causou uma boa sensação. □, vou cobrir o show do U2 de um camarote. Nada de pista, empurra-empurra, fila para o banheiro. E não vou morrer de fome, com preguiça de enfrentar a massa para ter um sanduíche seco como prêmio.

(Disponível em: http://www1.folha.uol.com.br/folha/ilustrada/ult90u58107.shtml. Acesso em: 20/4/2012.)

b)

Quando li, no início da semana, a notícia de que a Enciclopédia Britânica migraria do papel para a internet, pensei baixinho: □, agora sim que acabou o papel. Dias depois, descobri, em "El País", que alguém mais havia tido a mesma sensação. "A morte do papel agitou o mundo da cultura, sensível como poucos à queda dos símbolos", escreveu Tereixa Constela.

(Disponível em: http://www1.folha.uol.com.br/colunas/clovisrossi/1062770-acabou-o-papel-nao-o-jornalismo.shtml. Acesso em: 20/4/2012.)

c)

Até que enfim vimos uma parcela da sociedade brasileira se mexer contra a corrupção que detona os cofres e recursos públicos no Brasil. [...] É um bom exemplo de cidadania ativa e um começo para que a sociedade brasileira saia do seu torpor e apatia paralisantes, deixe de ser tão passiva e tolerante [...].□ essa centelha se espalhe por todo o país.

(Disponível em: http://www1.folha.uol.com.br/paineldoleitor/secaodecartas/971925-violencia-dia-da-independencia-11-de-setembro.shtml. Acesso em: 20/4/2012.)

A INTERJEIÇÃO NA CONSTRUÇÃO DO TEXTO

Leia esta crônica, de Fabrício Corsaletti:

Conversa contemporânea

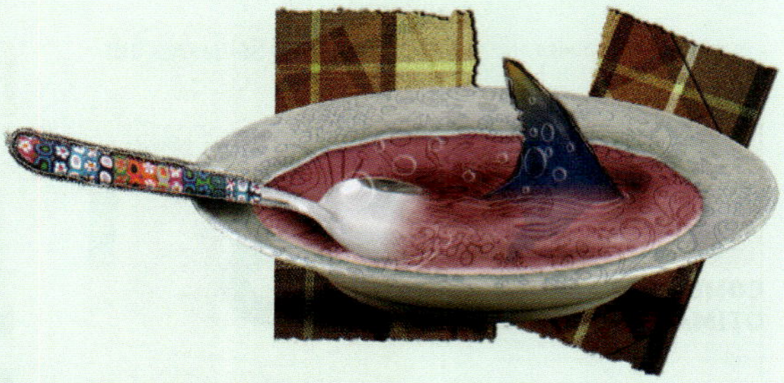
Vicente Mendonça

— Hmmm, Renata, tá uma delícia!

— Que bom que vocês gostaram.

— Fantástico!

— Incrível!

— Ma-ra-vi-lho-so!

— Genial, Renatinha!

— É fácil de fazer. É só escolher bem os olhos de tatu, temperar com capacetes frescos...

— De motoboy?

— Não. Tem que ser de motocross.

— Tá. E que mais?

— Aí afogam-se as folhas de manjericão em azeite de lágrimas, e forno!

— Eu disse que era azeite de lágrimas!

— E essa torta, como você conseguiu essa textura?

— Me passa o vinho, por favor?

— Simples. Vai no Santa Bárbara, compra picanha de grilo moída e mistura com polvilho alemão. Pronto. Se quiser, joga umas presilhas por cima que fica ótimo. O Túlio não gosta. Né, amor?

— Demais, Renatinha, demais!

— Mano, ontem fui no Le Bateau, ou Le Manteau, não lembro agora...

— É Le Manteau.

— Tá, não importa. Comi uma quiche que foi a melhor quiche que comi na vida. De cebolinha com fios de cabelo de albinos calvos. Coisa de louco.

[...]

— Ixe, esqueci a sobremesa no fogo. Já volto.

— Ela tá feliz, né?

— Super!

— E como ela tá mandando bem!

— As suas massas também são ótimas, Marcos.

— Por que cê tá me falando isso? Não precisa me comparar com a Renata. Parece que eu tô com inveja dela.

— Tá um pouquinho...

— Era só o que me faltava.

— Abram espaço que eu tô chegando... Licença! Licençaaa...

— Uhu!

— Aêêê!

— O que é?

— Doce de leite de baby camelo com pêssegos frígidos aquecidos em banho josé maria.

— Hmmmmm...

— Arrasou!

— Me passa o vinho? Ei, me passa o vinho aí!

(Disponível em: http://www1.folha.uol.com.br/saopaulo/1076377-conversa-contemporanea.shtml. Acesso em: 27/4/2012.)

1. A crônica retrata a conversa de um grupo de amigos reunidos em uma refeição.

a) Que elementos estranhos a uma refeição são a base para a criação do humor no texto?

b) Que crítica se depreende da crônica?

2. Qualquer palavra, dependendo do contexto e do tom com que é falada, pode se tornar uma interjeição.

a) Indique a classe gramatical a que, normalmente, pertencem as palavras:

- fantástico!, incrível, maravilhoso
- licença
- demais
- Arrasou!

b) No texto, as palavras relacionadas no item anterior mantêm seu papel gramatical original ou desempenham o papel de interjeição? Justifique sua resposta.

3. As interjeições cumprem um papel importante na construção do sentido do texto lido.

a) De modo geral, que valor semântico elas têm no contexto?

b) Esse valor semântico é coerente com o contexto? Justifique sua resposta.

SEMÂNTICA E DISCURSO

Leia o poema que segue, de Mário Quintana, e responda às questões de 1 a 4.

Hai-kai de outono

Uma folha, ai
melancolicamente
cai!

(*A cor do invisível*. Porto Alegre: Globo, 1994. p. 23.)

Zuri

1. O autor dá ao poema o nome "Hai-kai de outono". Haicai é um tipo de composição poética japonesa, de forma fixa e curta, que apresenta três versos e dezessete sílabas poéticas, assim distribuídas: o 1º e o 3º versos com cinco sílabas e o 2º com sete sílabas.

a) O número de versos do poema coincide com o do haicai japonês?

b) E o número de sílabas poéticas?

c) E a distribuição das sílabas em cada verso?

Pílula de sabedoria

Espécie de pílula filosófica e existencial, o haicai é um poema de origem japonesa e normalmente se relaciona com as estações do ano, com a passagem do tempo e com a humanização da natureza. O haicai é considerado o principal legado que um oriental pode deixar a seus descendentes.

2. As palavras *ai* e *cai* têm entre si uma relação sonora e semântica.

a) Qual é a classe gramatical da palavra *ai*? Qual é o seu valor semântico?

b) Que relações essa palavra estabelece com *cai* do ponto de vista sonoro?

c) E do ponto de vista semântico?

d) Que outra palavra do poema reforça o sentido da palavra *ai*?

3. A característica principal do haicai é a síntese. Releia o título do poema de Mário Quintana. Por que é possível antever no título todo o poema?

4. Leia o boxe lateral. Por seu conteúdo, é possível dizer que o haicai de Mário Quintana se identifica ou não com a tradição dos haicais japoneses? Justifique.

INTERPRETAÇÃO DE TEXTO

Jeffrey Coolidge/Stone+/Getty Images

CAPÍTULO 12

Habilidades de leitura e suas operações: levantamento de hipóteses e relação

Neste capítulo, você vai conhecer as operações levantamento de hipóteses *e* relação *e ver como elas são avaliadas nas provas do Enem e do vestibular.*

O **levantamento de hipóteses** é uma das operações mais executadas ao se trabalhar com interpretação de textos. Embora não seja uma ação exigida explicitamente nas perguntas, acaba sendo um passo intermediário para a realização de outras ações. Por exemplo, às vezes, para fazer operações como *concluir* ou *interpretar*, é necessário que, antes, o aluno levante hipóteses, na tentativa de captar o que não está explicitado no texto.

O levantamento de hipóteses é, portanto, uma tentativa de exteriorizar os *implícitos* de um texto, operação necessária para a compreensão global.

Já **relacionar** é uma operação que envolve a comparação entre textos, com o objetivo de identificar elementos comuns entre eles.

Veja como essas operações aparecem nesta questão do Enem:

O autor da tira utilizou os princípios de composição de um conhecido movimento artístico para representar a necessidade de um mesmo observador aprender a considerar, simultaneamente, diferentes pontos de vista.

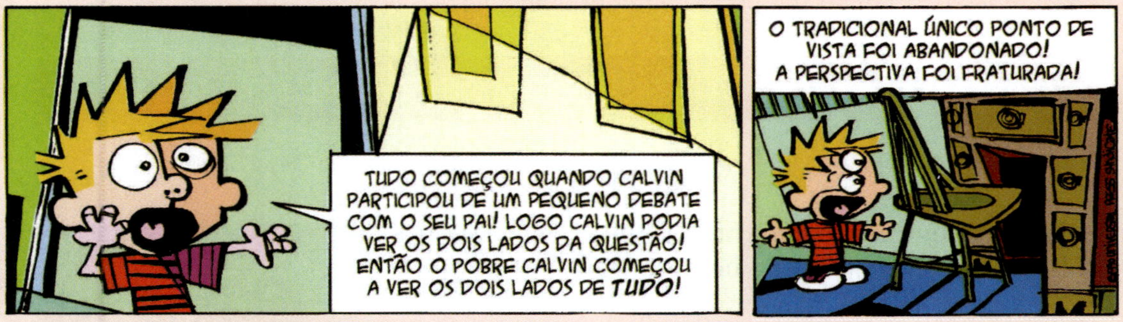

Bill Watterson/Dist. by Atlantic Syndication

Adaptado de WATTERSON, Bill. *Os dez anos de Calvin e Haroldo*. V. 2, São Paulo: Best News, 1996.

Das obras reproduzidas, todas de autoria do pintor espanhol Pablo Picasso, aquela em cuja composição foi adotado um procedimento semelhante é:

a) 

National Gallery of Art, Washington

Os amantes

b) 

Museu Picasso, Paris

Retrato de Françoise

c) 

National Gallery of Art, Washington

Os pobres na praia

d) 

Pushkin Museum, Moscou

Os dois saltimbancos

e) (adaptada)

Museu Picasso, Paris

Marie-Thérèse apoiada no cotovelo

Resposta: *e*.

Ao ler a tira de Calvin, o aluno deveria perceber que "ver os dois lados de tudo" e a "fratura" mencionados na tira equivalem, no plano visual, ao rosto fragmentado de Calvin e à posição irregular de seus olhos no último quadrinho.

Feito isso, o passo seguinte seria *relacionar* a tira com as pinturas de Pablo Picasso, na busca de elementos comuns. Essa operação é complexa, pois implica várias outras operações, como *observar* todas as reproduções, *levantar hipóteses* sobre o que poderia haver em comum entre elas e a tira (por exemplo, seria o número de personagens, ou o ambiente, ou os gestos?), *compará-las* e finalmente *concluir*, chegando a uma resposta.

No caso da questão, a resposta adequada é a alternativa *e*, pois o rosto da mulher retratada também apresenta "fratura", já que os olhos, a boca e o nariz estão posicionados no rosto de forma irregular, sugerindo justamente a multiplicidade de perspectivas, como se o rosto dela estivesse sendo visto, a um só tempo, de diferentes ângulos.

PREPARE-SE PARA O ENEM E O VESTIBULAR

1. Leia a seguinte matéria de jornal, publicada no *Correio Braziliense*, em 14/6/2011.

Internautas elegem ipê próximo à Ponte do Bragueto como o mais belo do DF

Ariadne Sakkis e Flávia Lima

Os leitores do **Correio** decidiram: o ipê-roxo mais bonito de Brasília fica logo após a Ponte do Bragueto, no fim da Asa Norte. Dos 310 participantes, 159 elegeram por meio de uma enquete no site do jornal esse exemplar como a beldade do início do inverno. O segundo mais votado foi o ipê do Conjunto 3 da QI 2, no Lago Norte. Essa espécie de ipê encanta os moradores da capital do Brasil à medida que a temperatura começa a baixar, simbolizando a chegada da temporada mais fria do ano — o inverno tem início em 21 de junho. A *Tabebuia impetiginosa*, como a botânica a reconhece, é uma queridinha de Brasília: está presente em 20 das 39 superquadras do Plano Piloto.

Artur Keunecke/Pulsar Imagens

Todo jornal é dividido em seções, isto é, setores destinados a assuntos com temas específicos. A matéria lida anuncia o resultado de um concurso promovido pelo jornal, na seção "Carta do leitor". Em qual das seções a seguir não seria pertinente a inclusão da matéria lida?

a) Ciência
b) Trânsito
c) Meio Ambiente
d) Cidades
e) Turismo

2. Os seguintes versos de Vinícius de Morais fazem referência a um episódio muito conhecido da história da humanidade. Leia-os.

Rosa de Hiroshima

Pensem nas crianças
Mudas telepáticas
Pensem nas meninas
Cegas inexatas
Pensem nas mulheres
Rotas alteradas
Pensem nas feridas
Como rosas cálidas
Mas, oh, não se esqueçam
Da rosa da rosa
Da rosa de Hiroshima
A rosa hereditária
A rosa radioativa
Estúpida e inválida
A rosa com cirrose
A antirrosa atômica
Sem cor sem perfume
Sem rosa, sem nada

(*Obra poética – Poesia completa e prosa.* Rio de Janeiro: Nova Aguilar.)

Levante hipóteses: O que vem a ser a "rosa de Hiroshima"?

a) Primeira Guerra Mundial (1914-1918)
b) ditadura militar brasileira (1964-1985)
c) Ditadura Vargas (1930-1945)
d) A bomba atômica, que eclodiu durante a Segunda Guerra Mundial (1939-1945)
e) Teoria da relatividade de Einstein

3. O quadro ao lado é de Di Cavalcanti, pintor que viveu no século XX. Observe-o com atenção. Que aspecto da cena retratada no quadro indica tratar-se de um cenário típico do início daquele século?

Coleção particular

Paisagem de subúrbio (1930), de Emiliano Di Cavalcanti.

a) Nenhuma via é pavimentada.
b) As casas são todas de sapê.
c) Falta iluminação artificial nas ruas.
d) Não se veem animais nos pastos.
e) Não há quintais ou espaços livres.

4. Leia o texto:

Ruínas de escola de gladiadores são encontradas na Áustria

Associated Press

AP Photo/Ronald Zak/Glow Images

Arqueólogos anunciaram nesta segunda-feira a descoberta na Áustria de uma escola de treinamento de gladiadores que se encontra em bom estado de conservação.

As ruínas se encontram enterradas debaixo do local conhecido como parque arqueológico de Carnuntum, a aproximadamente 45 km a leste de Viena. Esse complexo foi uma cidade no passado, onde viveram 50 mil pessoas, cerca de 1.700 anos atrás.

(http://www1.folha.uol.com.br/ciencia/970536-ruinas-de-escola-de-gladiadores-sao-encontradas-na-austria.shtml)

Considere estas afirmativas:

I. O texto se aproxima do gênero *blog*, pois contém expressões informais, como *foi no passado*.
II. O texto é representativo do gênero conto, pois explora uma ação e um conflito.
III. O texto é um gênero jornalístico, pois tem principalmente caráter informativo.

Está(ão) correta(s) a(s) afirmativa(s):

a) I, apenas.
b) I e III, apenas.
c) III, apenas.
d) II, apenas.
e) II e III, apenas.

5. Leia esta tira:

Calvin Hobbes, Bill Watterson © 1987 Watterson/Dist. by Universal Uclick

(http://depositodocalvin.blogspot.com/2010/01/calvin-haroldo-tirinha-571.html)

O humor da tira se dá por meio de um jogo de palavras, no último quadrinho, configurando a função:

a) emotiva.
b) fática.
c) metalinguística.
d) conativa.
e) referencial.

EM DIA COM O ENEM E O VESTIBULAR

Literatura e estudos de linguagem

(UFAL-AL) Texto para as questões de 1 a 3:

Como se sabe, os escritores brasileiros do período romântico interpretaram o ideário de sua escola literária num contexto criado pela independência política; por isso, entenderam a exaltação da natureza como exaltação da natureza tropical e elaboraram um mito das origens da nacionalidade em que no lugar do cavaleiro medieval aparece o índio.

Logo depois da Independência, surgiu no Brasil a questão de saber em que língua deveria expressar-se a literatura brasileira, e muitos intelectuais optaram por denominações como "língua nacional" ou mesmo "língua brasileira" – denominações nas quais Portugal não estava presente. Alguns escritores foram além de uma atitude meramente programática, usando uma linguagem literária em que os "brasileirismos" tinham um papel considerável.

José de Alencar foi um desses escritores, e o melhor exemplo desse estilo é a obra *Iracema*, que, embora se apresentasse como romance, tem todas as características de um longo poema em prosa. Diferentemente de tudo quanto tinha aparecido até então em língua portuguesa, o estilo dessa obra não deixou de provocar reações iradas do outro lado do Atlântico: o filólogo português Pinheiro Chagas fez dele uma avaliação muito depreciativa, à qual Alencar responderia acrescentando à segunda edição de *Iracema* um *post-scriptum* que ficou célebre.

Mas a polêmica entre Alencar e Pinheiro Chagas não foi a única em que autores brasileiros e portugueses se enfrentaram a propósito da linguagem literária. Contudo, a polêmica entre Alencar e Pinheiro Chagas permanece como um marco, pela lucidez do pensamento de Alencar e por ter lançado a ideia de que a linguagem literária deveria ser construída a partir da linguagem efetivamente usada pelos brasileiros. Trata-se de um programa que, por um lado, livra o escritor do peso dos modelos antigos e, por outro, o engaja numa pesquisa de linguagem que pode levar a resultados riquíssimos, como mostraram, bem mais tarde, as obras de alguns modernistas (particularmente os da vertente regionalista) e, acima de tudo, a linguagem literária de Guimarães Rosa, na qual o popular e o literário se confundem num constante jogo de espelhos.

(ILARI, Rodolfo e BASSO, Renato. *O português da gente*. São Paulo: Contexto, 2006. p. 214-218. Adaptado.)

1. "*Como* se sabe, os escritores brasileiros do período romântico interpretaram o ideário de sua escola literária num contexto criado pela independência política." O termo destacado nesse trecho tem o mesmo valor sintático-semântico do termo destacado em:

a) *Como* seria possível prever o que iria acontecer com a língua do Brasil, após a sua Independência política?
b) Não se sabe ao certo *como* a questão da língua nacional foi tratada antes das ideias revolucionárias dos românticos.
c) No Brasil, assim *como* em Portugal, as questões linguísticas foram alvo de reflexões dos autores da literatura.
d) *Como* não houve apoio significativo às ideias de Alencar, sua obra foi menosprezada até há pouco tempo.
e) José de Alencar contribuiu bastante para a consolidação de uma 'língua brasileira', *como* atestam seus romances.

2. "Mas a polêmica entre Alencar e Pinheiro Chagas não foi a única em que autores brasileiros e portugueses se enfrentaram a propósito da linguagem literária." Desejando-se reescrever esse trecho, as escolhas da regência verbal estariam igualmente corretas em:

a) Mas a polêmica entre Alencar e Pinheiro Chagas não foi a única para a qual autores brasileiros e portugueses se envolveram a propósito da linguagem literária.
b) Mas a polêmica entre Alencar e Pinheiro Chagas não foi a única à qual autores brasileiros e portugueses se confrontaram a propósito da linguagem literária.
c) Mas a polêmica entre Alencar e Pinheiro Chagas não foi a única da qual autores brasileiros e portugueses participaram a propósito da linguagem literária.
d) Mas a polêmica entre Alencar e Pinheiro Chagas não foi a única a qual autores brasileiros e portugueses se digladiaram a propósito da linguagem literária.
e) Mas a polêmica entre Alencar e Pinheiro Chagas não foi a única da qual autores brasileiros e portugueses lidaram a propósito da linguagem literária.

3. Considerando os recursos de coesão e coerência empregados pelo autor, analise os trechos abaixo e assinale a alternativa correta.

a) No trecho: "José de Alencar foi um desses escritores, e o melhor exemplo desse estilo é a obra *Iracema*, que, *embora se apresentasse como romance*, tem todas as características de um longo poema em prosa", o segmento destacado está articulado com o que lhe antecede e expressa uma comparação.
b) Com o trecho: "Mas a polêmica entre Alencar e Pinheiro Chagas não foi a única em que autores brasileiros e portugueses se enfrentaram a propó-

sito da linguagem literária", que se atrela aos trechos anteriores por oposição, o autor opera uma mudança na orientação argumentativa do texto.

c) No trecho: "por isso, entenderam a exaltação da natureza como exaltação da natureza tropical e *elaboraram um mito das origens da nacionalidade em que no lugar do cavaleiro medieval aparece o índio*", a relação entre o segmento destacado e o anterior é de causa e consequência.

d) No trecho: "Trata-se de um programa que, por um lado, [...] e, por outro, o engaja numa pesquisa de linguagem *que pode levar a resultados riquíssimos*", o segmento destacado está introduzindo uma explicação.

e) O trecho: "Contudo, a polêmica entre Alencar e Pinheiro Chagas permanece como um marco" está articulado aos anteriores e expressa uma conclusão.

4. (PUC-SP) *Senhora* é uma das obras mais representativas do romantismo brasileiro. Entre as características desse movimento estético, encontramos na obra de Alencar:

I. A idealização da mulher e do amor.
II. O culto à natureza e a valorização da religiosidade.
III. A arte pela arte.
IV. A crítica à sociedade e ideias socialistas.
V. O Determinismo.

a) As alternativas I, II e III estão corretas.
b) Somente as alternativas IV e V estão corretas.
c) As alternativas I, II e V estão corretas.
d) Nenhuma alternativa está correta.
e) Somente as alternativas I e II estão corretas.

5. (FUVEST-SP) Apesar de viver "um pouco ao sabor da sorte", "sem plano nem reflexão", "movido pelas circunstâncias", como uma espécie de "títere" (expressões de Antonio Candido), o protagonista das *Memórias de um sargento de milícias*, Leonardo (filho), como outras personagens do romance, mostra-se bastante determinado quando se trata de:

a) estabelecer estratégias para ascender na escala social.
b) assumir rixas, tirar desforras e executar vinganças.
c) demonstrar afeto e gratidão por aqueles que o amparam e defendem.
d) buscar um emprego que lhe garanta a subsistência imediata.
e) conservar-se fiel ao primeiro amor de sua vida.

(FUVEST-SP) Texto para as questões 6 e 7:

Todo o barbeiro é tagarela, e principalmente quando tem pouco que fazer; começou portanto a puxar conversa com o freguês. Foi a sua salvação e fortuna.

O navio a que o marujo pertencia viajava para a Costa e ocupava-se no comércio de negros; era um dos combóis que traziam fornecimento para o Valongo, e estava pronto a largar.

— Ó mestre! disse o marujo no meio da conversa, você também não é sangrador?

— Sim, eu também sangro...

— Pois olhe, você estava bem bom, se quisesse ir conosco... para curar a gente a bordo; morre-se ali que é uma praga.

— Homem, eu da cirurgia não entendo *muito*...

— Pois já não disse que sabe também sangrar?

— Sim...

— Então já sabe até demais.

No dia seguinte saiu o nosso homem pela barra fora: a fortuna tinha-lhe dado o meio, cumpria sabê-lo aproveitar; de oficial de barbeiro dava um salto mortal a *médico* de navio negreiro; restava unicamente saber fazer render a nova posição. Isso ficou por sua conta.

Por um feliz acaso logo nos primeiros dias de viagem adoeceram dois marinheiros; chamou-se o médico; ele fez tudo o que sabia... sangrou os doentes, e em pouco tempo estavam bons, perfeitos. Com isto ganhou imensa reputação, e começou a ser estimado.

Chegaram com feliz viagem ao seu destino; tomaram o seu carregamento de gente, e voltaram para o Rio. Graças à lanceta do nosso homem, nem um só negro morreu, o que muito contribuiu para aumentar-lhe a sólida reputação de entendedor do riscado.

Manuel Antônio de Almeida,
Memórias de um sargento de milícias.

6. Das seguintes afirmações acerca de diferentes elementos linguísticos do texto, a única correta é:

a) A expressão destacada em "para curar *a gente* a bordo" (l. 12) deve ser entendida como pronome de tratamento de uso informal.
b) A fórmula de tratamento (l. 14) com que o barbeiro se dirige ao marujo mantém o tom cerimonioso do início do diálogo.
c) O destaque gráfico da palavra "muito" (l. 14) produz um efeito de sentido que é reforçado pelas reticências.
d) O pronome possessivo usado nos trechos "saiu o nosso homem" (l. 18) e "lanceta do nosso homem" (l. 30) configura o chamado plural de modéstia.
e) A palavra "fortuna", tal como foi empregada na linha 19, pode ser substituída por "bens", sem prejuízo para o sentido.

7. Para expressar um fato que seria consequência certa de outro, pode-se usar o pretérito imperfeito do indicativo em lugar do futuro do pretérito, como ocorre na seguinte frase:

a) "era um dos combóis que traziam fornecimento para o Valongo".
b) "você estava bem bom, se quisesse ir conosco".
c) "Pois já não disse que sabe também sangrar?".
d) "de oficial de barbeiro dava um salto mortal a *médico* de navio negreiro".
e) "logo nos primeiros dias de viagem adoeceram dois marinheiros".

(MACK-SP) Texto para as questões de 8 a 11.

> O tigre tinha-se voltado ameaçador e terrível, aguçando os dentes uns nos outros, rugindo de fúria e vingança: de dois saltos aproximou-se novamente.
>
> Era uma luta de morte a que ia se travar; o índio o sabia, e esperou tranquilamente, como da primeira vez; a inquietação que sentira um momento de que a presa lhe escapasse, desaparecera: estava satisfeito.
>
> Assim esses dois selvagens das matas do Brasil, cada um com as suas armas, cada um com a consciência de sua força e de sua coragem, consideravam-se mutuamente como vítimas que iam ser imoladas.
>
> José de Alencar, *O guarani*

8. Assinale a alternativa correta.

a) Ao fazer referência aos *dois selvagens das matas do Brasil* (linha 08), o narrador explicita seu repúdio à cena violenta que ocorreria.

b) O contraste entre o comportamento do animal (1º parágrafo) e o do índio (2º paragrafo) revela a superioridade deste com relação àquele.

c) A certeza do narrador de que nessa luta não haveria nem vencedor nem vencido explicita-se com a expressão *vítimas que iam ser imoladas* (linha 11).

d) A inquietação momentânea do índio (linha 06) tem como consequência o fato de ser *uma luta de morte a que ia se travar* (linha 04).

e) Os segmentos *rugindo de fúria e vingança* (linhas 02 e 03) e *como da primeira vez* (linha 05) sugerem que o animal já fora anteriormente atacado.

9. Assinale a alternativa que apresenta provas textuais da onisciência do narrador.

a) (linha 01) tinha-se voltado ameaçador e terrível; (linha 07) estava satisfeito

b) (linhas 01 e 02) aguçando os dentes uns nos outros; (linhas 02 e 03) rugindo de fúria e vingança

c) (linha 03) de dois saltos aproximou-se novamente; (linha 07) estava satisfeito

d) (linhas 04 e 05) o índio o sabia; (linha 07) estava satisfeito

e) (linha 08) esses dois selvagens das matas do Brasil; (linha 09) cada um com as suas armas

10. Assinale a alternativa correta.

a) A palavra *como* (linha 05) foi usada com o mesmo sentido observado em "Como não disse nada, consideramos o trabalho encerrado".

b) A forma verbal *consideravam-se* (linha 10) pode ser corretamente substituída por "considerava-se", concordando com a expressão *cada um* (linha 09).

c) O segmento *de que a presa lhe escapasse* (linhas 06 e 07) complementa o sentido de *momento* (linha 06).

d) O pronome *o* (linha 04) refere-se a *Era uma luta de morte a que ia se travar* (linha 04).

e) A frase inicial admite também, sem prejuízo da correção e do sentido original, a seguinte pontuação: "O tigre, tinha-se voltado, ameaçador e terrível".

11. Considerado também o seu contexto histórico, afirma-se corretamente que o texto:

a) exemplifica uma orientação estético-ideológica do século XIX que idealizou as origens do Brasil.

b) prenuncia o estilo naturalista, haja vista a idealização da natureza e a identificação entre o humano e o animal.

c) pertence à literatura colonial brasileira, marcada especialmente pela valorização dos povos e costumes indígenas.

d) parodia o estilo romântico que, influenciado pelas ideias de Rousseau, concebia o indígena como "o bom selvagem".

e) traz índices da literatura realista do século XIX, cujo foco era a análise das condições de vida nas zonas rurais do território brasileiro.

12. (ENEM)

> No decênio de 1870, Franklin Távora defendeu a tese de que no Brasil havia duas literaturas independentes dentro da mesma língua: uma do Norte e outra do Sul, regiões segundo ele muito diferentes por formação histórica, composição étnica, costumes, modismos linguísticos etc. Por isso, deu aos romances regionais que publicou o título geral de *Literatura do Norte*. Em nossos dias, um escritor gaúcho, Viana Moog, procurou mostrar com bastante engenho que no Brasil há, em verdade, literaturas setoriais diversas, refletindo as características locais.
>
> CANDIDO, A. A nova narrativa. *A educação pela noite e outros ensaios*. São Paulo: Ática, 2003.

Com relação à valorização, no romance regionalista brasileiro, do homem e da paisagem de determinadas regiões nacionais, sabe-se que:

a) o romance do Sul do Brasil se caracteriza pela temática essencialmente urbana, colocando em relevo a formação do homem por meio da mescla de características locais e dos aspectos culturais trazidos de fora pela imigração europeia.

b) José de Alencar, representante, sobretudo, do romance urbano, retrata a temática da urbanização das cidades brasileiras e das relações conflituosas entre as raças.

c) o romance do Nordeste caracteriza-se pelo acentuado realismo no uso do vocabulário, pelo temário local, expressando a vida do homem em face da natureza agreste, e assume frequentemente o ponto de vista dos menos favorecidos.

d) a literatura urbana brasileira, da qual um dos expoentes é Machado de Assis, põe em relevo a formação do homem brasileiro, o sincretismo religioso, as raízes africanas e indígenas que caracterizam o nosso povo.

e) Érico Veríssimo, Rachel de Queiroz, Simões Lopes Neto e Jorge Amado são romancistas das décadas de 30 e 40 do século XX, cuja obra retrata a problemática do homem urbano em confronto com a modernização do país promovida pelo Estado Novo.

(UEL-PR) Leia o texto a seguir e responda às questões 13 e 14.

> Ali começa o sertão chamado bruto.
>
> Pousos sucedem a pousos, e nenhum teto habitado ou ruínas, nenhuma palhoça ou tapera dá abrigo ao caminhante contra a frialdade das noites, contra o temporal que ameaça, ou a chuva que está caindo. Por toda a parte, a calma da campina não arroteada; por toda a parte, a vegetação virgem, como quando aí surgiu pela vez primeira.
>
> A estrada que atravessa essas regiões incultas desenrola-se à maneira de alvejante faixa, aberta que é na areia, elemento dominante na composição de todo aquele solo, fertilizado aliás por um sem-número de límpidos e borbulhantes regatos, ribeirões e rios, cujos contingentes são outros tantos tributários do claro e fundo Paraná ou, na contravertente, do correntoso Paraguai.
>
> Essa areia solta e um tanto grossa tem cor uniforme que reverbera com intensidade os raios do sol, quando nela batem de chapa. Em alguns pontos é tão fofa e movediça que os animais das tropas viageiras arquejam de cansaço, ao vencerem aquele terreno incerto, que lhes foge de sob os cascos e onde se enterram até meia canela.
>
> (TAUNAY, V. *Inocência*. São Paulo: Moderna, 1990. p. 3.)

13. Com relação à descrição do ambiente, assinale a alternativa correta.

a) Percebe-se a intenção de crítica social presente no regionalismo modernista.
b) A paisagem é utilizada para criar um *locus amoenus* idílico.
c) O tom simbolista e experimental é fruto das pretensões de cientificidade dessa obra.
d) Trata-se de um exemplo, ainda que sóbrio, do regionalismo romântico.
e) Vê-se uma valorização do elemento nacional que ilustra o indianismo romântico.

14. A respeito da personagem Martinho dos Santos Pereira, no romance *Inocência*, de Visconde de Taunay, é correto afirmar:

a) Ele ilustra um modelo de sertanejo cômico, de caráter duvidoso e sujeito a recorrer à mentira, porém de uma simpatia cativante.
b) Ele representa o sertanejo em alguns de seus aspectos mais severos e conservadores, sobretudo no que diz respeito à criação da filha.
c) Taunay caracteriza-o como um misto de sertanejo e cientista, propondo-o como um homem à frente de seu tempo.
d) Suas falas, sempre demonstrando erudição, representam o esforço de Taunay para evitar o estereótipo do sertanejo inculto.
e) Ao buscar aproximar Inocência de Cirino, ele externa o desejo de um país que supere as diferenças e as fronteiras regionais.

15. (PUC-SP)

> **A apoteose do besteirol energético**
>
> Rogério Cezar de Cerqueira Leite
>
> Folha de S.Paulo, 18 de novembro de 2008
>
> Um momento histórico! O clímax, o ponto que todos pensávamos ser inatingível foi enfim alcançado. O apogeu do besteirol energético brasileiro. Se não vejamos.
>
> Há três ou quatro anos que um dos mais renomados e respeitados físicos brasileiros, Roberto Salmeron, vem insistindo com autoridades do país para que o Brasil se associe ao esforço internacional em prol do desenvolvimento da fusão nuclear para produção de energia. O esforço seria concentrado em uma instituição multinacional denominada ITER (International Thermonuclear Experimental Reactor).
>
> Essa tecnologia é o sonho de cientistas para a solução definitiva do excruciante problema de fornecimento de energia no futuro. É uma alternativa não poluente, ou seja, limpa, não contribuindo de maneira significativa seja para o efeito estufa, seja para diferentes formas de impactos negativos locais ao meio ambiente. É um combustível abundante, inesgotável quase e democraticamente distribuído (são principalmente isótopos do hidrogênio, portanto, encontrado onde houver água).
>
> De acordo com essa proposta, o Brasil associar-se-ia a Portugal, o que seria garantido por acordos já existentes entre os dois países. O Brasil teria pleno e irrestrito acesso a resultados experimentais, nossos pesquisadores podendo (ou melhor, devendo) participar dos experimentos e dos cálculos. A adesão custaria aproximadamente US$ 1 milhão. A proposta rolou, rolou... e nada aconteceu.

O que indicam os tempos verbais sublinhados?

a) *O clímax, o ponto que todos pensávamos ser inatingível foi enfim alcançado* – o verbo no pretérito imperfeito do indicativo expressa a obrigatoriedade de todos pensarmos do mesmo modo.
b) *Essa tecnologia é o sonho de cientistas para a solução definitiva do excruciante problema de fornecimento de energia no futuro. É uma alternativa não poluente* – os verbos no presente do modo indicativo indicam que os fatos talvez se concretizem.
c) *o Brasil associar-se-ia a Portugal, o que seria garantido por acordos já existentes entre os dois países* – os verbos no futuro do pretérito do modo indicativo indicam que os fatos que futuramente poderiam se concretizar não se concretizaram.
d) *O Brasil teria pleno e irrestrito acesso a resultados experimentais, nossos pesquisadores podendo (ou melhor, devendo) participar dos experimentos e dos cálculos. A adesão custaria aproximadamente US$ 1 milhão* – os verbos no futuro do pretérito do modo indicativo indicam que os fatos voltaram a se concretizar.
e) *A proposta rolou, rolou... e nada aconteceu* – o pretérito perfeito do indicativo indica que ainda há chance de a proposta de associação entre Brasil e Portugal, que continuou em discussão, se efetive.

Produção de texto

16. (UEL-PR)

> **Gente venenosa: os sabotadores**
>
> Não há como afirmar que existe alguém totalmente bom ou totalmente mau como nas maniqueístas histórias infantis. Mas em determinadas situações há pessoas de personalidade difícil, que potencializam as fragilidades de quem está a sua volta, semeando frustrações e desestruturando sonhos alheios. Atitudes que, em resumo, envenenam. O terapeuta familiar argentino Bernardo Stamateas identificou essas pessoas, cunhou o termo "gente tóxica" e falou sobre elas no livro *Gente tóxica — Como lidar com pessoas difíceis e não ser dominado por elas*. Assim como uma maçã estragada em uma fruteira é capaz de contaminar as outras frutas boas, as pessoas tóxicas, segundo Stamateas, tendem a envenenar a vida, plantar dúvidas e colocar uma pulga atrás da orelha de qualquer um. A vilania da situação reside no fato de que gente tóxica está sempre à espera da queda ou da frustração de alguém próximo para, então, assumir o papel de protagonista. "Eles (os tóxicos) se sentem intocáveis e com capacidade de ver a palha no olho do outro e não no seu", comenta o autor.
>
> (Adaptado de: BRAVOS, M. Gente venenosa: os sabotadores. *Gazeta do Povo*. Suplemento Viver Bem, 19 set. 2010, p. 6.)

Benett

(*Jornal de Londrina*, 19 out. 2010, p. 22.)

Com base no texto e na tira, redija uma **narrativa**, envolvendo personagens cujo comportamento desconsidera os sentimentos das pessoas, bem como "intoxicam" as relações interpessoais.

17. (PUCC-SP) Leia com atenção esta abertura de uma crônica de Luis Fernando Verissimo:

> Foi numa festa de família, dessas de fim de ano. Já que o bisavô está morre não morre, decidiram tirar a fotografia de toda a família reunida (...) A bisa e o bisa sentados, filhos, filhas, noras, genros e netos em volta, bisnetos na frente, esparramados pelo chão. Castelo, o dono da câmara, comandou a pose, depois tirou o olho do visor e ofereceu a câmera a quem ia tirar a fotografia. Mas quem ia tirar a fotografia?

Partindo da situação e das personagens acima apresentadas, imagine uma narrativa, que você desenvolverá por meio de um narrador em terceira pessoa e de diálogos entre as personagens. Considere, ainda, o fato de que todas as pessoas presentes nessa festa de família desejam aparecer na foto.

Interpretação de texto

18. (ENEM)

Claude Monet. *Lady with a Parasol*. 1886.

MONET, C. *Mulher com sombrinha*. 1875. 100 x 81 cm
In: BECKETT, W. *História da pintura*. São Paulo: Ática, 1997.

Em busca de maior naturalismo em suas obras e fundamentando-se em novo conceito estético, Monet, Degas, Renoir e outros artistas passaram a explorar novas formas de composição artística, que resultaram no estilo denominado Impressionismo. Observadores atentos da natureza, esses artistas passaram a:

a) retratar, em suas obras, as cores que idealizavam de acordo com o reflexo da luz solar nos objetos.
b) usar mais a cor preta, fazendo contornos nítidos, que melhor definiam as imagens e as cores do objeto representado.
c) retratar paisagens em diferentes horas do dia, recriando, em suas telas, as imagens por eles idealizadas.
d) usar pinceladas rápidas de cores puras e dissociadas diretamente na tela, sem misturá-las antes na paleta.
e) usar as sombras em tons de cinza e preto e com efeitos esfumaçados, tal como eram realizados no Renascimento.

(UFG-GO) Leia a charge para responder às questões de 19 a 21:

Angeli

ANGELI, *Folha de S. Paulo*, São Paulo, p. 2, 8 set. 2003

19 Na charge, o termo *carnívoro* sugere uma classificação que:

a) presume uma dieta alimentar baseada tanto em proteína animal quanto em proteína vegetal.
b) compara os humanos que se alimentam de carne aos animais que são carnívoros.
c) separa os animais da ordem dos herbívoros dos da ordem dos carnívoros.
d) denuncia a fragilidade física daqueles que se alimentam de carne.
e) mostra que as diferenças alimentares não impedem a convivência social em um restaurante.

20. A charge faz uma crítica aos defensores da alimentação vegetariana, produzindo um efeito de humor e ironia por:

a) prever novas formas de restrição a práticas de consumo ainda aceitáveis.
b) sugerir hábitos sociais que estão de acordo com as previsões do Apocalipse.
c) recuperar antigos costumes alimentares abandonados pela sociedade atual.
d) propor regras como garantia de boas maneiras à mesa.
e) discriminar o indivíduo que foge dos padrões de vida saudável.

21. É possível associar a crítica feita na charge à seguinte opinião sobre o tabagismo:

a) "Hoje, sabe-se como os receptores cerebrais funcionam. Quem não entende isso, o nervosismo, a ansiedade, não pode combater o tabagismo [...] 'Respira fundo, conta até dez que passa - a vontade vem, mas depois passa'. Depois de quanto tempo? Isso é um papo idiota". (J. I., cardiologista. *Folha de S. Paulo*, 7 set. 2008).
b) "Pelo que me falou, você fuma mais depois do almoço e depois do café. Então você precisa reduzir o café e evitar fumar após o almoço". (Atendente do 0800 do Ministério da Saúde, respondendo a indagações de um suposto fumante. Idem).
c) "Você não pode obrigar o fumante a parar de fumar. Como você não pode obrigar o prefeito a fazer o programa [de prevenção]". (L. W. L., diretora do Cratod. Idem).
d) "Considerar o fumante um sintoma de um problema social é desumanizar suas necessidades e direitos. Isso leva a uma cultura em que as pessoas implicam com as outras para obter mudanças". (T. C., prof. da Universidade de Panw (Indiana-EUA). Idem).
e) "A gente faz [campanha] educacional sempre. Eu mesmo, no Ministério da Saúde, proibi a propaganda, que era propaganda enganosa [...]. Introduzimos as fotos nos maços de cigarro como advertência. E o fumo caiu no Brasil. Agora, precisa continuar as medidas". (J. S., ex-ministro da Saúde. Idem).

(UEL-PR) Leia o texto e responda às questões de 22 a 24.

Seja eu, seja eu
Deixa que eu seja eu
E aceita o que seja seu
Então deita e aceita eu
Molha eu, seca eu
Deixa que eu seja o céu
E receba o que seja seu
Anoiteça, amanheça eu
Beija eu, beija eu, beija eu
Me beija
Deixa o que seja seu
Então beba e receba
Meu corpo, no seu corpo
Eu no meu corpo
Deixa, eu me deixo
Anoiteça, amanheça
Seja eu, seja eu,
Deixa que eu seja eu
E aceita o que seja seu
Então deita e aceita eu
Molha eu, seca eu
Deixa que eu seja o céu
E receba o que seja seu
Anoiteça, amanheça eu

(ANTUNES, A.; MONTE, M. e LINDSAY, A. "Beija eu" *Mais*. EMI, CD.)

22. Pode-se afirmar que o texto:

a) apresenta a linguagem na norma culta, usada nos variados gêneros, inclusive na poesia do sentimento amoroso.
b) descreve uma personagem feminina a partir de seus sentimentos e não pelos atributos físicos.
c) conta uma história de amor não correspondido depois de longos anos de espera.
d) traz poesia e linguagem subjetiva, sem a preocupação com a norma culta, seguindo os padrões poéticos.
e) apresenta ao leitor uma opinião sobre determinado assunto - no caso, o amor-paixão.

23. No que diz respeito à linguagem utilizada no texto, verificam-se trechos que não estão de acordo com a norma culta. Isto se dá porque:

a) a autora desconhece tal norma e, inconscientemente, adota a norma rural brasileira.
b) a norma culta é muito difícil e poucas pessoas a usam devido ao elevado índice de analfabetismo no Brasil.
c) a linguagem utilizada no texto reflete a ignorância do público leitor deste gênero em especial.
d) houve um descuido do revisor do texto e isso seria uma atribuição dos órgãos fiscalizadores.
e) a linguagem utilizada no texto reflete traços de oralidade, muitas vezes comuns ao gênero em que se insere.

24. A partir da leitura do texto, é correto afirmar que há:

a) um pedido de desculpas do possível autor do texto.
b) uma ordem do autor do texto, com alto grau de superioridade.
c) pedidos de um dos parceiros numa declaração amorosa.
d) solicitações profissionais em contexto amoroso.
e) uma história de amor contada por alguém em tempo real.

INTERVALO

Mary Evans/Ronald Grant/Diomedia

: *A lenda do cavaleiro sem cabeça*, filme de Tim Burton de 1999.

Escolha com seu grupo uma das atividades sugeridas a seguir e participe com a classe da realização de um sarau gótico, de acordo com as orientações do professor.

Busquem, em livros, enciclopédias e revistas especializadas, informações complementares sobre o tema escolhido. Procurem consultar os livros, assistir aos filmes e navegar nos *sites* indicados na seção **Fique ligado! Pesquise!** e nos capítulos da unidade.

No dia combinado com o professor, preparem a sala ou o anfiteatro da escola, montando um cenário de inspiração gótica que sirva a todas as apresentações. Depois, a cada apresentação, façam as adaptações que forem necessárias.

Projeto

SARAU GÓTICO: "OH! MY GOTH!"

1. Declamação de poemas góticos

Escolham para declamar no sarau poemas góticos de Álvares de Azevedo, Lord Byron, Alfred Musset ou de outros autores e também fragmentos do poema "O corvo", de Edgar Allan Poe.

Memorizem os textos e ensaiem, buscando a melhor expressão oral possível. Na apresentação, utilizem como fundo músicas de bandas góticas.

2. Leitura dramática e encenação teatral

Escolham um dos contos de *Noite da taverna* ou um trecho de *Macário*, de Álvares de Azevedo, ou ainda um fragmento de uma das obras clássicas da tradição gótica, como *O castelo de Otranto*, de Horace Walpole, ou de *Frankenstein*, de Mary Shelley, ou uma das histórias de mistério de Edgar Allan Poe para fazer uma leitura dramática ou encenação teatral. (Vejam as instruções no boxe "Leitura dramática e encenação".)

3. A música gótica

Façam um levantamento de músicas que se ligam à tradição gótica. Gravem e apresentem ao público trechos de canções das principais bandas góticas, nacionais e estrangeiras, de todos os tempos. A título de curiosidade, não deixem de incluir na apresentação as conhecidas canções "Meu doce vampiro", de Rita Lee e Roberto de Carvalho, e "Vampiro", de Jorge Mautner (CD *Cinema transcendental*, de Caetano Veloso), e o "Rock do diabo", de Raul Seixas.

Everett Collection/Everett/Latinstock

The Doors.

4. *Sandman*

Façam uma pesquisa sobre a série *Sandman*, de Neil Gaiman, e apresentem ao público a história dessa HQ, como se deu a participação do autor, quais são e como são as principais personagens, os temas, etc. Se possível, reproduzam algumas histórias e exponham-nas em painéis na entrada da sala ou do auditório, a fim de que mais pessoas possam conhecer o trabalho de Gaiman.

Neil Gaiman/Editora Conrad do Brasil

5. O cinema de tradição gótica

Os vampiros

Reúnam os principais trechos de clássicos do cinema gótico, tais como os filmes *Nosferatu, uma sinfonia de horror* (1922), de F. W. Murnau; *Drácula* (1931), de Tod Browning, com o ator Bela Lugosi; *Nosferatu, o vampiro da noite* (1979), de Werner Herzog; e *Drácula de Bram Stocker* (1992), de Francis Ford Coppola. Apresentem os trechos à classe e debatam com os colegas a respeito do perfil de vampiro mostrado em cada filme.

Photos 12 - Cinema/Diomedia

Drácula, com Bela Lugosi.

O desenho animado

Apresentem ao público os principais trechos dos filmes *A noiva cadáver*, de Tim Burton, e *Estranho mundo de Jack*, de Henry Selick, e comentem as semelhanças e diferenças entre os filmes. Comentem também como foi feita a trilha musical de *A noiva cadáver*.

Os filmes poéticos

Apresentem trechos de filmes como *Asas do desejo*, de Wim Wenders, e *Blade runner*, de Ridley Scott, e discutam com o público como e por que filmes como esses se filiam à tradição gótica.

Mary Evans/Ronald Grant/Diomedia

Asas do desejo, de Wim Wenders.

LEITURA DRAMÁTICA E ENCENAÇÃO

Para encenar uma peça de teatro, há dois momentos a serem observados. Primeiramente, preparem a leitura dramática do texto; depois, preparem a encenação.

Leitura dramática

1. Formem um grupo com um número de integrantes igual ao número de personagens do texto. Cada componente do grupo deve ler o texto individualmente pelo menos uma vez.

2. Façam, em grupo, uma segunda leitura do texto, em voz alta, cada aluno lendo as falas de uma personagem. Leiam apenas, procurando uma compreensão mais ampla do texto e um domínio maior da história.

Ellen B. Senisi/Diomedia

3. A partir da terceira leitura, comecem a buscar a representação, isto é, comecem a transformar a leitura em ação. Lembrem-se: o ator é um fingidor, alguém que cria ilusões.
   - **a)** Para uma boa interpretação, analisem e debatam o comportamento psicológico de cada personagem: quais são seus desejos; que fatos ou que personagens se contrapõem a ela; como ela reage, etc.
   - **b)** Em seguida, cada um deve buscar a melhor forma de interpretar sua personagem.
   - **c)** Considerem a pontuação do texto e as rubricas de interpretação.
   - **d)** Não deixem cair a entonação no final das frases. Observem como falam os locutores de rádio e televisão e procurem imitá-los.
   - **e)** Se julgarem necessário, marquem o texto com pausas para respiração e destaquem os verbos das frases para dar um apoio maior à inflexão da voz.
   - **f)** Para ajudar no volume da voz, imaginem – como fazem no meio teatral – que na última fileira do teatro há uma velhinha meio surda e que vocês devem representar para ela.

4. Depois que cada um dos elementos do grupo tiver encontrado a expressão própria de sua personagem, comecem a ensaiar a peça teatral.

Encenação

1. Decorem as falas de sua personagem, imaginando-se nas situações vividas por ela, imaginando o cenário e as outras personagens que contracenam com vocês.
2. Além das rubricas de interpretação, vocês devem, agora, observar também as de movimento.
3. Criem o cenário, a sonoplastia (o som que acompanha o texto), os figurinos. Contem para isso com a criatividade individual e do grupo e envolvam outros colegas na montagem.
4. Ensaiem quantas vezes julgarem necessário.
5. Caso algum elemento do grupo se esqueça de uma parte do texto durante os ensaios ou na apresentação, improvisem uma saída, ou recorram ao ponto. *Ponto* é uma pessoa que, no teatro, acompanha o texto que os atores devem dizer para lhes ajudar a memória, se necessário.
6. Tudo pronto, montem o espetáculo e preparem a apresentação.
7. Durante os ensaios e as apresentações, coloquem-se naturalmente no lugar das personagens e vivam-nas, ou seja, comecem a fazer teatro.

PREPARANDO O SARAU

Escolham, com a orientação do professor, o local para a apresentação dos grupos. Montem o cenário e providenciem som, maquiagem, figurino, cadeiras para a plateia, etc. Façam um roteiro de entrada dos grupos em cena, alternando leitura dramática e encenação teatral com declamações, apresentações de música, de videoclipes, etc. Escolham um colega para coordenar as apresentações dos grupos e contextualizar para o público o que ele verá em cena. Convidem para o evento colegas de outras classes, professores e funcionários da escola, amigos e familiares.

Autorretrato *O desesperado* (1844-5), de Gustave Courbet.

Album/akg-images/Archives CDA/ Latinstock

UNIDADE 3

HISTÓRIA SOCIAL DO REALISMO, DO NATURALISMO E DO PARNASIANISMO

[...] o Romantismo era a apoteose do sentimento; o realismo é a autonomia de caráter. É a crítica do homem. É a arte que nos pinta a nossos próprios olhos — para nos conhecermos, para que saibamos se somos verdadeiros ou falsos, para condenarmos o que houve de mau na sociedade.

(Eça de Queirós)

Não tive filhos, não transmiti a nenhuma criatura o legado de nossa miséria.

(Brás Cubas, personagem de Machado de Assis)

Ama a arte. Dentre todas as mentiras é a que menos mente.

(Gustave Flaubert)

Os governos suspeitam da literatura porque é uma força que lhes escapa.

(Émile Zola)

Estabeleceu-se há alguns anos uma escola monstruosa de romancistas, que pretende substituir a eloquência da carnagem pela eloquência da carne, que apela para as curiosidades mais cirúrgicas, que reúne pestíferos para nos fazer admirar as veias saltadas, que se inspira diretamente do cólera, seu mestre, e que faz sair pus da consciência. [...] Thérèse Raquin é o resíduo de todos esses horrores publicados precedentemente. Nele, escorrem todo o sangue e todas as infâmias...

(Ferragus, crítico do século XIX, a propósito da publicação de *Thérèse Raquin*, obra inaugural do Naturalismo)

Patricia Spinelli/Alamy/Other Images

·· INTERVALO ··

Projeto:

Jornal mural: ***Os focas***

Produção e montagem de um jornal mural com notícias, entrevistas e reportagens.

Na segunda metade do século XIX, o contexto sociopolítico europeu mudou profundamente. Lutas sociais, tentativas de revolução, novas ideias políticas, científicas... O mundo agitava-se, e a literatura não podia mais, como no tempo do Romantismo, viver de idealizações, do culto do eu e da fuga da realidade. Era necessária uma arte mais objetiva, que atendesse ao desejo do momento: o de analisar, compreender, criticar e transformar a realidade. Como resposta a essa necessidade, surgiriam quase ao mesmo tempo três tendências antirromânticas na literatura, que se entrelaçavam e se influenciavam mutuamente: o Realismo, o Naturalismo e o Parnasianismo.

Fique ligado! Pesquise!

Para você ampliar seus conhecimentos sobre a literatura realista, naturalista e parnasiana e sobre o contexto da época, eis algumas sugestões:

- No bloco 7 do DVD *Literatura e outras linguagens* há declamações, entrevistas, depoimentos, trechos de filmes e músicas relacionadas com o Realismo, o Naturalismo e o Parnasianismo. Converse com o seu professor sobre a possibilidade de assistir a esse bloco.
- ***A sedutora Madame Bovary***, de Vincent Minnelli; ***Germinal***, de Claude Berri; ***Sacco e Vanzetti***, de Giuliano Montaldo; ***Os companheiros***, de Mario Monicelli; ***Criação***, de Jon Amiel; ***Brás Cubas***, de Júlio Bressane; ***O primo Basílio***, de Daniel Filho; ***O cortiço***, de Francisco Ramalho Jr.; ***Memórias póstumas***, de André Klotzel; ***O crime do padre Amaro***, de Carlos Carrera; ***Os Maias***, de Luís Fernando Carvalho; ***Dom***, de Moacyr Góes.

- ***Madame Bovary***, de Gustave Flaubert (Ediouro); ***Ilusões perdidas***, de Honoré de Balzac (Ediouro); ***Germinal***, de Émile Zola (Hemus); ***O vermelho e o negro***, de Stendhal (Globo); ***Os irmãos Karamazov***, de Dostoievski (Ediouro); ***Guerra e paz*** e ***Anna Karenina***, de Léon Tolstoi (Itatiaia e Ediouro); ***A brasileira dos Prazins***, de Camilo Castelo Branco (Nova Fronteira); ***O primo Basílio***, ***Os Maias*** e ***O crime do padre Amaro***, de Eça de Queirós (Ática); ***Memórias póstumas de Brás Cubas***, ***Dom Casmurro*** e ***Quincas Borba***, de Machado de Assis (Ática); ***Capitu***, de Lygia Fagundes Telles e Paulo Emilio Salles Gomes (Siciliano); ***O amor de Capitu***, de Fernando Sabino (Ática); ***Capitu – Memórias póstumas***, de Domício Proença Filho (Artium); ***O cortiço***, ***Casa de pensão*** e ***O mulato***, de Aluísio Azevedo (Ática); ***O missionário***, de Inglês de Souza (Ática); ***O Xangô de Baker Street***, de Jô Soares (Companhia das Letras); ***Antologia de poesia brasileira – Realismo e Parnasianismo*** (Ática).

- Conheça a pintura realista, principalmente as obras de Gustave Courbet, Daumier e do pré-realista Millet. Pesquise em livros como: ***Para entender a arte***, de Robert Cumming (Ática); ***História da pintura***, de Wendy Beckett (Ática); ***Estilos, escolas e movimentos***, de Charles Harrison (Cosac & Naify).

- Pesquise sobre correntes filosóficas e científicas como o positivismo, de Augusto Comte; o determinismo, de Hipolyte Taine; o evolucionismo, de Charles Darwin; o socialismo científico, de Marx e Engels.

- www.machadodeassis.org.br/
- www.dominiopublico.gov.br/pesquisa/PesquisaObraForm.do

A IMAGEM EM FOCO

Observe atentamente o quadro seguinte, de Gustave Courbet, pintor francês que introduziu o Realismo na pintura.

Musée des Beaux-Arts de Nantes, France

As peneiradoras de trigo (1854), de Gustave Courbet.

1. A propósito do ambiente retratado no quadro, responda:

a) Como ele se caracteriza?

b) Trata-se de um ambiente próprio da zona rural ou da zona urbana? Justifique sua resposta com elementos do quadro.

2. Observe as personagens que compõem a cena.

a) O que elas estão fazendo?

b) Levante hipóteses: Que vínculos pode haver entre elas?

c) Para elas, o que representa o trigo?

3. As primeiras telas de Courbet escandalizaram os salões de arte parisienses, por causa dos temas que abordavam, até então inéditos.

a) Na hierarquia social, que posição ocupavam as personagens retratadas no quadro?

b) Apesar da condição social das personagens, o quadro desperta algum sentimento de piedade ou compaixão nos espectadores?

Musée des Beaux-Arts de Nantes, France

4. Certa vez perguntaram a Courbet se ele era capaz de pintar um anjo. E ele respondeu: "Jamais poderei pintar um anjo, porque nunca vi nenhum".

a) Qual é o princípio realista presente nessa resposta do pintor?

b) Na sua opinião, o quadro põe em prática esse princípio realista? Justifique sua resposta.

5. Observe as cores em destaque no quadro. Que relação elas têm com o tema abordado pelo pintor?

6. Em primeiro plano, destaca-se uma moça.

a) O que sugerem os movimentos dela?

b) Interprete: O que a moça representa nesse quadro?

7. Um dos traços do Realismo é a crítica social. Considerando-se o contexto da época, o quadro faz uma crítica à sociedade de então? Justifique sua resposta.

LITERATURA

Jean François Millet. The spinning wheel

: *The spinning wheel* (1855), de Jean François Millet, marca o interesse dos realistas e naturalistas pela vida cotidiana dos trabalhadores.

CAPÍTULO 1

A linguagem do Realismo, do Naturalismo e do Parnasianismo

Motivados pelas teorias científicas e filosóficas da época, os escritores realistas se empenharam em retratar o homem e a sociedade em conjunto. Não bastava mostrar a face sonhadora e idealizada da vida, como haviam feito os românticos; era preciso mostrar a face do cotidiano massacrante, do casamento por interesse, do amor adúltero, da falsidade e do egoísmo, da impotência do ser humano comum diante dos poderosos.

Na segunda metade do século XIX, a literatura europeia buscou novas formas de expressão, sintonizadas com as mudanças que ocorriam em diferentes setores: filosófico, científico, político, econômico e cultural. A renovação na literatura manifestou-se na forma de três movimentos literários distintos na França: o Realismo, o Naturalismo e o Parnasianismo. O Realismo teve início com a publicação de *Madame Bovary* (1857), de Gustave Flaubert; o Naturalismo, com a publicação de *Thérèse Raquin* (1867), de Émile Zola; e o Parnasianismo, com a publicação das antologias parnasianas intituladas *Parnasse contemporain* (a partir de 1866).

Embora guardem diferenças formais e ideológicas, essas três tendências apresentam alguns aspectos em comum: *o combate ao Romantismo, o resgate do objetivismo na literatura* e *o gosto pelas descrições.*

De modo geral, pode-se dizer que o Naturalismo é uma espécie de Realismo científico, enquanto o Parnasianismo é um retorno da poesia ao estilo clássico, abandonado pelos românticos.

A LINGUAGEM DA PROSA REALISTA

A seguir, você lerá um conto de Machado de Assis, o principal escritor realista brasileiro, por meio do qual será feito o estudo da linguagem da prosa realista.

LEITURA

A causa secreta

[...]

Garcia tinha-se formado em medicina, no ano anterior, 1861. No ano de 1860, estando ainda na Escola, encontrou-se com Fortunato, pela primeira vez, à porta da Santa Casa; entrava, quando o outro saía. Fez-lhe impressão a figura; mas, ainda assim, tê-la-ia esquecido, se não fosse o segundo encontro, poucos dias depois. Morava na rua de D. Manuel. Uma de suas raras distrações era ir ao teatro de S. Januário, que ficava perto, entre essa rua e a praia; ia uma ou duas vezes por mês, e nunca achava acima de quarenta pessoas. Só os mais intrépidos ousavam estender os passos até aquele recanto da cidade. Uma noite, estando nas cadeiras, apareceu ali Fortunato, e sentou-se ao pé dele.

Museu Nacional de Belas Artes, Rio de Janeiro

Retrato de mulher (1892), de Rodolfo Amoedo, pintor brasileiro contemporâneo de Machado de Assis.

A peça era um dramalhão, cosido a facadas, ouriçado de imprecações e remorsos; mas Fortunato ouviu-a com singular interesse. Nos lances dolorosos, a atenção dele redobrava, os olhos iam avidamente de um personagem a outro, a tal ponto que o estudante suspeitou haver na peça reminiscências pessoais do vizinho. No fim do drama veio uma farsa; mas Fortunato não esperou por ela e saiu; Garcia saiu atrás dele. Fortunato foi pelo beco do Cotovelo, rua de S. José, até o largo da Carioca. Ia devagar, cabisbaixo, parando às vezes, para dar uma bengalada em algum cão que dormia; o cão ficava ganindo e ele ia andando. No largo da Carioca entrou num tílburi, e seguiu para os lados da praça da Constituição. Garcia voltou para casa sem saber mais nada.

[...]

Tempos depois, estando já formado, e morando na rua de Matacavalos, perto da do Conde, encontrou Fortunato em uma gôndola, encontrou-o ainda outras vezes, e a frequência trouxe a familiaridade. Um dia Fortunato convidou-o a ir visitá-lo ali perto, em Catumbi.

— Sabe que estou casado?

— Não sabia.

— Casei-me há quatro meses, podia dizer quatro dias. Vá jantar conosco domingo.

— Domingo?

— Não esteja forjando desculpas; não admito desculpas. Vá domingo.

Garcia foi lá no domingo. Fortunato deu-lhe um bom jantar, bons charutos e boa palestra, em companhia da senhora, que era interessante. A figura dele não mudara; os olhos eram as mesmas chapas de estanho, duras e frias; as outras feições não eram mais atraentes que dantes. Os obséquios, porém, se não resgatavam a natureza, davam alguma compensação, e não era pouco. Maria Luísa é que possuía ambos os feitiços, pessoa e modos. Era esbelta, airosa, olhos meigos e submissos; tinha vinte e cinco anos e parecia não passar de dezenove. Garcia, à segunda vez que lá foi, percebeu que entre eles havia alguma dissonância de caracteres, pouca ou nenhuma afinidade moral, e da parte da mulher para com o marido uns modos que transcendiam o respeito e confinavam na resignação e no temor. [...]

A comunhão dos interesses apertou os laços da intimidade. Garcia tornou-se familiar na casa; ali jantava quase todos os dias, ali observava a pessoa e a vida de Maria Luísa, cuja solidão moral era evidente. E a solidão como que lhe duplicava o encanto. Garcia começou a sentir que alguma coisa o agitava, quando ela aparecia, quando falava, quando trabalhava, calada, ao canto da janela, ou tocava ao piano umas músicas tristes. Manso e manso, entrou-lhe o amor no coração. Quando deu por ele, quis expeli-lo, para que entre ele e Fortunato não houvesse outro laço que o da amizade; mas não pôde. Pôde apenas trancá-lo; Maria Luísa compreendeu ambas as coisas, a afeição e o silêncio, mas não se deu por achada.

No começo de outubro deu-se um incidente que desvendou ainda mais aos olhos do médico a situação da moça. Fortunato metera-se a estudar anatomia e fisiologia, e ocupava-se nas horas vagas em rasgar e envenenar gatos e cães. Como os guinchos dos animais atordoavam os doentes, mudou o laboratório para casa, e a mulher, compleição nervosa, teve de os sofrer. Um dia, porém, não podendo mais, foi ter com o médico e pediu-lhe que, como coisa sua, alcançasse do marido a cessação de tais experiências.

— Mas a senhora mesma...

Maria Luísa acudiu, sorrindo:

— Ele naturalmente achará que sou criança. O que eu queria é que o senhor, como médico, lhe dissesse que isso me faz mal; e creia que faz...

Garcia alcançou prontamente que o outro acabasse com tais estudos. Se os foi fazer em outra parte, ninguém o soube, mas pode ser que sim. Maria Luísa agradeceu ao médico, tanto por ela como pelos animais, que não podia ver padecer. Tossia de quando em quando; Garcia perguntou-lhe se tinha alguma coisa, ela respondeu que nada.

— Deixe ver o pulso.

Casamento e traição

No Romantismo, as histórias geralmente terminam em final feliz e em casamento. No Realismo, elas quase sempre começam com o casamento, que, envolto por interesses e contradições, facilmente é seguido de adultério.

O tema do adultério foi tratado por escritores de diferentes épocas posteriores e também já foi abordado na música, no cinema e no teatro. No teatro brasileiro, ele se destaca nos dramas familiares de Nelson Rodrigues. No cinema, um clássico sobre o tema é *A insustentável leveza do ser* (1988), de Philip Kaufman, baseado na obra do escritor checo Milan Kundera. E, mais recentemente, o adultério está em filmes como *Amor, sexo e traição* (2004), de Jorge Fernando; *Lady Chatterley* (2006), de Pascale Ferran; *O preço da traição* (2009), de Atom Egoyan.

Sony Pictures/Everett Collection

: Cena do filme *O preço da traição*.

— Não tenho nada.

Não deu o pulso, e retirou-se. Garcia ficou apreensivo. Cuidava, ao contrário, que ela podia ter alguma coisa, que era preciso observá-la e avisar o marido em tempo.

Dois dias depois — exatamente o dia em que os vemos agora —, Garcia foi lá jantar. Na sala disseram-lhe que Fortunato estava no gabinete, e ele caminhou para ali; ia chegando à porta, no momento em que Maria Luísa saía aflita.

— Que é? perguntou-lhe.

— O rato! O rato! exclamou a moça sufocada e afastando-se.

Garcia lembrou-se que, na véspera, ouvira ao Fortunato queixar-se de um rato, que lhe levara um papel importante; mas estava longe de esperar o que viu. Viu Fortunato sentado à mesa, que havia no centro do gabinete, e sobre a qual pusera um prato com espírito de vinho. O líquido flamejava. Entre o polegar e o índice da mão esquerda segurava um barbante, de cuja ponta pendia o rato atado pela cauda. Na direita tinha uma tesoura. No momento em que o Garcia entrou, Fortunato cortava ao rato uma das pernas; em seguida desceu o infeliz até à chama, rápido, para não matá-lo, e dispôs-se a fazer o mesmo à terceira, pois já lhe havia cortado a primeira. Garcia estacou horrorizado.

— Mate-o logo! disse-lhe.

— Já vai.

E com um sorriso único, reflexo de alma satisfeita, alguma coisa que traduzia a delícia íntima das sensações supremas, Fortunato cortou a terceira pata do rato, e fez pela terceira vez o mesmo movimento até a chama. O miserável estorcia-se, guinchando, ensanguentado, chamuscado, e não acabava de morrer. Garcia desviou os olhos, depois voltou-os novamente, e estendeu a mão para impedir que o suplício continuasse, mas não chegou a fazê-lo, porque o diabo do homem impunha medo, com toda aquela serenidade radiosa da fisionomia. Faltava cortar a última pata; Fortunato cortou-a muito devagar, acompanhando a tesoura com os olhos; a pata caiu, e ele ficou olhando para o rato meio cadáver. Ao descê-lo pela quarta vez, até a chama, deu ainda mais rapidez ao gesto, para salvar, se pudesse, alguns farrapos de vida.

Garcia, defronte, conseguia dominar a repugnância do espetáculo para fixar a cara do homem. Nem raiva, nem ódio; tão somente um vasto prazer, quieto e profundo, como daria a outro a audição de uma bela sonata ou a vista de uma estátua divina, alguma coisa parecida com a pura sensação estética. Pareceu-lhe, e era verdade, que Fortunato havia-o inteiramente esquecido. Isto posto, não estaria fingindo, e devia ser aquilo mesmo. A chama ia morrendo, o rato podia ser que tivesse ainda um resíduo de vida, sombra de sombra; Fortunato aproveitou-o para cortar-lhe o focinho e pela última vez chegar a carne ao fogo. Afinal deixou cair o cadáver no prato, e arredou de si toda essa mistura de chamusco e sangue.

Ao levantar-se deu com o médico e teve um sobressalto. Então, mostrou-se enraivecido contra o animal, que lhe comera o papel; mas a cólera evidentemente era fingida.

— Castiga sem raiva, pensou o médico, pela necessidade de achar uma sensação de prazer, que só a dor alheia lhe pode dar: é o segredo deste homem.

Fortunato encareceu a importância do papel, a perda que lhe trazia, perda de tempo, é certo, mas o tempo agora era-lhe preciosíssimo. Garcia ouvia só, sem dizer nada, nem lhe dar crédito. Relembrava os atos dele, graves e leves, achava a mesma explicação para todos. Era a mesma troca das teclas da sensibilidade, um diletantismo *sui generis*, uma redução de Calígula.

Quando Maria Luísa voltou ao gabinete, daí a pouco, o marido foi ter com ela, rindo, pegou-lhe nas mãos e falou-lhe mansamente:

— Fracalhona!

— E voltando-se para o médico:

— Há de crer que quase desmaiou?

Maria Luísa defendeu-se a medo, disse que era nervosa e mulher; depois foi sentar-se à janela com as suas lãs e agulhas, e os dedos ainda trêmulos, tal qual a vimos no começo desta história. Hão de lembrar-se que, depois de terem falado de outras coisas, ficaram calados os três, o marido sentado e olhando para o teto, o médico estalando as unhas. Pouco depois foram jantar; mas o jantar não foi alegre. Maria Luísa cismava e tossia; o médico indagava de si mesmo se ela não estaria exposta a algum excesso na companhia de tal homem. Era apenas possível; mas o amor trocou-lhe a possibilidade em certeza; tremeu por ela e cuidou de os vigiar.

Ela tossia, tossia, e não se passou muito tempo que a moléstia não tirasse a máscara. Era a tísica, velha dama insaciável, que chupa a vida toda, até deixar um bagaço de ossos. Fortunato recebeu a notícia como um golpe; amava deveras a mulher, a seu modo, estava acostumado com ela, custava-lhe perdê-la. Não poupou esforços, médicos, remédios, ares, todos os recursos e todos os paliativos. Mas foi tudo vão. A doença era mortal.

Nos últimos dias, em presença dos tormentos supremos da moça, a índole do marido subjugou qualquer outra afeição. Não a deixou mais; fitou o olho baço e frio naquela decomposição lenta e dolorosa da vida, bebeu uma a uma as aflições da bela criatura, agora magra e transparente, devorada de febre e minada de morte. Egoísmo aspérrimo, faminto de sensações, não lhe perdoou um só minuto de agonia, nem lhos pagou com uma só lágrima, pública ou íntima. Só quando ela expirou, é que ele ficou aturdido. Voltando a si, viu que estava outra vez só.

De noite, indo repousar uma parenta de Maria Luísa, que a ajudara a morrer, ficaram na sala Fortunato e Garcia, velando o cadáver, ambos pensativos; mas o próprio marido estava fatigado, o médico disse-lhe que repousasse um pouco.

Museu Nacional de Belas Artes, Rio de Janeiro

Arrufos (1887), do pintor realista brasileiro Belmiro Barbosa de Almeida.

O herói problemático e a modernidade

É a partir do Realismo, principalmente, que começa a ter destaque a figura do *herói problemático*, o tipo de herói predominante na literatura, no cinema e no teatro da modernidade. Diferentemente do herói romanesco – aquele cuja ousadia, integridade e coerência estão acima da média entre as pessoas comuns –, o herói problemático normalmente é o ser humano na sua pequenez, cheio de fraquezas, manias e incertezas diante de um mundo no qual se sente deslocado. Filmes como *Medos privados em lugares públicos* (2006), de Alain Resnais, *O cheiro do ralo* (2007), de Heitor Dhalia, *Meu nome não é Johnny* (2008), de Mauro Lima, *Tropa de elite* (2007), de José Padilha, e *O artista* (2011), de Michel Hazanavicius, têm heróis problemáticos como figuras centrais.

Direção: Michel Hazanavicius/Weinstein/Everett/Latinstock

Cena do filme *O artista* (2001).

— Vá descansar, passe pelo sono uma hora ou duas: eu irei depois.

Fortunato saiu, foi deitar-se no sofá da saleta contígua, e adormeceu logo. Vinte minutos depois acordou, quis dormir outra vez, cochilou alguns minutos, até que se levantou e voltou à sala. Caminhava nas pontas dos pés para não acordar a parenta, que dormia perto. Chegando à porta, estacou assombrado.

Garcia tinha-se chegado ao cadáver, levantara o lenço e contemplara por alguns instantes as feições defuntas. Depois, como se a morte espiritualizasse tudo, inclinou-se e beijou-o na testa. Foi nesse momento que Fortunato chegou à porta. Estacou assombrado; não podia ser o beijo da amizade, podia ser o epílogo de um livro adúltero. Não tinha ciúmes, note-se; a natureza compô-lo de maneira que lhe não deu ciúmes nem inveja, mas dera-lhe vaidade, que não é menos cativa ao ressentimento. Olhou assombrado, mordendo os beiços.

Entretanto, Garcia inclinou-se ainda para beijar outra vez o cadáver; mas então não pôde mais. O beijo rebentou em soluços, e os olhos não puderam conter as lágrimas, que vieram em borbotões, lágrimas de amor calado, e irremediável desespero. Fortunato, à porta, onde ficara, saboreou tranquilo essa explosão de dor moral que foi longa, muito longa, deliciosamente longa.

(*50 contos de Machado de Assis.* São Paulo: Companhia das Letras, 2007. p. 368-76.)

airosa: gentil, digna.
aspérrimo: superlativo de áspero.
Calígula: imperador romano conhecido por ser extravagante e cruel.
compleição: constituição física.
diletantismo: amadorismo, gosto.
espírito de vinho: álcool.
imprecação: ofensa, xingamento.
intrépido: corajoso.
sui generis: original.
tílburi: charrete.
tísica: tuberculose.

1. A descrição é um recurso utilizado tanto na prosa romântica quanto na prosa realista, mas com finalidades diferentes. Compare a seguir duas descrições de personagens femininas: a primeira é de Aurélia, da obra *Senhora*, de José de Alencar, e a segunda, de Maria Luísa, personagem do conto "A causa secreta".

I. "Era uma expressão fria, pausada, inflexível, que jaspeava sua beleza, dando-lhe quase a gelidez da estátua. Mas no lampejo de seus grandes olhos pardos brilhavam as irradiações da inteligência."

II. "Era esbelta, airosa, olhos meigos e submissos; tinha vinte e cinco anos e parecia não passar de dezenove. [...] e da parte da mulher para com o marido uns modos que transcendiam o respeito e confinavam na resignação e no temor."

a) Qual dos dois textos apresenta vocabulário e construções mais sofisticados, em estilo elevado e poético?

b) Ambos os fragmentos, sendo descritivos, servem para caracterizar as personagens. Entre eles, contudo, há uma diferença essencial quanto à finalidade. Observe algumas imagens e adjetivos empregados na caracterização exterior e a caracterização do mundo interior de uma e outra personagem:

I. expressão inflexível, gelidez da estátua, lampejo dos olhos / irradiações da inteligência

II. esbelta, airosa / olhos meigos e submissos, modos que confinavam na resignação e no temor

Em qual fragmento a descrição tem a finalidade de:

- elevar e idealizar a personagem?
- retratar a personagem como ela realmente é?

2. Preocupada em retratar a realidade de modo objetivo, quase documental, a prosa realista geralmente é marcada pelo registro do tempo e do espaço. Observe as datas citadas pelo narrador.

a) Quando ocorre o sacrifício do animal realizado por Fortunato?

b) Que outras indicações temporais aparecem no texto?

c) A menção a ruas e trajetos constitui um recurso para dar veracidade aos fatos. Em qual cidade se passa a história? Em qual bairro Fortunato residia?

3. Nos textos em prosa do Realismo, em geral a narrativa flui lentamente. No conto em estudo, para dar ideia do caráter de Fortunato, o narrador enumera as ocasiões em que essa personagem e Garcia haviam se encontrado e descreve em detalhes seu comportamento. Considere estes comportamentos de Fortunato:

- Assiste à peça com interesse e deixa o teatro quando começa a farsa.
- Dedica-se aos estudos de anatomia e fisiologia.
- Tortura o animal.
- Dedica-se integralmente a Maria Luísa quando esta adoece.

a) De acordo com Garcia, qual era a motivação oculta de Fortunato para essas ações?

b) A que comparação Garcia recorre para se referir ao estado em que imaginava Fortunato nesses momentos?

4. A prosa realista tem como propósito captar o ser humano em sua totalidade, isto é, tanto exterior quanto interiormente. O retrato interior das personagens, isto é, a focalização de seus conflitos, pensamentos, anseios, reflexões, desejos, etc., é chamado de *introspecção psicológica*. Relacione os trechos abaixo à indicação de ação, pensamento, ou emoção das personagens.

a) "Fortunato deu-lhe um bom jantar, bons charutos e boa palestra"

b) "Garcia tornou-se familiar na casa"

c) "Garcia, defronte, conseguia dominar a repugnância do espetáculo"

d) "o diabo do homem impunha medo"

e) "Castiga sem raiva [...] pela necessidade de achar uma sensação de prazer"

f) "O beijo rebentou em soluços, e os olhos não puderam conter as lágrimas, que vieram em borbotões"

O Realismo e os realismos de todos os tempos

Os críticos Antonio Candido e José Aderaldo Castello explicam por que o uso da palavra Realismo para designar o movimento literário da segunda metade do século XIX é inadequado:

> A designação de Realismo, dada a esse movimento, é inadequada, pois o realismo ocorre em todos os tempos como um dos polos da criação literária, sendo a tendência para reproduzir nas obras os traços observados no mundo real — seja nas coisas, seja nas pessoas e nos sentimentos. Outro polo é a fantasia, isto é, a tendência para inventar um mundo novo, diferente e muitas vezes oposto às leis do mundo. Os autores e as modas literárias oscilam incessantemente entre ambos, e é da sua combinação mais ou menos variada que se faz a literatura.

(*Presença da literatura brasileira*. 7. ed. Rio de Janeiro/ São Paulo: Difel, 1978. v. 2, p. 94.)

5. Na prosa realista, é comum a ocorrência do procedimento metalinguístico por meio do qual o narrador deixa claro que está contando uma história. No conto lido, em que situações o narrador se dirige diretamente ao leitor?

6. No conto em estudo, o narrador, embora seja onisciente, assume em grande parte do relato a perspectiva de Garcia, uma das personagens.

a) Por que o narrador assume a perspectiva dessa personagem?

b) Em que momento essa perspectiva se modifica?

c) Quando a perspectiva do narrador deixa de ser a de Garcia, que traço de Fortunato volta a se manifestar? Justifique sua resposta com palavras e expressões do texto.

7.

Album/Latinstock

Cena do filme *Madame Bovary*, adaptado da obra de Gustave Flaubert.

A prosa realista do século XIX denunciou em muitas obras a situação de submissão em que viviam as mulheres e as consequências negativas que dela advinham, como morte, humilhação, solidão. Veja nos textos abaixo, de escritores dessa escola literária, as referências feitas a mulheres:

> Permitam-me, senhores: eu sabia que uma mulher, e ainda mais de dezesseis anos, não pode fazer outra coisa a não ser submeter-se completamente a um homem. Não há originalidade nas mulheres, ou seja, isso é um axioma, e mesmo agora, e ainda hoje, ainda hoje isso é para mim um axioma! O que é então que jaz lá na sala: a verdade é a verdade [...] Uma mulher que ama, ora, uma mulher que ama endeusa até mesmo os vícios, até mesmo os crimes do ser amado. [...]
>
> (F. M. Dostoiévski. *Uma criatura dócil.* São Paulo: Cosac Naify, 2009. p. 35-6.)

> Seu rosto é branco, repousado, calmo. Sua voz é suave e recolhida, suas maneiras são simples. Têm todas as nobrezas da dor, a santidade de uma pessoa que não maculou a alma ao contato do mundo, mas também a rigidez da solteirona e os hábitos mesquinhos que dá a existência estreita da província. Apesar de suas oitocentas mil libras de renda, vive como vivera a pobre Eugénie Grandet, só acende o fogo em seu quarto nos dias em que outrora seu pai lhe permitia acender o fogão da sala, e apaga-o conforme o programa em vigor nos seus jovens anos. Está sempre vestida como se vestia sua mãe. A casa de Saumur, casa sem sol, sem calor, sempre sombria, melancólica, é a imagem de sua vida. [...]
>
> (Honoré de Balzac. *Eugénie Grandet.* São Paulo: Difel, 1961. p. 196.)

a) O que há em comum entre o que é dito sobre as mulheres nos dois textos e o que ocorre com a personagem feminina do conto de Machado de Assis?

b) No conto "A causa secreta", Fortunato teve, na sua opinião, responsabilidade pelo adoecimento e pela morte da mulher?

c) Que pensamento de Garcia levanta a suspeita de que Maria Luísa fosse objeto das experiências do marido?

8. No decorrer do conto, o narrador lança mão tanto do discurso direto quanto do discurso indireto. Veja:

> "[...] e pediu-lhe que, como coisa sua, alcançasse do marido a cessação de tais experiências.
>
> — Mas a senhora mesma...
>
> Maria Luísa acudiu, sorrindo:
>
> — Ele naturalmente achará que sou criança. [...]"
>
> "Garcia perguntou-lhe se tinha alguma coisa, ela respondeu que nada.
>
> — Deixe ver o pulso.
>
> — Não tenho nada."

Como esse recurso contribui:

a) para a fluidez da narrativa?

b) para a ambiguidade das situações e do enredo?

9. A seguir, são relacionadas as características relativas ao amor e ao herói românticos. Elabore um quadro com as características realistas opostas a elas, exemplificando-as com situações encontradas em "A causa secreta".

- A mulher amada é sinônimo de beleza e perfeição.
- O casamento, no Romantismo, normalmente é resultado de um amor profundo e o fim de uma longa trajetória de obstáculos.
- O amor está acima de todos os interesses; é a mola-mestra que impulsiona e purifica as ações humanas.
- O herói romântico geralmente tem caráter forte e nobre e comportamento íntegro e linear, que raramente se altera ao longo da história.
- O herói romântico é um ser especial, dotado de forças ou poderes incomuns.

10. O Romantismo supervaloriza o indivíduo e suas particularidades. Já o Realismo, mesmo trabalhando em profundidade a personagem, tende a buscar nela aquilo que é universal, isto é, comum a cada um de nós e que define a nossa condição humana. É possível dizer que a situação vivida pelas personagens Garcia, Fortunato e Maria Luísa – e toda a carga de emoções e valores que a acompanha – é universal ou particular? Justifique.

Como síntese do estudo feito até aqui, compare as características do Realismo com as do Romantismo:

REALISMO	ROMANTISMO
Objetivismo	Subjetivismo
Descrições e adjetivação objetivas, voltadas a captar o real como ele é	Descrições e adjetivação idealizantes, voltadas a elevar o objeto descrito
Linguagem culta e direta	Linguagem culta, em estilo metafórico e poético
Mulher não idealizada, mostrada com defeitos e qualidades	Mulher idealizada, anjo de pureza e perfeição
Amor e outros sentimentos subordinados aos interesses sociais	Amor sublime e puro, acima de qualquer interesse
Casamento como instituição falida; contrato de interesses e conveniências	Casamento como objetivo maior de relacionamento amoroso
Herói problemático, cheio de fraquezas, manias e incertezas	Herói íntegro, de caráter irrepreensível
Narrativa lenta, acompanhando o tempo psicológico	Narrativa de ação e de aventura
Personagens trabalhadas psicologicamente	Personagens planas, de pensamentos e ações previsíveis
Universalismo	Individualismo, culto do eu

A LINGUAGEM DA PROSA NATURALISTA

Você vai ler, a seguir, dois textos: o primeiro é um trecho de *Germinal* (1881), de Émile Zola, uma das mais importantes obras do Naturalismo francês; o segundo é um trecho de *O cortiço* (1890), de Aluísio Azevedo, a mais importante obra naturalista de nossa literatura.

LEITURA

No romance *Germinal*, Zola retrata as condições desumanas de vida e de trabalho dos mineiros franceses no século XIX, quando ainda não havia leis que protegessem os direitos dos trabalhadores. No episódio que segue, Etienne, o progatonista da obra, chega pela primeira vez à mina de carvão à procura de emprego. Interessado em ideias de igualdade e justiça social, Etienne se torna, mais tarde, líder dos mineiros num movimento grevista e porta-voz das ideias socialistas que circulavam naquele momento na Europa.

TEXTO I

Por pouco Etienne não fora esmagado. Seus olhos habituavam-se, já podia ver no ar a corrida dos cabos, mais de trinta metros de fita de aço subiam velozes à torre, onde passavam roldanas para, em seguida, descer a pique no poço e prenderem-se nos elevadores de extração. [...]

Só uma coisa ele compreendia perfeitamente: que o poço engolia magotes de vinte e de trinta homens, e com tal facilidade que nem parecia senti-los passar pela goela. Desde as quatro horas os operários começavam a descer; vinham da barraca, descalços, lâmpada na mão, e esperavam em grupos pequenos até formarem número suficiente. Sem ruído, com um pulo macio de animal noturno, o elevador de ferro subia do escuro, enganchava-se nas aldravas, com seus quatro andares, cada um contendo dois vagonetes cheios de carvão. Nos diferentes patamares, os carregadores retiravam os vagonetes, substituindo-os por outros vazios ou carregados antecipadamente com madeira em toros. E era nesses carros vazios que se empilhavam os operários, cinco a cinco, até quarenta de uma vez, quando ocupavam todos os compartimentos. Uma ordem partia do porta-voz, um tartamudear grosso e indistinto, enquanto a corda, para dar o sinal embaixo, era puxada quatro vezes, convenção que queria dizer "aí vai carne" e que avisava da descida desse carregamento de carne humana. A seguir, depois de um ligeiro solavanco, o elevador afundava silencioso, caía como uma pedra, deixando atrás de si apenas a fuga vibrante do cabo.

Berri, 1993/Album/Album Cinema/Latinstock

Cena do filme *Germinal*, adaptado do romance de Zola.

— É muito fundo? — perguntou Etienne a um mineiro com ar sonolento que esperava perto dele.

— Quinhentos e cinquenta e quatro metros — respondeu o homem. [...]

(Émile Zola. *Germinal*. 2. ed. São Paulo: Círculo do Livro, 1976. p. 26-8.)

aldrava: pequena tranca metálica que fecha a porta.
magote: ajuntamento de coisas ou pessoas; amontoado, porção.
tartamudear: falar com dificuldade, gaguejar, balbuciar.

TEXTO II

Eram cinco horas da manhã e o cortiço acordava, abrindo, não os olhos, mas a sua infinidade de portas e janelas alinhadas.

Um acordar alegre e farto de quem dormiu de uma assentada, sete horas de chumbo. Como que se sentiam ainda na indolência de neblina as derradeiras notas da última guitarra da noite antecedente, dissolvendo-se à luz loura e tenra da aurora, que nem um suspiro de saudade perdido em terra alheia.

A roupa lavada, que ficara de véspera nos coradouros, umedecia o ar e punha-lhe um fartum acre de sabão ordinário. As pedras do chão, esbranquiçadas no lugar da lavagem e em alguns pontos azuladas pelo anil, mostravam uma palidez grisalha e triste, feita de acumulações de espumas secas.

Entretanto, das portas surgiam cabeças congestionadas de sono; ouviam-se amplos bocejos, fortes como o marulhar das ondas; pigarreava-se grosso por toda a parte; começavam as xícaras a tilintar; o cheiro quente do café aquecia, suplantando todos os outros; trocavam-se de janela para janela as primeiras palavras, os bons-dias; reatavam-se conversas interrompidas à noite; a pequenada cá fora traquinava já, e lá dentro das casas vinham choros abafados de crianças que ainda não andam. No confuso rumo que se formava, destacavam-se risos, sons de vozes que altercavam, sem se saber onde, grasnar de marrecos, cantar de galos, cacarejar de galinhas. De alguns quartos saíam mulheres que vinham dependurar cá fora, na parede, a gaiola do papagaio, e os louros, à semelhança dos donos, cumprimentavam-se ruidosamente, espanejando-se à luz nova do dia.

Daí a pouco, em volta das bicas era um zum-zum crescente; uma aglomeração tumultuosa de machos e fêmeas. Uns, após outros, lavavam a cara, incomodamente, debaixo do fio de água que escorria da altura de uns cinco palmos. O chão inundava-se. As mulheres precisavam já prender as saias entre as coxas para não as molhar; via-se-lhes a tostada nudez dos braços e do pescoço, que elas despiam suspendendo o cabelo todo para o alto do casco; os homens, esses não se preocupavam em não molhar o pelo, ao contrário metiam a cabeça bem debaixo da água e esfregavam com força as ventas e as barbas, fossando e fungando contra as palmas da mão. As portas das latrinas não descansavam, era um abrir e fechar de cada instante, um entrar e sair sem tréguas. Não se demoravam lá dentro e vinham ainda amarrando as calças ou as saias; as crianças não se davam ao trabalho de lá ir, despachavam-se ali mesmo, no capinzal dos fundos, por detrás da estalagem ou no recanto das hortas.

O rumor crescia, condensando-se; o zum-zum de todos os dias acentuava-se; já se não destacavam vozes dispersas, mas um só ruído compacto que enchia todo o cortiço. Começavam a fazer compras na venda; ensarilhavam-se discussões e rezingas; ouviam-se gargalhadas e pragas; já se não falava, gritava-se. Sentia-se naquela fermentação sanguínea, naquela gula viçosa de plantas rasteiras que mergulham os pés vigorosos na lama preta e nutriente da vida o prazer animal de existir, a triunfante satisfação de respirar sobre a terra.

(Aluísio Azevedo. *O cortiço*. 9. ed. São Paulo: Ática, 1970. p. 28-9.)

Acervo Reminiscências

Ilustração de edição antiga de *O cortiço*.

altercar: discutir com ardor.
casco: o couro cabeludo; o conjunto formado pelos ossos do crânio; unha de certos paquidermes e mamíferos.
coradouro: o mesmo que quaradouro; lugar onde se põe a roupa para corar ou quarar.
de uma assentada: de uma só vez.
ensarilhar: emaranhar, enredar.
fartum: mau cheiro.
indolência: preguiça.
latrina: recinto da casa com vaso sanitário ou escavação para receber dejetos.
rezinga: discussão, rixa.

1. Um procedimento característico da prosa naturalista é apresentar o ambiente físico e social detalhadamente, como se o narrador estivesse munido de uma máquina fotográfica com lentes do tipo zum, que lhe permitisse compor e decompor os detalhes de cada cena. Compare os dois textos.

a) Que grupo social é retratado em cada uma das obras? O que os dois grupos têm em comum?

b) Que elementos dos dois textos comprovam que as personagens levam uma vida difícil, miserável?

2. A linguagem da prosa naturalista caracteriza-se pela adoção de uma postura analítica e científica diante da realidade. Por isso, faz uso frequente da narração impessoal e de descrições minuciosas, com muitas sugestões visuais, olfativas, táteis e auditivas. Por conta desse detalhamento, a narrativa às vezes torna-se lenta.

a) Por que o foco narrativo em 3ª pessoa é o mais apropriado para esse fim?

b) Identifique em *Germinal* um exemplo de sugestão visual.

c) Identifique em *O cortiço* exemplos de sensações olfativas, auditivas, táteis e visuais.

d) Identifique em *O cortiço* um exemplo de narrativa lenta.

3. Como vimos, as obras da prosa realista retratam suas personagens por meio de um enfoque individual e psicológico, geralmente em situações de conflito com valores sociais. Compare a prosa realista aos textos naturalistas lidos.

a) A prosa naturalista tem preferência pelo retrato individual das pessoas ou pelo retrato de agrupamentos coletivos?

b) No retrato das personagens, predomina a abordagem física, psicológica ou social?

c) Que relação têm essas escolhas do Naturalismo com o projeto de explicar cientificamente o comportamento humano?

4. No Naturalismo, homens e mulheres são vistos por uma perspectiva biológica, em que se destaca seu lado físico, instintivo, animal, por vezes até degradante.

a) Identifique no texto um trecho que comprove a animalização das personagens do cortiço.

b) Há no texto situações de degradação humana? Se sim, identifique-as.

c) Releia esta descrição das mulheres:

> "As mulheres precisavam já prender as saias entre as coxas para não as molhar; via-se-lhes a tostada nudez dos braços e do pescoço, que elas despiam suspendendo o cabelo todo para o alto do casco."

Em que essa descrição difere da descrição da mulher romântica?

d) Um dos sentidos da palavra *cortiço* é "caixa cilíndrica, de cortiça, na qual as abelhas se criam e fabricam o mel e a cera". Relacione esse sentido da palavra ao trecho "Daí a pouco, em volta das bicas era um zum-zum crescente; uma aglomeração tumultuosa de machos e fêmeas".

5. Releia estes fragmentos de *Germinal*:

> "[...] o poço engolia magotes de vinte e de trinta homens, e com tal facilidade que nem parecia senti-los passar pela goela."
>
> "[...] a corda, para dar o sinal embaixo, era puxada quatro vezes, convenção que queria dizer 'aí vai carne' e que avisava da descida desse carregamento de carne humana."

Nesses fragmentos, também notamos o fenômeno da animalização naturalista, mas com diferenças em relação a *O cortiço*. A mina de carvão, em *Germinal*, é que é vista como um grande animal, um monstro devorador.

a) De que se alimenta esse animal?

b) Pode-se dizer que a obra, ao fazer uso de expressões como "carregamento de carne humana", mostra-se engajada, isto é, comprometida em fazer uma denúncia social? Por quê?

Naturalismo × Romantismo

Na segunda metade do século XIX, tanto o Realismo quanto o Naturalismo e o Parnasianismo combatiam o Romantismo. Mas cada uma dessas correntes se opunha ao movimento por razões diferentes. Veja como os críticos Antonio Candido e José Aderaldo Castello explicam a oposição do Naturalismo ao Romantismo:

> "Naturalismo", no sentido mais amplo, significou a busca de uma explicação materialista para os fenômenos da vida e do espírito, bem como a redução dos fatos sociais aos seus fatores externos, sobretudo os biológicos, segundo os padrões definidos pelas ciências naturais. [...] O Romantismo foi combatido, entre outras coisas, no que tinha de compromisso com as filosofias de cunho espiritualista, e no que tinha de idealização da realidade.

(*Presença da literatura brasileira*. 7. ed. Rio de Janeiro/São Paulo: Difel, 1978. v. 2, p. 91.)

Homem: a raça, o meio, o momento histórico

Os naturalistas, baseados nas ideias deterministas de Hippolyte Taine, viam o ser humano como uma máquina guiada pela ação das leis físicas e químicas, pela hereditariedade e pelo meio físico e social. As personagens aparecem, então, como produtos, como consequências de forças preexistentes que lhes roubam o livre-arbítrio e as tornam, em casos extremos, verdadeiros joguetes.

Album/AKG-Images/Latinstock

Hippolyte Taine.

Alberto Cavalcanti e o cinema realista-naturalista

O cineasta brasileiro Alberto Cavalcanti ganhou prestígio internacional pelo trabalho que realizou em mais de 120 filmes como produtor, diretor e cenógrafo. Atuou nas décadas de 1920 a 1940 em vários países europeus, e documentários seus como *Rien que les heures* (1926) e *Na solidão da noite* (1945) retratam o lado social, as frustrações e as desilusões do ser humano, assim como seu sofrimento diante das injustiças e das desigualdades sociais.

Conheça o trabalho do cineasta, considerado precursor do Realismo e do Naturalismo no cinema, vendo o DVD *Alberto Cavalcanti, o cineasta do mundo.*

Hulton Archive/Getty Images

Cena do filme *Le Mari Garçon* (1933), de Alberto Cavalcanti.

Como síntese do estudo que fizemos, observe as principais características do Naturalismo:

NATURALISMO	
Quanto à forma	**Quanto ao conteúdo**
• Linguagem simples • Clareza, equilíbrio e harmonia na composição • Preocupação com minúcias • Presença de palavras regionais • Descrição e narrativa lentas • Impessoalidade	• Determinismo • Objetivismo científico • Temas de patologia social • Observação e análise da realidade • Ser humano descrito sob a ótica do animalesco e do sensual • Despreocupação com a moral • Literatura engajada

A LINGUAGEM DA POESIA PARNASIANA

Enquanto o Realismo e o Naturalismo tiveram em comum a finalidade de analisar e compreender a realidade, o Parnasianismo foi uma tendência com perspectiva completamente diferente.

LEITURA

Você vai ler, a seguir, dois poemas parnasianos. O primeiro, de Olavo Bilac, representa uma espécie de plataforma teórica do Parnasianismo no Brasil e nele pode ser observado o projeto poético de seu autor e dos parnasianos em geral. O segundo é de Alberto de Oliveira, considerado o poeta parnasiano que melhor se enquadrou nas propostas do movimento.

TEXTO I

Profissão de fé

Invejo o ourives quando escrevo:
  Imito o amor
Com que ele, em ouro, o alto-relevo
  Faz de uma flor.

Imito-o. E, pois nem de Carrara
  A pedra firo:
O alvo cristal, a pedra rara,
  O ônix prefiro.

Por isso, corre, por servir-me,
Sobre o papel
A pena, como em prata firme
Corre o cinzel.

Corre; desenha, enfeita a imagem,
A ideia veste:
Cinge-lhe ao corpo a ampla roupagem
Azul-celeste.

Torce, aprimora, alteia, lima
A frase; e, enfim,
No verso de ouro engasta a rima,
Como um rubim.

Quero que a estrofe cristalina,
Dobrada ao jeito
Do ourives, saia da oficina
Sem um defeito.

E que o lavor do verso, acaso,
Por tão sutil,
Possa o lavor lembrar de um vaso
De Becerril.

E horas sem conta passo, mudo,
O olhar atento,
A trabalhar, longe de tudo
O pensamento.

Porque o escrever — tanta perícia
Tanta requer,
Que ofício tal... nem há notícia
De outro qualquer.

Assim procedo. Minha pena
Segue esta norma,
Por te servir, Deusa serena
Serena Forma!

(Olavo Bilac. *Poesia.* Rio de Janeiro: Agir, 1957. p. 39-40.)

Thinkstock/Getty Images

altear: elevar, tornar mais alto.

alto-relevo: escultura, impressão ou gravura em que certas partes sobressaem em relação ao fundo.

Becerril: nome de um famoso artesão.

Carrara: cidade italiana famosa pela qualidade do mármore branco que produz.

cingir: rodear, envolver.

cinzel: instrumento de corte usado por escultores e gravadores.

engastar: encaixar, inserir.

ônix: tipo de pedra; variedade dura do quartzo.

perícia: habilidade, destreza.

rubim: variante de rubi.

TEXTO II

Vaso chinês

Estranho mimo, aquele vaso! Vi-o
Casualmente, uma vez, de um perfumado
Contador sobre o mármor luzidio,
Entre um leque e o começo de um bordado.

Fino artista chinês, enamorado,
Nele pusera o coração doentio
Em rubras flores de um sutil lavrado,
Na tinta ardente, de um calor sombrio.

Mas, talvez por contraste à desventura —
Quem o sabe? — de um velho mandarim
Também lá estava a singular figura:

Que arte, em pintá-la! A gente vendo-a
Sentia um não sei quê com aquele chim
De olhos cortados, à feição de amêndoa.

(Alberto de Oliveira. *Poesia.* Rio de Janeiro: Agir, 1959. p. 24.)

Mariângela Haddad

1. Observe a linguagem dos dois poemas, considerando seus aspectos formais: seleção vocabular, métrica, rimas, sintaxe (ordem das orações). Compare a linguagem da poesia parnasiana com a da poesia romântica.

a) Qual delas se mostra mais simples, direta e comunicativa: a romântica ou a parnasiana?

b) Qual delas se mostra mais culta, difícil e sofisticada: a romântica ou a parnasiana?

2. Nas primeiras estrofes do texto I, o poeta define sua "profissão de fé", isto é, os seus princípios artísticos.

a) A quem o poeta se compara nas duas primeiras estrofes? Por quê?

b) Ao longo do texto, o material do poema (a palavra) é comparado a materiais de escultura e da ourivesaria, como ônix, ouro, rubi, etc. Considerando a qualidade e o tipo de uso desses materiais, que concepção o poeta revela ter a respeito do valor e da função da poesia?

c) De acordo com a 6ª, a 9ª e a 10ª estrofes, qual é o fundamento principal do projeto poético parnasiano?

3. Diferentemente do Realismo e do Naturalismo, que se propunham a descrever, analisar e criticar a realidade, os parnasianos defendiam o princípio da "arte pela arte", isto é, achavam que a poesia devia voltar-se para si mesma, em busca da perfeição formal.

a) Explique por que a 8ª estrofe de "Profissão de fé" pode ser vista como expressão do princípio da "arte pela arte".

A "arte sobre a arte"

Distanciados dos problemas sociais, alguns parnasianos dedicaram-se a tematizar em seus poemas a própria arte. Por exemplo, descrevem com precisão obras de arte, como vasos, peças de escultura, lápides tumulares, bordados, etc. Com esse procedimento, restringiram ainda mais o princípio da "arte pela arte", que se transformou em "arte sobre a arte".

b) Leia o boxe "A 'arte sobre a arte'". O poema "Vaso chinês" pode ser considerado um exemplo de "arte sobre a arte"? Por quê?

c) Os escritores românticos tratavam os temas de modo subjetivo, isto é, deixavam-se levar pelas próprias emoções. Observe como o eu lírico de cada um dos poemas aborda o tema enfocado e conclua: O poeta parnasiano tende a ser sentimental e subjetivo ou racional e objetivo no tratamento do tema?

4. Observe a estrutura formal do poema "Vaso chinês".

a) Que tipo de verso foi empregado?

b) Observe o número de estrofes e o número de versos de cada estrofe. Que tipo de composição poética foi utilizado?

c) Esse tipo de composição e esse tipo de verso se prendem à tradição clássica ou à tradição romântica?

Parnasianismo: resgate da tradição clássica

Os poetas românticos romperam com séculos de tradição da poesia clássica para criar um novo padrão de poesia, centrada no eu, nos sentimentos, na imaginação e na busca de uma língua brasileira. Na opinião dos poetas parnasianos, entretanto, os românticos teriam posto a "boa poesia" a perder, pois teriam deixado de se preocupar com valores importantes da poesia clássica, como equilíbrio, perfeição formal, vocabulário elevado, universalismo, etc. Desse modo, certos temas e procedimentos da poesia clássica – como o cultivo do soneto, a presença da mitologia greco-latina, o racionalismo e o universalismo – voltaram a ser cultivados na poesia parnasiana.

Como síntese do estudo que fizemos, observe as principais características do Parnasianismo:

PARNASIANISMO	
Quanto à forma	**Quanto ao conteúdo**
• Gosto pelo soneto, pelo decassílabo e pelo vocabulário sofisticado • Busca do equilíbrio e da perfeição formais	• Objetivismo • Racionalismo • Contenção dos sentimentos • Universalismo • Presença da mitologia greco-latina • Arte pela arte ou arte sobre a arte • Distanciamento de temas sociais

DO TEXTO AO CONTEXTO DO REALISMO, DO NATURALISMO E DO PARNASIANISMO

Leia, a seguir, um painel de textos que relacionam a produção literária do Realismo, do Naturalismo e do Parnasianismo ao contexto histórico, social e cultural em que os movimentos floresceram.

- **1841** – Coroação de D. Pedro II como imperador do Brasil
- **1848** – Publicação do *Manifesto comunista*, de Karl Marx e Friedrich Engels, e revoltas populares em Paris

- **1849** – Pintura de *Britadores de pedra*
- **1856** – Publicação de *Madame Bovary*, de Flaubert

- **1862** – Pintura de *O vagão de terceira classe*, por Daumier
- **1865** – Publicação de *Odes modernas*, de Antero de Quental e início do Realismo, em Portugal, com a Questão Coimbrã
- **1866** – Início do Parnasianismo, com a publicação da revista *Parnasse Contemporain*
- **1867** – Publicação de *Thérèse Raquin*, de Émile Zola
- **1871** – Fundação da Comuna de Paris
- **1881** – Publicação de *Memórias póstumas de Brás Cubas*, de Machado de Assis, e de *O mulato*, de Aluísio Azevedo, que dão início, respectivamente, ao Realismo e ao Naturalismo no Brasil.

- **1885** – Pintura de *Comedores de batata*, por Van Gogh

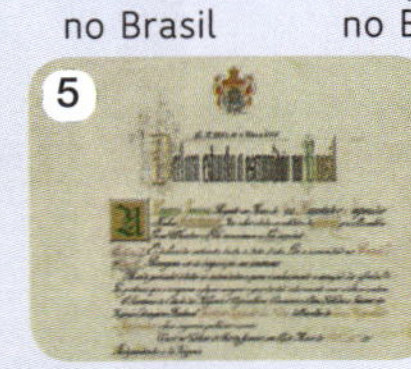

- **1888** – Abolição da escravatura no Brasil
- **1889** – Proclamação da República no Brasil

1. Jean-Baptiste Debret. *Coroação de D. Pedro I*, 1828/Palácio Itamaraty, Brasília; 2. Courbet. *The Stonebreakers*, 1849. Galerie Neue Meister, Dresden, Germany; 3. Honoré Daumier. *O vagão de terceira classe*, 1862/Coleção particular; 4. Vincent van Gogh. *Os comedores de batata*, 1885/Van Gogh Museum, Amsterdã; 5. Arquivo Nacional, Rio de Janeiro.

As contradições do século XIX

Embora as teorias liberais do século XIX, em comparação com as anteriores, representem um avanço em direção às ideias de igualdade, surgem inúmeras contradições. Nem sempre a implantação das ideias liberais consegue conciliar os interesses econômicos aos aspectos éticos e intelectuais que essas mesmas teorias defendem.

Nos grandes centros da Europa, apesar da difusão das ideias democráticas, permanecem sem solução questões econômicas e sociais que afligem a crescente massa de operários: pobreza, jornada de trabalho de quatorze a dezesseis horas, mão de obra mal paga de mulheres e crianças.

[...]

No Brasil, os movimentos liberais naquele período se restringem à luta pela liberalização do comércio que deseja sacudir o jugo do monopólio. Mas permanece ainda a sociedade escravista, a tradição das elites e o analfabetismo, inclusive como condição para a manutenção do tipo de economia agrária.

A contrapartida do discurso liberal será encontrada nas teorias socialistas, representadas inicialmente pelos chamados *socialistas utópicos* e, depois, pelo *socialismo científico* de Marx e Engels, que, em 1848, publicaram o *Manifesto comunista*.

(Maria Lúcia de A. Aranha e Maria Helena P. Martins. *Filosofando – Introdução à filosofia*. 2. ed. São Paulo: Moderna, 1993. p. 231-2.)

As ideias científico-filosóficas

Ao lado da fermentação político-social, verifica-se na Europa, na segunda metade do século XIX, uma verdadeira onda de cientificismo e materialismo, que alguns chegam a identificar como uma continuidade ou uma segunda etapa do Iluminismo do século XVIII. Entre as mais importantes correntes da época, destacam-se as seguintes.

- **Positivismo**: criado por Augusto Comte, parte do princípio de que o único conhecimento válido é o conhecimento positivo, isto é, oriundo das ciências. É uma filosofia empírica, que se baseia na observação do mundo físico e, por isso, rejeita a metafísica. Acredita na capacidade do homem de amar e ser solidário socialmente.
- **Determinismo**: criado por Hippolyte Taine, parte do princípio de que o comportamento humano é determinado por três aspectos básicos: o meio, a raça e o momento histórico.
- **Darwinismo**: dando continuidade, sob outro enfoque, à teoria do evolucionismo, de Lamarck, Charles Darwin, em sua obra *Origem das espécies* (1859), apresenta a teoria da seleção natural, segundo a qual a natureza ou o meio selecionam, entre os seres vivos, as variações que estão mais aptas a sobreviver e perpetuar-se. Assim, os mais fortes sobrevivem e procriam, enquanto os mais fracos são eliminados.

Criação. Direção: Jon Amiel

Cena do filme *Criação*, de Jon Amiel, que retrata parte da vida de Darwin.

Conservadorismo, liberalismo, socialismo

Pelos meados do século [XIX], desapareceram em todo o Ocidente os suportes do romantismo passadista: não tinham mais função social a velha nobreza e a camada do clero resistente à nacionalização e ao laicismo que a Revolução Francesa fizera triunfar na sua primeira fase. Por outro lado, a agressividade romântico-liberal das classes médias contra o mundo dos altos negócios se canalizou para o socialismo. Assim, dos anos de 1860 em diante, só haverá duas vertentes ideológicas relevantes na Europa: o pensamento burguês, conservador (outrora, radical, em face da tradição aristocrática), e o pensamento das classes médias (ou, em raros casos de consciência de classe, dos proletários), que assume os vários matizes de liberalismo republicano e de socialismo.

(Alfredo Bosi. *História concisa da literatura brasileira*. 2. ed. São Paulo: Cultrix, 1975. p. 185.)

Zola: arte científica e impessoal

[O artista não tem o direito de] expressar a sua opinião sobre coisa alguma, não importando do que se trate. Deus já expressou alguma vez uma opinião... Creio que a grande arte é científica e impessoal... Não quero nem amor nem ódio, nem piedade nem raiva... Já não é tempo de introduzir a justiça na arte? A imparcialidade da descrição tornar-se-ia, então, igual à majestade da lei.

(Émile Zola, em carta a George Sand. In: Ernst Fischer. *A necessidade da arte*. 5. ed. Rio de Janeiro: Zahar, 1976. p. 89.)

Museu do Louvre, Paris

Émile Zola, o fundador do Naturalismo, por Édouard Manet.

Não à fuga da realidade!

A predominância da arte realista-naturalista na segunda metade do século XIX é absolutamente um simples sintoma da vitória do ponto de vista científico e do pensamento tecnológico sobre o espírito do idealismo e tradicionalismo.

O realismo-naturalismo vai buscar quase todos os seus critérios de probabilidade no empirismo das ciências naturais. Baseia o seu conceito de verdade psicológica no princípio de causalidade; o desenvolvimento correto do enredo, na eliminação do acaso e dos milagres; sua descrição de ambiente, na ideia de que todo fenômeno natural tem o seu lugar numa cadeia aberta de condições e motivos; sua utilização de pormenores característicos, no método de observação científica em que não se despreza nenhum incidente [...]. Mas a fonte principal da concepção realista-naturalista é a experiência política de 1848 [...]. Depois da falência de todos os ideais, de todas as utopias, a tendência, agora, é manter-se dentro do campo dos fatos e de nada mais do que dos fatos. As origens políticas do realismo-naturalismo explicam, em particular, as suas características antirromânticas e morais: a recusa de fugir à realidade e a exigência de absoluta honestidade na descrição dos fatos; o procurar conservar uma atitude impessoal e impassível como garantias de objetividade e de solidariedade social.

(Arnold Hauser. *História social da literatura e da arte*. 3. ed. São Paulo: Mestre Jou. v. 2, p. 944-5.)

• Roteiro de estudo •

Ao final da leitura dos textos, você deverá:

- Saber explicar por que a Revolução Francesa e as ideias liberais não proporcionaram à Europa a igualdade social pretendida.
- Saber relacionar as frustrações políticas com as opções estéticas do Realismo e do Naturalismo.
- Compreender as ideias das correntes científicas da segunda metade do século XIX.
- Reconhecer a influência dessas correntes científicas sobre a produção literária da época.
- Comparar o Romantismo ao Realismo-Naturalismo e identificar, no texto de Zola, mudança de postura diante da realidade.

PRODUÇÃO DE TEXTO

Jason Kempin/WireImage/Getty Images

Fernando Meirelles, cineasta.

CAPÍTULO 2

A entrevista

TRABALHANDO O GÊNERO

Existem diferentes tipos de entrevista, entre os quais a entrevista de emprego, a entrevista médica, a entrevista jornalística, etc. Basicamente um gênero oral, a entrevista pressupõe uma interação entre duas pessoas, cada uma com um papel específico: o entrevistador, responsável pelas perguntas, e o entrevistado (ou entrevistados), responsável pelas respostas.

Entre os tipos de entrevista, o que costuma despertar maior interesse público é a *entrevista jornalística*, difundida pelos meios de comunicação orais e escritos, como o jornal falado da tevê, o rádio, o jornal escrito, a revista e a Internet. Antes de ser publicada em revistas ou jornais escritos, a entrevista geralmente é feita de forma oral, quando é gravada, e depois transcrita para a linguagem escrita. Na passagem da linguagem oral para a escrita, quase sempre são realizadas modificações nas falas originais.

Leia a entrevista a seguir, concedida pelo cineasta Fernando Meirelles à revista *Planeta*.

Plantar árvores dá mais prazer do que fazer filmes

O CINEASTA PAULISTA FERNANDO MEIRELLES CONCILIA O CINEMA COM O ATIVISMO EM DEFESA DAS FLORESTAS E DEDICA BOA PARTE DO SEU TEMPO A ACOMPANHAR AS QUESTÕES ECOLÓGICAS. ATUALMENTE, ANDA POUCO ENTUSIASMADO COM OS EVENTOS DO SETOR NO BRASIL.

Por Maria da Paz Trefaut

Aos 56 anos, o cineasta Fernando Meirelles integra a galeria dos melhores diretores do cinema brasileiro. Entusiasta de filmes experimentais na juventude, criou programas para a televisão, trabalhou com publicidade e dirigiu sucessos como *Cidade de Deus*, em que usou a estética dos videoclipes para retratar a violência no Rio de Janeiro — obra que concorreu ao Oscar de melhor filme estrangeiro em 2004. Depois, vieram *O jardineiro fiel* e *Ensaio sobre a cegueira*, com atores e produtores internacionais. Seu filme mais recente, *360*, [...] foi filmado em Viena com os atores Jude Law, Rachel Weisz e Anthony Hopkins. Em 2012, o cineasta iniciará um longa baseado no livro *Nêmesis*, do inglês Peter Adams, sobre a vida do multimilionário grego Aristóteles Onassis.

Tanto quanto [por] cinema, Meirelles sempre se interessou por ecologia. No ano passado, chegou a ir ao Senado para se posicionar contra o novo Código Florestal. Há cinco anos vem se dedicando a um projeto de reflorestamento das matas ciliares da sua Fazenda Rifaina, em Rifaina, no interior de São Paulo. Já replantou 2,8 hectares com 3 mil mudas de 32 espécies de árvores nativas, das quais muito se orgulha, e vai continuar plantando. "Continuo melhorando meu viveiro de mudas nativas. Isso me dá mais satisfação do que fazer filmes", afirma. Nesta entrevista, Meirelles revela que não está nada satisfeito com os rumos do Brasil.

Precisamos mudar de cultura para adequar nossa civilização aos limites do planeta?

Sabemos que precisaríamos dos recursos de três planetas para a população atual alcançar os padrões de consumo do Primeiro Mundo. Esse parece ser o objetivo de todos os governos e habitantes. Mas está claro que essas aspirações não cabem no espaço que temos. Apesar de muitos estudos anunciando a falta iminente de minérios, de peixes ou de água potável, nossa sociedade não sabe existir sem crescer. A mim parece óbvio que, mesmo contando com a ciência para tornar mais eficiente o uso de energia e de recursos naturais, uma hora vamos ter de inventar outra maneira de viver que não dependa do crescimento.

Universal Pictures

O jardineiro fiel, dirigido em 2005 por Fernando Meirelles.

Você integra o grupo Floresta Faz Diferença. O que essa causa representa para você?

O *www.florestafazdiferenca.org.br* é o *site* de uma associação de 144 ONGs criada para informar o debate sobre o novo Código Florestal. Nele há informações a respeito das mudanças nocivas propostas para o código e alternativas elaboradas pela Sociedade Brasileira para o Progresso da Ciência ou pela Academia Brasileira de Ciência. Há, também, depoimentos de artistas, cientistas e técnicos. Tentamos iluminar a cabeça dos congressistas, embora muitos pareçam ser à prova de luz. Esse novo Código Florestal pode vir a ser um dos maiores erros já cometidos pelo Congresso, pois autoriza a derrubada de uma quantidade de mata que dificilmente será recuperada um dia. A visão de alguns ruralistas é estreita: eles não apresentam nenhum argumento que não seja o lucro de curto alcance.

Há pessimismo sobre o esforço para se controlar as mudanças climáticas. Estamos numa corrida contra o tempo?

Alguns cientistas dizem que estamos quase no ponto em que o processo de aquecimento se torna irreversível. Outros, que já ultrapassamos. Em 2000 estava claro que para o planeta não esquentar 2 graus centígrados até 2050 as emissões de carbono teriam que ser reduzidas em 2% ao ano, ao longo da década. Não aconteceu. Há indícios claros de que algo está mudando muito mais rapidamente do que se previa.

Que exemplos o preocupam?

No norte do Canadá existe a chamada Passagem do Nordeste, que era atravessada por barcos quebra-gelo no verão. Desde 2007 ela fica completamente aberta durante o verão e, para a alegria dos cargueiros, não há mais gelo. Em 2011 houve o maior degelo já registrado na região. Quando essa passagem deixar de se fechar no inverno, a água aquecida vai acelerar o degelo do Ártico. Isso pode causar um tal aumento do nível dos oceanos que a rua Ataulfo de Paiva, no Leblon, no Rio, poderá se transformar num embarcadouro mais cedo do que imaginamos. Mesmo assim o Brasil investe toda sua energia em mais extração de óleo e tenta acelerar o crescimento. Maluco, não?

O desenvolvimento da China, da Índia e do Brasil diminui a pobreza global, mas aumenta os impactos socioambientais. Dá para desarmar o impasse?

Uma hora não será uma questão de querer ou não desarmar o impasse. Não haverá mais recursos naturais e ponto. Segundo a ONU, há 1,1 bilhão de pessoas sem acesso a água potável. Massas de refugiados estão começando a se deslocar no norte da África. Isso pode provocar mudanças geopolíticas e conflitos entre países. A China tem planos para ampliar a dessalinização da água do mar. Como essa água é mais cara, será usada de maneira mais racional. É pena que só assim consigamos ser mais racionais.

Você acha que há empenho em mudar o modelo de vida consumista que temos?

Muito pouco. Ambientalista ainda é sinônimo de chato, quando não de hippie maconheiro. "É gente contra o progresso, que acredita que comida nasce em supermercado", diz a inacreditável senadora Kátia Abreu. Em curto prazo entendo por que se associa crescimento a bem-estar. O problema é que a visão de longo prazo não cabe no sistema visual dos homens públicos: eles trabalham com horizontes que vão, no máximo, até as próximas duas ou três eleições.

A mensagem ambiental prega comprar menos, gastar menos, dirigir menos, compartilhar recursos, sacrifícios e severidade. É avessa à abundância e ao desfrute. Dá para mudar essas percepções?

Não acho que haveria menos desfrute num mundo que consumisse menos bens. Desfruto mais da minha vida quando uso meu dinheiro e meu tempo para ler, estudar, ir ao cinema, praticar esporte, encontrar os amigos ou ouvir música. Essas atividades são sustentáveis e mais desfrutáveis do que achar vaga em estacionamento de *shopping* para comprar bugigangas que não preciso e que entopem armários.

Qual é sua atitude diante do automóvel, da bicicleta e dos meios de transporte urbanos?

Moro fora da cidade de São Paulo, num lugar que, infelizmente, não tem opção de transporte público. Organizei minha vida para não ter que sair de casa todos os dias. Quando tenho que ir ao centro, deixo meu carro próximo a uma estação e vou de metrô. Quase não uso ônibus, devido à falta de qualidade do serviço – não há corredores de trânsito, as viagens são muito demoradas, há poluição –, mas seria um usuário assíduo se houvesse opção melhor. Fora do Brasil, raramente tomo táxi. Só uso bicicleta ou transporte público. Em Los Angeles sou obrigado a alugar carro, pois, como aqui, as opções de transporte público são pouco eficientes.

No passado todos se diziam democratas. Agora todas as empresas e todos os países se dizem sustentáveis. A palavra está desgastada?

Virou um ponto de venda, uma questão de marketing, mais do que uma efetiva preocupação com os processos de produção e uso de energia e de recursos. Mesmo assim, é louvável que a sustentabilidade tenha se tornado um valor desejável. Ao anunciar um apartamento sustentável, mesmo que o imóvel não seja de fato lá essas coisas, vende-se a ideia de responsabilidade ambiental como um valor desejável.

[...]

Você é contra o eucalipto?

Não. Acho que serve como combustível e para a produção de celulose. Mas querer usar plantação de eucalipto como reserva legal de floresta é palhaçada. Quantos passarinhos você já ouviu num bosque de eucaliptos? Não é por ser árvore que vamos acreditar que lavoura de eucalipto seja floresta. Floresta tem que ter diversidade.

O cinema pode mitigar as emissões de carbono?

Como toda forma de comunicação, o cinema pode ajudar a mudar comportamentos ao informar e tocar as pessoas. Lembro que fiquei extremamente impactado ao assistir a filmes como o francês *Home — Nosso planeta, nossa casa* ou o norte-americano *Food Inc.* São filmes sensacionais a respeito dos temas desta entrevista.

(*Planeta*, nº 472.)

O2 Filmes e Videofilmes/Globo Filmes/Lumiere/Wild Bunch/Album/Album Cinema/Latinstock

Cena do filme *Cidade de Deus*, de F. Meirelles.

mitigar: abrandar, suavizar, atenuar, diminuir.

1. As entrevistas publicadas em jornais e revistas apresentam diferentes objetivos, dependendo do tipo de informação que veiculam e do público que pretendem atingir. A entrevista em estudo foi publicada na revista *Planeta*. Com que tipo de pessoa e com que finalidade a entrevista em estudo foi feita?

a) Foi entrevistada uma autoridade, conhecida do público da revista, com o fim de obter sua opinião sobre um fato em destaque no momento.

b) Foi entrevistado um especialista em certo assunto, com o objetivo de explicar um fato de interesse científico, suscetível de descrição ou explicação. O especialista é desconhecido do público em geral e, por esse motivo, antes da entrevista propriamente dita há um texto introdutório que o apresenta.

c) Foi entrevistada uma pessoa pública (político, ator ou atriz, músico, cineasta, figura de destaque na sociedade e na mídia, etc.), com o objetivo de apresentar suas ideias, promovê-la (ou ao grupo ou entidade que ela representa) ou levar o público da revista a conhecê-la melhor.

2. Em toda entrevista, uma (ou mais de uma) pessoa faz perguntas, e outra (ou outras) responde. Na entrevista em estudo, quem é o entrevistado?

3. Embora conste nas entrevistas (no início ou no fim) o nome de quem fez as perguntas, raramente ele é usado no corpo do texto. Algumas publicações usam o próprio nome antes das perguntas, em vez do nome do entrevistador. Outras diferenciam perguntas e respostas por meio de recursos gráficos (como, por exemplo, negrito ou itálico), sem identificar explicitamente os participantes. Na entrevista que você leu:

a) Em que parte aparece o nome da jornalista que a realizou, isto é, o crédito da entrevistadora? Qual é o nome dela?

b) Como são diferenciadas as falas da entrevistadora e do entrevistado?

c) Levante hipóteses: Qual seria a razão da não identificação de entrevistador e entrevistado?

4. Observe o título da entrevista. Considerando que a revista *Planeta* é dirigida principalmente a um público com acesso a produtos culturais, responda:

a) A escolha do título está relacionada ao perfil do público-alvo?

b) O que, à primeira vista, o título sugere?

c) Qual é, de fato, o assunto da entrevista?

5. Antes da entrevista propriamente dita, abaixo do título, há um texto que a introduz. Qual é a finalidade desse texto introdutório?

6. Observe o modo como a entrevistadora faz as perguntas a Fernando Meirelles.

a) Há, nas perguntas, indícios de que a entrevistadora as preparou previamente? Por quê?

b) Considerando-se que o público leitor da revista é formado por pessoas interessadas em ecologia, o modo como a entrevistadora conduziu as perguntas foi, na sua opinião, apropriado?

Francois Guillot/AFP/Getty Images

Fernando Meirelles, entre a floresta e o cinema.

7. Observe as respostas do entrevistado.

a) Elas revelam segurança em relação ao assunto?

b) As respostas dele são direcionadas exclusivamente a um público especializado no assunto tratado? Justifique sua resposta.

8. Numa entrevista, quem controla a interação entre os participantes é o entrevistador, uma vez que cabe a ele fazer as perguntas. O entrevistado, porém, pode enfatizar um aspecto da pergunta e ignorar outros ou dar à resposta um rumo que lhe seja mais conveniente. Identifique, na entrevista lida, trechos em que se verificam iniciativas como essas.

9. Observe a linguagem empregada pela entrevistadora e pelo entrevistado.

a) Que variedade linguística foi empregada por eles?

b) Que forma de tratamento foi usada pela entrevistadora para dirigir-se ao entrevistado?

c) Essa forma de tratamento confere maior ou menor formalidade à interação entre entrevistador e entrevistado?

10. Quando falamos, é comum suspendermos o pensamento, deixando frases incompletas, assim como empregarmos gestos no lugar de frases, rirmos de alguma ideia engraçada, usarmos expressões que retomam ideias anteriores, como *então, aí* ou *como eu dizia*, etc., ou expressões como *né, hum, pois é*, etc.

a) Na entrevista lida, há alguma marca de oralidade desse tipo?

b) Na sua opinião, por que isso acontece?

11. Reúna-se com seus colegas de grupo e, juntos, concluam: Quais são as características da entrevista? Respondam, considerando os critérios a seguir: finalidade do gênero, perfil dos interlocutores, suporte ou veículo, tema, estrutura, linguagem.

PRODUZINDO A ENTREVISTA

Reúna-se com seus colegas de grupo para, juntos, produzirem uma entrevista.

A pessoa a ser entrevistada pode ser um profissional de uma área pela qual tem interesse, uma pessoa conhecida na cidade, um diretor de uma ONG, um empresário, um comerciante, um escritor, um professor, um atleta, um ex-aluno da escola, um colecionador de selos ou de revistas em quadrinhos, um músico, um ator, etc.

PLANEJAMENTO DO TEXTO

Preparando e realizando a entrevista

- No projeto do capítulo **Intervalo** desta unidade, você vai montar com seus colegas um jornal mural, do qual fará parte a entrevista que o grupo produzirá. Considerando esse suporte, pensem no perfil dos leitores – lembrando que podem ser jovens como vocês e adultos – e empreguem uma linguagem adequada ao gênero e a esse público.
- Procurem conhecer a pessoa que será entrevistada e o assunto que será o foco da entrevista. Assim, se a pessoa for, por exemplo, um profissional de uma área pela qual o grupo tem interesse, procurem informações sobre ele, onde trabalha, há quanto tempo, se participa de alguma entidade filantrópica, etc.
- Façam um roteiro de perguntas. Se o escolhido para ser entrevistado for um profissional, vocês podem perguntar, por exemplo, que pessoas ou fatos tiveram influência na sua escolha profissional; qual foi o processo de escolha da profissão; que fator teve mais influência na escolha: o lado econômico ou a realização profissional; qual a importância de ser ou não realizado profissionalmente; quais os prós e os contras da profissão escolhida; que importância a atualização constante tem na formação profissional; que conselhos daria para um jovem indeciso quanto à escolha profissional, etc.
- Façam perguntas curtas e objetivas. Procurem prever possíveis respostas e preparem novas perguntas a essas possíveis respostas.
- Ao entrevistar, não confiem na memória: levem um gravador. Apresentem uma pergunta de cada vez e saibam ouvir. Fiquem atentos às respostas, pois vocês podem aproveitar um comentário do entrevistado e improvisar uma pergunta que resulte numa resposta interessante.

Transcrevendo a entrevista

- Com a gravação em mãos, transcrevam a entrevista, passando-a para o papel.
- Escolham uma frase significativa do entrevistado para servir de título ou criem um título com base no assunto tratado.
- Escrevam uma introdução, apresentando o entrevistado e o assunto da entrevista.

- Coloquem o nome do entrevistador (ou o nome do grupo ou do jornal) antes de cada pergunta e o nome do entrevistado antes das respostas. Ou, para diferenciar as perguntas das respostas, empreguem recursos gráficos.
- Reproduzam o diálogo mantendo a linguagem empregada pelo entrevistado, mas evitando as marcas da linguagem oral.

Revisão e reescrita

Thinkstock/Getty Images

Antes de fazer a versão final da entrevista, releiam-na, observando:

- se ela veicula informações suficientes a respeito do assunto abordado;
- se a sequência de perguntas e respostas flui com naturalidade;
- se há título e texto de apresentação;
- se o nome do entrevistador (ou do grupo ou do jornal) e o nome do entrevistado estão colocados, respectivamente, antes das perguntas e das respostas, ou se as falas de um e outro são diferenciadas por meio de recursos gráficos;
- se a linguagem está adequada ao perfil dos leitores e ao gênero.

Façam as alterações necessárias e passem o texto para um suporte e formato adequados à situação de leitura em que ele será lido.

Escrevendo com adequação

Título, legenda e texto-legenda

Título

A primeira página da maioria dos jornais contém o resumo das principais notícias do dia. Para atrair a atenção do público, essas notícias vêm acompanhadas de títulos em letras bem grandes, chamados *manchetes*. Essas mesmas notícias são encontradas pelo leitor no interior do jornal, acrescidas de outras informações.

Veja, ao lado, as manchetes da primeira página do jornal *Folha de S. Paulo* de 14/5/2012.

FOLHA DE S.PAULO

Desde 1921 — UM JORNAL A SERVIÇO DO BRASIL — folha.com.br

DIRETOR DE REDAÇÃO: OTAVIO FRIAS FILHO — SEGUNDA-FEIRA, 14 DE MAIO DE 2012

Comissão deve focar violência dos dois lados, diz ex-ministro

O advogado José Carlos Dias, um dos sete membros da Comissão da Verdade, defende que o órgão analise tanto os atos criminosos cometidos pelo governo contra seus opositores como o terrorismo da esquerda na ditadura militar (1964-1985).

A comissão foi nomeada pela presidente Dilma Rousseff para investigar crimes cometidos entre 1946 e 1988. Para Dias, a Lei da Anistia não deve ser revista. Poder A9

VERA MAGALHÃES

Dilma prepara a exigência de ficha limpa para cargos federais

A presidente Dilma Rousseff solicitou análise da Advocacia-Geral da União para decreto que aplica os critérios da Lei da Ficha Limpa ao preenchimento de cargos de confiança no governo federal.

O requisito valeria para a administração direta e a indireta, incluindo ministros de Estado e presidentes de estatais. Pente-fino da Casa Civil concluiu que a regra não afetaria ninguém do primeiro escalão atual. Poder A6

ESPORTE

3 x tri

Com dois gols de Neymar, o Santos venceu o Guarani por 4 a 2 e conquistou o tricampeonato, feito que não acontecia desde a época de Pelé, em 1967/68/69

\+ Ganhe o pôster do campeão

ENTREVISTA DA 2ª RUCHIR SHARMA

Brasil vai ficar para trás entre os emergentes

Moeda valorizada, gargalos de infraestrutura, mão de obra cara e excesso de gasto público estão deixando o Brasil para trás entre os emergentes, avalia o analista financeiro Ruchir Sharma. Tratado como guru nos EUA, o indiano exclui o país da lista dos próximos milagres econômicos. Pág. A16

BOA NOTÍCIA

Mosquitos transgênicos já combatem a dengue

CIÊNCIA

Universidade saudita atrai brasileiros com superbolsas

Assessor multiplica por dez seus imóveis em SP

Diretor que liberava empreendimentos na gestão Kassab nega irregularidades

Nos sete anos em que foi responsável por liberar empreendimentos imobiliários em São Paulo, o diretor do Aprov, Hussain Aref Saab, adquiriu 106 imóveis.

Com renda mensal declarada de R$ 20 mil, Aref acumulou patrimônio superior a R$ 50 milhões desde 2005.

Até assumir o cargo, ele tinha 12 imóveis registrados em seu nome. Hoje, possui 118, segundo levantamento feito nos últimos 45 dias em cartórios do Estado de SP.

Aref diz que o enriquecimento se deve a herança e à renda de um estacionamento no Morumbi, que estava em nome de seus filhos.

Ele deixou o cargo no mês passado, após a Corregedoria Geral do Município e o Ministério Público passarem a investigá-lo por suspeita de corrupção.

A apuração na Corregedoria começou depois de o prefeito Gilberto Kassab (PSD) ter recebido uma carta anônima com denúncias contra o ex-diretor. Cotidiano C1

CONFLITO Policiais entram em confronto com fotojornalista em Madri; manifestação contra política de ajustes reuniu 35 mil na praça Porta do Sol, e 18 foram presos

Advogado diz que Cachoeira deve se manter calado na CPI

O empresário Carlinhos Cachoeira poderá ficar calado no depoimento marcado para amanhã na CPI ou nem comparecer, segundo o ad-

Começa a valer hoje multa para desrespeito aos ciclistas em SP

FOLHATEEN

Veja dicas de groupies para encontrar o seu ídolo

folhainvest — Bancos menores pagam mais juros em aplicações de CDB

RODÍZIO Cotidiano C2

EDITORIAIS Opinião A4 — Leia "Reforma previdente", sobre necessidade de mudar regras da aposentadoria, e "Óvulos compar-

Esquerda quer novas eleições na Grécia para

Folhapress

1. Que tipo de letra é empregado no início da primeira palavra dos títulos: maiúscula ou minúscula?

2. A forma verbal empregada nos títulos é geralmente o presente do indicativo. Levante hipóteses: Por que é adotado esse tempo e esse modo verbal?

3. Observe a ordem dos termos nos títulos.

a) Eles estão na ordem direta ou na ordem inversa?

b) O que o emprego dessa ordem confere ao título?

4. Há, no final dos títulos, algum sinal de pontuação?

5. Observe, agora, este título e este subtítulo:

> **Assessor multiplica por dez seus imóveis em SP**
>
> Diretor que liberava empreendimentos na gestão Kassab nega irregularidades

a) Se o título é o anúncio propriamente dito da matéria jornalística, qual é o papel do subtítulo?

b) O subtítulo apresenta algumas semelhanças com o título. Quais são elas?

c) Em que o subtítulo é diferente do título?

O título e o leitor

Toda matéria jornalística – notícia, reportagem, editorial, crítica, entrevista, etc. – é encabeçada por um título. O título constitui um resumo, em poucas palavras, da informação mais importante do texto. Por meio de palavras de uso comum, ele deve fazer com precisão, clareza e objetividade uma síntese do fato enfocado.

Veja o que o *Manual de estilo* da Editora Abril diz sobre esse elemento da matéria jornalística:

> O título é a chave. Para funcionar, precisa ter impacto. Sem impacto não chamará a atenção. Se não chamar a atenção, será inútil.

Como escrever um título jornalístico

Entre outras instruções para escrever um título jornalístico com adequação, o *Manual de redação e estilo de O Estado de S. Paulo* fornece estas:

- Procure sempre usar verbos nos títulos: eles ganham em impacto e expressividade. Para dar maior força ao título, recorra normalmente ao presente do indicativo, e não ao pretérito: *Lula acena* (e não *acenou*) *com correção da tabela do Imposto de Renda.*
- Evite empregar adjetivo; por mais forte que ele seja, não substitui a informação específica. Observe: *Ministro da Educação propõe profundas mudanças no ensino médio.* O adjetivo *profundas* não dá a informação essencial: quais mudanças.
- O artigo pode ser dispensado, na maior parte dos casos: *Cruz Vermelha pede ajuda para norte-coreanos.*
- Os títulos devem ser claros. Veja este exemplo de título confuso: *Presos acusados de roubo.* Presos foram acusados de roubo ou foram presos os acusados de roubo?
- Evite o uso de *foi* nos casos em que se recorre ao particípio. Assim: (*Foi*) *Aprovada a venda da Garoto.*
- O futuro do pretérito não deve ser empregado, porque transmite ao leitor ideia de insegurança, de falta de convicção: *Excesso de informação causaria estresse.* Uma saída é recorrer a palavras como *pode, deve, possível, provável, ameaça, espera*, etc. Assim: *Excesso de informação pode causar estresse.*
- Sempre que possível, substitua um título com *não* pela forma positiva. Empregue, por exemplo, *Ator rejeita prêmio* em vez de *Ator não aceita prêmio*; *Funcionário recusa promoção* em vez de *Funcionário não quer promoção.*

(Adaptado de: Eduardo Martins. *Manual de redação e estilo de O Estado de S. Paulo.* São Paulo: Moderna, 1997. p. 282-9.)

EXERCÍCIOS

1. Dê títulos às seguintes notícias:

a)

O concurso Intergroom, realizado anualmente em Nova Jersey, nos Estados Unidos, é uma espécie de Copa do Mundo dos profissionais especializados em tosa de cachorros. Na mais recente edição do evento, realizado no mês passado com a presença de 3000 competidores de 21 países, o paulistano William Galharde, de 27 anos, venceu na categoria "estrela em ascensão". Em sua apresentação, usou as mãos para aparar os pelos de um terrier. "Sei o que é adequado para cada raça", afirma ele, que é gerente técnico de estética animal da rede Pet Center Marginal. Apesar do esforço, Galharde recebeu um módico prêmio de 300 dólares dos organizadores. "Valeu mais pelo reconhecimento", consola-se.

Thinkstock/Getty Images

(*Veja São Paulo*, 23/5/2012.)

b)

Depois de empresariar Cesar Cielo entre 2007 e 2009, **Fernando Scherer**, o Xuxa, foi contratado para cuidar da carreira de outra estrela nacional das piscinas: **Thiago Pereira**, do Corinthians, especialista em provas como os 400 metros medley e esperança de medalha na Olimpíada de Londres. Segundo o contrato fechado recentemente pela dupla, Xuxa será responsável pela busca de patrocinadores e por montar um plano de carreira para quando o pupilo encerrar suas atividades. Com 26 anos de idade, Thiago planeja competir até 2016. "Nessa fase pós-esporte, quero agendar palestras para ele e ajudá-lo até a fazer investimentos financeiros", explica o ex-nadador.

(*Veja São Paulo*,16/5/2012.)

Jonne Roriz/Agência Estado/AE

Thiago Pereira.

c)

Médicos estão testando uma droga que poderia acabar com os efeitos colaterais do álcool mesmo quando a pessoa está embriagada. Pesquisadores acreditam que o iomazenil, tomado antes de beber, poderia diminuir os efeitos que o álcool traz ao cérebro, segundo o jornal Daily Mail.

Porém, os estudiosos da Universidade de Yale, nos Estados Unidos, não querem desenvolver um medicamento que permita que as pessoas bebam mais. Eles esperam que, ao cessar os efeitos do álcool em determinadas células do cérebro, o iomazenil poderia ajudar fazendo com que as pessoas fiquem sóbrias, afastando os bebedores pesados do álcool, já que eles perderiam parte do prazer de beber. Além disso, a droga também reduziria os danos causados ao fígado e outros órgãos.

[...]

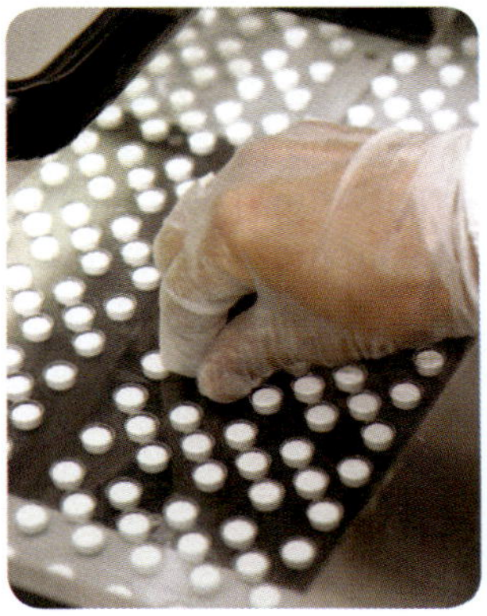
Thinkstock/Getty Images

(*IstoÉ*. Disponível em: http://www.istoe.com.br. Acesso em: 15/12/2012.)

2. Dê um título e um subtítulo à seguinte notícia:

Pesquisar no Google, mandar um torpedo pelo celular, atualizar o Twitter e postar fotos no Facebook são algumas atividades que crianças e adolescentes são capazes de executar — todas praticamente ao mesmo tempo.

Até aí, nada de surpreendente, afinal estamos falando dos nativos da "geração digital", para quem o e-mail já é uma antiguidade. Mas nem mesmo esses seres multitarefas passam incólumes por tanta conectividade e tanta informação.

O impacto dessa avalanche se reflete não apenas em aumento de riscos para a segurança dos jovens, temidos pelos pais, como também pode afetar seu desenvolvimento social e psicológico.

Ao lado de ameaças que são velhas conhecidas, como pedofilia e obesidade, surgem outras: ciberbullying, "sexting", "grooming" e tecnoestresse.

O tal do tecnoestresse é causado pelo uso excessivo da tecnologia e provoca dificuldade de concentração e ansiedade. O jovem tecnoestressado também pode tornar-se agressivo ao ficar longe do computador.

Segundo o neurologista pediátrico Eduardo Jorge, professor da Universidade Federal do Rio de Janeiro, pesquisas já associam overdose de tecnologia com problemas neurológicos e psiquiátricos.

"Estão aumentando os casos de doenças relacionadas ao isolamento. A depressão é a que mais cresce."

O neurologista também diz que há uma incidência maior do transtorno de deficit de atenção entre adolescentes aficionados por computador.

"Não é fácil de diagnosticar. Os pais não acham que o filho tem dificuldade de concentração porque ele fica parado no computador."

Outro risco é a enxaqueca. "Essas novas telas de LED são um espetáculo, mas têm um brilho e uma luminosidade que fazem com que aumentem tanto o número de crises de enxaqueca como a intensidade delas", alerta.

[...]

(*Folha de S. Paulo*, 15/5/2012.)

Legenda e texto-legenda

Grande parte das matérias jornalísticas é ilustrada com fotografias, gráficos e desenhos. Essas ilustrações vêm sempre acompanhadas de legendas ou textos-legenda.

Legenda é uma frase curta, enxuta, que normalmente cumpre duas funções: descreve a ilustração e dá apoio à matéria jornalística, informando sobre os fatos noticiados. Como o título, geralmente emprega verbos no presente do indicativo. Quanto à pontuação, a norma da maioria dos jornais é não utilizar ponto no final do texto.

Veja os exemplos ao lado.

Alvinho Duarte/Fotoarena/Folhapress

: Andy MacDonald, durante o Oi Vert Jam, na Lagoa Rodrigo de Freitas.

Mark Ralston/AFP/Getty Images

: Golfinhos jogam bola no Aquário Beijing, na China.

O **texto-legenda** é uma ampliação da legenda e contém as principais informações sobre o assunto. Pode também ser a chamada para uma matéria jornalística no interior do jornal ou da revista.

Veja os exemplos:

Rodrigo Coca/Fotoarena/AE

Menina observa escultura de vaca, intitulada "Do pasto à passarela", exposta durante a edição 2010 da Cow Parade, na capital paulista. Cerca de 90 esculturas de diferentes artistas ficaram espalhadas por São Paulo durante a exposição, que é o maior evento de arte pública do mundo. As vacas foram leiloadas após o evento e a renda, revertida para entidades.

André Lessa/AE

Vista do primeiro bebê das girafas Palito e Mel, que nasceu no dia 4 de fevereiro de 2011, no Zoológico de São Paulo. O filhote teria seu nome escolhido em uma gincana.

EXERCÍCIOS

1. Crie uma legenda para cada uma destas fotos:

Imaginechina/AP Photo/Glow Images

Tim Fitzharris/Minden Pictures/Latinstock

2. Crie um texto-legenda para cada uma destas fotos:

Mike Hewitt/Getty Images

Christian Jakubaszek/Getty Images

Museo Thyssen – Bornemisza/Scala

LÍNGUA: USO E REFLEXÃO

CAPÍTULO 3

: *In Port* (1917), de Albert Gleizes.

O modelo morfossintático – o sujeito e o predicado

MORFOSSINTAXE: A SELEÇÃO E A COMBINAÇÃO DE PALAVRAS

CONSTRUINDO O CONCEITO

Leia a tira a seguir, de Fernando Gonsales, e responda às questões 1 e 2.

Fernando Gonsales

(*Tédio no chiqueiro*. São Paulo: Devir, 2006. p. 23.)

1. No 2º quadrinho da tira, foi empregado o advérbio *loucamente*.
   a) Que tipo de circunstância esse advérbio expressa?
   b) Identifique o sufixo desse advérbio e empregue-o na formação de outras palavras.
   c) A partir do radical desse advérbio, forme uma família de palavras.

2. A tira estabelece uma relação intertextual com outro texto. Qual é esse texto?

3. Na anedota a seguir, foram propositalmente suprimidas duas palavras. Leia-a.

> O prefeito foi visitar o manicômio da cidade. Chegando à biblioteca, vê um homem pendurado no teto, de cabeça para baixo. Preocupado, diz à bibliotecária do hospício:
>
> — O que é que esse □ está fazendo aí no teto?
>
> — Ele pensa que é um lustre.
>
> — Permitir isso é uma □! Ele pode cair e se machucar! Por que não o tiram daí?
>
> — Mas, à noite, como é que a gente vai fazer para ler no escuro?

a) Uma ou outra das palavras suprimidas na anedota poderia ser *loucamente*?

b) De acordo com o contexto, que palavras da família do radical *louc-* podem completar adequadamente as lacunas da anedota?

c) A que classe gramatical pertence cada uma dessas palavras: à dos substantivos, à dos adjetivos, à dos verbos ou à dos advérbios?

CONCEITUANDO

Na tira e na anedota, para combinar as palavras *loucamente*, *louco* e *loucura* com outras palavras das frases de modo que ficassem de acordo com o contexto, os autores precisaram selecioná-las. Essas palavras têm o mesmo radical. Quando é acrescentado ao radical *louc-* o sufixo *-ura*, forma-se um substantivo – *loucura*; quando é acrescentado o sufixo *-mente*, forma-se um advérbio – *loucamente*.

Concluindo:

> A combinação entre sufixos e radicais determina a classe gramatical das palavras. Esta, por sua vez, determina as possibilidades de combinação das palavras no contexto.

Para chegar à resposta sobre quais palavras completam adequadamente a anedota, você exercitou o princípio fundamental da linguagem: o da *seleção* e *combinação* de palavras.

Na fala ou na escrita, a seleção e a combinação de palavras são condicionadas pelo sentido que se quer dar ao enunciado. Nessas situações, as possibilidades de quem usa a língua são amplas, pois todas as palavras (o léxico) e as várias possibilidades de combinação estão à sua disposição.

É nesse princípio básico da língua – a seleção e a combinação de palavras – que residem os estudos essenciais da gramática: a *morfologia* e a *sintaxe*.

> A **morfologia** estuda as classes gramaticais, isto é, o campo da seleção, enquanto a **sintaxe** estuda o campo da *combinação* de palavras.

Uma vez que selecionar e combinar são procedimentos que ocorrem simultaneamente nos atos da fala e da escrita, o estudo da língua requer um tratamento morfossintático, isto é, que sejam levadas em conta, ao mesmo tempo, as relações morfológicas e sintáticas entre as palavras.

Forma e função

Ao selecionar as palavras, o usuário da língua leva em conta não só o sentido, mas também a forma das palavras (artigo, substantivo, verbo, adjetivo, advérbio, etc.) e a função (sujeito, objeto direto, adjunto adnominal, adjunto adverbial, etc.) que elas assumem na frase.

Leia esta anedota:

O freguês sentou-se e pediu um chope. O garçom trouxe o chope e o freguês pediu para trocar por um suco de laranja. O garçom trocou, o freguês bebeu e saiu sem pagar.

— Ei! — disse o garçom. — O senhor não pagou o suco de laranja.

— Claro que não! Eu o troquei pelo chope!

— É... Mas o senhor não pagou o chope.

— Claro que não! Eu não o bebi!

Rico

Nesta frase dita pelo garçom "O senhor não pagou o suco de laranja", veja as combinações realizadas, isto é, a estrutura sintática da frase e as classes gramaticais que foram selecionadas para as combinações:

	O	senhor	não	pagou	o	suco	de	laranja.
seleção	artigo	substantivo	advérbio	verbo	artigo	substantivo	preposição	substantivo
combinação	adj. adn.	núcleo	adj. adv.	verbo transitivo	adj. adn.	núcleo	adj. adn.	
					objeto direto			
	sujeito		predicado					

Como você pode observar, o agrupamento das palavras de acordo com sua *forma* deve ser feito com base na função sintática que elas têm nas frases.

Isso significa que não se pode desvincular a morfologia (parte da gramática que estuda a forma das palavras) da *sintaxe*, e vice-versa, pois forma e função coexistem e seus papéis só se definem no contexto. As palavras constituem grupos *morfológicos* e, ao serem combinadas em frases, adquirem um papel *sintático*.

Fazer a *análise morfossintática* de uma palavra significa, portanto, reconhecer a classe gramatical a que ela pertence e, ao mesmo tempo, a função sintática que ela desempenha em determinada oração.

FRASE – ORAÇÃO – PERÍODO

CONCEITUANDO

Leia este diálogo entre namorados, de Luis Fernando Verissimo:

— Eu...

— Queria me dizer uma coisa?

— É. Acho que...

— Esta nossa relação não vai dar certo?

— Isso. Eu simplesmente não...

— Aguenta mais?

— Exato. Esse seu hábito de...

— Terminar as frases dos outros?

— É. É! Eu tentei, mas...

— Não consegue?

— Não consigo. Não é nada...

— Contra mim? É só por que eu termino as suas frases?

— É. Porque você...

— Faço isso?

— É. Sempre termina a...

— Frase dos outros? Porque eu já sei o que vão dizer. Você é o quinto ou sexto namorado que me diz a mesma coisa.

— Quer dizer que nós nos tornamos...

— Previsíveis? Se tornaram.

— Todos reclamam...

— Da mesma coisa? Reclamam.

— Bom, então é...

— Tchau?

— É.

("Namorados". *O Estado de S. Paulo*, 13/6/2004.)

Ricardo Dantas

Nesse texto, os namorados interagem por meio de enunciados – palavras ou conjuntos de palavras – que constituem unidades menores do texto e que têm sentido completo, ou seja, eles estabelecem comunicação por meio de **frases**.

O trecho "Todos reclamam da mesma coisa?" é uma unidade do texto e tem sentido completo; por isso é uma **frase**.

"Todos reclamam da mesma coisa?", além de frase, é uma **oração**, porque apresenta um *verbo* – *reclamar*.

Normalmente, as frases apresentam pelo menos um verbo. Quando isso não ocorre, dizemos que são frases nominais, como "Que susto!", "Droga", "Fora!".

Na escrita, a frase começa com letra maiúscula e termina com ponto, ponto de interrogação, ponto de exclamação ou reticências. Na fala, a frase é marcada pela entonação, isto é, um tom de voz que expressa a intenção de quem fala.

No início do texto, o namorado diz, hesitante, "Eu...". Se quisermos expressar a intenção do namorado, devemos ler essa frase com um tom de voz que mostre insegurança, indecisão, embaraço.

Tipos de frase

Há quatro tipos de frase:

- **a interrogativa**, que usamos para fazer uma pergunta:

Quem chegou?

- **a declarativa**, que usamos para dar uma resposta, uma informação ou contar alguma coisa:

Choveu a noite toda.

- **a exclamativa**, que usamos para expressar espanto, surpresa, emoção, admiração, alegria, etc.:

Que bela canção você compôs!

- **a imperativa**, que usamos para expressar uma ordem, um desejo, um pedido:

Feche a janela, por favor.

Concluindo:

> **Frase** é a unidade de texto que numa situação de comunicação é capaz de transmitir um pensamento completo.
> **Oração** é o enunciado que se organiza em torno de um verbo.

Dá-se o nome de **período** à frase organizada em oração ou orações. O período pode ser:

- **simples**, quando constituído de uma só oração:

Eu não *aguento* mais esse seu hábito.

- **composto**, quando constituído de duas ou mais orações:

Acho que esta nossa relação não *vai dar* certo.

O **período composto** pode ser:

- **período composto por coordenação**: as orações são autônomas, independentes sintaticamente e chamadas de coordenadas:

Eu *tentei*, mas não *consegui*.

- **período composto por subordinação**: as orações funcionam como termos de outras orações, são dependentes sintaticamente e denominam-se subordinadas:

"Você é o quinto ou sexto namorado que me diz a mesma coisa."

- **período composto por coordenação e por subordinação**: apresenta orações coordenadas e subordinadas:

O rapaz *chegou* e *disse* à namorada que não a *suportava* mais.

EXERCÍCIOS

Leia a tira:

(Bill Watterson. *Tem alguma coisa babando embaixo da cama*. São Paulo: Conrad do Brasil, 2008. p. 55.)

1. Qual dos enunciados a seguir é uma frase e também uma oração?

a) Rá!

b) Você acredita nisso?

2. Leia este trecho da fala de Calvin, do 1º quadrinho:

A carta diz que se eu copiar e mandar para vinte pessoas, eu vou ter sorte.

a) Quantas orações há nessa frase? Lembre-se de que cada verbo (ou locução verbal) indica a existência de uma oração.

b) Trata-se de um período composto por coordenação, por subordinação ou por coordenação e subordinação?

c) Identifique, na tira, outro período com classificação semelhante.

3. Leia estes dois enunciados:

Um homem em Seattle quebrou a corrente e ficou careca.

Essas cartas são para os patetas supersticiosos.

a) Qual dos enunciados acima é um período simples?

b) Por que o outro enunciado é um período composto por coordenação?

SUJEITO E PREDICADO

CONSTRUINDO O CONCEITO

Leia o anúncio:

Gustavo Victorino/DM9DDB

(Disponível em: http://www.dm9ddb.com.br/?attachment_id=2075. Acesso em: 28/5/2012.)

Observe estas orações do texto:

"Desculpas engordam."

"Eu começo na segunda."

a) Qual é o assunto principal de cada uma das orações, isto é, sobre o que cada uma delas fala?

b) Com quais termos das orações as formas verbais *engordam* e *começo* concordam, respectivamente?

c) Reescreva as duas frases, mantendo os mesmos verbos e substituindo os termos *desculpas* e *eu*:

- Uma simples desculpa ☐.
- Nós ☐ na segunda.

Conclua: Qual alteração as formas verbais utilizadas nas frases sofreram?

d) Complete a oração a seguir com um artigo e um substantivo, tendo em vista o contexto do anúncio.

- Eu começo ☐ na segunda.

CONCEITUANDO

Conforme você observou, as substituições, nas orações "Desculpas engordam" e "Eu começo na segunda", do substantivo *desculpas* pela sua forma no singular e do pronome pessoal da 1ª pessoa do singular *eu* pelo da 1ª pessoa do plural *nós* provocaram alterações nos verbos. A parte das orações que, ao ser alterada quanto a singular/plural, leva o verbo à mesma alteração, é chamada de **sujeito**; o restante da oração é chamado de **predicado**.

O sujeito de uma oração pode ser identificado com base em características semânticas ou sintáticas, ou seja, relacionadas ao sentido ou à posição dos termos na oração. De acordo com o critério semântico, *sujeito é aquilo de que se fala*, ou seja, o assunto, ou o agente da ação verbal. De acordo com o critério sintático, o *sujeito é o termo da oração que concorda com o verbo.*

Nas orações "Desculpas engordam", ou "A academia é bem-equipada", não podemos considerar *desculpas* e *a academia* como agentes das formas verbais *engordam* e *é*, respectivamente, mas inferimos com certa facilidade que são o assunto, aquilo de que se fala. Assim, é o critério semântico que nos permite identificar o sujeito dessas orações.

Na oração "Eu começo na segunda", entretanto, o assunto parece ser *dieta* ou *exercícios físicos*, e não *eu*, que identificamos como o sujeito ao buscar o agente da ação verbal.

Como podemos notar, o critério sintático é o mais eficiente e objetivo para a identificação do sujeito das orações. Observe a concordância entre sujeito e verbo:

> *Desculpas engordam.*
> *A academia é* bem-equipada.
> *Eu começo* na segunda.

O uso de diferentes critérios para a definição de conceitos sintáticos dá margem a equívocos na análise linguística, como o que é tema deste cartum:

Ivam Cabral

Ao responder à pergunta da professora, "Quem é o sujeito da oração?", o aluno confunde a análise sintática com uma apreciação de valor sobre o sujeito. Assim, estabelece relações de sentido entre o conteúdo da frase e a noção sintática de sujeito. Com base nessa ideia, caracteriza como "mané" aquele que "confia na honestidade dos políticos", deixando de lado o critério sintático que nos leva a considerar que o sujeito dessa frase é o termo *o eleitor*, que concorda com o verbo e está explícito na oração.

O critério sintático de concordância do sujeito com o verbo, por si só, também pode ser ineficiente em construções nas quais há mais de um termo que concorda com o verbo, como a seguinte:

> A criança mordeu o cachorro.

Na frase acima, pelo critério semântico, visto que é mais usual um cachorro morder uma criança, somos levados a pensar que pode ter havido uma inversão de termos. No entanto, apesar de uma ser menos e a outra mais comum, as duas possibilidades podem ser aceitas e, nesse caso, classificamos como sujeito o termo que precede imediatamente o verbo, isto é, *a criança*.

Com base nesses exemplos, percebemos que, em análise sintática, tanto os critérios semânticos quanto os sintáticos são importantes, mas isoladamente nem sempre são suficientes. Concluímos, então:

Sujeito é o termo da oração que:

- concorda com o verbo;
- está imediatamente anteposto ao verbo quando este concorda com dois termos;
- pode constituir o assunto de que se fala;
- pode ser o agente da ação verbal;
- normalmente apresenta como núcleo um substantivo, um pronome ou uma palavra substantivada.

Predicado é o termo da oração que:

- geralmente apresenta um verbo;
- pode dizer algo a respeito do sujeito.

O sujeito nem sempre inicia a oração. Veja:

Soou na escuridão *uma pancada seca*.

Na oração sem sujeito (impessoal), o predicado é a citação pura de um fato:

Choveu fininho ontem à noite.

Identificado o sujeito, o restante da oração constitui o predicado. Observe:

Todas as noites, depois do jantar, (predicado) *eu e minha família* (sujeito) assistimos à televisão. (predicado)

Mais importante do que identificar o sujeito e o predicado de uma oração é analisar como essas categorias sintáticas constituem os enunciados e, dependendo das construções, reconhecer os efeitos de sentido que podem proporcionar.

EXERCÍCIOS

Leia a tira:

Joaquín Salvador Lavado (Quino). Toda Mafalda. Livraria Martins Fontes Ltda.

http://www.sempretops.com/diversao/tirinhas-da-mafalda/attachment/mafalda/

1. Nos dois primeiros quadrinhos, o homem carrega uma placa com a frase "Não funciona". Descreva a estrutura dessa frase.

2. O sujeito ao qual o predicado *não funciona* se refere não pode ser identificado nos dois primeiros quadrinhos.

a) Qual é a relação entre a omissão do sujeito na frase da placa nos dois quadrinhos iniciais e o comportamento de Mafalda ao longo da tira?

b) No 3º quadrinho, é revelado o sujeito ao qual o predicado *não funciona* se refere. Reescreva a frase, empregando a estrutura sujeito + predicado.

3. Observe a fisionomia de Mafalda no último quadrinho.

a) Que sentimento ela expressa?

b) Levante hipóteses: Por que a menina tem essa reação?

A PREDICAÇÃO

Leia este poeminha de Mário Quintana:

Simultaneidade

— Eu amo o mundo! Eu detesto o mundo!
Eu creio em Deus! Deus é um absurdo!
Eu vou me matar! Eu quero viver!
— Você é louco?
— Não, sou poeta.

(In: *A corda invisível*. São Paulo: Globo. © by Elena Quintana.)

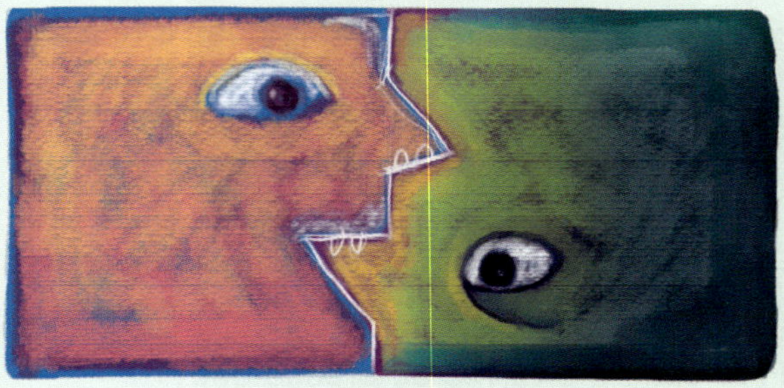

Marcos Guilherme

Compare os predicados destas orações do poema:

Você *é louco*? Eu *amo* o *mundo*!

Observe que, na 1ª oração, o predicado indica o estado do sujeito *você* naquele momento: "é *louco*". Já na 2ª oração, o predicado informa a ação do sujeito *eu*: "amo o mundo". Os verbos que ligam o sujeito às suas características, ao seu estado ou às suas qualidades são chamados de **verbos de estado** ou **de ligação**. Os demais verbos, que indicam ação ou fenômenos meteorológicos, são chamados de **verbos significativos** ou **nocionais**. Assim:

Predicado é o tipo de relação que o verbo mantém com o sujeito da oração. De acordo com essa relação, há dois grupos: os **de estado** ou **de ligação** e os **significativos** ou **nocionais**.

Verbos de ligação

Veja estas orações do poema:

Você *é* louco? Eu *sou* poeta!

Observe que os verbos não expressam ações do sujeito, mas, sim, ligam o sujeito a seu atributo, isto é, a seu estado ou a suas características; daí serem denominados **verbos de ligação**.

Verbo de ligação é aquele que serve como elemento de ligação entre o sujeito e seu atributo.

Veja outros exemplos:

Minha namorada *está* atrasada.
Os alunos *permaneceram* quietos durante a palestra de ciências.
Pedro e Paulo *pareciam* felizes em sua nova casa.
Nós *ficamos* alegres por ela.
A novela *continua* enfadonha.
O rapaz *tornou*-se prefeito da cidadezinha num piscar de olhos.

O atributo do sujeito é chamado de **predicativo**.

Verbos significativos

Verbos transitivos e intransitivos

Agora, observe os verbos destes versos, de Mário Quintana:

> Detrás do muro *surge* a lua.
> Na praça a banda *toca* de repente
> Um samba histérico...

No 1º verso, a forma verbal *surge* está na 3ª pessoa do singular, porque concorda com o sujeito *a lua*. Se invertermos a posição do sujeito, teremos: "Detrás do muro, *a lua surge*". Observe que a ação expressa pelo verbo *surgir* se refere apenas ao sujeito e não se estende a outros seres. Nesse caso, dizemos que o verbo é **intransitivo**.

Veja outros exemplos de verbos intransitivos:

> A carta e o telegrama já *chegaram*.
> O caminhão do gás já *passou*.
> *Amanheceu*.

O 2º e o 3º versos de Mário Quintana formam a oração: "Na praça a banda toca de repente um samba histérico". Observe que, também nessa oração, a forma verbal *toca* indica a ação praticada pelo sujeito (*a banda*), mas a ação expressa pelo verbo *tocar* recai sobre outro ser: um samba histérico. O termo *um samba histérico* completa o sentido do verbo *tocar* (quem toca, toca alguma coisa), tornando precisa a informação da frase. Quando isso ocorre, isto é, quando o verbo necessita de um complemento, dizemos que ele é um verbo **transitivo**.

Assim, concluímos:

> **Transitividade verbal** é a necessidade que alguns verbos apresentam de ter outras palavras como complemento. A esses verbos que exigem complemento chamamos de **transitivos** e aos que não exigem complemento chamamos de **intransitivos**.

Como determinar a predicação de um verbo?

A predicação de um verbo somente pode ser determinada no contexto da frase em que ele aparece. Veja, por exemplo, que o verbo *virar*, em contextos diferentes, tem diferentes classificações:

> Diante do ocorrido, papai *virou* uma fera. (*virou*: VL)
> A canoa *virou*. (*virou*: VI)
> Antes de servir, ela *virou* o assado na travessa. (*virou*: VTD)

Compare agora os complementos dos verbos transitivos nestas duas orações:

> Eu amo (VT) *o mundo*. (complemento) Eu creio (VT) *em Deus*. (complemento)

Observe que, na 1ª oração, o complemento *o mundo* se liga diretamente ao verbo, sem preposição. Nesse caso, dizemos que o verbo é **transitivo direto**. Já na 2ª oração, o complemento *em Deus* se liga ao verbo por meio de uma preposição (*em*). Nesse caso, dizemos que o verbo é **transitivo indireto**.

Além dos verbos transitivos diretos e dos indiretos, há também os verbos **transitivos diretos e indiretos**, assim chamados por exigirem dois complementos, um sem preposição (objeto direto) e outro com preposição obrigatória (objeto indireto). Veja este exemplo:

> A moça *ensinava* (VTDI) pintura (OD) *a* (preposição) meia dúzia de garotos (OI).

EXERCÍCIOS

Leia o anúncio a seguir e responda às questões 1 e 2.

AlmapBBDO

1. As sandálias anunciadas são conhecidas atualmente pela variedade de cores e modelos disponíveis aos consumidores. Com base nessa informação, no enunciado verbal e na imagem do anúncio, responda:

a) Que característica da imagem do anúncio chama atenção em relação às cores utilizadas?

b) O enunciado principal do anúncio consiste em um período com duas orações, a segunda com verbo elíptico. Veja:

> Sem a cauda colorida, um pavão tem (1ª oração) o mesmo charme (1ª oração) que um pato [tem]. (2ª oração)

Identifique o sujeito e o predicado da primeira oração.

c) Levante hipóteses: Qual relação pode ser estabelecida entre a sandália anunciada e o sujeito da primeira oração do enunciado?

2. Considerando o enunciado "Sem a cauda colorida, um pavão tem o mesmo charme que um pato", responda:

a) O pato é uma ave reconhecida por ter muito ou pouco charme?

b) O que significa, portanto, ter o charme de um pato?

c) Conclua: Qual é o efeito de sentido criado pela associação entre a afirmação do enunciado e a imagem, no anúncio?

Leia a tira a seguir e responda às questões 3 e 4.

Fernando Gonsales

(http://del-cueto.sites.uol.com.br/blog.htm)

3. Identifique sujeito e predicado das seguintes orações da tira e classifique os verbos, quanto à predicação, e os complementos de cada uma delas.

a) "Essa de chapéu vermelho é a entregadora de pizza!"

b) "Ela perguntou pro lobo o endereço da velha."

c) "A velha se transformou num lobo!"

4. Na tira:

a) Qual é provavelmente a história contada no livro que a personagem lê?

b) Os predicados que a personagem que lê atribui aos sujeitos das orações equivalem aos acontecimentos narrados na história original?

c) O que a interjeição "Epa!", no balão do último quadrinho, indica sobre o que a personagem principal da tira sabe sobre a história original?

O SUJEITO E O PREDICADO NA CONSTRUÇÃO DO TEXTO

Leia o cartaz abaixo.

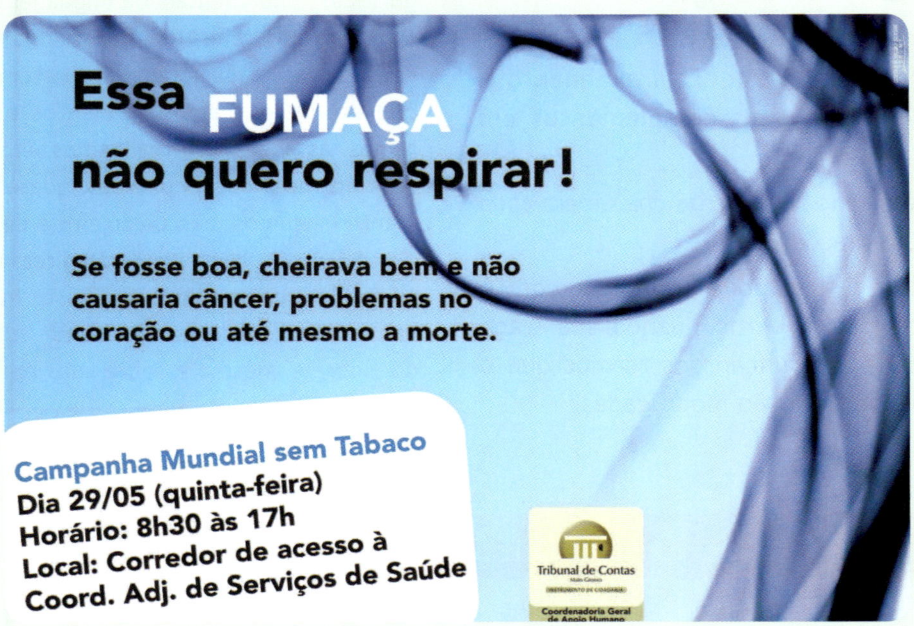

Tribunal de Contas - Mato Grosso

(http://babicmello.blogspot.com.br/2009/01/campanha-contra-o-tabaco.html)

1. Observe o enunciado principal do cartaz:

"Essa fumaça não quero respirar"

a) A qual fumaça ele se refere? Justifique sua resposta com base nos elementos verbais e não verbais que compõem o cartaz.

b) O enunciado está estruturado na ordem sujeito + predicado (verbo e complementos)? Justifique sua resposta.

c) O sujeito da oração constituída pelo enunciado não está explícito, mas pode ser inferido. Qual é ele?

2. Releia este enunciado do cartaz:

"Se fosse boa, cheirava bem e não causaria câncer, problemas no coração ou até mesmo a morte."

a) Identifique e classifique quanto à predicação os verbos que ele apresenta.

b) O sujeito das formas verbais *fosse*, *cheirava* e *causaria* não está explícito, mas pode ser inferido no contexto do cartaz. Qual é ele?

3. Leia estas frases:

Essa fumaça não cheira.
Eu cheirei sua camisa hoje de manhã.
Seu cabelo cheira a cigarro.

a) Classifique o verbo *cheirar*, quanto à predicação, e seus complementos em cada frase.

b) Qual é o sentido do verbo *cheirar* em cada uma das orações?

c) Conclua: O que pode acontecer com o sentido de um verbo quando sua transitividade e a função dos termos que o complementam são modificadas?

Para que servem o sujeito e o predicado?

Sujeito e predicado são as estruturas linguísticas fundamentais da linguagem verbal.

Para nos referirmos ao mundo que está à nossa volta – aos seres que existem, aos fatos que acontecem, aos sentimentos e ideias que temos, às ações que realizamos, etc. – e interagirmos com outras pessoas, quase inevitavelmente lançamos mão do sujeito e do predicado.

Sujeito e predicado estão diretamente relacionados à necessidade que o ser humano tem de verbalizar o que pensa e sente: sobre o mundo, sobre si mesmo e sobre suas relações.

SEMÂNTICA E DISCURSO

Leia a notícia a seguir e responda às questões de 1 a 3.

AMBIENTE

'Sopa de plástico' do Pacífico aumentou 100 vezes em 40 anos

SEGUNDO ESTUDO, ACÚMULO DE PLÁSTICO PODE PROVOCAR DESEQUILÍBRIO MARINHO

Rajesh Nirgude/AP/Glow Images

Pesquisa divulgada nesta quarta-feira mostra que mancha de lixo no Pacífico Norte aumentou 100 vezes nos últimos 40 anos (Rajesh Nirgude/AP)

O enorme redemoinho de lixo plástico flutuante do norte do Pacífico aumentou 100 vezes nos últimos 40 anos, revelou um artigo publicado na revista Biology Letters nesta quarta-feira.

Cientistas alertam que a 'sopa de microplástico', cujas partículas medem menos de cinco milímetros, ameaça alterar o ecossistema marinho porque favorece a reprodução de um tipo de inseto que serve de alimento para peixes, tartarugas e aves.

(Disponível em: http://veja.abril.com.br/noticia/ciencia/sopa-de-plastico-do-pacifico-aumentou-100-vezes-em-40-anos. Acesso em: 28/5/2012.)

1. Observe as seguintes orações empregadas no texto:

"'Sopa de plástico' do Pacífico aumentou 100 vezes em 40 anos"
"acúmulo de plástico pode provocar desequilíbrio marinho"
"O enorme redemoinho de lixo plástico flutuante do norte do Pacífico aumentou 100 vezes nos últimos 40 anos"
"a 'sopa de microplástico' [...] ameaça alterar o ecossistema marinho"

a) Identifique o sujeito das formas verbais *aumentou*, *pode provocar*, *aumentou* e *ameaça alterar* utilizadas nas orações.

b) Levante hipóteses: Quem é responsável pelos problemas decorrentes do acúmulo de plástico no oceano? Trata-se dos sujeitos identificados nas orações?

2. Observe agora estas construções:

"Pesquisa divulgada nesta quarta-feira mostra"
"revelou um artigo publicado na revista Biology Letters"
"Cientistas alertam"

a) Identifique o sujeito das formas verbais *mostra*, *revelou* e *alertam* utilizadas nas construções.

b) Levante hipóteses: Quem é responsável pelos dados divulgados na notícia? Trata-se dos sujeitos dos verbos empregados nas construções?

3. Com base em suas respostas nas questões anteriores, conclua:

a) Quais sentidos são construídos por meio das escolhas que o autor de um texto faz ao relacionar sujeito e predicado?

b) Na notícia lida, qual é o efeito da escolha pela omissão ou explicitação dos responsáveis pelas ações verbais?

Leia a tira a seguir, de Laerte, e responda às questões 4 e 5.

Laerte

4. No 1º quadrinho, Hugo faz à funcionária de uma locadora uma pergunta sobre um suposto filme.

a) Qual seria a principal característica desse filme, segundo Hugo?

b) Levante hipóteses: Qual era a real intenção de Hugo ao fazer a pergunta à moça?

5. Leia estas orações:

Ele não percebe seu papel de palhaço.
"ela acaba achando ele sensacional!"
"ela é internada no hospício"
Ele é o enfermeiro responsável pelo eletrochoque.

a) Identifique o sujeito e o predicado de cada oração.

b) Compare o sentido das frases e identifique a mudança de tom que ocorre de uma para outra.

c) Levante hipóteses: Por que ocorre essa mudança?

d) O texto não verbal, isto é, a fisionomia e a postura das personagens em cada quadrinho, confirma sua resposta no item anterior? Por quê?

e) Considerando a intencionalidade subjacente aos diálogos da tira, conclua: De que maneira a repetição de *ele* e *ela* como sujeito das orações ajuda a construir o efeito de humor da tira?

Pequena fiandeira napolitana (1877), do pintor realista português Antônio Silva Porto.

CAPÍTULO 4

O Realismo em Portugal

O Realismo em Portugal significou mais que uma renovação na literatura quanto a temas, linguagem e visão de mundo. Representou também uma tentativa de livrar o país da mentalidade romântico-cristã e levá-lo à "modernidade" por meio do contato com as novas ideias filosóficas e científicas que circulavam na Europa.

O Realismo teve início em Portugal com a Questão Coimbrã, episódio ocorrido em 1865. Nessa época, haviam finalmente cessado as lutas entre os liberais e as facções que representavam a velha monarquia deposta pela revolução de 1820.

Consolidado o liberalismo, Portugal conheceu, a partir de 1850, um período de estabilidade política, de progresso material e de intercâmbio com o resto da Europa. Coimbra, importante centro cultural e universitário da época, em 1864 ligava-se diretamente à comunidade europeia por meio da estrada de ferro.

Apesar dessas novidades no cenário político-cultural, a literatura portuguesa ainda se encontrava impregnada das velhas ideias românticas e árcades.

A QUESTÃO COIMBRÃ

Vista de Coimbra, palco da inovação realista.

Já havia alguns anos, os meios literários portugueses tinham como principal expressão o consagrado poeta romântico Castilho. Representante do academismo e do tradicionalismo literários, Castilho, idoso e cego, reunia em torno de si jovens escritores a quem protegia e por quem era tido como mestre.

A Questão Coimbrã teve início quando Castilho, ao escrever um posfácio elogioso ao livro *Poema da mocidade*, de seu protegido Pinheiro Chagas, aproveitou para criticar um grupo de poetas de Coimbra, a quem acusou de exibicionistas e obscurantistas. São citados no posfácio os escritores Teófilo Braga e Antero de Quental, que acabara de publicar a obra *Odes modernas*.

Antero de Quental respondeu a Castilho com uma carta aberta, em forma de panfleto, intitulada "Bom senso e bom gosto". Nela Antero criticava o apadrinhamento literário, praticado por Castilho, e a censura da livre expressão, como se observa neste trecho do texto:

> O que se ataca na escola de Coimbra não é uma opinião literária menos provada, uma concepção poética mais atrevida, um estudo ou uma ideia. Isso é pretexto apenas. Mas a guerra faz-se à independência irreverente de escritores que entendem fazer por si sós o caminho, sem pedir licença aos Mestres, mas consultando só o seu trabalho e a sua consciência.
>
> (In: Hernâni Cidade. *Antero de Quental*. Lisboa: Arcádia, s.d. p. 20.)

Para Antero, a agressão sofrida não se limitava ao plano estritamente literário ou pessoal; era, na verdade, uma reação do velho contra o novo, do conservadorismo contra o progresso, da literatura de salão contra a literatura viva e atuante exigida pelos novos tempos. Antero desejava modernizar o país, colocando-o ao lado das nações europeias mais desenvolvidas.

A Questão Coimbrã durou todo o segundo semestre de 1865, com publicações e ataques de ambos os lados. Também participaram dela, entre outros, Teófilo Braga, Ramalho Ortigão e Pinheiro Chagas. Eça de Queirós, embora fizesse parte do grupo coimbrão, não interveio na polêmica.

AS CONFERÊNCIAS DO CASSINO E A GERAÇÃO DE 70

Por volta de 1870, e tendo já concluído os estudos universitários em Coimbra, o grupo de amigos se reencontrou em Lisboa e passou a travar debates acerca da renovação cultural portuguesa. A volta de Antero de Quental – que estivera na França, na América e na ilha de São Miguel – dinamizou essas reuniões, que passaram a contar com leituras sistematizadas (principalmente de textos com as ideias socialistas de Proudhon) e a ter um objetivo definido. Como resultado desse esforço, nasceu a iniciativa ambiciosa das Conferências Democráticas, que visavam à reforma da sociedade portuguesa.

Essas conferências eram realizadas no Cassino Lisbonense, provocando escândalo. Depois de proferidas cinco conferências – entre elas, duas de Antero e uma de Eça de Queirós –, o governo proibiu a continuidade do ciclo, alegando que os oradores suscitavam "doutrinas e proposições que atacavam a religião e as instituições do Estado". Apesar da censura, o Realismo já era vitorioso em Portugal, e a partir de então se colheriam seus melhores frutos.

A PRODUÇÃO LITERÁRIA

O Realismo português contou com um número considerável de escritores tanto na poesia quanto na prosa.

A **poesia** alcançou grande prestígio na época e se desdobrou em quatro direções:

- *a poesia realista propriamente dita*: caracterizada pela crítica social e pelo engajamento político, é representada por Antero de Quental, Guerra Junqueiro, Gomes Leal, Teófilo Braga e outros;
- *a poesia do cotidiano*: representada por Cesário Verde, que, parcialmente ligado à poesia realista, enfocou certos aspectos da realidade até então considerados pouco poéticos, como a vida nos centros urbanos e nas áreas industriais;
- *a poesia metafísica*: representada por Antero de Quental, volta-se para as indagações em torno da vida, da morte e de Deus;
- *a poesia parnasiana*: representada por João da Penha e outros, tem como principal objetivo resgatar a tradição clássica, deixada de lado pelo Romantismo.

A **prosa de ficção** seguiu a mesma orientação da poesia realista, porém dividindo-se entre o ataque à burguesia, à monarquia, ao clero, às instituições sociais, aos falsos valores e o compromisso com a doutrinação moral, social e filosófica. Nela se destacaram Eça de Queirós, Fialho de Almeida e Abel Botelho.

Realistas portugueses na Internet

Nos *sites* que seguem, você pode ler e pesquisar mais a respeito de escritores como Antero de Quental, Eça de Queirós e outros. Pode também baixar obras inteiras, se quiser.

- www.feq.pt
- www.vidaslusofonas.pt/antero_de_quental.htm
- www.vidaslusofonas.pt/eca_de_queiros.htm
- /dominiopublico.gov.br

ANTERO DE QUENTAL: A ETERNA PROCURA

Antero de Quental (1843-1891) foi o líder intelectual da geração que deu início ao Realismo em Portugal. Seus primeiros poemas, publicados em 1861, revelam tendências místicas. Os poemas publicados logo depois já mostram uma evolução para o racionalismo e radicalismo político.

Desejando conhecer de perto o clima revolucionário que se verificava nos meios políticos franceses, Antero viveu em Paris durante algum tempo, regressando depois a Lisboa, onde atuou entre o operariado, defendendo as ideias de Proudhon. Após a década de 1870, o poeta entrou em profunda crise existencial. Cético em relação aos movimentos sociais, passou a cultivar uma poesia de fundo filosófico e espiritual. Suicidou-se em 1891.

Coleção particular

Antero de Quental.

A poesia

A poesia de Antero de Quental é a síntese da trajetória biográfica do autor. Nela podem ser observados alguns núcleos centrais. Um deles aparece em suas primeiras obras, *Raios de extinta luz* e *Primaveras românticas*, em que estão presentes o lirismo amoroso, o erotismo e a religiosidade.

As *Odes modernas* (1865), que motivaram os acontecimentos da Questão Coimbrã, representam outro dos núcleos da poesia de Antero: a poesia realista propriamente dita, de engajamento político-filosófico, de ação social e irreverência.

A obra *Sonetos* (publicada em 1881) segue uma nova direção: a da reflexão metafísica e do pessimismo. Essa fase coincide com o período em que o autor esteve acometido por uma estranha doença, que o acompanhou até o suicídio, em 1891, e que hoje se supõe tenha sido uma psicose, distúrbio mental pouco conhecido na época.

Nos últimos anos de sua vida, Antero voltou-se para a meditação religiosa e para a reconciliação mística, de que são exemplos estes versos:

Esperemos em Deus! Ele há tomado
Em suas mãos a massa inerte e fria
Da matéria impotente e, num só dia,
Luz, movimento, ação, tudo lhe há dado.
[...]
Ó Deus, meu pai e abrigo! Espero!... eu creio!

("Salmo". In: Maria Ema T. Ferreira, org. *Antologia literária comentada.* 2. ed. Lisboa: Ulisseia, s.d. p. 203.)

Poesia e revolução

Durante a fase marcada pela poesia social, Antero de Quental escreveu:

A Poesia moderna é a voz da Revolução. Que importa que a palavra não pareça poética às vestais literárias do culto da Arte pela Arte? No ruído espantoso do desabar do Império e da religião, há ainda uma harmonia grave e profunda, para quem a escutar com a alma penetrada do terror santo deste mistério que é o destino das Sociedades.

(In: Hernâni Cidade. *Antero de Quental.* Lisboa: Arcádia, s.d. p. 165.)

Antero de Quental é considerado – ao lado de Camões e de Bocage – um dos maiores sonetistas da literatura portuguesa. O poeta via nesse tipo de composição a forma adequada para conter o sentimentalismo dos antepassados românticos e para explanar as suas ideias filosóficas.

LEITURA

Você vai ler, a seguir, dois sonetos de Antero de Quental, cada um deles representativo de uma das fases ou núcleos temáticos do poeta.

Hino à Razão

Razão, irmã do Amor e da Justiça,
Mais uma vez escuta a minha prece,
É a voz dum coração que te apetece,
Duma alma livre, só a ti submissa.

Por ti é que a poeira movediça
De astros e sóis e mundos permanece;
E é por ti que a virtude prevalece
E a flor do heroísmo medra e viça.

Por ti, na arena trágica, as nações
Buscam a liberdade, entre clarões;
E os que olham o futuro e cismam, mudos,

Por ti, podem sofrer e não se abatem,
Mãe de filhos robustos, que combatem
Tendo o seu nome escrito em seus escudos!

(In: Maria Ema T. Ferreira, org., op. cit., p. 173.)

Weberson Santiago

medrar: aparecer, fazer crescer.
viçar: desenvolver-se, crescer, alastrar-se.

O palácio da Ventura

Sonho que sou um cavaleiro andante.
Por desertos, por sóis, por noite escura,
Paladino do Amor, busco anelante
O palácio encantado da Ventura!

Mas já desmaio, exausto e vacilante,
Quebrada a espada já, rota a armadura...
E eis que súbito o avisto, fulgurante
Na sua pompa e aérea formosura!

Com grandes golpes bato à porta e brado:
Eu sou o Vagabundo, o Deserdado...
Abri-vos, portas de ouro, ante meus ais!

Abrem-se as portas de ouro, com fragor...
Mas dentro encontro só, cheio de dor,
Silêncio e escuridão — e nada mais!

(Idem, p. 188.)

Weberson Santiago

fragor: estrondo, estampido.
fulgurante: brilhante, lampejante.
pompa: esplendor, grande luxo.
ventura: sorte, felicidade, fortuna.

1. A respeito do poema "Hino à Razão", responda:

a) A quem o eu lírico se dirige, ou seja, quem é o seu interlocutor?

b) Por que as palavras *Razão*, *Amor* e *Justiça* estão grafadas com letras iniciais maiúsculas?

2. "Hino à Razão" é um soneto que se situa entre os poemas de cunho ideológico e político do autor. De acordo com o texto:

a) Qual é o papel da Razão no cenário das nações modernas?

b) Pode-se dizer que esse poema sofre influência do cientificismo da época? Por quê?

3. No soneto "O palácio da Ventura", o eu lírico manifesta duas atitudes diferentes em relação à vida. Quais são essas atitudes? Em que estrofes do soneto cada uma das atitudes está presente?

4. Cada um dos poemas representa um núcleo temático da obra de Antero de Quental. Compare-os e depois associe a um ou a outro estes núcleos:

a) pessimismo, reflexão existencial

b) crença num mundo melhor, movido pelo amor e pela justiça social

c) metafísica

d) visão heroica e transformadora da realidade

1. "Hino à Razão" 2. "O palácio da Ventura"

5. Antero de Quental é considerado um dos melhores sonetistas da língua portuguesa. A fim de constatar a propriedade com que o autor faz uso de recursos técnicos, responda:

a) Qual é o papel da anáfora (repetição total ou parcial no início de versos), do ritmo e das aliterações (com fonemas oclusivos) no poema "Hino à Razão"?

b) No texto "O palácio da Ventura", qual é a relação entre o ritmo e a imagem do "cavaleiro andante"?

Antero e o soneto

Veja o que o próprio Antero de Quental pensava do soneto:

Que há no soneto? Uma unidade perfeita: desenha-se cada ideia parcial de per si, mas não tão independente das outras que não haja entre elas relação, até que, afinal, juntando tudo num só, se apresenta por todos os lados simultaneamente, como em resumo, o fecho — chave de oiro! Daí, unidade.

(In: Maria Ema T. Ferreira. *Antologia literária comentada.* 2. ed. Lisboa: Ulisseia, s.d. p. 182.)

EÇA DE QUEIRÓS: A IRONIA CORTANTE

Coleção particular

Eça de Queirós.

Eça de Queirós (1845-1900) é considerado o mais importante ficcionista do Realismo português e um dos maiores em língua portuguesa. Talentoso, exerceu influência não só sobre escritores portugueses ao longo da primeira metade do século XX, mas também sobre as literaturas brasileira e espanhola.

Eça estudou Direito em Coimbra, onde se ligou ao famoso grupo acadêmico da Escola de Coimbra. Manteve-se afastado da polêmica Questão Coimbrã, porém mais tarde contribuiu ativamente nas Conferências Democráticas do Cassino Lisbonense. Exerceu a advocacia em Lisboa e dirigiu, durante algum tempo, um jornal político na província. De regresso de uma viagem ao Oriente, entrou para o serviço diplomático. Nomeado cônsul, ausentou-se de Portugal por muitos anos, vivendo principalmente na França e na Inglaterra.

Distante da pátria, pôde julgá-la desapaixonadamente, com rigor; e, também, manter contato com as grandes correntes de ideias do seu tempo. Essa experiência contribuiu para o alargamento da experiência intelectual e para o amadurecimento literário do autor.

Seus primeiros escritos – artigos e relatos breves, publicados na *Gazeta de Portugal* – foram reunidos postumamente sob o título de *Prosas bárbaras*.

Com a colaboração de Ramalho Ortigão escreveu um romance policial, *O mistério de Sintra*. Mais tarde, juntos ainda, fizeram publicar mensalmente *As Farpas*, jornal de crítica à política, às letras e aos costumes.

Ensaiou na ficção com um conto intitulado *As singularidades duma rapariga loira*, em que trata o tema, a técnica e o estilo com originalidade, criando uma forma nova de narrar.

Em 1875, publicou sua primeira obra importante, *O crime do padre Amaro*. Nesse livro, que se filia à arte revolucionária de combate social e segue a mesma linha de *As Farpas*, Eça tece uma crítica violenta à vida social portuguesa, denunciando a corrupção do clero e a hipocrisia dos valores burgueses.

A essa obra seguiu-se *O primo Basílio*, romance fortemente influenciado por *Madame Bovary*, de Gustave Flaubert. O quadro de crítica social amplia-se: Eça focaliza a constituição moral de uma família da média burguesia da capital, estudando-a por meio de um caso de adultério feminino.

Nessa mesma linha publicou *Os Maias*, em que, tomando como pano de fundo um caso de incesto, critica a alta sociedade portuguesa da época, composta por figuras relacionadas à política, ao governo, às finanças e à literatura. Muitos críticos consideram *Os Maias* a mais perfeita obra de arte literária produzida em Portugal desde *Os lusíadas*, de Camões. À época de sua publicação, entretanto, causou escândalo por sua ousadia.

Caricatura de Eça de Queirós/Reprodução

Destacam-se ainda na produção de Eça de Queirós *A ilustre casa de Ramires*, *A capital*, *A relíquia*, *O conde d'Abranhos* e *A cidade e as serras*. Este último romance, em que o autor mostra o contraste entre a vida na cidade e a vida simples e rústica no campo, é considerado por alguns críticos uma espécie de abandono, ou mesmo renúncia, dos ideais realistas.

Para expressar adequadamente sua visão de mundo, Eça criou um estilo solto, livre e transparente, em uma linguagem expressiva, que, incorporando a língua corrente em Lisboa, também contribuiu para aumentar seu público.

O primo Basílio

O romance *O primo Basílio*, de Eça de Queirós, critica a família pequeno-burguesa de Lisboa. Luísa, educada sob influência de frouxos princípios morais e religiosos, romântica e imaginativa por natureza e que sempre tivera uma vida ociosa, casa-se com

Jorge, homem bom, inteligente e simpático. Na primeira ausência do marido, Luísa o trai, seduzida por Basílio, seu primo e antigo namorado, recém-chegado a Lisboa. Juliana, sua criada, apodera-se de algumas cartas e a chantageia. Basílio desaparece, deixando Luísa entregue às exigências de Juliana. Sebastião, um amigo da família, consegue reaver as cartas. Jorge regressa. Luísa adoece e morre. Jorge descobre-lhe a infidelidade.

O celibato entre duas concepções

Em seu romance histórico *Eurico, o presbítero*, o romântico Alexandre Herculano abriu a discussão em torno do celibato: pode a Igreja – uma instituição regida por leis criadas por homens – proibir seus religiosos de amar como quaisquer outros seres humanos? Não estariam eles fadados à mutilação espiritual? Apesar do questionamento, a saída para o padre Eurico, que ama Hermengarda, é a morte.

Em *O crime do padre Amaro*, Eça de Queirós retomou o tema e o analisou pela perspectiva biológica do Realismo-Naturalismo: podem as leis da Igreja impedir os impulsos sexuais de um religioso? Ao contrário do romântico Eurico, Amaro é um padre que, depois de engravidar uma jovem devota, Amélia, e levá-la à morte, mantém-se ligado à Igreja por conveniência, como se nada tivesse acontecido. Eis o Realismo!

LEITURA

O texto a seguir é um fragmento do capítulo III de *O primo Basílio* e nele é retratado o reencontro de Basílio e Luísa.

Havia doze dias que Jorge tinha partido e, apesar do calor e da poeira, Luísa vestia-se para ir a casa de Leopoldina. Se Jorge soubesse, não havia de gostar, não! Mas estava tão farta de estar só! Aborrecia-se tanto! De manhã, ainda tinha os arranjos, a costura, a *toilette*, algum romance... Mas de tarde!

À hora em que Jorge costumava voltar do Ministério, a solidão parecia alargar-se em torno dela. Fazia-lhe tanta falta o seu toque de campainha, os seus passos no corredor!...

Ao crepúsculo, ao ver cair o dia, entristecia-se sem razão, caía numa vaga sentimentalidade: sentava-se ao piano, e os fados tristes, as cavatinas apaixonadas gemiam instintivamente no teclado, sob os seus dedos preguiçosos, no movimento abandonado dos seus braços moles. O que pensava em tolices então! E à noite, só, na larga cama francesa, sem poder dormir com o calor, vinham-lhe de repente terrores, palpites de viuvez.

....

Luísa desceu o véu branco, calçou devagar as luvas de *peau de suède* claras, deu duas pancadinhas fofas ao espelho na gravata de renda, e abriu a porta da sala. Mas quase recuou, fez "Ah?!", toda escarlate. Tinha-o reconhecido logo. Era o primo Basílio.

Houve um *shake-hands* demorado, um pouco trêmulo. Estavam ambos calados: — ela com todo o sangue no rosto, um sorriso vago; ele fitando-a muito, com um olhar admirado. Mas as palavras, as perguntas vieram logo, muito precipitadamente: — Quando tinha ele chegado? Se sabia que ele estava em Lisboa? Como soubera a morada dela?

Chegara na véspera no paquete de Bordéus. Perguntara no Ministério: disseram-lhe que Jorge estava no Alentejo, deram-lhe a *adresse*...

— Como tu estás mudada, Santo Deus!

— Velha.

— Bonita!

— Ora!

E ele, que tinha feito? Demorava-se?

Foi abrir uma janela, dar uma luz larga, mais clara. Sentaram-se. Ele no sofá muito languidamente; ela ao pé, pousada de leve à beira duma poltrona, toda nervosa.

Tinha deixado o “degredo” — disse ele. — Viera respirar um pouco à velha Europa. Estivera em Constantinopla, na Terra Santa, em Roma. O último ano passara-o em Paris. Vinha de lá, daquela aldeola de Paris! — Falava devagar, recostado, com um ar íntimo, estendendo sobre o tapete, comodamente, os seus sapatos de verniz.

Luísa olhava-o. Achava-o mais varonil, mais trigueiro. No cabelo preto anelado havia agora alguns fios brancos: mas o bigode pequeno tinha o antigo ar moço, orgulhoso e intrépido; os olhos, quando ria, a mesma doçura amolecida, banhada num fluido. Reparou na ferradura de pérola da sua gravata de cetim preto, nas pequeninas estrelas brancas bordadas nas suas meias de seda. A Bahia não o vulgarizara. Voltava mais interessante!

— Mas tu, conta-me de ti — dizia ele com um sorriso, inclinado para ela. — És feliz, tens um pequerrucho...

— Não — exclamou Luísa, rindo. — Não tenho! Quem te disse?

— Tinham-me dito. E teu marido demora-se?

— Três, quatro semanas, creio.

Quatro semanas! Era uma viuvez! Ofereceu-se logo para a vir ver mais vezes, palrar um momento pela manhã...

....

Houve um silêncio.

— Mas tu ias sair! — disse Basílio de repente, querendo erguer-se.

— Não! — exclamou. — Não! Estava aborrecida, não tinha nada que fazer, ia tomar ar. Não saio, já.

Ele ainda disse:

— Não te prendas...

— Que tolice! Ia a casa duma amiga passar um momento.

Tirou logo o chapéu; naquele movimento os braços erguidos repuxaram o corpete justo, as formas do seio acusaram-se suavemente.

Basílio torcia a ponta do bigode devagar; e vendo-a descalçar as luvas:

— Era eu antigamente quem te calçava e descalçava as luvas... Lembras-te?... Ainda tenho esse privilégio exclusivo, creio eu...

Ela riu-se.

Eça de Queirós no cinema

O crime do padre Amaro, romance realista de Eça de Queirós, foi levado para as telas de cinema pelo cineasta mexicano Carlos Carrera, em 2002.

Adaptando a história para os tempos de hoje, o filme mistura o drama amoroso vivido pela personagem de Eça, o padre Amaro, a elementos do século XX, como o tráfico de drogas, a guerrilha, o trabalho dos religiosos da Teologia da Libertação.

No Brasil, o cineasta Helvécio Ratton, adaptando a novela *Alves & Cia* (1883), de Eça, dirigiu o filme *Amor & Cia* (1998), que narra bem ao estilo de *Madame Bovary*, de Flaubert, a história dos amores extraconjugais de Ludovina.

Sony Pictures/Alameda Films/Album/Album Cinema/Latinstock

— Decerto que não...

Basílio disse então, lentamente, fitando o chão:

— Ah! Outros tempos!

Ela via a sua cabeça bem feita, descaída naquela melancolia das felicidades passadas, com uma risca muito fina, e os cabelos brancos — que lhe dera a separação. Sentia também uma vaga saudade encher-lhe o peito; ergueu-se, foi abrir a outra janela, como para dissipar na luz viva e forte aquela perturbação. Perguntou-lhe então pelas viagens, por Paris, por Constantinopla.

Fora sempre o seu desejo viajar — dizia —, ir ao Oriente. Quereria andar em caravanas, balouçada no dorso dos camelos; e não teria medo, nem do deserto, nem das feras...

— Estás muito valente! — disse Basílio. — Tu eras uma maricas, tinhas medo de tudo... Até da adega, na casa do papá, em Almada!

Ela corou. Lembrava-se bem da adega, com a sua frialdade subterrânea que dava arrepios! A candeia de azeite pendurada na parede alumiava com uma luz avermelhada e fumosa as grossas traves cheias de teias de aranha, e a fileira tenebrosa das pipas bojudas. Havia ali às vezes, pelos cantos, beijos furtados...

....

— E estiveste então um ano em Paris?

— Um ano divino. Tinha um apartamento lindíssimo, que pertencera a Lord Flamouth, Rue Saint-Florentin, tinha três cavalos...

E recostando-se muito, com as mãos nos bolsos:

— Enfim, fazer este vale de lágrimas o mais confortável possível!... Dize cá, tens algum retrato nesse medalhão?

— O retrato de meu marido.

— Ah! deixa ver!

Luísa abriu o medalhão. Ele debruçou-se; tinha o rosto quase sobre o peito dela. Luísa sentia o aroma fino que vinha de seus cabelos.

— Muito bem, muito bem! — fez Basílio.

Ficaram calados.

— Que calor que está! — disse Luísa. — Abafa-se, hem!

Levantou-se, foi abrir um pouco uma vidraça. O sol deixara a varanda. Uma aragem suave encheu as pregas grossas das bambinelas.

— É o calor do Brasil — disse ele. — Sabes que estás mais crescida?

Luísa estava de pé. O olhar de Basílio corria-lhe as linhas do corpo; e com a voz muito íntima, os cotovelos sobre os joelhos, o rosto erguido para ela:

— Mas, francamente, dize cá, pensaste que eu te viria ver?

— Ora essa! Realmente, se não viesses zangava-me. És o meu único parente... O que tenho pena é que meu marido não esteja...

Eça na tevê e nos quadrinhos

A obra de Eça sempre despertou interesse entre os leitores portugueses e brasileiros e já foi adaptada várias vezes para a tevê e para a linguagem dos quadrinhos. No Brasil, a Rede Globo fez uma minissérie a partir de *O primo Basílio* e outra de *Os Maias*.

Nos quadrinhos, suas obras foram adaptadas pelo argentino J. Taggino, pelo português E. T. Coelho e pelo brasileiro Francisco Marcatti Jr.

Conrad Editora

: *A relíquia*, de Eça de Queirós, transposta para a linguagem dos quadrinhos por Marcatti Jr.

— Eu — acudiu Basílio —, foi justamente por ele não estar...

Luísa fez-se escarlate. Basílio emendou logo, um pouco corado também:

— Quero dizer... talvez ele saiba que houve entre nós...

Ela interrompeu:

— Tolices! Éramos duas crianças. Onde isso vai!

— Eu tinha vinte e sete anos — observou ele, curvando-se.

Ficaram calados, um pouco embaraçados. Basílio cofiava o bigode, olhando vagamente em redor.

Bocejou ligeiramente, fitou um momento os seus sapatos muito aguçados, e com um movimento brusco, ergueu-se, tomou o chapéu.

— Já? Onde estás?

— No Hotel Central. E até quando?

— Até quando quiseres. Não disseste que vinhas amanhã com o rosário?

Ele tomou-lhe a mão, curvou-se:

— Já se não pode dar um beijo na mão duma velha prima?

— Por que não?

Pousou-lhe um beijo na mão, muito longo, com uma pressão doce.

— Adeus! — disse.

E à porta, com o reposteiro meio erguido, voltando-se:

— Sabes que eu, ao subir as escadas, vinha a perguntar a mim mesmo, como se vai isto passar?

— Isto quê? Vermo-nos outra vez? Mas perfeitamente. Que imaginaste tu?

Ele hesitou, sorriu:

— Imaginei que não eras tão boa rapariga. Adeus. Amanhã, hem?

(Rio de Janeiro: Aguilar, 1970. p. 585-92.)

Diferentes visões do adultério

No século XIX, as leis viam com diferença o adultério praticado pelo homem e o praticado pela mulher:

> O adultério do marido não pode ser levado ao tribunal correcional, exceto caso o infiel mantenha uma concubina em domicílio conjugal [...] Apenas neste caso a esposa pode dar queixa, e seu marido arrisca-se então a ter de pagar pesadíssima multa. [...] Em contraste, seja qual for o lugar em que se realize, o adultério da mulher constitui sempre um delito. A esposa infiel incorre em até dois anos de prisão.

(Philippe Ariès e Georges Duby. *História da vida privada*. São Paulo: Cia. das Letras, 1991. p. 551-3.)

bambinela: cortina.
cavatina: instrumento musical.
escarlate: vermelho, enrubescido.
intrépido: audaz, corajoso.
palrar: conversar.
paquete: navio, barco.
trigueiro: maduro, moreno.
varonil: viril, forte.

1. Basílio, ao chegar de Paris, dirige-se à casa da prima, de quem fora namorado no passado.

a) Como Luísa se sentia, após a partida do marido? Como ocupava seu tempo?

b) Por que Luísa se encontrava vulnerável?

2. Basílio é um homem fino, sedutor e experiente. Seu objetivo é conquistar a prima, uma mulher de perfil romântico e inexperiente nos jogos amorosos. Identifique no texto:

a) as atitudes de Luísa que demonstram seu perfil romântico e o quanto ela ainda está envolvida com o primo;

b) o caráter frio e calculista de Basílio.

3. Em suas estratégias, Basílio insiste em falar do passado de ambos. Por quê?

4. Que referências feitas pelo narrador à personalidade de Luísa permitem ao leitor antever o adultério?

LITERATURA COMPARADA

DIÁLOGO ENTRE *O PRIMO BASÍLIO* E *MADAME BOVARY*

Da obra *Madame Bovary*, do romancista francês Gustave Flaubert, nasceu o *bovarismo*, tema amplamente explorado por escritores do próprio Realismo e também por escritores posteriores a ele. Você fará, a seguir, a leitura comparada de dois textos que abordam esse tema: o primeiro é um fragmento da própria obra de Flaubert, e o segundo, um fragmento do romance português *O primo Basílio*, de Eça de Queirós.

TEXTO I

Ema Bovary é uma mulher sonhadora, que vive em busca do amor ideal. Casa-se com Carlos Bovary, um médico inseguro e acomodado, e, depois de algum tempo, frustra-se com a rotina do casamento. No episódio a ser lido, ela está em vias de ter seu primeiro amante, Rodolfo, um jovem galante e conquistador.

Album/Latinstock

Cena do filme *Madame Bovary* (1991), de Claude Chabrol.

E apenas se viu livre de Carlos, subiu e trancou-se no quarto. Primeiro, sentiu-se numa espécie de atordoamento: revia as árvores, os caminhos, as valas, Rodolfo; sentia ainda a pressão de seus braços, enquanto a folhagem tremia e os juncos sibilavam.

Mas, vendo-se no espelho, ficou admirada com o próprio aspecto. Nunca tivera os olhos tão grandes, tão negros, nem assim tão profundos. Alguma coisa de sutil se espalhara por toda ela, transformando-a.

E dizia consigo mesma: — Tenho um amante! Um amante! — deleitando-se com essa ideia, como se fora uma nova puberdade que lhe sobreviesse.

Ia, afinal, possuir as alegrias do amor, a febre da felicidade, de que já desesperara. Entrava em algo de maravilhoso onde tudo era paixão, êxtase, delírio; uma imensidão azulada a envolvia, os píncaros do sentimento cintilavam sob a sua imaginação, e a vida cotidiana aparecia-lhe longínqua, distante, na sombra, entre os intervalos daquelas alturas.

Lembrou-se das heroínas dos livros que havia lido e a legião lírica dessas mulheres adúlteras punha-se a cantar em sua lembrança, com vozes de irmãs que a encantavam. Ela mesma se tornara como uma parte verdadeira de tais fantasias e concretizava o longo devaneio de sua mocidade, imaginando-se um daqueles tipos amorosos que ela tanto invejara antes. Além disso, Ema experimentava uma sensação de vingança. Pois não sofrera já bastante? Triunfava, todavia, agora, e o amor, por tanto tempo reprimido, explodia todo, com radiosa efervescência. Saboreava sem remorsos, sem inquietação, sem desassossego.

(Gustave Flaubert. *Madame Bovary*. Tradução de Araújo Nabuco. São Paulo: Abril Cultural, 1979. p. 122-3.)

devaneio: sonho, fantasia. **píncaro:** auge, ponto mais elevado.

TEXTO II

No primeiro dos dois episódios a serem lidos a seguir, Luísa acabara de receber um bilhete de Basílio, no qual o rapaz dizia estar perdidamente apaixonado por ela. No segundo, Luísa se prepara para o primeiro encontro amoroso com Basílio.

E Luísa tinha suspirado, tinha beijado o papel devotamente! Era a primeira vez que lhe escreviam aquelas sentimentalidades, e o seu orgulho dilatava-se ao calor amoroso que saía delas, como um corpo ressequido que se estira num banho tépido; sentia um acréscimo de estima por si mesma, e parecia-lhe que entrava enfim numa existência superiormente interessante, onde cada hora tinha o seu encanto diferente, cada passo conduzia a um êxtase, e a alma se cobria de um luxo radioso de sensações!

Ergueu-se de um salto, passou rapidamente um roupão, veio levantar os transparentes da janela... Que linda manhã! Era um daqueles dias do fim de agosto em que o estio faz uma pausa; há prematuramente, no calor e na luz, uma certa tranquilidade outonal; o sol cai largo, resplandecente, mas pousa de leve, o ar não tem o embaciado canicular, e o azul muito alto reluz com uma nitidez lavada; respira-se mais livremente; e já não se vê na gente que passa o abatimento mole da calma enfraquecedora. Veio-lhe uma alegria: sentia-se ligeira, tinha dormido a noite de um sono são, contínuo, e todas as agitações, as impaciências dos dias passados pareciam ter-se dissipado naquele repouso. Foi-se ver ao espelho; achou a pele mais clara, mais fresca, e um enternecimento úmido no olhar — seria então verdade o que dizia Leopoldina, que não havia como uma maldadezinha para fazer a gente bonita? Tinha um amante, ela!

[...]

Ia encontrar Basílio no *Paraíso* pela primeira vez. E estava muito nervosa [...]. Mas ao mesmo tempo uma curiosidade intensa, múltipla, impelia-a, com um estremecimentozinho de prazer. — Ia, enfim, ter ela própria aquela aventura que lera tantas vezes nos romances amorosos! Era uma forma nova do amor que ia experimentar, sensações excepcionais! Havia tudo — a casinha misteriosa, o segredo ilegítimo, todas as palpitações do perigo! Porque o aparato impressionava-a mais que o sentimento; e a casa em si interessava-a, atraía-a mais que Basílio!

(Eça de Queirós. *O primo Basílio e O mandarim*. São Paulo: Scipione, 1994. p. 113 e 123.)

O primo Basílio na canção de Marisa Monte

Deixa eu dizer que te amo
Deixa eu pensar em você
Isso me acalma me acolhe a alma
Isso me ajuda a viver

Lembra-se desses versos da canção "Amor, *I love you*", de Marisa Monte e Carlinhos Brown, que ficou conhecida nacionalmente? No meio da canção, a voz grave de Arnaldo Antunes declama um trecho de *O primo Basílio*, exatamente o primeiro parágrafo do texto reproduzido ao lado. Se possível, ouça a canção e compare o texto reproduzido ao declamado por Arnaldo Antunes.

canicular: muito quente.
Paraíso: é o nome dado por Basílio e Luísa à casa que alugaram para os encontros amorosos.
tépido: morno.

1. Releia este excerto do texto I:

> "Ia, afinal, possuir as alegrias do amor, a febre da felicidade, de que já desesperara. Entrava em algo de maravilhoso onde tudo era paixão, êxtase, delírio"

Nesse episódio, Ema Bovary contrapõe duas realidades diferentes.

a) Quais são essas realidades?

b) Que palavra desse trecho demonstra que a personagem já há algum tempo esperava pela felicidade no casamento, mas sem sucesso?

2. Compare as duas personagens femininas quanto aos sentimentos que lhes despertam os homens que serão seus amantes. Ambas parecem estar entusiasmadas com a nova experiência que se aproxima, a ponto de se sentirem mudadas fisicamente.

Que alterações físicas e psicológicas a paixão provoca nas duas mulheres?

3. Nos dois textos, há referência às leituras que as personagens tinham feito no passado.

a) Que tipo de obras elas tinham lido?

b) Que influência essas obras exerceram sobre as duas personagens?

4. Releia este fragmento do texto I:

> "Ema experimentava uma sensação de vingança. Pois não sofrera já bastante? Triunfava, todavia, agora, e o amor, por tanto tempo reprimido, explodia todo, com radiosa efervescência. Saboreava sem remorsos, sem inquietação, sem desassossego."

Ema, nesse trecho, justifica o adultério que está em vias de se concretizar.

a) Levante hipóteses: De quem supostamente ela se vinga?

b) Interprete: Por que ela supostamente estaria se "vingando" dessa pessoa?

5. No último trecho do texto II, lemos:

> "o aparato impressionava-a mais que o sentimento; e a casa em si interessava-a, atraía-a mais que Basílio!"

Por esse trecho, vemos que, além do amor a Basílio, outros motivos levavam Luísa ao adultério. Quais eram esses motivos?

6. Com suas críticas, o Realismo tinha uma missão reformadora, de aprimoramento da sociedade. Contudo, não combatia instituições, e sim pessoas ou grupos sociais. É o caso, por exemplo, de *O crime do padre Amaro*, de Eça de Queirós, cuja crítica recai sobre os maus religiosos, e não sobre a Igreja. Leia o boxe a seguir e, depois, conclua:

a) O que as obras de Flaubert e de Eça de Queirós criticam?

b) Pelo perfil e pelo destino das duas personagens femininas, é possível dizer que essas obras também fazem uma crítica ao Romantismo? Justifique sua resposta.

O adultério e a punição moral

Além do bovarismo, *Madame Bovary* e *O primo Basílio* apresentam outras semelhanças. No final das obras, por exemplo, as duas apersonagens femininas morrem (Ema, depois de se envenenar, e Luísa, depois de adoecer); os dois maridos descobrem a traição (Carlos, depois que Ema morre, e Jorge, quando Luísa está doente); Ema é vítima de um agiota, e Luísa, das chantagens de Juliana, a empregada que descobre o adultério da patroa.

Seria o destino trágico dessas mulheres uma forma de punição moral diante da sociedade?

Para quem quer mais

Se você deseja conhecer um pouco da poesia de outros expoentes do Realismo português, como Guerra Junqueiro e Cesário Verde, leia os textos a seguir e, posteriormente, sozinho, em dupla ou em grupo, procure resolver as questões propostas pelo **Roteiro de estudo**.

Guerra Junqueiro

Guerra Junqueiro (1850-1923) foi um dos mais combativos poetas do Realismo. Iniciando sua carreira com certa influência ultrarromântica, passou a uma fase de crítica social, lançando-se contra o clero em sua mais conhecida obra, *A velhice do Padre Eterno* (1885), da qual faz parte o fragmento ao lado.

Em 1892, com *Os simples*, deu início a uma nova fase, retratando pessoas comuns: os camponeses, os pobres, os sonhadores, puros e ingênuos. Nessa obra se sentem os reflexos da crise religiosa que o poeta vivia e da qual resultam sentimentos como fé, esperança e caridade.

Caminhavam por fim, ronceiros, devagar,
Os grandes carroções da Côngrua e Pé de
[Altar,
Puxados a duas mil parelhas de jumentos,
Zurrando esta epopeia heroica aos quatro
[ventos:

Senhor Pároco, toda a freguesia,
Uns quatro mil ônagros
Muito magros,
Vem trazer isto a Vossa Senhoria.
Desculpe, Senhor Pároco, a ousadia...

A oferta é bem mesquinha, é desgraçada,
Uns oitocentos moios simplesmente
De milho, de feijão, trigo e cevada.
E nós sabemos que um tão mau presente
Para o seu dente
Não chega a nada! não chega a nada!
Mas é boa a intenção;
Nós reservamos para si o pão,
E para nós a palha unicamente.
Dar ao senhor Prior
Miséria assim, é vergonhoso até...
Mas aceite este mimo sem valor...
Senhor Pároco, aceite-o, por quem é!...
E, agora, Senhor Pároco, a sua bênção,
Porque os ônagros pensam
Que ela salva das chamas infernais;
E em paga de tal dom, de tal carinho,
Rogaremos ao Céu pelo focinho
Lhe permita engordar cada vez mais.
Boa pinga e bom porco alentejano
E sempre nédio e alegre e satisfeito!...
Senhor Pároco, viva!... até pr'o ano...
Até pr'o ano... e muito bom proveito!...
O abade, vendo aquela espantosa ovação,
Cresceu como uma torre e inchou como um
[balão.
E ao mirar-se com garbo heroico e triunfal,
Surpreendeu-se de anel e cruz episcopal!
E, impando de vanglória e atônito de espanto,
Inchou mais meia légua e cresceu outro tanto!
Contemplou-se depois com majestade ufana,
E, oh Céus! viu-se vestido em púrpura romana!
Cardeal! cardeal! cardeal! que honra, que
[posição!
[...]

(*A velhice do Padre Eterno*. In: Massaud Moisés. *A literatura portuguesa através dos textos*. 17. ed. São Paulo: Cultrix, 1988. p. 287-8.)

Cesário Verde

Noite fechada

Toca-se às grades, nas cadeias. Som
Que mortifica e deixa umas loucuras mansas!
A aljube, em que hoje estão velhinhas e
[crianças,
Bem raramente encerra uma mulher de "dom"!

E eu desconfio, até, de um aneurisma
Tão mórbido me sinto, ao acender das luzes;
À vista das prisões, da velha Sé, das Cruzes,
Chora-me o coração que se enche e que
[se abisma.

A espaços, iluminam-se os andares,
E as tascas, os cafés, as tendas, os estancos
Alastram em lençol os seus reflexos brancos;
E a Lua lembra o circo e os jogos malabares.

Duas igrejas, num saudoso largo,
Lançam a nódoa negra e fúnebre do clero:
Nelas esfumo um ermo inquisidor severo,
Assim que pela História eu me aventuro e
[alargo.

Na parte que abateu no terremoto,
Muram-me as construções retas, iguais,
[crescidas;
Afrontam-me, no resto, as íngremes subidas,
E os sinos dum tanger monástico e devoto.

Mas, num recinto público e vulgar,
Com bancos de namoro e exíguas pimenteiras,
Brônzeo, monumental, de proporções
[guerreiras,
Um épico doutrora ascende, num pilar!

E eu sonho o Cólera, imagino a Febre,
Nesta acumulação de corpos enfezados;
Sombrios e espectrais recolhem os soldados;
Inflama-se um palácio em face de um casebre.

Partem patrulhas de cavalaria
Dos arcos dos quartéis que foram já conventos:
Idade Média! A pé, outras, a passos lentos,
Derramam-se por toda a capital, que esfria.

Triste cidade! Eu temo que me avives
Uma paixão defunta! Aos lampiões distantes,
Enlutam-me, alvejando, as tuas elegantes,
Curvadas a sorrir às montras dos ourives.

E mais: as costureiras, as floristas
Descem dos magasins, causam-me
[sobressaltos;
Custa-lhes a elevar os seus pescoços altos
E muitas delas são comparsas ou coristas.

E eu, de luneta de uma lente só,
Eu acho sempre assunto a quadros revoltados:
Entro na *brasserie*; às mesas de emigrados,
Ao riso e à crua luz joga-se o dominó.

(In: Carlos Felipe Moisés, org. *Cesário Verde – Poesia completa & Cartas escolhidas*. São Paulo: Cultrix/Edusp, 1982. p. 72-3.)

Cesário Verde (1855-1886) é considerado um dos poetas mais originais do Realismo português, pelo fato de ter sido, dos que integraram o movimento, o primeiro a extrair lirismo de assuntos até então considerados pouco poéticos, como o cotidiano da vida urbana, o comércio, os operários, os mendigos, as prostitutas, o gás que ilumina as ruas à noite, o desfile da burguesia privilegiada, etc. Essa perspectiva de um transeunte-observador aproxima-o das experiências que o poeta francês Charles Baudelaire vinha fazendo em seu país. Ambos são considerados precursores da poesia moderna. Veja, como exemplo, um trecho do poema "Paisagem", de Baudelaire:

Quero, para compor os meus castos monólogos,
Deitar-me ao pé do céu, assim como os astrólogos,
E, junto aos campanários, escutar sonhando
Solenes cânticos que o vento vai levando.
As mãos sob meu queixo, só, na água-furtada,
Verei a fábrica sem azáfama engolfada;
Torres e chaminés, os mastros da cidade,
E o vasto céu que faz sonhar a eternidade.

(Charles Baudelaire. *As flores do mal*. Trad. de Ivan Junqueira. Rio de Janeiro: Nova Fronteira, 1985. p. 317.)

• Roteiro de estudo •

Ao final da leitura, você deverá ser capaz de:

- Reconhecer os traços tipicamente realistas do poema de Guerra Junqueiro e estabelecer comparações entre o poema e a obra *O crime do padre Amaro*, de Eça de Queirós.
- Considerar até que ponto os temas e o ponto de vista adotados na poesia de Cesário Verde representam uma inovação na poesia do século XIX.

Para quem quer mais na Internet

Em nosso *site* (http://www.atualeditora.com.br/pl/paraquemquermais) você poderá ler e baixar outros textos de Antero de Quental, Guerra Junqueiro, Gomes Leal, Cesário Verde e Eça de Queirós.

PRODUÇÃO DE TEXTO

Thinkstock/Getty Images

CAPÍTULO 5

A reportagem

TRABALHANDO O GÊNERO

Leia esta reportagem:

A GERAÇÃO COISA NENHUMA

A atual velocidade da tecnologia embaralha ainda mais as tentativas de classificar as pessoas de acordo com a data de nascimento, como se todos tivessem os mesmos interesses. É muito rótulo para pouco alfabeto.

GABRIELA CARELI

A qual geração você pertence? X, Y ou Z? Quem acha que os relacionamentos têm de ser monogâmicos, mas não descarta experiências esporádicas – a amizade colorida, lembra-se? – e nasceu entre 1961 e 1981 é da geração X, cravam os estudiosos do comportamento. O grupo é formado por pessoas competitivas, pouco afeitas a ideologias, focadas em ganhar dinheiro e subir na vida. Y é a turma vinda ao mundo entre 1982 e 2000. São homens e mulheres esperançosos, adolescentes e adultos, preocupados com a preservação ambiental, mas desorganizados, afeitos a saltar de um emprego a outro ("uns herdeiros folgados", blasfemam especialistas em recursos humanos). Para estar entre os Z basta ser pré-adolescente (nascido a partir de 2001) e ser multitarefa – estudar, ouvir músicas no iPod, conversar mais por meio de torpedos que pessoalmente e não saber o que é viver longe de uma tela touchscreen.

Bem, mas se nenhum dos escaninhos é conveniente, e também não se adapta às pessoas de seu círculo, procure um pouco mais. Há à disposição as gerações C, F, M, N, S e W – e até uma A, de Alfa, para enquadrar quem nasceu outro dia, em 2010. É um alfabeto completo na tentativa de dividir a sociedade em tribos. [...]

Tudo muito divertido, mas essas categorias e suas características típicas definem mesmo as gerações? Dificilmente. [...] Catalogar gente não é tão simples quanto rotular sabão – sabão pode ser em pó, em barra, líquido. "Carros" também são facilmente definidos: vans, esportivos, cupês. Pessoas, não. São seres complexos. Há quem seja conservador no que diz respeito à religião, mas revolucionário no campo político. Muitos são fanáticos por hip-hop, mas também podem ir às lágrimas com as sonatas de Bach. "Eu sou contraditório, sou imenso. Há multidões dentro de mim", escreveu Walt Whitman, o poeta americano que – olhem aí mais uma – a geração Beat adotou como ídolo por pregar "resista muito e obedeça pouco".

[...] O senso comum diz que geração é o que separa pais e filhos, adolescentes de cinquentões, pessoas de idades diferentes que pensam de formas diferentes. Do ponto de vista da sociologia, uma geração é a sincronia entre os eventos históricos e o curso de vida de pessoas que, afetadas pelos acontecimentos mais marcantes de seu tempo, passam a compartilhar os mesmos valores, sonhos e ideais.

Cada geração é separada da outra por duas décadas, no máximo três. Esse conceito de geração fez mais sentido quando o mundo girava em ritmo mais lento. [...] Hoje, com a revolução tecnológica acelerada, sucessos instantâneos como o Instagram surgem em questão de meses e influenciam multidões de pessoas de maneira distinta. Como colocar no mesmo nicho um garoto de 12 anos que acha natural jogar game on-line com um parceiro na Austrália e um adulto de 30? Tecnicamente os dois são da geração Y.

[...] Há duas outras fragilidades latentes na definição de uma geração. A primeira delas é tratar pessoas como se fossem alimentos que vêm com data certa para o consumo e o descarte.

[...] A segunda fraqueza na construção de uma pasta para cada geração é desconsiderar as transformações decorrentes do curso de uma vida. Pessoas aos 30 e 40 anos são mais leais e estáveis do que na juventude porque acumulam mais responsabilidades, têm filhos e outros compromissos, como a compra da casa própria. Isso independe da geração à qual pertencem.

[...] A necessidade de rotular e enquadrar as pessoas em um determinado nicho acompanha o homem desde tempos imemoriais. Os especialistas garantem que somos uma espécie que tem a necessidade de encontrar padrões, regras e organização mesmo nas coisas que não podem ser padronizadas e classificadas. Quantas espécies olham para o céu e veem apenas estrelas? Todas. Só a nossa enxerga constelações. De acordo com o biólogo americano Edward O. Wilson, da Universidade Harvard, todos os homens, sem exceção, precisam pertencer a um grupo, a uma tribo, estabelecer metodologias e conexões. Foi isso que garantiu nossa sobrevivência, ele argumenta. Na pré-história, foi essencial conhecer o padrão migratório de animais que serviam de alimento. De mesma e vital importância foi classificar as plantas entre venenosas e comestíveis e distinguir na tribo vizinha os sinais amistosos dos belicosos.

Ainda que contestável – e verificada sua inconsistência –, a mania de classificar as pessoas por geração tem méritos e propósitos, daí sua sobrevivência. Para a indústria, o estudo das gerações é fundamental, diz Rony Rodrigues, diretor da agência de tendências em consumo BOX1824: "Foi a partir de pesquisas com os jovens da chamada geração Y que ajudamos a Fiat a elaborar o Novo Uno. Descobrimos que as pessoas nessa faixa etária queriam carros que pudessem ser customizados". [...]

"Hoje, saltitam na internet letras vazias, sem significado, criadas por algum blogueiro e replicadas de forma viral, que não dizem nada sobre ninguém", diz o filósofo Luiz Felipe Pondé. "No fim, todo mundo quer é comer, reproduzir-se e entender o sentido da vida – não muito mais do que isso." É uma filosofia que cabe bem a todas as gerações. De A a Z.

COM REPORTAGEM DE NATHÁLIA BUTTI

O JEITO DE CADA GERAÇÃO (E POR QUE AS DEFINIÇÕES SÃO FRÁGEIS)

Os acontecimentos que moldaram o mundo e influenciaram os estudiosos de demografia na classificação de grupos de contemporâneos — em definições muitas vezes batizadas décadas depois

	ORIGEM DO TERMO	EVENTOS DEFINIDORES	CARACTERÍSTICAS	FILME
GERAÇÃO GREATEST **Nascidos entre 1901 e 1924** Idade hoje: 88 anos ou mais	Título de um livro do jornalista americano Tom Brokaw, de 1998	**I Guerra Mundial**  Interim Archives/ Getty Images	Aversão a riscos. Disciplina	*Cidadão Kane*, de Orson Welles (1943)
GERAÇÃO SILENCIOSA **Nascidos entre 1925 e 1942** Idade hoje: de 70 a 87 anos	Criado em 1951 pela revista *Time*  Hulton Archive/ Getty Images	Grande Depressão. **II Guerra Mundial**. Início da Guerra Fria	Seguidores de regras. Desinteressados dos grandes temas de seu tempo	*West Side Story*, de Robert Wise (1961)
BABY BOOMERS **Nascidos entre 1943 e 1960** Idade hoje: de 52 a 69 anos	Usado pela primeira vez em 1980 no livro *Grandes Expectativas: A América e Geração Baby Boomers*, de Landon Jones	Auge da Guerra Fria. A **conquista da Lua**  Nasa	Contestadores. Liberais. Espiritualizados	*Blow up – Depois Daquele Beijo*, de Antonioni (1966)
GERAÇÃO X **Nascidos entre 1961 e 1981** Idade hoje: de 31 a 51 anos	Cunhado pelo fotógrafo húngaro Robert Capa, em 1953, foi criado quarenta anos depois pelo escritor Douglas Coupland	A queda do Muro de Berlim. A propagação da aids	Pouco idealistas. Competitivos. Individualistas	*Curtindo a Vida Adoidado*, de John Hughes (1986)
GERAÇÃO Y **Nascidos entre 1982 e 2000** Idade hoje: de 12 a 30 anos	Criado pela revista de publicidade *Advertising Age*, em 1993	**Atentados terroristas de 11 de setembro** e a Primavera Árabe  Henry Ray Abrams/ AFP/Getty Images	Esperançosos. Engajados. Indecisos	***Matrix***, dos irmãos Wachowski (1999)  *Matrix*. Direção: Andy Wachowski
GERAÇÃO Z **Nascidos a partir de 2001** Idade hoje: 11 anos ou menos	A autoria é desconhecida. Surgiu para dar sequência às letras que nomeiam as duas gerações anteriores	Crise econômica mundial depois da explosão da bolha imobiliária nos Estados Unidos	Ansiosos. Ágeis. Multitarefas  *Toy Story*. Direção: John Lasse	Animações da Pixar como ***Toy Story*** e ***Carros***  *Carros*. Direção: John Lasseter

TRILHA SONORA	DIVERSÃO	CRENÇA	A FRAGILIDADE DA DEFINIÇÃO
Glenn Miller	**Rádio**  Thinkstock/Getty Images	Deus	Os chamados anos loucos da Paris da década de 20, com suas noitadas de jazz, surrealismo e moda de vanguarda, contrapunham-se ao moralismo da época. O rosto dessa turma do contra foi a intelectual **Gertrude Stein**, que nunca escondeu seu homossexualismo  Alvin Langdon Coburn/George Eastman House/Getty Images
Elvis Presley  GAB Archive/Redferns/Getty Images	**Televisão**  Harold M. Lambert/Getty Images	Deus	A filosofia existencialista e a literatura beatnik levaram parte da juventude da época a questionar os rígidos valores morais sob os quais foi criada
Bob Dylan e Beatles	**Festivais de música**  Bettmann/Corbis/Corbis (DC)/Latinstock	Timothy Leary, o guru do LSD	Se tudo fosse realmente tão contestador, não teria nascido naquele tempo uma seita como a Meninos de Deus, em 1968, na Califórnia, para espalhar a mensagem do Evangelho pelo mundo. Em apenas cinco anos, ela já estava presente em 130 comunidades em quinze países
Michael Jackson  Phil Dent/Redferns/Getty Images	Atari  SSPL/Getty Images	**Dinheiro**  Thinkstock/Getty Images	Jovens engajados propunham a anarquia por meio do movimento punk enquanto expoentes do conservadorismo, como a primeira-ministra britânica **Margaret Thatcher** e o presidente americano Ronald Reagan, ditaram as regras da política. Quem, enfim, deteria aquele período?  Keystone/Getty Images
Lady Gaga	**Internet**  Jin Lee/Bloomberg/Getty Images	Facebook e Twitter	No avesso da mania por tecnologia, de leitura breve, a febre da série de livros **Harry Potter** atingiu sua temperatura máxima no período — foram vendidos 325 milhões de exemplares em mais de 200 países  *Harry Potter e a Câmara Secreta*
Justin Bieber	**Games**  David Paul Morris Bloomberg/Getty Images	Facebook, Twitter, Instagram (até a próxima invenção)	Ainda é cedo para conhecer as contradições e os desejos de jovens mal entrados na adolescência

(*Veja*, 2/5/2012.)

A origem da expressão

O uso da expressão "geração" para definir um grupo de contemporâneos de idade semelhante e comunhão de ideias nasceu com a Revolução Francesa. Quem primeiro usou a acepção foi Thomas Jefferson (1743-1826). Na Paris que punha abaixo a Bastilha, o futuro presidente americano servia como representante diplomático na capital francesa. Filósofo admirável, Jefferson percebeu a grandiosidade do momento em que Danton, Marat e Robespierre criaram o conceito de povo, alçando à condição de protagonista da história gente que antes era só a escumalha, a ralé, a choldra... Se aqueles revolucionários não formavam uma geração, quem formaria? [...]

1. Como a notícia, a reportagem também é um gênero jornalístico. Em que suportes você observa a ocorrência de reportagens?

2. Nos itens que seguem estão relacionados alguns dos objetivos que as reportagens costumam ter em vista. Identifique na reportagem lida trechos e situações correspondentes a cada um.

a) Tratar de um fato com maior profundidade, ampliando, por meio de dados estatísticos, mapas gráficos, fotografias, etc., o enfoque dado a ele.

b) Dar a conhecer o ponto de vista que os autores da reportagem têm sobre o fato.

c) Apresentar a voz ou o ponto de vista de autoridades a respeito do assunto.

3. Como vimos anteriormente, entre os gêneros jornalísticos há aqueles que priorizam a informação e os que priorizam o comentário. Quanto à reportagem, ela é considerada um gênero que se ocupa tanto da informação quanto do comentário. Localize na reportagem lida trechos representativos desses dois aspectos.

4. A reportagem lida divulga informações sobre o comportamento de diferentes gerações.

a) Segundo a reportagem, quais seriam as características que definem as gerações X, Y e Z, de acordo com os especialistas?

b) Quais são as outras gerações citadas na reportagem?

c) Por que, para os autores da reportagem, as categorias mencionadas "dificilmente" correspondem ao que são, de fato, as gerações?

Notícia ou reportagem?

No texto a seguir, o estudioso Juarez Bahia comenta as diferenças entre notícia e reportagem. Veja quais são elas.

Enquanto a notícia nos diz no mesmo dia ou no seguinte se o acontecimento entrou para a história, a reportagem nos mostra como é que isso se deu. Tomada como método de registro, a notícia se esgota no anúncio; a reportagem, porém, só se esgota no desdobramento, na pormenorização, no amplo relato dos fatos.

O salto da notícia para a reportagem se dá no momento em que é preciso ir além da notificação — em que a notícia deixa de ser sinônimo de nota — e se situa no detalhamento, no questionamento de causa e efeito, na interpretação e no impacto, adquirindo uma nova dimensão narrativa e ética.

Porque com essa ampliação de âmbito a reportagem atribui à notícia um conteúdo que privilegia a versão. Se a nota é geralmente a história de uma só versão [...], a reportagem é por dever e método a soma das diferentes versões de um mesmo acontecimento.

[...] É fundamental ouvir todas as versões de um fato para que a verdade apurada não seja apenas a verdade que se pensa que é e sim a verdade que se demonstra e tanto que possível se comprova.

(*Jornal, história e técnica – As técnicas do jornalismo*. 4. ed. São Paulo: Ática, 1990. v. 2. p 49-50.)

5. A reportagem lida apresenta diferentes conceituações do termo geração. Quais são elas?

6. É comum os jornais e revistas utilizarem uma linguagem impessoal, buscando aparentar uma suposta neutralidade. Apesar disso, há situações em que os jornalistas explicitam suas opiniões sobre o assunto de que tratam, como no caso da reportagem lida.

Thinkstock/Getty Images

a) Para sustentar seu ponto de vista, a jornalista aponta três fragilidades na definição de uma geração. Quais são elas?

b) Apesar de criticar os estudos que rotulam e enquadram as pessoas em nichos, a jornalista reproduz a voz de especialistas que justificam tais categorizações. Identifique na reportagem duas dessas vozes.

7. A reportagem termina com esta frase: "De A a Z".

a) A expressão que constitui a frase tem usualmente qual significado?

b) Com quais elementos e trechos do texto a frase dialoga?

c) Por que o emprego dessa frase, nessa situação, confere unidade ao texto?

8. Uma reportagem é composta de vários textos. Na reportagem em estudo, que funções têm a tabela "O jeito de cada geração" e o boxe "A origem da expressão"?

9. Na tabela "O jeito de cada geração", há uma combinação entre texto verbal e imagens dispostas em meio às divisões da tabela.

a) Qual é o recurso usado pela revista para dar ao leitor a referência das imagens?

b) A última coluna tem maior destaque, é mais larga que as outras, tem um título colorido e contém textos mais desenvolvidos e mais explicativos. Que característica especial os textos dessa coluna apresentam?

c) Qual é o efeito de sentido pretendido pela revista com essa coluna?

10. Observe a linguagem empregada na reportagem em estudo.

a) Que características ela apresenta?

- clara, objetiva, direta, impessoal e visando à neutralidade jornalística
- pessoal e extremamente coloquial, com uso de gírias e expressões típicas de um determinado grupo social
- clara, objetiva, direta, pessoal, com abertura para a presença de diferentes vozes e acessível à maioria dos leitores
- poética, com uso de alegorias e emprego de palavras pouco usuais na língua

b) Que variedade linguística ela adota?

c) Nas formas verbais, que tempo predomina? Em que pessoa?

d) Levante hipóteses: Por que, diferentemente da notícia, esse tempo verbal predomina na reportagem?

11. Reúna-se com seus colegas de grupo e, juntos, concluam: Quais são as principais características da reportagem? Respondam, levando em conta os seguintes critérios: finalidade do gênero, perfil dos interlocutores, suporte ou veículo, tema, estrutura, linguagem.

PRODUZINDO A REPORTAGEM

Escolha, junto com seus colegas de grupo, um dos seguintes assuntos, ou outro, para produzirem uma reportagem.

- Um grande evento nacional ou internacional, como eleições, Copa do Mundo, Olimpíadas, etc.
- As bandas musicais e os estilos de música apreciados pela população jovem

- As formas de lazer dos jovens da sua cidade
- O primeiro emprego
- As profissões do momento
- O vestibular na vida dos alunos do ensino médio
- Violência urbana

A reportagem do grupo fará parte do jornal mural que a classe montará no projeto do capítulo **Intervalo** desta unidade.

Carlos R. Alvarez/WireImage/Getty Images

Coldplay, banda britânica.

Planejamento do texto

- Façam uma reunião para decidir a divisão de tarefas entre os integrantes do grupo. Essas tarefas consistirão em: entrevistar pessoas que possam falar ou opinar a respeito do assunto; procurar e reunir informações, textos, curiosidades, dados estatísticos, fotos, etc.
- Organizem o material obtido e selecionem o que avaliarem como mais importante.
- Considerando o espaço que o jornal deverá ocupar, façam um esboço da reportagem, decidindo se haverá subtítulos ou divisões, boxes, tabelas, gráficos, etc.
- Decidam se o texto será mais objetivo ou se vocês querem expressar pontos de vista do grupo, mas lembrem-se de apresentar o assunto sob diferentes perspectivas.
- Ao escrever, procurem empregar uma linguagem adequada ao gênero, ao suporte, ao perfil dos interlocutores e à situação. Como um jornal mural exige uma leitura mais rápida, é importante que o texto seja organizado em partes curtas, com subtítulos. A linguagem não deve ser extremamente formal ou técnica, a fim de que a leitura ocorra com facilidade e o texto possa ser compreendido nessa situação.

Thinkstock/Getty Images

Revisão e reescrita

Antes de finalizar a reportagem e passá-la para o suporte final, revejam o material que o grupo produziu e reuniu, observando:

- se o texto está redigido e estruturado de acordo com a situação de comunicação;
- se a linguagem está adequada ao perfil dos leitores e ao gênero;
- se o texto apresenta diferentes pontos de vista sobre o assunto;
- se a escolha quanto a maior ou menor objetividade na linguagem foi mantida ao longo do texto;
- se as imagens estão identificadas e acompanhadas por legendas;
- se as imagens, gráficos, tabelas e boxes contribuem para enriquecer o conteúdo da reportagem, complementando as ideias nela apresentadas, e trazem informações corretas, de acordo com as que são apresentadas no texto.

Refaçam o que for necessário e organizem o material, deixando-o pronto para ser disposto no jornal mural.

LÍNGUA: USO E REFLEXÃO

Paradeiro desconhecido

: Primeiro painel do tríptico *As mil e uma noites* (1900-1912) de Vittorio Zecchin.

CAPÍTULO 6

Termos ligados ao verbo: objeto direto, objeto indireto, adjunto adverbial

OBJETO DIRETO E OBJETO INDIRETO

CONSTRUINDO O CONCEITO

Leia este anúncio:

Agência Africa

1. Observe as frases abaixo:

> "Dê uma banana para a cidade."
> Dê uma banana para o mico-leão.

a) Quais são os termos que se ligam ao verbo *dar* nas duas frases, complementando-o?

b) Com que sentidos o verbo *dar* foi empregado?

2. Tendo em vista o duplo sentido da expressão *dar uma banana* levante hipóteses:

a) Ao explorar esses dois sentidos da expressão, quais características do carro o anúncio ressalta?

b) E do seu público-alvo?

CONCEITUANDO

Você observou que o verbo *dar* é transitivo, pois é empregado com complementos. Nas orações "Dê uma banana para a cidade" e "Dê uma banana para o mico-leão", *uma banana* liga-se ao verbo diretamente, sem preposição, e *para a cidade* e *para o mico-leão* ligam-se ao verbo por meio de uma preposição (*para*). Nesse caso, dizemos que o verbo é **transitivo direto e indireto** e seus complementos se chamam, respectivamente, **objeto direto** e **objeto indireto**.

> **Objeto direto** é o termo que se liga diretamente, isto é, sem preposição, a um verbo transitivo.
> **Objeto indireto** é o termo que se liga indiretamente, isto é, por meio de uma preposição, a um verbo transitivo.

Há ainda dois outros tipos de verbos transitivos. O verbo **transitivo direto**, que é complementado por um **objeto direto**, e o verbo **transitivo indireto**, que é complementado por um **objeto indireto**. Veja estes exemplos:

O motorista aventureiro *gosta* (VTI) desse carro (OI).

O motorista aventureiro *compra* (VTD) esse carro (OD).

EXERCÍCIOS

1. Leia este texto:

Museu do Prado, Madri

Por que todo mundo usava peruca na Europa dos séculos XVII e XVIII?

Não era todo mundo, apenas os aristocratas. A moda começou com Luís XIV (1638-1715), rei da França. Durante seu governo, o monarca adotou a peruca pelo mesmo motivo que muita gente usa o acessório ainda hoje: para esconder a calvície.

O resto da nobreza gostou da ideia e o costume pegou.

[...]

Mas, por mais elegante que parecesse ao pessoal da época, a moda das perucas também era nojenta: "proliferava todo tipo de bicho, de baratas, de camundongos, nesses cabelos postiços", afirma o estilista João Braga, professor de História da Moda das Faculdades Senac, em São Paulo.

Em 1789, com a Revolução Francesa, veio a guilhotina, que extirpou a maioria das cabeças com perucas. Símbolo de uma nobreza que se desejava exterminar, elas logo caíram em desuso. [...]

(*Mundo Estranho*, nº 3.)

a) Identifique, no 1º parágrafo do texto três objetos diretos.

b) Na oração "O resto da nobreza gostou da ideia", o termo *da ideia* é objeto direto ou indireto?

2. Reescreva os seguintes enunciados, substituindo os verbos destacados pelos verbos entre parênteses. Depois classifique os objetos dos novos enunciados. Veja o exemplo:

> Os filhos *amam* os pais. (obedecer)
> Os filhos obedecem aos pais.
> aos pais: OI

a) Os meninos *quebraram* os brinquedos. (entreter-se)

b) A canção *comoveu* o público. (agradar)

c) Ela não *admite* desculpas tolas. (acreditar)

d) Ela *adora* doces e refrigerantes. (gostar)

OBJETO DIRETO PREPOSICIONADO

Leia esta frase:

> O pai o filho ama.

Qual é o sujeito dessa frase: *o pai* ou *o filho*? Para desfazer a ambiguidade, é possível empregar o **objeto direto preposicionado**, adequando a frase à intenção do falante. Assim, se o sujeito for *o pai*, teremos: "*Ao filho* o pai ama"; se o sujeito for *o filho*, teremos: "*Ao pai* o filho ama". Nessas frases, *ao filho* e *ao pai* são objetos diretos preposicionados.

O objeto direto preposicionado ocorre quando um verbo *transitivo direto* apresenta um *objeto direto precedido* de preposição. O emprego da preposição, nesse caso, não é exigido pelo verbo, uma vez que este é transitivo direto, mas se justifica por motivo de clareza, precisão ou estilo.

O objeto direto preposicionado aparece:

- com os verbos que exprimem sentimentos:

> Ele só ama *a* você, Ana!

- para evitar ambiguidade:

> A *Abel* matou Caim.

- para enfatizar o complemento verbal:

> Cumpri *com* o prometido.

- para realçar a ideia de parte, porção:

> Tomava *do vinho* com prazer.

Quando for representado pelos pronomes oblíquos tônicos (mim, ti, si, ele, nós, vós), o objeto direto terá de ser obrigatoriamente preposicionado:

> Eles enganaram a mim.
> (a mim: OD preposicionado)

OBJETO DIRETO E OBJETO INDIRETO PLEONÁSTICOS

Às vezes, para enfatizar o termo que funciona como objeto, costuma-se enunciá-lo por meio de um pronome oblíquo com sentido e função equivalentes. A esse objeto de reforço dá-se o nome de **objeto pleonástico**. Observe estes exemplos:

> Essas meninas, já *as* vi em algum lugar.
> (Essas meninas: OD; as: OD pleonástico)
>
> Às minhas poesias, não *lhes* dava nenhuma atenção.
> (Às minhas poesias: OI; lhes: OI pleonástico)

OS PRONOMES OBLÍQUOS COMO OBJETO

Os pronomes oblíquos geralmente exercem na frase a função de objeto direto ou indireto.

Os pronomes oblíquos átonos de 3ª pessoa quase sempre têm função definida (*o, a, os, as* – objeto direto; *lhe, lhes* – objeto indireto), enquanto os demais (*me, te, se, nos, vos*) funcionam como objeto direto ou indireto, dependendo da predicação do verbo que completam. Veja os exemplos:

Comprei-*as* ontem.
(Comprei = VTD; *as* = OD)

Emprestei-*lhe* minhas revistas.
(Emprestei = VTDI; *lhe* = OI)

Ele *nos* trouxe de carro.
(*nos* = OD; trouxe = VTD)

Ele *nos* enviou umas revistas americanas.
(*nos* = OI; enviou = VTDI; umas revistas americanas = OD)

Os pronomes oblíquos tônicos, por serem sempre precedidos de preposição, têm sua função sintática determinada pela predicação do verbo ao qual servem de complemento, podendo ser objeto direto ou indireto. Veja:

Entregou o telegrama *a mim*.
(Entregou = VTDI; *a mim* = OI)

Escolheram a ele e não *a mim*.
(Escolheram = VTD; a ele = OD preposicionado; *a mim* = OD preposicionado)

Prazer em conhecê-lo

Você certamente já reparou que, em determinadas situações, dizemos "Vou trazer ele para cá", enquanto em outras dizemos "Muito prazer em conhecê-lo".

Essa variação quanto ao emprego dos pronomes reto e oblíquo na função de objeto decorre do grau de formalismo exigido pelo contexto. Sabemos que, de acordo com a norma-padrão formal da língua, somente os pronomes oblíquos podem exercer a função de objeto, ao passo que os pronomes retos exercem a função de sujeito. Apesar disso, em situações informais de comunicação, como, por exemplo, no ambiente familiar, soa melhor ouvirmos "Vou trazer ele para cá" do que "Trá-lo-ei para cá".

Lembre-se

Os pronomes oblíquos *o, a, os, as* assumem as formas *lo, la, los, las* após formas verbais terminadas em *r, s,* ou *z*; e assumem as formas *no, na, nos, nas* após fonemas nasais (*am, em, õe*, etc.). Observe:

Vou vender minha bicicleta. → Vou vendê-*la*.
Põe os pacotes sobre a mesa. → Põe-*nos* sobre a mesa.

Quando numa oração ocorrem dois pronomes átonos, um objeto direto e outro indireto, eles podem combinar-se. Essa combinação resulta em formas eruditas, encontradas em textos clássicos da literatura, em textos jurídicos e bíblicos. Veja um exemplo de Machado de Assis:

[...] Andrade abriu a carteira com grande afetação, tirou uma nota de vinte mil réis e deu-lha; e, com a mesma afetação, ordenou-lhe que se retirasse. O Leandro saiu.

Nessa frase, na forma *lha*, ocorre simultaneamente um objeto direto, *a*, e um objeto indireto, *lhe*, de modo que deu-*lha* corresponde a *deu-a* (a nota de vinte mil réis) *a Leandro*.

Morfossintaxe dos objetos

Os objetos podem ser representados por substantivo, pronome substantivo, numeral, palavra ou expressão substantivada. Observe:

Não sabíamos *de nada*. (pronome — OI)

Como resposta, recebeu *um não*. (palavra substantivada — OD)

EXERCÍCIOS

1. Compare as duas frases seguintes, nas quais os pronomes nos/nós e os/eles foram empregados como objeto direto e como objeto direto preposicionado:

> Nem ele nos entende, nem nós os entendemos.
>
> "Nem ele entende a nós, nem nós a eles." (Camões)

Há diferença de sentido entre elas?

2. Reescreva as frases a seguir, substituindo por pronomes oblíquos os objetos destacados. Veja o exemplo:

> Eu fiz *os exercícios* mais de uma vez.
> Eu *os* fiz mais de uma vez.

a) Ver *o filme* hoje é impossível.

b) Colocaram *os livros* nas estantes?

c) Restituí o livro *à bibliotecária* dentro do prazo.

d) Os visitantes olhavam admirados *os quadros impressionistas*.

e) Na próxima semana, envio *as avaliações* pela minha irmã.

3. O trecho a seguir foi extraído do texto "Exageros de mãe", de Millôr Fernandes. Leia-o.

Ricardo Dantas

> [...] Oh, meu Deus do céu, esse menino me deixa completamente maluca. Estou aqui há mais de um século esperando e o senhor não vem tomar banho. [...] Se **te** pegar outra vez mexendo no açucareiro, te corto a mão. Oh, meu Deus, eu sou a mulher mais infeliz do mundo. Não chora desse jeito que você vai acordar o prédio inteiro. [...] Mas, furou de novo o sapato: você acha que seu pai é dono de sapataria, pra **lhe** dar um sapato novo todo dia? [...] Eu juro que um dia eu largo isso tudo e nunca ninguém mais **me** vê. Não se passa um dia que eu não tenha que dizer a mesma coisa. Não quero mais ver você brincando com esses moleques, esta é a última vez que estou **lhe** avisando.
>
> (*10 em humor*. Rio de Janeiro: Expressão e Cultura, 1968. p. 15.)

a) Levante hipóteses: Quem fala no texto? Com quem?

b) A quem se referem os pronomes de 1ª, 2ª e 3ª pessoas destacados no texto?

c) Identifique no texto expressões que têm relação semântica com "exageros de mãe".

d) Identifique as funções sintáticas dos pronomes destacados no texto e os verbos que eles completam.

ADJUNTO ADVERBIAL

No anúncio reproduzido no início do capítulo, no enunciado verbal "Dê uma banana para a cidade. E depois, para o mico-leão", o termo *depois* expressa uma circunstância de tempo em relação à ação indicada pelo verbo *dar*. Esse termo é, sintaticamente, chamado de **adjunto adverbial**.

Adjunto adverbial é o termo que indica as circunstâncias em que se dá a ação verbal.

Além de lugar, os adjuntos adverbiais expressam diferentes valores semânticos. Veja alguns deles:

- **causa**: A moça chorava *de alegria*.
- **companhia**: Na viagem, levou *consigo* o livro.
- **dúvida**: *Talvez* eu faça esse curso.
- **fim**: Preparou-se *para a apresentação teatral*.
- **instrumento**: Cortou-se *com um caco de vidro*.
- **tempo**: Há *nesta noite* a estreia de um filme.
- **intensidade**: Nas reuniões, fala *pouco*.
- **lugar**: Moro *num país tropical*.
- **modo**: Saiu *sem destino, às pressas*.
- **afirmação**: *Sim*, eles virão.
- **negação**: *Não* vá, pode ser perigoso.

Os adjuntos adverbiais de intensidade, além de acompanhar o verbo, podem acompanhar substantivos, adjetivos e advérbios. Veja:

Ele é *muito* homem (substantivo). Ela mora *tão* longe (advérbio)! Estou *muito* cansado (adjetivo).

Morfossintaxe do adjunto adverbial

O adjunto adverbial pode ser representado por advérbio, locução adverbial e oração subordinada adverbial. Observe:

O alpinista subiu cautelosamente (advérbio; adj. adv. de modo) a montanha.

EXERCÍCIOS

Leia a tira a seguir, de Caco Galhardo, e responda às questões de 1 a 4.

(*Folha de S. Paulo*, 8/11/2011.)

1. Observe o emprego da expressão *um dia*, no 1º quadrinho, e da expressão *esse dia*, no 2º e no 3º quadrinhos. As duas expressões desempenham a mesma função sintática? Justifique sua resposta.

2. Há, na tira, uma palavra que se contrapõe semanticamente à expressão *um dia*.
   a) Qual é essa palavra?
   b) Qual é a sua função sintática?

3. Levante hipóteses: Por que o adjunto adverbial de tempo ganha destaque nessa tira?

4. Relacione a parte verbal com a parte não verbal da tira. As duas partes estão em sintonia? Por quê?

5. Observe os adjuntos adverbiais sublinhados nas frases:
   a) Ele ficou sozinho no <u>meio da praça</u>.
   b) Ontem, fui <u>de metrô</u> <u>ao colégio</u> <u>com meu melhor amigo</u>.
   c) Conseguiu abrir a caixa de madeira <u>com um canivete</u>.
   d) <u>No segundo bimestre</u>, <u>não</u> haverá mudanças <u>muito</u> radicais <u>na fábrica</u>.
   e) <u>Hoje</u>, despertei <u>preguiçosamente</u> <u>às dez horas</u>.

   Em que frase há o conjunto adverbial que expressa o valor semântico:
   - de instrumento?
   - de companhia?

OS TERMOS LIGADOS AO VERBO NA CONSTRUÇÃO DO TEXTO

Leia este poema, de João Cabral de Melo Neto:

Tecendo a manhã

Um galo sozinho não tece uma manhã:
ele precisará sempre de outros galos.
De um que apanhe esse grito que ele
e o lance a outro; de outro galo
que apanhe o grito que um galo antes
e o lance a outro; e de outros galos
que com muitos outros galos se cruzem
os fios de sol de seus gritos de galo
para que a manhã, desde uma teia tênue,
se vá tecendo, entre todos os galos.

2

E se encorpando em tela, entre todos,
se erguendo tenda, onde entrem todos,
se entretendendo para todos, no toldo
(a manhã) que plana livre de armação.
A manhã, toldo de um tecido tão aéreo
que, tecido, se eleva por si: luz balão.

(*Poesias completas*. 3. ed. Rio de Janeiro: José Olympio, 1979. p. 19.)

Psonha

1. A começar pela referência feita no título, o poema trata do amanhecer.

a) A que atividade manual o amanhecer é comparado no poema? Que termos nos permitem fazer essa associação?

b) De acordo com o poema, quem são os responsáveis por tecer a manhã?

c) De que forma eles agem para que a manhã nasça?

2. Observe a transitividade dos verbos destacados nestes versos do poema:

> "Um galo sozinho não *tece* uma manhã:
> ele *precisará* sempre de outros galos.
> De um que apanhe esse grito que ele
> e o *lance* a outro [...]"

a) Quais termos se ligam a esses verbos, complementando-os?

b) Dois desses termos se ligam aos verbos por meio de preposição. Quais são esses termos? Quais são os verbos?

3. Releia estes versos do poema:

> "ele precisará *sempre* de outros galos.
> [...]
> E se encorpando em tela, *entre todos*,
> se erguendo tenda, onde entrem todos,
> se *entretendendo para todos*, no toldo
> (a manhã) que plana livre de armação.
> A manhã, toldo de um tecido tão aéreo
> que, tecido, se eleva *por si*: luz balão."

Para que servem os objetos?

Os objetos estão diretamente relacionados às ações do homem, sobre a natureza e sobre seu meio social e cultural. Toda vez que, na frase, mencionamos os seres que se modificam ou se transformam por ação do homem, empregamos os objetos: plantar *uma árvore*, fazer *um bolo*, gostar *de alguém*, assistir *a um filme*, etc. Assim, os objetos contribuem, no plano da linguagem, para exprimir a capacidade humana de agir e de transformar a realidade.

a) A forma verbal *entretender* é um neologismo, isto é, uma palavra criada pelo autor. Que sentidos ela apresenta no contexto?

b) Os termos em destaque são um advérbio e três locuções adverbiais, que se ligam, respectivamente, às formas verbais *precisará*, *encorpando*, *entretendendo* e *se eleva* para acrescentar a elas alguns sentidos. Determine qual é o valor semântico de cada termo.

4. Releia o seguinte trecho do poema:

> "De um que apanhe esse grito que ele
> e o lance a outro; de outro galo
> que apanhe o grito que um galo antes
> e o lance a outro [...]"

a) Há, no 1º e no 3º versos do trecho acima, uma elipse, isto é, uma omissão, de um termo. Qual pode ser esse termo omitido nos versos?

b) Que efeito essa omissão provoca na construção de sentidos do poema?

5. Na toldo-manhã que se ergue, entram todos. Essa ideia de coletividade que permeia o poema permite-nos fazer associações com a vida humana.

a) O que representam os galos, o ato de tecer e a manhã?

b) Que valores humanos são evocados? Justifique sua resposta com situações do texto.

6. Como conclusão de estudo, responda: De que modo o entrelaçamento sintático e a elipse de algumas palavras contribuem para a construção dos sentidos do texto?

SEMÂNTICA E DISCURSO

Leia este poema, de Ferreira Gullar:

Morte de Clarice Lispector

Enquanto te enterravam no cemitério judeu
do Caju
(e o clarão de teu olhar soterrado
resistindo ainda)
o táxi corria comigo à borda da Lagoa
na direção de Botafogo
as pedras e as nuvens e as árvores
no vento
mostravam alegremente
que não dependem de nós

(*Melhores poemas de Ferreira Gullar.* 7. ed. Seleção de Alfredo Bosi. São Paulo: Global, 2004. p. 153.)

Thinkstock/Getty Images

1. O eu lírico do poema dirige-se a uma pessoa, representada pelos pronomes *te*, *teu* e *nós*.

a) Considerando-se o contexto do poema, quem é essa pessoa?

b) No primeiro verso, qual é a função sintática desempenhada pelo pronome *te*?

c) Qual é a transitividade do verbo *enterrar* nesse verso?

d) Levante hipóteses: Por que o sujeito do verbo *enterrar* não está explícito?

2. No trecho correspondente aos quatro últimos versos:

a) Qual é a transitividade das formas verbais *mostravam* e *dependem*?

b) Qual é o sujeito da forma verbal *mostravam*?

c) Que relação semântica é estabelecida no poema entre o sujeito da forma verbal *mostravam*, o eu lírico, o interlocutor do eu lírico e o restante do mundo?

3. A palavra *alegremente* é representativa da constatação feita pelo eu lírico do poema.

a) Como ela se classifica sintaticamente?

b) Que efeitos de sentido o emprego dessa palavra produz no poema?

LITERATURA

José Ferraz de Almeida Júnior/Pinacoteca do Estado de SP

Saudade (1899), do pintor realista-naturalista brasileiro Almeida Júnior.

CAPÍTULO 7

O Realismo e o Naturalismo no Brasil

Embora o Realismo e o Naturalismo tenham interesses e procedimentos diferentes, ambos têm em comum o compromisso de observar, documentar e denunciar a realidade social. O Realismo se empenha na análise da força das instituições sobre o indivíduo, no retrato das relações humanas permeadas de interesses, na introspecção psicológica. Menos psicológico do que o Realismo, o Naturalismo analisa a força de fatores como hereditariedade e meio sobre o comportamento humano.

A obra *Memórias póstumas de Brás Cubas* (1881), de Machado de Assis, tem sido apontada como o marco inicial do Realismo no Brasil. Contudo, essa nova postura artística já vinha se esboçando desde a metade do século XIX, ainda no interior do próprio Romantismo.

A observação da produção literária dos escritores da última geração romântica, dos anos 1860-70, revela a existência de algumas tendências que apontavam cada vez mais para uma literatura voltada para o seu tempo, o que caracterizaria o Realismo alguns anos depois. São exemplos dessas tendências a objetividade nas descrições em certos romances, a denúncia de problemas sociais, como em *Senhora*, *Lucíola* e *O Cabeleira*, e o sentimento libertário e reformador, como na poesia social de Fagundes Varela e Castro Alves.

Essas obras, em parte já distanciadas de algumas posturas iniciais do Romantismo, como o exotismo, a fuga da realidade, o "mal do século" e outras, representam o início de um processo que culminaria numa forma diferente de sentir e ver a realidade, menos idealizada, mais verdadeira e crítica: a perspectiva realista.

Luzia-Homem no cinema

Baseado na obra de Domingos Olímpio, o filme *Luzia-Homem* (1987), dirigido por Fábio Barreto, conta a história de Luzia (Cláudia Ohana), uma moça com modos e valores masculinos que fora criada por um vaqueiro, depois de, em criança, ter visto sua família ser assassinada por jagunços. Sua dureza e sua sede de vingança, porém, são abaladas pela descoberta do amor.

Cena do filme *Luzia-Homem*.

Entre nossos escritores realistas, destacam-se Machado de Assis e Raul Pompeia. Apesar disso, a obra de ambos os escritores apresenta uma singularidade que transcende a classificação muitas vezes redutora das estéticas literárias.

Em paralelo à inclinação realista, alguns autores brasileiros, influenciados pela experiência de Zola, cultivaram o *romance de tese*, isto é, o romance naturalista, que procurava provar uma teoria científica a respeito do comportamento humano. Como se a ficção e suas personagens fossem um laboratório de experiências científicas, os escritores naturalistas utilizavam conhecimentos da Biologia, da Psicologia e da Sociologia para explicar casos patológicos individuais, perdendo, muitas vezes, o todo da realidade brasileira.

Apesar de o Naturalismo, em razão de seu determinismo, ser, muitas vezes, estreito e reducionista para lidar com a complexidade dos comportamentos humanos, foi ele que, pela primeira vez, pôs em primeiro plano o pobre, o excluído, o negro e o mulato discriminados, o indivíduo vitimado por doenças físicas e mentais, além de retomar antigos temas, como o celibato, sob a ótica científica da época.

No Brasil, o primeiro romance naturalista publicado foi *O mulato* (1881), de Aluísio Azevedo. Além desse escritor, também cultivaram a prosa naturalista: Rodolfo Teófilo (*A fome*, 1881); Inglês de Sousa (*O missionário*, 1882); Júlio Ribeiro (*A carne*, 1888); Adolfo Caminha (*A normalista*, 1892, e *O bom crioulo*, 1895).

A vertente regionalista, lançada pelos românticos, é retomada pelas obras *Luzia-Homem* (1903), de Domingos Olímpio, e *Dona Guidinha do Poço* (1891-1952), de Manuel de Oliveira Paiva, obras que aprofundam a análise da relação do homem com o meio natural e social do sertão.

MACHADO DE ASSIS: O GRANDE SALTO NA FICÇÃO BRASILEIRA

Machado de Assis (1839-1908) nasceu no Rio de Janeiro. Mestiço, de origem humilde – filho de um mulato carioca, pintor de paredes, e de uma imigrante açoriana –, apesar de ter frequentado apenas a escola primária e ter sido obrigado a trabalhar desde a infância, alcançou alta posição como funcionário público e gozou de consideração social numa época em que o Brasil ainda era uma monarquia escravocrata.

Marc Ferrez, 1890

Machado de Assis.

Foi tipógrafo e revisor em editora. Admitido à redação do *Correio Mercantil*, começou a publicar seus escritos em vários jornais e revistas. Na década de 1860, escreveu todas as suas comédias e os versos ainda românticos de *Crisálidas*.

Em 1869, casou-se com uma senhora portuguesa de boa cultura, Carolina Xavier de Novais, sua companheira até a morte e que lhe iria inspirar a personagem Dona Carmo, de *Memorial de Aires*.

Machado de Assis foi jornalista, crítico literário, crítico teatral, teatrólogo, poeta, cronista, contista e romancista.

De sua extensa e variada obra sobressai o Machado de Assis contista e romancista, preocupado não só com a expressão e com a técnica de composição, mas também com a articulação dos temas, com a análise do caráter e do comportamento humano.

Editora Saraiva

Podemos identificar em sua produção dois grupos de obras, porém sem prejuízo de sua perfeita unidade. Ao primeiro grupo pertencem *Ressurreição*, *Helena*, *A mão e a luva*, *Iaiá Garcia*, obras que apresentam características mais gerais do romance do século XIX do que propriamente da herança romântica.

Memórias póstumas de Brás Cubas marca o início de uma segunda etapa da produção de Machado de Assis. A partir dessa obra ele se revela um gênio na análise psicológica de personagens, tornando-se o mais extraordinário contista da língua portuguesa e um dos raros romancistas brasileiros de interesse universal, conforme atestam as inúmeras traduções das suas obras mais representativas. Nesse grupo incluem-se os romances *Quincas Borba*, *Dom Casmurro*, *Esaú e Jacó* e *Memorial de Aires*.

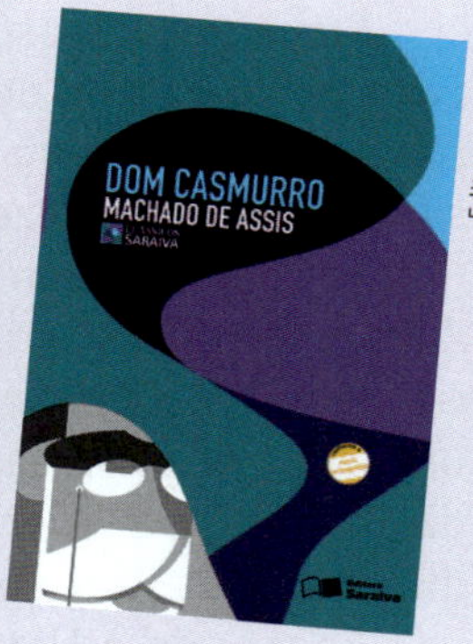

Editora Saraiva

Machado de Assis escreveu por volta de duzentos contos. Como ocorreu com o romance, o conto machadiano estreou em pleno Romantismo (*Contos fluminenses*, 1869) e sofreu significativa mudança de perspectiva e de linguagem a partir da coletânea *Papéis avulsos* (1882), obra que representa para o gênero a mesma revolução que *Memórias póstumas de Brás Cubas* significou para o romance. Entre seus inúmeros contos, destacam-se "O alienista", "Missa do galo", "A cartomante", "Noite de almirante", "Teoria do medalhão", "O espelho", "Cantiga de esponsais", "Sereníssima república", "Verba testamentária". Perspicaz e quase ferino na análise da alma humana, Machado de Assis criou uma obra extremamente inovadora, que permanece viva e atual, gerando polêmicas e conquistando a estima de sucessivas gerações de leitores.

Editora Saraiva

Memórias póstumas de Brás Cubas: a ruptura do romance

Publicado em folhetim em 1880, na *Revista Brasileira*, e editado em livro no ano seguinte, *Memórias póstumas de Brás Cubas* é a autobiografia da personagem Brás Cubas, que, depois de morto, resolve escrever suas memórias. Intitulando-se "defunto autor", Brás Cubas propõe-se a fazer a retrospectiva de sua vida, o que realiza com o distanciamento crítico e irônico de quem já não se prende às convenções sociais.

Assim, entre os fatos narrados, destacam-se: os amores juvenis de Brás Cubas por Marcela, uma mulher vulgar a quem ele amou e por quem foi amado durante "quinze meses e onze contos de réis"; suas aspirações à vida literária e política; sua amizade com o filósofo Quincas Borba; o caso com Virgília – de quem quase se tornou marido, num casamento arranjado, e de quem mais tarde se tornaria amante; o casamento de Virgília com seu rival Lobo Neves.

LEITURA

Os textos a seguir pertencem ao romance *Memórias póstumas de Brás Cubas* e mostram o reencontro de Brás Cubas e Virgília, ocorrido quando ela chega de São Paulo com Lobo Neves, seu marido.

Capítulo L / *Virgília casada*

[...]

No dia seguinte, estando na rua do Ouvidor, porta da tipografia do Plancher, vi assomar, a distância, uma mulher esplêndida. Era ela; só a reconheci a poucos passos, tão outra estava, a tal ponto a natureza e a arte lhe haviam dado o último apuro. Cortejamo-nos; ela seguiu; entrou com o marido na carruagem, que os esperava um pouco acima; fiquei atônito.

Oito dias depois, encontrei-a num baile; creio que chegamos a trocar duas ou três palavras. Mas noutro baile, dado daí a um mês, em casa de uma senhora, que ornara os salões do primeiro reinado, e não desornava então os do segundo, a aproximação foi maior e mais longa, porque conversamos e valsamos. A valsa é uma deliciosa coisa. Valsamos; não nego que, ao conchegar ao meu corpo aquele corpo flexível e magnífico, tive uma singular sensação, uma sensação de homem roubado.

The Bridgeman Art Library/Grupo Keystone/Bibliotheque de l'Opera Garnier, Paris, France

A valsa azul, de Ferdinand von Reznicek.

[...]

Cerca de três semanas depois recebi um convite dele para uma reunião íntima. Fui; Virgília recebeu-me com esta graciosa palavra:

— O senhor hoje há de valsar comigo.

Em verdade, eu tinha fama e era valsista emérito; não admira que ela me preferisse. Valsamos uma vez, e mais outra vez. Um livro perdeu Francesca; cá foi a valsa que nos perdeu. Creio que essa noite apertei-lhe a mão com muita força, e ela deixou-a ficar, como esquecida, e eu a abraçá-la, e todos com os olhos em nós, e nos outros que também se abraçavam e giravam... Um delírio.

Capítulo LI / *É minha!*

— É minha! — disse eu comigo, logo que a passei a outro cavalheiro; e confesso que durante o resto da noite foi-se-me a ideia entranhando no espírito, não à força de martelo, mas de verruma, que é mais insinuativa.

— É minha! — dizia eu ao chegar à porta de casa.

Mas ai, como se o destino ou o acaso, ou o que quer que fosse, se lembrasse de dar algum passo aos meus arroubos possessórios, luziu-me no chão uma coisa redonda e amarela. Abaixei-me; era uma moeda de ouro, uma meia dobra.

— É minha! — repeti eu a rir-me, e meti-a no bolso.

Nessa noite não pensei mais na moeda; mas no dia seguinte, recordando o caso, senti uns repelões da consciência, e uma voz que me perguntava por que diabo seria minha uma moeda que eu não herdara nem ganhara, mas somente achara na rua. Evidentemente não era minha; era de outro, daquele que a perdera, rico ou pobre, e talvez fosse pobre, algum operário que não teria com que dar de comer à mulher e aos filhos; mas, se fosse rico, o meu dever ficava o mesmo. Cumpria restituir a moeda, e o melhor meio, o único meio, era fazê-lo por intermédio de um anúncio ou da polícia. Enviei uma carta ao chefe de polícia, remetendo-lhe o achado, e rogando-lhe que, pelos meios a seu alcance, fizesse devolvê-lo às mãos do verdadeiro dono.

Mandei a carta e almocei tranquilo, posso até dizer que jubiloso. Minha consciência valsara tanto na véspera que chegou a ficar sufocada, sem respiração; mas a restituição da meia dobra foi uma janela que se abriu para o outro lado da moral; entrou uma onda de ar puro, e a pobre dama respirou à larga. Ventilai as consciências! Não vos digo mais nada. Todavia, despido de quaisquer outras circunstâncias, o meu ato era bonito, porque exprimia um justo escrúpulo, um sentimento de alma delicada. Era o que me dizia a minha dama interior, com um modo austero e meigo a um tempo; é o que ela me dizia, reclinada ao peitoril da janela aberta.

— Fizeste bem, Cubas; andaste perfeitamente. Este ar não é só puro, é balsâmico, é uma transpiração dos eternos jardins. Queres ver o que fizeste, Cubas?

E a boa dama sacou um espelho e abriu-mo diante dos olhos. Vi, claramente vista, a meia dobra da véspera, redonda, brilhante, multiplicando-se por si mesma — ser dez, depois trinta, depois quinhentas —, exprimindo assim o benefício que me daria na vida e na morte o simples ato da restituição. E eu espraiava todo o meu ser na contemplação daquele ato, revia-me nele, achava-me bom, talvez grande. Uma simples moeda, hem? Vejam o que é ter valsado um poucochinho mais.

Assim eu, Brás Cubas, descobri uma lei sublime, a lei da equivalência das janelas, e estabeleci que o modo de compensar uma janela fechada é abrir outra, a fim de que a moral possa arejar continuamente a consciência. [...]

(Porto Alegre: L&PM, 1997. p. 106-8.)

Europa Filmes

Capa do DVD *Memórias póstumas de Brás Cubas*.

assomar: aparecer, surgir, mostrar-se.
espraiar: esparramar-se, lançar-se, irradiar.
Francesca: personagem de *A divina comédia*, do escritor italiano Dante Alighieri, que na obra se entrega a seu cunhado depois de lerem juntos passagens amorosas sobre Lancelote, personagem das novelas de cavalaria.
jubiloso: tomado por intensa alegria ou contentamento.
verruma: espécie de broca usada para abrir furos.

1. No segundo parágrafo do texto, ao dançar com Virgília, Brás Cubas diz ter a sensação de "homem roubado". E, no baile, ao passar Virgília a outro cavalheiro, pensa: "É minha!".

a) Reconheça e analise os sentimentos de Brás Cubas revelados nas imagens da posse e do roubo.

b) Por que Brás Cubas, com essas imagens, inverte os papéis?

2. Ao chegar à sua casa e encontrar à porta uma moeda de ouro, Brás Cubas também diz: "É minha!". Essa coincidência de frases ditas por Cubas em diferentes situações cria um paralelo entre a moeda e Virgília.

a) Como você explica o gesto de Brás Cubas de enviar a moeda ao chefe de polícia?

b) De acordo com essa lógica, qual deveria ser a atitude coerente de Brás Cubas em relação a Virgília?

3. Releia este trecho do texto:

> Mandei a carta e almocei tranquilo, posso até dizer que jubiloso. Minha consciência valsara tanto na véspera que chegou a ficar sufocada, sem respiração; mas a restituição da meia dobra foi uma janela que se abriu para o outro lado da moral; entrou uma onda de ar puro, e a pobre dama respirou à larga. Ventilai as consciências! Não vos digo mais nada.

Machado na Internet

Na Internet, você pode ler e baixar quase toda a obra de Machado de Assis no *site* www.dominiopublico.gov.br.

Nele você vai encontrar dezenas de contos e romances inteiros do autor.

a) A quem se refere Brás Cubas com a expressão "a pobre dama"?

b) Considerando o dilema moral da personagem, interprete a frase: "a restituição da meia dobra foi uma janela que se abriu para o outro lado da moral".

4. Interprete a "lei da equivalência das janelas":

a) A que equivale uma "janela fechada"?

b) E a "janela aberta"?

c) Explique o que é, então, a *equivalência* dessa lei.

d) Na sociedade em que vivemos, que atividades ou comportamentos humanos você citaria para exemplificar a atualidade dessa lei hoje?

5. O texto lido é um pequeno exemplo da ironia fina e da crítica cortante que caracterizam a ficção de Machado de Assis. Conclua: Que visão tem o autor a respeito do ser humano, de seu caráter e de suas ações?

Dom Casmurro: uma história de dúvida e traição

Dom Casmurro, obra publicada em 1899, *Memórias póstumas de Brás Cubas* (1881) e *Quincas Borba* (1891) constituem os mais significativos romances de Machado de Assis.

O romance tematiza o adultério sob a ótica de seu personagem-narrador, o solitário Dom Casmurro, que acredita ter sido traído por sua mulher, Capitu. Vizinhos desde crianças, crescem juntos e cedo começam a se amar. Bentinho, porém, está destinado ao seminário por uma promessa de sua mãe. Desfeito o compromisso, ele pode escolher uma carreira liberal e casar-se com Capitu. Têm um filho, Ezequiel, e mantêm estreita amizade com o casal Escobar e Sancha. Escobar morre, e Capitu sofre tanto com sua perda que Bentinho começa a suspeitar que ela o tivesse amado. A desconfiança aumenta à medida que Ezequiel vai crescendo e ficando cada vez mais parecido com Escobar. O casamento é desfeito, e eis então Bentinho, solitário, a querer, com o livro, "atar as duas pontas da vida, e restaurar na velhice a adolescência".

Em *Dom Casmurro*, Machado de Assis veicula, a seu modo, por meio das personagens Bentinho, Capitu e Escobar, um dos mais explorados motivos da prosa literária – o triângulo amoroso.

É, entretanto, pela fala de Bentinho que conhecemos os fatos, e é pelo filtro de sua visão que formamos o perfil psicológico de cada uma das personagens.

Com isso, Machado de Assis criou uma narrativa ambígua, que oscila entre dois polos: Capitu teria ou não traído Bentinho?

Defender um dos polos da ambiguidade do romance *Dom Casmurro*, eis um bom motivo para ler integralmente o livro.

Machado e a música

A obra de Machado faz referências à música e atualmente é referência para a criação musical de vários compositores.

Em *Sem receita* (Publifolha), por exemplo, o músico, professor e escritor José Miguel Wisnik analisa a presença da música no conto "Um homem célebre", de Machado de Assis.

Já Luiz Tatit, compositor e professor de Semiótica da USP, retoma na música "Capitu" (do CD *O meio*) as características da personagem, simuladas num contexto de Internet. Veja um trecho da canção:

De um lado vem você com seu jeitinho
Hábil, hábil, hábil
E pronto!
Me conquista com seu dom

De outro esse seu site petulante
WWW
Ponto
Poderosa ponto com

É esse o seu modo de ser ambíguo
Sábio, sábio
E todo encanto
Canto, canto
Raposa e sereia da terra e do mar
Na tela e no ar

[...]

Um método de agir que é tão astuto
Com jeitinho alcança tudo, tudo, tudo
É só se entregar, é não resistir, é capitular

Warner Home Video

Versão de *Dom Casmurro* para o cinema.

LEITURA

O trecho de *Dom Casmurro* selecionado para estudo mostra a descoberta do amor de Bentinho (Dom Casmurro) e Capitu, e esboça a personalidade de ambos. Ao lê-lo, observe com que perfeição o narrador delineia a enigmática Capitu, uma das mais fascinantes personagens femininas da literatura brasileira.

Capítulo XXXII / *Olhos de ressaca*

Tudo era matéria às curiosidades de Capitu. Caso houve, porém, no qual não sei se aprendeu ou ensinou, ou se fez ambas as coisas, como eu. É o que contarei no outro capítulo. Neste direi somente que passados alguns dias do ajuste com o agregado, fui ver a minha amiga; eram 10 horas da manhã. Dona Fortunata, que estava no quintal, nem esperou que eu lhe perguntasse pela filha.

— Está na sala penteando o cabelo — disse-me —; vá devagarzinho para lhe pregar um susto.

Fui devagar, mas ou o pé ou o espelho traiu-me. Este pode ser que não fosse; era um espelhinho de pataca (perdoai a barateza), comprado a um mascate italiano, moldura tosca, argolinha de latão, pendente da parede, entre as duas janelas. Se não foi ele, foi o pé. Um ou outro, a verdade é que, apenas entrei na sala, pente, cabelos, toda ela voou pelos ares e só lhe ouvi esta pergunta:

— Há alguma coisa?

— Não há nada — respondi —; vim ver você antes que o Padre Cabral chegue para a lição. Como passou a noite?

— Eu, bem. José Dias ainda não falou?

— Parece que não.

— Mas então quando fala?

— Disse-me que hoje ou amanhã pretende tocar no assunto; não vai logo de pancada, falará assim por alto e por longe, um toque. Depois, entrará em matéria. Quer primeiro ver se mamãe tem a resolução feita...

— Que tem, tem — interrompeu Capitu. — E, se não fosse preciso alguém para vencer já, e de todo, não se lhe falaria. Eu já nem sei se José Dias poderá influir tanto; acho que fará tudo, se sentir que você realmente não quer ser padre, mas poderá alcançar?... Ele é atendido; se, porém... É um inferno isto! Você teime com ele, Bentinho.

— Teimo; hoje mesmo ele há de falar.

— Você jura?

— Juro! Deixe ver os olhos, Capitu.

Tinha-me lembrado a definição que José Dias dera deles, "olhos de cigana oblíqua e dissimulada". Eu não sabia o que era oblíqua, mas dissimulada sabia, e queria ver se se podiam chamar assim. Capitu deixou-se fitar e examinar. Só me perguntava o que era, se nunca os vira; eu nada achei extraordinário; a cor e a doçura eram minhas conhecidas. A demora da contemplação creio que lhe deu outra ideia do meu intento; imaginou que era um pretexto para mirá-los mais de perto, com os meus olhos longos, constantes, enfiados neles, e a isso atribuo que entrassem a ficar crescidos, crescidos e sombrios, com tal expressão que...

Retórica dos namorados, dá-me uma comparação exata e poética para dizer o que foram aqueles olhos de Capitu. Não me acode imagem capaz de dizer, sem quebra da dignidade do estilo, o que eles foram e me fizeram. Olhos de ressaca? Vá, de ressaca. É o que me dá ideia daquela feição nova. Traziam não sei que fluido misterioso e enérgico, uma força que arrastava para dentro, como a vaga que se retira da praia, nos dias de ressaca. Para não ser arrastado, agarrei-me às outras partes vizinhas, às orelhas, aos braços, aos cabelos espalhados pelos ombros; mas tão depressa buscava as pupilas, a onda que saía delas vinha crescendo, cava e escura, ameaçando envolver-me, puxar-me e tragar-me. Quantos minutos gastamos naquele jogo? Só os relógios do céu terão marcado esse tempo infinito e breve. A eternidade tem as suas pêndulas; nem por não acabar nunca deixa de querer saber a duração das felicidades e dos suplícios. Há de dobrar o gozo aos bem-aventurados do céu conhecer a soma dos tormentos que já terão padecido no inferno os seus inimigos; assim também a quantidade das delícias que terão gozado no céu os seus desafetos aumentará as dores aos condenados do inferno. Este outro suplício escapou ao divino Dante; mas eu não estou aqui para emendar poetas. Estou para contar que, ao cabo de um tempo não marcado, agarrei-me definitivamente aos cabelos de Capitu, mas então com as mãos, e disse-lhe — para dizer alguma coisa — que era capaz de os pentear, se quisesse.

— Você?

— Eu mesmo.

— Vai embaraçar-me o cabelo todo, isso sim.

— Se embaraçar, você desembaraça depois.

— Vamos ver.

(São Paulo: Abril Educação, 1978. p. 218-20.)

Inspirações machadianas

A obra de Machado de Assis é fonte de inspiração de muitas outras obras, seja na literatura, no cinema e no teatro, seja nos quadrinhos.

Entre as obras criadas a partir do legado de Machado, destacam-se:

- *Um homem célebre – Machado recriado* (Publifolha), que reúne 10 autores que se dispuseram a criar novos textos a partir dos textos de Machado.
- *Quem é Capitu?*, organizada por Alberto Schprejer (Nova Fronteira), que reúne textos de vários estudiosos a respeito da enigmática Capitu.
- *Capitu sou eu*, conto de Dalton Trevisan, publicado no livro de mesmo nome (Record), que recupera o universo machadiano e atualiza-o por meio do relacionamento entre uma professora de literatura e um aluno.

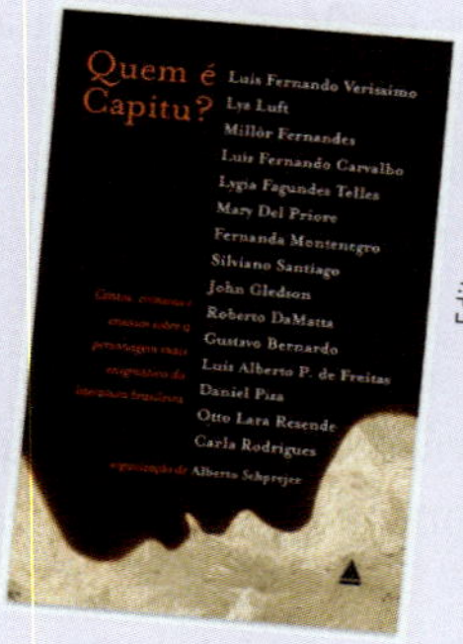

Editora Nova Fronteira

agregado: aquele que vive numa família como pessoa da casa; no caso, José Dias.
dissimulado: encoberto, disfarçado, fingido.
oblíquo: torto, indireto, malicioso, dissimulado.
pataca: quantia insignificante.
pêndula: relógio de pêndulo.
ressaca: fluxo e refluxo das ondas na praia.
tosco: rústico, grosseiro.
vaga: onda.

1. Segundo o crítico literário Antonio Candido, o narrador Dom Casmurro simultaneamente opõe ao ângulo da reconstituição do passado o ângulo do próprio momento da evocação, dando ao leitor uma dupla visão dos fatos, ou seja, ao mesmo tempo que os expõe, analisa-os. Indique no texto um trecho em que o narrador expõe um fato acontecido no passado e ao mesmo tempo o analisa, permitindo que o leitor o veja sob duplo enfoque.
2. Por que o narrador caracteriza os olhos de Capitu como "olhos de ressaca"?
3. Caracterize psicologicamente Capitu com base no comentário de José Dias a respeito dos olhos dela, no diálogo que Capitu mantém com Bentinho e na narração de Bentinho.
4. Os caracteres de Bentinho e Capitu contrastam nitidamente. Qual dos dois tem caráter mais forte? Retire do texto um trecho que justifique sua resposta.

5. Releia o trecho seguinte, dando especial atenção aos verbos *creio*, *imaginou* e *atribuo*:

> "A demora da contemplação creio que lhe deu outra ideia do meu intento; imaginou que era um pretexto para mirá-los mais de perto, com os meus olhos longos, constantes, enfiados neles, e a isto atribuo que entrassem a ficar crescidos, crescidos e sombrios, com tal expressão que..."

Você acha que o narrador-personagem tem uma visão onisciente dos fatos? Justifique.

ALUÍSIO AZEVEDO E A PAISAGEM COLETIVA

Aluísio Azevedo (1857-1913) é a principal expressão da prosa naturalista no Brasil. O escritor nasceu em São Luís do Maranhão e, em 1881, ano de publicação de *O mulato*, transferiu-se definitivamente para o Rio de Janeiro. Ali trabalhou em jornais como cartunista e jornalista, ao mesmo tempo que escrevia seus romances.

Acervo Reminiscências

: Aluísio Azevedo.

Com a publicação de *O mulato*, alcançou certa popularidade, o que lhe permitiu viver exclusivamente da literatura. Talvez por essa razão, sua obra, no conjunto, apresente altos e baixos do ponto de vista qualitativo.

O ponto alto nos escritos de Aluísio Azevedo, principalmente em suas obras de maturidade, *O cortiço* (1890) e *Casa de pensão* (1894), é a maneira como são retratados ambientes, paisagens e cenas coletivas (veja fragmento de *O cortiço* reproduzido a seguir).

O cortiço narra a vida de um grupo de pessoas que habitam o cortiço pertencente ao migrante português João Romão. O cortiço é palco dos mais variados tipos humanos: trabalhadores, prostitutas, malandros, lavadeiras, homossexuais, etc. Você vai ler, a seguir, um fragmento de *O cortiço* em que se destaca a personagem Libório, uma figura miserável e solitária que, apesar de guardar muito dinheiro embaixo do colchão, vive como mendigo.

LEITURA

Defronte da porta de Rita tinham vindo postar-se diversos moradores do cortiço, jornaleiros de baixo salário, pobre gente miserável, que mal podia matar a fome com o que ganhava. Ainda assim não havia entre eles um só triste. A mulata convidou-os logo a comer um bocado e beber um trago. A proposta foi aceita alegremente.

E a casa dela nunca se esvaziava.

Anoitecia lá.

O velho Libório, que jamais ninguém sabia ao certo onde almoçava ou jantava, surgiu do seu buraco, que nem jabuti quando vê chuva.

Um tipão, o velho Libório! Ocupava o pior canto do cortiço e andava sempre a fariscar os sobejos alheios, filando aqui, filando ali, pedindo a um e a outro, como um mendigo, chorando misérias eternamente, apanhando pontas de cigarro para fumar no cachimbo, cachimbo que o sumítico roubara de um pobre cego decrépito. Na estalagem diziam todavia que Libório tinha dinheiro aferrolhado, contra o que ele protestava ressentido, jurando a sua extrema penúria. E era tão feroz o demônio naquela fome de cão sem dono, que as mães recomendavam às suas crianças todo o cuidado com ele, porque o diabo do velho, quando via algum pequeno desacompanhado, punha-se logo a rondá-lo, a cercá-lo de festas e a fazer-lhe ratices para o engabelar, até conseguir furtar-lhe o doce ou o vintenzinho que o pobrezito trazia fechado na mão.

Rita fê-lo entrar e deu-lhe de comer e de beber; mas sob condição de que o esfomeado não se socasse demais, para não rebentar ali mesmo.

Se queria estourar, fosse estourar para longe!

Cabeça de um homem velho, de Jacob Jordaens.

Ele pôs-se logo a devorar, sofregamente, olhando inquieto para os lados, como se temesse que alguém lhe roubasse a comida da boca. Engolia sem mastigar, empurrando os bocados com o dedo, agarrando-se ao prato e escondendo nas algibeiras o que não podia de uma só vez meter para dentro do corpo.

Causava terror aquela sua implacável mandíbula, assanhada e devoradora; aquele enorme queixo, ávido, ossudo e sem um dente, que parecia ir engolir tudo, tudo, principiando pela própria cara, desde a imensa batata vermelha e grelhada que ameaçava já entrar-lhe na boca, até as duas bochechinhas engelhadas, os olhos, as orelhas, a cabeça inteira, inclusive a sua grande calva, lisa como um queijo e guarnecida em redor por uns pelos puídos e ralos como farripas de coco.

Firmo propôs embebedá-lo, só para ver a sorte que ele daria. O Alexandre e a mulher opuseram-se, mas rindo muito; nem se podia deixar de rir, apesar do espanto, vendo aquele resto de gente, aquele esqueleto velho, coberto por uma pele seca, a devorar, a devorar sem tréguas, como se quisesse fazer provisão para uma outra vida.

De repente, um pedaço de carne, grande demais para ser ingerido de uma vez, engasgou-o seriamente. Libório começou a tossir, aflito, com os olhos sumidos, a cara tingida de uma vermelhidão apoplética. A Leocádia, que era quem lhe ficava mais perto, soltou-lhe um murro nas costas.

O glutão arrevessou sobre a toalha da mesa o bocado de carne já meio triturado. Foi um nojo geral.

— Porco! gritou Rita, arredando-se.

— Pois se o bruto quer socar tudo ao mesmo tempo! disse Porfiro. Parece que nunca viu comida, este animal!

E notando que ele continuava ainda mais sôfrego por ter perdido um instante: — Espera um pouco, lobo. Que diabo! A comida não foge! Há muito aí com que te fartares por uma vez! Com efeito!

[...]

(São Paulo: OESP/Klick Editora, s.d. p. 58-9.)

aferrolhado: guardado, aprisionado.
algibeira: bolso integrado à roupa; sacola.
fariscar: farejar.
ratice: coisa engraçada.
sobejos: sobras, restos.

1. Com exceção de *Memórias de um sargento de milícias*, de Manuel Antônio de Almeida, a maior parte dos romances românticos urbanos retrata personagens da burguesia carioca do século XIX e geralmente lhes dá um tratamento individual, íntimo, privado. Com base no texto, responda: O que muda em *O cortiço* quanto ao recorte social e ao tratamento dado às personagens?

2. Apesar de mendigo, Libório realmente guardava dinheiro embaixo do colchão, conforme é revelado no final da obra. Que tipo de problema o autor quer retratar com esse perfil de personagem?

3. Observe a seleção e o emprego de substantivos nestes trechos do texto:

"— Porco! gritou Rita, arredando-se.
— Pois se o bruto quer socar tudo [...] este animal!"
"[...] — Espera um pouco, lobo!"

a) O que há em comum, do ponto de vista semântico, no modo como as personagens do cortiço se referem a Libório?

b) Que outros comportamentos da personagem confirmam sua resposta anterior?

4. Observe o emprego de adjetivos no 9º parágrafo do texto. Qual é a relação entre a adjetivação e o compromisso naturalista de descrição objetiva da realidade?

RAUL POMPEIA: MEMÓRIA E RESSENTIMENTO

Raul Pompeia (1863-1895) nasceu em Angra dos Reis, mas passou quase toda a sua vida na capital do Estado, o Rio de Janeiro. Estudou no Colégio Abílio e, depois, no Imperial Pedro II. Estudou Direito, primeiramente em São Paulo, onde participou de movimentos abolicionistas e republicanos, e depois em Recife, onde se formou. Estreou cedo na literatura com a novela romanesca *Uma tragédia no Amazonas* (1880) e um ano depois publicou uma obra em poesia – *Canções sem metro* (1881) –, na qual revela apreço pelo apuro formal dos textos.

Inquieto como escritor e como pessoa, Pompeia envolveu-se em inúmeras polêmicas, chegando a desafiar o poeta Olavo Bilac para um duelo. Suicidou-se na noite de Natal de 1895.

Acervo Reminiscências

: Raul Pompeia.

O Ateneu

Raul Pompeia notabilizou-se na literatura brasileira por uma única obra, *O Ateneu*, publicada em 1888, na qual assimilou e integrou todas as tendências literárias de seu tempo. Ávido de novidades, o escritor fez de *O Ateneu* um romance que surpreende pela linguagem peculiar e nova. As diferentes classificações atribuídas à obra, tais como realista, naturalista, psicologista, parnasiana, evidenciam sua complexidade e singularidade.

Narrado em 1ª pessoa, o romance inicia-se com as palavras do pai de Sérgio, o protagonista: "Vais

O duelo

Certa vez foi publicado num jornal carioca um texto não assinado que denegria a moral de Raul Pompeia. Muitos supuseram ter sido Olavo Bilac – que, aliás, não fez nenhum esforço para desmentir o boato – o autor do texto.

Depois de uma semana acabrunhado, Pompeia respondeu com um texto no qual acusava Bilac de manter relações incestuosas com a irmã.

Quando se encontraram, Bilac acertou um soco no rosto de Pompeia, que, humilhado, desafiou o rival para um duelo.

No dia e local marcados, os participantes resolveram ceder ao conselho de um amigo, que os dissuadia de tal ideia.

O narrador do romance *A última quimera*, de Ana Miranda, faz a propósito desse episódio o seguinte comentário: "Dizem que Raul suicidou-se por causa desse duelo. Ele teria ficado abatido, melancólico, enfermo; mesmo depois que tudo aquilo foi esquecido não podia dormir em paz, assaltado pelos demônios noturnos".

encontrar o mundo, disse-me meu pai, à porta do Ateneu. Coragem para a luta". O que segue a isso são situações e experiências vividas pelo adolescente Sérgio no internato Ateneu, reconstituídas, selecionadas e comunicadas do ponto de vista subjetivo de Sérgio adulto.

Misturando alegrias e tristezas, decepções e entusiasmos, Sérgio, entre irônico, decepcionado, indignado e ressentido, pacientemente reconstrói por meio da memória a adolescência vivida e perdida entre as paredes do famoso internato Ateneu.

Essa reconstituição compreende uma descrição expressionista de pessoas e ambientes, na qual o narrador-personagem desnuda cruelmente os colegas, os professores e o diretor, reduzindo-os a caricaturas grotescas. A intenção de deformar corresponde a uma espécie de vingança praticada por Sérgio contra todos.

Por outro lado, as situações e experiências vividas pelo narrador-personagem se apoiam na memória e são recriadas de maneira impressionista, o que confere à narrativa um ritmo impreciso, subjetivo e nervoso.

LEITURA

Os seguintes trechos de *O Ateneu* selecionados para estudo descrevem Aristarco Argolo de Ramos, o diretor do colégio Ateneu, em duas situações: o momento em que ele, no primeiro dia de aula, recebe os alunos que chegam acompanhados de seus responsáveis; e o trecho em que o narrador o descreve participando de uma recepção.

TEXTO I

Abriam-se as aulas a 15 de fevereiro.

De manhã, à hora regulamentar, compareci. O diretor, no escritório do estabelecimento, ocupava uma cadeira rotativa junto à mesa de trabalho. Sobre a mesa, um grande livro abria-se em colunas maciças de escrituração e linhas encarnadas.

....

Soldavam-se nele o educador e o empresário com uma perfeição rigorosa de acordo, dois lados da mesma medalha: opostos, mas justapostos.

Quando meu pai entrou comigo, havia no semblante de Aristarco uma pontinha de aborrecimento. Decepção talvez de estatística; o número dos estudantes novos não compensando o número dos perdidos, as novas entradas não contrabalançando as despesas do fim do ano. Mas a sombra de despeito apagou-se logo, como o resto de túnica que apenas tarda a sumir-se numa mutação à vista; e foi com uma explosão de contentamento que o diretor nos acolheu.

Acervo Reminiscências

Ilustração do próprio Raul Pompeia para *O Ateneu*.

Sua diplomacia dividia-se por escaninhos numerados, segundo a categoria de recepção que queria dispensar. Ele tinha maneiras de todos os graus, segundo a condição social da pessoa. As simpatias verdadeiras eram raras. No âmago de cada sorriso morava-lhe um segredo de frieza que se percebia bem. E duramente se marcavam distinções políticas, distinções financeiras, distinções baseadas na crônica escolar do discípulo, baseadas na razão discreta das notas do guarda-livros. Às vezes, uma criança sentia a alfinetada no jeito da mão a beijar. Saía indagando consigo o motivo daquilo, que não achava em suas contas escolares... O pai estava dois trimestres atrasado.

Por diversas causas a minha recepção devia ser das melhores. Efetivamente; Aristarco levantou-se ao nosso encontro e nos conduziu à sala especial das visitas.

(São Paulo: Ática, s.d. p. 18-9.)

âmago: a parte central de qualquer coisa ou mais íntima de um ser.

TEXTO II

Nas ocasiões de aparato é que se podia tomar o pulso ao homem. Não só as condecorações gritavam-lhe do peito como uma couraça de grilos: Ateneu! Ateneu! Aristarco todo era um anúncio. Os gestos, calmos, soberanos, eram de um rei — o autocrata excelso dos silabários; a pausa hierática do andar deixava sentir o esforço, a cada passo, que ele fazia para levar adiante, de empurrão, o progresso do ensino público; o olhar fulgurante, sob a crispação áspera dos supercílios de monstro japonês, penetrando de luz as almas circunstantes — era a educação da inteligência; o queixo, severamente escanhoado, de orelha a orelha, lembrava a lisura das consciências limpas — era a educação moral. A própria estatura, na imobilidade do gesto, na mudez do vulto, a simples estatura dizia dele: aqui está um grande homem... não veem os côvados de Golias?!... Retorça-se sobre tudo isso um par de bigodes, volutas maciças de fios alvos, torneadas a capricho, cobrindo os lábios fecho de prata sobre o silêncio de ouro, que tão belamente impunha como o retraimento fecundo do seu espírito —, teremos esboçado, moralmente, materialmente, o perfil do ilustre diretor.

(Idem, p. 9.)

aparato: ostentação em atos públicos ou particulares; demonstração de força.
côvado: antiga medida de comprimento correspondente a 66 cm.
crispação: contração.
escanhoado: barbeado.
excelso: alto, elevado.
fulgurante: reluzente.
hierático: relativo às coisas sagradas.
silabário: o conjunto dos sinais componente de uma escrita silábica.
voluta: espiral.

A originalidade de *O Ateneu*

O Ateneu apresenta [...] traços dos movimentos literários em voga em 1885. Mas eles organizavam-se de forma tão particular que praticamente não se pode dizer que configurem elementos específicos de alguma escola literária contemporânea. Ordenam-se num discurso que flui uniforme e harmônico, e só recuperáveis por um observador que se proponha a este enfoque. Justificam-se mais pelo movimento interno da narrativa do que por vogas externas.

(Glória C. do Amaral. In: Leyla Perrone-Moisés. *O Ateneu: retórica e paixão.* São Paulo: Brasiliense/Edusp, 1988. p. 208.)

1. Aristarco, a um só tempo, reúne características de educador e de empresário. Identifique-as.

2. No texto II, a descrição de Aristarco é objetiva ou subjetiva? Justifique.

3. Como você deve saber, a caricatura é um tipo de desenho que acentua ou exagera certos traços da pessoa retratada. Raul Pompeia, pelas descrições que faz das personagens, é considerado um ótimo caricaturista. Identifique, no texto II, os traços caricaturais de Aristarco destacados pelo narrador.

4. "Desenhe" na sua imaginação o perfil físico e psicológico de Aristarco.

a) Que ideia de Aristarco você formou?

b) Levante hipóteses: Qual a possível intenção do narrador ao descrever Aristarco tão grotescamente?

LITERATURA COMPARADA

DIÁLOGO ENTRE A LITERATURA AFRICANA ATUAL E O NATURALISMO BRASILEIRO

Você vai ler, a seguir, dois textos: o primeiro é um fragmento do romance *O cortiço*, do escritor brasileiro Aluísio Azevedo; o segundo é um fragmento do conto "Chigubo", do escritor moçambicano José Craveirinha.

TEXTO I

Neste episódio, Rita Baiana dança aos olhos de Jerônimo, português recém-chegado ao Brasil.

E viu a Rita Baiana, que fora trocar o vestido por uma saia, surgir de ombros e braços nus, para dançar. A lua destoldara-se nesse momento, envolvendo-a na sua cama de prata, a cujo refulgir os meneios da mestiça melhor se acentuavam, cheios de uma graça irresistível, simples, primitiva, feita toda de pecado, toda de paraíso, com muito de serpente e muito de mulher.

Coleção particular

Samba (1928), de Di Cavalcanti.

Ela saltou em meio da roda, com os braços na cintura, rebolando as ilhargas e bamboleando a cabeça, ora para a esquerda, ora para a direita, como numa sofreguidão de gozo carnal num requebrado luxurioso que a punha ofegante; já correndo de barriga empinada; já recuando de braços estendidos, a tremer toda, como se fosse afundando num prazer grosso que nem azeite em que se não toma pé e nunca se encontra fundo. Depois, como se voltasse à vida, soltava um gemido prolongado, estalando os dedos no ar e vergando as pernas, descendo, subindo, sem nunca parar com os quadris, e em seguida sapateava, miúdo e cerrado freneticamente, erguendo e abaixando os braços, que dobrava, ora um, ora outro, sobre a nuca, enquanto a carne lhe fervia toda, fibra por fibra titilando.

....

Naquela mulata estava o grande mistério, a síntese das impressões que ele recebeu chegando aqui: ela era a luz ardente do meio-dia; ela era o calor vermelho das sestas da fazenda; era o aroma quente dos trevos e das baunilhas, que o atordoara nas matas brasileiras; era a palmeira virginal e esquiva que se não torce a nenhuma outra planta; era o veneno e era o açúcar gostoso; era o sapoti mais doce que mel e era a castanha do caju, que abre feridas com o seu azeite de fogo; ela era a cobra verde e traiçoeira, a lagarta viscosa, a muriçoca doida, que esvoaçava havia muito tempo em torno do corpo dele, assanhando-lhe os desejos, acordando-lhe as fibras embambecidas pela saudade da terra, picando-lhe as artérias, para lhe cuspir dentro do sangue uma centelha daquele amor setentrional, uma nota daquela música feita de gemidos de prazer, uma larva daquela nuvem de cantáridas que zumbiam em torno da Rita Baiana e espalhavam-se pelo ar numa fosforescência afrodisíaca.

(Aluísio Azevedo. *O cortiço*. 9. ed. São Paulo: Ática, 1970. p. 56-7.)

cantárida: inseto verde-dourado, com reflexos avermelhados; triturado, dá origem a uma bebida afrodisíaca.
ilharga: cada uma das duas partes laterais entre as falsas costelas e os ossos do quadril.
luxurioso: sensual, lascivo.
meneio: balanço.
refulgir: brilhar.
sapoti: fruto pardo, carnoso e muito doce.
sofreguidão: impaciência, pressa.

TEXTO II

Editorial Caminho

Detalhe da capa do livro *Hamina e outros contos*, de José Craveirinha.

A tarde estava inteiramente fundida em sons. Sons fortes implorando, chamando. Sons da vida [...]

Armando e seus irmãos cantavam e levantando os pés e sacudindo os braços, dançavam. A terra fremia, os corpos fremiam. As mulheres e as crianças tinham *txa-txa* nas mãos e faziam o ritmo. Os olhos das crianças abriam-se redondos como sóis, as bocas rasgavam-se em gritos de canção. Pés, braços, vozes e tambores guiados de compasso enchiam a tarde de fundo da Munhuana, de mato e exotismo.

[...]

Mamana Rosa, mãos escondidas no xinvunvu, arrancava sons quentes de compasso. Mãos escondidas, Mamana Rosa estava dentro do ritmo do chigubo com seu xinvunvu gritando dolorido.

Negrinhos sentados e de pé batiam as palmas. Palmas e *txa-txa* eram irmãos e as mambas levantavam-se e sacudiu a xiguila, os pés enterravam-se na terra, soltavam-na.

A areia espalhava-se no ar, caía devagar e levantava-se de novo. Caía, levantava-se, levantava-se e caía, levantava-se.

Os corpos delas agitavam-se em modelos de movimento. Voluptuosamente!

Da cintura para baixo a vida revolta-se e freme na carne e transforma-se em ritmo. O mundo está ali agora e os olhos dos homens estão cheios de tesoiros. Elas estão sérias nas caras e os corpos são vulcões. África dança e vive ao som do chigubo e as ancas são muitas histórias de luar e sombras de cajueiros em flor. África dança e o mundo está suspenso nos olhos dos homens palpitantes nas promessas latentes. Promessas de homens. Promessas de machos.

Vibrantes, as vozes pairam na copa dos eucaliptos de mãos entrelaçadas no som do *txa-txa* das crianças e das mulheres de xicatauanas frementes como pombas inquietas a querer voar.

Armando e seus companheiros dançam e a terra é o chigubo e o chigubo soa como voz de gente. Mas voz de gente forte. E zangada.

Os negros dançam, mulheres mexem os quadris, os olhos dos homens estão cheios de promessas. Promessas de coisas que ninguém pode falar, e para saber quando é tempo, quando é dia de falar.

[...]

(José Craveirinha. *Hamina e outros contos.* 2. ed. Lisboa: Caminho, s.d. p. 33-4.)

chigubo: tambor.
fremir: soar ruidosamente, estrondar.
txa-txa: onomatopeia que designa instrumento musical.
xicatauana: blusa.
xinvunvu: instrumento musical correspondente à cuíca brasileira.
(Para as palavras de origem africana, aproveitou-se o glossário que consta da referida edição da obra de José Craveirinha.)

1. Os dois textos se assemelham em alguns aspectos. Primeiramente, porque retratam uma situação coletiva parecida; em segundo lugar, porque Rita Baiana, sendo mulata, tem ancestrais africanos.

a) Qual é a situação retratada nos dois textos?

b) Que característica de Rita pode ser observada também nas mulheres moçambicanas retratadas no conto "Chigubo"?

2. Nos dois textos, na descrição das personagens e de seus movimentos, há muitas sugestões sensoriais. Além disso, em *O cortiço*, o narrador descreve a dança de Rita por meio de verbos de ação (*rebolar*, *bambolear*, *tremer*, *sapatear*) e de substantivos e adjetivos que contêm ideia de ação (*sofreguidão*, *gozo*, *requebrado*, *ofegante*).

a) Identifique, nos dois textos, sugestões visuais e auditivas.

b) Em *O cortiço*, o emprego de palavras que sugerem o movimento do corpo de Rita Baiana confere certa característica à personagem. Qual é essa característica?

c) Que palavra do conto "Chigubo" revela o mesmo tipo de efeito provocado pela dança das mulheres africanas?

3. Qual é a parte das mulheres que o narrador dos dois textos mais destaca? Por que, na sua opinião, isso ocorre?

4. Compare estes fragmentos dos dois textos:

> "ela era a cobra verde e traiçoeira, a lagarta viscosa, muriçoca doida, que esvoaçava havia muito tempo em torno do corpo dele" (texto I)
>
> "Vibrantes, as vozes pairam na copa dos eucaliptos de mãos entrelaçadas no som do *txa-txa* das crianças e das mulheres de xicatauanas frementes como pombas inquietas a querer voar." (texto II)

Que característica naturalista se verifica na descrição das personagens?

5. Do ponto de vista de alguns movimentos que lutam pela causa negra no Brasil, o que Jerônimo sente por Rita Baiana, em *O cortiço*, ultrapassa a mera relação homem/mulher. Sendo branco e europeu e vivendo num país de escravos, Jerônimo veria em Rita apenas o sexo fácil e exótico, a mulher-objeto.

a) Você concorda com esse ponto de vista?

b) E no conto "Chigubo", esse tipo de relação pode ser percebido? Por quê?

6. Identifique nos dois textos exemplos de como as personagens se fundem à paisagem local.

7. Observe estes trechos do conto de Craveirinha:

> - "África dança e vive ao som do chigubo e as ancas são muitas histórias de luar e sombras de cajueiro em flor."
> - "Os negros dançam, mulheres mexem os quadris, os olhos dos homens estão cheios de promessas. Promessas de coisas que ninguém pode falar, e para saber quando é tempo, quando é dia de falar."

À primeira leitura, palavras como *machos*, *ancas* e *quadris* nos levam a uma percepção sensual da cena. Entretanto, considerando que o escritor José Craveirinha (1922-2002) participou ativamente do processo de libertação de Moçambique e que na cena é a África que dança, esses fragmentos podem adquirir outros sentidos. Indique outra leitura possível da frase "Promessas de coisas que ninguém pode falar, e para saber quando é tempo, quando é dia de falar."

Para quem quer mais

Se você deseja aprofundar os seus conhecimentos sobre Machado de Assis e conhecer a *teoria do humanitismo*, presente nas obras *Memórias póstumas de Brás Cubas* e *Quincas Borba*, leia os textos a seguir e, posteriormente, sozinho, em dupla ou em grupo, procure responder às questões propostas pelo **Roteiro de estudo**.

TEXTO I

— Não há morte. O encontro de duas expansões, ou a expansão de duas formas, pode determinar a supressão de uma delas; mas, rigorosamente, não há morte, há vida, porque a supressão de uma é a condição da sobrevivência da outra, e a destruição não atinge o princípio universal e comum. Daí o caráter conservador e benéfico da guerra. Supõe tu um campo de batatas e duas tribos famintas. As batatas apenas chegam para alimentar uma das tribos, que assim adquire forças para transpor a montanha e ir à outra vertente, onde há batatas em abundância; mas, se as duas tribos dividirem em paz as batatas do campo, não chegam a nutrir-se suficientemente e morrem de inanição. A paz, nesse caso, é a destruição; a guerra é a conservação. Uma das tribos extermina a outra e recolhe os despojos. Daí a alegria da vitória, os hinos, aclamações, recompensas públicas e todos os demais efeitos das ações bélicas. Se a guerra não fosse isso, tais demonstrações não chegariam a dar-se, pelo motivo real de que o homem só comemora e ama o que lhe é aprazível ou vantajoso, e pelo motivo racional de que nenhuma pessoa canoniza uma ação que virtualmente a destrói. Ao vencido, ódio ou compaixão; ao vencedor, as batatas.

(In: Alfredo Bosi et alii. *Machado de Assis.* São Paulo: Ática, 1982. p. 235.)

TEXTO II

No episódio, as personagens Brás Cubas e o filósofo Quincas Borba assistem a uma briga de cães.

Daí a pouco demos com uma briga de cães; fato que aos olhos de um homem vulgar não teria valor. Quincas Borba fez-me parar e observar os cães. Eram dois. Notou que ao pé deles estava um osso, motivo da guerra, e não deixou de chamar a minha atenção para a circunstância de que o osso não tinha carne. Um simples osso nu. Os cães mordiam-se, rosnavam, com o furor nos olhos... Quincas Borba meteu a bengala debaixo do braço, e parecia em êxtase.

— Que belo que isto é! — dizia ele de quando em quando.

Quis arrancá-lo dali, mas não pude; ele estava arraigado ao chão, e só continuou a andar quando a briga cessou inteiramente, e um dos cães, mordido e vencido, foi levar a sua fome a outra parte. Notei que ficara sinceramente alegre, posto contivesse a alegria, segundo convinha a um grande filósofo. Fez-me observar a beleza do espetáculo, relembrou o objeto da luta, concluiu que os cães tinham fome; mas a privação do alimento era nada para os efeitos gerais da filosofia. Nem deixou de recordar que em algumas partes do globo o espetáculo é mais grandioso: as criaturas humanas é que disputam aos cães os ossos e outros manjares menos apetecíveis; luta que se complica muito, porque entra em ação a inteligência do homem, com todo o acúmulo de sagacidade que lhe deram os séculos, etc.

(Idem, p. 160.)

aprazível: que causa prazer.
canonizar: louvar, enaltecer, considerar santo.
sagacidade: agudeza ou sutileza de espírito, perspicácia.

• Roteiro de estudo •

Ao final da leitura, você deverá ser capaz de:

- Explicar por que, para Quincas Borba, não existe morte.
- Explicar por que, segundo o ponto de vista da personagem, a paz é destruição, e a guerra, conservação.
- Reconhecer o princípio básico da teoria do humanitismo.
- Reconhecer a ironia existente na frase "ao vencedor, as batatas".
- Justificar por que a luta dos cães disputando o osso exemplifica a teoria do humanitismo.
- Relacionar a teoria do humanitismo com o cientificismo da época.

Para quem quer mais na Internet

Em nosso *site* (http://www.atualeditora.com.br/pl/paraquemquermais) você poderá ler e reproduzir poemas e contos de Machado de Assis e conhecer o Realismo-Naturalismo de Inglês de Sousa, Domingos Olímpio e Manuel de Oliveira Paiva.

PRODUÇÃO DE TEXTO

Toby Canham/Getty Images

Diretor e atores participam de uma mesa-redonda sobre o filme *The Conspirator*, em 2010.

CAPÍTULO 8

A mesa-redonda

TRABALHANDO O GÊNERO

Em grupo, participe da produção de um texto de opinião sobre a linguagem "politicamente correta" e depois, com toda a classe, da preparação e realização de uma mesa-redonda sobre esse tema.

No dia combinado com o professor, participe do evento como expositor, moderador ou ouvinte.

O QUE É UMA MESA-REDONDA?

Como o debate regrado público, a mesa-redonda é um gênero oral e dela participam pessoas preparadas para discutir um assunto de interesse no momento. Uma pessoa – o moderador – abre o evento, apresentando o tema a ser desenvolvido e as pessoas convidadas para expor. Depois, cada um dos convidados lê um texto previamente preparado ou fala sobre o tema. Em seguida, os expositores geralmente confrontam suas ideias e, na sequência, o público participa, dirigindo perguntas a eles.

O papel do moderador

Assim como no debate, na mesa-redonda é fundamental a atuação de um moderador, isto é, uma pessoa que coordena a discussão. Cabe ao moderador iniciar e encerrar os trabalhos, agradecer a presença do público, esclarecer a finalidade da mesa-redonda e apresentar as pessoas convidadas, anunciar o tempo estipulado para a participação de cada convidado e o tempo máximo de duração do evento, esclarecer o modo como vão ser conduzidos os trabalhos, etc. É ele também quem convida o primeiro participante a falar e, após a fala de cada um, passa a palavra a outro participante, empregando para isso expressões como, por exemplo, *Passemos agora a palavra para Fulano de Tal...* ou *Vamos ouvir agora as palavras de Fulano de Tal*, etc.

A organização

Geralmente há uma "rodada" de participações, na qual cada expositor apresenta seu texto no tempo estipulado (caso o expositor ultrapasse o tempo, o moderador deve adverti-lo). Na etapa seguinte, o coordenador dá o direito de palavra ao público, que, por escrito ou oralmente, formula perguntas a um ou mais expositores.

Às vezes, dependendo das regras, é possível que haja uma etapa intermediária, na qual os expositores fazem perguntas ou comentários entre si e discutem as opiniões divergentes antes de serem questionados pela plateia.

PRODUZINDO A MESA-REDONDA

A classe deve ser organizada em cinco grupos, de modo que cada um seja responsável pela pesquisa e produção de um texto de opinião, de 30 a 50 linhas, a ser apresentado durante a mesa-redonda.

Os textos devem traduzir a opinião do grupo em relação à seguinte questão: **Até que ponto dicionários devem ser censurados a fim de evitar discriminação a grupos que tradicionalmente sofrem preconceitos na sociedade?**

COLETA DE INFORMAÇÕES SOBRE O TEMA

Antes de iniciar o trabalho de redação do texto para a mesa-redonda, leia o painel de textos a seguir, a fim de se inteirar do assunto. Se possível, pesquise sobre o tema também em jornais, revistas, livros e *sites* da Internet.

TEXTO I

MPF vai à Justiça contra verbete do Dicionário Houaiss

Publicação teria referências preconceituosas contra ciganos e editora se recusou a suprimi-las.

O Ministério Público Federal em Uberlândia (MG) ajuizou ação civil pública contra a Editora Objetiva e o Instituto Antônio Houaiss para a imediata retirada de circulação, suspensão de tiragem, venda e distribuição das edições do Dicionário Houaiss, que contêm expressões pejorativas e preconceituosas relativas aos ciganos.

Os réus também deverão recolher todos os exemplares disponíveis em estoque que estejam na mesma situação. O objetivo é obrigá-los judicialmente a suprimir do dicionário quaisquer referências preconceituosas contra essa minoria étnica, que possui mais de 600 mil pessoas no Brasil.

Definição carregada de preconceito

Para o procurador da República Cléber Eustáquio Neves, os significados atribuídos pelo Dicionário Houaiss à palavra "cigano" estão carregados de preconceito, o que, inclusive, pode vir a caracterizar crime. "A publicação faz semear aos que consultam esse significado a prática da intolerância, especificamente da intolerância étnica, em verdadeira afronta aos artigos 3º e 5º da nossa Constituição", afirma.

"Ao se ler em um dicionário, por sinal extremamente bem-conceituado, que a nomenclatura cigano significa aquele que trapaceia, velhaco, entre outras coisas do gênero, ainda que se deixe expresso que é uma linguagem pejorativa, ou, ainda, que se trata de acepções carregadas de preconceito ou xenofobia, fica claro o caráter discriminatório assumido pela publicação", diz o procurador.

Para Neves, o fato de as afirmações serem feitas por uma publicação que, por sua própria natureza, encerra um sentido de verdade, agrava ainda mais a situação. "Ora, trata-se de um dicionário. As pessoas consultam-no para saber o significado de uma palavra. Ninguém duvida da veracidade do que ali encontra. Sequer questiona. Pelo contrário. Aquele sentido, extremamente pejorativo, será internalizado, levando à formação de uma postura interna preconcebida em relação a uma etnia que deveria, por força de lei, ser respeitada."

Ação partiu de denúncia de um cigano

A ação originou-se de investigação iniciada em 2009, quando o Ministério Público Federal em Uberlândia recebeu representação de um cidadão de origem cigana questionando a prática de discriminação e preconceito pelos dicionários de língua portuguesa contra sua etnia.

Ignacio Zuloaga. Playing guitar

Tocando guitarra no balcão (1903), de Ignacio Zuloaga.

Com base na denúncia, e após consultar as editoras, o procurador recomendou que elas suprimissem das próximas edições qualquer expressão pejorativa ou preconceituosa nos significados atribuídos à palavra cigano. As editoras Globo e Melhoramentos atenderam a recomendação, mas a editora Objetiva recusou-se a cumpri-la, sob o argumento de que seu dicionário é editado pelo Instituto Houaiss, sendo apenas detentora exclusiva dos direitos de edição.

Além da retirada de toda e qualquer expressão de cunho preconceituoso ou pejorativo contra os ciganos do Dicionário Houaiss, o MPF também pediu a condenação dos réus ao pagamento de indenização por dano moral coletivo no valor de R$ 200 mil.

(Disponível em: http://www.turminha.mpf.gov.br/viva-a-diferenca/mpf-vai-a-justica-contra-verbete-do-dicionario-houaiss. Acesso em: 28/5/2012.)

TEXTO II

Em nota, editora rebate acusação de preconceito no Dicionário Houaiss

"Os grupos minoritários têm toda razão em lutar pelos seus direitos. Apoiamos as suas cobranças como sempre o fizemos. Não é sem razão, portanto, que todos os textos ligados ao tema cigano (ciganão, ciganagem, ciganar, ciganear, ciganaria, ciganice, ciganada, gitano), e também a outras minorias e grupos sobre os quais incide preconceito, foram alterados no Grande Dicionário Houaiss para a sua 2ª edição. Estas entradas e pelo menos outras 200 mil sofreram releitura para aperfeiçoamentos, mudanças e atualização durante os dez anos em que trabalhamos sobre a nova edição.

Editora Houaiss e Objetiva

Nossa 2ª edição ficou pronta no fim de 2011, mas ainda não houve como imprimi-la e publicá-la. Ela existe no nosso banco de dados, por enquanto.

A questão dos sentidos pejorativos ligados a algumas palavras é inconfortável e precisa ser esclarecida. Os dicionários não criam termos na língua; eles apenas refletem, como espelhos, as ocorrências com que se deparam, não os usando, portanto, com intenção de atacar, ferir ou menosprezar pessoas ou grupos. As acepções da língua que revelam preconceitos são registradas pelos dicionários por existirem por vezes há séculos na língua e na literatura. Mas tais verbetes vêm, modernamente, sempre acompanhados de uma observação sobre o fato de que tal acepção é pejorativa, frequentemente até com uma explicação do por que [sic] desse preconceito.

Veja, por exemplo, como está o verbete cigano, desde 2008, na nossa 2ª edição a publicar:

cigano adj. (1521 cf. GVic) 1 relativo ao ou próprio do povo cigano (autodenominado rom); rom, zíngaro 2 m.q. 1ROM — adj.s.m. 3 relativo a ou indivíduo dos ciganos, povo itinerante que emigrou do Norte da Índia para o Oeste (antiga Pérsia, Egito), de onde se espalhou pelos países do Ocidente; zíngaro 4 p.ext. que ou aquele que tem vida incerta e errante 5 p.ana. vendedor ambulante de quinquilharias; mascate 6 (1899) pej. que ou aquele que trapaceia; velhaco, burlador — ver USO a seguir 7 pej. que ou aquele que faz barganha, que é apegado ao dinheiro; agiota, sovina — ver USO a seguir 8 que ou o que serve de guia ao rebanho (diz-se de carneiro) 9 LING m.q. ROMANI — USO as acp. 5 e 6 resultam de antiga tradição europeia, pejorativa e xenófoba por basear-se em ideias errôneas e preconcebidas sobre as características deste povo que, no passado, levava uma existência nômade [...]

Nenhum dicionário deve ocultar empregos preconceituosos de palavras quando se vê diante deles, por registrarem exatamente o que encontram, tanto dentro do padrão culto da língua como eventualmente no informal. Os dicionários não inventam palavras nem acepções. Funcionam como um espelho em que se refletem a realidade da língua e os sentimentos de seus falantes, ora com sua beleza e simpatia, ora com sua crueldade, com seus sentimentos e atitudes desfavoráveis para com minorias etc.

Ninguém supõe eliminar dos dicionários palavras como guerra, tortura, violência, pedofilia com o fim de conter ou impedir que tais tormentos continuem a existir. Fazê-lo seria apenas varrer para debaixo do tapete o que nos envergonha, mas sem qualquer ação preventiva ou eliminadora do mal que tais conceitos e outros preconceitos acarretam. Que fazer nos dicionários em tais casos, então? Registrar a palavra ou a acepção e dizer claramente, quando é o caso, que ela é pejorativa e preconceituosa. É como fazem os dicionários modernos em todo o mundo."

(Disponível em: http://noticias.terra.com.br/educacao/noticias/0,,OI5648372,00-Em+nota+editora+rebate+acusação+de+preconceito+no+Dicionario+Houaiss.html. Acesso em: 28/5/2012.)

TEXTO III

Vamos queimar os dicionários

LIA LUFT

Quando a gente pensa que já viu tudo, não viu. Faz algum tempo, dentro do horroroso politicamente correto que me parece tão incorreto, resolveram castrar, limpar, arrumar livros de Monteiro Lobato, acusando-o de preconceito racial, pois criou entre outras a deliciosa personagem da cozinheira Tia Nastácia, que, junto com Emília e outros do Sítio do Picapau Amarelo, encheu de alegria minha infância. Se formos atrás disso, boa parte da literatura mundial deve ser deletada ou "arrumada". Primeiro, vamos deletar a palavra "negro" quando se refere a raça e pessoas, embora tenhamos uma banda Raça Negra, grupos de Teatro Negro e incontáveis oficinas, açougues, borracharias "do Negrão", como "do Alemão", "do Portuga" ou "do Turco". Vamos deletar as palavras. Quem sabe, vamos ficar mudos, porque ao mal-humorado essencial, e de alma pequena, qualquer uma pode ser motivo de escândalo. Depende da disposição com que acordou, ou do lado de onde sopram os ventos do seu próprio preconceito.

Thinkstock/Getty Images

Embora meus antepassados tivessem vindo ao Brasil em 1825, portanto sendo eu de muitas gerações de brasileiros tão brasileiros quanto os de todas as demais origens, na escola havia também a turminha que nos achacava com refrãos como "Alemão batata come queijo com barata". Nem por isso nos odiamos, nos desprezamos. Eram coisas infantis, sem consistência. O que vemos hoje quer mudar a cara do país, ou da cultura do país, e não tem nada de inocente.

Um dos negros que mais estimei (no passado, porque morreu), ligado a mim por laços de família, era culto, bom, interessante, nossos encontros eram uma alegria. Com ele muito aprendi, sua cultura era vasta. A cor de sua pele nunca me incomodou, como, imagino, não o aborreciam meus olhos azuis. Havia coisas bem mais positivas e importantes entre nós e nossas famílias. Não vou desfilar casos com amigos negros, japoneses, árabes, judeus, seja o que for. Mas vou insistir no meu escândalo e repúdio a qualquer movimento que seja discriminatório, que incite o ódio de classes ou o ódio racial, não importa em que terreno for.

Agora, de novo para meu incorrigível assombro, em um lugar deste vasto, belo, contraditório país que a gente tanto ama, desejam sustar a circulação do *Dicionário Houaiss*, porque no verbete "cigano" consta também o uso pejorativo — que, diga-se de passagem, não foi inventado por Houaiss, mas era ou é uso de alguns falantes brasileiros, que o autor meramente, como de sua obrigação, registrou. Ora, para tentar um empreendimento desse vulto, como suspender um dicionário de tal peso e envergadura, seria preciso um profundo e preciso conhecimento de linguística, de lexicografia, uma formação sólida sobre o que são dicionários e como são feitos.

O dicionarista não inventa, não acusa nem elogia, deve ser imparcial — porque é apenas alguém que registra os fatos da língua, normalmente da língua-padrão, embora haja dicionários de dialetos, de gírias, de termos técnicos etc. Então, se no verbete "cigano" Houaiss colocou também os modos pejorativos como a palavra é ou foi empregada, criticá-lo por isso é uma tolice sem tamanho, que, se não cuidarmos, atingirá outros termos em outros dicionários, com esse olhar rancoroso. Vamos nos informar, antes de falar. Vamos estudar, antes de criticar. Vamos ver em que terreno estamos pisando, antes de atacar obras literárias ou científicas com o azedume de nossos preconceitos e da nossa pequenez ou implicâncias infundadas. Há coisas muito mais importantes a fazer neste país, como estimular o cuidado com a educação, melhorar o atendimento à saúde, promover e preservar a dignidade de todos nós.

Ou, numa mistura maligna de arrogância e ignorância — talvez simplesmente porque não temos nada melhor a fazer — vamos deletar as palavras que nos incomodam, os costumes que nos irritam, as pessoas que nos atrapalham e, quem sabe, iniciar uma campanha de queima de livros. De autores, seria um segundo passo. E assim caminhará para trás, velozmente, o que temos de humanidade.

(*Veja*, 14/3/2012, p. 22.)

PLANEJAMENTO DO TEXTO

- Pensem no perfil do ouvinte do texto. Como ele será lido ao público durante a realização da mesa-redonda, vocês escreverão para jovens como vocês e para adultos. A linguagem deve estar, portanto, adequada ao perfil desse público.
- Como sugestão, o tema pode ser desenvolvido a partir da exploração de alguns destes aspectos:
  - A função dos dicionários
  - A linguagem como espelho da sociedade
  - Linguagem cordial e linguagem agressiva
  - Formas de combater a discriminação na sociedade
  - Papel social do poder público
  - A linguagem "politicamente correta"

Eric Pelaez/Stone+/Getty Images

- Anotem as ideias e os argumentos que consideraram melhores nos textos do painel ou em outros e que possam ser úteis para fundamentar o ponto de vista do grupo.
- Pensem em um enunciado (uma ou mais frases) capaz de introduzir o texto e expressar a ideia principal (a síntese do ponto de vista do grupo) que pretendem defender e anotem-no.
- Entre os argumentos anotados, escolham aqueles que podem fundamentar a ideia principal do texto de modo mais consistente. Em vez de quantidade, deem preferência à qualidade e à profundidade dos argumentos. Se for conveniente, acrescentem novos argumentos.
- Definam qual forma utilizarão para concluir o texto: retomada do que foi exposto, confirmação da ideia principal ou citação de algum escritor ou alguém importante na área relativa ao tema.
- Ao escrever, lembrem-se de que entre as características de um texto de opinião incluem-se estrutura convencional e linguagem objetiva e de acordo com a norma-padrão.
- Deem ao texto um título que possa despertar a curiosidade dos ouvintes.

REVISÃO E REESCRITA

Antes de fazer a versão final do texto, revejam-no, observando:

- se há um posicionamento claro a respeito do tema proposto;
- se o texto apresenta uma ideia principal que resume o ponto de vista do grupo; se a ideia principal é fundamentada com argumentos claros e fortes; se esses argumentos são bem-desenvolvidos; se a conclusão retoma e confirma o ponto de vista defendido;
- se o título dado ao texto, além de atraente, é coerente com as ideias desenvolvidas;
- se o texto como um todo é persuasivo;
- se a linguagem está de acordo com a norma-padrão da língua e se seu grau de formalidade está adequado ao público-alvo.

Façam as alterações necessárias e passem o texto a limpo.

ESCOLHA DO MODERADOR E PREPARAÇÃO DO LOCAL DO EVENTO

Quem quiser ser moderador da mesa-redonda deve se candidatar. Depois da escolha do moderador, por votação, a classe deve preparar o local onde ocorrerá o evento. À frente da plateia, deve haver uma mesa com um número de assentos equivalente ao das pessoas que falarão sobre o assunto. Se possível, afixem nas paredes do local cartazes informativos ou com perguntas, de modo a criar expectativa e uma atmosfera de debate e polêmica.

Realização da mesa-redonda

Para participar do evento, devem ser convidados a direção da escola, coordenadores, professores, funcionários, familiares, amigos e pessoas da comunidade.

Com a coordenação do moderador, os trabalhos devem se desenrolar de acordo com os procedimentos citados anteriormente, como, por exemplo, abertura, apresentação dos participantes, encerramento, etc. Na 1ª rodada, os expositores leem o texto de opinião preparado ou falam sobre o tema. A plateia deve ouvir silenciosamente, aguardando sua vez de participar. Quando chegar a vez da participação da plateia, a pessoa pode se dirigir a um dos expositores ou a todos. No caso de a observação ou pergunta ser dirigida a todos, o moderador pode indicar um dos expositores para responder.

Na interlocução entre os membros da mesa-redonda e a plateia, predomina a norma-padrão da língua, embora possa haver maior ou menor grau de formalismo, de acordo com o grau de intimidade entre os interlocutores. Assim:

- Evitem certos hábitos da linguagem oral, como a repetição constante de palavras e expressões, como *certo?*, *tipo*, *tipo assim*, *né?*, *ahnn...*, pois elas prejudicam a fluência na exposição.
- Estejam atentos ao sentido de vocábulos e conceitos relacionados ao tema para explicá-los à plateia, se houver necessidade.
- Durante a interlocução, se necessário, façam uso de expressões de reformulação, isto é, expressões que permitem retomar o sentido de uma palavra, um conceito, uma ideia complexa, como *isto é*, *quer dizer*, *como por exemplo*, *em outras palavras*, etc. Usem também expressões que confiram continuidade ao texto, como *além disso*, *por outro lado*, *outro aspecto*, *apesar disso*, etc.

Thinkstock/Getty Images

A postura dos participantes da mesa-redonda

1. Os participantes devem permanecer sentados durante todo o evento. O moderador, se quiser, pode ficar em pé na abertura e no final do evento.
2. Coloque o texto sobre a mesa e leia-o ou fale olhando para a plateia. Procure não fixar o olhar numa única pessoa, olhando para todas uniformemente.
3. Fale com voz alta, clara, bem-articulada. Pronuncie as palavras variando a entonação, a fim de que a exposição não fique monótona.
4. Procure expressar segurança e confiança.
5. Ao ler o texto, procure não abaixar demasiadamente a cabeça, a fim de que a voz não fique abafada. Se possível, levante a cabeça de vez em quando e olhe para a plateia.
6. Se houver microfone, posicione-o de modo que, ao falar, não se aproxime nem se distancie demais dele, para que não haja distorções na voz.
7. O moderador deve acompanhar com atenção o desenvolvimento do evento e mostrar-se simpático ao público e receptivo às participações da plateia.

Filmagem e avaliação da mesa-redonda

Se possível, providenciem com antecedência uma filmadora e escolham um colega que possa operá-la. No dia do evento, filmem a mesa-redonda para que, posteriormente, ela possa ser avaliada por todos, a fim de se observarem aspectos positivos e negativos de sua realização, com vistas ao aprimoramento da próxima mesa-redonda. Vejam no boxe **Avaliação da mesa-redonda** o que observar.

Thinkstock/Getty Images

Avaliação da mesa-redonda

Na avaliação da mesa-redonda, devem ser levados em conta os seguintes critérios:

Local do evento

- iluminação, acústica, ventilação, disposição de mesa e cadeiras, número suficiente de assentos para participantes e plateia
- cartazes de incentivo ao tema, com letras e imagens de fácil leitura, afixados em locais visíveis

Postura do moderador

- na abertura e no término do evento
- na apresentação do tema a ser debatido e na apresentação dos participantes
- no encaminhamento das perguntas da plateia
- na intermediação entre os participantes e entre estes e a plateia

Postura dos participantes

- atenção no encaminhamento dos trabalhos
- voz clara e alta na leitura e na fala e variação na entonação da voz
- domínio do conteúdo e segurança nas respostas
- receptividade às intervenções da plateia

Linguagem

- emprego de variedade de acordo com norma-padrão da língua
- grau de formalismo adequado
- ausência de repetição enfadonha de palavras e expressões
- ausência de gírias ou de palavras e expressões características da linguagem coloquial
- segurança e domínio no emprego de conceitos e vocabulário relacionados ao tema enfocado

Tempo

- suficiente para a exposição dos convidados ser feita com calma e as respostas dadas por completo
- suficiente para a finalização da mesa-redonda conforme o procedimento previsto

LÍNGUA: USO E REFLEXÃO

Erich Lessing/Album/Latinstock

Black patch (1912), Kandinsky.

CAPÍTULO 9

O predicativo – Tipos de predicado

PREDICATIVO DO SUJEITO E DO OBJETO

CONSTRUINDO O CONCEITO

Leia esta tira, de Caco Galhardo:

(*Folha de S. Paulo*, 25/11/2011.)

1. Há, na tira, uma palavra que foge à norma-padrão. Qual é ela? Qual seria sua forma adequada e o que ela significa?

2. Lili sente muita raiva de seu ex-marido, Reginaldo. De acordo com o balão do 1º quadrinho:
   a) Que característica ela atribui ao estado como se sente?
   b) Que característica ela atribui às próprias energias?
   c) Qual é a função sintática do termo *minhas energias*?

3. O humor da tira reside na ambiguidade de "energias renovadas".
   a) Qual parece ser o sentido dessa expressão no 1º quadrinho?
   b) Que novo sentido a expressão ganha a partir da leitura do 3º quadrinho?

CONCEITUANDO

Na tira, na oração "hoje [eu] estou ótima", observamos que ao **sujeito**, **eu** (elíptico), é atribuída uma característica, qualidade ou estado: *ótima*. A esse atributo do sujeito chamamos **predicativo do sujeito**. Já na oração "Sinto minhas energias renovadas", a característica de *renovadas* é atribuída ao objeto direto *minhas energias*. A esse atributo do objeto chamamos **predicativo do objeto**.

Predicativo do sujeito é o termo que atribui características, qualidade ou estado ao sujeito.
Predicativo do objeto é o termo que atribui características, qualidade ou estado ao objeto direto ou ao objeto indireto.

A ligação entre o sujeito e o predicativo é feita por um verbo – o **verbo de ligação**. Veja alguns exemplos:

Sua presença *é* perturbadora.
Não sei por que o diretor *está* tão aborrecido hoje.
Com a chuva, as árvores *ficaram* mais viçosas e bonitas.
O garoto *permaneceu* calado o tempo todo.
Mesmo com nossos conselhos, ela *continua* nervosa.

Tanto o predicativo do sujeito quanto o predicativo do objeto podem vir acompanhados de preposição ou do conectivo *como*. Veja os exemplos:

Ele era tido [*por* incompetente]. (PS)
Eles o adotaram [*por* filho]. (PO)
Ele foi eleito [*como* deputado]. (PS)
Finalmente o deram [*como* morto]. (PO)

Morfossintaxe do predicativo

O predicativo do sujeito pode ser representado por substantivo ou expressão substantivada, por adjetivo ou locução adjetiva e por pronome e numeral. Observe:

Este livro é [uma *raridade*]. (substantivo; PS) Eles eram [*quatro*]. (numeral; PS)

O predicativo do objeto pode ser representado por substantivo e adjetivo ou locução adjetiva. Veja:

Ela o viu [*triste*]. (adj.; PO) *Ele a viu* [*em desespero*]. (loc. adj.; PO)

O verbo de ligação implícito

Nas conversas do dia a dia e na linguagem publicitária, é comum o verbo de ligação ficar implícito, subentendido. No enunciado principal do anúncio abaixo, por exemplo, a omissão do verbo de ligação *estar* torna o texto mais direto. Ele equivale a "Volkswagen está presente no projeto de recuperação de partituras da música erudita brasileira". A forma verbal *está* liga o sujeito ao seu predicativo.

Volkswagen

(*Almanaque Brasil de Cultura Popular*, ano 1, nº 4.)

EXERCÍCIOS

1. Leia esta tira, de Fernando Gonsales:

Fernando Gonsales

(*Folha de S. Paulo*, 14/11/2007.)

Na frase da fala do 1º quadrinho:

a) Qual é a função sintática do termo *a joaninha*?

b) Portanto, o termo *um inseto simpático* é predicativo do sujeito ou predicativo do objeto?

2. Complete as orações a seguir com um predicativo do sujeito.

a) Sabino caminhava □ no meio da noite.

b) O mendigo e seu companheiro tornaram-se □.

c) □, a garoa molhava homens e mulheres na rua.

d) Já lhe disse que só ficarão □ as lâmpadas da sala.

3. Complete as orações a seguir com um predicativo do objeto.

a) Os alunos encontraram □ os bancos e as mesas.

b) Comprei alguns acessórios para tornar meu escritório mais □.

c) Os operários elegeram-no □.

d) Os funcionários chamavam-lhe □.

TIPOS DE PREDICADO

Você aprendeu que o **predicado** é o termo da oração que afirma alguma coisa sobre o sujeito e apresenta um verbo que normalmente concorda com o sujeito em número e pessoa. Observe o sujeito e o predicado destas frases dos textos que você leu anteriormente neste capítulo:

Você (sujeito) | já *sorriu* hoje ? (predicado)

Eu (sujeito) | *estou* ótima . (predicado)

Todo mundo (sujeito) | *acha* a joaninha um inseto simpático! (predicado)

O predicado pode ser constituído por diferentes estruturas. Veja:

I. Na oração "Você já sorriu hoje", o verbo *sorrir* (*sorriu*), por ser um verbo significativo, é o *núcleo* do predicado, ou seja, é a palavra que corresponde à informação mais importante sobre o sujeito. Quando isso ocorre, temos o **predicado verbal**:

núcleo

Você (sujeito) | já *sorriu* hoje ? (predicado verbal; núcleo: *sorriu*)

II. Já na oração "Eu estou ótima", o verbo *estar* (*estou*) não traz informações sobre o sujeito; é um verbo de ligação, cujo papel é apenas ligar o sujeito (*Eu*) ao seu predicativo (*ótima*). Assim, o único termo capaz de acrescentar informações sobre o sujeito é o predicativo do sujeito. Nesse caso, como o núcleo do predicado é o predicativo do sujeito, temos o **predicado nominal**:

Eu (sujeito) | *estou* ótima (núcleo: ótima) — predicado nominal.

III. Já na oração "Todo mundo acha a joaninha um inseto simpático", o predicado contém dois núcleos: um verbo significativo (*acha*) e um nome (*simpático*, o predicativo do objeto). Nesse caso, o verbo dá informações sobre o sujeito – a ação realizada por ele –, e o nome atribui uma característica ao objeto direto, *a joaninha*. Quando o predicado apresenta dois núcleos, temos o **predicado verbo-nominal**.

Todo mundo (sujeito) | *acha* (núcleo) a joaninha *simpática* (núcleo). — predicado verbo-nominal

Também é predicado verbo-nominal aquele que, além de um verbo significativo, apresenta predicativo do sujeito. Veja um exemplo:

O menino (sujeito) | *caminhava* (núcleo) *apressado* (núcleo). — predicado verbo-nominal

Para facilitar a identificação de um predicado verbo-nominal, podemos desmembrá-lo em dois predicados: um verbal e um nominal. Assim, o predicado da oração "O menino caminhava apressado" pode ser desmembrado em:

O menino caminhava (VI) — predicado verbal.

O menino estava (VL) apressado (PS) — predicado nominal.

Concluindo:

Predicado verbal é aquele que apresenta como núcleo um verbo significativo (VI, VTD, VTI ou VTDI).

Predicado nominal é aquele que apresenta como núcleo um predicativo do sujeito, que se liga ao sujeito por meio de um verbo de ligação.

Predicado verbo-nominal é aquele que apresenta dois núcleos: um verbo significativo e um predicativo (do sujeito ou do objeto).

Em resumo, as estruturas básicas dos predicados são as seguintes:

I. Predicado verbal:	II. Predicado nominal:	III. Predicado verbo-nominal:
VI VT + OD/OI	VL + PS	VI + PS VT + OD/OI + PS/PO

EXERCÍCIOS

Leia esta tira, de Adão Iturrusgarai:

(*Aline: numas de colegial*. Porto Alegre: L&PM, 2011. p. 31.)

1. Observe as orações dos dois primeiros quadrinhos.

a) Qual é o sujeito dessas orações?

b) Levante hipóteses: Por que o sujeito das orações não está explícito?

2. Em relação ao 3º quadrinho, responda: Qual é o sujeito das formas verbais *vai durar*, *receber* e *enobrece*?

3. Releia as orações a seguir, observando a predicação dos *verbos*.

> "Consegui um emprego"
>
> "Agora sou um cidadão honrado"
>
> "Sou um trabalhador"
>
> "Quanto tempo vai durar isso?"
>
> "O trabalho enobrece o homem!"

a) Qual é a predicação dos verbos? Se houver objeto(s), identifique-o(s) e classifique-o(s).

b) Em que orações há predicativo do sujeito? Identifique-o(s).

c) Com base em suas respostas nos itens anteriores, classifique os predicados das orações.

4. Leia as seguintes frases do humorista Jô Soares. Entre as orações destacadas há duas cujo predicado é nominal. Indique-as.

a) O pessimista é aquele sujeito que *quando lhe dão bom-dia* pergunta por quê.

b) Adorava andar de navio. *Só não gostava do oceano.*

c) *O banquete foi horrível.* Toda a comida veio gelada a não ser o sorvete.

d) Seu apelido era Hood Robin: *roubava dos pobres* e dava aos ricos.

e) *O tratado do Atlântico é Pacífico.*

5. O predicado das orações a seguir é verbo-nominal. Desmembre-o em dois predicados, um verbal e outro nominal.

Veja um exemplo:

> Ana assistiu ao espetáculo teatral assustada.
>
> Ana assistiu ao espetáculo teatral.
>
> Ana estava assustada.

a) Indicaram a professora como secretária da Associação de Pais e Mestres.

b) A equipe feminina de voleibol voltou vitoriosa do Japão.

c) Os atores leram satisfeitos as críticas sobre a estreia do espetáculo.

d) Na assembleia, os alunos olhavam-nos desconfiados.

e) A garotada do meu bairro aguardava ansiosa a chegada do circo internacional.

Leia a tira a seguir, de Fernando Gonsales, e responda às questões de 6 a 8.

(*Folha de S. Paulo*, 20/5/2011.)

6. Em relação ao 1º quadrinho:

a) Qual é a predicação do verbo *achar*?

b) Qual é a função do termo *as centopeias*?

c) E a função do termo *sexies*?

d) Como se classifica, portanto, o predicado da oração?

7. Em relação ao último quadrinho:

a) Qual é a predicação do verbo *cruzar*?

b) E a função do termo *as pernas*?

c) Como se classifica o predicado da oração?

8. O humor da tira, como é comum na maioria delas, revela-se no último quadrinho. Como ele é construído?

9. Nos textos a seguir, classifique o predicado das orações destacadas e indique seus núcleos:

a) "*Parou, hesitante, em frente à banca de jornais.* Examinou as capas de revistas uma por uma. *Tirou do bolso o recorte,* consultou-o."

(Carlos Drummond de Andrade)

b) "*Agora a vela estava apagada.* Era tarde. *A porta gemia.* O luar entrava pela janela. O nordeste espalhava folhas secas no chão. Eu já não ouvia os berros do Gondim."

(Graciliano Ramos)

c) "*Uma gargalhada espantosa explodiu em torno de mim.* Deram-me uma corrida e, depois de me terem atirado confete à boca, *abandonaram-me ao meio da rua embriagado de éter.*"

(Ciro dos Anjos)

O PREDICADO NA CONSTRUÇÃO DO TEXTO

Leia a seguir a letra de uma canção de Gilberto Gil e responda às questões propostas.

A raça humana

A raça humana é
Uma semana
Do trabalho de Deus

A raça humana é a ferida acesa
Uma beleza, uma podridão
O fogo eterno e a morte
A morte e a ressurreição

A raça humana é
Uma semana
Do trabalho de Deus

A raça humana é o cristal de lágrima
Da lavra da solidão
Da mina, cujo mapa
Traz na palma da mão

A raça humana é
Uma semana
Do trabalho de Deus

A raça humana risca, rabisca, pinta
A tinta, a lápis, carvão ou giz
O rosto da saudade

René Magrite. *O modelo vermelho*/ Coleção Particular

O modelo vermelho (1934), de René Magrite.

Que traz do Gênesis
Dessa semana santa
Entre parênteses
Desse divino oásis
Da grande apoteose
Da perfeição divina
Na Grande Síntese

A raça humana é
Uma semana
Do trabalho de Deus

(*Todas as letras*. São Paulo: Companhia das Letras, 1996. p. 261. © Gege Edições Musicais - Brasil e América do Sul/Preta Music - Resto do mundo.)

1. A letra da canção se propõe a refletir sobre um dos temas mais inquietantes de toda a história da humanidade: a raça humana e suas origens.

a) Que palavras ou expressões do texto comprovam a busca das origens?

b) A abordagem do tema é, portanto, científica ou mítica?

2. Observando a estrutura sintática das estrofes, notamos que quase todas elas são semelhantes. Veja a 1ª estrofe, que também é o refrão:

"A raça humana é / Uma semana / Do trabalho de Deus"

a) Identifique a função sintática dos termos *a raça humana* e *uma semana do trabalho de Deus*.

b) Classifique o predicado dessa oração.

c) Que outras estrofes apresentam uma estrutura sintática semelhante?

d) Qual é a única estrofe que apresenta uma estrutura sintática completamente diferente?

3. Ao conceituar a raça humana, o eu lírico faz uso de uma linguagem figurada, metafórica, como neste verso: "A raça humana é a ferida acesa".

a) Qual é a função sintática do termo *a ferida acesa*?

b) Que outras metáforas são empregadas na 2ª estrofe com a mesma função sintática?

c) Sobre a metáfora *ferida acesa*, Gil comenta: "Eu adorava essa expressão do Caetano Veloso, 'ferida acesa' [da canção 'Luz do Sol': 'Marcha o homem sobre o chão / Leva no coração uma ferida acesa'], e resolvi transpô-la, traduzi-la para o contexto de 'A raça humana', 'Ferida acesa': como se o pus fosse luz...". Explique as associações que Gil faz entre *ferida acesa, pus* e *luz*.

4. Observe este trecho da canção: "A raça humana risca, rabisca, pinta / A tinta, a lápis, carvão ou giz / O rosto da saudade".

a) Qual é a predicação dos verbos *riscar, rabiscar* e *pintar*?

b) Logo, que tipo de predicado essas orações possuem?

Para que servem os predicativos?

O predicativo do sujeito serve para atribuir características ou uma informação nova ao sujeito. Serve também para indicar seu estado físico ou emocional, em determinada circunstância.

Já o predicativo do objeto serve para indicar atributos circunstanciais ou transitórios dos objetos. Por exemplo: "Encontrei meu irmão *abatido*"; "Gosto de você *bem-arrumada*".

5. Como conclusão de estudo, compare estes dois trechos quanto ao sentido e ao tipo de predicado:

> I. A raça humana é / Uma semana / Do trabalho de Deus"
> II. "A raça humana risca, rabisca, pinta / A tinta, a lápis, carvão ou giz / O rosto da saudade / Que traz do Gênesis"

Em seguida, indique os itens que traduzem afirmações apropriadas sobre o texto:

a) São empregadas duas estruturas sintáticas distintas, com diferentes finalidades: o predicado nominal é empregado quando se quer conceituar a raça humana: "A raça humana é [...]"; o predicado verbal, com verbos transitivos, quando se quer dizer o que a raça humana *faz*.

b) Os verbos de ligação facilitam a construção das metáforas, que desempenham a função sintática de predicativo do sujeito, o núcleo do predicado verbal.

c) Tanto nas estrofes em que predomina o predicado nominal (o que o homem é) quanto naquela em que predomina o predicado verbal (o que o homem faz), tudo lembra o Gênesis, o que comprova a abordagem mítica do tema.

d) A "Grande Síntese" a que faz referência o texto é a raça humana.

e) A "semana santa" a que faz referência o texto é a semana da criação do mundo.

SEMÂNTICA E DISCURSO

Leia o anúncio a seguir e responda às questões 1 e 2.

Agência Objectiva

(*Folha de S. Paulo*, 28/2/2010. Serafina.)

1. O anúncio foi produzido pelo governo do Estado da Bahia.

a) A quem ele se destina?

b) Qual é o objetivo do anúncio?

2. No enunciado "Na Bahia, depois do Carnaval, a festa continua":

a) Qual é o sentido do verbo *continuar*?

b) E a predicação?

3. Você aprendeu que a predicação de um verbo somente pode ser determinada no contexto da frase em que ele é empregado. Nos enunciados a seguir, qual é o sentido e a predicação do verbo *continuar*?

a) Mesmo cansada, ela continuava o seu serviço.

b) Minha dor de cabeça continuou até a noite.

c) Aquela cidade continua linda.

4. O verbo *ficar* também pode apresentar diferentes sentidos, dependendo do contexto. Observe estes quadrinhos:

I.

Adão Iturrusgarai

(Adão Iturrusgarai. *Aline 5: numas de colegial.* Porto Alegre: L&PM, 2011. p. 111.)

II.

Adão Iturrusgarai

(Idem, p. 64.)

III.

Fernando Gonsales

(Fernando Gonsales. *Níquel Náusea: a vaca foi pro brejo atrás do carro na frente dos bois.* São Paulo: Devir, 2010. p. 7.)

IV.

Fernando Gonsales

(Fernando Gonsales. *Níquel Náusea: minha mulher é uma galinha.* São Paulo: Devir, 2008. p. 18.)

a) Qual é o sentido do verbo *ficar* em cada quadrinho?

b) Em qual dos quadrinhos o verbo *ficar* é transitivo indireto?

c) Em qual deles o verbo é de ligação, seguido de um predicativo do sujeito?

O espelho de Vênus (1877), de Edward Burne-Jones, pintor inglês que à época do Parnasianismo retomou na pintura os temas de influência clássica.

CAPÍTULO 10

O Parnasianismo no Brasil

Diferentemente do Realismo e do Naturalismo, que se voltavam para o exame e para a crítica da realidade, o Parnasianismo representou na poesia um retorno ao clássico, com todos os seus ingredientes: o princípio do belo na arte e a busca do equilíbrio e da perfeição formal. Na obra de Olavo Bilac, ainda ganhou traços de sensualidade e patriotismo.

Se examinarmos a história da arte e da literatura, veremos que ela se constrói em ciclos. O ser humano está sempre rompendo com aquilo que considera ultrapassado e propondo algo "novo". Esse novo, porém, muitas vezes não passa de algo ainda mais velho, só que revestido de uma linguagem diferente.

É o caso do Parnasianismo, movimento de inspiração clássica que ganhou pouco destaque na Europa, mas teve muita repercussão no Brasil a partir da década de 1880. Depois da revolução romântica, que impôs novos parâmetros e novos valores artísticos, formou-se em nosso país um grupo de poetas que desejava restaurar a poesia clássica, desprezada pelos românticos. Propunham uma poesia objetiva, de elevado nível vocabular, racionalista, bem-acabada do ponto de vista formal e voltada para temas universais.

A origem da palavra *Parnasianismo* associa-se ao Parnaso grego, segundo a lenda um monte da Fócida, na Grécia central, consagrado a Apolo e às musas. A escolha do nome já comprova o interesse dos parnasianos pela tradição clássica. Acreditavam que, apoiando-se nos modelos clássicos, estariam combatendo os exageros de emoção e fantasia do Romantismo e, ao mesmo tempo, garantindo o equilíbrio que almejavam.

Contudo, a presença de elementos clássicos na poesia parnasiana não ia além de algumas referências a personagens da mitologia e de um enorme esforço de equilíbrio formal. Pode-se afirmar que o conteúdo clássico dessa arte não passava de um verniz que a revestia artificialmente e tinha por finalidade garantir-lhe prestígio entre as camadas letradas do público consumidor brasileiro.

Olavo Bilac na obra de Jô Soares

Jô Soares, além de perspicaz entrevistador, também é autor de crônicas, peças de teatro e do romance cômico-policial: *O xangô de Baker Street.*

Amparada numa cuidadosa pesquisa sobre o Rio de Janeiro na segunda metade do século XIX, a obra reúne numa divertida trama policial figuras como o investigador Sherlock Holmes, D. Pedro II, a atriz francesa Sarah Bernhardt, a cantora popular Chiquinha Gonzaga e os escritores Coelho Neto, os irmãos Aluísio e Artur Azevedo e o parnasiano Olavo Bilac.

Em 2001, o livro de Jô Soares deu origem ao filme de mesmo nome, dirigido por Miguel Faria Jr.

Xangô de Baker Street.

A BATALHA DO PARNASO

As ideias parnasianas já vinham sendo difundidas no Brasil desde a década de 1870. No final dessa década travou-se no jornal *Diário do Rio de Janeiro* uma polêmica literária que reuniu, de um lado, os adeptos do Romantismo e, de outro, os adeptos do Realismo e do Parnasianismo. O saldo da polêmica, que ficou conhecida como Batalha do Parnaso, foi a ampla divulgação das ideias do Realismo e do Parnasianismo nos meios artísticos e intelectuais do país.

A primeira publicação considerada de fato parnasiana é a obra *Fanfarras* (1882), de Teófilo Dias. Entretanto, caberia a Alberto de Oliveira, Raimundo Correia, Olavo Bilac, Vicente de Carvalho e Francisca Júlia o papel de implantar e solidificar o movimento entre nós, bem como definir melhor os contornos de seu projeto estético.

OLAVO BILAC: O OURIVES DA LINGUAGEM

Arquivo/D.A Press

: Olavo Bilac.

Olavo Bilac (1865-1918) nasceu no Rio de Janeiro, estudou Medicina e Direito, mas não concluiu nenhum desses cursos. Exerceu as atividades de jornalista e inspetor escolar, tendo devotado boa parte de seu trabalho e de seus escritos à educação. Foi defensor da instrução primária, da educação física e do serviço militar obrigatório. Patriota, escreveu a letra do Hino à Bandeira e dedicou-se a temas de caráter histórico-nacionalista.

Sua primeira obra publicada foi *Poesias* (1888). Nela, o poeta já demonstrava estar plenamente identificado com as propostas do Parnasianismo, como comprova seu poema "Profissão de fé". Mas a concepção poética excessivamente formalista defendida por esse poema nem o próprio Bilac seguiu à risca. Vez ou outra depreende-se de seus textos certa valorização dos sentimentos que lembra o Romantismo. Apesar de menos conhecidos do público, há na produção de Bilac poemas amorosos de forte sensualidade, que o tornam sempre lembrado entre os autores brasileiros que cultivaram a poesia erótica. Como exemplo dessa face do poeta, veja este poema:

Tercetos

I

Noite ainda, quando ela me pedia
Entre dois beijos que me fosse embora,
Eu, com os olhos em lágrimas, dizia:

"Espera ao menos que desponte a aurora!
Tua alcova é cheirosa como um ninho...
E olha que escuridão há lá por fora!

Como queres que eu vá, triste e sozinho,
Casando a treva e o frio de meu peito
Ao frio e à treva que há pelo caminho?!

Ouves? é o vento! é um temporal desfeito!
Não me arrojes à chuva e à tempestade!
Não me exiles do vale do teu leito!

Morrerei de aflição e de saudade...
Espera! até que o dia resplandeça,
Aquece-me com a tua mocidade!

Sobre o teu colo deixa-me a cabeça
Repousar, como há pouco repousava...
Espera um pouco! deixa que amanheça!"

— E ela abria-me os braços. E eu ficava.

II

E, já manhã, quando ela me pedia
Que de seu claro corpo me afastasse,
Eu, com os olhos em lágrimas, dizia:

"Não pode ser! não vês que o dia nasce?
A aurora, em fogo e sangue, as nuvens corta...
Que diria de ti quem me encontrasse?

Ah! nem me digas que isso pouco importa!...
Que pensariam, vendo-me, apressado,
Tão cedo assim, saindo a tua porta,

Vendo-me exausto, pálido, cansado,
E todo pelo aroma de teu beijo
Escandalosamente perfumado?

O amor, querida, não exclui o pejo.
Espera! até que o sol desapareça,
Beija-me a boca! mata-me o desejo!

Sobre o teu colo deixa-me a cabeça
Repousar, como há pouco repousava!
Espera um pouco! deixa que anoiteça!"

— E ela abria-me os braços. E eu ficava.

(*Melhores poemas de Olavo Bilac*. Seleção de Marisa Lajolo. 4. ed. São Paulo: Global, 2003. p. 87-90.)

Marc Chagall. Kiss. 1916

Beijo (1916), de Marc Chagall.

Como num diálogo com o poema "Boa noite", de Castro Alves (página 152), o poema de Bilac igualmente sugere o passar das horas sem que os amantes consigam desvencilhar-se do ato amoroso. Primeiramente, alegando motivos meteorológicos: a treva, o frio, a tempestade; depois, quando amanhece, alegando cuidados com a reputação da mulher amada. Assim, ciclicamente os amantes dão continuidade ao amor.

Entre as obras que Bilac escreveu, destacam-se *Via láctea*, em que a objetividade parnasiana evolui para uma postura mais intimista e subjetiva; *Sarças de fogo*, em que predominam a objetividade e o sensualismo; e *O caçador de esmeraldas*, obra de preocupação histórica e nacionalista. Em parceria com Manoel Bonfim, escreveu *Através do Brasil*, uma coletânea de textos literários voltados para o público escolar.

LEITURA

Você vai ler, a seguir, dois dos mais conhecidos sonetos de Olavo Bilac.

Via láctea

Soneto XIII

“Ora (direis) ouvir estrelas! Certo
Perdeste o senso!” E eu vos direi, no entanto,
Que, para ouvi-las, muita vez desperto
E abro as janelas, pálido de espanto...

E conversamos toda a noite, enquanto
A via láctea, como um pátio aberto,
Cintila. E, ao vir do sol, saudoso e em pranto,
Inda as procuro pelo céu deserto.

Direis agora: “Tresloucado amigo!
Que conversas com elas? Que sentido
Tem o que dizem, quando estão contigo?”

E eu vos direi: “Amai para entendê-las!
Pois só quem ama pode ter ouvido
Capaz de ouvir e de entender estrelas.”

(*Melhores poemas de Olavo Bilac*, cit., p. 44.)

Mariângela Haddad

Nel mezzo del camin...

Cheguei. Chegaste. Vinhas fatigada
E triste, e triste e fatigado eu vinha.
Tinhas a alma de sonhos povoada,
E a alma de sonhos povoada eu tinha...

E paramos de súbito na estrada
Da vida: longos anos, presa à minha
A tua mão, a vista deslumbrada
Tive da luz que teu olhar continha.

Hoje, segues de novo... Na partida
Nem o pranto os teus olhos umedece,
Nem te comove a dor da despedida.

E eu, solitário, volto a face, e tremo,
Vendo o teu vulto que desaparece
Na extrema curva do caminho extremo.

(Idem, p. 78.)

1. No poema “Via láctea” há um diálogo sugerido pelo emprego de pronomes e verbos e pelo emprego das aspas. Identifique os interlocutores desse diálogo.

2. A propósito desse soneto:

a) Identifique no texto um exemplo de predomínio da emoção sobre a razão.

b) O que é necessário, segundo o eu lírico, para estabelecer comunicação com as estrelas?

3. O poema “*Nel mezzo del camin...*” apresenta imagens e sugestões cenográficas, como se pudéssemos visualizar as cenas num palco. O texto pode ser dividido em duas partes ou em dois momentos de uma caminhada.

a) Qual é a primeira parte?

b) E a segunda parte?

c) Levante hipóteses: O que teria provocado a separação?

d) Por que, na última estrofe, o eu lírico diz “tremo”?

4. O poema “*Nel mezzo del camin...*” apresenta várias repetições, algumas delas com inversão. Que efeito de sentido têm as repetições no poema?

5. Ambos os sonetos são muito apreciados pelo público e revelam as qualidades técnicas de Bilac como sonetista; contudo, não são os melhores exemplos da estética parnasiana. De que outro movimento literário notamos influência nesses textos? Justifique sua resposta.

RAIMUNDO CORREIA: A PESQUISA DA LINGUAGEM

Raimundo Correia (1860-1911) é um dos poetas que, juntamente com Olavo Bilac e Alberto de Oliveira, formam a chamada "tríade parnasiana". Maranhense, estudou Direito em São Paulo e foi magistrado em vários Estados brasileiros.

Sua poesia, no movimento parnasiano, representa um momento de descontração e de investigação. Nela se verificam pelo menos três fases:

- *a fase romântica*: com influência de Casimiro de Abreu e Fagundes Varela, é representada por *Primeiros sonhos* (1879);
- *a fase parnasiana* propriamente dita: representada pelas obras *Sinfonias* (1883) e *Versos e versões* (1887), é marcada pelo pessimismo de Schopenhauer – pensador alemão que defendia a ideia de que todas as dores e males do mundo provêm da vontade de viver – e por reflexões de ordem moral e social;
- *a fase pré-simbolista*: nela, o pessimismo diante da condição humana busca refúgio na metafísica e na religião, enquanto a linguagem apresenta uma pesquisa em musicalidade e sinestesia.

Iconographia

A famosa "tríade parnasiana": Olavo Bilac, à direita, Raimundo Correia, no centro, e Alberto de Oliveira, à esquerda.

LEITURA

O texto que segue é um dos mais conhecidos poemas de Raimundo Correia e um bom exemplo das qualidades técnicas do autor como sonetista. Observe como os versos, as imagens e a língua são empregados com fluência e naturalidade.

As pombas

Vai-se a primeira pomba despertada...
Vai-se outra mais... mais outra... enfim dezenas
De pombas vão-se dos pombais, apenas
Raia sanguínea e fresca a madrugada...

E à tarde, quando a rígida nortada
Sopra, aos pombais de novo elas, serenas,
Ruflando as asas, sacudindo as penas,
Voltam todas em bando e em revoada...

Também dos corações onde abotoam,
Os sonhos, um por um céleres voam,
Como voam as pombas dos pombais;

No azul da adolescência as asas soltam
Fogem... Mas aos pombais as pombas voltam,
E eles aos corações não voltam mais...

(In: Benjamim Abdala Jr., org. *Antologia da poesia brasileira – Realismo e Parnasianismo*. São Paulo: Ática, 1985. p. 35.)

René Magritte. *The large family*, 1963./Olga's Gallery

1. O soneto está organizado em duas partes. Nas duas quadras, o eu lírico descreve o revoar das pombas; nos tercetos é estabelecida uma comparação.
   a) A que é comparado o revoar das pombas?
   b) Qual é a diferença essencial, segundo o texto, entre os elementos comparados?

2. De acordo com os termos dessa comparação, identifique a que correspondem, no plano da vida:
   a) a madrugada e a tarde;
   b) a nortada, que as pombas encontram, à tarde, fora dos pombais.

3. Releia a última estrofe do soneto. Que visão sobre a vida e sobre a condição humana o eu lírico expressa nessa estrofe e no poema como um todo?

4. Destaque do soneto três características que comprovem a filiação do texto ao Parnasianismo.

Para quem quer mais

Se você deseja aprofundar os seus conhecimentos sobre a poesia de Olavo Bilac e do Parnasianismo, leia os textos a seguir e, posteriormente, sozinho, em dupla ou em grupo, procure resolver as questões propostas pelo **Roteiro de estudo**.

Olavo Bilac

A um Poeta

Longe do estéril turbilhão da rua,
Beneditino, escreve! No aconchego
Do claustro, na paciência e no sossego,
Trabalha, e teima, e lima, e sofre, e sua!

Mas que na forma se disfarce o emprego
Do esforço; e a trama viva se construa
De tal modo, que a imagem fique nua,
Rica mas sóbria, como um templo grego.

Não se mostre na fábrica o suplício
Do mestre. E, natural, o efeito agrade,
Sem lembrar os andaimes do edifício:

Porque a Beleza, gêmea da Verdade,
Arte pura, inimiga do artifício,
É a força e a graça na simplicidade.

(In: Antonio Candido e José A. Castello. *Presença da literatura brasileira — Das origens ao Romantismo*. São Paulo: Difel, 1966. p. 256.)

Vila Rica

O ouro fulvo do ocaso as velhas casas cobre;
Sangram, em laivos de ouro, as minas, que a ambição
Na torturada entranha abriu da terra nobre:
E cada cicatriz brilha como um brasão.

O ângelus plange ao longe em doloroso dobre.
O último ouro do sol morre na cerração.
E, austero, amortalhando a urbe gloriosa e pobre,
O crepúsculo cai como uma extrema unção.

Agora, para além do cerro, o céu parece
Feito de um ouro ancião que o tempo enegreceu...
A neblina, roçando o chão, cicia, em prece,

Como uma procissão espectral que se move...
Dobra o sino... Soluça um verso de Dirceu...
Sobre a triste Ouro Preto o ouro dos astros chove.

(*Melhores poemas de Olavo Bilac*, cit., p. 105.)

Alberto de Oliveira

Vaso grego

Esta de áureos relevos, trabalhada
De divas mãos, brilhante copa, um dia,
Já de aos deuses servir como cansada,
Vinda do Olimpo, a um novo deus servia.

Era o poeta de Teos que a suspendia
Então, e, ora repleta ora esvazada,
A taça amiga aos dedos seus tinia,
Toda de roxas pétalas colmada.

Depois... Mas o lavor da taça admira,
Toca-a, e do ouvido aproximando-a, às bordas
Finas hás de lhe ouvir, canora e doce,

Ignota voz, qual se da antiga lira
Fosse a encantada música das cordas,
Qual se essa voz de Anacreonte fosse.

(In: Antonio Candido e José A. Castello. *Presença da literatura brasileira – Das origens ao Romantismo*, cit., p. 228.)

The Bridgeman Art Library/Grupo

Alberto de Oliveira (1857-1937) foi uma espécie de líder do Parnasianismo e, ao mesmo tempo, o poeta que melhor se adequou aos princípios do movimento. Sua poesia é fria e intelectualizada, com um gosto acentuado pelo preciosismo formal e linguístico. Defendia a "arte pela arte" e, em vez de se interessar pela realidade brasileira, preferia buscar inspiração nos modelos clássicos que perseguia: os poetas barrocos e árcades portugueses.

Enquanto se travavam as lutas pela Abolição e pela República, Alberto de Oliveira afirmava: "Eu hoje dou a tudo de ombros, pouco me importam paz ou guerra e não leio jornais". Distante, então, dos problemas sociais, pôs-se a descrever vasos gregos e chineses.

Entre suas obras destacam-se *Meridionais* (1884) e *Versos e rimas* (1895).

• Roteiro de estudo •

Ao final da leitura, você deverá ser capaz de:

- Explicar, segundo o ponto de vista do eu lírico de "A um poeta", em que consiste a arte de fazer boa poesia.
- Reconhecer e explicar o efeito semântico resultante do emprego do polissíndeto (a repetição da conjunção *e*) na primeira estrofe do soneto "A um poeta".
- A propósito do poema "Vila Rica", explicar a relação entre as aliterações e as sugestões cromáticas – especialmente o negro e o ouro – com o conteúdo dos versos.
- Justificar por que o poema "Vaso grego" é um exemplo da concepção de "arte sobre a arte".

Para quem quer mais na Internet

Em nosso *site* (http://www.atualeditora.com.br/pl/paraquemquermais) você poderá ler outros poemas de Olavo Bilac, Raimundo Correia e Alberto de Oliveira e conhecer um pouco do trabalho de Vicente de Carvalho, outro poeta parnasiano.

Revista Época

CAPÍTULO 11

Habilidades de leitura e suas operações: a inferência e a interpretação

Neste capítulo sobre interpretação de textos, você vai conhecer as operações de inferência *e* interpretação *e ver como elas são avaliadas nos exames do Enem e do Vestibular.*

Por vezes, é difícil isolar uma operação mental de outra. Em interpretações de texto, frequentemente operações como o levantamento de hipóteses e a inferência são passos intermediários que precedem a interpretação.

Inferir

O que é *inferir*? Veja alguns dos sentidos da palavra apresentados pelo *Dicionário eletrônico Houaiss da língua portuguesa*:

Inferir: operação intelectual por meio da qual se afirma a verdade de uma proposição em decorrência de sua ligação com outras já reconhecidas como verdadeiras; operação que consiste em, tomando por base amostras estatísticas, efetuar generalizações.

Assim, no âmbito da interpretação de textos, fazer inferências equivale a extrair de um texto elementos (pistas, dados, ideias) que nos permitem chegar a uma dedução ou a uma interpretação, seja de um aspecto parcial do texto, seja de todo ele. Assim, as inferências são parte do processo de interpretar um texto.

Veja como esse tipo de operação é exigido no exame do Enem:

TEXTO I

Editora Globo

Época. 12 out. 2009 (adaptado).

TEXTO II

Editora Globo

Época. 12 out. 2009.

A capa da revista *Época* de 12 de outubro de 2009 traz um anúncio sobre o lançamento do livro digital no Brasil. Já o texto II traz informações referentes à abrangência de acessibilidade das tecnologias de comunicação e informação nas diferentes regiões do país. A partir da leitura dos dois textos, infere-se que o advento do livro digital no Brasil:

a) possibilitará o acesso das diferentes regiões do país às informações antes restritas, uma vez que eliminará as distâncias, por meio da distribuição virtual.
b) criará a expectativa de viabilizar a democratização da leitura, porém esbarra na insuficiência do acesso à Internet por meio da telefonia celular, ainda deficiente no país.
c) fará com que os livros impressos tornem-se obsoletos, em razão da diminuição dos gastos com os produtos digitais gratuitamente distribuídos pela Internet.
d) garantirá a democratização dos usos da tecnologia no país, levando em consideração as características de cada região no que se refere aos hábitos de leitura e acesso à informação.
e) impulsionará o crescimento da qualidade da leitura dos brasileiros, uma vez que as características do produto permitem que a leitura aconteça a despeito das adversidades geopolíticas.

Resposta: *b*.

Essa questão mobiliza algumas habilidades muito importantes. A habilidade principal que sua resolução demanda é explicitada no enunciado: a *inferência*. Para chegar à resposta correta, o aluno deveria *observar* e *analisar* os dois textos apresentados, produzidos em diferentes linguagens; em seguida, deveria *identificar* as informações principais do enunciado, ou seja, a de que o texto I consiste em um anúncio sobre o lançamento do livro digital no Brasil e a de que o texto II informa sobre a abrangência da acessibilidade das tecnologias de comunicação e informação nas diferentes regiões do país.

Na sequência, era preciso confrontar as informações dos dois textos, observando afinidades e discrepâncias. O texto I aponta para as facilidades que o livro digital pode trazer para a democratização da leitura, enquanto o mapa da conexão sem fio no Brasil mostra que a cobertura de telefonia celular está quase totalmente restrita às regiões Sul e Sudeste do país e a cidades e capitais litorâneas. Logo, *infere-se* que a democratização da leitura por meio do livro digital não vai se dar de forma tão simples e rápida como sugere o texto I.

O passo seguinte consistiria em examinar cada uma das alternativas oferecidas, confrontando-as com os textos e comparando-as entre si. Assim, não seria difícil o estudante chegar à resposta correta, a alternativa *b*, que confirma justamente a contradição entre a propagandeada democratização da leitura que o livro digital proporcionaria e a limitação que essa iniciativa encontra no Brasil em virtude da insuficiente disponibilidade da conexão sem fio.

Interpretar

Interpretar significa, segundo os dicionários, "determinar o sentido preciso de um texto ou de uma lei; explicar o sentido de; entender; julgar".

No âmbito escolar, segundo Lino de Macedo, um dos mentores da prova do Enem, interpretar constitui sempre uma inferência ou conclusão autorizada por sinais, indícios ou indicadores presentes em um texto. Interpretar supõe acrescentar sentido, ler nas entrelinhas, preencher os vazios e, dentro dos limites de determinado material, ampliar seu conteúdo*.

Veja, a seguir, como esse tipo de operação é explorado nos exames.

(UERJ-RJ) (2011)

CAULOS

Só dói quando eu respiro. Porto Alegre: L&PM, 2001.

* "Esquemas de ação ou operações valorizadas na matriz ou prova do Enem". In: *Eixos cognitivos do Enem – Versão preliminar*. Brasília: MEC/INEP, 2007.

No cartum apresentado, o significado da palavra escrita é reforçado pelos elementos visuais, próprios da linguagem não verbal.

A separação das letras da palavra em balões distintos contribui para expressar principalmente a seguinte ideia:

a) dificuldade de conexão entre as pessoas.
b) aceleração da vida na contemporaneidade.
c) desconhecimento das possibilidades de diálogo.
d) desencontro de pensamentos sobre um assunto.

Resposta: *a*.

As afirmativas apresentadas sobre o cartum são sínteses interpretativas. No exame, o candidato deveria analisar qual delas corresponde à melhor interpretação do cartum.

Para chegar à resposta correta, o estudante deveria, primeiramente, *identificar* o que se pede no enunciado da questão. Procedendo-se à *análise* das linguagens verbal e não verbal do cartum, nota-se que as letras da palavra *solidão* estão dispostas em balões de pensamento distintos e separados e cada uma delas provém do pensamento de uma pessoa. As pessoas, por sua vez, embora próximas umas das outras, caminham todas isoladamente, cada uma mergulhada nos próprios pensamentos, ou em sua "própria letra". Elas não percebem que, caso se aproximassem, formariam juntas a palavra *solidão*. É possível *inferir* e *interpretar* que a montagem do quebra-cabeça equivaleria, no plano da vida, à possibilidade de as pessoas encontrarem saídas para seus problemas ou estabelecerem um sentido para suas vidas. E, juntas, embora formem a palavra *solidão*, paradoxalmente estariam pondo fim à própria solidão, provavelmente a origem de seus males.

Ao conjunto de operações como essas, que levam a "ler nas entrelinhas, preencher vazios", é que chamamos **interpretação** de um texto.

Como se trata de uma questão de múltipla escolha, o estudante deveria ainda analisar cada uma das alternativas, confrontá-las com suas hipóteses de leitura e de interpretação do cartum e avaliar a verdade ou a falsidade de cada uma das proposições para fazer a escolha. Na questão em estudo, a alternativa *a* é a que corresponde à interpretação feita.

Nem sempre a alternativa dada como correta é a melhor interpretação possível de um texto, mas, por exclusão, pode ser a melhor entre as alternativas apresentadas. Na questão em estudo, por exemplo, as alternativas *c* e *d* estão parcialmente corretas. É provável que as personagens tenham "desconhecimento das possibilidades de diálogo" (alternativa *c*), assim como que haja entre elas "desencontro de pensamentos sobre um assunto" (alternativa *d*), ocorrência habitual entre as pessoas. Entretanto, essas são informações que não compõem o universo explorado pelo cartum. Logo, o item *a* é a melhor entre as opções oferecidas.

Texto para as questões 1 e 2:

Como evitar que a TPM sabote o treino

Faça um esforço para se exercitar, já que a atividade física pode diminuir os sintomas

MARCIO ATALLA

Pratico atividade física regularmente, pelo menos três vezes por semana. Mas, cerca de dez dias antes da minha menstruação, fico extremamente cansada, sonolenta e sem disposição. O que devo fazer para melhorar esse estado e não perder o pique dos treinos?

S. V. de L. N., Goiânia, GO

No período da tensão pré-menstrual (TPM), a maioria das mulheres passa por uma mudança de humor, com tendência a depressão leve. Por isso ficam mais desanimadas para os treinos. Mas são os exercícios físicos que podem diminuir os sintomas da TPM. Faça um esforço para manter o ritmo nesse período. Em pouco tempo, você vai passar a se sentir melhor. Sabendo disso, será mais fácil manter o ritmo nos próximos meses.

Estou em dieta e faço step e caminhada por 40 minutos, todos os dias. Perdi 13 quilos em três meses, mas não estou mais emagrecendo como no começo e isso me desanima.

R. de S., Rio de Janeiro, RJ

Quanto mais sedentária é a pessoa, maior é a resposta do corpo aos exercícios físicos na fase inicial. Depois de perder 13 quilos, é normal que a resposta ao treino diminua. Você pode aumentar o tempo da caminhada para 50 ou 60 minutos. Se estiver se sentindo muito bem, você pode alternar com uma corrida leve. Inclua na rotina algum trabalho de força, para promover ganho de massa muscular, que é fundamental para quem quer emagrecer. Cuide para não deixar nenhum grupo de macronutrientes (carboidratos, gorduras e proteínas) fora de sua dieta. O importante é fracionar sua alimentação, comer em pequenas porções, com intervalos de três horas.

Sempre gostei de atividade física. Mas hoje trabalho mais de dez horas por dia. Como não consigo ir à academia, subo 13 andares de escada, todas as manhãs no escritório. Nos finais de semana, corro e faço musculação. Essa subida de escadas faz efeito? Seria melhor acordar um dia de madrugada, durante a semana?

F. P., Cuiabá, MT

Subir 13 andares equivale a fazer uma caminhada por 40 minutos. Além disso, você se exercita duas vezes por semana. Com esse ritmo, você já evita uma série de doenças cardiovasculares e diminui o risco de diabetes. Eu não recomendo sacrificar horas de sono. Quando dormimos por seis a nove horas seguidas, nosso organismo libera dois hormônios de forma equilibrada. A leptina, que nos dá sensação de saciedade, e a grelina, que abre o apetite. Quando dormimos menos de seis horas, o organismo libera mais grelina e menos leptina, o que aumenta o apetite. O que você pode fazer é tentar reservar entre 20 e 30 minutos durante um dia da semana para fazer exercícios em casa, como pular corda e fazer exercícios com elásticos, alternados com flexão, abdominal e agachamento.

Marcio Atalla é professor de Educação Física e comanda o BemStar no canal GNT.

(*Época*, 27/6/2011.)

1. As consultas dos leitores e as respostas dadas pelo professor de educação física permitem inferir que:

a) na resposta dada a S., a solução apontada consiste na contenção da atividade física durante o período pré-menstrual.

b) na resposta dada a F., a orientação consiste em lembrar a necessidade de sono por mais de seis horas por dia.

c) na orientação dada a R., é destacada a importância tanto da caminhada quanto da boa alimentação.

d) tanto para R. quanto para F., o problema apontado é o excesso de atividade física.

e) tanto para S. quanto para R., a orientação consiste em aumentar o tempo dedicado aos exercícios.

2. Quanto ao tema TPM, mencionado a propósito da consulta feita por S., podemos afirmar que:

a) a leitora sente-se desconfortável com a perda de humor causada pela prática de atividade física durante o período menstrual.

b) durante o período menstrual é importante mudar a dieta para resolver o problema de sonolência e cansaço.

c) o período pré-menstrual, na opinião de S., é benéfico para a prática de atividade física.

d) dez dias antes da menstruação, é impossível praticar esporte.

e) a prática de atividade física não deveria ser interrompida durante o período pré-menstrual.

3. Leia o texto:

Check-up neurológico

[Blog Vida] por **Daniela Santarosa**, 15/7/2011

Houve um tempo em que homens e mulheres viviam, na melhor das hipóteses, por três décadas. A expectativa de vida da população das áreas mais desenvolvidas do planeta começou a mudar somente entre os anos de 1500 e 1900. De lá para cá, melhores condições de alimentação, de saneamento e o incontestável avanço da medicina contribuíram para que os indivíduos ultrapassassem a barreira dos 30. Atualmente, embora ainda sofra com mazelas praticamente erradicadas nos países mais desenvolvidos, o brasileiro vive, em média, 72,4 anos. Ainda estamos longe, porém, comparando com os japoneses, que normalmente chegam aos 82,6 anos e são os recordistas mundiais de longevidade.

Viver mais, no entanto, trouxe alguns desafios. Males neurológicos pouco relatados antigamente hoje são comuns e causam receio não apenas em idosos. Jovens que desejam escapar do acidente vascular cerebral (AVC) e de patologias que afetam a memória e a cognição passaram a procurar meios de se antecipar a tais ocorrências. Por isso, o checape neurológico tem conquistado quem pretende ir além dos 70 preservando, é claro, a qualidade de vida.

Para prevenir o AVC, que já lidera a lista dos males que mais matam no Brasil, médicos e pacientes têm à disposição exames cuja finalidade é averiguar o estado das artérias que levam sangue e oxigenação ao cérebro. A anamnese com neurologistas – histórico detalhado do paciente feito pelo especialista por ocasião da consulta – também é importante para detectar sinais de perdas cognitivas [...].

O comprometimento da memória e outros problemas degenerativos também podem ser detectados em testes específicos. Para Maristela Costa, neurofisiologista do Hospital do Coração, em São Paulo, entender o funcionamento do cérebro e o envelhecimento cerebral ainda é um grande desafio para médicos e cientistas. Mas os exames de neuroimagens estão, cada dia mais, contribuindo para desvendar melhor a estrutura mais complexa do corpo humano. [...]

Jornal *Zero Hora* (Porto Alegre)
(http://wp.clicrbs.com.br/blogdovida/?topo=13,1,1,,,e319)

De acordo com o texto, a busca de longevidade não pode estar ligada apenas ao checape neurológico, uma vez que:

a) é necessário buscar também qualidade de vida, como se viu entre 1500 e 1900.

b) é fundamental buscar atingir o padrão de vida japonês.

c) é preciso ter também qualidade de vida, cuidando-se bem da alimentação.

d) são necessários outros tipos de checape, como o cardiológico, por exemplo.

e) com o passar do tempo, a pessoa de idade avançada precisa também da atenção dos familiares.

EM DIA COM O ENEM E O VESTIBULAR

Literatura e estudos de linguagem

(FGV-SP) Para responder às questões de 1 a 3 leia estes dois fragmentos extraídos de *O primo Basílio*, de Eça de Queirós, ambos referentes à personagem Luísa.

I – Lia muitos romances; tinha uma assinatura, na Baixa, ao mês. Em solteira, aos dezoito anos, entusiasmara-se por Walter Scott e pela Escócia; desejara então viver num daqueles castelos escoceses, que têm sobre as ogivas os brasões do clã, mobilados com arcas góticas e troféus de armas, forrados de largas tapeçarias, onde estão bordadas legendas heroicas, que o vento do lago agita e faz viver; e amara Ervandalo, Morton e Ivanhoé, ternos e graves, tendo sobre o gorro a pena de águia, presa ao lado pelo cardo de Escócia de esmeraldas e diamantes. (Cap. I)

II – Ia encontrar Basílio no "Paraíso" pela primeira vez. E estava muito nervosa: não pudera dominar, desde pela manhã, um medo indefinido que lhe fizera pôr um véu muito espesso, e bater o coração ao encontrar Sebastião. Mas ao mesmo tempo uma curiosidade intensa, múltipla, impelia-a, com um estremecimentozinho de prazer. — Ia, enfim, ter ela própria aquela aventura que lera tantas vezes nos romances amorosos! Era uma forma nova do amor que ia experimentar, sensações excepcionais! Havia tudo — a casinha misteriosa, o segredo ilegítimo, todas as palpitações do perigo! (Cap. VI)

1. Estão conjugados no mesmo tempo, mas se referem a diferentes períodos da vida de Luísa, os verbos destacados em:

a) "*Lia* muitos romances" e "*tinha* uma assinatura". (Fragmento I)
b) "*entusiasmara*-se por Walter Scott" e "*desejara* então viver". (Fragmento I)
c) "que *têm* sobre as ogivas" e "onde *estão* bordadas". (Fragmento I)
d) "*Ia encontrar* Basílio" e "que *ia experimentar*". (Fragmento II)
e) "que lhe *fizera* pôr" e "que *lera* tantas vezes". (Fragmento II)

2. Das características da escola literária a que pertence este romance, a mais nitidamente perceptível nos dois fragmentos ocorre em:

a) O homem está submetido às mesmas leis universais que os demais seres vivos.
b) Assim como o cientista, também o ficcionista pretende provar com sua obra uma teoria.
c) As massas emergiram ao plano histórico, buscando a posse dos progressos materiais e políticos.
d) O sentimentalismo e a imaginação podem ser fatores condicionantes das atitudes humanas.
e) A arte pode ser um instrumento para a reforma das condições sociais.

3. Alguns críticos apontam a influência de Eça de Queirós sobre Aluísio Azevedo. Considere as seguintes afirmações em que se comparam *O primo Basílio* e *O cortiço*:

I - O determinismo do meio, tão presente no naturalista brasileiro, em Eça está praticamente ausente.

II - A primazia do coletivo sobre o individual está mais patente em Eça do que em Aluísio.

III - Para dar a impressão da própria realidade, os dois autores usam detalhes aparentemente insignificantes na pintura de personagens e ambientes.

Está correto apenas o que se afirma em:

a) I.
b) II.
c) III.
d) I e II.
e) II e III.

4. (ITA-SP) O texto abaixo é o início da obra *Dom Casmurro*, de Machado de Assis.

Uma noite dessas, vindo da cidade para o Engenho Novo, encontrei no trem da Central um rapaz aqui do bairro, que eu conheço de vista e de chapéu. Cumprimentou-me, sentou-se ao pé de mim, falou da lua e dos ministros, e acabou recitando-me versos. A viagem era curta, e os versos pode ser que não fossem inteiramente maus. Sucedeu, porém, que, como eu estava cansado, fechei os olhos três ou quatro vezes; tanto bastou para que ele interrompesse a leitura e metesse os versos no bolso.

[...] No dia seguinte entrou a dizer de mim nomes feios, e acabou alcunhando-me *Dom Casmurro*. Os vizinhos, que não gostam dos meus hábitos reclusos e calados, deram curso à alcunha, que afinal pegou.

[...] Não consultes dicionários. *Casmurro* não está aqui no sentido que eles lhe dão, mas no que lhe pôs o vulgo de homem calado e metido consigo. *Dom* veio por ironia, para atribuir-me fumos de fidalgo. Tudo por estar cochilando! Também não achei melhor título para a minha narração; se não tiver outro daqui até ao fim do livro, vai este mesmo.

Considere as afirmações abaixo referentes ao trecho, articuladas ao romance:

I. O narrador já apresenta seu estilo irônico de narrar.

II. O narrador assume uma alcunha que o caracteriza ao longo do enredo.

III. Os eventos narrados no trecho inicial desencadeiam o conflito central da obra.

IV. O título *Dom Casmurro* não caracteriza adequadamente o personagem Bentinho.

Estão corretas apenas

a) I e II.
b) I e III.
c) II e III.
d) II e IV.
e) III e IV.

5. (UFMT-MT) Uma ampla galeria de tipos humanos desfila pelas páginas de *O Cortiço* (Aluísio de Azevedo, 1890): lavadeiras, operários, prostitutas, mascates, todos representantes de uma população marginal, que vive num ambiente degradado e corruptor. Na verdade, a moradia coletiva parece determinar o comportamento dos que ali vivem, como é o caso, entre outros, de Pombinha, menina pura que, pressionada pelo meio, acaba por se prostituir.

Em relação a *O Cortiço*, assinale a afirmativa correta.

a) O meio se personaliza e apresenta o dom de a tudo dominar, sobrepondo-se às especificidades individuais a força avassaladora do conjunto.
b) A influência decisiva do temperamento e do meio ambiente no comportamento humano limita o autor e impede que João Romão e Rita Baiana sejam personagens bem construídas.
c) O autor ao tratar das personagens preocupa-se em individualizá-las uma por uma, para realçar-lhes as diferenças e evitar que se diluam numa espécie de massa indistinta de seres.
d) A caracterização das personagens por vezes é feita com elementos referentes ao mundo animal, procedimento que aproxima o Naturalismo de Azevedo do Romantismo de Alencar, quando este enaltecia aspectos paradisíacos da natureza brasileira.
e) As ideias explícitas acerca dos mecanismos da vida social, como o casamento, recebem tratamento análogo ao encontrável nas principais obras românticas.

6. (FUVEST-SP)

> — Não entra a polícia! Não deixa entrar! Aguenta! Aguenta! — Não entra! Não entra! repercutiu a multidão em coro.
>
> E todo o cortiço ferveu que nem uma panela ao fogo.
>
> — Aguenta! Aguenta!
>
> Aluísio Azevedo, *O cortiço*, 1890, parte X.

O fragmento apresentado mostra a resistência dos moradores de um cortiço à entrada de policiais no local. O romance de Aluísio Azevedo:

a) representa as transformações urbanas do Rio de Janeiro no período posterior à abolição da escravidão e o difícil convívio entre ex-escravos, imigrantes e poder público.
b) defende a monarquia recém-derrubada e demonstra a dificuldade da República brasileira de manter a tranquilidade e a harmonia social após as lutas pela consolidação do novo regime.
c) denuncia a falta de policiamento na então capital brasileira e atribui os problemas sociais existentes ao desprezo da elite paulista cafeicultora em relação ao Rio de Janeiro.
d) valoriza as lutas sociais que se travavam nos morros e na periferia da então capital federal e as considera um exemplo para os demais setores explorados da população brasileira.
e) apresenta a imigração como a principal origem dos males sociais por que o país passava, pois os novos empregados assalariados tiraram o trabalho dos escravos e os marginalizaram.

7. (PUC-SP)

> Jantei fora. De noite fui ao teatro. Representava-se justamente Otelo, que eu não vira nem lera nunca; sabia apenas o assunto e estimei a coincidência. (...) O último ato mostrou-me que não eu, mas Capitu devia morrer. Ouvi as súplicas de Desdêmona, as suas palavras amorosas e puras, e a fúria do mouro, e a morte que este lhe deu entre aplausos frenéticos do público.

O trecho acima é do romance *Dom Casmurro*, de Machado de Assis. A personagem, na trama de Otelo, Desdêmona, leva o narrador do romance a estabelecer comparações com Capitu. Assim, indique nas alternativas abaixo, a que contém afirmação que as aproxima e as identifica.

a) Tanto Desdêmona quanto Capitu eram inocentes mas acabaram tendo o mesmo destino trágico.
b) Capitu era inocente, enquanto Desdêmona era culpada por ter traído Otelo e mereceu a morte que teve.
c) Desdêmona era inocente e foi alvo de calúnia, enquanto Capitu era sabidamente culpada por delito reconhecido.
d) Bentinho e Otelo tinham motivos claros e suficientes para vingarem-se do ultraje sofrido.
e) Tanto Desdêmona quanto Capitu foram alvos de ciúmes e tiveram seus destinos traçados pelos maridos.

(UNIFESP-SP) **Instrução:** As questões de números 8 a 11 tomam por base o fragmento seguinte.

As provocações no recreio eram frequentes, oriundas do enfado; irritadiços todos como feridas; os inspetores a cada passo precisavam intervir em conflitos; as importunações andavam em busca das suscetibilidades; as suscetibilidades a procurar a sarna das importunações. Viam de joelhos o Franco, puxavam-lhe os cabelos. Viam Rômulo passar, lançavam-lhe o apelido: mestre-cuca!

Esta provocação era, além de tudo, inverdade. Cozinheiro, Rômulo! Só porque lembrava culinária, com a carnosidade bamba, fofada dos pastelões, ou porque era gordo das enxúndias enganadoras dos fregistas, dissolução mórbida de sardinha e azeite, sob os aspectos de mais volumosa saúde?

(...)

Rômulo era antipatizado. Para que o não manifestassem excessivamente, fazia-se temer pela brutalidade. Ao mais insignificante gracejo de um pequeno, atirava contra o infeliz toda a corpulência das infiltrações de gordura solta, desmoronava-se em socos. Dos mais fortes vingava-se, resmungando intrepidamente.

Para desesperá-lo, aproveitavam-se os menores do escuro. Rômulo, no meio, ficava tonto, esbravejando juras de morte, mostrando o punho. Em geral procurava reconhecer algum dos impertinentes e o marcava para a vindita. Vindita inexorável.

No decorrer enfadonho das últimas semanas, foi Rômulo escolhido, principalmente, para expiatório do desfastio. Mestre-Cuca! Via-se apregoado por vozes fantásticas, saídas da terra; mestre-cuca! Por vozes do espaço rouquenhas ou esganiçadas. Sentava-se acabrunhado, vendo se se lembrava de haver tratado panelas algum dia na vida; a unanimidade impressionava. Mais frequentemente, entregava-se a acessos de raiva. Arremetia bufando, espumando, olhos fechados, punhos para trás, contra os grupos. Os rapazes corriam a rir, abrindo caminho, deixando rolar adiante aquela ambulância danada de elefantíase.

(Raul Pompeia. *O Ateneu.*)

8. Considere as seguintes afirmações.

I. A alcunha de mestre-cuca, recebida por Rômulo, advinha do fato de ter praticado, anteriormente, a arte culinária.
II. As agressões e humilhações sofridas por Rômulo eram essencialmente motivadas por sua antipatia.
III. As reações de Rômulo às provocações dos colegas variavam conforme as circunstâncias.

De acordo com o texto, está correto o que se afirma apenas em:

a) I.
b) II.
c) III.
d) I e II.
e) II e III.

9. Indique a alternativa em que os fragmentos selecionados exemplificam, respectivamente, a manifestação clara do ponto de vista do narrador e a opinião do grupo, a propósito de Rômulo.

a) *Cozinheiro, Rômulo! – Vindita inexorável.*
b) *Vindita inexorável. – Cozinheiro, Rômulo!*
c) *Mestre-cuca! – Vindita inexorável.*
d) *Cozinheiro, Rômulo! – Mestre-cuca!*
e) *Mestre-cuca! – Cozinheiro, Rômulo!*

10. Sobre o texto, é correto afirmar:

a) A atmosfera tensa presente no cotidiano do colégio era produto, sobretudo, da marcação cerrada dos inspetores, que intervinham nos muitos conflitos.
b) Rômulo, devido às provocações que sofre, perde as certezas sobre si mesmo e assume um comportamento que oscila entre a angústia e ataques de fúria.
c) Alguns alunos, por serem muito suscetíveis, importunavam outros colegas, puxando-lhes o cabelo ou colocando-lhes apelidos.
d) A brutalidade física de Rômulo era a única solução que encontrava para enfrentar a chacota dos alunos mais fortes.
e) A unanimidade dos alunos em chamar Rômulo de cozinheiro fazia com que preponderasse sua atitude de entregar-se ao acabrunhamento.

11. Tendo em vista a função sintática da palavra grifada no fragmento *Para que o não manifestassem excessivamente, fazia-se temer pela brutalidade,* assinale a alternativa em que o termo sublinhado exerce a mesma função:

a) *Dos mais fortes vingava-se, resmungando intrepidamente.*
b) *Para desesperá-lo, aproveitavam-se os menores do escuro.*
c) *Via-se apregoado por vozes fantásticas, saídas da terra.*
d) *Mais frequentemente, entregava-se a acessos de raiva.*
e) *Viam de joelhos o Franco, puxavam-lhe os cabelos.*

(FGV-SP) Texto para as questões de 12 a 15.

Vila Rica

O ouro fulvo* do ocaso as velhas casas cobre;
Sangram, em laivos* de ouro, as minas, que [ambição
Na torturada entranha abriu da terra nobre:
E cada cicatriz brilha como um brasão.

O ângelus plange ao longe em doloroso dobre,
O último ouro de sol morre na cerração.
E, austero, amortalhando a urbe gloriosa e pobre,
O crepúsculo cai como uma extrema-unção.

Agora, para além do cerro, o céu parece
Feito de um ouro ancião, que o tempo enegreceu...
A neblina, roçando o chão, cicia, em prece,

Como uma procissão espectral que se move...
Dobra o sino... Soluça um verso de Dirceu...
Sobre a triste Ouro Preto o ouro dos astros chove.

Olavo Bilac

*Glossário:

fulvo: de cor alaranjada.

laivos: marcas; manchas; desenhos estreitos e coloridos nas pedras; restos ou vestígios.

12. Tendo em vista as imagens usadas pelo poeta na descrição de Vila Rica, pode-se afirmar corretamente que, nela, é dominante a ideia de:

a) decadência.
b) opulência.
c) indiferença.
d) aversão.
e) euforia.

13. Considerado o contexto, é correto afirmar que a polissemia (multiplicidade de sentidos de uma palavra) está presente em "laivos" e, de modo mais acentuado, na palavra:

a) "casas".
b) "minas".
c) "ouro".
d) "urbe".
e) "astros".

14. Dentre os diversos recursos expressivos presentes no texto, pode-se apontar o emprego concomitante de um verbo onomatopaico e de aliteração no verso:

a) dois.
b) onze.
c) oito.
d) catorze.
e) quatro.

15. Das características abaixo, todas presentes no texto, a que ocorre mais raramente na poesia parnasiana é:

a) o rigor formal na estruturação dos versos.
b) o emprego de forma fixa, por exemplo, o soneto.
c) a sujeição às normas da língua culta.
d) o gosto pela rima rica (rima entre palavras de classes gramaticais diferentes).
e) a visão subjetiva da realidade, embora desprovida de sentimentalismo.

(MACK-SP) Texto para as questões 16 e 17:

A ameaça de uma bomba atômica está mais viva do que nunca. Os conflitos étnicos mataram quase 200 chineses só no mês de julho. Agora uma boa notícia: a paz mundial pode estar a caminho. Segundo estimativas de pesquisadores, o mundo está bem menos sangrento do que já foi. Cerca de 250 mil pessoas morrem por ano em consequência de algum conflito armado. É bem menos do que no século 20, que teve 800 mil mortes anuais em sua 2ª metade e 3,8 milhões por ano até 1950.

O que aconteceu? O psicólogo Steven Pinker diz que o aumento do número de democracias ajudou. Assim como a nossa saúde: como a expectativa de vida subiu, temos mais medo de arriscar o pescoço. Até a globalização teria contribuído: um mundo mais integrado é um mundo mais tolerante, diz Pinker.

Revista *Superinteressante*

16. Os dois-pontos utilizados nas linhas 14 e 17 podem ser substituídos, sem prejuízo do sentido original do texto, por:

a) "portanto" (linha 14) e "porém" (linha 17).
b) "pois" (linha 14) e "uma vez que" (linha 17).
c) "logo" (linha 14) e "conquanto" (linha 17).
d) "embora" (linha 14) e "não obstante" (linha 17).
e) "porém" (linha 14) e "porque" (linha 17).

17. *Os conflitos étnicos mataram quase 200 chineses só no mês de julho* (linhas 02 e 03).

De acordo com a norma-padrão, passando-se essa frase para a voz passiva analítica, a forma verbal correspondente será:

a) foram mortos.
b) estavam sendo mortos.
c) eram mortos.
d) matou-se.
e) morreram.

18. (IFSP-SP) Considere os trechos em destaque.

Às *mais* velhas, resta uma eventual adoção por casais estrangeiros ou a permanência *nos abrigos* até se tornarem adultas, vivendo *sem laços familiares* e abandonadas à própria sorte.

Eles expressam, correta e respectivamente, as circunstâncias de:

a) intensidade, lugar e modo.
b) adição, meio e consequência.
c) contraste, tempo e intensidade.
d) tempo, modo e causa.
e) consequência, causa e meio.

19. (IFSP-SP) Assinale a alternativa em que se desenvolveu a oração reduzida em destaque de forma coerente com o sentido do texto.

> Na avaliação de profissionais que atuam no campo da adoção, as pessoas começaram a reavaliar seus sonhos de maternidade e paternidade *ao perceber* que aquele bebê loiro e de olhos azuis não existe nos abrigos.

a) ... depois que percebessem...
b) ... quando perceberam...
c) ... ainda que tenham percebido...
d) ... embora houvessem percebido...
e) ... à medida que perceberão...

Produção de texto

20. (UFPR-PR) O texto a seguir é parte da reportagem "Desmatamento aumenta 116% nos últimos 12 meses", publicada pelo jornal *Gazeta do Povo* em 15 de agosto de 2008. Escreva um parágrafo de 5 a 7 linhas, dando continuidade aos parágrafos iniciais, sem necessariamente concluir o texto. O novo parágrafo deve:

- apresentar uma articulação clara com os parágrafos iniciais;
- introduzir informações novas, que garantam a progressão no tratamento do tema;
- dar continuidade ao início proposto: "Para reverter esse quadro, ...".

> O desmatamento acumulado na Amazônia nos últimos 12 meses foi 116% maior do que o acumulado dos 12 meses anteriores, segundo o Instituto Nacional de Pesquisas Espaciais (INPE). Entre junho de 2007 e maio de 2008, foram derrubados ou degradados 7.666 km² de floresta, contra 3.543 km² no mesmo período de 2006 a 2007. Os cálculos são do Sistema de Detecção de Desmatamento em Tempo Real (Deter), cujo relatório de maio foi divulgado nesta terça-feira (15). A área impactada no mês foi de 1.096 km², praticamente igual à de abril e equivalente ao território da cidade do Rio de Janeiro.
>
> Mato Grosso foi responsável por 54% do desmatamento registrado nos últimos 12 meses, 59% do registrado em maio e 69% do acumulado nos primeiros cinco meses do ano. De um total de 3.730 km² de floresta derrubada ou degradada entre janeiro e maio, 2.571 km² estão dentro do Estado, segundo o Deter. Roraima aparece em um distante segundo lugar, com 464 km² (12%), e o Pará em terceiro, com 383 km² (10%) desmatados.

21. (UEL-PR) Leia o texto a seguir.

> O jogo é duríssimo. Embalado por uma série de conquistas nos últimos anos, o time da casa quer mostrar aos torcedores sua força emergente. O adversário é um gigante acostumado a vencer embates por goleada e que não reluta em usar artifícios — mesmo se forem polêmicos — para alcançar seus objetivos. Mais do que apenas uma competição esportiva, a Copa do Mundo pode se transformar em um confronto encarniçado entre o país-sede, como o Brasil em 2014, e a Fifa, organizadora do evento.
>
> A Fifa fez ao governo brasileiro uma série de exigências que, se forem rigorosamente cumpridas, criam uma espécie de Estado paralelo: mudanças em leis federais, estaduais e municipais, imposição quanto à contratação de fornecedores, exigências de produtos específicos, controle de toda publicidade relacionada ao evento, cancelamento das regras de concessão de meia-entrada para estudantes, liberação da venda de bebida alcoólica nos estádios, entre outras.
>
> Para os defensores da Fifa, nada mais justo do que ceder aos apelos de quem trouxe o maior evento esportivo do planeta para o território brasileiro. Para os críticos, as imposições colocam em risco a soberania nacional. Quem vai vencer essa guerra?
>
> (Adaptado de: SEGALLA, Amauri; RODRIGUES, Alan; MOURA, Pedro Marcondes de. O Brasil encara a Fifa. *IstoÉ*, n. 2 187, ano 35, p. 38-39, 12 out. 2011.)

Redija um texto de, no mínimo, 10 linhas e, no máximo, 16 linhas, no qual você se posicione favoravelmente a um dos lados do confronto citado na reportagem. Seu texto deverá:

- Ser escrito com letra legível, cursiva ou de fôrma, diferenciadas as maiúsculas das minúsculas.
- Utilizar linguagem formal.
- Ter 2 parágrafos.
- Estar escrito na primeira pessoa do singular ou do plural.
- Conter argumentos que sustentem sua posição.
- Incorporar argumentos contrários que você deverá contestar.

Interpretação de textos

22. (ENEM)

> **O *Chat* e sua linguagem virtual**
>
> O significado da palavra *chat* vem do inglês e quer dizer "conversa". Essa conversa acontece em tempo real, e, para isso, é necessário que

duas ou mais pessoas estejam conectadas ao mesmo tempo, o que chamamos de comunicação síncrona. São muitos os *sites* que oferecem a opção de bate-papo na internet, basta escolher a sala que deseja "entrar", identificar-se e iniciar a conversa. Geralmente, as salas são divididas por assuntos, como educação, cinema, esporte, música, sexo, entre outros. Para entrar, é necessário escolher um *nick*, uma espécie de apelido que identificará o participante durante a conversa. Algumas salas restringem a idade, mas não existe nenhum controle para verificar se a idade informada é realmente a idade de quem está acessando, facilitando que crianças e adolescentes acessem salas com conteúdos inadequados para sua faixa etária.

AMARAL, S. F. Internet: novos valores e novos comportamentos. In: SILVA, E. T. (Coord.). *A leitura nos oceanos da internet*. São Paulo: Cortez, 2003 (adaptado).

Segundo o texto, o *chat* proporciona a ocorrência de diálogos instantâneos com linguagem específica, uma vez que nesses ambientes interativos faz-se uso de protocolos diferenciados de interação. O *chat*, nessa perspectiva, cria uma nova forma de comunicação porque:

a) possibilita que ocorra diálogo sem a exposição da identidade real dos indivíduos, que podem recorrer a apelidos fictícios sem comprometer o fluxo da comunicação em tempo real.
b) disponibiliza salas de bate-papo sobre diferentes assuntos com pessoas pré-selecionadas por meio de um sistema de busca monitorado e atualizado por autoridades no assunto.
c) seleciona previamente conteúdos adequados à faixa etária dos usuários que serão distribuídos nas faixas de idade organizadas pelo *site* que disponibiliza a ferramenta.
d) garante a gravação das conversas, o que possibilita que um diálogo permaneça aberto, independente da disposição de cada participante.
e) limita a quantidade de participantes conectados nas salas de bate-papo, a fim de garantir a qualidade e eficiência dos diálogos, evitando mal-entendidos.

23. (UFSP-SP) Leia o texto.

O *cyberbullying* é um problema crescente justamente porque os jovens usam cada vez mais a tecnologia. Ana, 13 anos, já era perseguida na escola — e passou a ser acuada, prisioneira de seus agressores via internet. Hoje, vive com medo e deixou de adicionar "amigos" em seu perfil no Orkut. Além disso, restringiu o acesso ao MSN. Mesmo assim, o tormento continua. As meninas de sua sala enviam mensagens depreciativas, com apelidos maldosos e recados humilhantes, para amigos comuns. Os qualificativos mais leves são "nojenta, nerd e lésbica". Outros textos dizem: "Você deveria parar de falar com aquela piranha" e "A emo já mudou a sua cabeça, hein? Vá pro inferno". Ana, é claro, fica arrasada. "Uso preto, ouço *rock* e pinto o cabelo. Curto coisas diferentes e falo de outros assuntos. Por isso, não me aceitam."

(Beatriz Santomauro. *Nova Escola*, junho/julho 2010. Adaptado.)

Conforme o texto:

a) o desenvolvimento da tecnologia extinguirá o problema do *cyberbullying* entre os jovens.
b) apenas os jovens que não frequentam a escola são perseguidos implacavelmente pela internet.
c) Ana é vítima do *cyberbullying* porque tem gostos e interesses que seu grupo social não aprecia.
d) os qualificativos enviados pelas colegas de sala a amigos comuns levaram Ana a usar preto e pintar o cabelo.
e) a restrição do acesso ao MSN e o uso mais limitado do Orkut eliminam, significativamente, problemas de *cyberbullying*.

24. (FGV-RS) Na figura abaixo temos os gráficos das funções custo (C) e receita de vendas (R) diárias de um produto de uma empresa, em função da quantidade produzida e vendida, em número de unidades.

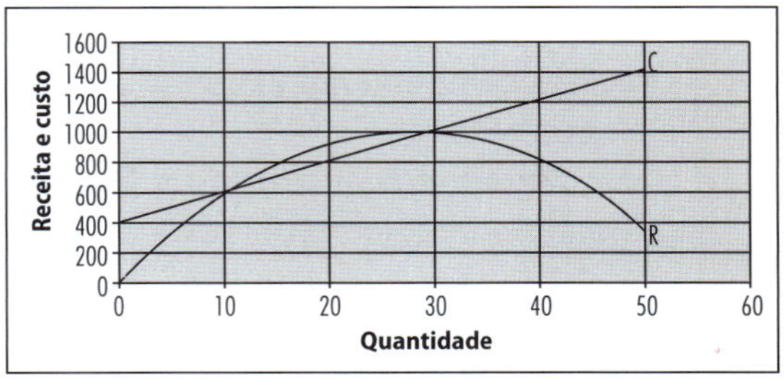

Podemos afirmar que:

a) o prejuízo máximo será de \$ 400.
b) o lucro máximo é superior a \$ 800.
c) haverá prejuízo somente quando a quantidade produzida e vendida for menor que 10.
d) haverá lucro positivo quando a quantidade produzida e vendida estiver entre 10 e 30.
e) o lucro será nulo somente se a quantidade produzida e vendida for 30.

..INTERVALO..

Projeto

JORNAL MURAL: *OS FOCAS*

Nas redações dos jornais, *foca* é o repórter novato, o principiante na profissão de jornalista. Seja você também um foca. Reúna todo o material jornalístico que você ajudou a produzir nas unidades 2 e 3 – notícias, entrevistas e reportagens – e, com seus colegas, participe da montagem de um jornal mural da classe.

Brand X/Thinkstock/Getty Images

Para fazer em grupo

Entre o material produzido por vocês, selecionem notícias, entrevistas e reportagens para compor o jornal mural. Escolham apenas os melhores trabalhos, já que outros grupos também vão expor o seu material.

Stockphoto/Thinkstock/Getty Images

Verifiquem se o material escolhido está no formato e no suporte ideais para ser afixado em mural. Lembrem-se de que os leitores estarão de pé no momento da leitura. Logo, é preciso que o título, o tamanho das letras, a diagramação e as fotos ou ilustrações sejam adequados a essa situação de leitura.

Para fazer com toda a classe

Profimedia CZ a.s./Alamy/Other Images

Com a orientação do professor, discutam previamente alguns aspectos da montagem do jornal mural, como:

- quantos painéis há para a exposição do material;
- qual será o espaço de cada grupo no painel;
- se há necessidade de forrar com um papel de cor neutra ou colorido a superfície onde o material será afixado;
- se o jornal terá o título de *Os Focas* ou outro e, nesse caso, qual será;
- onde e por quanto tempo o jornal ficará exposto;
- de que modo o jornal mural será divulgado: por meio de anúncios na rádio da escola, cartazes, torpedos e *e-mails* enviados a colegas de outras classes, redes sociais, etc.

A seguir, dividam as tarefas e... mãos à obra!

Digital Vision/Thinkstock/Getty Images

A esfinge virtuosa (1886), de Gustave Moreau.

Gustave Moreau. The Victorious Sphinx. 1886/Coleção Particular

UNIDADE 4 HISTÓRIA SOCIAL DO SIMBOLISMO

O fato de uma estética literária vigorar em determinado momento histórico não significa que todas as pessoas e grupos sociais daquele momento tenham vivido e pensado da mesma forma. Pode-se dizer que nas épocas históricas há uma *ideologia predominante*, mas não global.

Nas últimas décadas do século XIX, por exemplo, em meio à onda de cientificismo e materialismo que deu origem ao Realismo e ao Naturalismo, surgiu um grupo de artistas e intelectuais que punham em dúvida a capacidade absoluta da ciência de explicar todos os fenômenos relacionados ao homem. Não acreditavam no conhecimento "positivo" e no progresso social prometidos pela ciência.

Pensavam que, assim como a ciência, a linguagem é limitada. A primeira, para traduzir a complexidade humana, e a segunda, para representar a realidade como ela de fato é, podendo, no máximo, sugeri-la.

Estudar a literatura do período implica conhecer a crise espiritual que marcou esse momento histórico e ver de que modo ela acarretou uma nova forma de ver e sentir o mundo e, consequentemente, uma nova forma de expressão artística: a arte simbolista.

Gustav Moreau. Angel Traveller./Musée Gustave Moreau, Paris, France

INTERVALO

Projeto:

Dois olhares: entre a razão e a impressão

Produção e montagem de uma mostra de arte realista, simbolista e impressionista.

Os miseráveis, os rotos
São as flores dos esgotos.

São espectros implacáveis
Os rotos, os miseráveis.

São prantos negros de furnas
Caladas, mudas, soturnas.

São os grandes visionários
Dos abismos tumultuários.

(Cruz e Sousa)

Fique ligado! Pesquise!

Para você ampliar seus conhecimentos sobre o Simbolismo e a arte do final do século XIX, eis algumas sugestões:

- No bloco 8 do DVD ***Literatura e outras linguagens*** há declamações, entrevistas, depoimentos, trechos de filmes e músicas relacionados com o Simbolismo. Converse com seu professor sobre a possibilidade de assistir a esse bloco.
- *Cruz e Sousa* – ***O poeta do desterro***, de Sylvio Back; ***O eclipse de uma paixão***, de Agnieszka Holland; ***Camille Claudel***, de Bruno Nuytten; ***Sonhos***, de Akira Kurosawa (coletânea de histórias, entre as quais uma é relacionada ao pintor pós-impressionista Van Gogh); ***Vida e obra de um gênio – Vincent e Theo***, de Robert Altman.

Grupo Keystone

Cena do filme *Vicent e Théo*.

- ***O médico e o monstro***, de Robert Louis Stevenson (Nova Fronteira); ***O retrato de Dorian Gray***, de Oscar Wilde (Imago); ***Flores do mal***, de Charles Baudelaire (Nova Fronteira); ***Uma temporada no inferno***, de Arthur Rimbaud (L&PM); ***Mallarmé***, de Augusto de Campos, Décio Pignatari e Haroldo de Campos (Perspectiva); ***Iluminuras***, tradução de Rodrigo Garcia Lopes e Maurício Arruda Mendonça (Iluminuras); ***Cartas a Théo***, de Vincent van Gogh (L&PM); ***Cruz e Sousa: o negro branco***, de Paulo Leminski (Brasiliense). Sobre o teatro do século XIX: ***Judas em sábado de Aleluia*** e ***O noviço***, de Martins Pena (Ediouro); ***Caiu o ministério*** e ***Como se fazia um deputado***, de França Júnior (Ediouro); ***A capital federal*** e ***O dote***, de Artur Azevedo (Ediouro); ***O inspetor-geral***, de Gogol (Ediouro); ***Casa de bonecas***, de Henrik Ibsen (Veredas); ***Senhorita Júlia***, de Auguste Strindberg.

- Conheça a obra dos pintores impressionistas e pós-impressionistas, como Manet, Renoir, Monet, Cézanne, Van Gogh, Gauguin, Toulouse-Lautrec e Klimt, e a dos pintores simbolistas, como Moreau, Redon, Schwabe e Gauguin. Conheça também, nas artes aplicadas, o movimento *art nouveau*, e leia ***Vida e obra de Vincent van Gogh***, de Janice Anderson (Ediouro).

- www.revista.agulha.nom.br/csousa.html
- www.revista.agulha.nom.br/pk.html
- www.revista.agulha.nom.br/al.html
- www.dominiopublico.gov.br/pesquisa/DetalheObraForm.do?select_action=&co_obra=2110
- www.eliseuvisconti.com.br

- Pesquise as relações entre o Simbolismo e o Romantismo, incluindo a tendência gótica.

A IMAGEM EM FOCO

Observe atentamente a pintura abaixo, de Odilon Redon, um dos principais pintores do Simbolismo.

Museu de Belas-Artes, Bordeaux

O *homem alado* (antes de 1880), também chamado *O anjo perdido*, de Odilon Redon.

1. Observe a figura retratada.

a) Qual é a personagem retratada?

b) O que ela está fazendo?

c) Considerando-se que a personagem tem asas, a ação é compatível com ela? Por quê?

d) O que expressam o semblante da personagem e seu gesto com o braço direito erguido?

2. Observe o espaço em que a personagem se encontra.

a) Como ele é?

b) Você diria que é um espaço que se situa na Terra ou no céu?

3. Algumas correntes artísticas têm mais interesse, e outras menos, em retratar fielmente a realidade. Como essa pintura simbolista retrata a realidade?

4. Odilon Redon era um pintor simbolista que experimentava diferentes efeitos de luz e cor.

a) Que cores predominam no quadro?

b) Em que medida essas cores contribuem para criar a atmosfera simbolista da pintura?

5. Eis algumas das características da poesia simbolista:

- subjetivismo
- antimaterialismo
- transcendência
- interesse pelas zonas profundas da mente humana e pela loucura
- linguagem que sugere, em vez de nomear
- onirismo (universo do sonho)
- misticismo
- dor de existir
- interesse pelo noturno, pelo mistério e pela morte
- atmosfera vaga e fluida

Verifique quais desses traços podem ser encontrados na pintura de Redon.

6. Observe na legenda o título do quadro. A hesitação quanto ao título tem relação com a personagem retratada? Por quê?

Patinhos no lago (1897), de Eliseu Visconti, pintor que introduziu as novidades simbolistas e impressionistas na pintura brasileira.

CAPÍTULO 1

A linguagem do Simbolismo

Embora acentue sob alguns aspectos o requinte da arte pela arte, o Simbolismo se opõe tanto ao Realismo quanto ao Parnasianismo, situando-se muito próximo das orientações românticas, de que é em parte uma revivescência.

(Antonio Candido e José Aderaldo Castello)

LEITURA

Tanto o Simbolismo francês quanto o brasileiro foram fortemente influenciados pela obra de Charles Baudelaire (1821-1867), poeta pós-romântico francês considerado precursor não apenas do Simbolismo, mas de toda a poesia moderna. Você vai ler, a seguir, três poemas: o primeiro, "Correspondências", é uma das mais conhecidas produções de Baudelaire; o segundo, "Violões que choram...", é de Cruz e Sousa, considerado o principal poeta simbolista brasileiro; e o terceiro, "Sobre um mar de rosas que arde", é do poeta baiano Pedro Kilkerry.

TEXTO I

Correspondências

A Natureza é um templo onde vivos pilares
Deixam sair às vezes palavras confusas:
Por florestas de símbolos, lá o homem cruza
Observado por olhos ali familiares.

Tal longos ecos longe onde lá se confundem
Dentro de tenebrosa e profunda unidade
Imensa como a noite e como a claridade,
Os perfumes, as cores e os sons se transfundem.

Perfumes de frescor tal a carne de infantes,
Doces como o oboé, verdes igual ao prado,
— Mais outros, corrompidos, ricos, triunfantes,

Possuindo a expansão de um algo inacabado,
Tal como o âmbar, almíscar, benjoim e incenso,
Que cantam o enlevar dos sentidos e o senso.

(Charles Baudelaire. In: José Lino Grünewald, org. e trad. *Poetas franceses do século XIX*. Rio de Janeiro: Nova Fronteira, 1991. p. 59.)

almíscar: substância de origem persa, de odor penetrante e persistente, obtida a partir de uma bolsa situada no abdome do almiscareiro macho.

âmbar: aroma, cheiro suave; o que tem cor entre o acastanhado e o amarelado.

benjoim: resina balsâmica, aromática, usada para a fabricação de incensos e cosméticos.

oboé: instrumento de sopro.

prado: campina.

transfundir: transformar-se, converter-se; levar algo a se tornar parte de outra coisa.

TEXTO II

Violões que choram...

Ah! plangentes violões dormentes, mornos,
Soluços ao luar, choros ao vento...
Tristes perfis, os mais vagos contornos,
Bocas murmurejantes de lamento.

Noites de além, remotas, que eu recordo,
Noites da solidão, noites remotas
Que nos azuis da Fantasia bordo,
Vou constelando de visões ignotas.

Sutis palpitações à luz da lua,
Anseios dos momentos mais saudosos,
Quando lá choram na deserta rua
As cordas vivas dos violões chorosos.

Thinkstock/Getty Images

Quando os sons dos violões vão soluçando,
Quando os sons dos violões nas cordas gemem,
E vão dilacerando e deliciando,
Rasgando as almas que nas sombras tremem.

Harmonias que pungem, que laceram,
Dedos nervosos e ágeis que percorrem
Cordas e um mundo de dolências geram
Gemidos, prantos, que no espaço morrem...

E sons soturnos, suspiradas mágoas,
Mágoas amargas e melancolias,
No sussurro monótono das águas,
Noturnamente, entre ramagens frias.

Vozes veladas, veludosas vozes,
Volúpias dos violões, vozes veladas,
Vagam nos velhos vórtices velozes
Dos ventos, vivas, vãs, vulcanizadas.

Tudo nas cordas dos violões ecoa
E vibra e se contorce no ar, convulso...
Tudo na noite, tudo clama e voa
Sob a febril agitação de um pulso.

Que esses violões nevoentos e tristonhos
São ilhas de degredo atroz, funéreo,
Para onde vão, fatigadas do sonho,
Almas que se abismaram no mistério.

(Cruz e Sousa. *Poesias completas.* Rio de Janeiro: Ediouro, s.d. p. 50-1.)

dolência: mágoa, dor.
ignoto: ignorado, desconhecido.
lacerar: dilacerar, cortar em pedaços.
plangente: lastimoso, que chora.
pungir: ferir, causar dor.

TEXTO III

Sobre um mar de rosas que arde

Sobre um mar de rosas que arde
Em ondas fulvas, distante,
Erram meus olhos, diamante,
Como as naus dentro da tarde.

Asas no azul, melodias,
E as horas são velas fluidas
Da nau em que, oh! alma, descuidas
Das esperanças tardias.

(Pedro Kilkerry. In: Ítalo Moricone. *Os cem melhores poemas brasileiros do século.* São Paulo: Objetiva.)

Musée d'Orsay, Paris

Os barcos (1874), de Claude Monet.

fulvo: cor amarelada, alaranjada; amarelo-ouro ou castanho-avermelhado.

1. A linguagem simbolista caracteriza-se por ser vaga, fluida, imprecisa. Destaque dos três poemas palavras ou expressões que indicam algo indefinido, vago.

2. O emprego de substantivos abstratos e de adjetivos também contribui para reforçar a ideia de fluidez nos textos.

a) Destaque dos poemas exemplos desses recursos.

Simbolismo: o mundo em crise

O Simbolismo é um movimento que atravessa o final do século XIX, e que exprime a tonalidade espiritual de uma época, conciliando o cosmos e a psique. A experiência poética associa-se, então, à meditação metafísica. A beleza torna-se um ideal, com a rejeição lógica da sociedade "burguesa". Há um desencanto generalizado, o mundo entra em crise, o escritor afirma-se "decadente", e refugia-se num universo imaginário, construindo uma filosofia do nada, do aniquilamento, da desesperança e do cepticismo.

(Isabel Pascoal. "Introdução". In: Camilo Pessanha. *Clepsidra.* Biblioteca Ulisseia de Autores Portugueses. p. 16.)

b) No Realismo, o emprego de substantivos e de adjetivos cumpre o papel de compor um painel objetivo da realidade. Nos três textos lidos, esses recursos linguísticos contribuem para compor um painel subjetivo ou objetivo da realidade?

3. Em vez de nomear ou explicar objetivamente, a linguagem simbolista procura sugerir. Com relação ao poema "Violões que choram...":

a) O que sugere a aliteração do fonema /v/ da 7ª estrofe?

b) Com base na 1ª e na 5ª estrofes e no título do poema, indique os sentimentos ou estados de alma que, na visão do eu lírico, os sons do violão sugerem.

c) Na atribuição de características como "dormentes", "chorosos" e "tristonhos" aos violões, que figura de linguagem se verifica?

4. Para os simbolistas, uma das formas de expressar as sensações interiores por meio da linguagem verbal é a aproximação ou o cruzamento de campos sensoriais diferentes. Esse procedimento, a que se dá o nome de *sinestesia*, foi inspirado justamente no poema "Correspondências", de Baudelaire.

a) Identifique no poema de Baudelaire o verso em que ele propõe a fusão de campos sensoriais diferentes.

b) Releia as três estrofes iniciais do poema de Cruz e Sousa. Que campos sensoriais o poeta aproxima nessas estrofes?

c) Que campos sensoriais se aproximam na 1ª estrofe do poema de Pedro Kilkerry?

5. O Parnasianismo e o Simbolismo nasceram juntos, na França, com a publicação da revista *Parnasse Contemporain*. Embora esses dois movimentos apresentem propostas artísticas diferentes, eles têm em comum a preocupação com a própria linguagem artística. Por isso, é comum se manifestar entre os simbolistas o princípio da "arte pela arte" ou "arte sobre a arte".

a) Na 1ª estrofe de "Correspondências", Baudelaire faz referência a "palavras confusas" e a "florestas de símbolos". A que tipo de arte ele se refere nesses versos?

b) Em "Violões que choram..." manifesta-se o princípio da "arte pela arte" ou da "arte sobre a arte"? Por quê?

Os simbolistas e os góticos

O Simbolismo retoma alguns dos procedimentos românticos, entre eles o subjetivismo, o gosto pelo mistério, pelo macabro e por ambientes noturnos. Veja o que o simbolista francês Rimbaud escreveu:

Latinstock

Rimbaud.

Deveria ter meu inferno pela cólera, meu inferno pelo orgulho, — e o inferno da carícia; um concerto de infernos. Morro de lassidão. É a tumba, vou para os vermes, horror dos horrores! Satã, farsante, queres me diluir com teus feitiços. Me queixo. Me queixo! Um golpe do tridente, uma gota de fogo.

(*Uma temporada no inferno*. Porto Alegre: L&PM, 1997. p. 37.)

6. Contrapondo-se à visão "positiva" e equilibrada do pensamento científico, os simbolistas manifestam estados de dilaceração da alma e uma profunda "dor de existir". Justifique a presença desses sentimentos no poema "Violões que choram...", tomando por base sua última estrofe.

7. Outros traços da linguagem simbolista são os estados contemplativos e a sondagem interior, manifestada no interesse pelas zonas profundas da mente (inconsciente e subconsciente), incluindo o sonho e a loucura. Qual desses traços é possível identificar nos seguintes trechos dos textos?

a) "A Natureza é um templo onde vivos pilares / Deixam sair às vezes palavras confusas"

b) "Rasgando as almas que nas sombras tremem", "E sons soturnos, suspiradas mágoas"

c) "Sobre um mar de rosas que arde / Em ondas fulvas, distante / Erram meus olhos, diamante"

Simbolistas franceses no cinema

O filme *O eclipse de uma paixão* (1997), dirigido por Agnieska Holland, narra o intenso relacionamento afetivo e poético vivido pelos poetas simbolistas franceses Verlaine e Rimbaud.

Com apenas 16 anos, Rimbaud já surpreendia os meios literários franceses com suas ideias originais e com sua forma particular de conceber a poesia.

NBO Editora

Como síntese, compare as características do Simbolismo com as do Parnasianismo:

SIMBOLISMO	PARNASIANISMO
Subjetivismo	Objetivismo
Linguagem vaga, fluida, que busca *sugerir* em vez de nomear	Linguagem precisa, objetiva, culta
Abundância de metáforas, comparações, aliterações, assonâncias e sinestesias	Busca do equilíbrio formal
Cultivo do soneto e de outras formas de composição poética	Preferência pelo soneto
Antimaterialismo, antirracionalismo	Materialismo, racionalismo
Misticismo, religiosidade	Paganismo greco-latino
Interesse pelas zonas profundas da mente humana e pela loucura	Racionalismo
Pessimismo, dor de existir	Contenção dos sentimentos
Estados contemplativos; interesse pelo noturno, pelo mistério e pela morte	Interesse por temas universais: a natureza, o amor, objetos de arte, a poesia
Retomada de elementos da tradição romântica	Retomada de elementos da tradição clássica

DO TEXTO AO CONTEXTO DO SIMBOLISMO

Leia a seguir, um painel de textos que relacionam a produção literária do Simbolismo ao contexto histórico, social e cultural em que o movimento floresceu.

1866 — Início da publicação, na França, da revista *Le Parnasse Contemporain*, com a participação de poetas que depois deram origem ao Parnasianismo e ao Simbolismo

1875 — Pintura de *A aparição*, por Gustave Moreau

1888 — Abolição da escravatura no Brasil

1889 — Proclamação da República no Brasil

1890-5 — Pintura de *O barco místico* (1890-1895), por Odilon Redon

1891 — Promulgação da Constituição dos Estados Unidos do Brasil

1891 — Pintura de *Trigal com corvos*, por Van Gogh

1893 — Introdução do Simbolismo no Brasil, com a publicação de dois livros de Cruz e Sousa: *Missal* (poemas em prosa) e *Broquéis* (poemas)

1897 — Fundação da Academia Brasileira de Letras

1. Museu Gustave Moreau, Paris 2. Fundação Maria Luisa e Oscar Americano, SP 3. Van Gogh Museum, Amsterdam 4. Arquivo Nacional, RJ

Simbolismo e decadentismo

A poesia universal é toda ela na essência simbólica. Os símbolos povoam a literatura desde sempre. [...] Todavia, ao longo da década de 1890, desenvolveu-se em França um movimento estético a princípio apelidado "decadentismo" e depois "Simbolismo". Por muitos aspectos ligados ao Romantismo e tendo tido berço comum com o Parnasianismo, o Simbolismo gerou-se como uma reação contra a fórmula estética parnasiana, que dominara a cena literária durante a década de 1870, ao lado do Realismo e do Naturalismo, defendendo o impessoal, o objetivo, o gosto do detalhe e da precisa representação da natureza [...].

Posto não constituísse uma unidade de métodos, antes de ideais, o Simbolismo procurou instalar um credo estético baseado no subjetivo, no pessoal, na sugestão e no vago, no misterioso e ilógico, na expressão indireta e simbólica. Como pregava Mallarmé, não se devia dar nome ao objeto, nem mostrá-lo diretamente, mas sugeri-lo, evocá-lo pouco a pouco, processo encantatório que caracteriza o símbolo.

(Afrânio Coutinho. *Introdução à literatura no Brasil.* 10. ed. Rio de Janeiro: Civilização Brasileira, 1980. p. 214-5.)

Os excluídos

A origem da tendência mística e espiritualista que fundamenta o Simbolismo situa-se em camadas da sociedade — setores da aristocracia decadente e da classe média — que ficaram à margem do processo de avanço tecnológico e científico do capitalismo do século XIX e da solidificação da burguesia no poder. Não tocados pela euforia do progresso material, da mercadoria e do objeto, esses grupos encontraram na proposta da volta da supremacia do sujeito sobre o objeto um modo de rejeitar o desmedido valor dado ao materialismo cientificista.

Musée d'Orsay, Paris

Pintura de Pierre Puvis de Chavannes.

O Simbolismo e o tédio da civilização moderna

Ao mesmo tempo, e em íntima relação com o movimento dos parnasianos, o culto da sensação evolui de outra maneira bem mais interessante; alguns poetas, experimentando conhecidas ou pelo menos inexpressas sensações, sugeridas amiúde pelo tédio da civilização moderna e pelo seu sentimento de expatriação no seio dela, e não encontrando mais, nas formas usuais de linguagem poética, instrumentos capazes de satisfazer sua vontade de expressão, começavam a modificar profundamente a função da palavra em poesia. Essa função é dupla, e o foi em todos os tempos: em poesia, a palavra não é somente o instrumento da compreensão racional, tem outrossim o poder de evocar sensações.

(Erich Auerbach. *Introdução aos estudos literários.* 2. ed. São Paulo: Cultrix, 1972. p. 240-1.)

Simbolismo: reação ao racionalismo

Visto à luz da cultura europeia, o Simbolismo reage às correntes analíticas dos meados do século [XIX], assim como o Romantismo reagira à Ilustração [...]. Ambos os movimentos exprimem o desgosto das soluções racionalistas e mecânicas e nestas reconhecem o correlato da burguesia industrial em ascensão; ambos recusam-se a limitar a arte ao objeto, à técnica de produzi-lo, a seu aspecto palpável; ambos, enfim, esperam ir além do empírico e tocar, com a sonda da poesia, um fundo comum que susteria os fenômenos, chame-se Natureza, Absoluto, Deus ou Nada.

empírico: baseado na experiência e na observação.

(Alfredo Bosi. *História concisa da literatura brasileira*. 2. ed. São Paulo: Cultrix, 1975. p. 293.)

Os malditos

A concepção da realidade e da arte adotada pelos simbolistas suscitou reações entre setores positivistas da sociedade. Chamados de malditos ou decadentes, os simbolistas ignoravam a opinião pública, desprezavam o prestígio social e literário, fechando-se numa quase religião da palavra e suas capacidades expressivas.

O Simbolismo — com as propostas de inovação, oposição e pesquisa apresentadas pela geração de Verlaine, Rimbaud e Mallarmé — não sobreviveria por muito tempo. O mundo presenciava a euforia capitalista, o avanço científico e tecnológico. A burguesia vivia a *belle époque*, um período de prosperidade, de acumulação e de prazeres materiais que só terminaria com a eclosão da Primeira Guerra Mundial, em 1914.

Nesse contexto, o Simbolismo logo desapareceu. Mas deixou ao mundo um alerta sobre o mal-estar trazido pela civilização moderna e industrializada, além de códigos literários novos, que abririam campo para as correntes artísticas do século XX, principalmente o Expressionismo e o Surrealismo, também preocupados com a expressão e com as zonas inexploradas da mente humana, como o inconsciente e a loucura.

Camille Claudel e Rodin no cinema

Na França do fim do século XIX, durante a efervescência do Simbolismo na literatura e do Impressionismo na pintura, uma grande paixão seria vivida por dois artistas plásticos: Camille Claudel, irmã do poeta católico Paul Claudel, e Auguste Rodin. A história dessa paixão, bem como o contexto artístico e cultural da época, você pode conhecer por meio do filme *Camille Claudel*, de 1988, dirigido por Bruno Nuytten, com Isabelle Adjani e Gérard Depardieu nos papéis principais.

Spectra Nova

Capa do DVD *Camille Claudel*.

• Roteiro de estudo •

Ao final da leitura dos textos, você deverá:

- Saber explicar por que os simbolistas representavam os grupos sociais excluídos da sociedade europeia no final do século XIX.
- Com base nos textos de Afrânio Coutinho e Alfredo Bosi, estabelecer paralelos entre o Romantismo e o Simbolismo, apontando suas principais semelhanças.
- Estabelecer diferenças entre o Realismo e o Simbolismo quanto ao papel da arte de retratar a realidade.
- Reconhecer as contribuições deixadas pelo Simbolismo às gerações futuras.

LITERATURA

As Ondinas (Heine), (1908), de Adriano de Sousa Lopes, um dos pintores portugueses que dialogam com a estética simbolista.

CAPÍTULO 2

O Simbolismo em Portugal

O Simbolismo português nasceu do empenho de alguns escritores em atualizar os códigos literários vigentes, ainda predominantemente realistas. Marcada pelo espírito decadentista do fim de século, a produção simbolista tem na poesia de Camilo Pessanha sua expressão mais original.

A publicação da obra *Oaristos* (1890), de Eugênio de Castro, tem sido apontada como o marco introdutório do movimento simbolista em Portugal.

O Simbolismo português surgiu no final do século XIX, num momento em que a crise espiritual e o decadentismo de certos meios filosóficos e artísticos europeus coincidiam com o sentimento de pessimismo e de frustração do povo português, relacionados a causas históricas.

Portugal, sob ameaças da Inglaterra – que culminaram com o Ultimato de 1890 –, viu cair por terra o projeto de ampliar suas possessões na África e dominar toda a faixa de terra que liga o oceano Atlântico ao Índico. Em 1891, ocorreu o fracasso da primeira insurreição de caráter republicano, seguida de uma crise política – com esfacelamento de partidos políticos, ditaduras e regicídio – que se estendeu até a República, em 1910. Além disso, o quadro político foi agravado por crises econômicas e financeiras que afetaram toda a Europa.

Eugênio de Castro, com *Oaristos*, pretendia atualizar a literatura portuguesa em relação à tendência que, desde a década de 1850, vinha ganhando prestígio na França e se firmaria, nas décadas de 1870 a 1890, com Verlaine, Rimbaud e Mallarmé.

Simbolistas portugueses na Internet

www.bibvirt.futuro.usp.br/index.php/textos/literatura/por_autor
www.secrel.com.br/jpoesia
www.institutocamoes.pt/cvc/sabermaissobre/pessanha/03.html

A obra *Oaristos* causou escândalo nos meios artísticos portugueses e abriu um caminho novo à produção poética local.

Várias obras – inclusive algumas do próprio Eugênio de Castro – e escritores ligados ao Simbolismo apareceram nos anos seguintes. Também teve repercussão em Portugal a obra *Só* (1892), de Antônio Nobre, publicada em Paris, onde o poeta português residia.

Apesar da importância desses dois poetas na implantação e divulgação do Simbolismo em Portugal, o poeta hoje considerado a principal expressão do movimento é Camilo Pessanha, que quase não participou desse processo, em virtude de sua mudança, em 1984, para Macau, colônia portuguesa na China.

Os principais nomes do Simbolismo português são:

- **na poesia**: Eugênio de Castro, com *Oaristos* (1890); Antônio Nobre, com *Só* (1892); Camilo Pessanha, com *Clepsidra* (1920);
- **no teatro**: Júlio Dantas, com *A ceia dos cardeais* (1902).

CAMILO PESSANHA: A DOR CÓSMICA

Camilo Pessanha (1867-1926) foi o poeta português que melhor atendeu aos pressupostos teóricos do movimento simbolista, tanto do ponto de vista formal quanto do ponto de vista ideológico.

Biblioteca Nacional de Portugal.

Camilo Pessanha.

Em 1890, juntamente com Eugênio de Castro, teve contato com o grupo dos Nefelibatas, que discutia ideias simbolistas. Três anos depois, formando-se em Direito em Coimbra, partiu para Macau como professor do Liceu.

A experiência do poeta no Oriente – que resultou no aprendizado da língua e da cultura chinesa e até em traduções do chinês para o português – com certeza influenciou a sua poesia, rica em símbolos, imagens alegóricas e alusões.

Viciado em ópio, marcado por doenças, profundamente pessimista perante a vida e o mundo, Camilo Pessanha não se preocupava em reunir seus poemas em obra. Enviava alguns deles de vez em quando para revistas portuguesas, e só em 1916 foi "descoberto" pela revista *Centauro*, dirigida por Luís de Montalvor. Porém, só a partir de 1920, quando foi publicada sua única obra, *Clepsidra*, o escritor passou a ser difundido e valorizado.

A geração de escritores que iria introduzir o Modernismo em Portugal, em 1915, entre eles Fernando Pessoa e Mário de Sá-Carneiro, recebeu influências de Camilo Pessanha e tinha por ele grande admiração.

Do ponto de vista formal, a poesia de Camilo Pessanha destaca-se pela musicalidade, pela presença de elipses, sinestesias, metáforas, símbolos, ambiguidades, fragmentação e riqueza de imagens auditivas e visuais.

Os temas são aqueles relacionados à concepção pessimista, desistente e cética do autor diante da vida: a mágoa, a dor e a morte.

O poema de abertura de *Clepsidra* ilustra essa postura:

Inscrição

Eu via a luz em um país perdido.
A minha alma é lânguida e inerme.
Oh! Quem pudesse deslizar sem ruído!
No chão sumir-se, como faz um verme...

(Biblioteca Ulisseia de Autores Portugueses, n. 25.)

Os Nefelibatas

Esse vocábulo foi criado por Rabelais como denominação de um povo imaginário que vive sobre as nuvens. No Brasil e em Portugal, o termo designa os simbolistas ou os decadentistas, em razão de sua aversão ao mundo objetivo e seu vínculo com o mundo intuitivo e transcendental.

A própria palavra escolhida para intitular a obra, *clepsidra*, já remete a um dos principais temas de que se ocupou o autor. De origem grega, significa "relógio d'água" – objeto que era utilizado para marcar o tempo de que os oradores dispunham para falar –, o que sugere tanto a fluidez, a liquidez do tempo quanto a sua irreversibilidade. Outro sentido possível da palavra, apoiado na mitologia, tem relação com Hidra, "serpente gigantesca com inumeráveis cabeças que nascem e se desenvolvem à medida que são cortadas, simbolizando a impotência humana perante o que lhe é exterior e adverso. Desse modo, a clepsidra pode simbolizar a fragilidade da condição e do saber humanos"*.

LEITURA

O texto que segue é o primeiro soneto de *Clepsidra*. A atmosfera vaga e evanescente do poema dá a medida exata do princípio simbolista de *sugerir* em vez de falar diretamente, ou, ainda, do desejo de traduzir o impreciso, aquilo a que Verlaine se referia ao dizer "antes de tudo, a música, uma harmonia de sons que faz sonhar".

Coleção particular/The Bridgeman Art Library/Grupo Keystone

Profile, de Odilon Redon.

Caminho

Tenho sonhos cruéis; n'alma doente
Sinto um vago receio prematuro.
Vou a medo na aresta do futuro,
Embebido em saudades do presente...

Saudades desta dor que em vão procuro
Do peito afugentar bem rudemente,
Devendo, ao desmaiar sobre o poente,
Cobrir-me o coração dum véu escuro!...

Porque a dor, esta falta d'harmonia,
Toda a luz desgrenhada que alumia
As almas doidamente, o céu d'agora,

Sem ela o coração é quase nada:
Um sol onde expirasse a madrugada,
Porque é só madrugada quando chora.

(*Clepsidra*, cit., p. 37.)

* Isabel Pascoal, na "Introdução" de *Clepsidra*.

1. O caráter lírico do poema lido advém sobretudo da exposição dos sentimentos do eu lírico. Observe algumas das imagens do poema: "sonhos cruéis", "alma doente", "medo", "saudades do presente", "véu escuro", etc. Como se sente o eu lírico diante da vida e do mundo?

2. O tempo predominante no poema é o presente, como se verifica pelas formas verbais *tenho*, *sinto*, *vou*, *alumia* e outras. No entanto, na primeira estrofe, o eu lírico faz uma projeção para o futuro, nestes versos:

"Vou a medo na aresta do futuro,
Embebido em saudades do presente..."

a) Que contradição reside nas "saudades" sentidas pelo eu lírico?

b) Logo, o futuro representa uma perspectiva para o eu lírico?

3. A dor, a angústia e o sofrimento são elementos constantes na poesia de Camilo Pessanha. Não se trata, contudo, de uma dor de natureza amorosa.

a) Qual é a natureza da dor vivida pelo eu lírico?

b) De acordo com as ideias do poema, que interpretação pode ser dada ao verso "Sem ela [a dor] o coração é quase nada"?

4. A poesia de Camilo Pessanha é valorizada pela riqueza sonora e musical e pela originalidade de suas imagens. Tais qualidades podem ser encontradas também no soneto "Caminho"? Justifique.

Para quem quer mais

Se você deseja aprofundar os seus conhecimentos sobre a poesia de Camilo Pessanha e conhecer um pouco da produção poética de Antônio Nobre e Eugênio de Castro, outros importantes destaques do Simbolismo em Portugal, leia os textos a seguir e, posteriormente, sozinho, em dupla ou em grupo, procure resolver as questões propostas pelo **Roteiro de estudo**.

Camilo Pessanha

Violoncelo

Chorai arcadas
Do violoncelo!
Convulsionadas,
Pontes aladas
De pesadelo...

De que esvoaçam,
Brancos, os arcos...
Por baixo passam,
Se despedaçam,
No rio, os barcos.

Fundas, soluçam
Caudais de choro...
Que ruínas (ouçam)!
Se se debruçam
Que sorvedouro!...

Trêmulos astros...
Soidões lacustres...
– Lemos e mastros...
E os alabastros
Dos balaústres!

Urnas quebradas!
Blocos de gelo...
– Chorai arcadas,
Despedaçadas,
Do violoncelo.

(*Clepsidra*, cit., p. 79-80.)

Private Collection / Photo © Christie's Images / The Bridgeman Art Library

: *O violoncelista* (1909), de Amedeo Modigliani.

Antônio Nobre

Meus dias de rapaz, de adolescente
Abrem a boca a bocejar, sombrios:
Deslizam vagarosos, como os Rios,
Sucedem-se uns aos outros, igualmente.

Nunca desperto de manhã, contente.
Pálido sempre com os lábios frios,
Ora, desfiando os meus rosários pios...
Fora melhor dormir, eternamente!

Mas não ter eu aspirações vivazes,
E não ter, como têm os mais rapazes,
Olhos boiando em sol, lábio vermelho!

Quero viver, eu sinto-o, mas não posso:
E não sei, sendo assim enquanto moço,
O que serei, então, depois de velho.

(*Só*. Porto: Tavares Martins, 1966. p. 153.)

Antônio Nobre

A rigor, Antônio Nobre (1867-1900) não pertence a nenhum movimento literário. Sua poesia liga-se à tradição romântica, em virtude de certas características, como egocentrismo, interesse pela cultura e pela língua popular, pelo saudosismo em relação à infância e pelo pessimismo advindo da doença. Porém, certas atitudes, como a tristeza, o sofrimento e a fatalidade da desventura e da desgraça, associam-se ao Simbolismo e ao decadentismo do final do século. Por outro lado, as inovações que incorpora à poesia portuguesa – fragmentação, coloquialidade linguística, fluxo de consciência, imagens surpreendentes – aproximam o poeta do Modernismo, movimento que surgiria em Portugal no século XX.

Eugênio de Castro

Um sonho

Na messe, que enlourece, estremece a quermesse...
O Sol, o celestial girassol, esmorece...
E as cantilenas de serenos sons amenos
Fogem fluidas, fluindo à fina flor dos fenos...

As estrelas em seus halos
Brilham com brilhos sinistros...
Cornamusas e crótalos
Cítolas, cítaras, sistros,
Soam suaves, sonolentos,
Sonolentos e suaves,
Em suaves,
Suaves, lentos lamentos
De acentos
Graves,
Suaves...

ilustrações: Mariângela Haddad

Flor! enquanto na messe estremece a quermesse
E o Sol, o celestial girassol esmorece,
Deixemos estes sons tam serenos e amenos,
Fujamos, Flor! à flor destes floridos fenos...

Soam vesperais as Vésperas...
Uns com brilhos de alabastros,
Outros louros como nêsperas,
No céu pardo ardem os astros...

Como aqui se está bem! Além freme a quermesse...
– Não sentes um gemer dolente que esmorece?
São os amantes delirantes que em amenos
Beijos se beijam, Flor! à flor dos frescos fenos...
....

Penumbra de veludo. Esmorece a quermesse...
Sob o meu braço lasso o meu Lírio esmorece...
Beijo-lhe os boreais belos lábios amenos,
Beijo que freme e foge à flor dos flóreos fenos...
....
Teus lábios de cinábrio, entreabre-os! Da quermesse
O rumor amolece, esmaece, esmorece...
Dá-me que eu beije os teus morenos e amenos
Peitos! Rolemos, Flor! à flor dos flóreos fenos...
....
Três da manhã. Desperto incerto... E essa quermesse?
E a Flor que sonho? e o sonho? Ah! tudo isso esmorece!
No meu quarto uma luz luz com lumes amenos,
Chora o vento lá fora, à flor dos flóreos fenos...

(*Obras poéticas de Eugênio de Castro.* Lisboa: Parceria A. M. Pereira, 1968. p. 58-61.)

Eugênio de Castro

As inovações de *Oaristos* – obra com que Eugênio de Castro introduziu o Simbolismo em Portugal – ocorrem principalmente no plano formal: exploração do verso alexandrino com cesuras diferentes, rimas originais, aliterações. Em razão de seu esteticismo e da adoção do princípio da "arte pela arte", Eugênio de Castro é associado à tradição da poesia clássica, sobretudo na fase final de sua obra.

• Roteiro de estudo •

Ao final da leitura, você deverá ser capaz de:

- Identificar os recursos sonoros utilizados nos poemas "Violoncelo" e "Um sonho" e explicar o papel desses recursos na construção dos textos.
- Comparar os três textos quanto ao conteúdo e explicar por que o poema de Eugênio de Castro difere dos outros dois.
- Comentar por que os títulos dos poemas de Camilo Pessanha e de Eugênio de Castro de certa forma apontam os rumos da produção poética simbolista.

Para quem quer mais na Internet

Em nosso *site* (http://www.atualeditora.com.br/pl/paraquemquermais), você poderá ler e reproduzir outros textos dos principais simbolistas portugueses.

O2 Filmes

: Os atores João Miguel e Felipe Camargo com índios do Xingu, nas filmagens em *Xingu*, de Cao Hamburger.

PRODUÇÃO DE TEXTO

CAPÍTULO 3

A crítica

TRABALHANDO O GÊNERO

Leia esta crítica:

Filme propõe um olhar amoroso mas não idealizado

LUIZ ZANIM ORICCHIO

Cao Hamburger pensou a saga da criação do Parque Nacional do Xingu da maneira como foi – resultado de idealismo e do sentimento de aventura. Qualidades, aliás, que se foram erodindo com o tempo até caírem de moda, pelo menos no plano prático. Nos discursos vazios, continuam sendo palavras nobres.

Os irmãos eram de fato aventureiros, mas nada preocupados em amealhar riquezas. Era o aspecto humano que os tentava. No caso, a sobrevivência dos índios no interior de um país que já começava a fechar-lhes o cerco. Sua missão era basicamente humanística, no que essa qualidade tem de mais nobre: respeitar e preservar culturas alheias. Mesmo que seja à força: numa das cenas, uma família é arrancada da sua terra, sob ameaça de arma, e embarcada rumo ao Xingu. Se permanecesse onde queria, seria dizimada.

O2 Filmes

: Cena de *Xingu*.

É bom também que os Villas-Boas não sejam apresentados como seres perfeitos. Cada um deles é visto em suas contradições. Leonardo (Caio Blat) com sua fraqueza e o envolvimento com uma índia; Cláudio (João Miguel) com suas incertezas, o que faz dele o personagem mais complexo, muito por mérito do ator; Orlando (Felipe Camargo), com seu senso prático obstinado. Há conflitos entre os irmãos. Leonardo é alijado do grupo. Cláudio acusa Orlando de excessiva flexibilidade política; este lhe responde que, sem negociar, nada conseguiriam. É verdade. Tanto assim que obtém a assinatura do decreto que cria o Parque Nacional do Xingu do mais improvável dos personagens, Jânio Quadros, em sua breve e desastrada presidência.

E há os índios, seu meio ambiente, seu modo de ser, que se tornam, de fato, os personagens maiores deste filme amoroso, mas nada piegas e nem cultor do mito do bom selvagem. A natureza é tanto sedutora quanto hostil. As relações humanas, tão fraternas quanto ásperas em algumas passagens. E, do todo, fica a sensação desolada de que, no encontro entre duas culturas, sendo uma muito mais predatória que a outra, uma delas tende a sucumbir. *Xingu* descreve esse ato heroico de preservação sempre precário, sempre provisório, felizmente contra a lógica do mais forte. Essa disposição de lutar contra as evidências é o grande legado dos Villas-Boas.

(*O Estado de S. Paulo*, 5/4/2012.)

alijado: excluído, posto fora.
amealhar: acumular, juntar.
dizimada: diminuída, desfalcada, reduzida.
erodir: desgastar, corroer, produzir erosão.
piegas: sentimentalista.
saga: narrativa de aventura, epopeia.

1. A crítica é um gênero textual que tem por finalidade orientar o leitor de um jornal ou revista, estimulando-o ou desestimulando-o a consumir um objeto cultural, isto é, um livro, um filme, uma peça de teatro, um concerto de música clássica, um *show* de música popular, uma exposição de artes plásticas, etc. Qual é o objeto cultural em exame na crítica lida?

2. A crítica tem uma estrutura relativamente livre, que varia muito, dependendo do autor, do público e do veículo em que é publicada. Apesar disso, apresenta alguns elementos essenciais, como a descrição da obra em exame, sua situação no conjunto das obras do autor, diretor ou músico, uma opinião sobre a qualidade da obra, etc. Em relação à crítica lida, responda:

a) Em que parágrafo o crítico explicita o tema do filme?

b) O crítico avalia como amorosa, mas não idealizada, a visão do diretor em relação ao tema. Cite duas passagens em que o crítico se refere a essa visão não idealizada das personagens.

3. Uma crítica costuma contextualizar o objeto cultural em avaliação, situando-o no conjunto das obras do autor ou em relação a outro objeto cultural do mesmo gênero ou com o mesmo tema. Leia o seguinte trecho de outra crítica sobre o filme *Xingu*, publicada na mesma página que a crítica lida.

Seu pai foi um imigrante judeu alemão que queria muito ser brasileiro. Ele pedia ao filho — o futuro cineasta Cao Hamburger — que pusesse nomes de índios em seus netos. Cao não realizou esse desejo do pai, mas hoje ele admite que, consciente ou inconscientemente, esteja levando adiante sua busca, ou desejo, de brasilidade. Em sua produção audiovisual, ele já falou de duas grandes paixões do povo brasileiro — futebol (*O Ano em Que Meus Pais Saíram de Férias*) e carnaval (a minissérie *Os Filhos do Carnaval*, na HBO).

Carlos Cecconello/Folhapress

Cao Hamburger.

Cao não deu aos filhos os nomes de índios que seu pai pedia, mas ele vem agora com *Xingu*, que estreia amanhã. O filme conta uma epopeia brasileira, a luta dos irmãos Villas-Boas para criar o Parque Nacional do Xingu, uma vasta área de reserva das culturas da Amazônia, em que os últimos remanescentes das tribos selvagens podem viver com liberdade, em meio a espécimes animais e vegetais. Foi uma longa luta, documentada num livro que está saindo simultaneamente com o filme — *A Marcha para o Oeste*, de Orlando e Cláudio Villas-Boas, de 1994 e agora editado pela Companhia das Letras. O livro é o diário dos irmãos durante a expedição Roncador/Xingu, quando eles ainda investigavam o território inóspito e contactavam os índios. [...]

(Luiz Carlos Merten. *O Estado de S. Paulo*, 5/4/2012.)

a) O que o autor dessa crítica aponta como um ponto de identidade entre o filme *Xingu* e outros filmes do diretor?

b) Que objeto cultural citado pelo crítico trata do mesmo tema?

4. Observe a linguagem utilizada na crítica em estudo.

a) Que variedade linguística foi empregada?

b) Em que tempo estão as formas verbais, predominantemente?

c) O texto de uma crítica expressa a opinião do crítico que avalia um objeto cultural e pode estar em uma linguagem mais pessoal – o que ocorre quando o autor se coloca no texto de forma explícita, empregando expressões como: *Na minha opinião, Eu acho que, Eu penso que*, etc. – ou em uma linguagem objetiva e direta, tendendo à impessoalidade. A linguagem da crítica em estudo é pessoal ou tende à impessoalidade?

5. A finalidade de uma crítica é avaliar um objeto cultural e orientar a escolha do leitor, estimulando-o a consumir ou não esse objeto.

a) Na sua opinião, o jornalista se posiciona de modo favorável ou desfavorável ao filme? Justifique sua resposta.

b) Pelos argumentos apresentados no título do texto, "Filme propõe um olhar amoroso mas não idealizado", você assistiria ao filme criticado? Por quê?

6. Troque ideias com os colegas e, juntos, concluam: Quais são as características da crítica? Respondam, considerando os seguintes critérios: finalidade do gênero, perfil dos interlocutores, suporte ou veículo, tema, estrutura, linguagem.

PRODUZINDO A CRÍTICA

Faça a crítica de um objeto cultural: um livro, um CD, um *show* musical, uma peça de teatro em cartaz na sua cidade, uma novela de TV, um programa humorístico ou de variedades da TV, um jogo em CD-ROM, uma exposição de arte, um restaurante diferente do convencional.

Planejamento do texto

Selton Mello. 2011/Imagem Filmes

Oloko Records

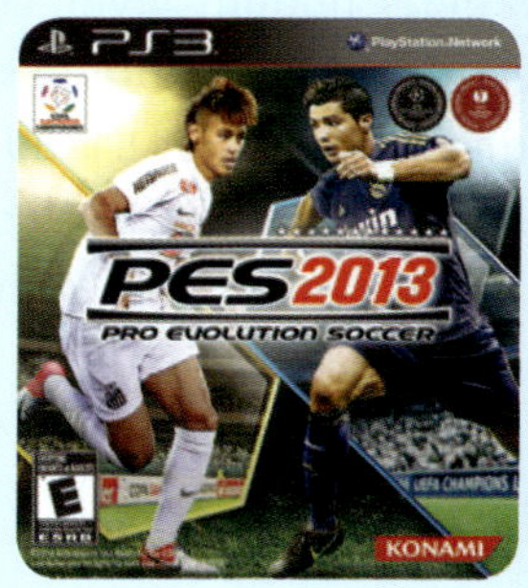

Konami

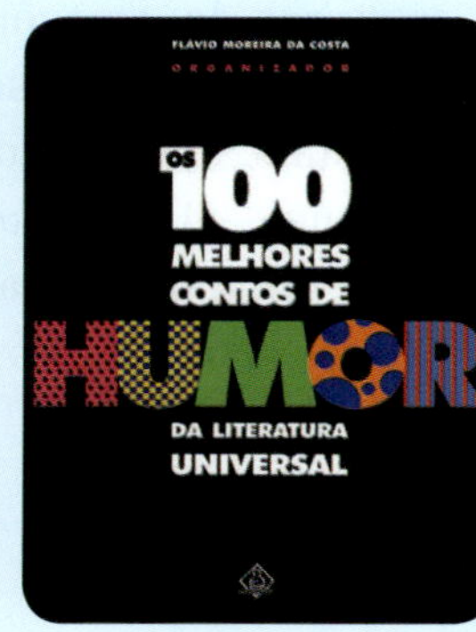

Ediouro

- Sua crítica será publicada em um jornal *on-line*, a ser hospedado em um *blog* da classe. Considerando esse suporte, pense no público para o qual vai escrever.
- Antes de produzir seu texto, procure conhecer bem o objeto cultural que será alvo de sua crítica: assista à peça, ao filme, ao *show*, ao programa ou à novela de TV, leia o livro, ouça o CD, jogue o jogo no computador, visite a exposição, vá ao restaurante, etc.
- Anote os dados técnicos do objeto cultural: título, autor(es), diretor(es), atores e outros dados que julgar importantes.
- Faça também outras anotações que possam ajudar na descrição do objeto cultural. Por exemplo, caso se trate de livro, anote trechos interessantes, pensando na possibilidade de citá-los na crítica. Caso seja um filme, observe a atuação de um ou outro ator e estenda sua crítica a esse aspecto. Às vezes, um filme medíocre é salvo por uma atuação excepcional de determinado ator.
- Com base nos dados coletados e sem perder de vista o público-alvo, escreva uma crítica que estimule seu leitor a conhecer ou consumir o objeto analisado.
- Procure ajustar a linguagem de seu texto ao suporte, ao perfil dos interlocutores e à situação.
- Agregue ao texto imagens (fotografias, ilustrações, reproduções) que o enriqueçam e identifique-as com legendas e com referências relativas a autoria e/ou fonte (de onde foram extraídas).

Revisão e reescrita

Antes de finalizar sua crítica e passá-la para o suporte final, releia-a, observando:

- se o texto apresenta uma descrição do objeto cultural analisado;
- se destaca os pontos positivos e negativos do objeto cultural analisado;
- se estimula o leitor a conhecer ou consumir o objeto analisado;
- se os verbos estão predominantemente no presente do indicativo;
- se a linguagem empregada está adequada ao gênero, ao veículo e ao público em vista;
- se as imagens estão identificadas e acompanhadas por legendas;
- se as imagens contribuem para enriquecer o conteúdo da crítica.

Faça as alterações necessárias e publique sua crítica no jornal *on-line* da classe.

ESCREVENDO COM ADEQUAÇÃO

O DISCURSO CITADO EM TEXTOS JORNALÍSTICOS

Leia este texto jornalístico:

Conferência da ONU deve ter metas para a sustentabilidade

CLAUDIO ANGELO
DE BRASÍLIA

Pelo menos um consenso já existe na conferência Rio+20: diplomatas reunidos nesta semana na sede da ONU, em Nova York, definiram que a cúpula proporá a criação dos Objetivos de Desenvolvimento Sustentável.

Trata-se de um conjunto de metas a serem adotadas por todos os países do mundo em áreas como energia limpa, segurança alimentar e preservação dos mares.

A ideia tem sido discutida desde o começo das negociações do texto da conferência, mas alguns países ainda não concordavam com ela.

"Eu não vi ninguém se opondo desta vez", disse à **Folha** Fernando Lyrio, assessor para a Rio+20 do Ministério do Meio Ambiente. Ele participou do encontro em Nova York, a primeira rodada de negociações em torno do chamado "Rascunho Zero" do texto da Rio+20.

O debate agora é sobre a forma como a conferência abordará os objetivos. Não será possível definir todas as metas no Rio, mas o Brasil quer definir um roteiro com prazos para a sua adoção. Outros países querem que a Rio+20 "lance um processo", ou seja, abra discussões.

Os dissensos não param por aí: na reunião, vários países reclamaram de que "elementos-chave da sustentabilidade" não estão no texto em negociação, que cresceu de 20 páginas para 178 páginas.

Segundo Lyrio, ainda há um longo debate sobre a promoção do Pnuma (Programa das Nações Unidas para o Meio Ambiente) a uma agência, proposta pelo europeus.

E ninguém falou ainda sobre dinheiro, palavra maldita para os países desenvolvidos, em crise.

"Vai ser um processo árduo", disse o secretário-geral da Rio+20, Zukang Sha.

(*Folha de S. Paulo*, 29/3/2012. Ciência.)

Thinkstock/Getty Images

1. O texto aborda a preparação da conferência Rio+20, promovida pela ONU e realizada em 2012, no Rio de Janeiro, e noticia o primeiro tema consensual a ser negociado pelas nações participantes. Qual é esse tema?

2. Apesar de os jornais se dizerem imparciais, isto é, isentos de opinião, é comum jornalistas e repórteres deixarem nos textos marcas de sua posição sobre o assunto tratado. Releia os trechos a seguir e os comentários feitos a respeito deles. Depois indique os itens em que os comentários são procedentes.

a) "Pelo menos um consenso já existe" / O jornalista faz uma crítica à dificuldade dos membros da cúpula da conferência para chegar a questões consensuais.

b) "A ideia tem sido discutida desde o começo das negociações do texto da conferência" / O jornalista persiste na crítica, mostrando quanto tempo é gasto inutilmente nessas discussões.

c) "Os dissensos não param por aí" / O jornalista sugere que o desentendimento entre os membros da cúpula é grande.

d) "Vários países reclamaram" / O jornalista critica a má vontade dos países para participar da conferência.

e) "E ninguém falou ainda sobre dinheiro, palavra maldita" / O jornalista qualifica dinheiro com um adjetivo incomum para demonstrar a resistência dos países europeus em discutir o apoio financeiro.

3. Em notícias e reportagens, é comum haver citação do discurso do outro. A escolha de um tipo de discurso ou de outro depende de vários fatores. Por exemplo, às vezes o jornalista alterna o emprego do discurso direto e do discurso indireto para o texto não ficar cansativo. Outras vezes faz isso para reforçar uma ideia defendida em parágrafos anteriores; ou para evidenciar contradições nos discursos dos outros; ou para atribuir responsabilidades, dar credibilidade à notícia, apresentar outros pontos de vista, etc. Leia o boxe "O discurso segundo" e, depois, responda:

a) O 4º parágrafo inicia-se com discurso direto. Releia o 3º e o 4º parágrafos e explique qual é o papel do discurso direto no desenvolvimento desses dois parágrafos.

b) Observe agora o 7º parágrafo. De que forma foi introduzido o discurso citado?

c) Releia o 6º parágrafo e compare-o ao 7º parágrafo. Levante hipóteses: Por que o jornalista recorre ao discurso segundo no 7º parágrafo?

4. Observe o último parágrafo. Que recurso o jornalista utiliza para encerrar o texto? Qual é o sentido construído por esse recurso?

O discurso segundo

Para a linguista Jacqueline Authier-Revuz, além do discurso direto, do indireto e do indireto livre, existe também o **discurso segundo**, que é uma variação do discurso indireto e tem o papel de modalizar o conteúdo da linguagem. Veja em que um e outro consistem:

- **discurso indireto:** a citação do discurso do outro é marcada por uso de verbos *dicendi* + conjunção *que* (disse que, afirmou que, etc.);
- **discurso segundo:** a citação do discurso do outro é introduzida por palavras ou expressões como *Segundo fulano, De acordo com fulano*, etc.

Compare estes enunciados:

O diplomata *afirmou* que os países europeus não têm dinheiro para investir em meio ambiente.

Segundo o diplomata, os países europeus não têm dinheiro para investir em meio ambiente.

Como você pode notar, no segundo enunciado a afirmação do diplomata fica atenuada.

EXERCÍCIOS

Leia, a seguir, uma notícia relativa à Lei Seca.

29/03/2012

Governo trabalhará para mudar a Lei Seca, diz ministro da Justiça

FELIPE SELIGMAN
DE BRASÍLIA

O ministro José Eduardo Cardozo (Justiça) afirmou nesta quinta-feira que o governo deverá buscar "rapidamente" uma mudança da Lei Seca para que seja possível a punição de motoristas que bebem e dirigem, mesmo quando houver a recusa de fazer o teste de bafômetro.

[...]

"Precisamos dialogar com o Poder Legislativo para mudar a Lei Seca sem mudar o seu espírito. Nós já havíamos nos adiantado e já havíamos conversado com as principais lideranças partidárias. Existem projetos de lei que já estão em curso", afirmou Cardozo. O mais avançado deles, que prevê provas para a embriaguez como o depoimento de testemunhas, deve ser votado nos próximos dias pela Câmara dos Deputados.

Ontem (28), o STJ decidiu que somente o bafômetro e o exame de sangue podem atestar a embriaguez do motorista e excluiu provas testemunhais ou exame médico.

Com isso, a Lei Seca fica esvaziada, uma vez que o motorista não é obrigado a produzir provas contra si e pode recusar os exames aceitos pelo STJ, e a comprovação de embriaguez pode ficar inviabilizada.

[...]

LIMITES DO ÁLCOOL
A partir de 6 decigramas por litro de sangue **CRIME DE TRÂNSITO E PENAS ADMINISTRATIVAS**
De 2 até 5,99 decigramas por litro de sangue **PENAS ADMINISTRATIVAS**
Até 1,99 decigrama por litro de sangue **NÃO HÁ PUNIÇÃO**

LEI SECA

De acordo com o artigo 306 do Código de Trânsito Brasileiro, quem conduz veículo com concentração de álcool por litro de sangue igual ou superior ao permitido pode ter pena de seis meses a três anos, multa e suspensão da habilitação. Essa pena permanece para quem dirigir sob efeitos de álcool.

Pelo projeto em tramitação na Câmara, as penas são mais severas. Para quem dirigir alcoolizado e provocar morte, estará sujeito de 8 a 16 anos de prisão, além de multa e suspensão ou proibição de se obter a permissão ou a habilitação para dirigir.

Se dirigir bêbado e provocar lesão corporal de natureza grave, aplica-se a pena de reclusão, de 6 a 12, além de multa e suspensão da carteira de motorista. Há ainda pena de detenção, de 1 ano a 4 anos, para quem provocar lesão corporal.

(Disponível em: http://www1.folha.uol.com.br/cotidiano/1069025-governo-trabalhara-para-mudar-a-lei-seca-diz-ministro-da-justica.shtml. Acesso em: 31/3/2012.)

1. No texto foram empregados diferentes tipos de discurso citado. Identifique nele um trecho que apresenta:

a) discurso direto;

b) discurso indireto;

c) discurso segundo.

2. No 1º parágrafo, *Justiça* está entre parênteses e *rapidamente* entre aspas. Levante hipóteses: Por que o jornalista usou esses recursos?

3. Observe a fala do ministro no 2º parágrafo.

a) De que modo ela é apresentada? Que efeito resulta dele?

b) O ministro emprega em sua fala a 1ª pessoa do plural (nós). A quem ele se refere quando diz "Precisamos dialogar com o Poder Legislativo"?

c) E quando diz "Nós já havíamos nos adiantado e já havíamos conversado com as principais lideranças partidárias"?

4. Observe o título da notícia lida.

a) Que tipo de discurso foi empregado nele?

b) Que alteração de sentido haveria com a exclusão do trecho "diz ministro da Justiça"?

5. Conclua: Que vantagens a incorporação de diferentes tipos de discurso traz para um texto jornalístico?

The Museum of Modern Art, New York

Pintura e antipintura (1927-37), de Joan Miró.

LÍNGUA: USO E REFLEXÃO

CAPÍTULO 4

Tipos de sujeito

CONSTRUINDO O CONCEITO

Leia este texto:

O humor é virtual

Mas a risada é bem real em tempos de internet

A televisão matou a janela (como dizia Nelson Rodrigues)? Pouco provável. São raras as ocasiões em que a chegada de um novo meio aniquila o anterior. Certamente o advento do cinema falado fez mal aos atores de cinema mudo que não tinham "voz" para a telona (episódio que é recuperado, em tom de comédia, no clássico *Cantando na Chuva*). E o humor em tempos de internet, que é dele? Há duas formas de ver a questão. Por um lado, a internet — em sites estilo Youtube — está dispensando a narrativa, uma vez que basta se conectar para ver determinada situação hilária. Esse, pois, foi o resultado de uma pesquisa feita recentemente na Inglaterra. Assim: aquela conversa de segunda-feira na firma, quando alguém narrava longamente, e com detalhes, que viu na TV como um sujeito acima do peso tropeçava na neve e era quase abocanhado por um urso branco, sumiu do mapa. Para que contar, se é possível ver? Aqui jaz a anedota, concluiu a pesquisa. Por outro lado, nunca se conviveu com tanto humor. Ligue o computador e comprove: há cada vez mais sites e blogs experimentando um novo humor — muitas vezes absorvidos pelas mídias tradicionais, como a TV e o cinema. Esquetes, montagens capciosas de imagens de celebridades em momentos constrangedores e paródias de notícias representam esse novo humor, deboche correndo solto na rede. Pois o homem é o único animal que ri, dizia Aristóteles. Ri e se conecta.

(Adaptado de: Leandro Sarmatz. *Vida Simples*, nº 63.)

Keystone

Cena do filme *Cantando na chuva*.

1. De acordo com o texto, que mudança o humor tem sofrido em tempos de Internet? Explique como se dá essa mudança.

2. Leia estas orações do texto:

- Certamente o advento do cinema falado fez mal aos atores de cinema mudo.
- Esquetes, montagens capciosas de imagens de celebridades em momentos constrangedores e paródias de notícias representam esse novo humor.

a) Qual é o sujeito de cada uma das orações?

b) Destaque o núcleo de cada um desses sujeitos.

3. Leia as orações:

- a chegada de um novo meio aniquila o anterior
- Aqui jaz a anedota
- Por outro lado, nunca se conviveu com tanto humor.
- Ligue o computador

a) Em qual delas o sujeito não aparece explicitamente, mas pode ser facilmente identificado pela terminação do verbo?

b) Em qual delas não é possível saber ou determinar de quem se está falando?

CONCEITUANDO

Quando uma oração tem sujeito, ele pode ser simples, composto, desinencial ou indeterminado. Há também orações sem sujeito.

Keystone

Cena do filme *O artista*, de Michel Hazanavicius, que faz uma homenagem ao cinema mudo.

SUJEITO SIMPLES, COMPOSTO E DESINENCIAL

Ao responder aos exercícios acima, você deve ter observado que:

- o sujeito pode ter um ou mais núcleos:

Certamente [o advento do cinema falado] (sujeito; núcleo: advento) fez mal aos atores de cinema mudo

[Esquetes, montagens capciosas de imagens de celebridades [...] e paródias de notícias] (sujeito; núcleos: Esquetes, montagens, paródias) representam esse novo humor.

Quando apresenta um só núcleo, o sujeito é chamado de **sujeito simples**; quando apresenta dois ou mais núcleos, é chamado de **sujeito composto**.

- o sujeito pode não aparecer na oração, mas ser facilmente identificado pela desinência (terminação) do verbo:

Ligue (você) o computador

Quando está implícito na desinência do verbo, o sujeito é classificado como **sujeito desinencial**.

Morfossintaxe do sujeito

O núcleo de um sujeito pode ser representado por substantivo, pronome pessoal do caso reto, pronome demonstrativo, relativo, interrogativo ou indefinido, numeral, palavra ou expressão substantivada. Observe alguns exemplos:

> Todas as tardes, *eu* e *ele* passeávamos juntos.
> Apresento-lhe o rapaz *que* lhe trouxe a encomenda.
> *Viver* é perigoso.

EXERCÍCIOS

Leia o texto a seguir para responder às questões de 1 a 3.

Por que certos alimentos são ardidos ou refrescantes?

Por mais diferentes que sejam, as sensações provocadas por um prato apimentado e por uma bala de menta têm a mesma origem. Isso porque a mucosa da boca e a língua possuem milhares de nervos sensíveis à dor: os nocirreceptores. Quando se queima ou se espeta a língua, esses nervos são acionados e enviam para o cérebro a sensação de dor. Nesses dois casos, a origem da dor é física. Acontece que certos alimentos contêm substâncias que também estimulam os nocirreceptores — só que por uma reação química. As mais conhecidas dessas substâncias são justamente a capsaicina, presente nas pimentas, e o mentol, encontrado nas várias espécies de menta e hortelã. "Quando adicionado aos alimentos ou ao cigarro, o mentol entra em contato com os nocirreceptores da boca, promovendo uma sensação de frio que consideramos refrescante. Da mesma forma, a capsaicina da pimenta provoca um ardor apreciado por muitas pessoas", diz a neurofisiologista Débora Fior Chadi, da Universidade de São Paulo (USP). Só não vá exagerar. Um prato muito apimentado pode causar lacrimejamento, salivação excessiva, e muita, muita dor.

Thinkstock/Getty Images

(*Mundo Estranho*, nº 7.)

1. Leia estas orações do texto e indique aquela (ou aquelas) cujo sujeito é simples.
   a) as sensações provocadas por um prato apimentado ou por uma bala de menta têm a mesma origem
   b) a origem da dor é física
   c) que consideramos refrescante
   d) Um prato muito apimentado pode causar lacrimejamento, salivação excessiva, e muita, muita dor.

2. Na oração "porque a mucosa da boca e a língua possuem milhares de nervos sensíveis à dor: os nocirreceptores", o sujeito é composto. Indique os núcleos do sujeito.

3. Que tipo de sujeito ocorre nestas orações?
   a) e enviam para o cérebro a sensação de dor
   b) que consideramos refrescante

SUJEITO INDETERMINADO

Releia este trecho do texto que inicia o capítulo:

> Por outro lado, nunca se conviveu com tanto humor.

Observe que o autor não quer determinar o sujeito que praticou a ação de conviver com tanto humor.

Nesse caso, o sujeito do verbo *conviver* é **indeterminado**.

> Sujeito **indeterminado** é aquele que não é nomeado na oração, ou por não se querer nomeá-lo ou por se desconhecer quem pratica a ação.

A indeterminação do sujeito se dá por meio de dois procedimentos:

- colocando-se o verbo (ou o auxiliar, se houver locução verbal) na 3ª pessoa do plural, sem referência a seres determinados:

> *Rasgaram* meu livro de Matemática.

> *Telefonaram* para você.

- empregando-se a partícula *se* junto com a 3ª pessoa do singular dos verbos:
  - intransitivos: *Vive-se* bem aqui.
  - transitivos indiretos: *Precisa-se* de motorista com prática.
  - de ligação: *Era-se* jovem naquela época.

O pronome *se*, nesse caso, recebe o nome de **índice de indeterminação do sujeito**.

EXERCÍCIOS

Leia a tira a seguir e responda às questões de 1 a 3.

(Fernando Gonsales. *Níquel Náusea – A vaca foi pro brejo atrás do carro na frente dos bois*. São Paulo: Devir, 2010. p. 38.)

1. No 1º quadrinho, uma das falas da personagem consiste em uma oração com sujeito indeterminado.

a) Qual é essa oração?

b) Em que pessoa está o verbo dessa oração?

c) Levante hipóteses: Caso a personagem quisesse determinar um sujeito, como ficaria a frase?

2. Que outros tipos de sujeito há na tira?

3. O humor das tiras geralmente resulta de uma quebra de expectativa. Esse procedimento ocorre nessa tira? Por quê?

4. Indetermine o sujeito das orações a seguir, empregando o verbo na 3ª pessoa do singular + o pronome *se*. Veja o exemplo:

> Estudo melhor depois de uma noite bem-dormida.
>
> Estuda-se melhor depois de uma noite bem-dormida.

a) Os cidadãos precisam de serviço público de qualidade.

b) A família acreditava na recuperação dos bens roubados.

c) As garotas só falam sobre o acontecido.

d) Os manifestantes reclamam contra a falta de segurança nas estradas.

e) O governador decidiu pela implantação de uma escola na região sul do Estado.

ORAÇÃO SEM SUJEITO

Leia estes textos, de Mário Quintana:

Filipe Rocha

Mistérios noturnos

No silêncio das noites soluçam as almas
pelas torneiras das pias...

Nota noturna

O silêncio é um espião.

Imagem

Haverá ainda, no
mundo, coisas
tão simples e tão
puras como a água
bebida na concha
das mãos?

(*Poesia completa.* Rio de Janeiro: Nova Aguilar, 2006. p. 979.)

1. Em relação ao texto "Mistérios noturnos", responda:

a) Que associação o poeta faz entre o soluçar das almas e as torneiras das pias?

b) Qual é o sujeito da oração que constitui o texto?

2. Em "Nota noturna":

a) Que sentido(s) a palavra *nota* apresenta?

b) Qual é o sujeito da oração que constitui o texto?

3. Observe o enunciado que constitui o texto "Imagem".

a) Quantas orações há nele?

b) O termo *coisas tão simples e tão puras* é sujeito ou objeto direto (do verbo *haver*)?

Observe que, entre os três enunciados que constituem os textos de Mário Quintana lidos, um apresenta verbo impessoal, isto é, que não tem sujeito nem sofre flexão de pessoa. Trata-se do verbo *haver*, que, no contexto, tem o sentido de "existir". Temos, nesse caso, uma **oração sem sujeito**.

Oração sem sujeito é aquela em que a declaração expressa pelo predicado não é atribuída a nenhum ser.

VERBOS IMPESSOAIS

Os verbos impessoais apresentam-se sempre na 3ª pessoa do singular. Eis os principais:

- os que indicam fenômenos da natureza: *chover*, *nevar*, *gear*, *ventar*, *trovejar*, *relampejar*, *anoitecer*, *fazer* (frio, calor), *entardecer*, etc.:

Escureceu cedo hoje.

- o verbo *haver* com o sentido de "existir":

Havia pessoas descontentes na fila do banco. (*Havia* = Existiam)

- os verbos *fazer*, *haver* e *ir* quando indicam tempo decorrido:

Fazia semanas que ele viajara.
Há dias que não assisto à televisão.
Vai para dois meses que não recebo carta de meu irmão.

- o verbo *ser*, na indicação de tempo em geral:

Era noite fechada quando chegamos à cidadezinha.

EXERCÍCIOS

Leia a tira abaixo, de Lucas Lima, para responder às questões de 1 a 3.

(*Tribuna Impressa*, 3/6/2008.)

1. Nas interações verbais, sempre está em evidência o papel social de cada um dos interlocutores.
   a) Ao lermos apenas o 1º quadrinho, que papel social a mulher parece ocupar?
   b) No 2º quadrinho, percebemos o papel social da mulher e a intencionalidade de sua fala inicial. Qual é essa intencionalidade?

2. No 2º quadrinho, a personagem diz "Existem outras coisas na vida!".
   a) Qual é o sujeito dessa oração?
   b) Como ficaria essa frase, se substituíssemos a forma verbal *existem* pela forma correspondente do verbo *haver*?
   c) Nesse caso, o sujeito continuaria sendo simples? Justifique sua resposta.

3. Classifique o sujeito da frase dita pelo sorveteiro.

4. As orações a seguir não apresentam sujeito; no predicado, há uma locução verbal constituída de verbo auxiliar (*poder* ou *dever*) + verbo principal (*haver* ou *fazer*). Reescreva-as, transformando a locução verbal em um único verbo e mantendo a impessoalidade. Veja um exemplo:

   Deve haver pregos e parafusos nessa gaveta.
   Há pregos e parafusos nessa gaveta.

   a) Ande logo, pode haver idosos e gestantes na fila.
   b) Deve fazer uns quatro anos que não tiro férias.
   c) Pode haver outras formas de contribuir nesta campanha contra a fome.
   d) Que pena você ter se atrasado! Deve fazer dez minutos que eles saíram.

VOZES DO VERBO

Entre os tipos de sujeito, destacam-se ainda os sujeitos *agente* e *paciente*, identificáveis pela voz do verbo.

Leia esta tira, de Laerte:

(*Deus 2 – A graça continua*. São Paulo: Olho d'Água, 2002. p. 31.)

Compare, quanto ao sujeito, estas orações da tira:

Então manipula isto!	Fui possuído por um demônio!!

Observe que, na 1ª oração, o sujeito (tu) *exerce a ação* expressa pela forma verbal *manipula*. O sujeito é, portanto, agente. Quando o sujeito da oração é *agente*, a voz do verbo é **ativa**.

Na 2ª oração, a ação não é praticada pelo sujeito (eu), mas *por um demônio*. O sujeito, nesse caso, *sofre a ação* expressa pela forma verbal *fui possuído*. O sujeito é, portanto, *paciente*. Quando o sujeito da ação é paciente, a voz do verbo é **passiva**.

O sujeito pode ser ainda *agente e paciente* da ação verbal. Na oração "Ele feriu-se com a faca", por exemplo, o sujeito (ele) *pratica e recebe a ação* expressa pela forma verbal *feriu-se*. A voz do verbo, nesse caso, é **reflexiva**.

Voz é a forma como se apresenta a ação expressa pelo verbo em relação ao sujeito. Essa relação pode ser de atividade, de passividade ou de atividade e passividade ao mesmo tempo.

Voz ativa

Ocorre quando a ação expressa pelo verbo é praticada pelo sujeito:

Aquele jovem optou por Medicina.
sujeito agente | voz ativa

Voz passiva

Ocorre quando a ação expressa pelo verbo é recebida pelo sujeito:

A carta de solicitação foi digitada pela secretária.
sujeito paciente | voz passiva

Morfossintaxe do agente da passiva

O agente da passiva pode ser representado por um substantivo ou uma palavra substantivada, pronome ou numeral.

Sua proposta foi aceita pela *maioria dos condôminos*.

Como nessa oração o sujeito é paciente, o termo que indica quem exerce a ação verbal (aquele que age) – *pela secretária* – é o **agente da passiva**.

Agente da passiva é o termo da oração que, na voz passiva, designa o ser que pratica a ação recebida pelo sujeito.

Esse termo é sempre introduzido pelas preposições *por* (ou *per*) e *de*. Veja outro exemplo:

Aquela faixa de terra foi desapropriada *pelo governo federal*.
sujeito paciente | voz passiva | agente da passiva

A **voz passiva** pode ser:

- **analítica**: formada pelos verbos *ser* ou *estar* + particípio do verbo principal + agente da passiva:

Os edifícios arrojados foram construídos por uma empresa multinacional.
sujeito paciente | verbo auxiliar + particípio | agente da passiva

- **sintética**: formada por verbo transitivo direto na 3ª pessoa + *se* (pronome apassivador ou partícula apassivadora) + sujeito paciente:

Construíram-se edifícios arrojados.
verbo + partícula apassivadora | sujeito paciente

TRANSFORMAÇÕES NA MUDANÇA DA VOZ ATIVA PARA A VOZ PASSIVA	
Voz ativa	O sapateiro *conserta* sapatos femininos. (O sapateiro = sujeito agente; *conserta* = V.T.D.; sapatos femininos = OD)
Voz passiva analítica	Sapatos femininos *são consertados* pelo sapateiro. (Sapatos femininos = sujeito paciente; pelo sapateiro = agente da passiva)
Voz passiva sintética	*Consertam-se* sapatos femininos. (se = pronome apassivador; sapatos femininos = sujeito paciente)

Você deve ter observado que:

- o objeto direto da voz ativa passa a sujeito da voz passiva analítica;
- o tempo do verbo principal (no caso, *conserta*, presente do indicativo) é transferido para o verbo auxiliar *ser* (*são*), ao passo que o principal vai para o particípio (*consertados*);
- o verbo no particípio concorda com o sujeito em gênero e número;
- a preposição *por* (ou *per*) se junta ao sujeito da voz ativa para formar o *agente da passiva*;
- o sujeito é paciente tanto na voz passiva analítica quanto na passiva sintética;
- o verbo, na voz passiva, concorda com o sujeito paciente;
- na voz passiva sintética nunca há agente da passiva;
- para admitir flexão de voz, é necessário que o verbo seja transitivo direto ou transitivo indireto, uma vez que o objeto direto da voz ativa transforma-se em sujeito da voz passiva.

Voz passiva analítica ou sintética: qual empregar?

Você pode empregar tanto uma quanto outra. Entretanto, convém observar qual das formas é mais adequada à situação.

A voz passiva sintética geralmente é empregada em situações em que se exige maior formalidade no discurso. Além disso, ela exige atenção redobrada na concordância verbal e na colocação pronominal.

Já a passiva analítica se aproxima mais da linguagem escrita coloquial e da linguagem oral; por isso pode ser a forma mais adequada quando se busca uma comunicação direta e espontânea com o interlocutor, como nos anúncios classificados, por exemplo. Compare estas duas frases e note a diferença:

A gente / Nós ainda não conhece / conhecemos os novos proprietários do imóvel.
Ainda não se conhecem os novos proprietários do imóvel.

Voz reflexiva

Ocorre quando a ação expressa pelo verbo é simultaneamente *praticada* e *recebida* pelo sujeito. Ocorre com verbos como *vestir-se*, *ferir-se*, *enfeitar-se*, etc.

Mãe e filha se abraçam.
(Mãe e filha = sujeito agente e paciente; se abraçam = voz reflexiva)

Exprime-se a voz reflexiva juntando-se às formas da voz ativa os pronomes oblíquos (me, te, se, nos, vos) da mesma pessoa do sujeito: eu *me* penteio, tu *te* vestes, ele *se* machuca, nós *nos* ferimos, vós *vos* olhais, eles *se* veem.

EXERCÍCIOS

1. Leia esta tira, de Laerte:

(*Folha de S. Paulo*, 17/4/2004.)

a) Identifique o sujeito das orações que aparecem no 1º, 2º, 4º, 6º, 7º e último quadrinhos da tira.

b) Identifique a voz dos verbos dessas orações.

c) Reescreva as orações, colocando os verbos na voz passiva analítica e fazendo as adaptações necessárias.

d) Em que consiste o humor da tira?

2. Reescreva as orações a seguir, passando as que estão na voz passiva analítica para a passiva sintética, e as que estão na voz passiva sintética para a ativa e a passiva analítica.

a) Permite-se a venda de ingressos até 30 minutos antes do início do espetáculo.

b) Contestava-se a falta de transporte público na cidade.

c) Os envolvidos no caso de corrupção foram condenados pela Justiça.

3. Identifique quais das frases seguintes apresentam verbo transitivo direto e passe-as para a voz passiva analítica, destacando o agente da passiva.

a) Não se esqueça de estudar para a prova.

b) Uma junta médica acompanhará o estado de saúde do presidente.

c) O morador acatou a decisão da associação.

d) Um grupo de empresas especializadas traçará o plano.

O SUJEITO NA CONSTRUÇÃO DO TEXTO

Leia este texto, de Luis Fernando Verissimo:

Inimigos

O apelido de Maria Teresa, para Norberto, era "Quequinha". Depois do casamento, sempre que queria contar para os outros uma da sua mulher, o Norberto pegava sua mão, carinhosamente, e começava:

— Pois a Quequinha...

E a Quequinha, dengosa, protestava:

— Ora, Beto!

Com o passar do tempo, o Norberto deixou de chamar a Maria Teresa de Quequinha; se ela estivesse ao seu lado e ele quisesse se referir a ela, dizia:

— A mulher aqui...

Ou, às vezes:

— Esta mulherzinha...

Mas nunca mais de Quequinha.

(O tempo, o tempo. O amor tem mil inimigos, mas o pior deles é o tempo. O tempo ataca em silêncio. O tempo usa armas químicas.)

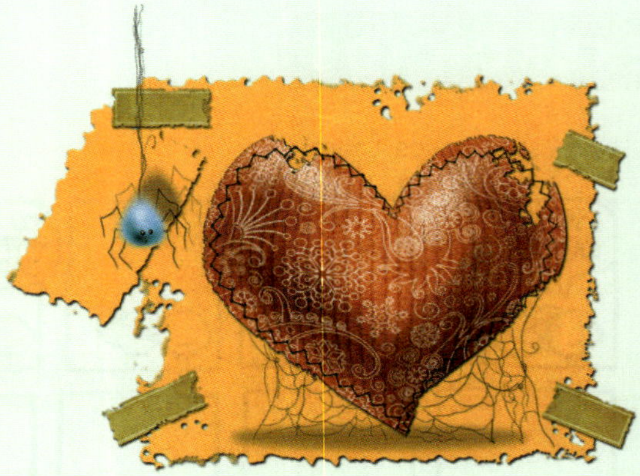

Com o tempo, Norberto passou a tratar a mulher por "Ela".

— Ela odeia o Charles Bronson.

— Ah, não gosto mesmo.

Deve-se dizer que o Norberto, a esta altura, embora a chamasse de Ela, ainda usava um vago gesto da mão para indicá-la. Pior foi quando passou a dizer "essa aí" e apontar com o queixo.

— Essa aí...

E apontava com o queixo, até curvando a boca com um certo desdém.

(O tempo, o tempo. O tempo captura o amor e não o mata na hora. Vai tirando uma asa, depois a outra...)

Hoje, quando quer contar alguma coisa da mulher, o Norberto nem olha na sua direção. Faz um meneio de lado com a cabeça e diz:

— Aquilo...

(*Novas comédias da vida privada*. Porto Alegre: L&PM, 1996. p. 70-1.)

1. No início do casamento, Norberto e Maria Teresa tratam-se carinhosamente por Beto e Quequinha. Com o passar do tempo, entretanto, Beto vai mudando o tratamento dado à mulher: "A mulher aqui...", "Esta mulherzinha...", "Ela", "Essa aí..." e "Aquilo...". Observando a sequência de palavras com as quais ele passa a tratá-la, responda:

a) Que função desempenham nas frases as palavras que ele usa para se referir à mulher?

b) Grande parte dessas frases tem predicado explícito?

Para que servem as vozes verbais

As vozes estão relacionadas à intencionalidade discursiva. Se desejamos enfatizar o sujeito da ação, empregamos a voz ativa; se desejamos ressaltar a ideia de passividade, empregamos a voz passiva. Veja um exemplo:

Governo eleva preços dos combustíveis.
Preços dos combustíveis são elevados pelo governo.

2. As palavras que o marido emprega para referir-se à mulher apresentam uma gradação.

a) O diminutivo em *Quequinha* tem o mesmo valor semântico que o empregado em *mulherzinha*?

b) Na expressão *A mulher aqui*, o substantivo *mulher* foi empregado, de acordo com o contexto, no sentido de pessoa do sexo feminino, em oposição a homem, ou em oposição a marido?

c) Se essa palavra fosse empregada em oposição ao outro termo, que determinante deveria acompanhá-la?

d) Que atitude o marido demonstra ter em relação à esposa ao empregar o pronome pessoal *ela*?

e) Como você sabe, os pronomes demonstrativos transmitem informações sobre a proximidade ou distanciamento de certo objeto demonstrado em relação ao locutor.

- Ao se referir à mulher, o locutor primeiramente utiliza o pronome *essa* e depois o pronome *aquilo*. O que essa alteração revela quanto ao relacionamento do casal?
- Os demonstrativos neutros (*isto*, *isso*, *aquilo*) não são normalmente empregados em referência a pessoas. No entanto, o marido se refere à mulher empregando um deles – *aquilo*. O que esse fato revela?

3. Ao longo dos anos, o marido vai dispensando à mulher formas de tratamento cada vez mais degradantes. Apesar disso, nas frases a mulher sempre ocupa a função de sujeito. Como se sabe, o sujeito é um dos termos essenciais da oração.

a) Existe coerência entre o destaque dado à mulher nas frases e o destaque que o marido lhe dá no casamento?

b) O texto procura comprovar a tese de que o tempo corrói o amor. Considerando o relacionamento entre Maria Teresa e Norberto, levante hipóteses: Por que o casamento se mantém?

SEMÂNTICA E DISCURSO

Leia o anúncio a seguir e responda às questões de 1 a 4.

(*IstoÉ* 7/9/2011, p. 4-5.)

1. O anúncio foi publicado na semana em que se comemora a Independência do Brasil.

a) Quem produziu o anúncio?

b) A quem ele é dirigido?

2. Observe a imagem. Ela é composta de mãos justapostas e abertas, pintadas com o desenho e as cores da bandeira brasileira.

a) As mãos são da mesma pessoa? Justifique sua resposta e dê uma possível razão para essa escolha do anunciante.

b) Que relação há entre o anúncio e o contexto em que ele foi publicado?

3. O enunciado verbal principal do anúncio é formado por duas orações:

> "O Brasil está em boas mãos."
> "Nas mãos do povo brasileiro."

a) Qual é o sujeito da primeira oração?

b) Na segunda oração, há uma expressão subentendida. Qual é ela?

c) Que sentido tem a expressão "estar em boas mãos", empregada na primeira oração?

d) E a expressão "nas mãos", empregada na segunda oração?

4. Compare o enunciado verbal principal do anúncio com este:

> O Brasil está nas boas mãos dos brasileiros.

O efeito de sentido dos dois enunciados é o mesmo? Justifique sua resposta.

5. Leia esta tira, de Fernando Gonsales:

Fernando Gonsales

(*Níquel Náusea – Minha mulher é uma galinha.* São Paulo: Devir, 2008. p. 11.)

Se explicitarmos o sujeito das frases dos três balões da tira, teremos:

> *Meus filhotes* são especiais, (porque) *meus filhotes* não brincam de roda como os *seus filhotes* (brincam).
> *Meus filhotes* brincam de icosaedro.

Na tira, entretanto, a personagem deixou o sujeito implícito nas frases do 2º e do 3º balão, para evitar a repetição e tornar a comunicação mais ágil e dinâmica.
Nas seguintes sequências de orações, elimine palavras ou expressões que exercem a função de sujeito e ligue as orações por meio das palavras ou expressões indicadas. Faça as adaptações necessárias.

a) Há nomes / nomes andam / nomes / nomes rastejam / nomes / nomes voam. (Ramalho Ortigão) (que)

b) A tempestade foi muito violenta. A tempestade devastou a ponte e as plantações ribeirinhas. (tão... que)

c) Antigamente, Mariano mandava fazer suas camisas e calças. Ultimamente, Mariano as compra feitas, em lojas de departamentos. (porém)

LITERATURA

The Ian Woodner Family Collection, New York

: *Ophelia* (1903), de Odilon Redon.

CAPÍTULO 5

O Simbolismo no Brasil

Ao contrário do que ocorreu na Europa, onde o Simbolismo se sobrepôs ao Parnasianismo, no Brasil o movimento simbolista foi quase inteiramente ofuscado pelo movimento parnasiano, que gozou de amplo prestígio entre as camadas cultas da sociedade até as primeiras décadas do século XX. Apesar disso, a produção simbolista deixou contribuições significativas, preparando terreno para as grandes inovações que iriam ocorrer no século XX, no domínio da poesia.

As primeiras manifestações simbolistas já eram sentidas no Brasil desde o final da década de 80 do século XIX. Apesar disso, tem-se apontado como marco introdutório do movimento simbolista brasileiro a publicação, em 1893, das obras *Missal* (prosa) e *Broquéis* (poesia), de nosso maior autor simbolista: Cruz e Sousa.

Além de Cruz e Sousa, destacam-se, entre outros, Alphonsus de Guimaraens e Pedro Kilkerry (recentemente redescoberto pela crítica).

CRUZ E SOUSA: O CAVADOR DO INFINITO

Acervo Iconographia

: Caricatura de Cruz e Sousa.

Cruz e Sousa (1861-1898) nasceu em Florianópolis, Santa Catarina. Filho de escravos, foi amparado por uma família aristocrática, que o ajudou nos estudos. Com a morte do protetor, abandonou os estudos e começou a trabalhar na imprensa catarinense, escrevendo crônicas abolicionistas e participando diretamente de campanhas em favor da causa negra. Ele próprio mais de uma vez fora vítima de preconceito racial. Em 1890, transferiu-se para o Rio de Janeiro, onde sobreviveu trabalhando em vários empregos. Depois de ter tido na juventude uma grande desilusão amorosa, ao apaixonar-se por uma artista branca, casou-se com Gavita, uma negra que, anos depois, manifestou problemas mentais. Dos quatro filhos que o casal teve, apenas dois sobreviveram. Cruz e Sousa morreu aos 36 anos, vítima de tuberculose. Suas únicas obras publicadas em vida são *Missal* e *Broquéis*.

Hoje, Cruz e Sousa é considerado o mais importante poeta simbolista brasileiro e um dos maiores poetas nacionais de todos os tempos. Contudo, o escritor só teve seu valor reconhecido postumamente, depois de ter sido incluído pelo sociólogo francês Roger Bastide entre os maiores poetas do Simbolismo universal.

Sua obra poética apresenta diversidade e riqueza. De um lado, encontram-se nela aspectos noturnos do Simbolismo, herdados do Romantismo: o culto da noite, certo satanismo, o pessimismo, a morte.

De outro lado, há certa preocupação formal, que aproxima o poeta dos parnasianos: a forma lapidar, o gosto pelo soneto, o verbalismo requintado, a força das imagens; há, ainda, a inclinação à poesia meditativa e filosófica, que o aproxima da poesia realista portuguesa, principalmente da produzida por Antero de Quental.

Cruz e Sousa na Internet

Poemas e obras inteiras de Cruz e Souza podem ser baixados no *site* http://www.dominiopublico.gov.br/pesquisa/PesquisaObraForm.jsp.

A poesia metafísica e a dor de existir

Juntamente com o poeta realista português Antero de Quental e o pré-modernista brasileiro Augusto dos Anjos, Cruz e Sousa apresenta uma das poéticas de maior profundidade em língua portuguesa, em razão da investigação filosófica e da angústia metafísica presentes nas suas composições.

Na obra de Cruz e Sousa, o drama da existência revela uma provável influência das ideias pessimistas do filósofo alemão Schopenhauer, que marcaram o final do século XIX. Além disso, certas posturas verificadas em sua poesia – o desejo de fugir da realidade, de transcender a matéria e integrar-se espiritualmente no cosmo – parecem originar-se não apenas do sentimento de opressão e mal-estar produzido pelo capitalismo, mas também do drama racial e pessoal que o autor vivia.

A trajetória da obra de Cruz e Sousa parte da consciência e da dor de ser negro, em *Broquéis*, e chega à dor de ser homem, em *Faróis* e *Últimos sonetos*, obras póstumas nas quais sobressai a busca da transcendência. Observe a dor existencial nos versos a seguir, de "Tristeza do infinito":

Tristeza do infinito

Anda em mim, soturnamente,
Uma tristeza ociosa,
Sem objetivo, latente,
Vaga, indecisa, medrosa.

Como ave torva e sem rumo,
Ondula, vagueia, oscila
E sobe em nuvens de fumo
E na minh'alma se asila.

Uma tristeza que eu, mudo,
Fico nela meditando, por tudo
E em toda a parte sonhando.

Tristeza de não sei de onde,
De não sei quando nem como...
Flor mortal, que dentro esconde
Sementes de um mago pomo.

[...]

(*Poesias completas de Cruz e Sousa*. Rio de Janeiro: Ediouro, s.d. p. 80.)

Edvard Munch

Melancolia (1894-6), de Edvard Munch.

As características mais importantes da poesia de Cruz e Sousa são:

- **no plano temático**: a morte, a transcendência espiritual, a integração cósmica, o mistério, o sagrado, o conflito entre matéria e espírito, a angústia e a sublimação sexual, a escravidão e uma verdadeira obsessão por brilhos e pela cor branca;
- **no plano formal**: as sinestesias, as imagens surpreendentes, a sonoridade das palavras, a predominância de substantivos e adjetivos e o emprego de maiúsculas, utilizadas com a finalidade de dar um valor absoluto a certos termos.

Cruz e Sousa e a causa negra

Embora quase metade da população brasileira seja negra, poucos são nossos escritores negros e mulatos. E, entre eles, poucos escreveram em favor da causa negra. Cruz e Sousa, por exemplo, é acusado de ter-se omitido quanto a questões referentes à condição negra. A acusação, porém, não procede, pois, apesar de a poesia social não fazer parte do projeto poético do Simbolismo nem de seu projeto particular, o autor, em alguns poemas, retratou metaforicamente a condição do escravo, como nestes versos de "Pandemonium":

Uma visão gerada do teu sangue
Quando no Horror te debateste exangue.

Uma visão que é tua sombra pura
Rodando na mais trágica tortura.

A sombra dos supremos sofrimentos
Que te abalaram como negros ventos.

Leia o poema integral em nosso *site*, http://www.atualeditora.com.br/pl/paraquemquermais.

LEITURA

Leia, a seguir, dois dos melhores poemas de Cruz e Sousa e responda às questões propostas.

Cavador do Infinito

Com a lâmpada do Sonho desce aflito
E sobe aos mundos mais imponderáveis,
Vai abafando as queixas implacáveis,
Da alma o profundo e soluçado grito.

Ânsias, Desejos, tudo a fogo escrito
Sente, em redor, nos astros inefáveis.
Cava nas fundas eras insondáveis
O cavador do trágico Infinito.

E quanto mais pelo Infinito cava
Mais o Infinito se transforma em lava
E o cavador se perde nas distâncias...

Alto levanta a lâmpada do Sonho
E com seu vulto pálido e tristonho
Cava os abismos das eternas ânsias!

(*Poesias completas de Cruz e Sousa*, cit., p. 109.)

O Assinalado

Tu és o louco da imortal loucura,
O louco da loucura mais suprema.
A Terra é sempre a tua negra algema,
Prende-te nela a extrema Desventura.

Mas essa mesma algema de amargura,
Mas essa mesma Desventura extrema
Faz que tua alma suplicando gema
E rebente em estrelas de ternura.

Tu és o Poeta, o grande Assinalado
Que povoas o mundo despovoado,
De belezas eternas, pouco a pouco.

Na Natureza prodigiosa e rica
Toda a audácia dos nervos justifica
Os teus espasmos imortais de louco!

(Idem, p. 102.)

imponderável: que não se pode pesar ou avaliar.
inefável: indescritível, encantador.

1. O eu lírico do texto "Cavador do Infinito" vive um drama existencial, representado pela ação de cavar o infinito. A propósito da 1ª estrofe do soneto, responda:

a) Que verbos sugerem a ação de cavar?

b) Que instrumento o eu lírico utiliza para cavar o infinito?

2. De acordo com o texto, o eu lírico, enquanto cava, abafa queixas e gritos da alma. Observe que, na escavação do infinito, o eu refere-se a "Sonho", "Ânsias", "Desejos" e, na última estrofe, diz cavar "os abismos das eternas ânsias".

a) O que se supõe ser o "infinito" cavado?

b) O que provavelmente o eu lírico busca encontrar?

c) De acordo com a 3ª estrofe, pode-se dizer que o eu lírico encontrou o que procura?

3. Releia a última estrofe e responda:

a) É possível afirmar que o processo de escavação terminou ou continua? Por quê?

b) Que sentimento acompanha o eu lírico nesse processo?

4. O poema "O Assinalado" põe em destaque a própria criação poética.

a) Qual é a visão do texto acerca do trabalho do poeta? Justifique sua resposta, explicando também o título do poema.

b) Considerando o contexto racionalista e científico do final do século XIX, interprete estes versos:

"Tu és o Poeta, o grande Assinalado
Que povoas o mundo despovoado,
De belezas eternas, pouco a pouco."

5. Compare os dois poemas.

a) Aponte semelhanças entre eles quanto às ideias e à visão de mundo.

b) Aponte diferenças entre os textos quanto à relação do eu lírico (ou do poeta) com o mundo.

ALPHONSUS DE GUIMARAENS

Alphonsus de Guimaraens (1870-1921) nasceu em Ouro Preto, estudou Direito em São Paulo e durante muitos anos foi juiz em Mariana, cidade histórica vizinha de Ouro Preto.

Marcado ainda muito jovem pela morte da prima Constança, a quem amava e que tinha apenas 17 anos, sua poesia é quase toda voltada para o tema da morte da mulher amada. Todos os outros temas que explorou, como natureza, arte e religião, estão de alguma forma relacionados ao primeiro.

A exploração do tema da morte abriu ao poeta, por um lado, o vasto campo da literatura gótica ou macabra dos escritores ultrarromânticos, recuperada por alguns simbolistas; por outro lado, possibilitou a criação de uma atmosfera mística e litúrgica, em que abundam referências ao corpo morto, ao esquife, às orações, às cores roxa e negra, ao sepultamento, conforme exemplifica esta estrofe:

> "Mãos de finada, aquelas mãos de neve,
> De tons marfíneos, de ossatura rica,
> Pairando no ar, num gesto brando e leve,
> Que parece ordenar mas que suplica."

Acervo Iconographia

Alphonsus de Guimaraens.

O conjunto da poesia de Alphonsus de Guimaraens é uniforme e equilibrado. Temas e formas se repetem e se aprofundam no decorrer de quase trinta anos de produção literária, consolidando uma de nossas poéticas mais místicas e espiritualistas.

O crítico Alfredo Bosi considera que "de Cruz e Sousa para Alphonsus de Guimaraens sentimos uma descida de tom"; isso porque a universalidade, a dor da existência e as sensações de voo e vertigem que caracterizam a linguagem simbolista de Cruz e Sousa ganham limites mais estreitos na poesia de Alphonsus de Guimaraens, presa ao ambiente místico da cidade de Mariana e ao drama sentimental vivido na adolescência.

Formalmente o poeta revela influências árcades e renascentistas, sem, contudo, cair no formalismo parnasiano. Embora preferisse o verso decassílabo, Alphonsus chegou a explorar outras métricas, particularmente a redondilha maior, de longa tradição popular, medieval e romântica.

LEITURA

O poema que segue é o mais popular de Alphonsus de Guimaraens.

Ismália

Quando Ismália enlouqueceu,
Pôs-se na torre a sonhar...
Viu uma lua no céu,
Viu outra lua no mar.

No sonho em que se perdeu,
Banhou-se toda em luar...
Queria subir ao céu,
Queria descer ao mar...

E, no desvario seu,
Na torre pôs-se a cantar...
Estava perto do céu,
Estava longe do mar...

E como um anjo pendeu
As asas para voar...
Queria a lua do céu,
queria a lua do mar...

As asas que Deus lhe deu
Ruflaram de par em par...
Sua alma subiu ao céu,
Seu corpo desceu ao mar...

(In: *Obra completa.* Rio de Janeiro: Aguilar, 1960. p. 467.)

Col. particular

Visão, de Ismael Nery.

1. Alguns poemas de Alphonsus de Guimaraens ligam-se à tradição medieval. Observe no texto os seguintes aspectos formais: métrica, ritmo e paralelismo.
   a) O poema em estudo liga-se ou não a essa tradição? Justifique.
   b) Que outro movimento literário perseguiu a mesma tradição medieval?

2. Todo o poema é construído com base em *antíteses*. As antíteses articulam-se em torno dos desejos contraditórios de Ismália, que se dividem entre a realidade espiritual e a realidade concreta.
   a) Identifique dois pares de antíteses no texto.
   b) Reconheça o elemento que representa a realidade espiritual e o que representa a realidade concreta.

3. O Simbolismo, por ser um movimento antilógico e antirracional, valoriza os aspectos interiores e pouco conhecidos da alma e da mente humana. Identifique no texto palavras ou expressões que comprovem essa característica simbolista.

4. Tal qual no Barroco e no Romantismo, o poema estabelece relações entre corpo e alma ou matéria e espírito. Com base no desfecho do poema, responda:
   a) Céu e mar relacionam-se ao universo material ou espiritual?
   b) Ismália conseguiu realizar o desejo simbolista de transcendência espiritual?
   c) Pode-se afirmar que, para os simbolistas, sonho e loucura levam à libertação? Justifique.

LITERATURA COMPARADA

DIÁLOGO DO SIMBOLISMO COM A TRADIÇÃO GÓTICA

Os poetas que você vai ler a seguir viveram em épocas diferentes, com intervalo de décadas entre eles. O poeta francês Charles Baudelaire (1821-1867) é pós-romântico e considerado um dos pais do Simbolismo; Cruz e Sousa (1862-1898) é considerado o principal poeta do Simbolismo brasileiro; e Augusto dos Anjos (1884-1914), brasileiro, é um escritor pós-simbolista, representante de um momento de transição para o Modernismo. Após a leitura, responda às questões propostas.

TEXTO I

Spleen — LXXVII

Quando, pesado e baixo, o céu como tampa
Sobre a alma soluçante, assolada aos açoites,
E que deste horizonte, a cercar toda a campa
Despeja-nos um dia mais triste que as noites;

Quando se transformou a Terra em masmorra úmida,
Por onde essa esperança, assim como um morcego
Vai tangendo paredes ante uma asa túmida
Batendo a testa em tetos podres, sem apego;

Quando a chuva estirou os seus longos filames
Como as grades de ferro em uma ampla cadeia,
E um povoado mudo de aranhas infames
Até os nossos cérebros estende as teias,

Arnold Bocklin

A ilha dos mortos (1880), de Arnold Bocklin.

Súbito, os sinos saltam com ferocidade
E atiram para o céu um gemido fremente,
Tal aquelas errantes almas sem cidade
Que ficam lamentando-se obstinadamente.

— E féretros sem fim, sem tambor ou pavana,
Lentos desfilam dentro em mim; e a Esperança,
Vencida, chora, a Angústia, feroz e tirana,
A negra flâmula em meu curvo crânio lança.

(Charles Baudelaire. In: José Lino Grünewald, org. e trad. *Poetas franceses do século XIX*. Rio de Janeiro: Nova Fronteira, 1991. p. 63.)

açoite: chicote, látego.
assolar: pôr por terra, destruir, arruinar.
campa: laje sepulcral; sino de pequeno tamanho, sineta.
féretro: caixão (de defuntos), esquife; tumba.
filame: amarras que prendem a âncora de um navio.
pavana: composição musical; tipo de dança renascentista; palmatória (instrumento de castigo).
spleen: tédio, melancolia.
tanger: tocar, roçar.
túmido: saliente, inchado, proeminente.

TEXTO II

Cárcere das almas

Ah! Toda a alma num cárcere anda presa
Soluçando nas trevas, entre as grades
Do calabouço olhando imensidades,
Mares, estrelas, tardes, natureza.

Tudo se veste de uma igual grandeza
Quando a alma entre grilhões as liberdades
Sonha sonhando, as imortalidades
Rasga no etéreo Espaço da Pureza.

Ó almas presas, mudas e fechadas
Nas prisões colossais e abandonadas,
Da Dor no calabouço atroz, funéreo!

Nesses silêncios solitários, graves,
Que chaveiro do Céu possui as chaves
Para abrir-vos as portas do Mistério?!

(Cruz e Sousa. *Poesias completas de Cruz e Sousa*, cit., p. 94.)

Alphonse Osbert

atroz: cruel, desumano.
grilhão: corrente, laço, prisão.

TEXTO III

O morcego

Meia-noite. Ao meu quarto me recolho.
Meu Deus! E este morcego! E, agora, vede:
Na bruta ardência orgânica da sede,
Morde-me a goela ígneo e escaldante molho.

"Vou mandar levantar outra parede..."
— Digo. Ergo-me a tremer. Fecho o ferrolho
E olho o teto. E vejo-o ainda, igual a um olho.
Circularmente sobre a minha rede!

Pego de um pau. Esforços faço. Chego
A tocá-lo. Minh'alma se concentra.
Que ventre produziu tão feio parto?!

A Consciência Humana é este morcego!
Por mais que a gente faça, à noite, ele entra
Imperceptivelmente em nosso quarto!

(Augusto dos Anjos. *Eu e outros poemas*. 30. ed. Rio de Janeiro: Livraria São José, 1965. p. 59.)

ígneo: que é de fogo ou se assemelha a ele.

1. O Simbolismo é a linguagem da música. Embora o poema "Spleen – LXXVII", de Baudelaire, seja uma tradução, o tradutor procurou manter certas sonoridades do texto original, como se nota na aliteração do fonema /s/ em *céu*, *sobre*, *soluçante*, *assolada*, *açoites*, *súbito*, *os*, *sinos*, *saltam*, *ferocidade*. Identifique nos outros dois poemas situações em que a sonoridade de versos e palavras se destaca.

2. Já na primeira estrofe do poema de Baudelaire, o eu lírico cria imagens de uma alma aprisionada, oprimida, como se o mundo e os dias fossem uma prisão. Identifique no poema de Cruz e Sousa imagens semelhantes.

3. No poema de Cruz e Sousa, a presença de palavras e expressões como "trevas", "grilhões", "calabouço atroz, funéreo" cria uma atmosfera noturna, opressiva e macabra, típica da tradição gótica.

a) Destaque do poema de Baudelaire palavras e expressões que criam uma atmosfera semelhante à do poema de Cruz e Sousa.

b) Faça o mesmo em relação ao poema de Augusto dos Anjos.

4. Observe a 2ª e a última estrofe do poema de Baudelaire.

a) A que é comparada a esperança na 2ª estrofe?

b) Na última estrofe, quem vence a luta entre a angústia e a esperança?

5. Observe agora o poema de Augusto dos Anjos.

a) Esse poema transmite a mesma sensação de encarceramento e de pessimismo que se verifica nos outros poemas? Justifique sua resposta com elementos do texto.

b) O poema é construído a partir de uma imagem gótica que foi utilizada por Baudelaire. Qual é essa imagem?

c) Troque ideias com os colegas. Como você interpreta o verso "A Consciência Humana é este morcego!"?

6. Na última estrofe do poema de Cruz e Sousa, o eu lírico vislumbra uma saída para as almas aprisionadas e sua dor de existir.

a) Interprete os versos dessa estrofe. Que tipo de saída ele vislumbra?

b) No poema de Baudelaire e no de Augusto dos Anjos, há a perspectiva de encontrar uma saída, uma "chave" para os sofrimentos da alma?

7. De qual poema você gostou mais? Por quê? Troque ideias com os colegas.

Para quem quer mais

Se você deseja aprofundar os seus conhecimentos sobre a poesia de Cruz e Sousa, leia o texto a seguir e, posteriormente, sozinho, em dupla ou em grupo, procure resolver as questões propostas pelo **Roteiro de estudo**. O poema "Antífona", de Cruz e Sousa, é considerado pelos especialistas uma espécie de plataforma poética do Simbolismo brasileiro, isto é, o poema fundador das propostas simbolistas no Brasil.

Cruz e Sousa

Antífona

Ó Formas alvas, brancas, Formas claras
De luares, de neves, de neblinas!...
Ó Formas vagas, fluidas, cristalinas...
Incensos dos turíbulos das aras...

Formas do Amor, constelarmente puras,
De Virgens e de Santas vaporosas...
Brilhos errantes, mádidas frescuras
E dolências de lírios e de rosas...

Indefiníveis músicas supremas,
Harmonias da Cor e do Perfume...
Horas do Ocaso, trêmulas, extremas,
Réquiem do Sol que a Dor da Luz resume...

Visões, salmos e cânticos serenos,
Surdinas de órgãos flébeis, soluçantes...
Dormências de volúpicos venenos
Sutis e suaves, mórbidos, radiantes...

Infinitos espíritos dispersos,
Inefáveis, edênicos, aéreos,
Fecundai o Mistério destes versos,
Com a chama ideal de todos os mistérios.

Do Sonho as mais azuis diafaneidades
Que fuljam, que na Estrofe se levantem
E as emoções, todas as castidades
Da alma do Verso, pelos versos cantem.

Que o pólen de ouro dos mais finos astros
Fecunde e inflame a rima clara e ardente...
Que brilhe a correção dos alabastros
Sonoramente, luminosamente.

Forças originais, essência, graça
De carnes de mulher, delicadezas...
Todo esse eflúvio que por ondas passa
Do Éter nas róseas e áureas correntezas...

Cristais diluídos de clarões álacres,
Desejos, vibrações, ânsias, alentos,
Fulvas vitórias, triunfamentos acres,
Os mais estranhos estremecimentos...

Flores negras do tédio e flores vagas
De amores vãos, tantálicos, doentios
Fundas vermelhidões de velhas chagas
Em sangue, abertas, escorrendo em rios...

Tudo! vivo e nervoso e quente e forte,
Nos turbilhões quiméricos do Sonho,
Passe, cantando, ante o perfil medonho
E o tropel cabalístico da Morte...

(*Poesias completas de Cruz e Sousa*, cit., p. 13.)

• Roteiro de estudo •

Ao final da leitura, você deverá ser capaz de:

- Reconhecer e explicar o papel dos substantivos, dos adjetivos, das aliterações e das sugestões cromáticas na construção da atmosfera do poema "Antífona".
- Identificar em "Antífona" um exemplo de sinestesia e comentar a proposta simbolista que justifica esse emprego.
- Reconhecer as características simbolistas do poema "Antífona".

Para quem quer mais na Internet

Em nosso *site* (http://www.atualeditora.com.br/pl/paraquemquermais), você poderá ler e reproduzir outros textos de Cruz e Sousa e Alphonsus de Guimaraens e conhecer um pouco da poesia de Pedro Kilkerry, poeta simbolista baiano redescoberto pela crítica na década de 1970.

Chip Simons/Taxi/Getty Images

PRODUÇÃO DE TEXTO

CAPÍTULO 6

O editorial

TRABALHANDO O GÊNERO

Leia este editorial:

Publicidade polêmica

A propaganda de produtos infantis precisa respeitar certas regras, mas é melhor a autorregulamentação do que uma proibição absoluta

Tramita há mais de dez anos na Câmara dos Deputados o projeto de lei 5.921, que prevê veto à propaganda dirigida ao público infantil. Ao longo desse período, em que pesem as polêmicas, boa parte dos defensores e críticos concorda com alguns princípios básicos.

É um consenso que o público infantil é mais vulnerável às investidas publicitárias e deve ser poupado de apelos consumistas e de mensagens que depreciem valores sociais positivos, como a solidariedade e a vida em família.

A iniciativa parlamentar, de dezembro de 2001, serviu como sinal de alerta para a indústria e as agências de publicidade. Elas perceberam o recrudescimento de reações contrárias a abusos em anúncios e nos meios de comunicação.

É sintomático que, em 2006, o Conar (Conselho Nacional de Autorregulamentação Publicitária) tenha divulgado o documento “Novas Normas Éticas”, que trata da propaganda de produtos destinados a crianças e adolescentes.

Já em seu início, o texto reconhecia a “exigência flagrante da sociedade” de que a publicidade se engajasse “na formação de cidadãos responsáveis e consumidores conscientes”.

Em 2010, a Associação Brasileira das Indústrias de Alimentação (Abia) e a Associação Brasileira de Anunciantes (ABA) assinaram compromisso público para impor limites à divulgação de produtos que contribuam para a obesidade e doenças a ela associadas.

Não obstante, permanecem vivas pressões para que a propaganda destinada a crianças seja banida. Há várias campanhas contra e a favor, como as intituladas “Somos Todos Responsáveis” e “Infância Livre de Consumismo”.

É fato que em outros países há limitações legais. Nos EUA, por exemplo, a publicidade para crianças e adolescentes é limitada a 20% do total veiculado. Na Suécia, não pode ser exibida antes das 21h.

São possibilidades que merecem ser discutidas pelo Conar, dentro do princípio de que a melhor alternativa é a autorregulamentação. O conselho deveria tomar a iniciativa de apresentar uma proposta para debate público.

A proibição absoluta é uma saída drástica, com vezo autoritário. Fere o direito à informação e confere ao Estado a prerrogativa de substituir os pais na decisão do que pode ser visto por seus filhos.

Não há dúvida de que o Conar conquistou o respaldo da sociedade. Ele precisa, no entanto, apertar os seus controles.

Estudo da Unifesp (Universidade Federal de São Paulo) mostrou que propagandas de cerveja veiculadas na TV – exceção questionável à restrição de horário a publicidade de bebidas alcoólicas – não respeitam 12 das 16 determinações do código de autorregulamentação avaliadas na pesquisa.

Para consagrar-se, o salutar princípio da autorregulamentação precisa mostrar-se efetivo.

(*Folha de S. Paulo*, 10/4/2012.)

ZZVE Illustrations/Getty Images

1. Os editoriais geralmente abordam um tema do momento, que está em discussão na sociedade.

a) Qual é o tema abordado pelo editorial em estudo?

b) Por que esse tema estava sendo debatido no Brasil no momento da publicação do editorial?

2. Por meio dos editoriais, os jornais e revistas expressam seu ponto de vista sobre o tema abordado, seja para fazer uma crítica ou um elogio a algo ou a alguém, seja para fazer sugestões ou estimular a reflexão. No editorial lido, o jornal deixa clara a sua posição.

a) Esse posicionamento é contra ou a favor da proibição da propaganda dirigida ao público infantil?

b) Em que partes do texto esse posicionamento é apresentado de forma explícita?

c) Que argumentos são usados para esse posicionamento?

3. O texto cita pontos de consenso entre defensores e críticos. Quais são esses pontos?

4. Os editoriais têm uma estrutura relativamente simples: apresentam uma *ideia principal* (tese), que expressa o ponto de vista do jornal ou revista sobre o tema; um *desenvolvimento*, constituído por parágrafos que fundamentam a ideia principal; e uma *conclusão*, geralmente formulada no último parágrafo do texto.
A estrutura do editorial lido poderia ser esquematizada da forma mostrada a seguir. Complete o esquema em seu caderno, indicando um argumento e a conclusão.

Ideia principal

A questão da propaganda dirigida ao público infantil é polêmica, com defensores e críticos.

Desenvolvimento

1º argumento: Embora haja polêmica, há concordância em alguns princípios básicos quanto à propaganda para o público infantil.

2º argumento:

3º argumento: Há campanhas contra e a favor da propaganda destinada a crianças.

Conclusão

5. O editorial é um texto que pertence ao grupo dos gêneros argumentativos, ou seja, aqueles que têm a finalidade de persuadir o leitor e, portanto, precisam apresentar argumentos consistentes, como relações de causa e consequência, comparações, informações, depoimentos de autoridades, dados estatísticos de pesquisa, etc. Identifique no desenvolvimento do editorial lido:
a) relações de causa e consequência;
b) comparação com outros países;
c) estudos e dados estatísticos.

6. Nos editoriais, a conclusão geralmente ocorre no último parágrafo e costuma apresentar uma síntese das ideias expostas ou uma sugestão ou proposta para a solução do problema abordado. De que tipo é a conclusão do editorial lido?

7. Observe a linguagem empregada no texto, inclusive os verbos e pronomes. Como os editoriais expressam a opinião do jornal ou revista e não a de um jornalista em particular, é comum não haver neles a identificação de quem os escreveu. Além disso, esse gênero privilegia a impessoalidade, isto é, o autor fala do tema de modo distanciado, sem se colocar diretamente no texto. No editorial lido:
a) Que pessoa verbal predomina? O uso dessa pessoa contribui para impessoalizar o texto? Por quê?
b) Em que tempo estão as formas verbais, predominantemente?

Donna Day/Stone/Getty Images

8. Reúna-se com seus colegas de grupo e, juntos, concluam: Quais são as principais características do editorial? Respondam, considerando os seguintes critérios: finalidade do gênero, perfil dos interlocutores, suporte ou veículo, tema, estrutura, linguagem.

PRODUZINDO O EDITORIAL

A seguir você vai ler um texto sobre estudos recentes que, baseados em pesquisas, procuram conhecer as transformações cerebrais ocorridas na adolescência e explicar comportamentos típicos dessa faixa etária. Depois, a partir dessas informações, vai produzir um editorial em que deverá abordar questões relativas ao tema.

As revelações sobre o cérebro adolescente

MÔNICA TARANTINO, MONIQUE OLIVEIRA E LUCIANI GOMES

[...]

Na tentativa de elucidar por que os jovens atravessam o período de crescimento como se estivessem em uma montanha-russa, um dos aspectos mais estudados é a tendência de se expor a riscos. No começo da empreitada científica para decifrar os segredos do cérebro adolescente, acreditava-se que a falta de noção do perigo iminente estivesse associada à falta de amadurecimento do córtex pré-frontal, área ligada à avaliação dos riscos que só atinge o desenvolvimento pleno por volta dos 20 anos. O avanço das pesquisas, porém, está demonstrando que por volta dos 15 anos os jovens conseguem perceber o risco da mesma forma e com a mesma precisão que um adulto.

Se sabem o que está acontecendo, por que os jovens se colocam em situações ameaçadoras? Embora as habilidades básicas necessárias para perceber os riscos estejam ativas, a capacidade de regular o comportamento de forma consistente com essas percepções não está totalmente madura. "Na adolescência, os indivíduos dão mais atenção para as recompensas em potencial vindas de uma escolha arriscada, do que para os custos dessa decisão", disse à ISTOÉ Laurence Steinberg [...], um dos mais destacados estudiosos da adolescência na atualidade.

A afirmação do pesquisador está sustentada em exames de imagem que assinalam, no cérebro adolescente, uma intensa atividade em áreas ligadas à recompensa. Por recompensa, entenda-se a sensação prazerosa que invade o corpo e a mente após uma vitória, como ganhar no jogo ou ser reconhecido como o melhor pelo grupo. Esse processo coincide com alterações das quantidades de dopamina, um neurotransmissor (substância que faz a troca de mensagens entre os neurônios) muito importante na experiência do prazer ou recompensa. [...]

Ele também foi buscar na teoria da evolução a justificativa para o mecanismo cerebral que premia os jovens com sensações agradáveis por se arriscarem. "No passado, levavam vantagem sobre outros da espécie aqueles que se deslocavam e assumiam riscos em busca de um lugar com mais alimento", pontua. "A busca por novidade e fortes emoções representaria, à luz da teoria da evolução, um sinal da capacidade de adaptação dos seres humanos a novos ambientes." [...]

Thinkstock/Getty Images

A busca de emoções e o desejo de ser aceito e admirado pelos outros — duas características do adolescente — podem se converter numa mistura explosiva. O psicólogo Steinberg demonstrou claramente esse mecanismo com o auxílio de um jogo de videogame cuja proposta era dirigir um carro pela cidade no menor tempo possível. No percurso, os sinais mudavam de verde para amarelo quando o carrinho se aproximava. Se o competidor cruzasse o sinal antes de ele ficar vermelho, ganhava pontos. Se ficasse no meio da pista ou na faixa, perdiam-se muitos pontos. Ao disputarem os jogos a sós em uma sala, os jovens assumiram riscos na mesma proporção que os adultos. Mas com a presença de um ou mais amigos no ambiente houve mudança nos resultados. "Nessa circunstância, os adolescentes correram o dobro dos riscos dos adultos", observou o pesquisador.

O papel do grupo na adolescência também está sendo examinado. "Por volta dos 15 anos, registra-se o pico de atividade dos neurônios-espelho, células ativadas pela observação do comportamento de outras pessoas e que levam à sua repetição", diz o neurologista Erasmo Barbante Casella, do Hospital Albert Einstein e do Instituto da Criança da Universidade de São Paulo. Esse é um dos motivos pelos quais os jovens adotam gestos e roupas similares. Além disso, há a grande necessidade de ser aceito pelos amigos e o peso terrível da rejeição. [...] Estudos apontam que há também uma grande quantidade de oxitocina, hormônio relacionado às ligações sociais e formação de vínculos, circulando no organismo, o que favoreceria a tendência de andar em turma.

Afora o prazer de correr perigo e dos altos e baixos humorais, a adolescência pode ser vista como uma fase de altíssima resiliência, que é a capacidade de se adaptar e sobreviver às dificuldades. Mas há desvantagens. O lado complicado é que o adolescente que passa por tantas transformações está mais vulnerável ao aparecimento de alterações como depressão, ansiedade e transtornos alimentares como a anorexia e a bulimia.

[...]

(*IstoÉ*, nº 2 189.)

PRODUÇÃO DE TEXTO

Debate sobre o tema

Bjorn Andren/Photographer's Choi

A fim de se preparar para escrever o editorial, participe com os colegas da classe de um debate sobre "a montanha-russa do crescimento". Procure, com os colegas, aprofundar alguns aspectos apontados pelo texto ou abordar outros. Durante a realização do debate, anote as ideias e os argumentos que julgar mais interessantes.

Planejamento do texto

- Seu editorial será publicado em um jornal *on-line*, a ser hospedado em um *blog* da classe. Considerando esse suporte e o público para o qual vai escrever, escolha uma das seguintes questões para abordar no editorial (ou pense em outras):
  - O desejo de ser aceito é apenas dos adolescentes?
  - O comportamento apresentado em jogos pode ser transferido para a vida real?
  - O que é essencial na relação entre adulto e adolescente?
  - O prazer proporcionado pelo risco vale a pena?
  - Como ser adolescente sem correr riscos?
  - Como conviver com as transformações que ocorrem na adolescência?
- Pense na estruturação do texto: qual será a ideia principal, quais serão os argumentos e qual será a conclusão.
- Apresente a ideia principal do primeiro parágrafo, deixando claro seu ponto de vista.
- Desenvolva argumentos que ampliem a ideia principal. É aconselhável que o número de argumentos corresponda ao número de parágrafos do desenvolvimento. Por exemplo, se escolher três argumentos, desenvolva-os em três parágrafos.
- Reserve o último parágrafo para a conclusão. Defina de que tipo ela será: se do tipo resumo, que retoma as ideias apresentadas anteriormente, se do tipo proposta, que apresenta uma saída para a questão enfocada.

Revisão e reescrita

Antes de finalizar seu editorial e passá-lo para o suporte final, releia-o, observando:

- se ele expressa com clareza sua opinião a respeito da questão abordada;
- se ele é capaz de convencer o leitor por meio de bons argumentos;
- se ele apresenta uma ideia principal e fundamenta-a com argumentos consistentes;
- se ele apresenta uma conclusão coerente com a ideia principal e com o desenvolvimento;
- se os verbos estão predominantemente no presente do indicativo;
- se a linguagem segue a norma-padrão e está adequada ao suporte e ao perfil do público.

Faça as alterações necessárias e publique seu editorial no jornal *on-line* da classe.

LÍNGUA: USO E REFLEXÃO

Wassily Kandinsky. Improvisation

: *Improviso 26* (1912), de Wassily Kandinsky.

CAPÍTULO 7

Termos ligados ao nome: adjunto adnominal e complemento nominal

Entre os termos da oração, há aqueles que se ligam aos verbos – objeto direto, objeto indireto e adjunto adverbial – e aqueles que se ligam aos nomes – adjunto adnominal, complemento nominal e aposto. Neste capítulo, você vai estudar o adjunto adnominal e o complemento nominal.

CONSTRUINDO O CONCEITO

Leia esta tira, de Bill Watterson:

Bill Watterson/Dist. by Atlantic Syndication

(*Há monstros debaixo da cama?*. Lisboa: Gradiva, 2002. p. 123.)

1. Leia estas frases da tira:

> "Tem um ar nojento."
> "É comida vegetariana."

a) Nessas frases, o sujeito está implícito. Qual é ele?

b) A que termos se referem as palavras *nojento* e *vegetariana*?

c) A que classe gramatical essas palavras pertencem?

2. Leia esta frase da tira:

> "(Comida vegetariana) faz bem à saúde."

Observe que o termo *bem* é um complemento da forma verbal *faz*; é um *objeto direto*.

a) O termo *à saúde* é complemento de que palavra?

b) Esse termo é regido de preposição?

3. Calvin manifesta, diante da comida que sua mãe lhe oferece, uma preferência comum entre as crianças. Qual é ela?

CONCEITUANDO

ADJUNTO ADNOMINAL

Ao identificar o núcleo do objeto direto da oração "Tem um ar nojento", da tira estudada, você observou que há palavras que se referem a ele:

- **um** é artigo indefinido que indefine *ar*,
- **nojento** é adjetivo que caracteriza *ar*.

Quando modificam um núcleo (qualquer que seja sua função sintática: sujeito, objeto direto, objeto indireto, adjunto adverbial, etc.), os artigos e os adjetivos exercem a função de **adjunto adnominal**. Também podem exercer essa função as locuções adjetivas, os pronomes possessivos, demonstrativos e indefinidos e os numerais.

Concluindo:

> **Adjunto adnominal** é o termo da oração que modifica um substantivo, qualquer que seja sua função sintática, qualificando-o, especificando-o, determinando-o ou indeterminando-o.

DCS

Observe que, no enunciado principal do anúncio, o termo "todo o seu lado detalhista, perfeccionista e exibicionista" é o objeto direto do verbo *mostrar*. Com exceção do substantivo *lado*, que é o núcleo do objeto, as demais palavras – *todo, o seu, detalhista, perfeccionista, exibicionista* – são adjuntos adnominais.

Em certos casos, o adjunto adnominal pode ser representado por um pronome pessoal oblíquo equivalente a um possessivo. Observe:

> Roubaram-*lhe* as economias. → Roubaram as *suas* economias.
> Tomou-*me* as mãos. → Tomou as *minhas* mãos.

Morfossintaxe do adjunto adnominal

O adjunto adnominal pode ser expresso por adjetivo, locução adjetiva, artigo (definido e indefinido), pronome adjetivo (possessivo, demonstrativo, indefinido, interrogativo e relativo) e numeral. Veja alguns exemplos:

Pode levar também *este* (pron. dem. – adj. adn.) jornal (OD); *meu* (pron. pos. – adj. adn.) filho *caçula* (adjetivo – adj. adn.) (sujeito) já leu *o* (artigo – adj. adn.) caderno *de esportes* (loc. adj. – adj. adn.) (OD).

EXERCÍCIOS

1. Nas frases a seguir, o adjunto adnominal está representado por uma locução adjetiva. Transforme-a em adjetivo, conforme o exemplo:

> O espetáculo *de dança* foi suspenso até segunda ordem.
>
> O espetáculo *coreográfico* foi suspenso até segunda ordem.

a) Hoje, à tarde, visitaremos uma exposição *de selos*.

b) Desligue esse rádio. Essas músicas parecem cantos *de morte*.

c) Não se aborreça. O tempo logo melhorará: são apenas chuvas *de verão*.

d) Não se esqueça de catalogar os livros por faixa *de idade*, já que facilita a consulta.

e) A decisão *do juiz* nos foi favorável.

f) A professora licenciou-se por um mês, pois estava com problemas nas cordas *da voz*.

g) Na assembleia legislativa, este é um partido *da minoria* ou *da maioria*?

h) Novamente você teve um comportamento *de criança*.

i) O médico prescreveu-lhe algumas sessões de fisioterapia para suas dores *nas costas*.

j) Tanto o corpo administrativo quanto o *dos professores* e o *dos alunos* participarão da campanha de arrecadação de brinquedos para crianças carentes.

k) O sindicato *dos patrões* está irredutível.

l) O espetáculo *de circo* foi um sucesso.

m) As águas *da chuva* provocaram uma erosão.

n) O brilho *das estrelas* iluminava o caminho.

Leia a tira a seguir e responda às questões de 2 a 4.

Frank Ernest, Bob Thaves © 2012 Thaves / Dist. by Universal Uclick for UFS

(*Folha de S. Paulo*, 2/10/2011.)

2. Observe, na frase dita pela personagem, os termos *na mesa do escritório* e *o emprego dos meus sonhos*.

a) Ambos os termos estão relacionados à locução verbal *vivo dormindo*. No entanto, cada um deles cumpre um papel diferente. Que informação cada um desses termos acrescenta à locução verbal?

b) Classifique sintaticamente esses termos.

c) Como se classificam sintaticamente as palavras *a* e *o*, do termo na *mesa do escritório*, e as palavras *o*, *os* e *meus*, do termo *o emprego dos meus sonhos*?

3. Quais são, na frase dita pela personagem, os adjuntos adnominais que modificam os substantivos *mesa* e *emprego*?

4. Na fala da personagem há, ao mesmo tempo, um jogo de palavras e uma aparente contradição. Em que consistem esse jogo de palavras e essa aparente contradição?

COMPLEMENTO NOMINAL

Conforme vimos no início do capítulo, há palavras que complementam verbos e há palavras que complementam nomes. Compare:

Tem (VTD) **um ar nojento** (OD).   Faz (VTD) bem (OD) **à saúde**.

Na 1ª frase, o termo *um ar nojento* complementa o verbo *ter;* como *ter* é um verbo transitivo direto, o termo *um ar nojento* é objeto direto. Observe que, nesse caso, o sentido da oração está completo, não falta nenhuma informação.

Na 2ª frase, o termo *bem* complementa o verbo *fazer*; como *fazer* é um verbo transitivo direto, o termo *bem* é objeto direto. Em outro contexto, se a frase terminasse em *faz bem*, ela poderia apresentar sentido completo. Contudo, na tira, faltaria a informação que o locutor desejou transmitir: bem a alguma coisa. Nesse caso, a expressão *à saúde* complementa o substantivo *bem*. Como o substantivo *bem* é um nome, dizemos que o termo *à saúde* é complemento nominal. O complemento nominal é normalmente regido de preposição.

Observe, no enunciado principal do anúncio, que *alimentação* é o alvo do *direito* determinado pela lei. Ou seja, todo cidadão tem direito à alimentação, segundo a lei. O termo *à alimentação* complementa o substantivo *direito*. Logo, é complemento nominal.

Conselho Federal de Nutricionistas

(*Folha de S. Paulo*, 18/5/2010.)

Concluindo:

Complemento nominal é o termo sintático que complementa nomes, isto é, substantivos, adjetivos e advérbios.

Veja outros exemplos:

O torcedor tinha fé (substantivo; OD) *em seu time* (CN).

Fiquei indiferente (adjetivo; PS) *a sua desculpa* (CN).

A oposição votou favoravelmente (advérbio; adj. adv.) *ao governo* (CN).

Existem nomes transitivos?

A transitividade não é uma característica exclusiva dos verbos. Alguns substantivos derivados de verbos herdaram a transitividade destes. Os complementos dos verbos chamam-se *objetos* (*diretos* ou *indiretos*); os complementos dos nomes, *complementos nominais*. Veja alguns exemplos:

VTD: amar a verdade (OD) → amor/amante da verdade (CN)

VTI: aludir aos defeitos (OI) → alusão aos defeitos (CN)

VTDI: entregar os cadernos (OD) aos alunos (OI) → entrega dos cadernos (CN) aos alunos (CN)

Morfossintaxe do complemento nominal

O complemento nominal pode ter como núcleo substantivo ou palavra substantivada, pronome e numeral. Observe os exemplos:

Estou ansiosa *pelo sábado*.
Depositava toda confiança *em nós*.

Não confunda

É comum certa dificuldade para distinguir entre complemento nominal e adjunto adnominal quando este aparece expresso por uma locução adjetiva.

Para facilitar a distinção, lembre-se de que:

- o complemento nominal complementa o sentido de um nome transitivo (substantivo, adjetivo ou advérbio), enquanto o adjunto adnominal acompanha apenas substantivo.
  Desse modo, se o termo introduzido por preposição estiver ligado a um adjetivo ou a um advérbio, ele será, sem dúvida, complemento nominal. Observe:

Ele é perito (adjetivo) *em* cirurgia (CN).   Ela está longe (advérbio) *da* verdade (CN).

No caso de o termo introduzido por preposição aparecer ligado a um substantivo, ele poderá ser complemento nominal ou adjunto adnominal. Se o substantivo for transitivo e o termo estiver funcionando como **alvo** para o qual tende um movimento, um sentimento ou uma disposição, será complemento nominal. Se isso não ocorrer, será adjunto adnominal. Veja os exemplos:

A resposta (subst. transitivo sujeito) *aos grevistas* (alvo / CN) não os convenceu.   A resposta (subst./sujeito) *do patrão* (adj. adnominal) não os convenceu.

Na 1ª frase, a resposta tem como alvo *os grevistas*; na 2ª frase, *do patrão* não é o alvo, mas o agente, o emissor da resposta.

- o adjunto adnominal indica tipo, matéria, substância ou possuidor. Observe a diferença:

Ela tem amor de mãe (adj. adn.).   Ele tem amor à mãe (CN).

Na 1ª frase, *de mãe* indica o tipo de amor (materno); na 2ª frase, *à mãe* é o alvo do amor.

É muito comum também confundirmos, em razão da presença da preposição, complemento nominal com objeto indireto.

Para diferenciar uma função da outra, lembre-se de que o *objeto indireto* complementa um *verbo*, enquanto o *complemento nominal* complementa um *nome* (substantivo, adjetivo ou advérbio). Veja:

verbo	prep.	
Necessito	*de*	sua ajuda.
VTI	OI	

	nome (subst.)	prep.	
Tenho	necessidade	*de*	sua ajuda.
VTD	OD	CN	

EXERCÍCIOS

1. Transforme em substantivos os verbos transitivos destacados. Veja o exemplo:

> *Gostar* dos estudos
> O *gosto* pelos estudos

Observe que os termos que completam os verbos (os objetos) tornam-se, com a transformação, complementos nominais, porque passam a complementar substantivos.

a) *Combater* contra a tirania

b) *Confiar* em Deus

c) *Desagradar* aos pais

d) *Responder* pelos atos praticados

e) *Investir* em educação e saúde

2. Reescreva as frases a seguir, transformando o verbo destacado em substantivo. Depois identifique o complemento nominal. Veja um exemplo:

> A instituição de caridade *necessita* de agasalhos para doação.
> A instituição de caridade tem *necessidade* de agasalhos para doação. / CN: de agasalhos

a) Ele *conhece* o assunto.

b) Ela *requereu* afastamento por motivo de doença.

c) Na reunião, o diretor *referiu-se* ao relatório anual da empresa.

d) O advogado *expôs* seus argumentos ao juiz.

Leia a tira a seguir e responda às questões de 3 a 5.

Angeli

(Angeli. *Chiclete com banana. Folha de S. Paulo*, 13/4/2011.)

3. No 1º quadrinho da tira, a personagem revela à outra que tem saudade.

a) Qual é o alvo da saudade que a personagem sente?

b) Como se classifica sintaticamente o termo que é o alvo da saudade que a personagem sente?

4. Observe o 2º e o 3º quadrinhos.

a) Troque ideias com os colegas: Os adjetivos *novo*, *empolgante* e *criativo* são adjuntos adnominais ou predicativos do sujeito?

b) Como se classifica o termo *tão*, que acompanha os adjetivos *novo*, *empolgante* e *criativo*?

c) No 3º quadrinho, o termo que indica o motivo pelo qual os jovens se reuniam nas ruas é complemento nominal. Qual é ele?

5. Como é comum nas tiras, o último quadrinho reserva uma surpresa para o leitor. Qual é ela?

O ADJUNTO ADNOMINAL NA CONSTRUÇÃO DO TEXTO

Leia o poema a seguir, de Sérgio Capparelli, e responda às questões propostas.

Navegando em rede

Cibernauta de mar aberto,
Por que navegas tão perto?

Faço declarações de amor,
em rede, pelo computador.

Cibernauta de mar bravio,
Por que navegas no frio?

Esse frio não enregela
O canto que fiz para ela.

Cibernauta, muito cuidado,
Com um *bit* equivocado.

Trago, em meio à tormenta,
carinhos sabor de menta.

(*33 ciberpoemas e uma fábula virtual.* Porto Alegre: L&PM, 1996. p. 32.)

Marcos Guilherme

bit: unidade mínima de informação processada por um computador.

1. O poema é constituído por um diálogo.

a) Quem são os interlocutores nesse diálogo?

b) Qual é o teor do diálogo?

2. No decorrer do diálogo e também na palavra *cibernauta*, há a fusão de dois campos semânticos: o da navegação e o da informática.
Identifique palavras e expressões de cada um desses campos semânticos.

3. O poema é formado por dísticos, isto é, estrofes de dois versos cada uma. Releia os dísticos 1, 3 e 5.

a) Que termos são utilizados pelo locutor para determinar o núcleo *cibernauta*, no 1º e no 3º dísticos?

b) No 5º dístico, há uma advertência: "muito cuidado, / Com um *bit* equivocado". Qual é a função sintática do termo *com um* bit *equivocado*?

4. Observe as palavras e expressões destacadas nestes trechos das respostas do cibernauta:

"declarações *de amor*"
"*o* canto que fiz para ela"
"carinhos [com] sabor *de menta*"

Que função sintática elas têm?

5. Os termos do campo semântico da navegação empregados no poema têm um duplo sentido.

a) Interprete, sob o ponto de vista da informática, as expressões:

- mar aberto
- navegar no frio
- tormenta; mar bravio

b) Que interpretação pode ser dada à expressão "um *bit* equivocado"?

6. Observe que o poema apresenta um número maior de adjuntos adnominais do que de complementos nominais. Relacionando a forma gramatical ao conteúdo do poema, explique: A que se deve essa incidência maior do adjunto?

Para que servem o adjunto adnominal e o complemento nominal?

O adjunto adnominal serve para indicar atributos permanentes dos seres, coisas e conceitos que fazem parte de nossa vida: céu *azul*, cidadão *participativo*, verdade *discutível*, etc.

O complemento nominal frequentemente é empregado quando lidamos com sentimentos, ideias e conceitos abstratos. Por exemplo, ter "esperança *de uma vida melhor*", sentir "confiança *no amigo*", empreender "uma luta *pela liberdade*", etc.

SEMÂNTICA E DISCURSO

Leia o anúncio:

Governo Federal

(Revista *Gol*, nº 116, p. 111.)

1. O anúncio foi publicado na revista de uma empresa aérea.

a) Quem é o anunciante?

b) A que público o anúncio se destina?

2. Compare os termos destacados neste trecho do enunciado verbal principal do anúncio:

> "Patrocinar o judô *brasileiro* é ter a certeza *de duas coisas* [...]"

a) Qual é a função sintática de *brasileiro*? Justifique a resposta do ponto de vista semântico.

b) Qual é a função sintática de *duas coisas*? Justifique a resposta do ponto de vista semântico.

3. As duas coisas de que o locutor tem certeza são: "que nossos atletas vão lutar nas maiores competições do mundo. E que não vão voltar de mãos vazias".

a) Quais adjuntos adverbiais correspondem às circunstâncias em que ocorrerão as ações indicadas pelas locuções verbais *vão lutar* e *(não) vão voltar*?

b) Que adjuntos adnominais especificam os núcleos desses adjuntos adverbiais ou conferem atributos a eles?

c) Observe esses adjuntos adnominais. Que sentido eles atribuem ao desempenho dos judocas brasileiros?

4. A imagem do anúncio mostra a bandeja onde os passageiros põem seus objetos metálicos ao passar pelo raio-X nos aeroportos. Examine o conteúdo da bandeja e responda: Que relação há entre a parte verbal e a imagem do anúncio?

LITERATURA

Keystone

The music hall (1907), de Spencer F. Gore.

CAPÍTULO 8

O teatro brasileiro no século XIX

Assim como a poesia e a ficção, o teatro foi bastante expressivo no Romantismo brasileiro. À época do Realismo, o teatro nacional entrou em crise, cedendo lugar a gêneros importados. Tanto no Romantismo quanto no Realismo, entretanto, sobressaiu um teatro crítico, divertido e moralizante — a comédia de costumes.

No Romantismo, vários escritores dedicaram-se ao teatro, entre eles Gonçalves de Magalhães, Gonçalves Dias, José de Alencar, Castro Alves e Álvares de Azevedo. A qualidade de suas obras, entretanto, é inferior à das obras que produziram no campo da poesia e da prosa.

Dois dramaturgos têm sido destacados pela crítica: Martins Pena e Qorpo Santo. Martins Pena (1815-1848), por ter sido o fundador da nossa comédia de costumes e o principal responsável pela criação do teatro nacional naquilo que ele tem de mais autêntico. Qorpo Santo (1829-1883), pela originalidade de seu trabalho, que só recentemente passou a ser estudado e apreciado pela crítica.

O teatro romântico brasileiro iniciou-se em março de 1838, com a representação, pela companhia do ator João Caetano, da tragédia *Antônio José* ou *O poeta e a Inquisição*, de Gonçalves de Magalhães.

Nesse mesmo ano, em 4 de outubro, a mesma companhia estreou a primeira comédia escrita por Martins Pena, *O juiz de paz na roça*, que criticava os costumes do interior à época do Império, evidenciando a ignorância dos pequenos magistrados roceiros. De feitio popular e desambicioso, *O juiz de paz na roça* atingiu profundamente o público, não só por sua natureza objetiva e imediata, mas também por sua comicidade e sátira.

O teatro de costumes manteve até o início do século XX a mesma vitalidade, tanto do ponto de vista literário, como criação, quanto em termos de popularidade, como espetáculo.

Qorpo Santo e o teatro do absurdo

José Joaquim de Campos Leão, ou simplesmente Qorpo Santo, começou a produzir poesia e teatro durante a época do Romantismo, mas, a exemplo de Sousândrade, sua obra não se prende a essa estética. Alguns críticos, nacionais e estrangeiros, consideram-no precursor universal do teatro do absurdo, já que a peça *Ubu Rei*, de Alfred Jarry, marco do teatro *nonsense*, só seria lançada três décadas depois. Outros, entretanto, preferem vê-lo como precursor do Surrealismo de Breton. Apesar de esquecido por um século, hoje é possível encontrar suas peças e sua poesia com facilidade em livrarias e até na Internet. (No *site* www.dominiopublico.gov.br/pesquisa/PesquisaObraForm.do?select_action=&co_autor=69 é possível ler e baixar peças inteiras do escritor.)

No Realismo, França Júnior (1838-1890) e Artur Azevedo (1855-1908), dedicados homens de teatro, contribuíram decisivamente para a sobrevivência do gênero, ameaçada durante certo período em que o público carioca progressivamente abandonava os costumes provincianos e passava a preferir a opereta, o teatro de revista e a ópera-bufa, importações parisienses.

O teatro desses dois autores, crítico, satírico e genuinamente nacional, retratou sensível e fielmente a sociedade brasileira do período histórico em que tem lugar a corte de Pedro II e que vai até a República. Numa linguagem tipicamente brasileira, fez expressarem-se tipos desconhecidos até então, evidenciou hábitos, reproduziu tramas familiares, mostrou a vida do Império e da burguesia nascente, constituindo assim um valioso documento sociológico da vida brasileira na segunda metade do século XIX.

O TEATRO ROMÂNTICO

Martins Pena e a comédia de costumes

Acervo Iconographia

Cena da peça *O cinto acusador*, de Martins Pena.

Martins Pena fundou uma tradição teatral brasileira que ele mesmo aprofundaria e faria escola na história do teatro nacional.

Admirável observador, soube fixar os costumes e ambientes da época, formando, segundo o crítico literário Sílvio Romero, o painel histórico da vida do país na primeira metade do século XIX.

O Rio de Janeiro, com seus ciganos e traficantes, contrabandistas e escravos, caixeiros e guardas-nacionais, ladrões e parasitas, caipiras e negociantes, recrutas, meninas namoradeiras e rapazes atrevidos, aparece cheio de vida e colorido nas peças de Martins Pena, geralmente curtas, mas bastante movimentadas e curiosas.

Isso fez com que peças como *A família e a festa na roça*, *Judas em sábado de Aleluia*, *Os dois ou o inglês maquinista*, *O noviço*, *Os irmãos das almas* e *As desgraças de uma criança* recebessem aplausos na época em que foram encenadas e atravessassem os anos com igual sucesso.

Martins Pena criou uma linguagem teatral simples: o desenvolvimento da trama, a caracterização dos numerosos tipos sociais, a conversa das personagens, tudo acontece espontaneamente, com vivacidade e fluidez. Escreveu para o riso imediato da plateia. O público envolve-se na intriga das peças com simpatia e cumplicidade, pois as peripécias, para chegarem ao desfecho, são maquinadas à sua vista.

Veja, neste excerto de *O noviço*, a atualidade de seu texto quanto ao problema da escolha profissional:

> Carlos — O tempo acostumar! Eis aí por que vemos entre nós tantos absurdos e disparates. Este tem jeito para sapateiro: pois vá estudar medicina... Excelente médico! Aquele tem inclinação para cômico: pois não senhor, será político... Ora, ainda isso vá. Estoutro só tem jeito para caiador ou borrador: nada, é ofício que não presta... Seja diplomata, que borra tudo quanto faz. Aqueloutro chama-lhe toda a propensão para a ladroeira; manda o bom-senso que se corrija o sujeitinho, mas isso não se faz: seja tesoureiro de repartição fiscal, e lá se vão os cofres da nação à garra... Essoutro tem uma grande carga de preguiça e indolência e só serviria para leigo de convento, no entanto vemos o bom do mandrião empregado público, comendo com as mãos encruzadas sobre a pança o pingue ordenado da nação.
>
> (In: Alfredo Bosi. *História concisa da literatura brasileira*. 2. ed. São Paulo: Cultrix, 1975. p. 166.)

O TEATRO REALISTA

França Júnior: uma comédia exemplar

Como jornalista, França Júnior brilhou com suas crônicas, reunidas sob o título de *Folhetins*, obra que constitui verdadeira tradução dos costumes cariocas durante o Segundo Império.

Entretanto, foi na comédia que ele revelou seu maior talento. Verdadeiro continuador de Martins Pena na fixação dos costumes, França Júnior explorou vários tipos humanos do Brasil imperial, tais como o fazendeiro paulista, o comerciante português, o estrangeiro espertalhão. No terreno político, fixou, melhor do que ninguém, certos tipos ridículos de brasileiros. De suas inúmeras peças teatrais, estão mais próximas de nós, pelo sabor realista, *Como se fazia um deputado, Caiu o ministério!* e *As doutoras*.

Artur Azevedo: a crítica aos costumes

Um dos fortes de Artur Azevedo foi o teatro de revista, que ele explorou ora sozinho, ora em colaboração. Se essa produção perdeu quase todo o interesse, em razão de ter sido construída com base em episódios da época, o mesmo não aconteceu com suas comédias, nas quais é retomada a tradição fundada por Martins Pena.

Em peças como *A capital federal, O mambembe, O retrato a óleo, O dote, O badejo*, Artur Azevedo foi um talentoso expositor dos costumes brasileiros de seu tempo e um ferino crítico social. Em cerca de quarenta anos de atividade teatral, além da obra jornalística, de contos e versos humorísticos, deixou mais de 120 obras teatrais, entre comédias, revistas, burletas, operetas e cenas cômicas originais, traduções, adaptações e paródias.

Como França Júnior, Artur Azevedo também se ocupou de um teatro voltado aos costumes brasileiros.

Segundo Sábato Magaldi, crítico teatral e ensaísta, a França Júnior cabe o título de o melhor comediógrafo do Brasil; a Artur Azevedo, o de a maior figura da história do teatro brasileiro.

LEITURA

A comédia *Como se fazia um deputado*, escrita em 1882, é uma das peças mais significativas de França Júnior. A ação, transcorrida no interior da província do Rio de Janeiro, mostra a ascensão de um recém-formado bacharel em Direito, Henrique, ao posto de deputado. Passa-se em cena a votação, na qual não faltam defuntos eleitores. O apoio ao jovem bacharel é tramado pelo tio,

Limoeiro, rico fazendeiro, que inclui no negócio o casamento com a filha de outro chefe político, o tenente-coronel Chico Bento. Limoeiro, liberal, representa o poder econômico; Chico Bento, conservador, representa a influência política. Assim, o poder fica em família.

O texto I é um diálogo entre Limoeiro e o sobrinho acerca das pretensões profissionais deste. No texto II, Limoeiro e Chico Bento dão continuidade aos entendimentos para o apadrinhamento da carreira de Henrique.

TEXTO I

Acervo Van Jafa, Cedoc/Funarte

Cena da peça *Como se fazia um deputado*.

Henrique — Como se está bem aqui! Disse um escritor que a vida da roça arredonda a barriga e estreita o cérebro. Que amargo epigrama contra esta natureza grandiosa! Eu sinto-me aqui poeta.

Limoeiro — Toma tenência, rapaz. Isto de poesia não dá para o prato, e é preciso que te ocupes com alguma coisa séria.

....

Henrique — Estou às suas ordens.

Limoeiro — Que carreira pretendes seguir?

Henrique — Tenho muitas diante de mim... a magistratura...

Limoeiro — Podes limpar as mãos à parede.

Henrique — A advocacia, a diplomacia, a carreira administrativa...

Limoeiro — E esqueceste a principal, aquela que pode elevar-te às mais altas posições em um abrir e fechar de olhos.

Henrique — O jornalismo?

Limoeiro — A política, rapaz, a política! Olha, para ser juiz municipal, é preciso um ano de prática; para seres juiz de direito, tens de fazer um quatriênio; andarás a correr montes e vales por todo este Brasil, sujeito aos caprichos de quanto potentado e mandão há por aí, e sempre com a sela na barriga! Quando chegares a desembargador, estarás velho, pobre, cheio de achaques, e sem esperança de subir ao Supremo Tribunal de Justiça. Considera agora a política. Para deputado não é preciso ter prática de coisa alguma. Começas logo legislando para o juiz municipal, para o juiz de direito, para o desembargador, para o ministro do Supremo Tribunal de Justiça, para mim, que sou quase teu pai, para o Brasil inteiro, em suma.

Henrique — Mas para isso é preciso...

Limoeiro — Não é preciso coisa alguma. Desejo somente que me digas quais são as tuas opiniões políticas.

Henrique — Foi coisa em que nunca pensei.

Limoeiro — Pois olha, és mais político do que eu pensava. É preciso, porém, que adotes um partido, seja ele qual for. Escolhe.

Henrique — Neste caso serei do partido do meu tio.

Limoeiro — E por que não serás conservador?

Henrique — Não se me dá de sê-lo, se for de seu agrado.

Limoeiro — Bravo! Pois fica sabendo que serás ambas as coisas.

Henrique — Mas isto é uma indignidade!

Limoeiro — Indignidade é ser uma coisa só!

(França Júnior. *O teatro de França Júnior*. Rio de Janeiro: SNT/ Fundação de Arte, 1980. v. 2, p. 133-4. Clássicos do Teatro Brasileiro.)

potentado: pessoa muito influente ou poderosa.
achaque: indisposição, doença sem gravidade.

TEXTO II

Keystone

Chico Bento — [...] Eu achava melhor que ele aceitasse, por ora, um partido — o que está no poder, por exemplo, e que mais tarde, conforme o jeito que as coisas tomassem, ou ficasse naquele, ou fosse para o outro que tivesse probabilidade de subir.

Limoeiro — Tá, tá, tá.

Chico Bento — Na sua circular ele tem que apresentar um programa. Neste programa há de definir as suas ideias...

Limoeiro — E o que têm as ideias com o programa, e o programa com as ideias? Não misture alhos com bugalhos, tenente-coronel, e parta deste princípio: o programa é um amontoado de palavras mais ou menos bem combinadas, que têm sempre por fim ocultar aquilo que se pretende fazer.

Chico Bento — Porém cada partido tem a sua bandeira...

Limoeiro — Aqui para nós, que ninguém nos ouve, tenente-coronel, qual é a bandeira do seu?

Chico Bento — A bandeira do meu é... Sim... Quero dizer...

Limoeiro — Ora eis aí! Está o tenente-coronel com um nó na garganta. Meu amigo, eu não conheço dois entes que mais se assemelhem que um liberal e um conservador. São ambos filhos da mesma mãe, a Senhora Dona Conveniência, que tudo governa neste mundo. O que não pensar assim deixe a política, vá ser sapateiro.

Chico Bento — O major fala como um pregador ex-cathedra!

Limoeiro — O rapaz portanto, não se apresentando nem por um lado, nem por outro, fica no meio. Do meio olha para a direita e para a esquerda, sonda as conveniências, e no primeiro partido que subir encaixa-se muito sorrateiramente, até que, caindo este, ele possa escorregar para o outro que for ao poder.

Chico Bento — Sim, senhor. [...]

(Idem, p. 157-62.)

1. Caracterize Henrique e indique o que revelam suas aspirações profissionais.

2. Limoeiro diz a Henrique que toda carreira é problemática no Brasil, salvo a política.

a) De acordo com as opiniões de Limoeiro, o que é preciso para ser deputado?

b) Comparando a carreira política com outras profissões, que vantagens há na carreira política?

3. Ante a pergunta de Limoeiro, Henrique diz que política é coisa em que nunca pensou. O que Limoeiro quer dizer com "Pois olha, és mais político do que eu pensava"?

4. Pelo que se pode depreender do texto:

a) Que semelhanças e diferenças há entre o partido liberal e o conservador?

b) O que aproxima os conservadores e os liberais?

5. De acordo com o texto II, qual é o partido mais conveniente para Henrique, segundo Limoeiro e Chico Bento?

6. O que é um programa político, segundo Limoeiro?

7. O título dessa peça era, inicialmente, *Como se faz um deputado*. Por problemas de censura, França Júnior foi obrigado a mudá-lo para *Como se fazia um deputado*. Tendo em vista a permanência da obra literária no tempo, se você tivesse que optar por um dos títulos, qual escolheria? Por quê?

PRODUÇÃO DE TEXTO

Ed Ferreira/AE

Manifestação em Brasília, em defesa da Mata Atlântica.

CAPÍTULO 9

O texto dissertativo-argumentativo: redação a partir de um painel de textos

TRABALHANDO O GÊNERO

No volume 1 desta coleção, você aprendeu a estruturar um texto dissertativo. Neste capítulo, você vai aprender como abordar temas propostos para a produção de textos dissertativos.

Geralmente, não há dificuldade para abordar temas constituídos por frase ou por um pensamento de alguém. Nesse caso, o estudante deve adotar uma posição contrária ou favorável à ideia expressa no tema e reunir argumentos consistentes para fundamentar seu ponto de vista.

A dificuldade maior ocorre quando o tema da redação tem como base um painel de textos, relacionados ou não a uma frase-tema explícita. Essa tendência tem sido crescente tanto no Enem quanto nos principais vestibulares do país.

Para aprender como lidar com esse tipo de proposta, leia o tema a seguir, apresentado em exame da Fuvest-SP, e responda às questões propostas.

TEXTO 1

A ciência mais imperativa e predominante sobre tudo é a ciência política, pois esta determina quais são as demais ciências que devem ser estudadas na pólis. Nessa medida, a ciência política inclui a finalidade das demais, e, então, essa finalidade deve ser o bem do homem.

(Aristóteles. Adaptado.)

TEXTO 2

O termo "idiota" aparece em comentários indignados, cada vez mais frequentes no Brasil, como "política é coisa de idiota". O que podemos constatar é que acabou se invertendo o conceito original de idiota, pois a palavra *idiótes*, em grego, significa aquele que só vive a vida privada, que recusa a política, que diz não à política.

Talvez devêssemos retomar esse conceito de idiota como aquele que vive fechado dentro de si e só se interessa pela vida no âmbito pessoal. Sua expressão generalizada é: "Não me meto em política".

M. S. Cortella e R. J. Ribeiro
(*Política – Para não ser idiota*. Adaptado.)

TEXTO 3

Filhos da época

Somos filhos da época
e a época é política.

Todas as tuas, nossas, vossas coisas
diurnas e noturnas,
são coisas políticas.

Querendo ou não querendo,
teus genes têm um passado político,
tua pele, um matiz político,
teus olhos, um aspecto político.

O que você diz tem ressonância,
o que silencia tem um eco
de um jeito ou de outro, político.

[...]

Wislawa Szymborska, *Poemas*.

TEXTO 4

As instituições políticas vigentes (por exemplo, partidos políticos, parlamentos, governos) vivem hoje um processo de abandono ou diminuição do seu papel de criadoras de agenda de questões e opções relevantes e, também, do seu papel de propositoras de doutrinas. O que não significa que se amplia a liberdade de opção individual. Significa apenas que essas funções estão sendo decididamente transferidas das instituições políticas (isto é, eleitas e, em princípio, controladas) para forças essencialmente não políticas — primordialmente as do mercado financeiro e do consumo. A agenda de opções mais importantes dificilmente pode ser construída politicamente nas atuais condições. Assim esvaziada, a política perde interesse.

(Zygmunt Bauman. *Em busca da política*. Adaptado.)

TEXTO 5

Folha de S. Paulo, 5/10/2011.

Os textos aqui reproduzidos falam de política, seja para enfatizar sua necessidade, seja para indicar suas limitações e impasses no mundo atual. Reflita sobre esses textos e redija uma dissertação em prosa, na qual você discuta as ideias neles apresentadas, argumentando de modo a deixar claro o seu ponto de vista sobre o tema **Participação política: indispensável ou superada?**.

Instruções:

- A redação deve obedecer à norma-padrão da língua portuguesa.
- Escreva, no mínimo, 20 e, no máximo, 30 linhas, com letra legível.
- Dê um título a sua redação.

1. Para abrir o painel de textos, o exame escolheu um texto de Aristóteles, filósofo grego que viveu entre 384 a.C. e 322 a.C.

a) Levante hipóteses: Por que esse texto foi escolhido para abrir o painel?

b) De acordo com o texto de Aristóteles, qual deve ser a finalidade principal da política e de todas as ciências a ela subordinadas?

2. Quando lemos um painel de textos que serve de base ao tema de uma redação, é necessário comparar e relacionar os textos a fim de estabelecer pontos de intersecção entre eles. Observe o texto 5. Nele, o homem-legenda (que traduz em verdade o que as personagens dizem) traduz a fala do rapaz como "Sou ignorante!".

a) De acordo com o texto de M. S. Cortella e R. J. Ribeiro, que frase traduziria melhor o que o jovem da tira diz sobre si mesmo?

b) Logo, que ponto de contato há entre os textos 2 e 5?

3. Compare os textos 2 e 3. O texto 3 confirma ou nega a posição dos autores do texto 2? Por quê?

4. Diferentemente dos outros textos, o texto 4 tenta explicar o esvaziamento político.

a) De acordo com esse texto, a que se deve esse esvaziamento?

b) De acordo com o texto 3, esse esvaziamento tem consequências políticas? Por quê?

5. Além do painel de textos, a proposta da Fuvest apresenta também uma frase-tema, "**Participação política: indispensável ou superada?**", que exige um posicionamento do candidato. Relacionando os cinco textos e tomando-os por base, responda:

a) Qual das duas posições – *indispensável* ou *superada* – você acha mais fácil defender? Por quê?

b) Faça uma enumeração de pelo menos três bons argumentos que você poderia desenvolver para fundamentar a posição que escolheu no item anterior. Depois leia-os para a classe.

Roberto Price/Folhapress

Estudantes protestam contra o vestibular, no Rio de Janeiro.

Como você pôde observar, produzir um texto dissertativo a partir de um painel de textos requer uma leitura cuidadosa de cada um dos textos e, posteriormente, a busca de relações entre eles. Os textos podem se aproximar ou se distanciar em alguns aspectos, o que pode demonstrar tanto semelhanças quanto divergências de ideias.

Geralmente o tema proposto envolve certa flexibilidade e permite que sua abordagem se dê por mais de um ponto de vista. Contudo, o candidato deve adotar um ponto de vista no qual se sinta mais à vontade para argumentar e ao qual consiga juntar suas próprias ideias, enriquecendo assim a argumentação.

PRODUZINDO O TEXTO DISSERTATIVO-ARGUMENTATIVO

Há, a seguir, duas propostas de produção de texto dissertativo-argumentativo a partir de painéis de textos. Escolha ao menos uma das propostas e desenvolva-a, seguindo as orientações quanto a planejamento, revisão e reescrita.

1 - ENEM

Com base na leitura dos textos motivadores seguintes e nos conhecimentos construídos ao longo de sua formação, redija texto dissertativo-argumentativo em norma culta escrita da língua portuguesa sobre o tema **O indivíduo frente à ética nacional**, apresentando proposta de ação social, que respeite os direitos humanos. Selecione, organize e relacione coerentemente argumentos e fatos para defesa de seu ponto de vista.

Andamos demais acomodados, todo mundo reclamando em voz baixa como se fosse errado indignar-se.

Sem ufanismo, porque dele estou cansada, sem dizer que este é um país rico, de gente boa e cordata, com natureza (a que sobrou) belíssima e generosa, sem fantasiar nem botar óculos cor-de-rosa, que o momento não permite, eu me pergunto o que anda acontecendo com a gente.

Millôr Fernandes
Disponível em http://www2.uol.com.br/millor.
Acesso em 14 jul. 2009.

Tenho medo disso que nos tornamos ou em que estamos nos transformando, achando bonita a ignorância eloquente, engraçado o cinismo bem-vestido, interessante o banditismo arrojado, normal o abismo em cuja beira nos equilibramos — não malabaristas, mas palhaços.

LUFT, L. Ponto de vista. *Veja*. Ed. 1988, 27 dez. 2006 (adaptado).

Qual é o efeito em nós do "eles são todos corruptos"?

As denúncias que assolam nosso cotidiano podem dar lugar a uma vontade de transformar o mundo só se nossa indignação não afetar o mundo inteiro. "Eles são TODOS corruptos" é um pensamento que serve apenas para "confirmar" a "integridade" de quem se indigna.

O lugar-comum sobre a corrupção generalizada não é uma armadilha para os corruptos: eles continuam iguais e livres, enquanto, fechados em casa, festejamos nossa esplendorosa retidão.

O dito lugar-comum é uma armadilha que amarra e imobiliza os mesmos que denunciam a imperfeição do mundo inteiro.

CALLIGARIS, C. *A armadilha da corrupção*. Disponível em: http://www1.folha.uol.com.br (adaptado).

Instruções

- Desenvolva seu texto em prosa: não redija narração, nem poema.
- O texto com até 7 (sete) linhas escritas será considerado texto em branco.
- O texto deve ter, no máximo, *30 linhas*.

— Hum, mitos na sociedade contemporânea... as definições anteriores não parecem convincentes no contexto da sociedade pós-industrial, pós-capitalista, pós-moderna em que vivemos.

— É o que Walter Benjamin quer dizer, não? "A humanidade, que, um dia, com Homero, foi objeto de contemplação para os deuses olímpicos, hoje, o é para si mesma. Sua alienação de si própria atinge um grau que a faz viver sua própria destruição como uma sensação estética de primeira ordem."

Walter Benjamin. Apud T. M. Chinellato. *Mitologia no imaginário da publicidade*. Communicare: revista de pesquisa. Centro Interdisciplinar de Pesquisa, Faculdade Cásper Líbero, v. 6, nº 2, p. 97. São Paulo: Faculdade Cásper Líbero, 2006.

Hoje, é preciso construir outra *persona*, ilusória. Tatuagens e plásticas são bem-vindas em cima de músculos forçadamente desenvolvidos em sessões excessivas de academia, não raro, diárias. São combinações perfeitas para os silicones e anabolizantes dos que consomem, narcisisticamente, sua inclusão no novo mundo do prazer.

Lázaro Freire. *Neonarcisismo pós-hedonista: silicone e negação*. Internet: <www.voadores.com.br>.

O corpo da moda, miragem da onipotência erótica, encontra-se no mundo, exposto nas vitrinas, nas páginas de revistas, nas telas de cinema e na televisão. Mas, como o reflexo do Narciso grego, está lá para ser visto, cobiçado e nunca para ser apropriado. Ao ser tocado ele some, desfaz-se.

O Narciso moderno não é um Narciso. Ele não ama a imagem de si mesmo; pelo contrário, a odeia. Esta relação de ódio ao próprio corpo, e ódio e inveja do corpo desejado é motor do interesse narcísico, presente na sociedade de consumo. É a relação de Dorian Gray com seu retrato e a de Gustav Aschenbach com Tadzio, por quem era apaixonado, que fornece o modelo espiritual do ego *consumans* do homem urbano contemporâneo.

Jurandir Freire Costa. *Violência e psicanálise*. Rio de Janeiro: Graal Edições, 2003, p. 241 e 248 (com adaptações).

Maurenilson Feire/CB/D.A Press

Maurenilson. *Correio Braziliense*, 20/8/2005.

Na obra **O retrato de Dorian Gray**, de Oscar Wilde, o conflito da narrativa surge quando Gray, ao ver seu retrato pintado por um amigo, adquire a consciência de sua perfeição física.

Dorian Gray conserva, durante a narrativa, que se passa ao longo de dezoito anos, a face lisa e angelical dos vinte anos, enquanto o quadro incorpora os sinais físicos de uma vida de excessos e decrepitude moral.

Essa obra evoca o mito de Narciso, o herói que se apaixona pela própria imagem refletida nas águas e termina por se afogar na tentativa de alcançá-la. Gray sabe perfeitamente que observa o próprio retrato, ao passo que Narciso não se dá conta de que a imagem que o fascina é a de si mesmo.

Mente cérebro, dez./2011, p. 68-70 (com adaptações).

Latinstock

Mente cérebro, dez./2011, p. 69.

Considerando os textos da prova e os fragmentos de textos acima como motivadores, redija um texto dissertativo, na variante padrão da língua portuguesa, acerca do seguinte questionamento.

O mundo do espelho de Narciso é um desafio ao *homo sapiens*?

Planejamento do texto

- Decida, com seus colegas e com o professor, uma possível situação de circulação para a dissertação que vocês irão elaborar. Uma possibilidade é sua publicação no *blog* ou no mural da classe, mas pensem em outras opções.
- Decidido o suporte, pense no perfil do seu leitor. A linguagem deve estar de acordo com a norma-padrão, mas ser adequada ao público leitor.
- Releia o painel de textos e busque intersecção entre eles, seja pelas semelhanças, seja pelas diferenças. Depois, releia a frase-tema e procure definir a posição que irá adotar.
- Anote as ideias e argumentos que julga mais interessantes para desenvolver o tema.
- Pense em um enunciado (uma ou mais frases) capaz de introduzir o texto e expressar a ideia principal (a tese) que pretende defender e anote-o.
- Entre os argumentos anotados, escolha aqueles que podem fundamentar a ideia principal do texto de modo mais consistente. Em vez de quantidade, dê preferência à qualidade e à profundidade dos argumentos.
- Pense na melhor forma de concluir seu texto: ou retomando o que foi exposto e confirmando a ideia principal, ou fazendo uma citação de algum escritor ou alguém importante na área relativa ao tema debatido, ou fazendo uma proposta.

Thinkstock/Getty Images

- Dê ao texto um título que desperte a curiosidade do leitor.

Revisão e reescrita

Antes de fazer a versão final da sua dissertação, releia-a, observando:

- se você se ateve ao tema proposto e se posicionou claramente sobre ele;
- se o texto apresenta uma tese que resume seu ponto de vista e se ela é fundamentada com argumentos claros e fortes; se esses argumentos são bem desenvolvidos; se a conclusão retoma e confirma o ponto de vista defendido ou apresenta uma proposta;
- se o título dado ao texto é, além de atraente, coerente com as ideias desenvolvidas;
- se o texto como um todo é persuasivo;
- se a linguagem está de acordo com a norma-padrão da língua e com o grau de formalidade adequado ao público-alvo.

Faça as alterações necessárias e passe seu texto para o suporte definitivo.

LÍNGUA: USO E REFLEXÃO

Coleção particular

Menina que corre sobre o balcão (1912), de Giacomo Balla.

CAPÍTULO 10

Termos ligados ao nome: aposto e vocativo

CONSTRUINDO O CONCEITO

Leia esta tira, de Quino.

Joaquín Salvador Lavado (Quino)

(Quino. *Mafalda 2*. São Paulo: Martins Fontes, 1998. p. 14.)

1. Colocando-se no papel da mãe, Mafalda consegue imaginar um bom presente para ela no Dia das Mães. Explique a dificuldade que Filipe tem para lidar com papéis sociais.

2. Para se dirigir ao amigo, Mafalda chama-o duas vezes. Que palavra ela utiliza para chamá-lo?

3. No 2º quadrinho, Mafalda diz: "Já sei o que vou dar para a minha mãe". A palavra *o*, nesse contexto, é um pronome demonstrativo, equivalente a *aquilo*. Que palavra ou expressão desse quadrinho esclarece o sentido da palavra *o*?

CONCEITUANDO

APOSTO

Você notou que, no 2º quadrinho, Mafalda emprega a expressão *um livro* com a finalidade de identificar o presente que escolheu para dar à sua mãe, já que o pronome *o* não esclarece qual é o presente. Quando isso ocorre, temos um **aposto**.

Aposto é o termo da oração que se refere a um substantivo, a um pronome ou a uma oração para explicá-los, ampliá-los, resumi-los ou identificá-los.

Entre o aposto e o termo a que ele se refere quase sempre há uma pausa, marcada na escrita pela vírgula, ou, em casos especiais, por dois-pontos, travessão ou parênteses.

Quando o aposto especifica ou individualiza o termo a que se refere, geralmente não há pausa. Veja:

Àquela hora a avenida *Brasil* estava intransitável

O aposto pode vir precedido de expressões explicativas, como *isto é*, *a saber*, ou da preposição acidental *como*. Observe os exemplos:

O resto, *isto é*, *as louças*, *os cristais e os talheres*, irá nas caixas menores.

Este advogado, *como representante da comunidade*, é imprescindível.

Morfossintaxe do aposto

O aposto pode ser representado por substantivo, pronome e oração subordinada substantiva (apositiva):

Festas, passeios, viagens, *nada* (pron.) agrada a João, *meu amigo* (subst.).

VOCATIVO

Na tira de Quino, Mafalda diz *Filipe! Filipe!*, evidenciando, desse modo, seu interlocutor. Esse termo recebe o nome de **vocativo**.

Vocativo é o termo da oração por meio do qual chamamos ou interpelamos nosso interlocutor, real ou imaginário.

O vocativo, na escrita, aparece isolado por vírgulas ou seguido de ponto de exclamação e pode vir precedido da interjeição de chamamento *ó*. Veja os exemplos:

Você viu, *doutor*, que notícia agradável?
Pessoal! Vamos embora!
Ó filho, me ajude a carregar as compras.

O vocativo pode ocorrer no início, no meio ou no final da frase. Quando se inclui numa oração, não se anexa à estrutura do sujeito ou do predicado.

Veja:

Filipe (vocativo), já sei qual é o presente.

Já sei, Filipe (vocativo), qual é o presente.

Já sei qual é o presente, Filipe (vocativo).

Joaquín Salvador Lavado (Quino)

EXERCÍCIOS

1. O aposto pode ser empregado para:

1. enumerar ou recapitular; nesse caso pode vir precedido pelas expressões *a saber*, *por exemplo*, *isto é*, ou ser representado por um pronome indefinido, como *tudo*, *nada*, *ninguém*, *qualquer*, etc.
2. marcar uma distribuição, por meio de *um e outro*, *este e aquele*, etc.
3. marcar uma especificação, uma individualização; nesse caso, pode vir ou não preposicionado.
4. explicar, resumir ou identificar.

Indique com qual desses casos os apostos destacados a seguir se identificam.

a) O poema "*Vou-me embora pra Pasárgada*" é do grande poeta *Manuel Bandeira*.

b) Só jantava comidas leves: *uma salada, uma sopa de legumes, um caldo de carne*.

c) Greystoke, *a lenda de Tarzã, o rei da selva*.

d) Os rapazes eram dois bons profissionais, *um em informática e o outro em engenharia*.

2. Considerando o contexto, compare os termos sublinhados nas frases seguintes e explique por que o da 1ª é aposto e o da 2ª é adjunto adnominal.

- O escritor <u>Machado de Assis</u> trabalhou a maior parte de sua vida como funcionário público.
- Os romances de <u>Machado de Assis</u>, aprofundam a análise psicológica das personagens.

3. Leia os versos e a tira a seguir.

Ó, meu amigo, meu herói
Ó, como dói
Saber que a ti também corrói
A dor da solidão
[...]

(Gilberto Gil. "Meu amigo, meu herói". In: http://letras.terra.com.br/gilberto-gil/46220/)

Fernando Gonsales

(*Folha de S. Paulo*, 23/2/2010.)

a) Identifique um aposto e um vocativo nesses textos.

b) Levante hipóteses: O que justifica, no 2º quadrinho da tira, o emprego do ponto de exclamação, em vez de vírgula, depois de "a viúva negra"?

O APOSTO E O VOCATIVO NA CONSTRUÇÃO DO TEXTO

Leia o poema a seguir de Arnaldo Antunes, e responda às questões propostas.

reza

Thinkstock/Getty Images

vida,
minha dádiva,
venha de manhã e dure a vida
minha dádiva,
venha de manhã e dure a vida,
minha dádiva,
venha de manhã e dure hoje

(*2 ou + corpos no mesmo espaço*. São Paulo: Perspectiva, 1997. p. 67.)

1. Embora apresente uma única estrofe, o poema está visualmente organizado em três partes encadeadas, como se fossem três degraus. A palavra *vida*, ao mesmo tempo que abre cada uma das partes, também faz o encadeamento entre elas.

a) Qual é a função sintática da palavra *vida* no 1º verso?

b) A expressão *minha dádiva* apresenta ambiguidade sintática e semântica. Indique as funções sintáticas possíveis dessa expressão no contexto e o efeito de sentido que ela atribui ao texto, de acordo com cada uma dessas funções.

2. A palavra *vida*, no final do 3º verso, ao fazer o encadeamento da 1ª e da 2ª partes do poema, apresenta oscilação sintática e, consequentemente, oscilação semântica. Que função sintática ela desempenha, se considerada:

a) no contexto da 1ª parte?

b) no contexto da 2ª parte?

Para que servem o aposto e o vocativo?

Enquanto o aposto serve para esclarecer ou ampliar o sentido de uma palavra do próprio texto, o vocativo remete à *situação comunicacional*, evidenciando o interlocutor e abrindo o canal da comunicação.

Assim, quando nos dirigimos ao interlocutor com um vocativo – por exemplo, *querida*, *filhinha*, *paiê*, *professora*, *vô*, etc. –, desejamos não apenas deixar claro que é com essa pessoa que estamos falando, mas também que ela preste atenção ao que vamos falar.

3. Além de buscar produzir efeitos por meio da *disposição visual* das palavras no papel, o poema também busca produzir *efeitos sonoros*, aproximando, por exemplo, palavras com fonemas ou sílabas semelhantes. Identifique os grupos de palavras que fazem parte desse jogo sonoro.

4. Observe que, ao término de cada uma das partes, há o verso "venha de manhã e dure a vida". Na última parte, porém, a expressão *a vida* é substituída por *hoje*.

a) A palavra *hoje* possui o mesmo valor sintático de *a vida*?

b) Considerando as ideias gerais do poema, que efeito provoca a substituição de um termo pelo outro?

5. O poema se intitula "reza". A oração é um gênero textual que apresenta algumas particularidades de linguagem e de construção, como:

- invocação de uma entidade religiosa (Deus, santos, etc.);
- verbos que expressam pedido;
- repetição de partes.

a) Considerando essas características, identifique as semelhanças do poema em estudo com a oração.

b) Conclua: nessa "reza", qual é o desejo maior do eu lírico?

SEMÂNTICA E DISCURSO

1. Leia esta frase: Nosso mais novo funcionário, Fernando, demitiu-se ontem.

Dependendo da situação e da entonação dada à frase, ela pode apresentar dois sentidos.

a) Quais são esses sentidos?

b) Que função sintática o termo *Fernando* desempenha em cada um dos sentidos?

c) Dê à frase uma redação na qual *Fernando* só possa ser vocativo.

d) Dê à frase uma redação na qual *Fernando* só possa ser aposto.

Leia o poema a seguir, de José Paulo Paes, e responda às questões de 2 a 4.

Os inconfidentes (I)

Vila Rica, Vila Rica,
Cofre de muita riqueza:
Ouro de lei no cascalho,
Diamantes à flor do chão.
Num golpe só da bateia,
Nosso bem ou perdição.

Vila Rica, Vila Rica,
Ninho de muito vampiro:
O padre com pés de altar,
O bispo com sua espórtula,
O ouvidor com seu despacho
E o povo feito capacho.

Vila Rica, Vila Rica,
Teatro de muito som:
Cláudio no seu clavicórdio,
Alvarenga em sua flauta,
Gonzaga na sua lira.
Vozes doces, mesa lauta.

Vila Rica, Vila Rica,
Masmorra de muita porta:
Para negro fugitivo,
Para soldado rebelde,
Para poeta e poemas,
Nunca faltaram algemas.

Vila Rica, Vila Rica,
Forja de muito covarde:
Só o corpo mutilado
De um bravo e simples alferes
Te salva e te justifica
Vila Rica vil e rica.

(*O melhor poeta da minha rua*. São Paulo: Ática, 2008. p. 97-8.)

Coleção particular

Paisagem de Ouro Preto II (1924), de Tarsila do Amaral.

alferes: antigo posto militar no Exército brasileiro, equivalente ao de segundo-tenente, hoje.
bateia: recipiente de madeira ou metal utilizado no garimpo.
clavicórdio: antigo instrumento musical formado por cordas e teclado.
espórtula: esmola.
inconfidentes: participantes da Inconfidência Mineira.
lauta: farta, abundante.

2. O verso "Vila Rica, Vila Rica" se repete no início de todas as estrofes do poema.
a) Quem é o interlocutor do eu lírico? Justifique sua resposta.
b) Qual é a função sintática do termo "Vila Rica", em cada estrofe?

3. Observe as expressões que constituem o 2º verso de cada estrofe, empregadas em referência a Vila Rica.
a) Quais são essas expressões?
b) Que papel semântico elas têm?
c) Que função sintática elas desempenham?

4. O último verso, "Vila Rica vil e rica", resume o poema inteiro.
a) Quais estrofes do poema se referem à vileza dos habitantes da cidade?
b) Quais descrevem a "riqueza" da cidade?
c) Que fato histórico o poema procura descrever nessas cinco estrofes?
d) Troque ideias com os colegas: Qual é a função sintática de "Vila Rica vil e rica"?

Tarsila do Amaral. *Paisagem de Ouro Preto II*

INTERPRETAÇÃO DE TEXTO

Art Curtis/Photolibrary/Getty Images

CAPÍTULO 11

As situações-problema nas provas do Enem e dos vestibulares

Em alguns exames vestibulares e principalmente nas provas do Enem, são propostas aos candidatos certas questões cuja resolução pode envolver mais de uma competência e mais de uma habilidade.
São as chamadas situações-problema, *que você vai conhecer neste capítulo.*

O QUE É UMA SITUAÇÃO-PROBLEMA?

Em nossa vida cotidiana, a todo momento nos deparamos com certos obstáculos ou situações que exigem de nós uma solução ou uma tomada de decisão. Para tomarmos a decisão mais adequada nessas situações, precisamos realizar várias operações. Por exemplo, procuramos colher mais informações a respeito do problema, acionamos nossos conhecimentos, comparamos dados, avaliamos consequências, procuramos olhar sob diferentes ângulos, etc.

Todas essas operações exigem de nós a ativação de nossos esquemas mentais, o uso de nossa inteligência e o emprego de ações que nos levem a uma solução adequada.

O Enem e alguns exames vestibulares – que buscam avaliar não apenas conteúdos, mas também a capacidade do estudante de lidar com desafios, na universidade e na vida – propõem aos candidatos situações-problema que servem como recurso de avaliação das competências e habilidades desenvolvidas por eles.

Eis a visão do Enem a respeito de situação-problema:

> [...] uma boa situação-problema é estruturada a partir de certas coordenadas que a definem e que, ao mesmo tempo, abrem possibilidades diversas, ou seja, diferentes caminhos para sua solução. Dessa maneira, ao mergulhar na tarefa de resolução, o aluno pode contar com a presença de algumas informações dadas pelo problema que lhe servirão como um norte, uma direção. [...] Nesse sentido, os obstáculos exercem um papel desafiador, pois o aluno não possui *a priori* todos os obstáculos ou meios para alcançar a solução da tarefa. Ou seja, os obstáculos requerem do aluno um trabalho intelectual, que se caracteriza com mobilização de seus recursos, operações mentais para atualizar seus esquemas operatórios, tomadas de decisões que implicam a escolha e o risco de adotar uma certa linha de raciocínio. Todo esse trabalho mental concretiza-se na forma de um "saber fazer", de um conjunto de procedimentos e estratégias de ações.
>
> (*Eixos cognitivos do Enem – Versão preliminar*. Brasília: MEC/INEP, 2007. p. 37-8.)

Como podem ser as situações-problema?

As situações-problema podem explorar conhecimentos de diferentes áreas e se apresentar de vários modos. Eis alguns deles:

- comparação entre fragmentos de textos;
- confronto entre textos de diferentes linguagens;
- estabelecimento de relações entre elementos distintos presentes nos textos;
- exploração de leitura de um gráfico relacionado a conteúdos de Ciências, História ou Geografia e estabelecimento de relação com fenômenos naturais, sociais ou culturais;
- exploração de conteúdos de Matemática que exijam a elaboração de propostas a partir de uma linha de argumentação.

Jeff Greenberg/Photolibrary/Gett

ANALISANDO UMA SITUAÇÃO-PROBLEMA PROPOSTA PELO ENEM

Veja, a seguir, um exemplo de situação-problema proposta pelo Enem e o modo como ela poderia ser resolvida.

O texto abaixo reproduz parte de um diálogo entre dois personagens de um romance.

— Quer dizer que a Idade Média durou dez horas? — perguntou Sofia.

— Se cada hora valer cem anos, então sua conta está certa. Podemos imaginar que Jesus nasceu à meia-noite, que Paulo saiu em peregrinação missionária pouco antes da meia-noite e meia e morreu quinze minutos depois, em Roma. Até as três da manhã a fé cristã foi mais ou menos proibida. (...) Até as dez horas as escolas dos mosteiros detiveram o monopólio da educação. Entre dez e onze horas são fundadas as primeiras universidades.

(Adaptado de GAARDER, Jostein. *O Mundo de Sofia – Romance da História da Filosofia*. São Paulo: Companhia das Letras, 1997.)

O ano de 476 d.C., época da queda do Império Romano do Ocidente, tem sido usado como marco para o início da Idade Média. De acordo com a escala de tempo apresentada no texto, que considera como ponto de partida o início da Era Cristã, pode-se afirmar que:

a) as Grandes Navegações tiveram início por volta das quinze horas.
b) a Idade Moderna teve início um pouco antes das dez horas.
c) o Cristianismo começou a ser propagado na Europa no início da Idade Média.
d) as peregrinações do apóstolo Paulo ocorreram após os primeiros 150 anos da Era Cristã.
e) os mosteiros perderam o monopólio da educação no final da Idade Média.

Resposta: *a*.

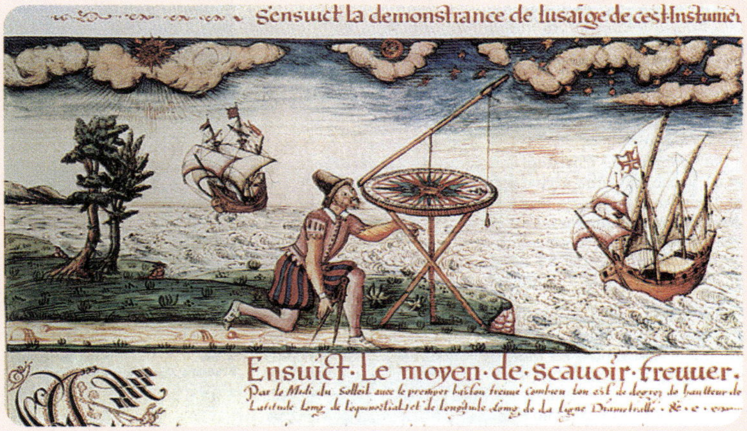

Biblioteca Nacional de Paris

Para resolver a questão, o estudante deveria compreender o diálogo entre as duas personagens e atribuir-lhe sentido. Para isso, teria de vencer o primeiro obstáculo, que consiste em construir uma escala de tempo, na qual cada hora corresponde a um século.

O segundo obstáculo é encaixar na escala de tempo os diferentes fatos da história citados, tendo em vista que, entre eles, há diferentes intervalos de tempo.

Como o Enem não privilegia a memorização, a informação sobre a queda do Império Romano do Ocidente e o início da Idade Média é oferecida ao estudante e torna-se uma das chaves para a resposta à questão.

Operando o pensamento, o estudante deveria, primeiramente, estabelecer relações de equivalência entre horas e anos. Ou seja, cada hora equivale a 100 anos; logo, as 10 horas citadas no diálogo equivalem a 1 000 anos, tempo de duração da Idade Média (476 d.C. a 1476 d.C.).

O ano 476 d.C. também permite situar na escala de tempo construída pelo estudante o momento do nascimento de Cristo, ou o início da Era Cristã, que ocorre à meia-noite.

A partir daí, o estudante deveria apenas encaixar na escala os demais fatos citados. Eis alguns deles:

Eixos cognitivos em xeque

Para resolver a situação-problema em análise, o estudante deve mobilizar vários eixos cognitivos avaliados pelo Enem: o *eixo cognitivo I*, que se refere ao domínio de linguagens ou sistemas de representação; o *eixo cognitivo III*, que requer a seleção de informações e o estabelecimento de relações entre elas; o *eixo cognitivo IV*, que exige criar uma linha de argumentação mental e trabalhar com proposições, verdades e falsidades; e, por fim, o *eixo cognitivo V*, que envolve a elaboração de propostas, uma vez que é preciso criar um plano de ação, no caso uma escala de tempo construída a partir de dados oferecidos e de inferências realizadas.

- Paulo realizou suas peregrinações antes do ano 50 d.C. e morreu em Roma pouco antes do ano 75 d.C. Logo, se meia-noite corresponde ao ano zero, meia-noite e meia corresponde ao ano 50; somando quinze minutos, temos o ano 75.
- As três horas até as quais a fé cristã foi proibida equivalem ao ano 300 d.C.
- As dez horas até as quais durou o monopólio da educação pelas escolas dos monastérios correspondem ao ano 1000 d.C.
- O período de dez a onze horas em que se deu a fundação das universidades equivale ao período 1000 d.C. a 1100 d.C.

Em seguida, o estudante deveria mobilizar seus conhecimentos de História, a fim de, levando em conta a escala de tempo montada, identificar a afirmação verdadeira.

A alternativa *b*, por exemplo, é falsa porque a Idade Moderna não teve início antes das 10 horas (ano 1000). A alternativa *c* é falsa porque o Cristianismo começou a ser propagado antes da Idade Média. A alternativa *d* é falsa porque as pregações de Paulo começaram por volta de 50 d.C. E a alternativa *e* é falsa porque os mosteiros perderam o monopólio por volta de 100 d.C., portanto bem antes do fim da Idade Média.

Como se observa, a situação-problema analisada é complexa, pois envolve diversas operações mentais. Como num jogo de abstrações e analogias, apresenta vários obstáculos que precisam ser superados um a um, mas de forma interdependente, isto é, cada elemento deve ser observado no conjunto, e não de forma isolada. Além disso, é preciso fazer inferências e deduções, completar os dados que faltam a partir do que é oferecido pelo problema.

PREPARE-SE PARA O ENEM E O VESTIBULAR

1. Leia o texto abaixo:

Trote, uma prática medieval que desafia as universidades

As primeiras universidades surgiram na Europa em plena Idade Média. Foram um sopro de liberdade. Permitiram progressivamente ao homem atuar segundo a razão, em vez de apenas obedecer a dogmas. Paradoxalmente, ao mesmo tempo em que nasciam os centros de estudo, surgia uma instituição muito mais tributária da ideia que hoje fazemos da "Idade das Trevas": o trote. Os primeiros registros da prática datam do início do século XIV. Calouros da região correspondente à moderna Alemanha eram obrigados a andar nus e ingerir fezes de animais mediante a promessa de que poderiam se vingar nos novatos do ano seguinte. "Os alunos veteranos descontavam nos mais novos a repressão promovida em sala de aula por professores rigorosos", afirma Antônio Zuin, professor do Departamento de Educação da Universidade Federal de São Carlos (UFSCar) [...].

(Nathalia Goulart. http://veja.abril.com.br/noticia/educacao/trote-uma-pratica-medieval-que-desafia-as-universidades)

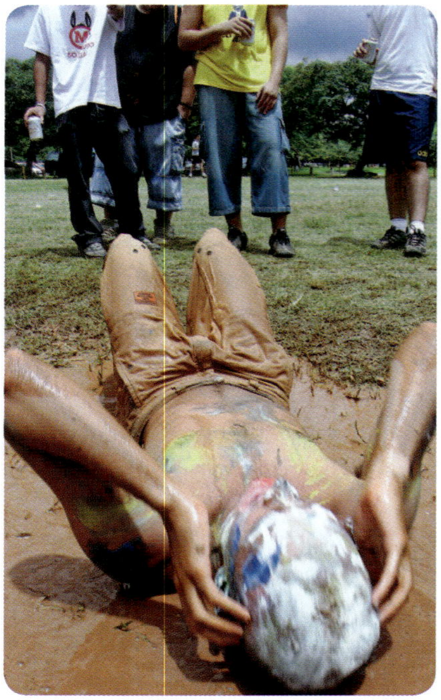
Leonardo Wen/Folhapress

No texto, a prática do trote entre universitários é situada na Idade Média. Contudo, ela ainda ocorre nos dias atuais, porém com outra motivação. Em que consiste essa mudança?

a) A classe social dos estudantes é outra.
b) Os professores deixaram de ser a motivação para as ações violentas.
c) Os trotes buscam valorizar a liberdade de ação dos calouros.
d) As ações violentas não são fruto da tradição acadêmica.
e) No passado, era necessário seguir dogmas, e hoje não.

2. Leia o texto:

Camponeses são os mais afetados por pobreza extrema no Brasil, aponta Ipea

Os camponeses são o grupo social mais atingido pela pobreza extrema no Brasil, revela estudo divulgado nesta quinta-feira (15) pelo Ipea (Instituto de Pesquisas Econômicas Aplicadas). Entre as famílias consideradas "extremamente pobres", 36% tinham como fonte de renda, em 2009, a produção agrícola.

No estudo, o Ipea dividiu os brasileiros com renda mensal inferior a R$ 465 em três grupos: "extremamente pobres" (com renda per capita até R$ 67), "pobres" (renda de R$ 67 a R$ 134) e "vulneráveis" (renda entre R$ 134 a R$ 465).

A população com renda per capita mensal superior a R$ 465 foi classificada como "não pobre" e representa 42% dos brasileiros (78 milhões de pessoas).

Para o Ipea, os principais fatores que levam os camponeses à pobreza são, pela ordem, o pequeno tamanho de suas terras; a baixa disponibilidade de insumos agrícolas, especialmente de água; a falta de assistência técnica; e os baixos preços pagos pelos seus produtos.

(Guilherme Balza. http://noticias.uol.com.br/cotidiano/ultimas-noticias/2011/09/15/camponeses-sao-os-mais-afetados-por-pobreza-extrema-no-brasil-aponta-ipea.htm)

Conforme relata o texto, a população que tem renda mensal de R$ 134 a R$ 465 foi situada pelo Ipea no grupo dos "vulneráveis". Utilizando os seus conhecimentos e outras informações contidas no texto, assinale a alternativa que melhor pode justificar a designação "vulneráveis".

a) Trata-se da parcela da população que necessita de apoio do Estado para sobreviver.
b) Trata-se da população rural que pode melhorar sua renda com a pecuária.
c) Trata-se da parcela da população cujos ganhos reais podem sofrer oscilação.
d) Trata-se de famílias que vivem apenas da renda proveniente da agricultura.
e) Trata-se da parcela da população que vive em condições muito precárias.

3. Leia o texto:

Casos de dengue no Brasil em 2011 – Regiões e cidades mais atingidas

O **Ministério da Saúde** divulgou esta semana um **balanço dos Casos de Dengue no Brasil em 2011**.

De acordo com o Ministério, este **primeiro semestre de 2011** (se comparado com o mesmo período de 2010) registrou queda no número de mortes e no número de casos graves da doença.

De acordo com os dados, o **número de mortos** este ano pela doença chegou a 95. **Queda de 64%** se comparado ao mesmo período de 2010 (ano em que chegou a ter 261 mortos).

Com relação aos **casos graves**, até agora foram registrados 2.208 casos graves. Uma **queda de 69%** se compararmos com 2010 (quando tivemos 7.064 casos).

Também houve **queda de 43%** no número de **casos clássicos da doença**. Em 2011 foram 254.734, contra 448.701 em 2010.

Com relação aos **Estados**, o maior número de mortos aconteceu na Região Nordeste (32 casos). A região foi seguida pelo Sudeste (27 casos), Norte (20 mortes),

Sul (10 mortes, todas no Paraná) e Centro-Oeste (6 mortes, todas em Goiás).

As **cidades** que tiveram mais casos de dengue registrados foram: Manaus (29.318 casos), Rio Branco (19.595 casos), Rio de Janeiro (11.934 casos), Londrina (7.554 casos) e Fortaleza (6.085 casos).

(http://www.netfarmacia.com.br/2011/04/19/casos-de-dengue-no-brasil-em-2011-regiao-e-cidades-mais-atingidas/)

Analisando-se dados e informações apresentadas pelo texto, quantos serão os casos fatais de dengue em 2012, caso a tendência de declínio ou de crescimento seja a mesma de 2011?

a) cerca de 60 casos
b) pouco mais de 100 casos
c) apenas seis casos
d) nenhum caso
e) 185 casos

Observe o quadro do pintor espanhol Goya, abaixo, e leia os versos do poeta português Jorge de Sena que seguem. Depois responda às questões 4 e 5.

Museu do Prado, Madri

Fuzilamentos de 3 de maio de 1808 (1814).

Carta a meus filhos sobre os fuzilamentos de Goya

Não sei, meus filhos, que mundo será o vosso.
É possível, porque tudo é possível, que ele seja
aquele que eu desejo para vós. Um simples
[mundo,
onde tudo tenha apenas a dificuldade que
[advém
de nada haver que não seja simples e natural.
Um mundo em que tudo seja permitido,
conforme o vosso gosto, o vosso anseio, o
[vosso prazer,
o vosso respeito pelos outros, o respeito
[dos outros por vós.
E é possível que não seja isto, nem seja
[sequer isto
o que vos interesse para viver. Tudo é
[possível,
[...]
Estes fuzilamentos, este heroísmo, este
[horror,
foi uma coisa, entre mil, acontecida em
[Espanha
há mais de um século e que por violenta e
[injusta
ofendeu o coração de um pintor chamado
[Goya,
que tinha um coração muito grande, cheio
[de fúria
e de amor. Mas isto nada é, meus filhos.
Apenas um episódio, um episódio breve,
nesta cadeia de que sois um elo (ou não sereis)
de ferro e de suor e sangue e algum sêmen,
a caminho do mundo que vos sonho.
[...]

(http://asfolhasardem.wordpress.com/2010/03/19/jorge-de-sena-carta-a-meus-filhos-sobre-os-fuzilamentos-de-goya/)

4. O quadro de Goya retrata o fuzilamento de espanhóis civis pelo exército napoleônico nas ruas de Madrid em 1808. Que expressão empregada por Jorge de Sena melhor se aplica às pessoas situadas à esquerda, no quadro?

a) "mundo em que tudo seja permitido"
b) "porque tudo é possível"
c) "este heroísmo, este horror"
d) "um episódio breve"
e) "o respeito dos outros por vós"

5. Os termos *fuzilamento* e *horror* empregados nos versos de Jorge de Sena correspondem a que elementos do quadro, respectivamente?

a) expressão do homem de branco e construção não iluminada, ao fundo
b) construção não iluminada, ao fundo, e sangue no chão
c) lanterna acesa, no chão, e braços abertos do homem de branco
d) expressão do homem de branco e homens com as mãos no rosto
e) sangue no chão e homens com as mãos no rosto

EM DIA COM O ENEM E O VESTIBULAR

Literatura e estudos de linguagem

1. (ENEM)

Cárcere das almas

Ah! Toda a alma num cárcere anda presa,
Soluçando nas trevas, entre as grades
Do calabouço olhando imensidades,
Mares, estrelas, tardes, natureza.

Tudo se veste de uma igual grandeza
Quando a alma entre grilhões as liberdades
Sonha e, sonhando, as imortalidades
Rasga no etéreo o Espaço da Pureza.

Ó almas presas, mudas e fechadas
Nas prisões colossais e abandonadas,
Da Dor no calabouço, atroz, funéreo!

Nesses silêncios solitários, graves,
que chaveiro do Céu possui as chaves
para abrir-vos as portas do Mistério?!

CRUZ E SOUSA, J. *Poesia completa*. Florianópolis: Fundação Catarinense de Cultura / Fundação Banco do Brasil, 1993.

Os elementos formais e temáticos relacionados ao contexto cultural do Simbolismo encontrados no poema *Cárcere das almas*, de Cruz e Sousa, são:

a) a opção pela abordagem, em linguagem simples e direta, de temas filosóficos.
b) a prevalência do lirismo amoroso e intimista em relação à temática nacionalista.
c) o refinamento estético da forma poética e o tratamento metafísico de temas universais.
d) a evidente preocupação do eu lírico com a realidade social expressa em imagens poéticas inovadoras.
e) a liberdade formal da estrutura poética que dispensa a rima e a métrica tradicionais em favor de temas do cotidiano.

2. (PUC-PR) Assinale o que for *incorreto* a respeito da estética simbolista e da poesia de Cruz e Sousa.

a) Os poetas simbolistas se opunham ao objetivismo cientificista dos realistas/naturalistas.
b) Cruz e Sousa é o maior representante da estética simbolista no país. Porém, nas primeiras décadas do século XX, observa-se uma grande expansão do Simbolismo no Sul do Brasil, sendo o Paraná um dos estados com maior número de manifestações poéticas dessa escola, seja pelas revistas que foram criadas, seja pelos poetas que foram revelados.
c) Verifica-se na estética simbolista o culto à musicalidade do poema, em sintonia com a busca pela espiritualidade, um dos temas predominantes na poesia de Cruz e Sousa.
d) O Simbolismo brasileiro recupera de modo inequívoco os procedimentos e os temas do Romantismo, valorizando o sentimento nacionalista e as ideias abolicionistas.
e) Para os simbolistas, a poesia, experiência transcendente, é uma forma pela qual se alcança o sentido oculto das coisas e das vivências.

3. (UFAL-AL) Acerca de algumas características de movimentos literários brasileiros, analise as afirmações a seguir.

1) O herói típico da prosa romântica é, geralmente, "um ser dotado de idealismos, de honra e de coragem. Se necessário, chega a pôr a sua própria vida em risco para atender aos apelos do coração ou da justiça".
2) "Em lugar do egocentrismo romântico, os realistas tinham interesse de descrever, analisar e até criticar a realidade, apontar suas falhas, como forma de estimular a mudança das instituições e do comportamento humano."
3) "O Naturalismo constrói sua ficção sob o regime das leis científicas e introduz, na literatura, todos os assuntos ligados ao homem, inclusive os repulsivos e bestiais; sua linguagem caracteriza-se pela exatidão das descrições e pelo apelo à minúcia."
4) "Como movimento antimaterialista e antirracionalista, o Simbolismo buscou uma linguagem que fosse capaz de sugerir a realidade, e não retratá-la objetivamente, como fizeram os realistas. Daí o uso de símbolos, imagens, metáforas e sinestesias."

Estão corretas:

a) 1, 2 e 3, apenas.
b) 1, 2 e 4, apenas.
c) 1, 3 e 4, apenas.
d) 2, 3 e 4, apenas.
e) 1, 2, 3 e 4.

4. (PUC-PR) *Poemas Cruz e Sousa* é uma obra onde se encontra o melhor do poeta simbolista. Leia o poema a seguir para responder a esta questão.

Antífona

Ó Formas alvas, brancas, Formas claras
De luares, de neves, de neblinas!
Ó Formas vagas, fluidas, cristalinas...
Incensos dos turíbulos das aras
Formas do Amor, constelarmante puras,
De Virgens e de Santas vaporosas...
Brilhos errantes, mádidas frescuras
E dolências de lírios e de rosas...

I. A presença do branco é característica simbolista constante nos versos de Cruz e Sousa.
II. As letras maiúsculas marcam a importância que os simbolistas davam a certas palavras.
III. O vocabulário religioso se justifica só porque Cruz e Sousa era católico fervoroso.
IV. "incensos dos turíbulos das aras" é um verso que faz referência à atmosfera simbolista.
V. A aliteração do /s/ contribui para a musicalidade que se identifica no poema.

a) Somente a alternativa III está incorreta.
b) Somente a alternativa IV está incorreta.
c) As alternativas I, II e III estão corretas.
d) As alternativas II, IV e V estão incorretas.
e) Todas as alternativas estão corretas.

5. (PUC-PR) Leia o poema a seguir, de Cruz e Sousa, para responder à questão.

Sinfonias do ocaso

Musselinosas como brumas diurnas
descem do ocaso as sombras harmoniosas,
sombras veladas e musselinosas para as
profundas solidões noturnas.

Sacrários virgens, sacrossantas urnas,
os céus resplendem de sidéreas rosas,
da Lua e das Estrelas majestosas
iluminando a escuridão das furnas.

Ah! por estes sinfônicos ocasos
a terra exala aromas de áureos vasos,
incensos de turíbulos divinos.

Os plenilúnios mórbidos vaporam...
E como que no Azul plangem e choram
cítaras, harpas, bandolins, violinos...

I. O uso de maiúsculas no poema remete a uma característica da poesia simbolista.
II. A temática do soneto não é simbolista.
III. A sinestesia está presente nos tercetos do soneto.
IV. Os versos "Ó Formas alvas, brancas, Formas claras/De luares, de neves, de neblinas", do poema *Antífona*, apresentam vocabulário que remete ao mesmo campo semântico de brumas e plenilúnios.

a) Apenas as assertivas I e II estão corretas.
b) Apenas as assertivas I, III e IV estão corretas.
c) Apenas a assertiva I está correta.
d) Todas as assertivas estão corretas.
e) Apenas a assertiva II está correta.

6. (UFMT-MT) Embora dispensasse, como o parnasiano, uma atenção especial ao cuidado com a linguagem, o poeta simbolista imprimiu ao seu texto marcas que diferenciaram esses movimentos.

Busca palavras límpidas e castas,
novas e raras, de clarões ruidosos,
dentre as ondas mais pródigas, mais vastas
dos sentimentos mais maravilhosos.

....

Enche de estranhas vibrações sonoras
a tua Estrofe, majestosamente...
Põe nela todo o incêndio das auroras
Para torná-la emocional e ardente.

Derrama luz e cânticos e poemas
no verso, e torna-o musical e doce,
como se o coração nessas supremas
Estrofes, puro e diluído fosse.

....

Da leitura do texto, trecho de um poema de Cruz e Sousa, principal nome da poesia simbolista brasileira, infere-se que o autor *não* propõe ao poeta buscar a palavra ou a expressão:

a) evocadora de sensações e emoções indefiníveis.
b) portadora de uma musicalidade que imprima ritmo e doçura ao verso.
c) exata, capaz de com a maior nitidez descrever um objeto.
d) sinestésica, conforme exemplifica empregando *clarões ruidosos*.
e) capaz de fundir, num só ato perceptivo, duas ou mais sensações.

(FGV-SP) Texto para as questões 7 e 8:

....

Ó almas presas, mudas e fechadas
Nas prisões colossais e abandonadas,
Da Dor no calabouço, atroz, funéreo!

Nesses silêncios solitários, graves,
que chaveiro do Céu possui as chaves
para abrir-vos as portas do Mistério?!

Cruz e Sousa, *Últimos sonetos*.

7. Tendo em vista que os versos acima fazem parte de um soneto, é correto afirmar que a linha pontilhada indica a omissão de:

a) um terceto.
b) dois tercetos.
c) três tercetos.
d) um quarteto.
e) dois quartetos.

8. A figura de sintaxe denominada "anástrofe" é um tipo raro de inversão, que consiste na anteposição do determinante (preposição + substantivo) ao determinado, como ocorre no seguinte trecho:

a) "Ó almas presas".
b) "Nas prisões colossais".
c) "Da Dor no calabouço".
d) "Nesses silêncios solitários".
e) "Para abrir-vos as portas".

9. (UFMT-MT) Entre o final do século XIX e o alvorecer do século XX, conviveram no Brasil três estilos de época: Realismo (1881-1902), Parnasianismo (1882-1902) e Simbolismo (1893-1902). Em relação ao assunto, assinale V para as afirmativas verdadeiras e F para as falsas.

1. A prosa realista representou uma reação contra a literatura sentimental e extremamente subjetiva dos românticos.
2. A poesia do final do século XIX significou a reafirmação da linguagem declamatória e coloquial do Romantismo.
3. Em poemas parnasianos, o empobrecimento do conteúdo quando somado à supervalorização da linguagem preciosa constituiu imperfeição.
4. O poeta simbolista, confiante no poder da linguagem, procura descrever objetivamente a realidade.

Assinale a sequência correta.

a) V, V, F, F
b) F, V, V, F
c) F, F, V, V
d) V, F, F, V
e) V, F, V, F

10. (FATEC-SP) Leia o texto e responda à questão:

Modo de aferventar a couve-flor

É indispensável, qualquer que seja o fim a que se destine a couve-flor, prepará-la, antes, da seguinte forma: depois de tirar suas folhas, lave-a, deixando por algum tempo num molho de água e vinagre, para largar qualquer bichinho que possa ter. Lave a couve-flor outra vez, antes de ir para a caçarola, a fim de sair bem o gosto do vinagre. Ela pode ser aferventada inteira ou em pedaços. Se for em pedaços, faz-se da seguinte maneira: corta-se a couve-flor em diversos ramos e põe-se numa caçarola com água salgada a ferver em quantidade tal que os pedaços fiquem completamente cobertos de água para não escurecerem.

A função sintática do termo *couve-flor* no trecho - ... corta-se a couve-flor... - é a seguinte:

a) sujeito.
b) objeto direto.
c) objeto indireto.
d) adjunto adnominal.
e) predicativo do objeto.

(FGV-SP) **Instrução:** Analise a tira para responder às questões de números 11 e 12.

Laerte

(www2.uol.com.br/laerte/tiras. Adaptado.)

11. O efeito de sentido do jogo de palavras empregado pelo gato Messias, no diálogo com o pai, resulta:

a) da troca de palavras com o mesmo tipo de estrutura.
b) do emprego inusitado de determinados sinônimos.
c) da função da ortografia nas relações interpessoais.
d) do significado conotativo dos termos utilizados.
e) do uso pouco habitual dos substantivos concretos.

12. Sabe-se que, na frase, vocativo é um termo independente, pelo qual se interpela o leitor ou o ouvinte. Na tira de Laerte, é possível atribuir ao vocativo, de que se valem pai e filho, a função adicional de:

a) exprimir a reprovação pela situação inusitada instaurada por Messias.
b) restringir drasticamente os limites do diálogo a um ambiente humorístico.
c) identificar as personagens, revelando nome e relação de parentesco.
d) desvelar características peculiares das personagens cômicas da tira.
e) indicar o emprego excessivo de gírias, interjeições e exclamações.

(UFG-GO) Leia a charge para responder às questões 13 e 14.

Jean/Folhapress

FOLHA DE S.PAULO. S. Paulo, 14 jun. 2008. p. A2.

13. Analisando as imagens e as falas na charge, conclui-se que a expressão "eu quero" é polissêmica porque seu sentido é estabelecido conforme:

a) a postura política exigida pelos interlocutores.
b) as crenças religiosas das personagens em cena.
c) o valor dos objetos adquiridos pelos fregueses.
d) o lugar ideológico de cada sujeito enunciador.
e) o estilo artístico criado pelo pintor.

14. Observando as falas na charge, é correto afirmar que a mudança de significado dos objetos encomendados se dá pela:

a) repetição dos substantivos referentes à encomenda.
b) substituição dos artigos indefinidos por definidos.
c) qualificação da personagem com adjetivos depreciativos.
d) gradação por meio de advérbios na descrição da cena.
e) sucessão de um verbo de ação por um de estado.

(UNIFESP-SP) **Instrução:** Leia o texto para responder às questões de números 15 a 17.

De tudo que é nego torto
Do mangue e do cais do porto
Ela já foi namorada
O seu corpo é dos errantes
Dos cegos, dos retirantes
É de quem não tem mais nada
Dá-se assim desde menina
Na garagem, na cantina
Atrás do tanque, no mato
É a rainha dos detentos
Das loucas, dos lazarentos
Dos moleques do internato
E também vai amiúde
Co'os velhinhos sem saúde
E as viúvas sem porvir
Ela é um poço de bondade
E é por isso que a cidade
Vive sempre a repetir
Joga pedra na Geni
Joga pedra na Geni
Ela é feita pra apanhar
Ela é boa de cuspir
Ela dá pra qualquer um
Maldita Geni

(Chico Buarque. *Geni e o zepelim.*)

15. A partir do início do fragmento selecionado, uma série de versos consecutivos vai caracterizando a personagem Geni numa mesma direção semântica e segundo uma mesma lógica, até que um determinado verso provoca uma ruptura significativa nessa trajetória, criando uma intensa oposição de sentido no poema. Esse verso está transcrito em:

a) Dá-se assim desde menina.
b) É a rainha dos detentos.
c) Ela é um poço de bondade.
d) Joga pedra na Geni.
e) Ela dá pra qualquer um.

16. Indique a alternativa que identifica corretamente, de modo respectivo, a métrica e a natureza predominante das rimas.

a) Heptassílabos – rima toante.
b) Octossílabos – rima toante.
c) Hexassílabos – rima consoante.
d) Octossílabos – rima consoante.
e) Heptassílabos – rima consoante.

17. Indique a alternativa que apresenta a função sintática do verso "De tudo que é nego torto."

a) Adjunto adverbial de modo.
b) Objeto indireto.
c) Predicativo do sujeito.
d) Adjunto adnominal.
e) Complemento nominal.

Produção de texto

18. (ENEM) Com base na leitura dos textos motivadores seguintes e nos conhecimentos construídos ao longo de sua formação, redija texto dissertativo-argumentativo em norma-padrão da língua portuguesa sobre o tema **viver em rede no século XXI: os limites entre o público e o privado**, apresentando proposta de conscientização social que respeite os direitos humanos.Selecione, organize e relacione, de forma coerente e coesa, argumentos e fatos para a defesa de seu ponto de vista.

Liberdade sem fio

A ONU acaba de declarar o acesso à rede um direito fundamental do ser humano – assim como saúde, moradia e educação. No mundo todo, pessoas começam a abrir seus sinais privados de *wi-fi*, organizações e governos se mobilizam para expandir a rede para espaços públicos e regiões onde ela ainda não chega, com acesso livre e gratuito.

ROSA, G.; SANTOS, P. *Galileu*. Nº 240. jul. 2011 (fragmento).

A internet tem ouvidos e memória

Uma pesquisa da consultoria Forrester Research revela que, nos Estados Unidos, a população já passou mais tempo conectada à internet do que em frente à televisão. Os hábitos estão mudando. No Brasil, as pessoas já gastam cerca de 20% de seu tempo *on-line* em redes sociais. A grande maioria dos internautas (72%, de acordo com o Ibope Mídia) pretende criar, acessar e manter um perfil em rede. "Faz parte da própria socialização do indivíduo do século XXI estar numa rede social. Não estar equivale a não ter uma identidade ou um número de telefone no passado", acredita Alessandro Barbosa Lima, CEO da e.Life, empresa de monitoração e análise de mídias.

As redes sociais são ótimas para disseminar ideias, tornar alguém popular e também arruinar reputações. Um dos maiores desafios dos usuários de internet é saber ponderar o que se publica nela. Especialistas recomendam que não se deve publicar o que não se fala em público, pois a internet é um ambiente social e, ao contrário do que se pensa, a rede não acoberta anonimato, uma vez que mesmo quem se esconde atrás de um pseudônimo pode ser rastreado e identificado. Aqueles que, por impulso, se exaltam e cometem gafes podem pagar caro.

Disponível em: http://www.terra.com.br. Acesso em: 30 jun. 2011 (adaptado).

André Dahmer

DAHMER, A. Disponível em: http://malvados.wordpress.com. Acesso em: 30 jun. 2011.

Instruções:

- O *texto definitivo* deve ser escrito *à tinta*, na *folha própria*, em até *30 linhas*.
- A redação com até 7 (sete) linhas escritas será considerada "insuficiente" e receberá nota zero.
- A redação que fugir ao tema ou que não atender ao *tipo dissertativo-argumentativo* receberá nota zero.

Interpretação de textos

19. (FGU-RJ) O gráfico seguinte apresenta os lucros (em milhares de reais) de uma empresa ao longo de 10 anos (ano 1, ano 2, até ano 10).

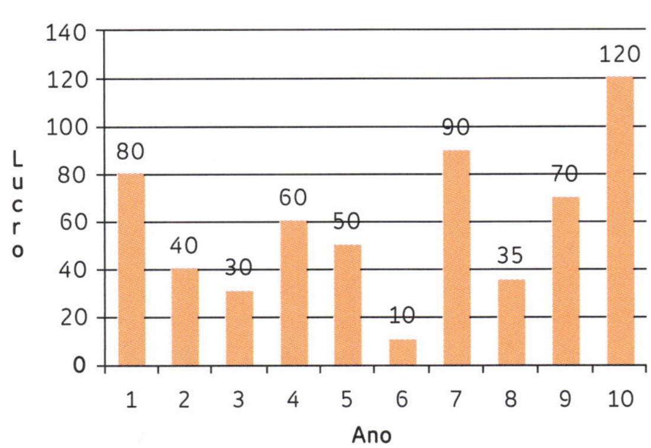

O ano em que o lucro ficou mais próximo da média aritmética dos 10 lucros anuais foi:

a) Ano 2
b) Ano 3
c) Ano 4
d) Ano 5
e) Ano 9

20. (UNICAMP-SP) Recentemente, um órgão governamental de pesquisa divulgou que, entre 2006 e 2009, cerca de 5,2 milhões de brasileiros saíram da condição de indigência. Nesse mesmo período, 8,2 milhões de brasileiros deixaram a condição de pobreza. Observe que a faixa de pobreza inclui os indigentes.

O gráfico a seguir mostra os percentuais da população brasileira enquadrados nessas duas categorias, em 2006 e 2009.

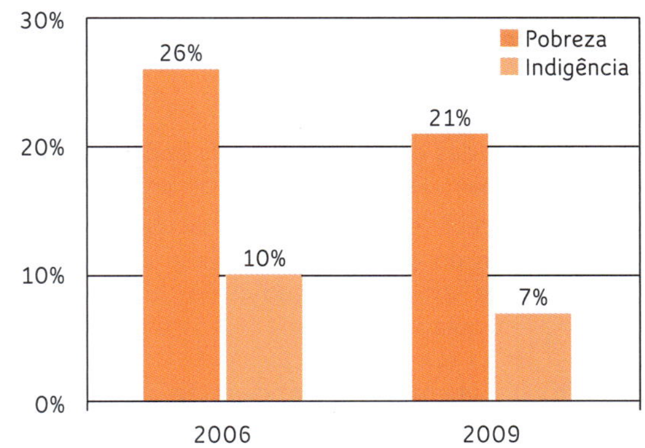

Após determinar a população brasileira em 2006 e em 2009, resolvendo um sistema linear, verifica-se que:

a) o número de brasileiros indigentes passou de 19,0 milhões, em 2006, para 13,3 milhões, em 2009.
b) 12,9 milhões de brasileiros eram indigentes em 2009.
c) entre 2006 e 2009, o total de brasileiros incluídos nas faixas de pobreza e de indigência passou de 36% para 28% da população.
d) 18,5 milhões de brasileiros eram indigentes em 2006.

(UFBA-BA) Texto para as questões 21 e 22:

A humanidade já consome mais recursos naturais do que o planeta é capaz de repor. O colapso é visível nas florestas, nos oceanos e nos rios. O ritmo atual de consumo é uma ameaça para a prosperidade futura da humanidade.

... Hoje, a humanidade utiliza metade das fontes de água doce do planeta. Em quarenta anos, utilizará 80%. Dos rios do mundo, 50% estão poluídos.

... O planeta é formado por 15 bilhões de hectares de terras, mas só 12% delas servem para o cultivo.

... Das 200 espécies de peixe com maior interesse comercial, 120 são exploradas além do nível sustentável.

... Estima-se que 40% da área dos oceanos esteja gravemente degradada pela ação do homem. Das 1 400 espécies de coral conhecidas, 13 estavam ameaçadas de extinção há dez anos. Hoje são 231.

... Desde 1961, a quantidade de dióxido de carbono liberada pela humanidade na atmosfera com a queima de combustíveis fósseis cresceu dez vezes.

(LIMA; VIEIRA, 2008, p. 96-99).

Sapo-dourado-panamenho Rinoceronte-negro

21. A partir das constatações explicitadas no texto, uma abordagem das Ciências Naturais permite afirmar:

(a) O cenário do consumo de recursos naturais além do que o planeta Terra é capaz de repor pode ser interpretado como uma diminuição da entropia do universo, de acordo com a segunda lei da termodinâmica.

(b) O aumento da quantidade de dióxido de carbono liberada na atmosfera terrestre é o principal fator para a redução da camada de ozônio na alta atmosfera.

(c) A alteração do pH do solo destinado ao plantio de 5,0 para 7,0 implica redução em duas unidades da concentração de íons OH^- nele presentes.

(d) A fusão de grandes blocos de gelo flutuantes retirados do mar da região ártica possibilita a obtenção de água doce para as pequenas populações ali inseridas.

(e) O aumento do nível dos oceanos provocado pelo derretimento de geleiras contribui para aumentar o valor da pressão atmosférica na superfície do mar.

(f) A poluição dos rios por esgotos domiciliares proporciona uma sobrecarga de resíduos orgânicos, o que repercute no fenômeno de eutrofização que envolve maior consumo de oxigênio, criando condições desfavoráveis à sobrevivência de populações de peixes.

22. Em relação às consequências da degradação do planeta e às medidas que possam contribuir para a preservação da biosfera, é correto afirmar:

(a) Os oceanos sequestram carbono no processo de produção primária marinha, o que contribui para a moderação dos impactos do clima na vida terrestre.

(b) A acidificação dos oceanos, devido ao aumento da concentração de CO_2 na atmosfera, reduz o pH do meio aquático contribuindo para a degradação de corais.

(c) O aquecimento do planeta Terra que causa, dentre outros problemas, secas, inundações, acidificação dos oceanos e extinção de espécies está relacionado com a refração da radiação solar do espaço para a atmosfera terrestre.

(d) A correção do pH do solo de 5,0 para 6,0 promove maior disponibilidade de nutrientes, como potássio, magnésio, cálcio e fósforo, às plantas, e, sendo assim, solos alcalinos favorecem ao plantio.

(e) A extinção do sapo-dourado-panamenho está associada ao desequilíbrio da relação parasita/hospedeiro, em decorrência de alterações climáticas.

(f) A perda da variabilidade genética, devido à extinção da subespécie do rinoceronte-negro da África Ocidental, diminui o potencial evolutivo das demais subespécies.